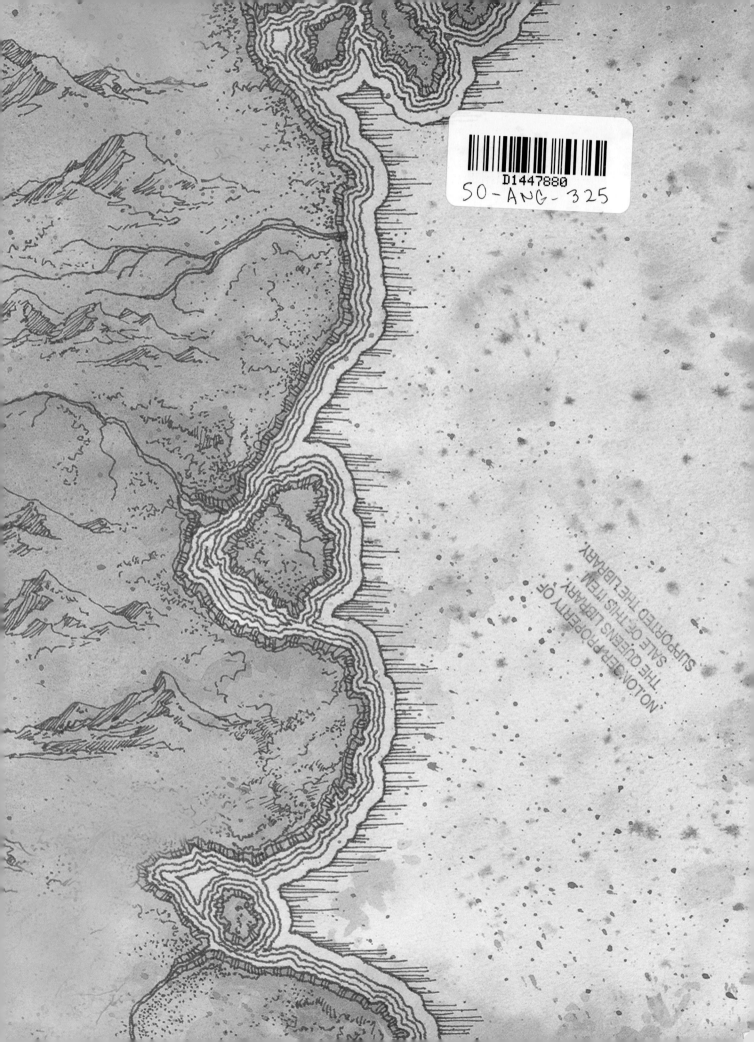

LA HISTORIA
DE NUESTRO MUNDO

Autores de la serie

Dr. Richard G. Boehm

Claudia Hoone

Dr. Thomas M. McGowan

Dra. Mabel C. McKinney-Browning

Dra. Ofelia B. Miramontes

Consultores para la serie

Dra. Alma Flor Ada

Dr. Phillip Bacon

Dr. W. Dorsey Hammond

Dr. Asa Grant Hilliard, III

Dr. Juan Solis

HARCOURT BRACE & COMPANY

Orlando Atlanta Austin Boston San Francisco Chicago Dallas
New York Toronto London

AUTORES DE LA SERIE

Dr. Richard G. Boehm
Profesor
Departamento de Geografía y Planeación
Universidad del Suroeste del Estado de Texas
San Marcos, Texas

Claudia Hoone
Maestra
Escuela #58 Ralph Waldo Emerson
Indianapolis, Indiana

Dr. Thomas M. McGowan
Profesor Asociado
División de Curriculum y Enseñanza
Universidad del Estado de Arizona
Tempe, Arizona

Dra. Mabel C. McKinney-Browning
Directora
División para la Educación Pública
Barra Americana de Abogados
Chicago, Illinois

Dra. Ofelia B. Miramontes
Profesora Asociada
Escuela de Educación
Universidad de Colorado
Boulder, Colorado

CONSULTORES DE LA SERIE

Dra. Alma Flor Ada
Profesora
Escuela de Educación
Universidad de San Francisco
San Francisco, California

Dr. Phillip Bacon
Profesor Emérito de Geografía y
 Antropología
Universidad de Houston
Houston, Texas

Dr. W. Dorsey Hammond
Profesor de Educación
Universidad de Oakland
Rochester, Michigan

Dr. Asa Grant Hilliard, III
Profesor *Fuller E. Callaway* de Educación
 Urbana
Universidad Estatal de Georgia
Atlanta, Georgia

Juan Solis
Profesor Asociado de Lectura y Lenguaje
Universidad Panamericana
Edinburg, Texas

ESPECIALISTAS EN COMUNICACIÓN Y LITERATURA

Dr. Joseph A. Braun, Jr.
Profesor de Estudios Sociales de Escuela
 Primaria
Departamento de Curriculum y Enseñanza
Universidad Estatal de Illinois
Normal, Illinois

Meredith McGowan
Bibliotecaria de jóvenes
Biblioteca Pública de Tempe
Tempe, Arizona

CONSULTORES Y REVISORES DE NIVEL DE GRADO

Sandra Alfonsi
Profesora Asistente
Universidad de Fordham
Bronx, New York
Miembra de Academic Advisory Board
Hadassah Curriculum Watch (Especialista en
 Historia)

Dra. Penny S. Arnold
Maestra
Escuelas Locales de Springfield
Akron, Ohio

Alfred Bell
Supervisor de Estudios Sociales
Escuelas del Condado de Knox
Knoxville, Tennessee

Dra. Lois Harrison-Jones
Ex Superintendente de Escuelas Públicas de
 Boston, Massachusetts y de Escuelas
 Públicas de Richmond, Virginia

Shabbir Mansuri
Director Fundador
Susan L. Douglass
Académica Afiliada
Consejo de Educación Islámica
Fountain Valley, California

Lawrence W. McBride
Profesor
Departamento de Historia
Universidad Estatal de Illinois
Normal, Illinois

Randy Milligan
Maestro
Escuela Secundaria Pampa
Pampa, Texas

Ronald V. Sartor
Consultor de Estudios Sociales
Distrito Escolar Consolidado de Warren
Warren, Michigan

Pat Shipman
Profesora Adjunta
Departamento de Antropología
Universidad Estatal de Pennsylvania
University Park, Pennsylvania

Alan R. Standlee
Maestro
Escuela Intermedia Clute
Distrito Escolar Independiente de Brazosport
Clute, Texas

Pat Steinbronn
Maestra
Escuela St. Charles
Fort Wayne, Indiana

Spanish translation copyright © 1997 by Harcourt Brace & Company
Copyright © 1997 by Harcourt Brace & Company

TABLA DE CONTENIDO

Escultura de hace 25,000 años

Hammurabi

Tutankamón

Máscara olmeca

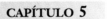

Soldado chino de la dinastía Qin

Auriga griego

Julio César

Teodora

Gengis Kan

Comerciante egipcio

Talla vikinga en madera

UNIDAD 7

CAPÍTULO 13

Mujer del Renacimiento

Escultura de Benín

Emperatriz de la dinastía Ming

UNIDAD 8

José de San Martín

Thomas Carlyle

La reina Victoria

UNIDAD 9

CAPÍTULO 19

Rostros de la Gran Depresión

Marine de Estados Unidos
en Vietnam

Mujer de Perú

Mujer musulmana del norte de África

Muchacha de Senegal

PARA TU INFORMACIÓN

CUADROS, GRÁFICAS, TABLAS Y LÍNEAS CRONOLÓGICAS

ATLAS

CONTENIDO

ATLAS

EL MUNDO: MAPA POLÍTICO

OCÉANO ÁRTICO

180° 160°O 140°O 120°O 100°O 80°O 60°O

80°N

Groenlandia
(DINAMARCA)

ALASKA
(EE.UU.)

60°N

CANADÁ

**AMÉRICA
DEL NORTE**

40°N

ESTADOS UNIDOS

Bermudas
(R.U.)

OCÉANO
ATLÁNTICO

Azores
(PORTUGAL)

Área ampliada

*Islas
Midway*
(EE.UU.)

Trópico de Cáncer

20°N

MÉXICO

CABO VERDE

HAWAII
(EE.UU.)

OCÉANO
PACÍFICO

VENEZUELA **GUYANA**
SURINAM

COLOMBIA *Guayana Francesa*
(FRANCIA)

Ecuador

*Islas
Tokelau*
(N.Z.) **KIRIBATI**

*Islas
Galápagos*
(ECUADOR)

ECUADOR

PERÚ

BRASIL

**AMÉRICA
DEL SUR**

*Samoa
Norteamer.*
(EE.UU.)

**SAMOA
OCCIDENTAL**

*Islas
Cook*
(N.Z.)

*Polinesia
Francesa*
(FRANCIA)

BOLIVIA

TONGA

I. Pitcairn
(R.U.)

PARAGUAY

Trópico de Capricornio

CHILE

Niue
(N.Z.)

Isla de Pascua
(CHILE)

URUGUAY

ARGENTINA

40°S

OCÉANO
PACÍFICO

*Islas
Falkland*
(R.U.)

*Georgias
del Sur*
(R.U.)

60°S

Círculo Polar Antártico

80°S

180° 160°O 140°O 120°O 100°O 80°O 60°O

ESTADOS UNIDOS

Golfo de México

OCÉANO
ATLÁNTICO

BAHAMAS

100°O

Trópico de Cáncer

N

O   E

S

MÉXICO

20°N

CUBA

*Islas Turks
y Caicos* **(R.U.)**

20°N

*Puerto
Rico*
(EE.UU.)

Anguila **(R.U.)**

*Islas
Caimán*
(R.U.)

HAITÍ

**REPÚBLICA
DOMINICANA**

St. Martin
(FRANCIA y PAÍSES BAJOS)

ANTIGUA Y BARBUDA

JAMAICA

Islas Vírgenes
(EE.UU. y R.U.)

Montserrat **(R.U.)**

Guadalupe **(FRANCIA)**

BELICE

**SAINT KITTS
Y NEVIS**

DOMINICA

GUATEMALA

HONDURAS

Mar Caribe

Martinica **(FRANCIA)**

SANTA LUCÍA

EL SALVADOR

NICARAGUA

Aruba
(PAÍSES BAJOS)

*Antillas
Holandesas*
(PAÍSES BAJOS)

BARBADOS

**SAN VICENTE Y
LAS GRANADINAS**

OCÉANO PACÍFICO

*Canal de
Panamá*

GRANADA

**TRINIDAD Y
TOBAGO**

10°N

A2

0   200   400 millas

0   200   400 kilómetros

Proyección azimutal equi-área

**COSTA
RICA**

PANAMÁ

COLOMBIA

VENEZUELA

GUYANA

90°O   80°O   70°O   60°O

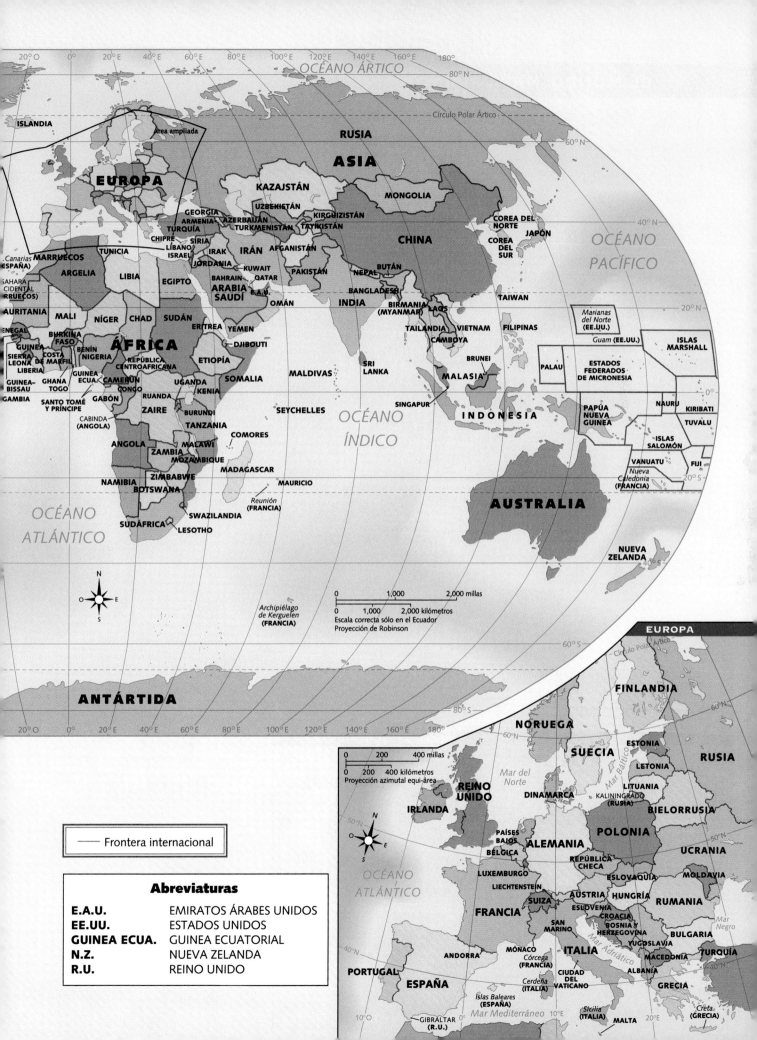

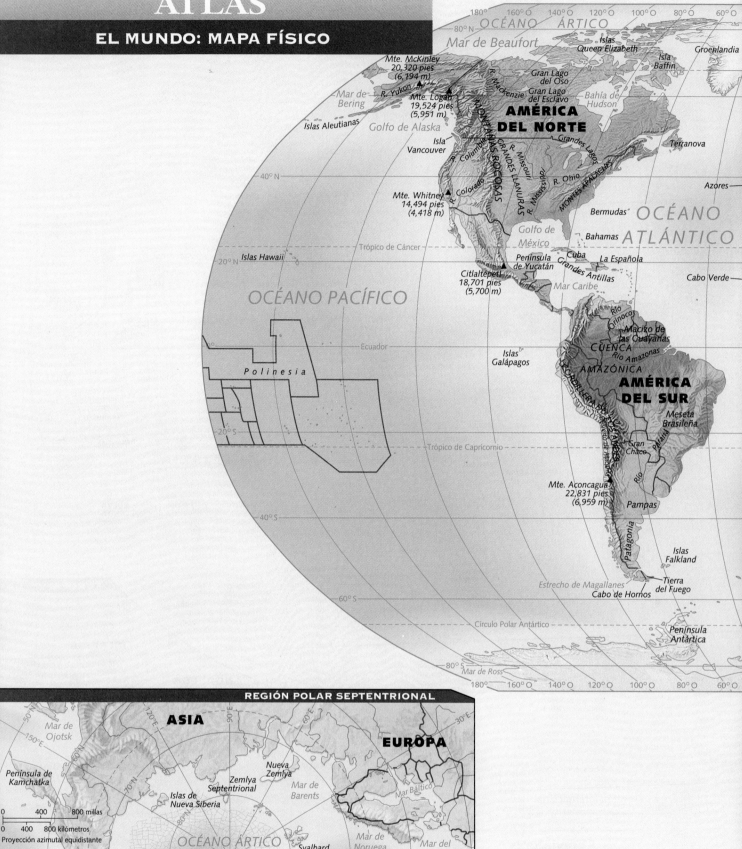

OCÉANO ÁRTICO
80° N
Mar de Beaufort
Islas Queen Elizabeth
Isla Baffin
Groenlandia

Mte. McKinley
20,320 pies
(6,194 m)
R. Mackenzie
Gran Lago del Oso
Gran Lago del Esclavo
Bahía de Hudson

Mar de Bering
R. Yukon
Mte. Logan
19,524 pies
(5,951 m)

AMÉRICA DEL NORTE

Islas Aleutianas
Golfo de Alaska
Isla Vancouver

MONTAÑAS ROCOSAS
GRANDES LLANURAS
R. Columbia
R. Missouri
R. Mississipi
R. Ohio
Grandes Lagos
MONTES APALACHES

Terranova

40° N

Mte. Whitney
14,494 pies
(4,418 m)
R. Colorado

Azores

Bermudas
OCÉANO ATLÁNTICO

Golfo de México
Bahamas

Trópico de Cáncer
Islas Hawaii
20° N

Citlaltépetl
18,701 pies
(5,700 m)
Península de Yucatán
Cuba
La Española
Grandes Antillas
Cabo Verde

OCÉANO PACÍFICO
Mar Caribe

Ecuador
Islas Galápagos

Río Orinoco
Macizo de las Guayanas
CUENCA AMAZÓNICA
Río Amazonas

Polinesia

AMÉRICA DEL SUR

CORDILLERA DE LOS ANDES
Meseta Brasileña

20° S
Trópico de Capricornio
Gran Chaco
Río Paraná

Río

Mte. Aconcagua
22,831 pies
(6,959 m)
Pampas

40° S
Patagonia
Islas Falkland

Estrecho de Magallanes
Tierra del Fuego
Cabo de Hornos

60° S
Círculo Polar Antártico
Península Antártica

80° S
Mar de Ross

180° 160° O 140° O 120° O 100° O 80° O 60° O

REGIÓN POLAR SEPTENTRIONAL

ASIA
EUROPA

Mar de Ojotsk

Nueva Zemlya

Península de Kamchatka
Zemlya Septentrional
Mar de Barents

Islas de Nueva Siberia
Mar Báltico

0   400   800 millas
0   400 800 kilómetros
Proyección azimutal equidistante

OCÉANO ÁRTICO
Mar de Noruega
Mar del Norte

Isla Wrangel
Svalbard

180°
Mar de Bering
Polo Norte
Islas Británicas

Estrecho de Bering

CORDILLERA DE BROOKS
Islandia

Mar de Beaufort
Polo Norte Magnético
Islas Queen Elizabeth
Groenlandia
OCÉANO ATLÁNTCO

Bahía de Baffin
Círculo Polar Ártico

AMÉRICA DEL NORTE

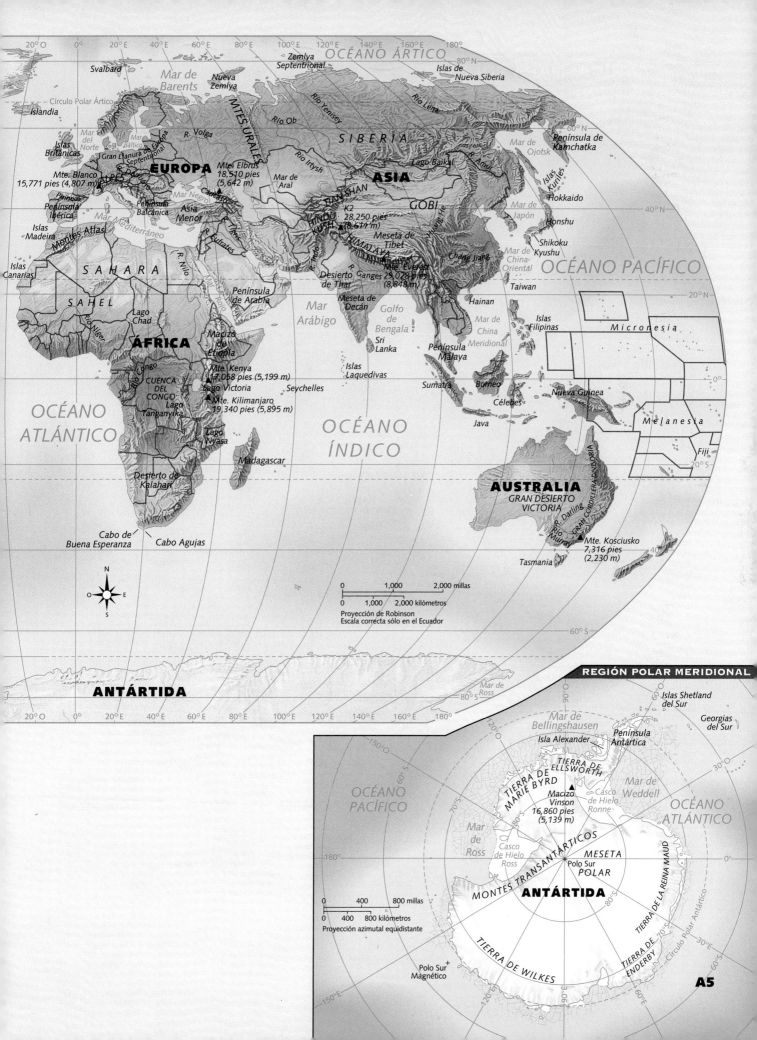

EUROPA

ASIA

OCÉANO ATLÁNTICO

Mar Mediterráneo

Islas Madeira (PORTUGAL)

Ceuta (ESPAÑA)
Argel
Túnez
Tánger
Rabat
Orán
Constantina
Melilla (ESPAÑA)
Casablanca
Fez
Sfax
Marrakech
Trípoli
Bengasi

Islas Canarias (ESPAÑA)

MARRUECOS

Alejandría
Port Said
Tanta
El Giza
Suez
El Cairo

SAHARA OCCIDENTAL (Ocupado por Marruecos)
El Aaiún

ARGELIA

LIBIA

EGIPTO

Trópico de Cáncer

Asuán

Trópico de Cáncer

MAURITANIA

Nouakchott

NÍGER

CHAD

Port Sudan

Mar Rojo

Timbuktu
MALÍ
Gao

Dakar
Niamey

SENEGAL
Omdurman
ERITREA
Jartum
Asmara

GAMBIA
Banjul
Bamako
BURKINA FASO
Ouagadougou
Kano
N'Djamena
SUDÁN

Lago Chad

Golfo de Adén

GUINEA-BISSAU
Bissau
BENIN
NIGERIA
Abuja
DJIBOUTI
Djibouti

GUINEA
Conakry
SIERRA LEONA
Freetown
COSTA DE MARFIL
GHANA
TOGO
Ogbomosho
Ibadan
REPÚBLICA CENTRO AFRICANA
Addis-Abeba
Diredawa
ETIOPÍA

Monrovia
Yamoussoukro
Lomé
Lagos
LIBERIA
Abidjan
Accra
Porto-Novo
CAMERÚN
Douala
Bangui

Golfo de Guinea
Malabo
SOMALIA
Mogadiscio

GUINEA ECUATORIAL
Yaoundé
UGANDA
KENYA

SANTO TOMÉ Y PRÍNCIPE
São Tomé
Kisangani
Kampala
Kisumu
Nairobi
Kismaayo

Libreville
GABÓN
CONGO
ZAIRE
RUANDA
Kigali
Lago Victoria
Mwanza
Mombasa

Annobón (GUINEA ECUATORIAL)
Brazzaville
Kinshasa
Bujumbura
BURUNDI

OCÉANO ÍNDICO

Ascensión (REINO UNIDO)
CABINDA (ANGOLA)
Kananga
Mbuji-Mayi
Lago Tanganyika
Dodoma
TANZANIA
Dar es Salaam

Luanda

OCÉANO ATLÁNTICO

Kolwezi
Lago Malawi
COMORES
Moroni

St. Helena (REINO UNIDO)
Lobito
ANGOLA
Huambo
Lubumbashi
Kitwe
MALAWI
Liongwe

ZAMBIA
Lusaka
Blantyre

Harare
MOZAMBIQUE
Beira

NAMIBIA
ZIMBABWE
Bulawayo

Canal de Mozambique
Antananarivo

BOTSWANA
MADAGASCAR

Trópico de Capricornio
Windhoek
Trópico de Capricornio

Gaborone
Pretoria
Maputo
Johannesburgo
Mbabane
SWAZILANDIA

Kimberley
Bloemfontein
LESOTHO
Maseru
Durban

SUDÁFRICA

Ciudad de El Cabo
Port Elizabeth

N
O   E
S

Frontera internacional
Capital nacional
Ciudad principal

500   1,000 millas
0
500   1,000 kilómetros
Proyección azimutal equi-área

A6

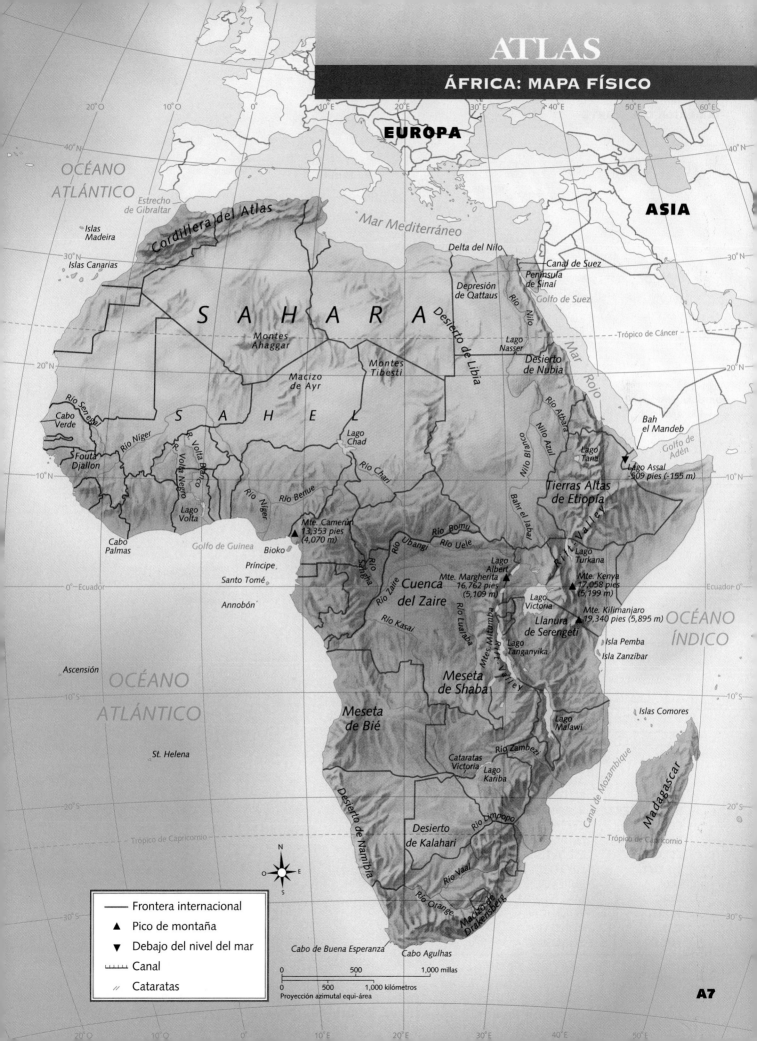

EUROPA

ASIA

OCÉANO ATLÁNTICO

Estrecho de Gibraltar

Islas Madeira

Islas Canarias

Mar Mediterráneo

Delta del Nilo

Canal de Suez

Península de Sinaí

Golfo de Suez

Cordillera del Atlas

Depresión de Qattaus

Río Nilo

Lago Nasser

Trópico de Cáncer

S A H A R A

Montes Ahaggar

Montes Tibesti

Desierto de Libia

Desierto de Nubia

Macizo de Ayr

Mar Rojo

Río Senegal

Cabo Verde

S A H E L

Río Níger

R. Volta Blanco

R. Volta Negro

Lago Chad

Río Chari

Río Atbara

Nilo Azul

Bah el Mandeb

Golfo de Adén

Lago Tana

Fouta Djallon

Río Níger

Río Benue

Nilo Blanco

Bahr el Jabal

Lago Assal -509 pies (-155 m)

Cabo Palmas

Lago Volta

Golfo de Guinea

Bioko

Mte. Camerún 13,353 pies (4,070 m)

Río Bomu

Río Uele

Tierras Altas de Etiopía

Príncipe

Santo Tomé

Río Ubangi

Lago Turkana

Mte. Kenya 17,058 pies (5,199 m)

Ecuador 0°

Annobón

Río Sangha

Río Zaire

Cuenca del Zaire

Lago Albert

Mte. Margherita 16,762 pies (5,109 m)

Rift Valley

OCÉANO ÍNDICO

Lago Victoria

Mte. Kilimanjaro 19,340 pies (5,895 m)

Río Kasai

Río Luataba

Llanura de Serengeti

Isla Pemba

Isla Zanzíbar

Ascensión

OCÉANO ATLÁNTICO

Mtes. Mitumba

Lago Tanganyika

Meseta de Shaba

St. Helena

Meseta de Bié

Lago Malawi

Islas Comores

Cataratas Victoria

Río Zambezi

Lago Kariba

Desierto de Namibia

Desierto de Kalahari

Río Limpopo

Canal de Mozambique

Madagascar

Trópico de Capricornio

Río Vaal

Río Orange

Macizo de Drakensberg

Trópico de Capricornio

N

O   E

S

Cabo de Buena Esperanza

Cabo Agulhas

Legend

——	Frontera internacional
▲	Pico de montaña
▼	Debajo del nivel del mar
⊥⊥⊥⊥	Canal
⁄⁄	Cataratas

500   1,000 millas

500   1,000 kilómetros

Proyección azimutal equi-área

ATLAS

EUROPA Y ASIA: MAPA POLÍTICO

Abreviaturas

AUST.	AUSTRIA
BELG.	BÉLGICA
BOS. & HERZ.	BOSNIA Y HERZEGOVINA
CRO.	CROACIA
EE.UU.	ESTADOS UNIDOS
ESLOV.	ESLOVENIA
LIECHT.	LIECHTENSTEIN
LUX.	LUXEMBURGO
MAC.	MACEDONIA
PORT.	PORTUGAL
R.U.	REINO UNIDO
YUGO.	YUGOSLAVIA

Frontera internacional
Frontera en litigio
✪ Capital nacional
• Ciudad principal

Proyección de Robinson

0 500 1,000 millas
0 500 1,000 kilómetros

ATLAS

EUROPA Y ASIA: MAPA FÍSICO

AMÉRICA DEL NORTE

Círculo Polar Ártico

Mar de Barents

Nueva Zemlya

Mar de Noruega

Montes Kiølen

Laponia

Península de Kola

Mte. Narodnaia
6,214 pies
(1,894 m)

Río Ob

Llanura de Siberia Occidenta

Islandia

Islas Faeroe

Galdhøpiggen
8,100 pies
(2,469 m)

Península Escandinava

Mar Blanco

Lago Onega

Lago Ladoga

Río Volga

Río Kama

OCÉANO ATLÁNTICO

Highlands

Mar del Norte

Jutlandia

Mar Báltico

LLANURA DE EUROPA SEPTENTRIONAL

Alturas de Rusia Central

Depresión del Oka-Don

Río Ural

Meseta de Kazajstán

Islas Británicas

Irlanda

Gran Bretaña

Mar Céltico

Canal de la Mancha

Montes Cárpatos

Cuenca de Donets

Alturas de Volga

Estepas

Lago Balkhash

Golfo de Vizcaya

Mte. Blanc
15,771 pies
(4,807 m)

ALPES

Macizo Central (Meseta)

Río Danubio

Mts. Balcanes

Mar de Azov

Crimea

Río Don

El'brus
18,510 pies
(5,642 m)

Depresión del Caspio

Syr Darya

Llanura Turania

TIAN SHA

Desierto Takla Ma

Península Ibérica

Pirineos

Apeninos

Córcega

Cerdeña

Islas Baleares

Mar Tirreno

Mts. Pindus

Península Balcánica

Mar Adriático

Mar Egeo

Mar Jónico

Sicilia

Bósforo

Dardanelos

Meseta de Anatolia

Mar Negro

Mts. Cáucaso

Mte. Ararat
16,946 pies
(5,165 m)

-92 pies
-28 m

Mar Caspio

Mar de Aral

Karakum

Amu-Darya

Pamirs

KUNI

K2
28,250 pies
(8,611 m)

Estrecho de Gibraltar

Creta

Chipre

Mts. Taurus

Río Tigris

Mesopotamia

Río Éufrates

Desierto Sirio

Macizo de Elberz

Mte. Damavand
18,934 pies
(5,771 m)

Desierto de Kavir

Meseta de Irán

Río Indo

Desierto de Thar

Río Ganges

Mar Muerto
-1,319 pies
(-402 m)

Península de Sinaí

Trópico de Cáncer

ÁFRICA

Mar Rojo

Península de Arabia

Estrecho de Ormuz

Golfo Pérsico

Golfo de Omán

Río Narmada

Meseta de Decán

Ghats Occidentales

Mar Arábigo

Socotra

Golfo de Adén

OCÉANO ÍNDICO

Sri Lanka

Frontera internacional

Frontera en litigio

▲ Pico de montaña

▼ Debajo del nivel del mar

N
O · E
S

0   500   1,000 millas
0   500   1,000 kilómetros
Proyección de Robinson

A10

Península de Taimir
Mar de Laptev
Islas de Nueva Siberia
OCÉANO ÁRTICO
Mar de Siberia Oriental
Isla de Wrangel
Mar de Chukotka
Estrecho de Bering
Llanura de Siberia Septentrional
Llanura de Kolima
Círculo Polar Ártico
Península de Chukotka
Meseta Central de Siberia
S I B E R I A
Montes Koriacos
Ob
Río Yenisey
Montes Sayan
R. Yenisey
Lago Baikal
Montes Yablonovi
Montes Dzhugdzhur
Península de Kamchatka
Mar de Ojotsk
Montes Altai
Cuenca de Junggar
Meseta de Mongolia
Sajalin
Islas Kuriles
Depresión de Turfán
-505 pies
(-154 m)
Desierto de Gobi
Llanura de Manchuria
Montes Sijote-Alin
Hokkaido
Mar de Japón
Cuenca de Tarim
Qilian Shan
Llanura de China
Huang He
Península de Corea
Honshu
Mte. Fuji
12,388 pies
(3,776 m)
Meseta de Tibet
Meseta de China Septentrional
Mar Amarillo
Kyushu
Shikoku
Mte. Everest
29,028 pies
(8,848 m)
Cuenca de Sichuan
Chang Jiang
Mar de China Oriental
Kanchenjunga
28,208 pies
(8,598 m)
R. Ganges
Río Irrawaddy
OCÉANO PACÍFICO
Islas Ryu-Kyu
Trópico de Cáncer
Taiwan
Mar de Filipinas
Golfo de Tonkin
Hainan
Golfo de Bengala
Meseta de Khorat
Península de Indochina
Mar de China Meridional
Luzon
Islas Andamán
Islas Filipinas
Mar de Andamán
Golfo de Tailandia
Palawan
Mar de Sulu
Mindanao
Islas Nicobar
Península de Malaca
Estrecho de Malaca
Mar de Célebes
Halmahera
Sumatra
Borneo
Molucas
Islas Mayores
Célebes
Rantekombola
11,335 pies
(3,455 m)
Ceram
Mar de Java de la Sonda
Mar de Banda
Nueva Guinea
Java
Bali
Sumbawa
Flores
Islas Menores
Timor
Lombok
Sumba
de la Sonda
Mar de Timor
Mar de Arafura
0° Ecuador
15°S

AUSTRALIA

ATLAS

HEMISFERIO OCCIDENTAL: MAPA POLÍTICO

OCÉANO ÁRTICO

Estrecho de Viscount Melville

Bahía de Baffin

Groenlandia (DINAMARCA)

Estrecho de Bering

Mar de Beaufort

Estrecho de Davis

Cuenca de Foxe

Círculo Polar Ártico

ALASKA (EE.UU.)

Fairbanks

Anchorage

Whitehorse

Juneau

Golfo de Alaska

60° N

Mar de Bering

Río Yukon

Río Mackenzie

Río Liard

Gran Lago del Oso

Yellowknife

Gran Lago del Esclavo

CANADÁ

Estrecho de Hudson

Bahía de Hudson

Mar de Labrador

Río Peace

Río Athabasca

Lago Athabasca

Bahía de James

Edmonton

Calgary

Saskatoon

Regina

Río Saskatchewan

Lago Winnipeg

Winnipeg

Thunder Bay

St. John's

Vancouver

Golfo de Puget

Seattle

Portland

R. Columbia

Río Snake

Boise

ESTADOS UNIDOS

Río Missouri

Grandes Lagos

Río St. Lawrence

Ottawa

Toronto

Québec

Montreal

St. John

Golfo de St. Lawrence

Halifax

Detroit

Albany

Boston

San Francisco

Reno

Las Vegas

Salt Lake City

Gran Lago Salado

Denver

Río Colorado

St. Louis

Chicago

Cleveland

Indianapolis

Richmond

Washington, D.C.

New York City

Philadelphia

Norfolk

Los Angeles

San Diego

Tucson

Phoenix

El Paso

Río Grande

Dallas

Houston

Memphis

Atlanta

Raleigh

Charleston

Savannah

New Orleans

Jacksonville

Tampa

30° N

OCÉANO ATLÁNTICO

Hermosillo

Chihuahua

Monterrey

MÉXICO

Golfo de México

Miami

BAHAMAS

Nassau

Trópico de Cáncer

Honolulu

HAWAII (EE.UU.)

OCÉANO PACÍFICO

Durango

León

Tampico

La Habana

CUBA

HAITÍ

Puerto Príncipe

Santo Domingo

PUERTO RICO (EE.UU.)

REPÚBLICA DOMINICANA

Guadalajara

Ciudad de México

Veracruz

Puebla

Acapulco

BELICE

Belmopan

JAMAICA

Kingston

GUATEMALA

Guatemala

San Salvador

HONDURAS

Tegucigalpa

Managua

San José

Mar Caribe

EL SALVADOR

NICARAGUA

COSTA RICA

PANAMÁ

Panamá

Maracaibo

Caracas

GUYANA

SURINAM

Paramaribo

Cayenne

Medellín

Cali

Bogotá

VENEZUELA

Georgetown

GUAYANA FRANCESA (FRANCIA)

COLOMBIA

Quito

Guayaquil

ECUADOR

Iquitos

Ecuador

Islas Galápagos (ECUADOR)

Manaus

Río Negro

Río Amazonas

Belém

Fortaleza

Recife

Trujillo

PERÚ

Lima

Cuzco

Río Tapajós

Río Xingu

Río Tocantins

BRASIL

Salvador

POLINESIA FRANCESA (FRANCIA)

Papeete

Lago Titicaca

La Paz

Arequipa

BOLIVIA

Sucre

Brasília

Goiânia

Río São Francisco

Belo Horizonte

Río de Janeiro

Campo Grande

Trópico de Capricornio

Antofagasta

PARAGUAY

Asunción

São Paulo

Curitiba

Salta

Río Paraguay

San Miguel de Tucumán

CHILE

Córdoba

Pôrto Alegre

30° S

Valparaíso

Santiago

Rosario

Buenos Aires

La Plata

URUGUAY

Montevideo

Concepción

Río de la Plata

Mar del Plata

Valdivia

Bahía Blanca

ARGENTINA

Punta Arenas

Islas Falkland (R.U.)

Georgia del Sur (R.U.)

0

1,000

2,000 millas

0

1,000

2,000 kilómetros

Proyección cilíndrica de Miller

A12

— Frontera internacional

⊛ Capital nacional

• Ciudad

N

O E

S

150°O   120°O   90°O   60°O   30°O

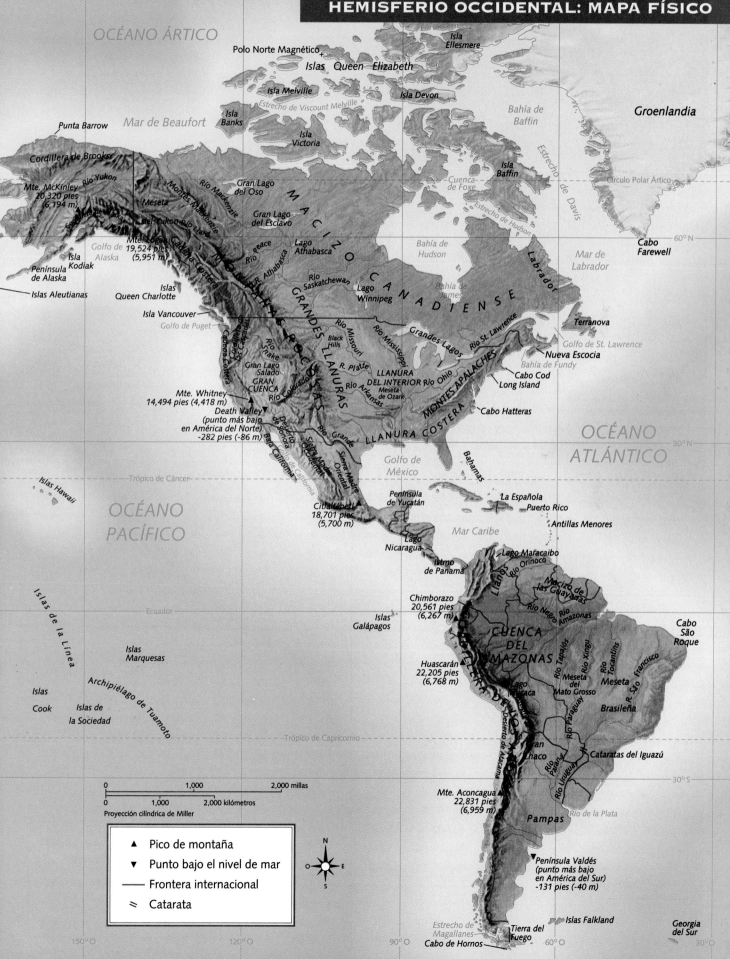

OCÉANO ÁRTICO

Polo Norte Magnético +

Islas Queen Elizabeth

Isla
Ellesmere

Isla Melville

Isla Devon

Estrecho de Viscount Melville

Punta Barrow

Mar de Beaufort

Isla
Banks

Bahía de
Baffin

Groenlandia

Cordillera de Brooks

Río Yukon

Isla
Victoria

Mte. McKinley
20,320 pies
(6,194 m)

Meseta

Montes Mackenzie

Isla
Baffin

Estrecho de Davis

MACIZO

Mte. Logan
19,524 pies
(5,951 m)

Cordillera de Alaska

Cadena del Yukon río Liard

Río Peace

Gran Lago
del Oso

Cuenca
de Foxe

60° N

Cabo
Farewell

Golfo de
Alaska

Isla
Kodiak

Gran Lago
del Esclavo

CANADIENSE

Estrecho de Hudson

Mar de
Labrador

Península
de Alaska

Islas
Queen Charlotte

Río Athabasca

Lago
Athabasca

Bahía de
Hudson

Círculo Polar Ártico

Islas Aleutianas

Río
Saskatchewan

Bahía de
James

Labrador

Isla Vancouver

Golfo de Puget

Cadena Costera

Lago
Winnipeg

Terranova

GRANDES

Río Missouri

Río Mississippi

Grandes Lagos

Río St. Lawrence

Golfo de St. Lawrence

Black
Hills

LLANURAS

Montes Rocosos

Cadena de las Cascadas

Río
Snake

R. Platte

LLANURA
DEL INTERIOR Río Ohio

MONTES APALACHES

Nueva Escocia

Bahía de Fundy

Cabo Cod
Long Island

Gran Lago
Salado

GRAN
CUENCA

Río Colorado

Meseta
de Ozark

Cabo Hatteras

Mte. Whitney
14,494 pies (4,418 m)

Río Arkansas

Death Valley ▼
(punto más bajo
en América del Norte)
-282 pies (-86 m)

Desierto de Sonora

Río Grande

LLANURA COSTERA

OCÉANO
ATLÁNTICO

30° N

Islas Hawaii

Trópico de Cáncer

Sierra Madre Occidental

Golfo de California

Baja California

Golfo de
México

Bahamas

OCÉANO
PACÍFICO

Citlaltépetl
18,701 pies
(5,700 m)

Sierra Madre
Oriental

Península
de Yucatán

La Española

Puerto Rico

Mar Caribe

Antillas Menores

Lago
Nicaragua

Lago Maracaibo

Río Orinoco

Macizo de
las Guayanas

Cabo
São
Roque

Istmo
de Panamá

Llanos

Chimborazo
20,561 pies
(6,267 m)

Ecuador

Islas
Galápagos

Río Negro

Río
Amazonas

CUENCA
DEL
AMAZONAS

Islas de la Línea

Islas
Marquesas

Río Tapajós

Río Xingu

Río Tocantins

R. São Francisco

Huascarán
22,205 pies
(6,768 m)

Meseta
del
Mato Grosso

Meseta

Archipiélago de Tuamoto

Lago
Titicaca

Río Paraguay

Brasileña

Islas
Cook

Islas de
la Sociedad

CORDILLERA DE LOS ANDES

Trópico de Capricornio

Gran
Chaco

Desierto de Atacama

Cataratas del Iguazú

Río Paraná

Río Uruguay

Mte. Aconcagua ▲
22,831 pies
(6,959 m)

30° S

Pampas

Río de la Plata

0   1,000   2,000 millas

0   1,000   2,000 kilómetros
Proyección cilíndrica de Miller

▼ Península Valdés
(punto más bajo
en América del Sur)
-131 pies (-40 m)

▲ Pico de montaña

▼ Punto bajo el nivel de mar

― Frontera internacional

≈ Catarata

N
O   E
S

Estrecho de
Magallanes

Tierra del
Fuego

Islas Falkland

Georgia
del Sur

Cabo de Hornos

150° O   120° O   90° O   60° O   30° O

OCÉANO ÁRTICO

Círculo Polar Ártico

Siberia

RUSIA

R. Kolima

Cordillera de Brooks

Río Yukon

Alaska (EE.UU.)

Mte. McKinley 20,320 pies 6,194 m)

Mte. Logan 19,524 pies 5,951 m)

Estrecho de Bering

60°N

Río Lena

Mar de Ojotsk

Península de Kamchatka

Sajalin

Islas Kuriles

Mar de Bering

Islas Aleutianas

Península de Alaska

Golfo de Alaska

Río Mackenzie

R. Peace

Saskatchewan

Edmonton

CANADÁ

Amur

Beijing

Huang He

P'yongyang

CHINA

COREA DEL NORTE

COREA DEL SUR

Seúl

Mar de Japón

JAPÓN

Sapporo

Tokyo

OCÉANO PACÍFICO

Vancouver

Seattle

Portland

Mte. Whitney 14,491 pies (4,417 m)

ESTADOS

UNIDOS

MONTAÑAS ROCOSAS

Ottawa

Washington D.

Chiang Jiang

Shanghai

Mar de China Oriental

Taipei

TAIWAN

San Francisco

Los Angeles

Colorado

Río Missouri

Hanoi

Hong Kong (R.U.)

Trópico de Cáncer

Hawaii (EE.UU.)

Honolulu

Baja California

MÉXICO

Ciudad de México

Mar de Filipinas

Islas Marianas (EE.UU.)

BELICE

GUATEMALA

HONDURAS

TAILANDIA

VIETNAM

Mar de China Meridional

Manila

EL SALVADOR

NICARAGUA

Bangkok

CAMBOYA

Phnom Penh

FILIPINAS

ISLAS MARSHALL

COSTA RICA

PANAMÁ

COLOM

Ciudad Ho Chi Minh

Koror

Palikir

Majuro

Kuala Lumpur

BRUNEI

PALAU

ESTADOS FEDERADOS DE MICRONESIA

Tarawa

Bogotá

Quito

MALAYSIA

Singapur

Yaren

Ecuador

Islas Galápagos (ECUADOR)

ECUADOR

0°

I N D O N E S I A

Yakarta

PAPÚA NUEVA GUINEA

NAURU

TUVALU

KIRIBATI

PER

OCÉANO ÍNDICO

Port Moresby

ISLAS SALOMÓN

Honiara

Funafuti

SAMOA OCCIDENTAL

Lima

VANUATU

FIJI

Apia

Islas Cook (N.Z.)

Polinesia francesa

Portvila

Suva

TONGA

Papeete

Tahiti

GRAN CORDILLERA DIVISORIA

Mar de Coral

Nueva Caledonia (FR.)

Nuku'alofa

Isla Pitcairn (R.U.)

Isla de Pascua (CHILE)

Aconca 22,831 (6,959

Trópico de Capricornio

AUSTRALIA

R. Darling

Brisbane

30°S

Sydney

Canberra

Mte. Kosciusko 7,310 pies (2,228 m)

Melbourne

Mar de Tasmania

Auckland

NUEVA ZELANDA

Santiag

CHI

Tasmania

Mte. Cook 12,349 pies (3,764 m)

Wellington

OCÉANO PACÍFICO

Cabo Horn

60°S

Círculo Polar Antártico

N

O   E

S

ANTÁRTIDA

Frontera internacional

⊛ Capital nacional

• Ciudad principal

▲ Pico de montaña

0   1,000   2,000 millas

0   1,000   2,000 kilómetros

Proyección cilíndrica de Miller

Abreviaturas

FR.	FRANCIA
N.Z.	NUEVA ZELANDA
R.U.	REINO UNIDO
EE.UU.	ESTADOS UNIDOS

120°E   150°E   180°E   150°O   120°O   90°O

RELIGIONES DEL MUNDO

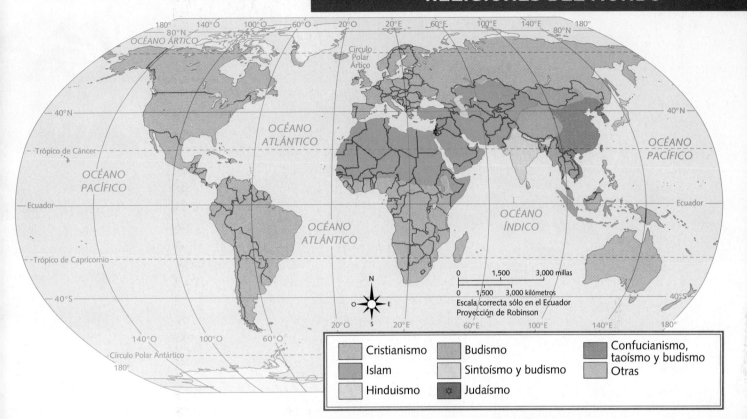

Cristianismo

Islam

Hinduismo

Budismo

Sintoísmo y budismo

Judaísmo

Confucianismo, taoísmo y budismo

Otras

0   1,500   3,000 millas
0   1,500   3,000 kilómetros
Escala correcta sólo en el Ecuador
Proyección de Robinson

LENGUAS DEL MUNDO

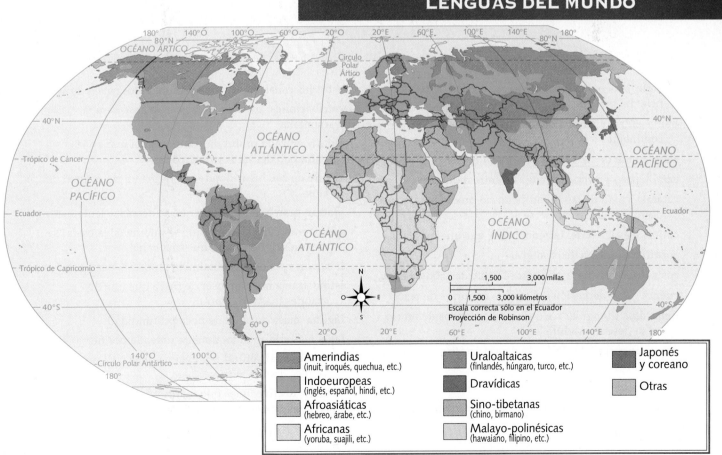

Amerindias
(inuit, iroqués, quechua, etc.)

Indoeuropeas
(inglés, español, hindi, etc.)

Afroasiáticas
(hebreo, árabe, etc.)

Africanas
(yoruba, suajili, etc.)

Uraloaltaicas
(finlandés, húngaro, turco, etc.)

Dravídicas

Sino-tibetanas
(chino, birmano)

Malayo-polinésicas
(hawaiano, filipino, etc.)

Japonés
y coreano

Otras

0   1,500   3,000 millas
0   1,500   3,000 kilómetros
Escala correcta sólo en el Ecuador
Proyección de Robinson

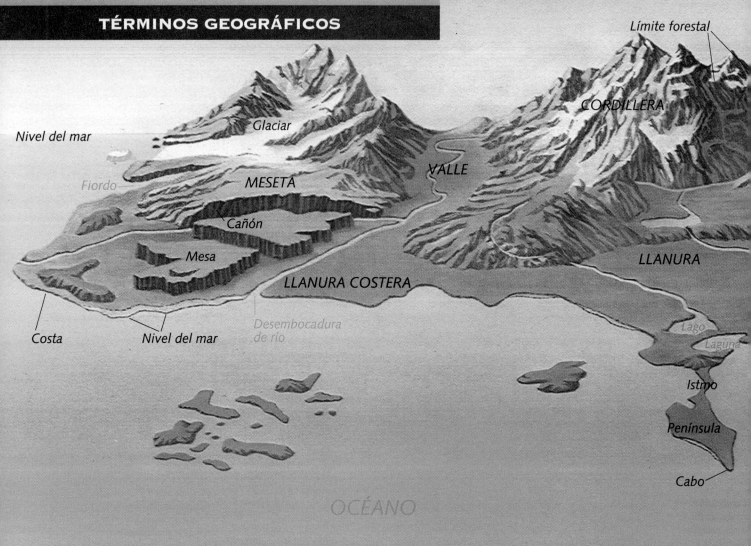

Límite forestal

CORDILLERA

Nivel del mar

Glaciar

Fiordo

VALLE

MESETA

Cañón

Mesa

LLANURA

LLANURA COSTERA

Costa

Nivel del mar

Desembocadura
de río

Lago

Laguna

Istmo

Península

Cabo

OCÉANO

arrecife banco de arena, roca o coral cerca de la super-ficie del mar

bahía entrada amplia de una masa de agua en un continente

cabo punta de tierra que penetra en el mar

cañón paso profundo y angosto entre montañas

catarata caída de las aguas de un río producida por un desnivel del terreno

colina elevación del terreno menor que una montaña

cordillera cadena de montañas

costa franja de tierra que bordea una extensión de agua

cuenca gran depresión del terreno en forma de tazón

delta área triangular rodeada por los brazos de un río en su desembocadura

desembocadura de río parte donde un río vierte su caudal en otra masa de agua

desierto región muy seca con escasa vegetación

duna colina de arena acumulada por el viento

estrecho canal angosto que comunica dos masas de agua

estribaciones zona de colinas en la base de una montaña

fiordo entrada profunda y angosta del mar en la costa, entre paredes altas y escarpadas

fuente de río lugar donde se origina un río o curso de agua

glaciar gran masa de hielo que se desplaza lentamente

golfo gran parte del mar que se interna en la costa, de mayores dimensiones que una bahía

isla porción de tierra totalmente rodeada por agua

istmo franja muy angosta de tierra que une dos grandes masas de tierra

laguna masa de agua de poca profundidad

lago masa de agua totalmente rodeada por tierra

límite forestal altitud por encima de la cual no crecen árboles debido al frío

línea de declive línea que marca un descenso brusco en la altura del terreno y donde los ríos forman

Pico
Paso
Montaña
Fuente de río
SABANA
Catarata
Volcán
Tributario
ESTRIBACIONES
CUENCA
Línea de declive
Duna
Ribera
Pantano
DESIERTO
Río TERRENO ALUVIAL Pantano Delta Golfo
Colina Bahía
Risco Oasis
Isla
Estrecho
Arrecife
Mar

cascadas o rápidos al caer de tierras elevadas a otras más bajas

llanura planicie que se encuentra casi al nivel del mar

llanura costera región de tierra plana cercana al mar

mar masa de agua salada de menor dimensión que un océano

mesa terreno llano que se encuentra a gran altura

meseta terreno llano que se encuentra a mayor altura que el nivel del mar

montaña parte muy elevada del terreno

nivel del mar la altitud a la que se encuentra la superficie del mar u océano, equivalente a cero

oasis zona con agua y tierra fértil, dentro de un desierto

océano gran extensión de agua salada

pantano tierras bajas con árboles, a menudo cubiertas por agua

paso parte por la que se puede transitar entre dos montañas

península tierra unida a la costa y que está casi completamente rodeada por agua

pico cima de una montaña

ribera terreno que comprende las orillas de un río

río importante curso de agua

risco pared alta y escarpada de roca o tierra

sabana gran expansión donde predominan las gramináceas y hay pocos árboles

terreno aluvial llanura a orillas de un río cuyo terreno está formado por los sedimentos que las aguas depositan al inundarla

tributario curso de agua o río que desemboca en otro de mayor caudal

valle tierra baja de forma alargada, generalmente recorrida por un curso de agua, rodeada por colinas o montañas

volcán abertura de la corteza terrestre, frecuentemente elevada, a través de la cual salen durante una erupción roca, lava, cenizas y gases

A17

¿POR QUÉ ESTUDIAR ESTUDIOS SOCIALES?

> **"**Cada uno de ustedes ya ocupa el importante cargo de ciudadano. Con el tiempo, participarán cada vez más en los asuntos de su comunidad y necesitarán saber mejor qué significa ser un ciudadano. Los estudios sociales los ayudarán con esa tarea. Por esta razón, los estudios sociales es una materia importante en sus vidas.**"**
>
> Los autores de *Relatos de la historia*

LAS IDEAS PODEROSAS
DE LOS ESTUDIOS SOCIALES

Piensa en los muchos grupos a los que perteneces. Tu familia, tu clase y tu comunidad constituyen grupos distintos, y tú formas parte de cada uno de ellos. También eres parte, o **ciudadano**, de tu ciudad, tu estado y tu país. Los ciudadanos luchan por mejorar los grupos a los que pertenecen y para hacer que este mundo sea un lugar mejor.

Al principio de cada lección de *Relatos de la historia* hay una pregunta que te ayudará a pensar, sentirte y actuar como un ciudadano. Esta pregunta está formulada de manera que puedas establecer la conexión que hay con, por lo menos, una de las cinco ideas poderosas que los ciudadanos necesitan entender antes de tomar decisiones. Además, la pregunta te ayuda a establecer la conexión que hay entre el relato que aparece en la lección y tu vida. La lección te enseña lo que constituye ser un ciudadano, mostrándote cómo pensaban, qué sentían y cómo actuaban las personas de otros lugares y épocas.

Cada lección te permitirá organizar tus ideas en relación a una o más de las cinco ideas poderosas de los estudios sociales.

IDEA PODEROSA NÚMERO *1*
SEMEJANZA Y DIVERSIDAD

De cierta manera todos tenemos algo en común. Todos tenemos necesidades básicas por cosas tales como los alimentos, la ropa y la vivienda. Todos nos reímos, nos enojamos y nos sentimos heridos. Éstos son ejemplos de nuestra semejanza, o lo que tenemos en común. Al mismo tiempo, necesitamos comprender que cada persona es diferente de las demás. Cada uno de nosotros tiene su propia manera de pensar, sentir y actuar. Ésa es nuestra diversidad. Comprender que hay semejanzas y diversidad te ayudará a ver que toda persona merece ser respetada.

En esta pintura, el orador romano Cicerón da un discurso ante el senado romano. Al formar parte del gobierno, Cicerón y los senadores romanos desempeñaban su función de ciudadanos.

Cuando participas en una campaña electoral en tu escuela, votas en las elecciones de tu escuela o asistes a una reunión del gobierno estudiantil, estás desempeñando la función de ciudadano. Comprender cada una de las cinco ideas poderosas te ayudará a tomar decisiones como ciudadano.

IDEA PODEROSA NÚMERO **2**

CONFLICTO Y COOPERACIÓN

Puesto que no todas las personas son exactamente iguales es posible que surjan conflictos o desacuerdos. Las personas pueden superar los conflictos por medio de la cooperación, es decir, colaborando entre sí. En los estudios sociales aprenderás acerca de algunos de los desacuerdos que han surgido a través de la historia y acerca de muchas de la maneras en que se han resuelto esos desacuerdos. También aprenderás maneras de cooperar y solucionar los conflictos que encuentres a través de tu vida.

IDEA PODEROSA NÚMERO *3*

CONTINUIDAD Y CAMBIO

A la vez que ciertas cosas cambian con el paso del tiempo, otras permanecen iguales. Muchas cosas han permanecido sin cambiar durante años y probablemente se mantengan así en el futuro. Esto significa que poseen continuidad. Comprender la continuidad y el cambio puede ayudarte a entender cómo es que las cosas han llegado a ser lo que son. Aprenderás que los acontecimientos del pasado han moldeado tu vida y que los acontecimientos actuales te pueden ayudar a tomar decisiones acerca del futuro.

IDEA PODEROSA NÚMERO *4*

INDIVIDUALISMO E INTERDEPENDENCIA

Los ciudadanos pueden actuar por sí mismos para aportar algo a la humanidad. Nuestras acciones individuales pueden ser útiles o perjudiciales para otros ciudadanos. Pero generalmente no actuamos solos, sino que dependemos de la ayuda de otras personas. Dependemos de nuestras familias, de nuestras escuelas, de nuestros grupos religiosos, de nuestros gobiernos y de otros grupos y organizaciones. Tal interdependencia conecta a los ciudadanos entre sí e influye en nuestras vidas.

IDEA PODEROSA NÚMERO *5*

INTERACCIÓN CON AMBIENTES DIFERENTES

Nuestro comportamiento afecta a los demás. Nuestras acciones también tienen un efecto en el entorno, o medio ambiente. Estas acciones influyen tanto en el ambiente físico como en el ambiente del hogar, en el ambiente escolar y en otros ambientes de los que formamos parte. Comprender tales interacciones es importante para comprender por qué ocurrieron ciertas cosas en el pasado y por qué algunas cosas ocurren en la actualidad.

Comprender la interacción con el ambiemte es fundamental para entender los estudios sociales. Todas las materias que conforman los estudios sociales están relacionadas. Aprenderás, por ejemplo, que la historia, o el estudio del pasado, está relacionada con la geografía, o el estudio de la superficie de la Tierra y sus habitantes. La educación cívica y gobierno, que es el estudio de cómo convivimos en nuestra comunidad, está relacionada con la economía, que es el estudio de cómo usamos los recursos. Y todas estas materias están relacionadas con el estudio de la cultura. La cultura es el modo de vida de un grupo de personas e incluye las costumbres, las ideas y las prácticas. Juntas, todas estas materias relatan cómo hemos vivido a través del tiempo y qué contribuciones hemos hecho. La comprensión de este relato te permitirá aprender cómo desempeñar la función de ciudadano.

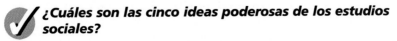 **¿Cuáles son las cinco ideas poderosas de los estudios sociales?**

HISTORIA

Tratado sobre el ojo, libro en lengua árabe del siglo trece ↓

La historia te permite ver los vínculos entre el pasado y el presente. También te permite comprender mejor cómo lo que sucede hoy puede influir en el futuro. La historia estudia tanto lo que sucedió el mes pasado y el año pasado como lo que ocurrió en la antigüedad.

A la vez que leas acerca del pasado, hazte las preguntas que vienen a continuación. Ellas te ayudarán a pensar como un historiador, una persona que estudia el pasado.

- ¿Qué ocurrió?
- ¿Cuándo ocurrió?
- ¿Quién participó?
- ¿Cómo y por qué ocurrió?

¿QUÉ OCURRIÓ?

Para saber lo que realmente ocurrió en el pasado, necesitas tener pruebas. Puedes hallar estas pruebas estudiando dos tipos de fuentes: las fuentes primarias y las fuentes secundarias. Los historiadores usan ambos tipos de fuentes cuando escriben acerca de la historia.

Las **fuentes primarias** son los registros hechos por las personas que presenciaron o participaron en un acontecimiento histórico, o algo que ocurrió. Estas personas pueden haber grabado un mensaje en una piedra o haber escrito sus ideas en un diario. Pueden haber contado los hechos en una carta o un poema. Pueden haber tomado una fotografía, filmado una película o pintado un cuadro. Cada uno de estos registros es una fuente primaria, que nos conecta directamente con un acontecimiento ocurrido en el pasado.

Una **fuente secundaria** no es una conexión directa con un acontecimiento del pasado, sino un registro escrito por alguien que no estuvo presente cuando ocurrieron los hechos. Ejemplos de fuentes secundarias son un artículo de una revista, una nota periodística o un libro escrito posteriormente por alguien que no participó en el acontecimiento.

"All the News That's Fit to Print."

The New York Times.

THE WEATHER
Fair, colder today; tomorrow warmer, probably rain; wind northwest.

NEW YORK, TUESDAY, APRIL 3, 1917.—TWENTY-FOUR PAGES.

VOL. LXVI...NO. 21,619.

ONE CENT In New York City. | TWO CENTS New England and Middle States. | THREE CENTS Elsewhere.

PRESIDENT CALLS FOR WAR DECLARATION, STRONGER NAVY, NEW ARMY OF 500,000 MEN, FULL CO-OPERATION WITH GERMANY'S FOES

ARMED AMERICAN STEAMSHIP SUNK; 11 MEN MISSING

The Aztec Is First Gun-Bearing Vessel Under Our Flag to be Torpedoed.

SURPRISE ATTACK AT NIGHT

Text of the President's Address

Gentlemen of the Congress:

I have called the Congress into extraordinary session because there are serious, very serious, choices of policy to be made, and made quick[]y, which it was neither right nor constitutionally permissible that I should assume the responsibility of making.

On the 3d of February last I officially laid before you the extraordinary announcement of the Imperial German Government that on and after the first day of February it was its purpose to put aside all restraints of law or of humanity and use its submarines to sink every vessel that sought to approach either the ports of Great Britain and Ireland or the western

submarines are in effect outlaws, when used as the German submarines have been used against merchant shipping. It is impossible to defend ships against their attacks as the law of nations has assumed that merchantmen would defend themselves against privateers or cruisers, visible craft giving chase upon the open sea. It is common prudence in such circumstances, grim necessity indeed, to endeavor to destroy them before they have shown their own intention. They must be dealt with upon sight, if dealt with at all.

The German Government denies the right of neutrals to use arms at all within the areas of the sea, which it has prescribed, even in the defense of rights which no modern publicist has ever before questioned their right to defend. The intimation is conveyed

the 28th of February. Our object now, as then, is to vindicate the principles of peace and justice in the life of the world as against selfish and autocratic power, and to set up among the really free and self-governed peoples of the world such a concert of purpose and of action as will henceforth insure the observance of those principles.

Neutrality is no longer feasible or desirable where the peace of the world is involved and the freedom of its peoples, and the menace to that peace and freedom lies in the existence of autocratic Governments, backed by organized force which is controlled wholly by their will, not by the will of their people. We have seen the last of neutrality in such circumstances. We are at the beginning of an age in which

because we know that in such a Government, following such methods, we can never have a friend; and that in the presence of its organized power, always lying in wait to accomplish we know not what purpose, can be no assured security for the democratic Governments of the world. We are now about to accept the gauge of battle with this natural foe to liberty and shall, if necessary, spend the whole force of the nation to check and nullify its pretensions and its power. We are glad, now that we see the facts with no veil of false pretense about them, to fight thus for the ultimate peace of the world and for the liberation of its peoples, the German peoples included: for the rights of nations, great and small, and the privilege of men everywhere to choose their way of life and of obedience.

MUST EXERT ALL OUR POWER

To Bring a "Government That Is Running Amuck to Terms."

WANTS LIBERAL CREDITS

And Universal Service, for "the World Must Be Made Safe for Democracy."

Cuando no existen registros de un acontecimiento, los historiadores reúnen pruebas con la ayuda de los arqueólogos. Los arqueólogos estudian los edificios, las herramientas y otros objetos hechos por el hombre. Basándose en el estudio de estos objetos, los arqueólogos forman opiniones acerca de las personas y lugares del pasado.

A la vez que leas este libro estudiarás muchos tipos de fuentes. Cada lección contiene palabras e imágenes creadas por personas del pasado (fuentes primarias), así como descripciones hechas por historiadores (fuentes secundarias). Los mapas, gráficas y figuras de objetos hechos por personas del pasado también contribuyen a relatar la historia.

¿CUÁNDO OCURRIÓ?

Una forma de reconstruir el pasado es organizar los acontecimientos en el orden en que ocurrieron. Esta organización de acontecimientos es una **cronología** . Cuando leas este libro notarás que está organizado en orden cronológico. Los acontecimientos que se describen al comienzo del libro sucedieron antes que los que se describen al final.

En este libro verás muchas líneas cronológicas. Ellas te ayudarán a entender la cronología de los acontecimientos. Una línea cronológica es un diagrama que muestra los acontecimientos que sucedieron durante un período determinado y en el orden en que sucedieron. Algunas líneas cronológicas cubren un período de un mes o un año. Otras abarcan una década, un siglo o un milenio, o 1,000 años. Las líneas cronológicas te pueden ayudar a entender cómo un acontecimiento puede haber llevado a otro.

Los arqueólogos estudian los objetos hechos o usados por las personas del pasado. Este arqueólogo está inspeccionando una antigua tumba maya en lo que hoy es México.

Las personas del pasado a menudo se valían de la palabra hablada, en vez de la palabra escrita, para narrar el pasado. A la izquierda aparece una pintura del siglo XIX que muestra a un narrador indígena. A la derecha aparece un narrador actual que mantiene atentos a un grupo de estudiantes con un relato acerca del pasado.

¿QUIÉN PARTICIPÓ?

Para comprender el pasado, necesitas saber acerca de las personas que vivieron los acontecimientos y acerca de la época en que vivieron. Esto te permitirá entender las acciones y las creencias de las personas de otros tiempos y lugares. Esta comprensión se llama **empatía histórica**.

Al leer las palabras de una persona del pasado podrás entender su **perspectiva**, o punto de vista. La perspectiva de una persona es el conjunto de creencias que tiene esa persona y que están determinadas por factores tales como si la persona es joven o vieja, hombre o mujer, rica o pobre. La perspectiva de una persona también está determinada por la cultura y la raza. Tu conocimiento de la historia aumentará cuando estudies las perspectivas de las personas que vivieron los acontecimientos. Esto también te ayudará a ver que tú y las personas de otros lugares y épocas tienen mucho en común.

¿CÓMO Y POR QUÉ OCURRIÓ?

Muchos acontecimientos de la historia están relacionados a otros acontecimientos. Para encontrar las conexiones que hay entre los acontecimientos deberás identificar las causas y sus efectos. Una causa es cualquier acción que hace que algo suceda. Lo que sucede a causa de esa acción es un efecto. Los historiadores han descubierto que algunos acontecimientos tienen muchas causas y muchos efectos.

Para comprender un acontecimiento debes analizar sus causas y efectos. **Analizar** es una manera de razonar que consiste en dividir algo en partes y examinar con atención la manera en que esas partes están relacionadas. Una vez analizado un acontecimiento, se puede resumir o sacar una conclusión de cómo o por qué ocurrió.

✔ **¿Qué preguntas puedes hacer cuando lees sobre el pasado?**

La historia pone a tu alcance escenas del pasado.

CÓMO

Leer estudios sociales

¿Por qué es importante esta destreza?

Los estudios sociales están compuestos por numerosos relatos acerca de personas y lugares. A veces lees estos relatos en libros de la biblioteca. Otras veces los lees en libros de texto como éste. Saber leer los libros de estudios sociales puede ayudarte a estudiar y a hacer la tarea. También te ayudará a identificar las ideas principales y las personas, los lugares y los acontecimientos más importantes.

Comprende el proceso

Sigue estos pasos cuando leas cualquier lección de este libro:

1. Anticipa el contenido de la lección.

   - Mira el título y los encabezados para determinar de qué trata la lección.

   - Observa las ilustraciones, los pies de foto y las preguntas para determinar el contenido de la lección.

   - Responde la pregunta de "Conexión con nuestro mundo", que aparece al comienzo de la lección, para determinar cómo se relaciona con el presente la lección.

   - Lee el enunciado de "Concéntrate en la idea principal". Éste te dará la idea principal que se enseña en la lección.

   - Observa la lista de "Anticipa el vocabulario" para ver cuáles son las palabras nuevas que se presentan.

2. Lee la lección para obtener información sobre la idea principal. Mientras leas, encontrarás varias preguntas. Asegúrate de responder estas preguntas antes de seguir leyendo la lección.

3. Cuando termines de leer la lección, di con tus propias palabras lo que has aprendido.

4. Repasa la lección. Luego responde las preguntas del repaso, si es posible sin consultar el libro. El repaso de la lección te ayudará a comprobar lo que has aprendido, a pensar críticamente y a comunicar lo que sabes.

Piensa y aplica

Usa los cuatro pasos de "Comprende el proceso" cada vez que se te pida que leas una lección en *Relatos de la historia*.

GEOGRAFÍA

*T*odos los acontecimientos acerca de los que leerás en este libro suceden en un ambiente determinado. El ambiente incluye el lugar donde ocurre el acontecimiento. La **geografía** es el estudio de los muchos ambientes que hay en el mundo. El estudio de la geografía te ayudará a contestar las siguientes preguntas acerca de un lugar:

- **¿Dónde está?**
  (ubicación)

- **¿Cómo es?**
  (lugar)

- **¿Quiénes viven allí y qué hacen?**
  (interacción entre los seres humanos y el ambiente)

- **¿Cómo llegaron allí?**
  (movimiento)

- **¿En qué se parece este lugar a otros lugares?**
  ¿En qué se diferencia?
  (regiones)

Las respuestas a estas preguntas te darán la información necesaria para entender un ambiente. Las cinco preguntas son tan importantes, que muchas personas las llaman los cinco temas claves de la geografía.

1. UBICACIÓN

Todas las cosas que existen en la Tierra tienen una ubicación. Al conocer tu ubicación puedes informar a otras personas de dónde te encuentras. También puedes tomar conciencia del mundo que te rodea.

Para saber el lugar exacto donde vives, ya sea un pueblo o una ciudad, puedes usar los números y nombres de tu dirección. Para saber la **ubicación absoluta**, o lugar exacto en la Tierra, puedes usar los números de tu "dirección en el globo terrestre". Estos números aparecen en el conjunto de líneas imaginarias que se trazan sobre los globos terráqueos y mapas. Aprenderás más sobre estas líneas en las páginas 28 y 29, cuando estudies cómo leer un mapa.

La ubicación de un lugar también puede describirse en relación a la ubicación de otros lugares. Cuando dices que un lugar está cerca de algo, o rodeado por algo, estás describiendo su **ubicación relativa**. Puedes decir que la parada de autobús más cercana está en la esquina, junto a una gasolinera. O puedes decir que la ciudad de New Orleans está al sur de la ciudad de St. Louis.

2. Lugar

Todos los lugares de la Tierra tienen una identidad o características especiales que los diferencian de los otros lugares. A un lugar se le puede describir por sus **características físicas**: los accidentes del terreno, las masas de agua, el clima, el suelo, la vida animal y vegetal y otros recursos naturales. Muchos lugares también tienen **características humanas**: los edificios, los puentes, las granjas, las carreteras y los habitantes. La cultura, o modo de vida de los habitantes, también diferencia a los lugares.

3. Interacción entre los seres humanos y el ambiente

Los seres humanos y el ambiente interactuamos, o nos comportamos de manera tal que nos influimos unos a los otros. Las personas nos relacionamos con el ambiente en formas distintas. Algunas veces lo modificamos. Cortamos árboles para cultivar. Construimos ciudades y pueblos. A veces contaminamos el ambiente. El ambiente también puede modificar el comportamiento de las personas. Las personas que viven en lugares fríos usan ropas abrigadas. Ciertos fenómenos naturales, como los huracanes, los tornados y los terremotos, pueden alterar profundamente nuestras vidas.

4. Movimiento

A diario los habitantes de distintas partes del país y del mundo establecemos relaciones. Estas formas de interacción implican movimiento. Las personas, los productos y las ideas se desplazan por medio del transporte y las comunicaciones. La geografía te ayuda a comprender las causas y los efectos de este movimiento. También te ayuda a entender por qué vivimos donde lo hacemos.

5. Regiones

Las **regiones** son áreas de la Tierra cuyas características las diferencian de otras áreas. Una región puede describirse por las características físicas que predominan en ella, como las montañas o un clima seco. Una región también puede describirse por sus características humanas, como la lengua que habla la mayoría de la población o la forma de gobierno.

A veces se suelen dividir las regiones en regiones más pequeñas, que son fáciles de comparar. Algunos geógrafos que estudian la superficie de la Tierra y sus habitantes dividen Estados Unidos en regiones cuyos nombres reflejan sus ubicaciones relativas: el Noreste, el Sureste, el Medio Oeste, el Suroeste y el Oeste. Esta división en regiones facilita el estudio de la geografía de Estados Unidos.

 ¿Cuáles son los cinco temas de la geografía?

Leer un mapa

¿Por qué es importante esta destreza?

Para responder preguntas sobre el mundo que te rodea necesitas información. Puedes obtener información leyendo este libro, observando sus ilustraciones y gráficas y estudiando los mapas. Saber leer mapas es una destreza importante, tanto para aprender estudios sociales como para actuar como un ciudadano.

Comprende el proceso

Los mapas son dibujos de lugares de la Tierra. Los cartógrafos incluyen en la mayoría de los mapas ciertos elementos que nos ayudan a leerlos. Estos

elementos son un título, una clave, la rosa de los vientos y una escala. A menudo, los cartógrafos colocan una cuadrícula de líneas numeradas en los mapas para que los lugares sean más fáciles de ubicar.

1. El **título** indica el tema del mapa. El título también te ayuda a saber qué tipo de mapa se muestra, ya que hay muchas clases de mapas. Los mapas físicos muestran accidentes del terreno y masas de agua. Los mapas políticos muestran ciudades y fronteras nacionales. Muchos de los mapas que aparecen en este libro son mapas históricos y muestran regiones del mundo tal como lo fueron

ESTADOS UNIDOS

Capital nacional
Capital estatal
Frontera internacional
Frontera estatal

en el pasado. Con frecuencia los títulos de los mapas históricos incluyen fechas. Cuando observes un mapa, lee el título para saber de qué trata.

2. La **clave** del mapa, que también se llama leyenda, explica el significado de los símbolos que aparecen en el mapa. Los símbolos pueden ser colores, diseños, líneas u otras marcas especiales, como círculos, triángulos o cuadrados. La leyenda del mapa de la página 28 nos dice que las estrellas representan capitales estatales. Una estrella dentro de un círculo representa la capital nacional.

3. La **rosa de los vientos** indica los puntos cardinales: el norte, el sur, el este y el oeste. La rosa de los vientos también sirve para determinar los puntos intermedios, que están situados entre los puntos cardinales. Los puntos intermedios son el noreste, el noroeste, el sureste y el suroeste.

4. La **escala** del mapa compara una distancia en un mapa con una distancia real. La escala del mapa sirve para determinar la distancia real que existe entre los lugares representados en un mapa. Todos los mapas de este libro tienen una escala tanto en millas como en kilómetros. Las escalas varían

de acuerdo a la cantidad de superficie que se muestre. El mapa de Estados Unidos que aparece en la página 28 incluye dos mapas más pequeños, uno de Alaska y uno de Hawaii. Un mapa pequeño que aparece incluido en un mapa más grande se llama **mapa de recuadro**. Los mapas de recuadro tienen sus propias escalas. Estos mapas permiten mostrar los lugares con más detalle o mostrar los lugares que no están comprendidos en el área que se muestra en el mapa principal.

5. En un mapa, las líneas norte-sur y este-oeste se entrecruzan y forman una estructura de cuadrados llamada **cuadrícula**. Las líneas este-oeste son líneas de latitud. Las líneas norte-sur son líneas de longitud. La dirección en el globo terrestre de un lugar, o su ubicación absoluta, es el punto donde se cruzan una línea de latitud y una línea de longitud.

Piensa y aplica

Observa el mapa de Venezuela que se muestra abajo. Identifica las partes del mapa. Conversa con un compañero sobre los datos que aparecen en el mapa.

VENEZUELA

Frontera internacional
Capital nacional
Carretera principal
Parque nacional

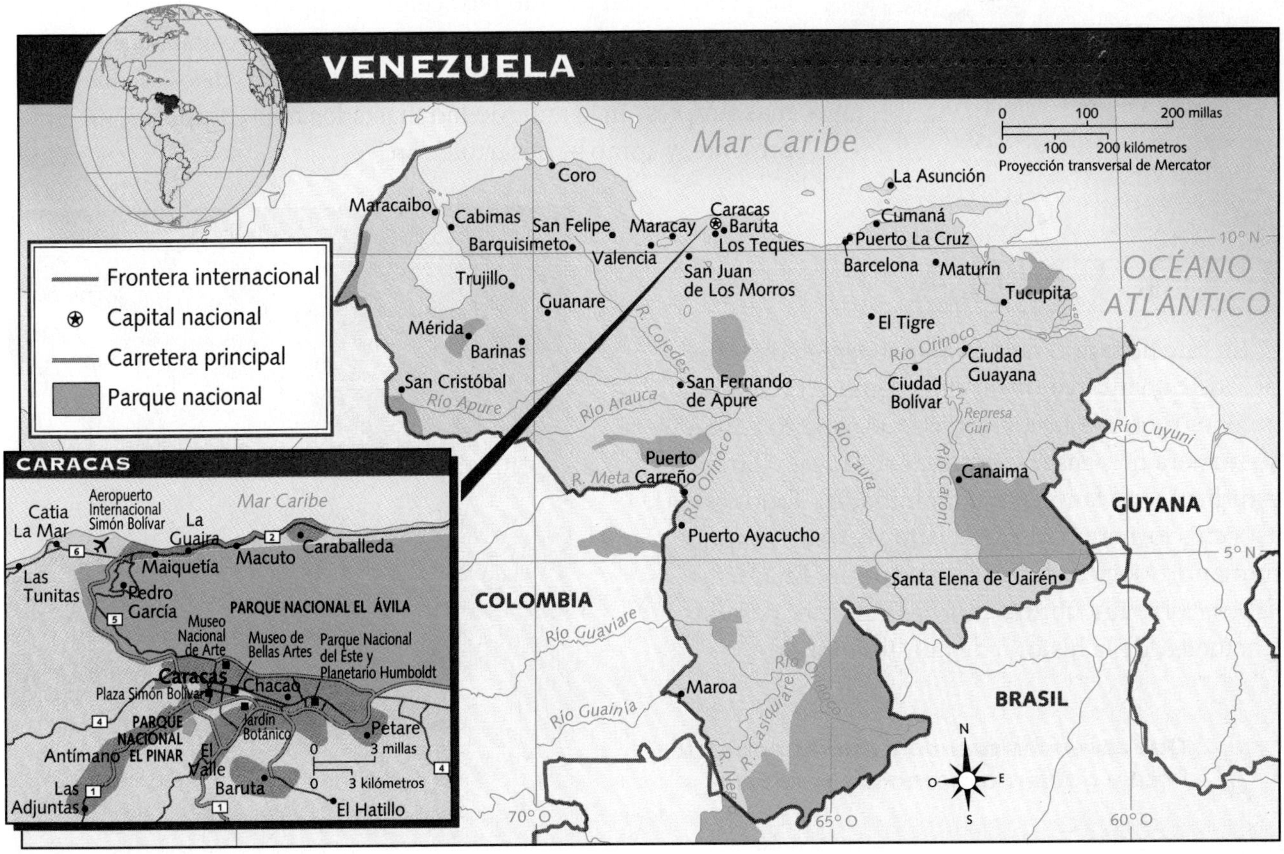

EDUCACIÓN CÍVICA Y GOBIERNO

La educación cívica y gobierno es el estudio de la ciudadanía y la forma en que los ciudadanos se gobiernan. Un gobierno es el conjunto de líderes y leyes que nos permiten convivir en una comunidad, estado o nación. En Estados Unidos los ciudadanos participan en los asuntos del gobierno. Las leyes que regulan los actos de las personas están redactadas y son cumplidas por los ciudadanos.

En *Relatos de la historia* aprenderás sobre las distintas formas de gobierno que existen en el mundo actual y sobre cómo las personas y los acontecimientos moldearon los gobiernos del pasado. También aprenderás sobre la ciudadanía y los derechos y responsabilidades de los ciudadanos ante los gobiernos del pasado y de hoy.

ECONOMÍA

La **economía** de un país es la forma en que los habitantes usan los recursos para satisfacer sus necesidades. El estudio de cómo satisfacemos nuestras necesidades también se llama economía. En *Relatos de la historia* leerás sobre la manera en que las personas del pasado fabricaron, compraron, vendieron e intercambiaron bienes para obtener lo que necesitaban o deseaban. Estudiarás distintos sistemas económicos, desde los más simples, en la antigüedad, hasta los más complejos, en el presente, y cómo se desarrollaron.

CULTURA

En este libro aprenderás acerca de personas del pasado que influyeron en el presente. Aprenderás quiénes fueron estas personas, qué aspecto tenían y su manera de pensar y expresar sus ideas. También estudiarás sus familias y comunidades. Todos estos aspectos forman parte de la cultura. Cada grupo humano, o sociedad, tiene una cultura. En *Relatos de la historia* descubrirás muchas culturas, pasadas y actuales, de la historia de nuestro mundo.

 ¿Qué aprendes cuando estudias educación cívica y gobierno, economía y cultura?

CÓMO

Trabajar en grupos

¿Por qué es importante esta destreza?

A veces aprender estudios sociales es más fácil si colaboras con un compañero o en un grupo. Muchos proyectos en los que trabajarás son difíciles de llevar a cabo por una sola persona. Sin embargo, si trabajas con otros estudiantes, cada uno puede hacer una parte del proyecto. Para hacer proyectos en grupo, cada miembro necesita cooperar con los demás. Saber cómo cooperar es una destreza importante.

Comprende el proceso

Imagina que estás trabajando con otros estudiantes en un proyecto de grupo, como una obra teatral sobre la vida cotidiana en la antigüedad. Tú y tus compañeros pueden seguir los siguientes pasos:

1. Organicen y planifiquen el trabajo juntos.
  • Establezcan un objetivo.
  • Compartan sus ideas.
  • Cooperen para planificar el trabajo.
  • Asegúrense de que todos tengan una tarea que hacer.

2. Ejecuten el plan juntos.
  • Háganse responsables de sus trabajos.
  • Ayúdense entre sí.
  • Si surgen conflictos, dediquen tiempo para hablar sobre ellos y solucionarlos.
  • Muestren el proyecto terminado a la clase.

3. Comenten el trabajo que hicieron.
  • Expliquen lo que aprendieron al trabajar en grupo.

Piensa y aplica

Sigue estos pasos cuando realices las actividades de *Relatos de la historia* en grupo.

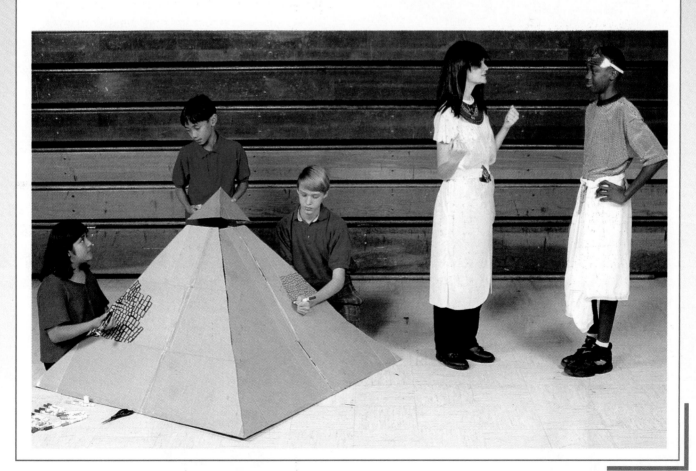

UNIDAD 1

LOS ORÍGENES DE LA HUMANIDAD

Hace 14,000 años   **Hace 12,000 años**   **Hace 10,000 años**   **Hace 8,000 años**

Hace más de 12,000 años Las personas viven de la caza y de la recolección de plantas y frutas silvestres

Hace 10,000 años Empieza la agricultura

*L*os primeros seres humanos con características muy similares a las nuestras aparecieron hace aproximadamente 200,000 años. Durante mucho tiempo, el modo de vida de los seres humanos no cambió mucho. Se desplazaban de un lugar a otro en grupos pequeños, cazaban animales salvajes y recolectaban plantas silvestres para alimentarse. Luego, empezaron a producir su propio alimento y a vivir en asentamientos permanentes. Este adelanto marca uno de los cambios más importantes en la historia del mundo. A partir de un mismo modo de vida, distintos pueblos primitivos desarrollaron costumbres, creencias, herramientas y lenguas propias.

← Esta escena, realizada por un artista moderno, muestra cómo puede haber sido la vida de los seres humanos primitivos hace aproximadamente 15,000 años.

Hace 6,000 años

Hace 5,500 años
Se inventa la rueda

Aparece la escritura cuneiforme

Hace 4,000 años

Hace 5,000 años
Surgen las ciudades estado en Sumeria

Hace 2,000 años

Hace 2,600 años
Aparece la moneda

Presente

Hace 3,000 años
Se desarrolla el primer alfabeto escrito

EL MUCHACHO DE LA CUEVA PINTADA

Justin Denzel

En rocosos acantilados de África y en cuevas de Europa y América los seres humanos primitivos dejaron imágenes de cómo era la vida hace miles de años. Los artistas primitivos cubrieron las paredes y las rocas de las cuevas con bellas pinturas. Algunas de ellas son diseños realizados con huellas de manos; otras muestran en escenas magníficas los animales que ellos cazaban para alimentarse.

Nadie sabe con seguridad por qué los seres humanos primitivos comenzaron a pintar. Quizás lo hacían como parte de sus rituales religiosos; o quizás deseaban dejar un testimonio del momento en que vivieron.

Tao y Barba Gris son los protagonistas de esta historia que tiene lugar en la Edad de Piedra, hace más de 30,000 años, una época en que la gente usaba piedras para fabricar herramientas y armas. Tao es un muchacho que está fascinado por los animales salvajes de los que su pueblo depende para satisfacer sus necesidades y que sueña con convertirse en un pintor de cuevas como Barba Gris. Al leer este relato vas a conocer a seres humanos de la Edad de Piedra, que dependían para su supervivencia de los recursos naturales del medio ambiente.

Los artistas primitivos usaron las huellas de sus manos para crear esta pintura rupestre que se encontró en Argentina, América del Sur.

Tao hizo una mueca al ver el rostro de agotamiento, los pómulos hundidos. Si bien estaba preocupado, no quería demostrarlo, pues sabía que eso no le gustaría al anciano.

—La cueva está lista —dijo Tao—. Pero antes debes descansar y alimentarte.

Sacó algo de carne y pescado secos de su bolsa de cuero y ambos se sentaron a comer apoyados en un viejo roble. Tao se preguntaba si el anciano recordaba su promesa.

Cuando terminaron, se pusieron en camino atravesando el valle. Barba Gris se detenía con frecuencia y hurgaba con su lanza en los lechos de los arroyos y en las orillas pedregosas, buscando algo. Cuando lo encontró, escarbó con un palito y sacó un puñado de tierra roja brillante.

—Toma —dijo mientras la echaba en una bolsa de piel vacía—. Esto nos servirá para hacer pintura roja. Ahora debemos buscar amarillos y blancos.

—Yo tengo arcilla amarilla —dijo Tao. El anciano sí se acordaba.

—Bien. Podemos sacar polvo de cal al pie de los acantilados para mezclarlo y aclarar los colores.

Después de conseguir toda la tierra roja, blanca y amarilla que necesitaban, subieron a los acantilados por el camino fácil que

Barba Gris había encontrado. Cuando llegaron a la Cueva Escondida, quitaron las ramas que cubrían la entrada para dejar que penetrara la luz del sol.

Dentro de la cueva, Barba Gris se sentó en el suelo y Tao se acuclilló junto a él. El anciano vertió un poco de tierra roja en una de las rocas con forma de plato que Tao había recogido; luego, usando una piedra lisa y redonda, comenzó a molerla. Cuando le pareció que el polvo era lo bastante fino, añadió algo del aceite de pescado de Tao, lo mezcló hasta formar una pintura de color rojo oscuro y echó una pequeña cantidad en otras tres piedras en forma de plato poco profundo. En la primera añadió un pedazo de arcilla amarilla, en la segunda echó polvo de cal y en la tercera, polvo de carbón. Con un palito limpio diferente para cada una removió bien las mezclas hasta conseguir tres colores diferentes: anaranjado brillante, rosa salmón y café oscuro.

Tao estaba maravillado. Observaba sentado en silencio y pensaba que esto también era magia. Barba Gris desplegó más platillos y comenzó a combinar tonos de amarillo, café, gris y negro. Mezclaba algunos con miel, y otros con grasa cocida y sangre coagulada de jabalí.

Los artistas primitivos usaban útiles similares a éstos. Sobre una piedra de amolar descansan dos piedras utilizadas para esculpir, algunos pedazos de manganeso y ocre para pintar y un raspador de pintura.

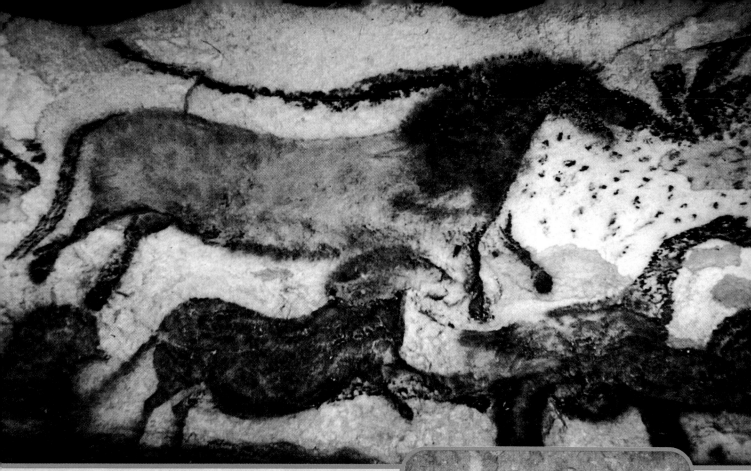

En esta antigua pintura rupestre de Lascaux, Francia, los caballos parecen cobrar vida.

—Ahora tenemos que hacer los pinceles —dijo Barba Gris y, luego de tomar un puñado de ramitas de su bolsa, comenzó a machacar las puntas con una piedra hasta que estuvieron suaves y sin filo. Sosteniendo una a la luz del sol que penetraba por la entrada de la cueva, se volvió para que Tao la observara.

—Éstos son pequeños —dijo—. Servirán para pintar ojos y líneas finas de pelo.

Para hacer pinceles más grandes, Barba Gris ató con cuerdas de fibra vegetal plumas y cerdas de jabalí alrededor de las puntas de largos palos.

Cuando las pinturas y los pinceles estuvieron preparados, el anciano se puso de pie.

—Ahora estamos listos para pintar.

Tao sostuvo un omóplato de caballo, mientras el anciano vertía colores sobre la amplia superficie blanca. Luego, Barba Gris entregó al muchacho uno de los pinceles grandes y señaló los dibujos de rinocerontes, bisontes y mamuts que Tao había hecho.

Pintura rupestre de América del Sur, cerca de Perito Moreno, Argentina

El muchacho aguantó la respiración. Nunca antes había tenido un pincel en las manos.

—¿Cuál pintaré?

Barba Gris sonrió.

—Tú eres el creador de las imágenes. Pinta la que más te guste.

—La montaña que camina —dijo Tao.

Barba Gris asintió.

—Entonces, comienza.

Con vacilación, Tao lanzó una mirada indecisa a los colores del omóplato.

—Ya viste a los mamuts —le recordó Barba Gris—. ¿De qué color eran?

—Pardo rojizo.

—Muy bien —dijo el anciano—. Entonces mezcla un poco de negro con el rojo hasta que obtengas el color que deseas.

Tao metió el pincel en la pintura negra, y luego en la roja. Alzó la mano y dio un ligero toque en el dibujo. El color era demasiado claro, así que puso un poco más de negro en el pincel. Volvió a dar un toque con el pincel. Sonrió. Era un pardo rojizo oscuro, el color que quería. Y así siguió, mojando el pincel y dando ligeras pinceladas.

Barba Gris observaba mientras Tao repetía el mismo movimiento una y otra vez. Se acercó al muchacho y, tomándole la mano, le dijo:

—No estás pintando en un cuerno o en una concha marina, sino en una pared. Así, mueve el pincel con todo el brazo.

Barba Gris tomó el pincel y lo pasó sobre el dibujo, siguiendo las líneas del cuerpo del mamut.

Tao vio cómo el rostro del anciano se iluminaba mientras aplicaba grandes capas de color y sintió la emoción de ver cómo la pintura cobraba vida.

—No tengas miedo —le dijo Barba Gris. Los ojos le brillaban—. Siempre puedes retocar lo que no te guste.

El anciano le devolvió el pincel a Tao y el muchacho volvió a intentarlo. Esta vez permitió que su brazo se moviera con libertad al deslizar el pincel sobre la pared. Mezcló gris con amarillo para rellenar las zonas claras alrededor del pecho y el estómago y pintó zonas oscuras sobre el lomo para sombrearlas. Vio cómo su mamut comenzaba a respirar a medida que completaba el ojo y la oscilante trompa.

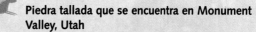

Piedra tallada que se encuentra en Monument Valley, Utah

Cuando la pintura estuvo acabada, Barba Gris rompió unos huevos de pato; separó las yemas, puso las claras en una concha de berberecho, las removió con un palito y se las entregó a Tao.

El muchacho se sintió confundido.

—¿Para qué es esto?

—Échalo sobre tu pintura y verás.

Con un pincel de pluma, Tao extendió la clara sobre el dibujo. Esta vez, el mamut cobró vida con nuevos y brillantes colores. Tao lo observó sorprendido. Su propia mano lo había hecho. Sonrió. Nunca se había sentido tan feliz.

A medida que estudies a los seres humanos primitivos, descubrirás cómo éstos, en continentes diferentes, lograron satisfacer sus necesidades básicas y desarrollaron nuevas formas de expresar sus vidas.

LOS PUEBLOS DE LA EDAD DE PIEDRA

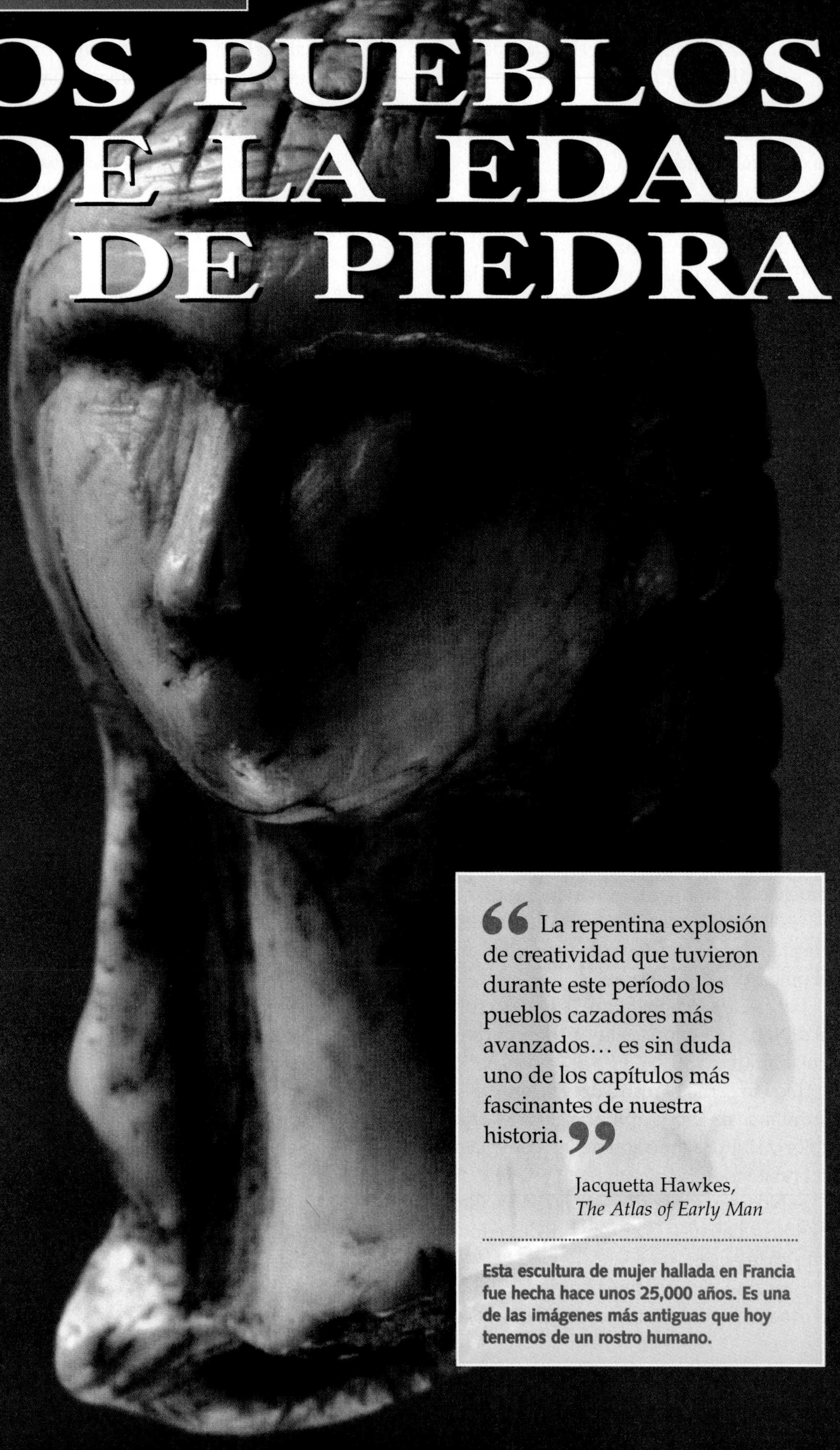

> **❝** La repentina explosión de creatividad que tuvieron durante este período los pueblos cazadores más avanzados… es sin duda uno de los capítulos más fascinantes de nuestra historia. **❞**
>
> Jacquetta Hawkes,
> *The Atlas of Early Man*

Esta escultura de mujer hallada en Francia fue hecha hace unos 25,000 años. Es una de las imágenes más antiguas que hoy tenemos de un rostro humano.

CAZADORES Y RECOLECTORES

Conexión con nuestro mundo

¿Por qué en la actualidad las personas forman grupos?

Concéntrate en la idea principal
A medida que leas, busca las razones por las que los pueblos primitivos vivían y trabajaban en grupos.

Anticipa el vocabulario
clan
consecuencia
migración
período glacial
tundra

cultura
artefacto
sociedad
división del trabajo
función

Estas cuchillas del suroeste de Asia (derecha) y esta piedra labrada del norte de África (izquierda) son ejemplos de herramientas primitivas utilizadas para cazar.

Los primeros seres humanos probablemente vivieron en África. A lo largo de decenas de miles de años se fueron desplazando gradualmente hacia Asia, Europa, Australia y América del Norte y del Sur. Por generaciones, viajaron en grupos, cazando y recolectando alimento para sobrevivir. Durante sus viajes, fueron poblando grandes extensiones de la Tierra sin que su modo de vida sufriera grandes cambios.

LA BÚSQUEDA DE ALIMENTO

Los seres humanos primitivos generalmente vivían agrupados en **clanes**, o sea, en grupos de familias relacionadas entre sí y con un objetivo en común. Por lo general, cada clan tenía menos de 20 personas. Sus miembros cooperaban para satisfacer las necesidades básicas, como el alimento, la ropa y el refugio, y pasaban sus días recolectando frutos silvestres, nueces, raíces y semillas. Ocasionalmente, capturaban peces, tortugas, pájaros y roedores pequeños. Con el tiempo descubrieron cuáles eran los animales y plantas que se podían comer sin que esto tuviera **consecuencias** negativas, como enfermedades o muerte por envenenamiento.

Algunos clanes cazaban animales gigantes que ahora están extinguidos, como los rinocerontes lanudos. La carne de estos animales les proporcionaba alimento, con los huesos hacían herramientas y con las pieles, ropa y refugios. Una de las presas más comunes de los primeros cazadores fue el mamut, en ese entonces el animal más grande de la Tierra. El mamut, una especie de elefante peludo con grandes colmillos curvos, llegaba a medir 16 pies (4.9 m) de altura; o sea, más que una casa de un piso.

Para matar un animal del tamaño de un mamut, los cazadores primitivos necesitaban herramientas especiales. Afilaban piedras, huesos de animales, cuernos o colmillos para hacer lanzas y cuchillos. Para cazar los animales más grandes, los miembros de un clan también necesitaban tener destrezas especiales y trabajar en equipo. Algunos cazadores, por ejemplo, perseguían los animales y los acorralaban al borde de los precipicios hasta que se desbarrancaban. Otros se cubrían con pieles de animales para poder acercarse a su presa y capturarla.

Los primeros clanes no vivían en el mismo lugar todo el año; se desplazaban constantemente en busca de plantas y animales. Establecían campamentos temporales en cuevas o en refugios de rocas, cerca de lugares donde abundaba el alimento; cuando éste escaseaba, se mudaban a otros lugares que ya conocían. Por lo general, los clanes iban a regiones concretas en busca de alimento. Al seguir un patrón temporal regular de **migración**, o sea, al desplazarse de un lugar a otro, los clanes encontraban el alimento necesario para vivir.

 ¿Qué función desempeñó el clan en la vida de los seres humanos primitivos?

Este antiguo esqueleto de mamut fue hallado en Rancho La Brea, en California.

CÓMO SE POBLÓ EL MUNDO

A medida que el número de miembros de un clan aumentaba, era necesario ampliar los territorios habituales en busca de más alimento. Con cada nueva generación se expandía el patrón migratorio del clan. El promedio de duración de la vida de esos seres humanos era de 20 años y durante ese período expandían su territorio dos o tres millas (3.2 a 4.8 km). De esta forma los seres humanos empezaron a poblar el mundo. En la actualidad, después de cientos de generaciones y decenas de miles de años, los seres habitan prácticamente todo el mundo.

Los arqueólogos creen que los primeros clanes se originaron en el *Rift Valley*, en África, hace aproximadamente 200,000 años, y que se desplazaron desde África hasta el suroeste de Asia hace aproximadamente 100,000 años. En la actualidad este territorio es un vasto desierto, pero en ese entonces tenía praderas habitadas por manadas de gacelas y venados. Siguiendo estas manadas, generación tras generación de pueblos primitivos migraron lentamente en todas direcciones.

Aquellos que se desplazaron hacia el este hace unos 60,000 años cruzaron las cadenas de montañas escarpadas hacia los verdes valles de lo que hoy es China. Las generaciones posteriores cruzaron el estrecho y profundo brazo de mar rumbo al este, hasta llegar a lo que hoy es Indonesia.

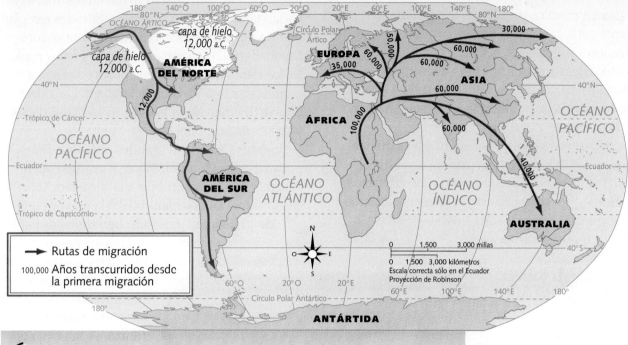

MOVIMIENTO Probablemente los pueblos primitivos empezaron a migrar desde África hace unos 100,000 años.

■ ¿A qué continentes habían llegado los humanos hace aproximadamente 60,000 años?

Desde allí, hombres, mujeres y niños cruzaron el mar en grandes balsas de madera, hasta llegar a Australia.

Hace aproximadamente 35,000 años algunos grupos humanos llegaron a Europa. Otros migraron hacia el noreste, siguiendo las manadas de animales, y llegaron hace 25,000 a lo que hoy es Siberia, en Rusia. Esto ocurrió durante el último **período glacial**, época en que el clima era muy frío y grandes capas de hielo cubrían casi un tercio de la superficie de la Tierra.

El mundo tenía un aspecto muy diferente durante este período. El nivel del mar estaba unos 200 pies (61 m) por debajo del nivel actual, debido a que una gran cantidad del agua estaba congelada. Algunas islas y continentes quedaron conectados por puentes terrestres; grandes capas de hielo en movimiento desgastaron extensas regiones árticas hasta convertirlas en **tundra**, o sea, amplias llanuras sin árboles.

"Los cazadores que vivían en estas inmensas llanuras heladas y sin árboles tenían que recorrer grandes distancias en busca de animales y plantas comestibles", dice un arqueólogo al describir la vida primitiva en la tundra de Siberia. "Había pocas cuevas y rocas para usar como refugio, entonces tuvieron que hacer viviendas para protegerse del frío." Estas viviendas estaban construidas con huesos de mamut o con tepe, una capa de tierra cubierta con hierba.

Las migraciones del período glacial no se detuvieron en Siberia. Los primeros clanes se desplazaron hacia el este, atravesando el puente terrestre que cruzaba el Estrecho de Bering, el mar poco profundo que divide Asia de América del Norte. Los pueblos primitivos posiblemente llegaron a América del Norte por lo menos hace 12,000 años; aunque puede ser que llegaran mucho antes, hace 40,000 años. Con el paso del tiempo, algunos clanes llegaron a América del Sur.

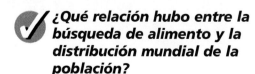

✓ **¿Qué relación hubo entre la búsqueda de alimento y la distribución mundial de la población?**

LAS CULTURAS Y SOCIEDADES PRIMITIVAS

Todos los pueblos primitivos, independientemente del lugar en que vivían, empezaron como cazadores y recolectores. Con el tiempo, estos pueblos desarrollaron sus propias culturas en diferentes partes del mundo. Una **cultura** es el modo de vida que diferencia a un grupo humano de los demás.

Los pueblos primitivos comenzaron a diferenciarse unos de otros por su manera de vestir, el tipo de viviendas que construían y los **artefactos**, u objetos que hacían. El arte, las creencias, las costumbres y los idiomas son otros elementos que distinguen a los pueblos.

Mediante la palabra, los miembros del clan compartían sus sentimientos y expresaban sus necesidades. Los miembros más viejos transmitían oralmente las costumbres del clan a los miembros más jóvenes. El lenguaje contribuyó a que los pueblos primitivos se convirtieran en sociedades. Una **sociedad** es un grupo organizado de personas que viven y trabajan de acuerdo con tradiciones y normas establecidas.

A medida que los clanes se unían y su población aumentaba, su forma de organización fue cambiando. En un clan de sólo 20 miembros, todos hacían tareas similares. Por ejemplo, todos recogían plantas, cazaban, fabricaban herramientas, construían viviendas y curtían pieles para hacer ropa. En los clanes de 50 a 100 miembros comenzó a establecerse una **división del trabajo**. Los miembros se dividían las tareas según sus habilidades y las necesidades del clan.

En estos clanes más grandes cada una de las personas asumía una **función**, o sea, una tarea concreta con que contribuir a la sociedad. Una persona que tallaba bien pasaba la mayor parte de su tiempo fabricando herramientas para el grupo. Un experto en curtir y coser pieles se encargaba de hacer ropa. Debido a que la recolección de alimento y la caza eran funciones importantes para las sociedades primitivas, los cazadores y recolectores de alimento se convirtieron en los jefes del grupo.

En algunas de las sociedades primitivas las mujeres expertas en recoger plantas pasaron a dirigir su grupo. En otras sociedades, los hombres expertos en la caza se convirtieron en jefes.

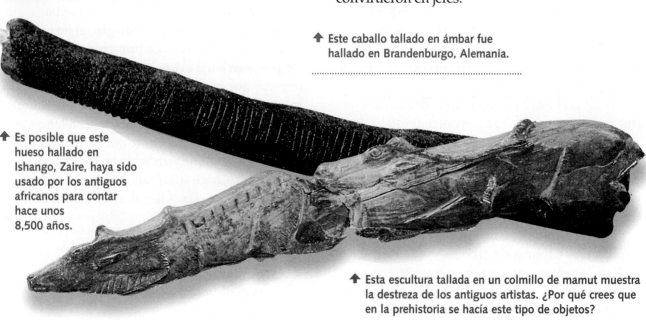

⬆ Este caballo tallado en ámbar fue hallado en Brandenburgo, Alemania.

⬆ Es posible que este hueso hallado en Ishango, Zaire, haya sido usado por los antiguos africanos para contar hace unos 8,500 años.

⬆ Esta escultura tallada en un colmillo de mamut muestra la destreza de los antiguos artistas. ¿Por qué crees que en la prehistoria se hacía este tipo de objetos?

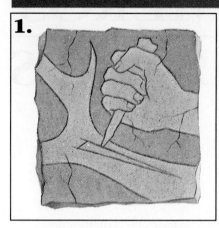
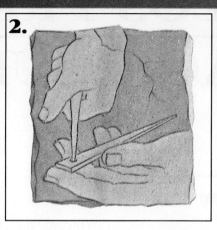
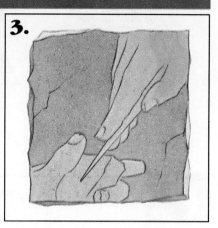

APRENDER CON DIAGRAMAS   Los pueblos primitivos fabricaban agujas siguiendo estos pasos: (1) Usaban una piedra afilada para darle forma de triángulo a un trozo de cuerno. (2) Luego perforaban el cuerno para hacer el ojo de la aguja. (3) Para terminar, afilaban la punta de la aguja raspándola contra un bloque de arenisca.

■ ¿Para qué crees que los pueblos prehistóricos hacían agujas?

Como consecuencia de la división del trabajo, en algunas sociedades las mujeres y los hombres pasaron a cumplir diferentes funciones.

Los jefes desempeñaban una función muy importante dentro del grupo. Estaban a cargo de tomar las decisiones y mantener las tradiciones. Decidían cómo defenderse de los peligros externos y mantenían el orden dentro de la sociedad. Una de las maneras en que los jefes mantenían el orden era controlando la distribución de los recursos que escaseaban. En las primeras sociedades, esto por lo general se refería al alimento, la necesidad más importante de cualquier persona.

✓ **¿Qué sucedió como consecuencia del crecimiento de los clanes?**

LECCIÓN 1 • REPASO

Comprueba lo que aprendiste

1. **Recuerda los datos**   ¿Cómo obtenían su alimento los pueblos primitivos?
2. **Concéntrate en la idea principal**   ¿En qué contribuyó la vida en grupo a la supervivencia de los seres humanos primitivos?

Piensa críticamente

3. **Piensa más sobre el tema**   ¿Por qué motivo, además de la necesidad de conseguir alimento, crees que los seres humanos primitivos trabajaban en equipo?
4. **Explora otros puntos de vista**   A veces los jefes y demás miembros de un grupo no llegaban a un acuerdo sobre la forma de distribuir los recursos. ¿Por qué crees que esto sucedía? ¿Cuáles pudieron haber sido las consecuencias de estos desacuerdos?
5. **Ayer y hoy**   ¿Cómo cooperan en la vida diaria las personas de nuestra sociedad?

Muestra lo que sabes

Actividad: Relato   Imagina que eres un cazador y recolector de un clan de Asia central. Inventa un cuento en el que narres a tus hijos cómo trabajan en equipo los miembros del clan para conseguir alimento. Ensaya el cuento varias veces y luego cuéntaselo a un compañero.

LOS PRIMEROS AGRICULTORES

Conexión con nuestro mundo

¿Qué efecto tienen los cambios en tu vida?

Concéntrate en la idea principal

Considera el efecto que tuvo sobre los pueblos recolectores su transformación en pueblos productores de alimento.

Anticipa el vocabulario

domesticar	agricultura
economía	medio ambiente
ganado	maíz
nómada	subsistir

A medida que las sociedades crecían, muchos clanes descubrieron que no podían depender únicamente de la caza y recolección para satisfacer sus necesidades básicas, pues ese método no siempre proporcionaba suficiente alimento. A causa de eso, algunas sociedades primitivas comenzaron a producir alimento mediante el cultivo de plantas y la cría de ganado.

EL CONTROL DE LA NATURALEZA

Hace 100,000 años algunas sociedades de cazadores y recolectores comenzaron a producir alimento. Este cambio fue muy importante, puesto que el suministro de alimento ya no se veía limitado a lo que se cazara o recolectara. Las sociedades aprendieron a domesticar animales y plantas. **Domesticar** una planta o un animal es hacer que puedan ser usados en beneficio humano.

En las sociedades primitivas, las mujeres se encargaban de la recolección de alimentos y fueron ellas probablemente las primeras en domesticar plantas. Tal vez hayan descubierto que donde arrojaban semillas un año, crecían plantas al año siguiente.

Con el tiempo, aprendieron a seleccionar semillas que producían frutos en abundancia, crecían rápidamente y tenían buen sabor.

Algunas sociedades empezaron a depender menos de las plantas silvestres y más de las plantas que los agricultores sembraban en sus huertas. La agricultura determinó que aquellas sociedades se establecieran en un lugar fijo.

Sembrar, cuidar y cosechar cultivos toma muchos meses de trabajo constante. Las primeras sociedades agrícolas construyeron refugios permanentes, formaron pequeñas aldeas y cultivaron la tierra. La **economía** de estas sociedades, o sea, el modo en que utilizaban los recursos para satisfacer sus necesidades, se basaba principalmente en los cultivos.

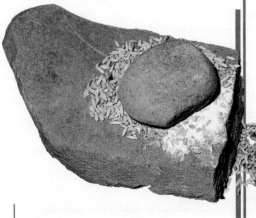

Cuando las personas comenzaron a sembrar sus propios cultivos, necesitaron nuevas herramientas. Los pueblos primitivos utilizaban esta herramienta, llamada molinillo de mano, para moler granos. ¿Cómo crees que habrán hecho este molinillo?

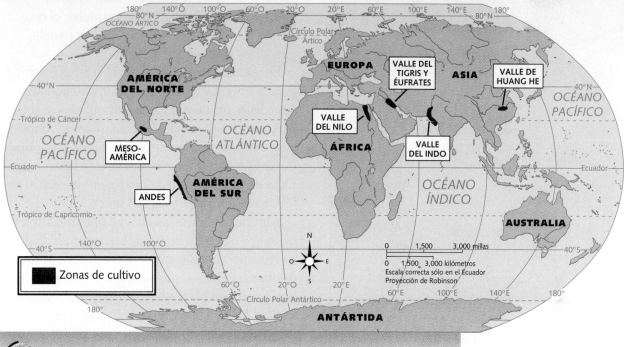

REGIONES Las primeras zonas agrícolas se desarrollaron en diferentes lugares de la Tierra.

■ ¿Qué te dice este mapa sobre los lugares donde se desarrollaron las primeras zonas agrícolas?

Aun en las sociedades agrícolas, los animales continuaron siendo un recurso importante. Algunas sociedades seguían cazando animales salvajes para alimentarse y para usar sus huesos y pieles. Otras empezaron a domesticar animales y plantas. Es posible que el perro haya sido el primer animal domesticado. El hombre comenzó a usarlo para rastrear animales salvajes; luego, la domesticación de ovejas y cabras permitió un suministro constante de carne, leche y lana. Algunos pueblos primitivos se dedicaron más a la cría de **ganado**, como vacas, ovejas y cerdos, que al cultivo de plantas.

La mayor parte de los pueblos primitivos que se dedicaban a la cría de ganado eran **nómadas**. Se desplazaban de un lugar a otro con sus rebaños en busca de pasto y agua. Al igual que los cazadores y recolectores nómadas, los pastores tampoco construían aldeas ni asentamientos permanentes, sino que vivían en refugios temporales.

No todos los pueblos adoptaron el nuevo modo de vida de los agricultores o pastores; algunos siguieron cazando y recolectando

alimento. De hecho, algunos grupos humanos aún lo hacen hoy en día.

✔ **¿Cómo cambió la manera en que los pueblos primitivos se procuraban su alimento?**

EFECTOS DEL CAMBIO

La **agricultura**, es decir, el cultivo de plantas y la cría de animales domesticados, transformó para siempre a las sociedades que la practicaban. Con la agricultura, la producción de alimento fue más estable y aumentó a medida que se inventaron herramientas como el arado y se perfeccionaron los procesos de producción, como el uso de reses domesticadas para tirar de los arados y recoger agua para los cultivos.

La agricultura facilitó el abastecimiento de alimento, pero también creó algunos problemas; ahora no sólo se debía producir alimento para el clan, sino también para los animales domésticos.

ASENTAMIENTOS EN EL SUROESTE DE ASIA

Mar Negro

Mar Caspio

ASIA

Montes Taurus

Çatal Hüyük

Mureybit

Nínive

Río Eufrates

Río Tigris

Jarmo

Montes Zagros

Mar Mediterráneo

Desierto Sirio

Ali-Kosh

Jericó

El-Obeid

Beidha

Eridú

0   200   400 millas

0   200   400 kilómetros
Proyección cónica conforme de Lambert

ÁFRICA

Mar Rojo

Río Nilo

- Asentamiento
— Frontera actual
------ Antiguo litoral marino

INTERACCIÓN ENTRE LOS SERES HUMANOS Y EL AMBIENTE En el suroeste de Asia aparecieron algunas de las primeras comunidades agrícolas.

- ¿Cerca de qué tipo de accidente geográfico establecieron sus aldeas los primeros agricultores?

embargo, la escasez de alimentos producida por plagas y sequías causaba gran cantidad de muertes. Otra causa de muerte eran las guerras que se libraban para mantener el control de las tierras de cultivo o apoderarse de territorios ajenos.

En este período se empezaron a fabricar armas para la guerra y a proteger con muros las aldeas. Una de las primeras aldeas amuralladas se construyó en el suroeste de Asia, en un lugar conocido en la actualidad como Jericó. La aldea, compuesta de casas construidas con ladrillos de barro, estaba rodeada por un muro de piedra que medía 20 pies (6.1 m) de altura y 6 pies (1.8 m) de ancho.

Algunos métodos de cultivo que utilizaron los primeros agricultores tuvieron consecuencias en su entorno o **medio ambiente**. Los agricultores desmontaban y limpiaban los terrenos de cultivo quemando las plantas silvestres que allí crecían y usaban las cenizas como fertilizante. Pero cuando la tierra comenzó a utilizarse para pastos y cultivos, desapareció la rica variedad de plantas silvestres que servían de alimento a las manadas de animales salvajes.

¿Cuáles fueron las ventajas y desventajas de la agricultura?

DIVERSIDAD EN LOS PRIMEROS AÑOS DE LA AGRICULTURA

En los lugares donde se desarrolló la agricultura se domesticaron gran variedad de plantas y animales.

En algunos lugares la agricultura aumentó el índice de crecimiento de la población. Sin

APRENDER CON GRÁFICAS La población del mundo aumentó espectacularmente con la agricultura.

- ¿Cuál era la población mundial en el año 10,000 a.C.? ¿A cuánto había llegado en el año 4000 a.C.?

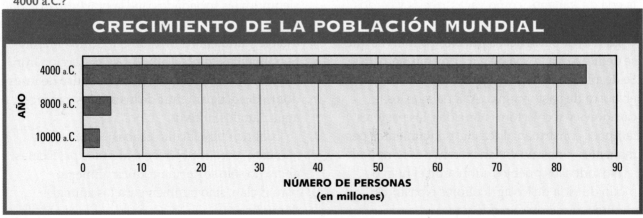

CRECIMIENTO DE LA POBLACIÓN MUNDIAL

AÑO

4000 a.C.

8000 a.C.

10000 a.C.

0   10   20   30   40   50   60   70   80   90

NÚMERO DE PERSONAS (en millones)

Algunas pinturas rupestres, como ésta encontrada en Argelia, África, ilustran actividades de la vida cotidiana. Ésta muestra a hombres, mujeres y niños trabajando junto a un rebaño de vacas. En el extremo izquierdo podemos observar espigas de trigo, uno de los cultivos principales de los pueblos primitivos.

La agricultura en el valle de los ríos Tigris y Éufrates, en el suroeste de Asia, se basaba en el cultivo del trigo y la cebada y en la cría de ovejas, cabras y vacas. A lo largo del valle del Nilo, en el norte de África, se cultivaba trigo y cebada y se criaban ovejas, cabras, vacas y cerdos. Hacia el este, los pueblos que vivían en los valles de lo que hoy son Paquistán y China plantaban arroz y mijo y criaban cerdos, gallinas y búfalos de agua.

Mientras tanto, en las Américas, los primeros agricultores cultivaban frijoles y chiles en los valles de las montañas de lo que hoy es Perú, y papas en lo que hoy es Bolivia. Más tarde, también se cultivaron en las Américas calabazas, calabacines, guayabas y **maíz**.

En sus comienzos, la agricultura contribuyó a que los seres humanos pudieran **subsistir**, o sea, sobrevivir, sin tener que depender de la caza y la recolección. En muchos lugares la agricultura llevó a la formación de aldeas estables y de sociedades más complejas. Pero la gente no siempre se quedó en el mismo lugar; muchos grupos continuaron desplazándose en busca de nuevas tierras para sus cultivos y pastos frescos para sus rebaños.

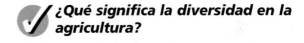 **¿Qué significa la diversidad en la agricultura?**

LECCIÓN 2 • REPASO

Comprueba lo que aprendiste

1. **Recuerda los datos** ¿Qué nueva manera de obtener alimento cambió para siempre las sociedades?

2. **Concéntrate en la idea principal** ¿Por qué los pueblos primitivos comenzaron a producir alimento? ¿Qué efecto tuvo este cambio en las primeras sociedades?

Piensa críticamente

3. **Piensa más sobre el tema** ¿Por qué crees que las sociedades agrícolas tenían la necesidad de controlar la tierra, a diferencia de las sociedades de cazadores y recolectores?

4. **Ayer y hoy** En la actualidad la deforestación de los bosques afecta al medio ambiente de la misma manera que lo hizo en el pasado el exterminio de las plantas silvestres. ¿Cuáles fueron las consecuencias en el pasado? ¿Cuáles son las consecuencias hoy en día?

Muestra lo que sabes

 Actividad: Debate Piensa en los cambios que produjo la domesticación de plantas y animales en las sociedades. Adopta el punto de vista de un granjero o de un cazador y recolector, en un debate sobre lo que sucedió cuando los pueblos primitivos pasaron a ser agricultores.

CÓMO

Usar una línea cronológica paralela

¿Por qué es importante esta destreza?

Así como los mapas te ayudan a entender *dónde* sucedió un acontecimiento, las líneas cronológicas te ayudan a entender *cuándo* pasó. Las líneas cronológicas te permiten poner los acontecimientos en secuencia.

Piensa en las líneas cronológicas

La línea cronológica que ves en esta página se llama **línea cronológica paralela** y consiste en varias líneas en una misma gráfica. Puedes usar este tipo de gráfica para mostrar acontecimientos relacionados entre sí. La puedes usar para mostrar

cuándo sucedió el mismo hecho en distintas partes del mundo. También puedes mostrar acontecimientos que ocurrieron al mismo tiempo pero en lugares diferentes. O tal vez puedes usar una línea cronológica paralela para mostrar diferentes tipos de acontecimientos que sucedieron en un mismo lugar al mismo tiempo.

Los cuatro niveles de la línea cronológica que aparece en esta página están divididos en períodos de 2,000 años, empezando en el año 8000 a.C. y terminando en el 2000 d.C. La abreviatura **a.C.** significa "antes de Cristo" y **d.C.** significa "después de Cristo". Esta abreviatura señala cuántos años han pasado desde el nacimiento de Jesucristo.

LÍNEA CRONOLÓGICA PARALELA: ORÍGENES DE LA AGRICULTURA

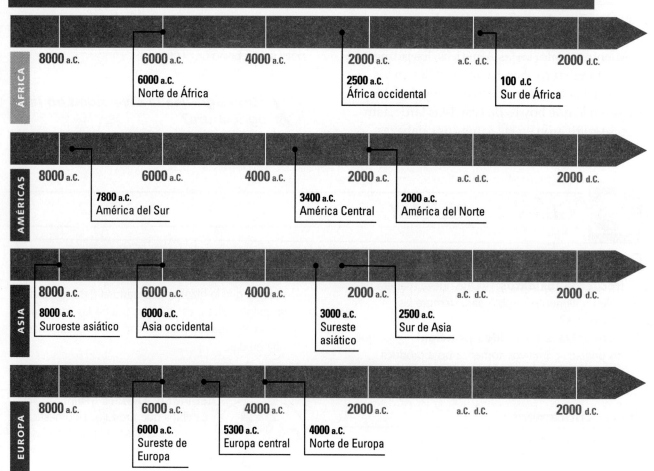

En esta línea cronológica, los años están enumerados hacia atrás y hacia adelante, en relación con la fecha de nacimiento de Jesucristo. Cuanto más grande es el número de un año a.C., mayor es el tiempo que ha transcurrido. Cuanto más grande es el número de un año d.C., más reciente es la fecha.

Es posible que otras líneas cronológicas usen otras abreviaturas. A veces se usan las abreviaturas a.E.C. y E.C. en vez de a.C. y d.C. En esas líneas cronológicas, **a.E.C.** significa "antes de la Era Común" y **E.C.** significa "Era Común". La abreviatura a.E.C. representa el mismo período que a.C., y E.C. representa el mismo período que d.C.

Las fechas de los acontecimientos ocurridos en un pasado muy lejano, a menudo son aproximadas, es decir, no son exactas porque nadie sabe con certeza cuándo ocurrieron. A veces una fecha en una línea cronológica no significa que ese acontecimiento ocurrió exactamente en ese año. Significa que la primera **evidencia**, o prueba, que se tiene del acontecimiento data de esa fecha. Con frecuencia, estas fechas se indican con la palabra *circa* o su abreviatura *c.* En latín *circa* significa "aproximadamente".

La línea cronológica de la página 48 muestra cuándo empezó la agricultura en la Edad de Piedra en diferentes partes del mundo. La Edad de Piedra, período durante el cual se formaron las primeras sociedades, se divide en dos partes. Durante el período Paleolítico, o Edad de Piedra Antigua (antes del año 8000 a.C.), los seres humanos eran cazadores y recolectores, y vivían en clanes pequeños. Durante el período Neolítico, o Nueva Edad de Piedra (desde el año 8000 a.C. hasta casi el año 1000 d.C. en algunas partes del mundo) la domesticación de plantas y animales condujo al desarrollo de la agricultura.

Comprende el proceso

Observa cada nivel o estrato de la línea cronológica de la página 48. Luego, contesta las siguientes preguntas.

1. En la línea cronológica se muestran varias regiones geográficas. ¿En qué región apareció la agricultura por primera vez?
2. ¿Cuál de las regiones fue la última en adoptar la agricultura?
3. ¿En qué regiones del mundo se desarrolló la agricultura casi al mismo tiempo?

4. El desarrollo de la agricultura cambió las sociedades para siempre. Estudia la información de la línea cronológica. ¿Qué conclusiones puedes sacar acerca del desarrollo de la agricultura y sus consecuencias en la historia del mundo?

Piensa y aplica

Haz una línea cronológica paralela para comparar acontecimientos importantes de tu vida con los de la vida de amigos o miembros de tu familia. Asegúrate de que la línea cronológica tenga título y una barra para cada persona. Escribe tres preguntas para que un compañero de clase las conteste usando tu línea cronológica.

Los siguientes pasos te ayudarán a dibujar tu línea cronológica:

- Identifica los acontecimientos que quieres mostrar.
- Determina en qué período de tiempo ocurrieron.
- Divide la línea cronológica en períodos iguales.
- Traza la línea cronológica y marca los años.
- Agrega los acontecimientos que quieres mostrar. Siempre es buena idea verificar las fechas de los acontecimientos para asegurarte de que la información es correcta.
- Titula tu línea cronológica.

LECCIÓN
3

APRENDE
con la
LITERATURA
Concéntrate en los cambios
de modo de vida

Skara Brae

LA HISTORIA DE UNA ALDEA PREHISTÓRICA

Olivier Dunrea

Skara Brae era una aldea agrícola primitiva en una isla frente a las costas del norte de Escocia. Poco antes del año 2500 a.C. un súbito e intenso temporal la cubrió de arena. El poblado permaneció así durante más de 4,300 años, hasta que en el año 1850 d.C. un poderoso vendaval se llevó la arena de las dunas y dejó al descubierto los muros de piedra de la aldea. Lo que los arqueólogos conocen de la vida en Skara Brae es producto del estudio de las viviendas de piedra y los objetos que sus pobladores dejaron. Mediante un análisis cuidadoso de estos restos, los arqueólogos fueron capaces de reconstruir la historia de este antiguo poblado.

Lee ahora el relato de cómo se piensa que era la vida en Skara Brae y en otras comunidades agrícolas de esa época. Compara la vida en esos asentamientos primitivos con la de las sociedades de cazadores y recolectores, y con la nuestra.

Hacia el año 3500 a.C., agricultores y pastores habían llegado a un grupo de islas al norte de Escocia: las Orcadas.

Con sus suaves colinas, amplias praderas para que pastaran ovejas y vacas, y bahías con grandes playas, las Orcadas eran un lugar ideal donde vivir. Las islas carecían de depredadores que pudieran atacar al ganado y eran un buen lugar para asentarse.

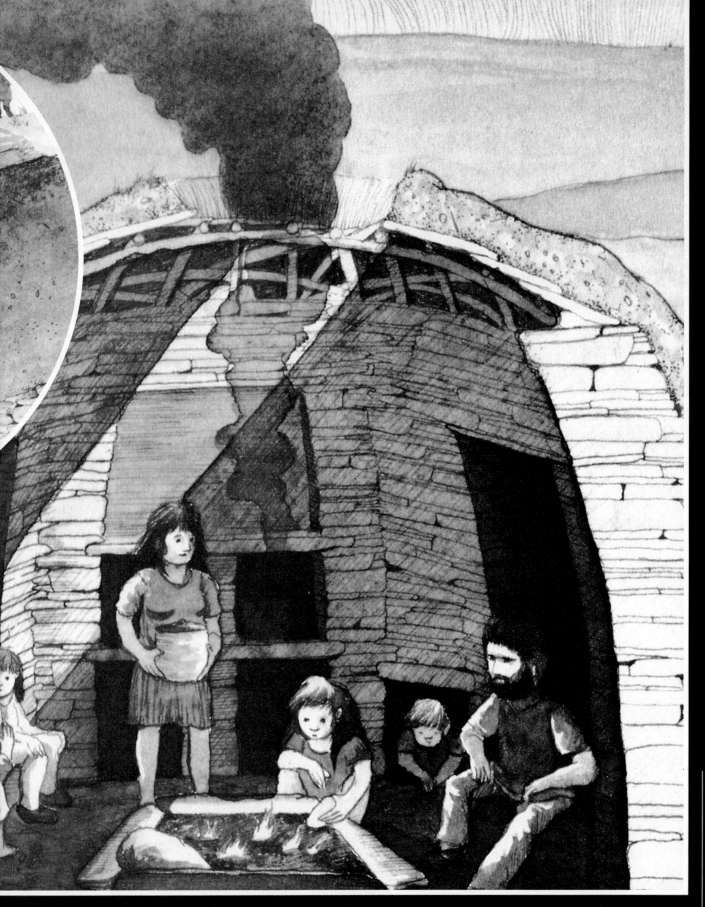

El escritor e ilustrador Olivier Dunrea nos ofrece un retrato de cómo pudo haber sido
la vida en Skara Brae.

Orcadas era un lugar extraño para estos primeros pobladores, que estaban acostumbrados a árboles y bosques. En Orcadas no había tantos árboles.

Sin embargo, aunque la madera era escasa, había abundancia de combustible. Los musgos y otras plantas, al descomponerse en lugares pantanosos, se habían convertido en turba, que podía quemarse como carbón. Los habitantes de Orcadas podían calentarse y cocinar la carne alrededor de hogueras de turba.

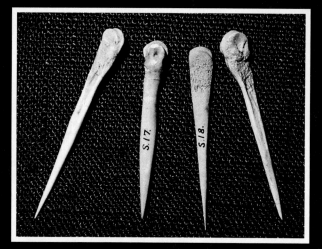

Alfileres de hueso hechos en Skara Brae aproximadamente en el 2500 a.C.

El terreno de las islas era sumamente rocoso. Era muy fácil encontrar piedras en las playas, en las praderas y en las colinas. Los pastores y los agricultores eligieron estas piedras para construir sus hogares permanentes y sus monumentos.

Con el tiempo, las Orcadas comenzaron a poblarse. Nuevas masas de emigrantes alcanzaron sus orillas. Varias generaciones de colonos llegaron y se marcharon, y algunas se aventuraron a explorar las islas menores y menos pobladas.

Un grupo de ellos penetró hacia el interior de la isla principal en busca de pastos para sus animales. A medida que se dirigían hacia la parte oeste de la isla fueron buscando un lugar adecuado donde establecerse.

Durante su marcha hacia el norte, luego de pasar por acantilados escarpados y calas, llegaron a una amplia bahía de gran belleza, la Bahía de Skaill. Allí encontraron dunas de arena y praderas, y no había otros pobladores con los que competir por los recursos naturales. Los viajeros decidieron instalarse en ese lugar.

El grupo estaba formado por veinte personas: cuatro familias poco numerosas que compartían la propiedad de un rebaño de ovejas, algunas cabezas de ganado vacuno y unos pocos cerdos.

Después de explorar el terreno que rodeaba la bahía, decidieron levantar sus refugios provisionales en un área al suroeste. Las mujeres y los niños más grandes montaron las tiendas usando palos de madera que llevaban consigo. Estas tiendas, hechas de pieles, los protegerían de la lluvia y el viento.

Los niños mayores se encargaban de cuidar del ganado, aunque los animales por lo general no necesitaban muchas atenciones y hallaban comida donde podían.

ISLAS ORCADAS

LUGAR Estudia el mapa
■ ¿Cuáles crees que fueron algunas de las ventajas y desventajas de vivir en Skara Brae?

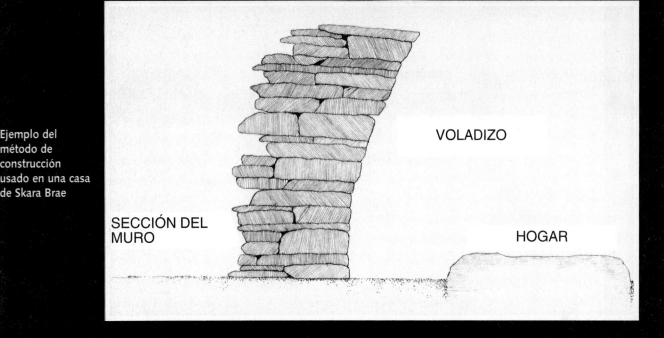

Ejemplo del método de construcción usado en una casa de Skara Brae

VOLADIZO

SECCIÓN DEL MURO

HOGAR

Durante esta época, los colonos vivían de sus animales. Complementaban[1] su dieta de carne y leche con alimentos que hallaban en la tierra y en el mar: aves y huevos, peces, lapas[2] y granos silvestres. Algunas veces, los hombres traían carne de ciervo o de otros animales salvajes.

Durante el verano, el otoño y el invierno, el grupo siguió viviendo en sus tiendas. En los meses invernales iniciaron la construcción de un nuevo poblado que contaría con casas para todas las familias.

Todos trabajaron en la construcción de las casas de piedra. Los hombres juntaron piedras grandes para hacer los cimientos y las paredes. Las mujeres y los niños se encargaron de recolectar piedras más pequeñas.

Todos los miembros del grupo colaboraban en la construcción de las casas. Una de ellas, parcialmente elevada, era utilizada como refugio para el ganado. El grupo siguió viviendo de los animales, de la tierra y del mar.

En la playa de la bahía abundaban las piedras y recogerlas fue un trabajo rápido. Era fácil romperlas para que la superficie fuera lisa y uniforme, lo que ayudaba en la construcción.

Las piedras se depositaban unas encima de las otras, sin usar argamasa.[3] A este método de construcción lo llamamos ahora "construcción en seco". Es posible que para apuntalar los techos los colonos utilizaran huesos curvos de ballena que encontraban en la playa.

Las casas eran pequeñas; el interior sólo medía 12 pies de largo, y entre 6 y 9 pies de ancho. La planta era básicamente cuadrada, con las esquinas redondeadas. En una de las esquinas había una celda pequeña con forma de colmena que se utilizaba para almacenar o como letrina.[4]

Las paredes se hacían apilando piedra sobre piedra. Cuando el muro alcanzaba unos pocos pies de altura, las piedras comenzaban a situarse sobresaliendo hacia el interior de la cabaña. Este tipo de construcción se llama "en voladizo".[5]

---

[1]complementar: añadir algo para completar
[2]lapa: molusco pequeño
[3]argamasa: mezcla de cal, arena y agua

---

[4]letrina: cuarto de baño
[5]en voladizo: que sobresale

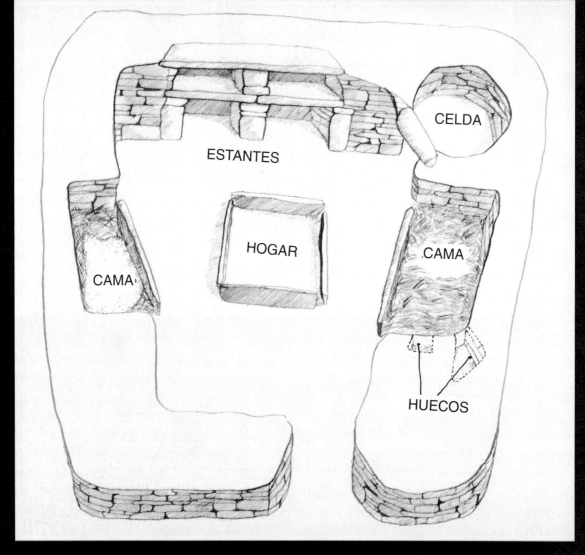

Planta de una típica casa de Skara Brae

Cada cabaña era lo bastante amplia para contener un hogar[6] central, una cama de piedra empotrada en la pared a ambos lados del hogar, y unos estantes de piedra en la pared trasera. La madre y los hijos pequeños dormían en la cama a la izquierda del fuego, y el padre lo hacía en la cama de la derecha. Para que fueran cómodas y calientes, las camas de piedra se cubrían con brezo[7] y pieles. En la pared sobre cada cama había uno o dos huecos pequeños que servían para poner objetos personales.

Las cabañas estuvieron terminadas en unas pocas semanas, comenzando de esa manera la ocupación del poblado, aproximadamente en el año 3100 a.C.

A medida que su vida se iba desarrollando, los habitantes del poblado acumulaban junto a los muros de sus cabañas pilas de conchas, huesos rotos, fragmentos de cerámica, arena y todo lo que ya no necesitaban. Estos desechos contribuían a aislar las cabañas, impidiendo que los vientos fríos penetraran por los agujeros entre las rocas. Con el paso de los años, estos desechos se mezclaban con la arena y se cubrían con una sustancia arcillosa en la que crecía la hierba.

[6]hogar: hoguera
[7]brezo: arbusto bajo

De ese modo, las cabañas tomaron el aspecto de las dunas que las rodeaban en la bahía de Skaill. Y así nació el poblado que ahora recibe el nombre de Skara Brae, el pueblo de las altas dunas.

Con el paso de las generaciones, las viviendas fueron modificándose. A veces las más antiguas eran desmanteladas piedra por piedra para construir nuevas casas.

Las dunas de arena, barridas por el viento, cambiaban constantemente de posición alrededor de las viviendas de Skara Brae. A veces, alguna de las cabañas desaparecía bajo las olas de arena. Con frecuencia se construía otra cabaña sobre ella y la vida continuaba sin alteraciones.

Los cambios de posición de las dunas y el crecimiento de las pilas de desechos alteraban continuamente el aspecto del poblado. También se producían otros cambios. Las nuevas viviendas eran más grandes y cómodas.

Las camas tenían unas columnas de piedra en las esquinas para sostener un dosel hecho de pieles. Los estantes de piedra ya no estaban empotrados en la pared sino apoyados en ella.

En el interior de la casa, el hogar seguía siendo el centro de la habitación. Sin embargo, las camas de piedra ya no se construían metidas en la pared, sino que se proyectaban hacia el interior. A veces se añadía una tercera cama para los niños.

La recogida de lapas, un tipo de molusco, era cada vez más importante para los aldeanos. Las conchas de lapa se amontonaban en grandes cantidades alrededor de las cabañas, junto con los demás desechos.

En el suelo de las cabañas, los habitantes del pueblo construyeron tanques de piedra, sellados con arcilla para que el agua no pudiera salir, en los que conservaban sus lapas para usarlas más tarde como cebo, o quizás como alimento. Hicieron varios tanques, de forma que pudieran tener siempre provisión de lapas.

Es muy probable que en algún momento de su historia los habitantes de Skara Brae comenzaran a cultivar pequeños campos de grano. Seguían siendo una comunidad aislada que vivía tranquilamente de la tierra, del mar y de su ganado.

A medida que el pueblo aumentaba en extensión, también crecía su población. Los habitantes estaban unidos mutuamente por necesidades y actividades comunes, y por las creencias y ceremonias que caracterizaban a los pueblos de la Edad de Piedra.

Bajo una pared de una de las últimas cabañas construidas se encontraron indicios de una de estas creencias. Los cuerpos de dos ancianas que habían muerto fueron enterrados allí con la esperanza de que sus espíritus sostuvieran el muro y ayudaran a mantener la vida del pueblo. Ésta fue la única ocasión en que los lugareños realizaron este rito. De ahí en adelante los muertos fueron enterrados en montículos que servían de cementerio común.

Cuando los colonos estaban construyendo sus primeros hogares permanentes no disponían de tiempo suficiente para nada más. Sin embargo, varias generaciones más tarde, el pueblo estaba bien establecido y su vida seguía una pauta ordenada. Ahora sus habitantes se ocupaban de otras cuestiones y eran capaces de centrarse en las actividades sociales y ceremoniales que mantienen unida a una comunidad.

Peine de hueso hallado en Skara Brae

Para los antiguos habitantes de Skara Brae, una de esas actividades puede haber consistido en la construcción de un montículo de enterramiento común, o *cairn*.

La construcción del *cairn* duró más tiempo que la de las cabañas, porque era mucho más grande. Una vez terminado, fue utilizado por una generación tras otra.

El exterior del *cairn* estaba recubierto de tierra, y con el tiempo la hierba lo cubrió, dándole el aspecto de una de las colinas del paisaje.

Los aldeanos también tenían tiempo de producir artesanías. Las mujeres hacían cerámica, y a veces incluían en sus objetos dibujos grabados o en relieve. Sin embargo, a diferencia de otros pueblos del Neolítico, los habitantes de Skara Brae no eran muy hábiles en este tipo de oficio.

Los hombres pasaban el tiempo tallando extraños y complejos dibujos en bolas de piedra.

Los dientes y los huesos de ovejas, vacas y ballenas se utilizaban para hacer bellas cuentas y collares.

Durante mucho tiempo, la vida en Skara Brae siguió su curso. Hasta que, alrededor del año 2400 a.C., cuando la existencia de sus habitantes transcurría sin alteraciones, se produjo una terrible catástrofe que hizo que el pueblo fuera abandonado para siempre.

Mientras los aldeanos se dedicaban a sus actividades diarias de reunir alimentos y cuidar del ganado o practicar alguna artesanía, se desató un súbito y violento temporal. La tormenta se produjo tan inesperadamente, y con tal fuerza, que los habitantes huyeron sin tener tiempo de recoger sus pertenencias.

En su prisa por escapar, una mujer perdió su collar de cuentas mientras trataba de salir por la estrecha puerta de su cabaña.

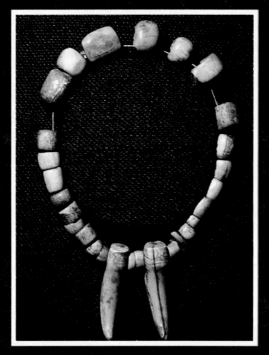

Collar de huesos y dientes hecho en Skara Brae, aproximadamente en el año 2000 a.C.

El collar cayó al suelo, y allí quedó.

En otra cabaña, un anciano estaba mordisqueando un buen pedazo de cordero cuando lo sorprendió la tormenta. Al escapar, lleno de pánico, dejó caer el hueso junto a la cama.

La arena llevada por el viento llenó todas las casas, cubriendo durante siglos el collar y el hueso medio roído.

El temporal se desencadenó con una furia que los aldeanos nunca antes habían presenciado. Los habitantes del pueblo lo abandonaron presos del terror.

En la bahía, el mar golpeaba la costa; a un pueblo prehistórico como el de Skara Brae debe haberle parecido que el fin del mundo había llegado.

Los aldeanos abandonaron su pueblo en las dunas. En varias ocasiones, algunos pobladores regresaron y acamparon entre los muros que aún quedaban a la vista. Y luego se marcharon para no volver. Durante los siglos siguientes, la arena siguió acumulándose, hasta que quedó todo cubierto.

Aunque el nombre de Skara Brae permaneció, el pueblo cayó en el olvido.

Repaso de la literatura

1. Describe con tus propias palabras cómo era la vida en Skara Brae.
2. ¿En qué se diferenciaba la vida en ese pueblo de la de las sociedades de cazadores y recolectores y de la nuestra?
3. Haz un diagrama o un modelo del aspecto que crees que podía tener Skara Brae. Pon rótulos para identificar y explicar las diversas partes de tu proyecto.

Cómo

Generalizar

¿Por qué es importante esta destreza?

A veces, un mismo tipo de acontecimiento se repite una y otra vez. Cuando esto sucede, puedes hacer un enunciado general sobre la causa y el efecto del acontecimiento. Este tipo de enunciado se llama **generalización**, es decir, un enunciado general hecho sobre un grupo de personas, acontecimientos o relaciones. Al hacer generalizaciones, describimos los elementos que un grupo de cosas tienen en común.

Imagínate que te acuestas muy tarde y que al día siguiente tienes un examen. Te levantas muy cansado y sacas una mala nota en el examen. Tu amigo, que no pudo dormir bien debido al ruido, tampoco sacó una buena nota en matemáticas. Otro compañero de clase también pasó una mala noche porque le dolía una muela y estaba demasiado cansado como para hacer bien la tarea escolar.

¿En qué se parecen estos tres ejemplos? En cada uno de ellos un estudiante no durmió lo suficiente y

no hizo bien su tarea. Se podría decir: *Cuando la gente está cansada no trabaja bien.* Esto es una generalización.

Recuerda lo que has leído

Has leído *Skara Brae: La historia de una aldea prehistórica.* Mira las siguientes preguntas. Piensa en una generalización que explique cómo los habitantes de Skara Brae satisfacían sus necesidades básicas.

1. ¿Con qué materiales construían sus viviendas los habitantes de Skara Brae? ¿De dónde los sacaban?
2. ¿Qué comían los primeros pobladores que se asentaron en las islas? ¿De dónde obtenían su alimento?
3. ¿Qué utilizaban como combustible? ¿De dónde lo obtenían?

Para hacer una generalización, resume los acontecimientos y los hechos, y determina en qué se parecen. Puedes decir: *Los habitantes de una sociedad sencilla satisfacen sus necesidades básicas usando los recursos de su medio ambiente.*

Comprende el proceso

Para formular una generalización usa los siguientes pasos:

- Enumera los hechos o acontecimientos.
- Piensa en qué se parecen.
- Escribe una oración que relacione los hechos o acontecimientos.
- Comprueba tu generalización. Asegúrate de que sea correcta para la mayoría de las cosas que puedan suceder.

Piensa y aplica

¿Cómo hacen las personas de la sociedad actual para satisfacer sus necesidades? ¿Cómo obtienen alimento, ropa, combustible y materiales de construcción? Elabora una generalización basada en estas preguntas. Comprueba tu generalización para asegurarte de que sea correcta.

Los habitantes de Skara Brae recogen combustible.

EL BUEN CIUDADANO

REPASO

CONECTA LAS IDEAS PRINCIPALES

Usa este organizador para mostrar cómo están relacionadas las ideas principales del capítulo. Copia el organizador en una hoja de papel y complétalo escribiendo tres características de los cazadores y recolectores, y tres características de los primeros agricultores.

Cazadores y recolectores

Los pueblos primitivos vivían en grupos y trabajaban en equipo para obtener su alimento.

1. _____
   _____
2. _____
   _____
3. _____
   _____

Los pueblos de la Edad de Piedra

Los primeros agricultores

Mucho pueblos primitivos dejaron de ser recolectores y empezaron a producir alimento.

1. _____
   _____
2. _____
   _____
3. _____
   _____

ESCRIBE MÁS SOBRE EL TEMA

1. **Escribe un diario** Imagina que eres un joven integrante de un clan. Describe en un diario una cacería de mamut. ¿Qué sucedió? ¿Estabas emocionado? ¿Asustado? ¿Orgulloso? Explica por qué. ¿Podría un solo cazador matar un mamut? ¿Cómo cooperaban los cazadores? Tu relato debe mostrar la importancia de la cooperación entre los miembros del clan.

2. **Escribe un artículo para una revista** Describe una vivienda de Skara Brae como si estuvieras escribiendo un artículo para una revista sobre viviendas. Describe una visita guiada por la casa. No olvides comentar cómo se relaciona la casa con el medio ambiente. Haz un borrador y luego revísalo. Tu artículo final debe parecer parte de una revista.

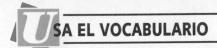

USA EL VOCABULARIO

Completa cada una de las siguientes oraciones con una de las palabras de la lista.

agricultura
artefacto
clan

cultura
domestica
migración

1. ____ es un grupo de familias que se une para sobrevivir.

2. El desplazamiento de los clanes de un lugar a otro se llama ____.

3. La ____ es el modo de vida que diferencia a un grupo humano de otros.

4. Un ____ es un objeto fabricado y utilizado por seres humanos.

5. La ____ es el cultivo de plantas y a la cría de animales para que sean aprovechados en beneficio humano.

6. La gente ____ plantas y animales para alimento y otros usos.

COMPRUEBA LO QUE APRENDISTE

1. ¿Por qué los pueblos primitivos vivían y trabajaban en clanes?

2. ¿Qué plantas y animales domesticaron los pueblos primitivos?

3. ¿Qué es una sociedad?

4. ¿Qué tipos de tareas hacían las personas en los clanes numerosos?

5. ¿Por qué los habitantes de Skara Brae construían casas de piedra?

PIENSA CRÍTICAMENTE

1. **En mi opinión**   ¿Te hubiera gustado más ser un agricultor o un cazador y recolector? Explica tu respuesta.

2. **Causa y efecto**   Algunos clanes se hicieron más y más numerosos. ¿Qué efecto tuvo esto en el tipo de tarea que hacían sus miembros?

3. **Piensa más sobre el tema**   ¿Por qué crees que el control en la distribución de alimento puede permitirle a un jefe mantener el orden?

4. **Explora otros puntos de vista**   ¿Por qué piensas que algunas personas prefieren vivir en grupos grandes y otras, en grupos pequeños?

5. **Ayer y hoy**   ¿Cuáles son algunos de los objetos, costumbres y ropa que identifican a tu cultura?

APLICA TUS DESTREZAS

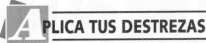

Cómo usar una línea cronológica paralela
Observa la línea cronológica de la página 48. Recuerda que las sociedades complejas, aquellas que tienen gobiernos, clases sociales y tecnología avanzada, se formaron después del desarrollo de la agricultura. ¿Después de qué fecha crees que surgió una sociedad de este tipo en América del Sur? ¿En América del Norte? ¿En Asia Oriental? Guarda tus respuestas y compáralas con lo que aprendas en la Unidad 2.

Cómo generalizar   Haz una generalización sobre el desarrollo de la agricultura y las sociedades complejas. Justifica tu generalización usando como ejemplo el desarrollo de la aldea prehistórica de Skara Brae.

LEE MÁS SOBRE EL TEMA

Digging Up the Past: The Story of an Archaeological Adventure de Carollyn James; Franklin Watts. Damien, su madre y un amigo hacen una excavación arqueológica para descubrir de dónde provienen los objetos que encuentran en su vecindario.

Seth of the Lion People de Bonnie Pryor; Morrow Junior Books. Seth es un joven adolescente que tiene una pierna torcida. Su clan de la Edad de Piedra le permite seguir siendo miembro del clan debido a su habilidad para contar cuentos. Seth se da cuenta de que su pueblo debe dejar de ser cazador y convertirse en uno de artesanos y productores de alimento. ¿Dejarán que él sea el jefe y los ayude a cambiar su estilo de vida?

CAPÍTULO 2

LAS CIVILIZACIONES DEL CRECIENTE FÉRTIL

> 66 Reuní a los pueblos dispersos; les di agua y pastizales, les proporcioné alimentos en abundancia y los asenté en moradas pacíficas. 99
>
> Hammurabi,
> rey de Babilonia
> 1792–1750 a.C.

Estatua en bronce de Hammurabi

LA CIVILIZACIÓN
DE MESOPOTAMIA

LECCIÓN 1

Conexión con nuestro mundo

¿Por qué inventamos nuevas maneras de hacer las cosas?

Concéntrate en la idea principal
Al leer, piensa en los modos de vida desarrollados por las sociedades de la antigua Mesopotamia.

Anticipa el vocabulario

civilización	autoridad
tecnología	excedente
zigurat	mercader
gobierno	clase social
ciudad estado	escriba
monarquía	innovación

La región del Creciente Fértil, en el suroeste de Asia, se extiende desde la costa este del mar Mediterráneo hasta el Golfo Pérsico, bordeando el desierto de Siria. En el año 4000 a.C. ya existían muchos asentamientos agrícolas en esta rica franja de tierra. En el valle entre los ríos Tigris y Éufrates, al este de la región, los asentamientos atrajeron a miles de pobladores. Allí, en la región llamada Mesopotamia, "la tierra entre los ríos", varios pueblos crecieron y se convirtieron en ciudades, las primeras de las cuales aparecieron en la parte conocida como Sumeria. A medida que la gente empezaba a convivir y trabajar en estas ciudades, fueron formando sociedades más complejas, es decir, civilizaciones. Una **civilización** es una cultura donde las formas de gobierno, religión, escritura y conocimiento están muy desarrollados. Con la vida urbana, sin embargo, surgieron nuevos problemas y, con ellos, la necesidad de inventar maneras de solucionarlos.

NUEVOS INVENTOS

Los agricultores sumerios dependían del agua de los ríos Tigris y Éufrates para regar sus cultivos. Pero estos ríos eran impredecibles: sin ningún aviso podían inundar la tierra devastando sembrados y pueblos enteros. Las inundaciones eran la peor catástrofe natural que podían sufrir los agricultores. La pérdida de cosechas en los campos significaba el hambre.

Para evitar esto, los sumerios construyeron diques y cavaron canales que controlaban el agua. Los diques contenían los ríos en sus cauces, y los canales hacían posible el desagüe después de las inundaciones. Construir diques y canales requería un conocimiento avanzado de la fabricación y uso de herramientas. La **tecnología** es el uso de herramientas y conocimientos para fabricar un producto o para alcanzar un objetivo. Los primeros pobladores de Sumeria desarrollaron la tecnología necesaria para obtener una producción agrícola estable y construir ciudades.

La tecnología de Sumeria avanzó enormemente con la invención de la rueda. Al principio, los agricultores sumerios construían las ruedas simplemente uniendo tablas, a las que daban forma redonda. Más adelante, fabricaron ruedas más resistentes cubriendo los bordes con tiras de cobre.

La rueda hizo posible la invención de la carreta, que, tirada por animales domesticados como el buey o el asno, permitía trasladar cargas pesadas.

Con las carretas se transportaban los materiales necesarios para construir casas y otros edificios de las ciudades de Sumeria, que cada vez crecían más.

 ¿Qué dos inventos ayudaron a los agricultores a controlar las inundaciones?

ARQUITECTURA Y CREENCIAS RELIGIOSAS

El edificio más grande de las ciudades sumerias era un gigantesco templo hecho de ladrillos llamado **zigurat**. Algunos zigurats alcanzaban la altura de un edificio de siete pisos y se asomaban por encima de las viviendas como si fueran rascacielos.

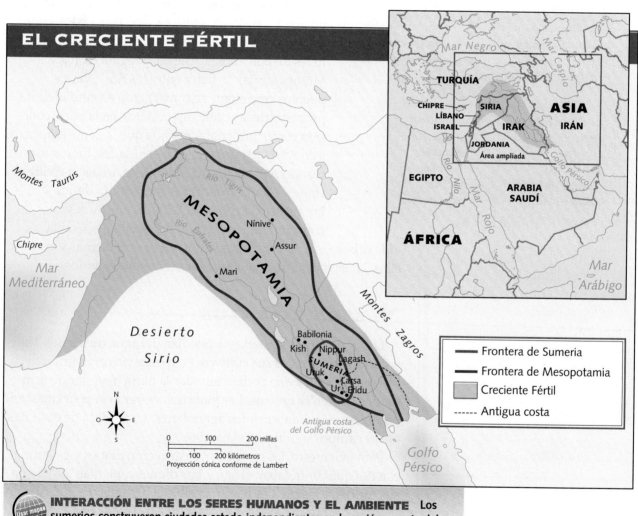

EL CRECIENTE FÉRTIL

Montes Taurus
Río Tigris
MESOPOTAMIA
Nínive
Assur
Río Éufrates
Chipre
Mar Mediterráneo
Mari
Desierto Sirio
Babilonia
Kish
Nippur
Lagash
SUMERIA
Uruk
Larsa
Ur
Eridu
Montes Zagros
Antigua costa del Golfo Pérsico
Golfo Pérsico

0   100   200 millas
0   100   200 kilómetros
Proyección cónica conforme de Lambert

Mar Negro
TURQUÍA
Mar Caspio
CHIPRE
SIRIA
ASIA
LÍBANO
ISRAEL
IRAK
IRÁN
JORDANIA
Área ampliada
EGIPTO
ARABIA SAUDÍ
ÁFRICA
Mar Rojo
Mar Arábigo
Río Nilo
Golfo Pérsico

— Frontera de Sumeria
— Frontera de Mesopotamia
☐ Creciente Fértil
----- Antigua costa

INTERACCIÓN ENTRE LOS SERES HUMANOS Y EL AMBIENTE Los sumerios construyeron ciudades estado independientes en la región sureste del Creciente Fértil.

■ ¿Por qué crees que los primeros agricultores establecieron asentamientos en el Creciente Fértil y no en otros lugares que aparecen en este mapa?

Los antiguos zigurats (izquierda) eran las construcciones más destacadas de las ciudades de Mesopotamia hace unos 5,000 años. A pesar de la erosión, el Zigurat Assur (arriba) aún se conserva en lo que es hoy Irak.

Los zigurats estaban construidos en niveles. Cada nivel era más pequeño que el que estaba por debajo, y en el último había un santuario para adorar al dios particular de cada ciudad.

Las creencias religiosas de los sumerios reflejan la importancia que tenía en sus vidas la agricultura. Interpretaban las inundaciones y otras catástrofes naturales como castigos divinos y creían que para obtener buenas cosechas debían complacer a sus dioses. Enlil, el dios de los vientos, las tormentas y la lluvia reinaba sobre los demás dioses de Sumeria junto con Ea, dios de las aguas y la sabiduría.

Con el tiempo, los zigurats se convirtieron en algo más que templos para los dioses. Alrededor de los zigurats, los sumerios empezaron a construir talleres donde artesanos o trabajadores especializados hacían ropa u objetos de metal y otros templos menores donde los sacerdotes realizaban ceremonias religiosas. El zigurat y los edificios cercanos estaban rodeados por altos muros y eran el centro de la actividad urbana.

 ¿Cómo refleja la religión de los sumerios la importancia que tenía en sus vidas la agricultura?

LA FUNCIÓN DEL GOBIERNO

La construcción de diques, canales, zigurats y otros edificios hacía necesario un alto número de trabajadores. Siempre que muchas personas viven y trabajan juntas es necesario tener un sistema de leyes para mantener el orden. En sociedades tan grandes como la sumeria, estas leyes sólo se podían mantener estableciendo un gobierno. Un **gobierno** es un sistema organizado por medio del cual los grupos establecen leyes y toman decisiones.

Sumeria estaba constituida por 12 ciudades estado independientes. Una **ciudad estado** comprendía una aldea o ciudad y las tierras de cultivo cercanas a ella. Inicialmente cada una de estas ciudades estado tenía un gobierno formado por un pequeño grupo de líderes que elegían un líder principal. Este grupo dictaba las leyes y decidía qué debía hacerse para satisfacer las necesidades de la sociedad.

A menudo, las ciudades estado sumerias emprendían guerras para apoderarse de nuevas tierras de cultivo o para protegerse de quienes querían quitárselas. En tiempos de crisis los gobernantes no siempre llegaban a un acuerdo respecto a lo que debía hacerse. Para reafirmar su poder, cada ciudad estado sumeria formó un nuevo gobierno. Este nuevo gobierno era una **monarquía**, en la cual una sola persona reunía toda la **autoridad**, es decir, el poder de gobernar en tiempos de paz y comandar a los soldados en tiempos de guerra.

Gilgamesh

Gilgamesh fue un rey que gobernó la ciudad estado sumeria de Uruk entre los años 2700 y 2500 a.C. Con el paso del tiempo, el rey Gilgamesh se convirtió en una figura legendaria: se le consideraba un tercio hombre y dos tercios dios. Los relatos sobre Gilgamesh y sus aventuras fueron transmitidos en forma oral durante muchos siglos, hasta que los escribas de Mesopotamia los recopilaron cerca del año 1300 a.C. en la versión más completa que existe.

Los sumerios llamaban a estos gobernantes "grandes hombres" o reyes, porque eran casi siempre hombres. Los "grandes hombres" intervenían en todos los aspectos de la vida sumeria y eran considerados casi como dioses. Uno de los relatos más antiguos de la humanidad es un poema sumerio que narra las aventuras de Gilgamesh, "un gran hombre", y lo exalta como "el hombre que lo sabe todo".

 ¿Qué forma de gobierno permitió a las ciudades estado sumerias tener un liderazgo más eficaz?

CAMBIOS ECONÓMICOS

En el año 3000 a.C., aproximadamente, la población de algunas ciudades sumerias aumentó considerablemente. La ciudad estado de Ur, por ejemplo, llegó a tener 30,000 habitantes. Tal aumento de la población fue posible sólo gracias al gran desarrollo de la agricultura. La producción agrícola de los sumerios llegó a tener un **excedente**, es decir, una cantidad de alimentos que sobraban, con los que se podía alimentar a la gente que venía a establecerse en Sumeria.

Gracias a este excedente, algunas personas pudieron dedicarse a actividades que no estaban relacionadas con la producción de alimento, lo que dio inicio a una compleja división del trabajo. Así surgieron los artesanos, que se especializaban en trabajos en piedra, arcilla, cuero, lana o metales como el cobre; los administradores, que se encargaban de supervisar el trabajo de otros; y los **mercaderes**, personas que se ganaban la vida con la compra y venta de productos.

Los mercaderes sumerios comerciaban con mercaderes de todo el Creciente Fértil, incluso con los del mar Mediterráneo. Los sumerios ofrecían sus excedentes de trigo y cebada, y herramientas de cobre (cabezas de hacha y puntas de arado). A cambio recibían madera, sal, piedras preciosas y mineral de cobre.

 ¿Qué efecto tuvo la producción de un excedente en la vida de los sumerios?

DIVISIONES SOCIALES

Como el trabajo de algunas personas pasó a tener más importancia que el de otras, la sociedad sumeria se dividió. Esta división creó **clases sociales**, es decir, grupos que tenían distintos niveles de importancia en la sociedad.

La clase social más alta era la de los nobles y estaba compuesta por el rey, los sacerdotes y otros funcionarios importantes y sus familias. Los nobles poseían la mayor parte de las tierras y se los consideraba la clase privilegiada. Eran los que tenían más riqueza y poder.

La clase media estaba constituida por los mercaderes, artesanos y administradores. Esta clase incluía a los carpinteros, alfareros, albañiles, doctores y escribas. Un **escriba** era una persona que sabía escribir. La escritura era una habilidad muy apreciada en Sumeria, pues la mayoría de las personas, incluso los nobles, no sabían ni leer ni escribir. Los escribas llevaban los registros, escribían cartas para otras personas y transcribían cuentos y canciones. Los escribas y otros miembros de la clase media sumeria intercambiaban los servicios o bienes que producían por los servicios y productos que necesitaban.

Los trabajadores no especializados y los esclavos conformaban la clase más baja de la sociedad sumeria. Los esclavos eran prisioneros de guerra o personas a las que se castigaba por cometer crímenes o que tenían que devolver deudas. En la sociedad sumeria, las personas no eran esclavizadas de por vida. Por ejemplo, aquellas que tenían una deuda recuperaban su libertad cuando la deuda era saldada.

En cada clase social había una división entre los hombres y las mujeres. Los hombres eran dueños de propiedades y ocupaban puestos de gobierno. Aunque las leyes sumerias permitían que las mujeres tuvieran propiedades, esto ocurría muy poco. Algunas mujeres ocuparon posiciones de liderazgo, especialmente como sacerdotisas, y los registros sumerios mencionan mujeres escribas y médicas. Pero la mayoría de las mujeres sumerias no ocuparon posiciones de mando.

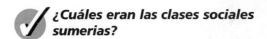 **¿Cuáles eran las clases sociales sumerias?**

Estas estatuas hechas en yeso (izquierda) muestran a un hombre y una mujer sumerios. Abajo aparece un modelo de una casa sumeria. ¿A qué clase social crees que pertenecía el propietario de esta casa?

DESARROLLO DE LA ESCRITURA CUNEIFORME

SIGNIFICADO	PICTOGRAFÍA (3100 a.C. aprox.)	ESCRITURA CUNEIFORME TEMPRANA (1800 a.C. aprox.)	ESCRITURA CUNEIFORME TARDÍA (700 a.C. aprox.)	SIGNIFICADO	PICTOGRAFÍA (3100 a.C. aprox.)	ESCRITURA CUNEIFORME TEMPRANA (1800 a.C. aprox.)	ESCRITURA CUNEIFORME TARDÍA (700 a.C. aprox.)
Sol	◇			Cabeza			
Estrella				Pájaro			
Montaña				Cereales			

APRENDER CON TABLAS Los escribas sumerios (izquierda) desarrollaron la escritura a partir de pictografías o dibujos.

■ ¿En qué columnas los símbolos se parecen más al objeto que representan?

INNOVACIONES

Las necesidades básicas que tiene una sociedad más grande y compleja condujeron a más **innovaciones**, es decir, a nuevas maneras de hacer las cosas. En Sumeria, la necesidad de delimitar las tierras cultivadas condujo a la invención del *iqu*, una unidad de superficie equivalente a un acre.

La necesidad de medir las cosechas de trigo y de cebada hizo que se inventara el *cuartillo* como unidad de volumen. La necesidad de transportar mercancías río arriba condujo a la invención de embarcaciones de vela. La necesidad de llevar un registro de las pertenencias y del comercio condujo a una de las más grandes innovaciones sumerias: la escritura.

Los escribas hacían dibujos en tablillas de arcilla fresca que ataban a los canastos para identificar qué contenían y a quién pertenecían. Con el tiempo estos dibujos evolucionaron hasta convertirse en el sistema de escritura cuneiforme, llamado así porque los símbolos tienen forma de cuña.

Para marcar los símbolos cuneiformes en la arcilla blanda, los escribas sumerios usaban un estilo o instrumento puntiagudo hecho con una caña. Luego cocían las tablillas de arcilla para endurecerlas. Las tablillas que se han encontrado nos dan una idea acerca del modo de vida sumerio, sus actividades comerciales y su historia. Gracias a la invención de la escritura los sumerios podían llevar registros de sus propios relatos.

 **¿Qué innovaciones introdujeron los sumerios?**

LECCIÓN 1 • REPASO

Comprueba lo que aprendiste

1. **Recuerda los datos** ¿Qué nuevo tipo de gobierno se estableció en el Creciente Fértil?
2. **Concéntrate en la idea principal** ¿Qué efecto tuvo la necesidad de organizarse en el desarrollo de las ciudades estado de Sumeria?

Piensa críticamente

3. **Causa y efecto** ¿Qué efecto tuvo el excedente de cosechas en Mesopotamia?
4. **Ayer y hoy** ¿En qué se parecen los problemas que enfrentaban los sumerios y los que hay en la actualidad en Estados Unidos?

Muestra lo que sabes

Actividad: Noticiero Prepara un artículo periodístico en el que describas un acontecimiento importante que podría haber sucedido en Sumeria al producirse una innovación.

LECCIÓN 2

GUERRA Y PAZ EN MESOPOTAMIA

Conexión con nuestro mundo

¿Por qué son importantes hoy las leyes?

Concéntrate en la idea principal

A medida que leas, aprende qué hacían las civilizaciones de la antigüedad para defenderse y mantener el orden.

Anticipa el vocabulario

conquistar
imperio
emperador
recaudación de impuestos
Código de Hammurabi
justicia imparcial

A medida que las ciudades estado de Mesopotamia crecían, aumentaban los conflictos por el control de tierras fértiles con abundante agua. La **conquista** (toma de tierras ajenas) hizo que los gritos de guerra se escucharan con frecuencia.

CAUSAS Y EFECTOS DE UN CONFLICTO

La mayoría de las guerras entre las sociedades agrícolas como las de Mesopotamia, eran emprendidas para defender el acceso a tierras fértiles que tuvieran agua en abundancia. Un proverbio sumerio explica lo inestable que era la posesión de la tierra: "Tú puedes ir y tomar la tierra del enemigo; el enemigo vendrá y tomará la tuya".

El valle de los ríos Tigris y Éufrates era una planicie sin accidentes geográficos mayores, por ejemplo montañas, que sirvieran de frontera natural para indicar el territorio que pertenecía a cada ciudad estado. Al no haber fronteras naturales, las ciudades estado usaban pilares para señalar la extensión de sus territorios. Cuando una ciudad estado trasladaba o destruía los pilares de otra, "violaba tanto el decreto de los dioses como la palabra dada por un hombre a otro hombre". Actos como éstos a menudo conducían a la guerra.

Al aumentar los desacuerdos sobre quién era el dueño de las tierras, aumentaron también las guerras. Y al haber más guerras, la necesidad de tener mejores armas condujo a tecnologías nuevas. Los artesanos emplearon lo que habían aprendido de las herramientas de metal y la rueda para llegar a innovaciones tales como los carros de guerra. Un carro de guerra era una carreta liviana con dos ruedas y tirada por caballos. Con un carro de guerra, un soldado podía desplazarse rápidamente a la vez que arrojaba lanzas o disparaba flechas al enemigo que marchaba a pie. Con esta nueva tecnología de guerra, moría más gente en batalla.

Este casco sumerio fue labrado a partir de una sola lámina de oro. Fue encontrado en el cementerio real de la ciudad de Ur y tiene cerca de 4,500 años de antigüedad.

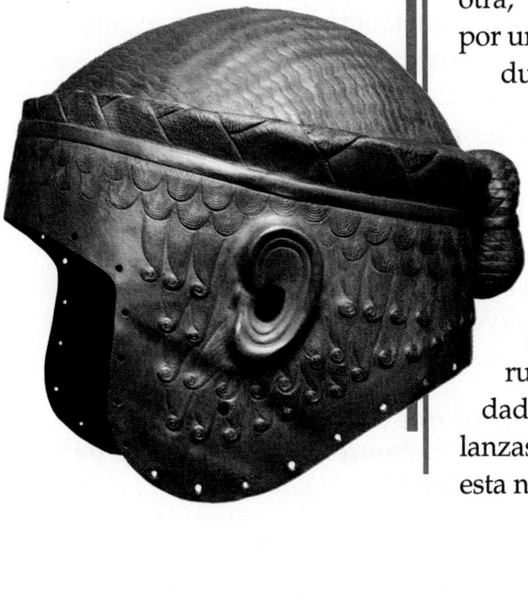

⬆ Según esta obra de arte en piedra, la guerra era parte de la vida cotidiana en Mesopotamia.

Rey sumerio, posiblemente Sargón

✔ **¿Cuál fue la causa principal de las guerras entre los pueblos de Mesopotamia?**

SARGÓN EL CONQUISTADOR

El primer conquistador de Mesopotamia del que se tienen datos fue Sargón, un guerrero que vivía en la ciudad estado de Kish. En su juventud, Sargón había servido como oficial real, pero más tarde mató al rey y se apoderó del control de Kish. Después de reunir un ejército, Sargón marchó sobre Mesopotamia, estableciendo un vasto imperio. Un **imperio** es un conjunto de territorios de gran superficie y con muchos habitantes, gobernado por un solo soberano. Sargón se transformó en el primer **emperador** de Mesopotamia, es decir, en el soberano de un imperio.

En el centro de Mesopotamia, Sargón fundó la ciudad de Acadia, la capital del imperio, y como símbolo de su enorme conquista ordenó derrumbar todos los pilares fronterizos y los muros de las ciudades.

Sargón de Acadia gobernó en su imperio durante 55 años. Mantuvo su poderío por la fuerza y la buena administración. Fue el primero en establecer un ejército permanente en la región, ya que hasta entonces se reclutaban soldados sólo en tiempos de guerra. Sargón también nombró a nobles que le fueran fieles para gobernar las ciudades estado que conquistaba. Sargón organizó su imperio con tanta eficacia que éste perduró muchos años aún después de su muerte. Hacia el año 2300 a.C. el Imperio Acadio se extendía por toda Mesopotamia e incluía todas las ciudades estado sumerias.

Con el tiempo, el Imperio Acadio se debilitó y las ciudades estado volvieron a gobernarse a sí mismas, hasta que el siguiente conquistador construyó un nuevo imperio.

✔ **¿Por qué Sargón hizo derribar los pilares fronterizos y los muros de las ciudades?**

HAMMURABI EL LEGISLADOR

Entre los años 1792 y 1750 a.C., Hammurabi, rey de la ciudad estado de Babilonia, conquistó y unificó casi toda Mesopotamia y la región superior del valle de los ríos Tigris y Éufrates. Al igual que Sargón, Hammurabi era más que un jefe militar. Trajo prosperidad a todas las ciudades estado al fomentar el comercio, construir diques y canales y mantenerlos en buen estado.

Para soportar los gastos de su gobierno, Hammurabi creó un sistema de **recaudación de impuestos**. Es decir, los habitantes de la región debían pagar impuestos con los cultivos u otros bienes que produjeran. Los recaudadores de impuestos iban de casa en casa recolectando el dinero, y si alguien no podía pagar, el mismo recaudador estaba obligado a pagarlo. De esta manera, Hammurabi se aseguraba de tener el dinero suficiente para las mejoras que quería realizar.

Quizás la mayor contribución de Hammurabi fue un código o conjunto de leyes que redactó para que todos los habitantes de su imperio las obedecieran. El **Código de Hammurabi** está formado por 282 leyes que tratan de casi todos los aspectos de la vida. La leyes se dividen en categorías como *familia*, *comercio* y *trabajo*.

Antes de que hubiera un código, los delincuentes no siempre eran condenados por sus crímenes. Además el castigo podía o no ser justo. Frecuentemente, la gente se tomaba la justicia por su mano, aplicándola como mejor les parecía. En su código, Hammurabi

En esta estela de piedra Hammurabi aparece de pie ante el dios babilonio del sol. Las leyes de Hammurabi están grabadas en la base de la estela.

escribió leyes sobre el matrimonio y el divorcio, la adopción, los esclavos, el asesinato, el robo, el servicio militar, la tierra, las prácticas comerciales, los préstamos, los precios y los salarios.

Al igual que otros códigos sumerios y acadios anteriores, el Código de Hammurabi seguía la ley de "ojo por ojo y diente por diente". Su código establecía que quien causara un daño debía ser castigado con el mismo daño. Si alguien le rompía un brazo a otra persona en una pelea, se le castigaba rompiéndole un brazo.

Hammurabi explicó así el propósito de su código:

> **❝** Para hacer que la justicia prevalezca… Para destruir lo malo…Para iluminar la tierra y para que haya más prosperidad. **❞**

Además de redactar un código legal, Hammurabi introdujo el concepto de **justicia imparcial** o tratamiento justo de la ley. Pero esta justicia imparcial se aplicaba sólo dentro de los límites de una misma clase social. Bajo el Código de Hammurabi, los sacerdotes y los nobles eran frecuentemente favorecidos frente a la clase media. A su vez, la clase media salía favorecida sobre los trabajadores no especializados y esclavos. Dentro de cada clase, los hombres eran favorecidos sobre las mujeres.

Para muchos, el Código de Hammurabi era un regalo de los dioses. Creían que el dios sol Shamash había autorizado a Hammurabi a escribir las leyes. Respaldado por la autoridad de los dioses y del gobierno, este código se transformó en el modelo jurídico de las civilizaciones posteriores en Asia occidental.

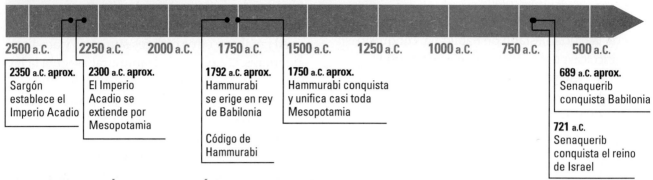

ACONTECIMIENTOS EN MESOPOTAMIA

| 2500 a.C. | 2250 a.C. | 2000 a.C. | 1750 a.C. | 1500 a.C. | 1250 a.C. | 1000 a.C. | 750 a.C. | 500 a.C. |

2350 a.C. aprox.
Sargón establece el Imperio Acadio

2300 a.C. aprox.
El Imperio Acadio se extiende por Mesopotamia

1792 a.C. aprox.
Hammurabi se erige en rey de Babilonia

Código de Hammurabi

1750 a.C. aprox.
Hammurabi conquista y unifica casi toda Mesopotamia

689 a.C. aprox.
Senaquerib conquista Babilonia

721 a.C.
Senaquerib conquista el reino de Israel

APRENDER CON LÍNEAS CRONOLÓGICAS Muchos gobernantes lucharon por controlar Mesopotamia entre los años 2500 a.C. y 500 a.C.
■ ¿Cuál de ellos reinó más tiempo?

Aunque el Código de Hammurabi perduró por mucho tiempo, no ocurrió lo mismo con el Imperio Babilonio. En el año 1600 a.C., Babilonia también había sido conquistada.

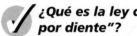 **¿Qué es la ley del "ojo por ojo y diente por diente"?**

SENAQUERIB EL DESTRUCTOR

Después de la caída del Imperio de Hammurabi, Mesopotamia fue conquistada por varios pueblos. Primero llegaron los hititas. Los hititas procedían de la región que hoy es Turquía, y sus armas de hierro eran las más avanzadas tecnológicamente en esa época. Gracias a esa ventaja tecnológica, los hititas establecieron un imperio. Después de los hititas llegaron los asirios.

Asiria era una región de colinas entre el río Tigris y los montes Zagros, al norte de Mesopotamia. Muchos asirios vivían en ciudades; las más importantes eran Assur, Kalhu y Nínive. Cada ciudad estaba rodeada por pequeñas aldeas agrícolas.

Los asirios recorrieron las llanuras del Creciente Fértil en busca de tierra apropiada para sus cultivos. Con ayuda de sus carros de guerra fueron conquistando el territorio de sus vecinos

hasta establecer un imperio que se extendía por todo Oriente Medio.

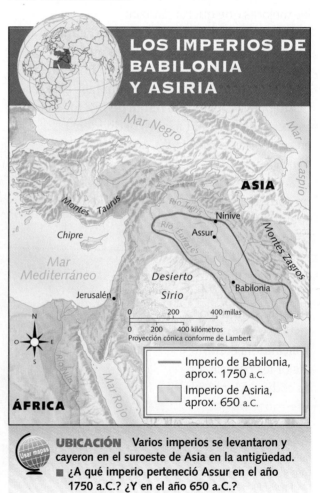

LOS IMPERIOS DE BABILONIA Y ASIRIA

— Imperio de Babilonia, aprox. 1750 a.C.
□ Imperio de Asiria, aprox. 650 a.C.

UBICACIÓN Varios imperios se levantaron y cayeron en el suroeste de Asia en la antigüedad.
■ ¿A qué imperio perteneció Assur en el año 1750 a.C.? ¿Y en el año 650 a.C.?

En el año 721 a.C. el rey asirio Senaquerib asoló Israel, un reino ubicado en el oeste del Creciente Fértil, cerca del mar Mediterráneo. Sus tropas atacaron y destruyeron 46 ciudades y 200,000 personas capturadas fueron convertidas en esclavos. En el año 689 a.C., Senaquerib atacó y destruyó Babilonia, ubicada en el confín oriental de Mesopotamia.

Senaquerib alardeó: "Yo he destruido, devastado e incendiado ciudades y casas desde sus cimientos hasta sus tejados". Después de destruir Babilonia, hizo cavar canales desde el río Éufrates para inundar el lugar. Quería, según dijo, transformar la ciudad en una pradera.

Con el tiempo, el poderoso Imperio Asirio fue, a su vez, conquistado por otros pueblos. En el año 612 a.C. los medos atacaron Nínive y mataron al rey. Un escritor que podría haber vivido cerca de Nínive describió la caída de la ciudad; su testimonio muestra lo violenta que fue la era de las conquistas en Mesopotamia.

> ¡Miseria para la ciudad
>   ensangrentada!…
> Restalla el látigo y rechinan las
>   ruedas; retumban
> los cascos de los caballos y avanzan
> los carros de guerra. Los jinetes
> levantan las espadas brillantes y
> las lanzas resplandecientes, y una
> multitud es asesinada…"

¿Por qué los asirios atacaban a sus pueblos vecinos?

Esta estela muestra a guerreros asirios conduciendo un carro de guerra.

LECCIÓN 2 • REPASO

Comprueba lo que aprendiste

1. **Recuerda los datos**   ¿Qué compendio de leyes basado en el concepto de "ojo por ojo y diente por diente" se desarrolló en Babilonia?
2. **Concéntrate en la idea principal**   ¿Qué hacía la gente del Creciente Fértil para mantener el orden y defenderse de las invasiones?

Piensa críticamente

3. **Piensa más sobre el tema**   Algunas personas hoy en día considerarían crueles los castigos de Hammurabi. ¿Por qué otras personas apoyarían esas penas en la actualidad?
4. **Ayer y hoy**   ¿Cuáles son las leyes más importantes de tu comunidad? ¿Por qué?
5. **Causa y efecto**   ¿Qué consecuencias trajo el establecimiento de imperios en el Creciente Fértil?

Muestra lo que sabes

Actividad: Código   Hammurabi estableció leyes que eran justas para su época. Forma un grupo con tus compañeros y elabora un código de leyes para los estudiantes de tu escuela que te parezca justo.

ISRAELITAS, FENICIOS Y LIDIOS

*C*onexión con nuestro mundo

¿Qué cambios han introducido personas o grupos en tu comunidad?

Concéntrate en la idea principal
A medida que vayas leyendo, indaga cómo los israelitas, los fenicios y los lidios contribuyeron a cambiar la civilización del Creciente Fértil.

Anticipa el vocabulario
monoteísmo
alianza
Diez Mandamientos
judaísmo
Torá
colonia
difusión cultural
trueque
economía monetaria

Los habitantes del extremo oeste del Creciente Fértil no establecieron grandes imperios. Sin embargo, entre los años 2000 y 500 a.C., los israelitas, fenicios y lidios hicieron grandes contribuciones a la humanidad en la religión, el lenguaje y la economía.

ABRAHAM

Mucha gente en todo el mundo cree ser descendiente de un hombre llamado Abram. Abram nació en la ciudad Sumeria de Ur y vivió casi toda su vida en la ciudad de Haran, en el norte de Mesopotamia. Los habitantes de Mesopotamia, como tantos otros pueblos de la antigüedad, adoraban a muchos dioses. A un dios le pedían agua, a otro dios, lluvia y a otro, cosechas abundantes. Había también dioses de las nubes, del rocío y de todo aspecto de la naturaleza que fuera importante para una sociedad agrícola.

A diferencia de los otros habitantes del lugar, Abram y su familia adoraban a un solo dios. El **monoteísmo** es la creencia en un solo ser supremo. Abram creía que Dios era todopoderoso, y según él, un día Dios le habló para decirle: " Deja tu tierra, tu pueblo y la casa de tu padre, y ve a la tierra que yo te voy a mostrar".

Abram obedeció a Dios sin cuestionarlo. Salió de Mesopotamia y viajó hacia el oeste con su esposa Sara y otros familiares. Aproximadamente en el año 2000 a.C. llegaron a una zona con colinas, valles y llanuras costeras en la costa del mar Mediterráneo. Esta región se conoció como Canaán.

Abram y su familia viajaron por Canaán hasta llegar a un lugar llamado Siquem. Fue allí donde, de acuerdo a la Biblia, Abram oyó que Dios le dijo: "Te daré esta tierra para tus hijos". Abram hizo una **alianza**, o acuerdo, con Dios. Según esta alianza, como recompensa por la fidelidad de Abram, Dios les daría a él y a sus descendientes la tierra de Canaán para establecer su patria. Como signo de la promesa, Abram cambió su nombre a Abraham, que significa "padre de muchas naciones". Abraham se transformó, así, en el padre de los judíos, por medio de su hijo Isaac, y en el padre de los árabes por medio de su hijo Ismael.

 ¿En qué se diferenciaban las creencias religiosas de Abraham de las de los otros habitantes de Mesopotamia?

LOS DIEZ MANDAMIENTOS

Isaac, hijo de Abraham, tuvo a su vez un hijo llamado Jacob. Con el tiempo, Jacob pasó a ser conocido también como Israel, y sus descendientes fueron llamados israelitas. Cuando el hambre asoló Canaán, muchos israelitas partieron para Egipto. Los israelitas que abandonaron Canaán encontraron trabajo y comida durante los primeros años que vivieron en Egipto. Pero luego fueron convertidos en esclavos por los gobernantes egipcios.

Cerca del año 1280 a.C., Moisés, un israelita, guió a su pueblo de nuevo a Canaán. El viaje fue muy duro y llevó muchos años. La Biblia cuenta que en una montaña en el desierto del Sinaí, Dios entregó a Moisés los **Diez Mandamientos**, una serie de reglas de conducta. El primer mandamiento decía que hay un solo Dios y que éste debe ser venerado. Los otros mandamientos imponían reglas para la vida cotidiana y para mantener la familia unida.

LOS DIEZ MANDAMIENTOS

SEGÚN LA BIBLIA, DIOS LE HABLÓ A MOISÉS, Y ÉSTAS FUERON SUS PALABRAS:

1 YO SOY EL SEÑOR TU DIOS, EL QUE TE SACÓ DE EGIPTO, DE LA TIERRA DE LA ESCLAVITUD. NO TENDRÁS OTROS DIOSES MÁS QUE YO.

2 NO CREARÁS ÍDOLOS CON LA FORMA DE ALGO QUE VIVA EN EL CIELO, O EN LA TIERRA BAJO ÉSTE, O EN LA PROFUNDIDAD DE LAS AGUAS...

3 NO USARÁS EN VANO EL NOMBRE DEL SEÑOR, TU DIOS, PUES EL SEÑOR NO PERDONARÁ A QUIEN DIGA SU NOMBRE EN VANO.

4 SANTIFICARÁS EL DÍA DEL SEÑOR. DEDICARÁS SEIS DÍAS AL TRABAJO, PERO EL SÉPTIMO ES UN DÍA CONSAGRADO AL SEÑOR TU DIOS. EN ESE DÍA NO REALIZARÁS NINGÚN TRABAJO...

5 HONRARÁS A TU PADRE Y A TU MADRE...

6 NO MATARÁS.

7 NO COMETERÁS ADULTERIO.

8 NO ROBARÁS.

9 NO LEVANTARÁS FALSOS TESTIMONIOS CONTRA TU PRÓJIMO.

10 NO DESEARÁS LA CASA DE TU PRÓJIMO... NI NADA QUE LE PERTENEZCA.

ÉXODO 20:2-17
(FUENTE: LA NUEVA VERSIÓN INTERNACIONAL DE LA BIBLIA)

Los Diez Mandamientos forman parte de la Torá, las escrituras sagradas de los judíos. Esta cubierta para la Torá (izquierda) fue hecha en el siglo XVIII d.C.

Los Diez Mandamientos ayudaron a Moisés a guiar a los judíos durante el largo viaje. Estas reglas se convirtieron en una parte importante del **judaísmo**, la religión de los judíos, y más tarde del cristianismo y del islam. El judaísmo enseña que no se pueden dibujar representaciones de Dios y que los humanos deben imitar sus cualidades. Por ejemplo, Dios es justo y nosotros debemos ser honestos y justos con los demás.

Después de regresar a Canaán, los israelitas formaron su propia nación, a la que llamaron la Tierra de Israel. El primer rey de Israel fue Saúl. Él fue sucedido por David, quien construyó la capital en Jerusalén. El hijo de David, Salomón, fue uno de los reyes más famosos de Israel, conocido por su sabiduría a la hora de tomar decisiones. "La sabiduría de Salomón excede la sabiduría de todos los hijos de oriente", dice la Biblia. Los relatos de los israelitas están

ISRAEL Y JUDÁ

Israel a principios del reinado de Salomón

Reino de Israel

Reino de Judá

0   25   50 millas
0   25   50 kilómetros
Proyección cilíndrica transversal

FENICIA

Mar de Galilea

Nazareth

R. Jordán

Samaria

Joppa

Betel

Jericó

Jerusalén

PALESTINA

Mar Mediterráneo

Gaza

Hebrón

Mar Muerto

Beersheba

LUGAR La tierra de Israel se dividió en dos partes.
■ ¿Qué zona era más probable que fuera invadida por el mar?

en los primeros cinco libros de la Biblia o los Cinco Libros de Moisés. Los judíos se refieren a estos libros como la **Torá**.

Después del reinado de Salomón, Israel fue dividido en dos reinos: Israel y Judá. El reino de Israel continuó hasta el año 721 a.C., cuando fue conquistado por los asirios. El reino de Judá continuó hasta el 587 a.C., cuando fue vencido por Babilonia. Durante el dominio de los romanos, Judá pasó a ser conocida como Judea. Cerca del año 130 a.C., los judíos fueron obligados a salir de Judea y los romanos cambiaron el nombre de la región por el de Palestina para borrar todos los lazos que la tierra tenía con los judíos.

¿Qué grupo de reglas se transformó en una parte importante de tres religiones principales?

EL ALFABETO

Mientras Israel estaba ubicada en la parte sur de la franja de tierra fértil que bordea el mar Mediterráneo, Fenicia estaba ubicada en la parte norte. Fenicia era un conjunto de ciudades estado, cada una gobernada por un rey. Tenía poca tierra fértil y recursos naturales, pero en la montañas del Líbano, que quedaban cerca, había cedros. A cambio de los cedros, los fenicios recibían alimento y otros materiales.

Por cientos de años los fenicios navegaron las aguas del mar Mediterráneo en busca de metal, marfil y todo lo que no podían hallar en sus tierras. Debido a esta necesidad, desarrollaron las técnicas de navegación más avanzadas que había en la antigüedad.

Entre los años 1000 y 700 a.C. los fenicios establecieron colonias por toda la costa mediterránea. Una **colonia** es un asentamiento situado fuera del territorio de un pueblo, pero bajo el control de dicho pueblo. Las colonias fenicias del Mediterráneo servían como lugar de descanso para los navegantes y como eslabones comerciales con otras civilizaciones de África y Europa.

La civilización fenicia recibió la influencia de aquéllas con las que tuvo contacto. Tomaron ideas prestadas de los egipcios, babilonios y otros socios comerciales. Los fenicios desarrollaron el primer alfabeto, basado en el sistema de escritura egipcio, entre otros.

¿Qué es?

El púrpura fenicio

A los fenicios no sólo se les recuerda por el alfabeto, sino también por el color púrpura. En las aguas costeras de Fenicia había un tipo de molusco, un animal marino con caparazón duro. Los fenicios usaban este molusco para hacer una tintura llamada púrpura de Tiro. Los reyes usaban ropas teñidas con esta tintura y el púrpura se transformó en el color real. Algunos líderes llegaron a disponer que sólo ellos podían usar el púrpura de Tiro. El comercio de los fenicios aumentaba a medida que los soberanos demandaban más tintura. Con el tiempo, el color pasó a estar muy asociado con la tierra donde se producía. De hecho, la palabra *fenicio* proviene de una palabra griega que significa rojo púrpura.

EL DESARROLLO DEL ALFABETO

EGIPCIO (3000 a.C. aprox.)	FENICIO (1000 a.C. aprox.)	GRIEGO (600 a.C. aprox.)	ACTUAL
			A
			B
			D
			I, J
			L
			M
			P
			T
			Y
			Z

APRENDER CON TABLAS El alfabeto fenicio fue un paso muy importante en el desarrollo de muchos alfabetos de la actualidad.

■ ¿Qué letras fenicias se parecen más a las de nuestro alfabeto?

El alfabeto fenicio facilitó la escritura. Los sistemas de escritura anteriores utilizaban cuñas, como la escritura cuneiforme, o dibujos que representaban sílabas de palabras. El alfabeto fenicio estaba formado por símbolos escritos que representaban sonidos primarios.

Los fenicios usaban el alfabeto para llevar registros de sus acuerdos comerciales y hacer facturas. Las colonias fenicias difundieron el alfabeto entre los pueblos con los que tenían contacto. Llevar ideas de un lugar a otro se llama **difusión cultural** .

✓ **¿Cómo diseminaron los fenicios el uso de su alfabeto?**

LA MONEDA

Los lidios también vivían en el oeste del Creciente Fértil, en la costa este del mar Mediterráneo. Al igual que los fenicios, los lidios hicieron una gran contribución a la cultura del Creciente Fértil en el campo del comercio. En el año 600 a.C. el gobierno lidio fue el primero en acuñar moneda.

A la hora de comerciar entre ellos, los pueblos del Creciente Fértil y del mar Mediterráneo necesitaban algo que

hiciera las veces de moneda. El valor de la moneda debía ser aceptado por todos, y su peso debía ser liviano para no hundir los barcos en los que se trasladaba. Las primeras monedas eran del tamaño de un frijol; estaban acuñadas en una aleación de oro y plata, y tenían una marca especial del rey de Lidia.

Antes de que se inventaran las monedas, los mercaderes utilizaban el **trueque** , o intercambio de un bien o servicio por otro. El problema del trueque era que sólo funcionaba cuando ambos mercaderes tenían lo que el otro deseaba.

El uso de la moneda permitió a los mercaderes fijar los precios de los bienes y servicios. Las sociedades desarrollaron así **economías monetarias**, un sistema económico basado en el uso de la moneda en lugar del trueque. Lidia fue un reino independiente hasta el 545 a.C. Aunque nunca recuperó su independencia, es aún recordado por sus primeras monedas.

✓ **¿Qué efecto tuvo la invención de la moneda en el comercio?**

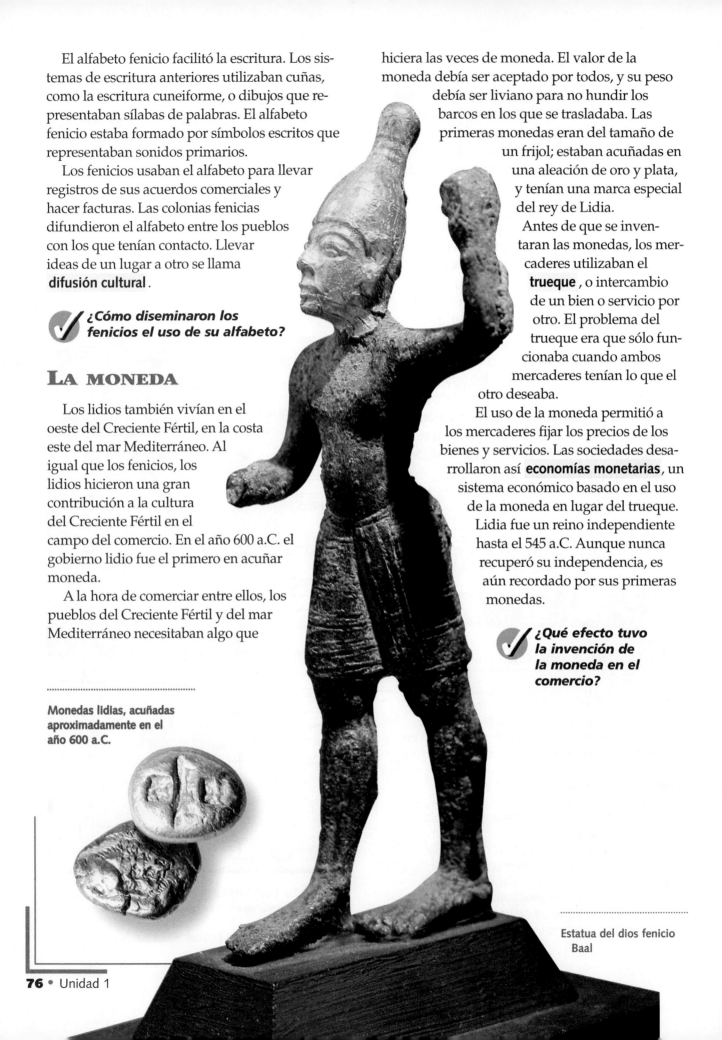

Monedas lidias, acuñadas aproximadamente en el año 600 a.C.

Estatua del dios fenicio Baal

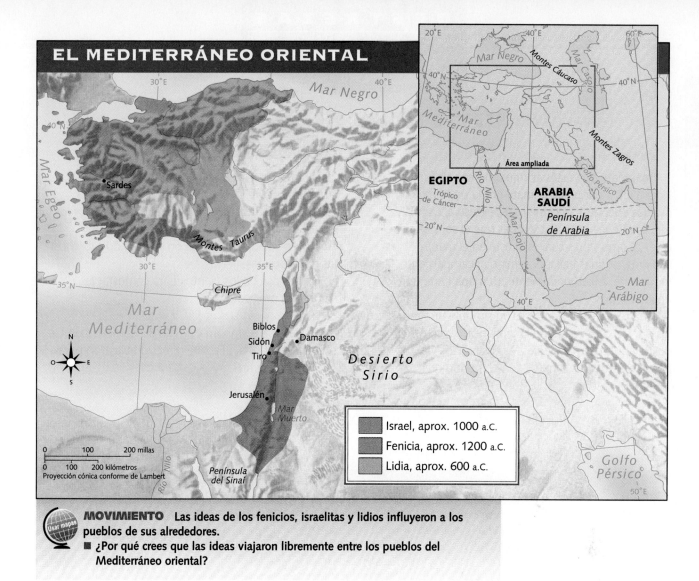

EL MEDITERRÁNEO ORIENTAL

Israel, aprox. 1000 a.C.

Fenicia, aprox. 1200 a.C.

Lidia, aprox. 600 a.C.

MOVIMIENTO Las ideas de los fenicios, israelitas y lidios influyeron a los pueblos de sus alrededores.

■ ¿Por qué crees que las ideas viajaron libremente entre los pueblos del Mediterráneo oriental?

L ECCIÓN 3 • REPASO

Comprueba lo que aprendiste

1. **Recuerda los datos** ¿Qué aportes hicieron los israelitas, los fenicios y los lidios a la civilización del Creciente Fértil?

2. **Concéntrate en la idea principal** ¿De qué sirvieron las contribuciones hechas por los israelitas, fenicios y lidios a los habitantes del Creciente Fértil?

Piensa críticamente

3. **Piensa más sobre el tema** ¿Qué ventajas y desventajas tiene el uso del alfabeto y la moneda?

4. **Ayer y hoy** ¿De qué manera afectan a nuestra vida las contribuciones de los israelitas, fenicios y lidios?

Muestra lo que sabes

Actividad: Discurso Prepara un discurso con un compañero para convencer a alguien de las ventajas de usar el alfabeto fenicio y las monedas lidias. Si el tiempo lo permite, practiquen el discurso en voz alta.

CÓMO

Seguir rutas en un mapa

¿Por qué es importante esta destreza?

Imagínate que estás acampando con tu familia. Has salido a dar una caminata por la mañana y no puedes encontrar el camino de regreso al campamento. Tienes un mapa y sabes que el sol sale por el este. ¿Cómo sabes cuál es el este en el mapa? Si lo supieras, podrías hallar el camino al campamento fácilmente. Afortunadamente, tu mapa tiene una rosa de los vientos.

Una rosa de los vientos es un símbolo que muestra los puntos cardinales en el mapa: norte, sur, este, oeste y puntos intermedios. La rosa de los vientos permite comparar el mapa con el mundo real.

Comprende el proceso

El mapa de esta página muestra la ruta que Abraham siguió probablemente para ir de Ur a Canaán. También muestra la ruta que Moisés y los israelitas siguieron de Egipto a Canaán. Como Abraham y Moisés no dejaron mapas, no sabemos las rutas exactas.

Usa la rosa de los vientos para contestar las siguientes preguntas:

1. El viaje de Abraham y su familia comenzó en Ur, Mesopotamia. ¿En qué dirección viajaron para llegar a Haran?

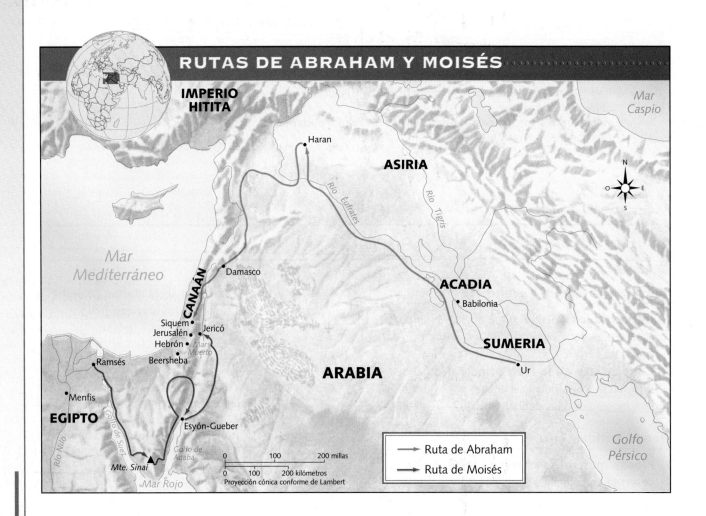

RUTAS DE ABRAHAM Y MOISÉS

IMPERIO HITITA

Mar Caspio

Haran

ASIRIA

Río Éufrates

Río Tigris

Mar Mediterráneo

Damasco

CANAÁN

ACADIA

Babilonia

Siquem

Jericó

Jerusalén

Hebrón

Mar Muerto

SUMERIA

Beersheba

Ur

Ramsés

ARABIA

Menfis

EGIPTO

Esyón-Gueber

Golfo de Suez

Golfo Pérsico

Río Nilo

Golfo de Aqaba

Mte. Sinaí

Mar Rojo

| 0 | 100 | 200 millas |
| 0 | 100 | 200 kilómetros |

Proyección cónica conforme de Lambert

→ Ruta de Abraham
→ Ruta de Moisés

2. Abraham y su familia luego se dirigieron hacia Canaán. ¿En qué dirección viajaron para dirigirse de Haran a Canaán?

3. Cuando Moisés y los israelitas huyeron de Egipto, lo hicieron desde Ramsés. Busca la ciudad en el mapa. ¿En qué dirección viajaron para ir de Ramsés hasta el Monte Sinaí?

4. Del Monte Sinaí, Moisés y los israelitas viajaron hasta Esyón-Gueber, en la parte norte del Golfo de Aqaba. Desde el monte Sinaí hasta Esyón-Gueber el camino es sinuoso. Si los israelitas hubieran viajado en línea recta desde Esyón-Gueber hasta el monte Sinaí, ¿qué dirección habrían tomado?

5. En la última parte de su viaje, Moisés y los israelitas viajaron desde el Golfo de Aqaba hasta el Mar Muerto y Jericó. ¿En qué dirección doblaron cuando salieron de Esyón-Gueber?

6. Si un viajero se hubiera dirigido en línea recta desde Hebrón hasta Ur, ¿qué dirección habría tomado?

7. Si un viajero de la antigüedad hubiera viajado en línea recta de Ur a Esyón-Gueber y después a Jericó, ¿qué direcciones habría tomado?

Piensa y aplica

Piensa en alguien que viva en otra ciudad y a quien quisieras visitar. Observa el mapa de esta página y busca la mejor ruta para llegar a esa ciudad. Luego dibuja un mapa mostrando la ruta que hayas elegido. Pon una rosa de los vientos en el mapa. ¿En qué dirección viajarías hacia el lugar elegido? ¿Cambia de dirección tu ruta a lo largo del camino? ¿Por qué?

ESTADOS UNIDOS: CARRETERAS PRINCIPALES

Carretera interestatal

CONECTA LAS IDEAS PRINCIPALES

Usa este organizador para mostrar cómo están relacionadas las ideas principales del capítulo. Copia el organizador en una hoja de papel y complétalo escribiendo tres detalles de cada idea principal.

Las civilizaciones del Creciente Fértil

Guerra y paz en Mesopotamia
Las civilizaciones de la antigüedad se defendían y mantenían el orden.

1. _____
2. _____
3. _____

La civilización de Mesopotamia
Los habitantes de Mesopotamia desarrollaron nuevas maneras de hacer las cosas.

1. _____
2. _____
3. _____

Israelitas, fenicios y lidios
Las civilizaciones del Creciente Fértil contribuyeron a los cambios.

1. _____
2. _____
3. _____

ESCRIBE MÁS SOBRE EL TEMA

1. **Escribe acerca de un personaje** Imagina al jefe de un clan de la antigüedad y escribe un perfil acerca de él.

2. **Escribe un cuento** Para entender la importancia de la escritura, imagina que eres un escriba sumerio. Escribe un cuento en el que narres cómo y por qué se inventó la escritura.

3. **Escribe un informe** Explica la importancia que tiene la agricultura comentando el efecto que tuvo el excedente de alimento en el modo de vida sumerio.

4. **Escribe tu opinión** ¿Crees que las invenciones siempre hacen la vida mejor o algunas veces causan problemas? Da las razones en las que basas tu opinión. Usa ejemplos tanto del Creciente Fértil como de la vida actual para mostrar en qué medida han cambiado las cosas.

5. **Escribe un anuncio comercial** Diseña un anuncio comercial en el que anuncies la invención de la rueda. Asegúrate de decir qué efecto va a tener la rueda en la vida cotidiana en Mesopotamia.

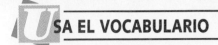

USA EL VOCABULARIO

Escribe el término que corresponda a cada definición. Luego escribe una oración en la que uses cada término.

ciudad estado	justicia imparcial	escriba
imperio	innovación	tecnología

1. un cambio en el modo habitual de hacer las cosas

2. el uso de herramientas y conocimientos para crear o construir cosas

3. una ciudad que tenía su propio gobierno

4. una persona cuyo trabajo era llevar registros, escribir relatos y cartas para otros

5. conjunto de territorios con muchos habitantes gobernado por una misma autoridad

6. tratamiento justo bajo la ley

COMPRUEBA LO QUE APRENDISTE

1. ¿Qué relación había entre el tipo de empleo que tenía un habitante de Sumeria y su clase social?

2. ¿Qué necesidades condujeron a las innovaciones en Sumeria? ¿Cuáles fueron esas innovaciones?

3. ¿Por qué causas había guerras en Mesopotamia?

4. ¿Porqué Hammurabi escribió su código de leyes?

5. ¿Qué efecto tuvo en la religión del suroeste de Asia el que se adorara a un solo Dios?

6. ¿Qué importancia tuvo la invención de un alfabeto escrito?

PIENSA CRÍTICAMENTE

1. **Causa y efecto** ¿Qué efecto tuvieron las guerras en el gobierno de Sumeria?

2. **En mi opinión** ¿Crees que la definición de justicia imparcial de Hammurabi era justa? Explica tu respuesta.

3. **Piensa más sobre el tema** ¿En qué se parecen el Código de Hammurabi y los Diez Mandamientos? ¿En qué se diferencian?

4. **Ayer y hoy** ¿Qué cosas crees que no funcionarían hoy si no fuera por la invención de la rueda? ¿Cómo sería la vida cotidiana sin la rueda? ¿Puedes pensar en alguna innovación de nuestra época que tenga la misma importancia de la rueda?

APLICA TUS DESTREZAS

Cómo seguir rutas en un mapa Mira el mapa de la página 78 y responde a estas preguntas.

1. ¿En qué dirección viajaba Abraham cuando llegó a Canaán? ¿En qué dirección viajaban Moisés y los israelitas cuando llegaron a Canaán?

2. ¿En qué dirección viajaron Moisés y los israelitas cuando fueron de Egipto a Jericó?

LEE MÁS SOBRE EL TEMA

Gilgamesh the King de Ludmila Zeman; Tundra Books. Este cuento se basa en la narración que aparece en tablillas de piedra hechas hace más de 5,000 años. Trata del severo rey Gilgamesh, a quien el salvaje Inkidu enseña a ser bueno con su pueblo.

Science in Ancient Mesopotamia de Carol Moss; Franklin Watts. Este libro muestra el efecto que tienen los logros científicos de los sumerios y babilonios en la vida actual.

Money de Joe Cribb; Knopf. El autor presenta la historia de la moneda con ilustraciones, desde el uso de conchas y cuentas hasta el uso de oro, plata y tarjetas de crédito. El libro también incluye sugerencias acerca de cómo coleccionar monedas.

LOS ESTUDIOS
SOCIALES Y TÚ

¿Habrá suficiente alimento?

A lo largo de la historia, la agricultura ha hecho posible que las civilizaciones tengan suficiente alimento. Sin embargo, en el presente no es claro que la agricultura pueda producir todo el alimento necesario para una población mundial que crece a un ritmo de noventa millones de personas al año.

En la actualidad más de setecientos millones de personas están en peligro de morir de hambre. El Secretario General de las Naciones Unidas ha dicho que hay más gente hambrienta en la actualidad de lo que jamás hubo en la historia de la humanidad. En Estados Unidos, 30 millones de personas, 12 millones de las cuales son niños, no reciben alimento suficiente para mantenerse en buena salud.

La nueva tecnología permite que los granjeros produzcan alimento en abundancia. En las grandes granjas comerciales hay máquinas que plantan, cuidan y cosechan los cultivos con mayor rapidez y más eficacia que una persona. Los nuevos métodos de reproducción permiten que tanto los cultivos como el ganado sean más grandes y saludables. Los productos químicos modernos mejoran la tierra, combaten las enfermedades de las plantas y matan las pestes.

A pesar de estos adelantos, muchas personas se acuestan hambrientas cada noche. En algunos casos los tumultos políticos y la falta de líderes eficaces hacen que el alimento no llegue a la gente hambrienta. La mayoría de la gente ha llegado a la conclusión de que la tecnología por sí sola no puede resolver el problema del hambre.

Cosecha de zanahorias en Estados Unidos

Cultivo de plantas sin tierra (granjas hidropónicas) en Japón

PIENSA Y ACTÚA

Piensa de qué modo podrías ayudar a los que no tienen suficiente para comer cada día. Un modo puede ser organizar en tu escuela un banco de alimento comunitario. Haz una lista de sugerencias y compártelas con el resto de la clase.

Un niño de la India

Cosecha de soja en Zambia

CUADROS DE LA HISTORIA

Examina las ilustraciones que aparecen en este cuadro de la historia para repasar los acontecimientos que se presentan en la Unidad 1.

Resume las ideas principales

1. Los seres humanos primitivos vivían en grupos y cooperaban para cazar animales y recolectar plantas.

2. Los seres humanos primitivos aprendieron a domesticar animales y a cultivar plantas.

3. La domesticación de animales y el cultivo de plantas hizo que los seres humanos primitivos se asentaran en lugares permanentes, ocasionando grandes cambios en su modo de vida.

4. A medida que las poblaciones crecían, algunas de las aldeas agrícolas se transformaron en ciudades.

5. Los sumerios del Creciente Fértil inventaron maneras de resolver los problemas urbanos.

6. El uso de monedas acuñadas por los lidios, la invención del alfabeto por los fenicios y la creencia en un solo Dios de los israelitas produjeron cambios en el Creciente Fértil.

Interpreta las ilustraciones   Observa cuidadosamente las ilustraciones de los cuadros de la historia. Conversa con tus compañeros en grupo sobre los cambios en el modo de vida que se asocian con cada uno de los períodos que se ilustran.

Escribe acerca del relato   Escribe una oración descriptiva para cada una de las ilustraciones.

TALLER DE APRENDIZAJE COOPERATIVO

Recuerda

- **Comparte tus ideas.**
- **Coopera con los demás para planificar el trabajo.**
- **Responsabilízate por tu trabajo.**
- **Muestra a la clase el trabajo de tu grupo.**
- **Comenta lo que has aprendido trabajando en grupo.**

Actividad 1

Hacer un inventario de desperdicios

Uno de los modos en que los arqueólogos aprendieron acerca de Skara Brae fue estudiando los montículos de basura de la aldea. Para saber cómo se puede aprender de la basura, haz un inventario de los montículos de basura que se acumulan en tu casa. Busca cosas que probablemente pronto tirarás o reciclarás, tales como envoltorios limpios de comida, juguetes rotos, bisutería vieja y ropa rota. Asegúrate de que lo que elijas esté limpio y no sea peligroso. Luego trae esas cosas a la clase, en una bolsa.

En clase, trabaja en grupo. Todos deberán poner en un montículo lo que han traído. Luego intercambien sus lugares con los otros grupos para examinar el montículo del otro grupo cuidadosamente. ¿Cuáles son los objetos más comunes? ¿Cuáles son los menos comunes? ¿Qué se puede decir del grupo que acumuló ese montículo a partir de las cosas encontradas en él?

Actividad 2

Hacer un mapa

Trabajando en grupo traza en una hoja de papel el contorno del mundo. Usa el mapa de tu libro de texto como guía. Incorpórale figuras o símbolos de las cosechas en tiempos antiguos. Dibuja cada símbolo o figura lo más cerca posible del lugar donde la cosecha estaba ubicada. Explica en forma general por qué algunas áreas tenían el mismo tipo de cosechas.

Actividad 3

Dibujar los planos de una casa

Trabaja con tus compañeros de clase para dibujar la parte exterior de una vivienda de Skara Brae. Hagan distintos dibujos hasta que encuentren uno con el que estén conformes. En otra hoja dibujen el interior de la vivienda. Muestren sus dibujos a la clase y expliquen cómo el entorno determinó el modo en que la vivienda quedó diseñada.

USA EL VOCABULARIO

Para demostrar que sabes el significado de estas palabras usa cada par en una oración.

1. clan, migración

2. agricultura, domesticar

3. nómadas, ganado

4. tecnología, innovación

5. ciudad estado

COMPRUEBA LO QUE APRENDISTE

1. ¿Cuáles eran las ventajas de vivir en clanes?

2. ¿De qué manera la migración cambió la población del mundo?

3. ¿De qué manera la agricultura cambió a los primeros pueblos?

4. ¿Cómo llevó el excedente de alimentos a la división del trabajo en Sumeria?

5. ¿Por qué las primeras sociedades necesitaron de un gobierno?

PIENSA CRÍTICAMENTE

1. Causa y efecto La agricultura cambió a las sociedades para siempre. ¿En qué fue positivo ese cambio? ¿En qué fue negativo?

2. Explora otros puntos de vista ¿Por qué a mucha gente le disgustan los inventos y la tecnología?

3. En mi opinión Una historia acerca del rey Gilgamesh lo llama "el que lo supo todo". ¿Piensas que es sensato creer que un jefe lo sabe todo? Explícate.

4. Ayer y hoy ¿Cómo cambiaron la sociedad los israelitas, fenicios y lidios?

5. Piensa más sobre el tema ¿En qué sería diferente la vida si usáramos el trueque en lugar del dinero? ¿Cómo sería ir de compras?

APLICA TUS DESTREZAS GEOGRÁFICAS

Cómo seguir rutas en un mapa El mapa de esta página muestra las rutas usadas por los diferentes ejércitos que hicieron conquistas en Mesopotamia. Las rutas de Hammurabi se señalan en púrpura. Estudia la clave para ver otras rutas marcadas en el mapa. Usa este mapa para responder a las preguntas.

1. ¿En qué dirección viajó Hammurabi para llegar desde Babilonia hasta

    a. Larsa?   **b.** Eshnunna?   **c.** Mari?

2. ¿De qué dirección llegaron los hititas para conquistar Babilonia?

3. ¿De qué dirección llegaron los asirios para conquistar Babilonia?

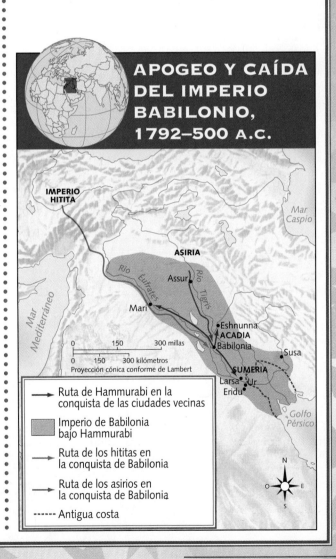

APOGEO Y CAÍDA DEL IMPERIO BABILONIO, 1792–500 A.C.

IMPERIO HITITA

Mar Caspio

ASIRIA

Río Éufrates

Río Tigris

Assur

Mar Mediterráneo

Mari

Eshnunna

ACADIA

Babilonia

Susa

0   150   300 millas

0   150   300 kilómetros

Proyección cónica conforme de Lambert

SUMERIA

Larsa Ur

Eridu

Golfo Pérsico

→ Ruta de Hammurabi en la conquista de las ciudades vecinas

▨ Imperio de Babilonia bajo Hammurabi

→ Ruta de los hititas en la conquista de Babilonia

→ Ruta de los asirios en la conquista de Babilonia

------ Antigua costa

N O E S

UNIDAD 2

CUNAS DE LA CIVILIZACIÓN

3000 a.C.

2500 a.C.

2000 a.C.

3100 a.C.
El rey Narmer unifica los territorios del Alto y Bajo Egipto

2650 a.C.
Se construye la primera pirámide egipcia

2500 a.C. aprox.
Aparecen las primeras ciudades del valle del Indo

2300 a.C. aprox.
Se inicia el comercio entre mercaderes del valle del Indo y el Creciente Fértil

1800 a.C. aprox.
La dinastía Shang se instaura en China

Durante el mismo período en que los habitantes del Creciente Fértil establecían sus civilizaciones, también surgieron otras civilizaciones en distintas regiones del mundo. Entre el año 3100 a.C. y el año 250 d.C., se desarrollaron sociedades complejas en el norte de África, el este y el sur de Asia y también en las Américas. Las condiciones de estos lugares eran propicias para la agricultura. En cada uno de estos lugares sus habitantes hicieron frente a circunstancias específicas que, con el paso del tiempo, determinaron las características de cada civilización.

← Mural de una tumba del Valle de las Reinas en Egipto

1500 a.C.

1000 a.C.

500 a.C.

1500 a.C.
Los olmecas se establecen en el Golfo de México

1465 a.C.
El Imperio Egipcio alcanza su máxima extensión

750 a.C. aprox.
Kush conquista la región del Alto Egipto

500 a.C.
Comienza la construcción de ciudades mayas

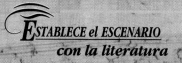
RELATOS DE EGIPTO

versión de Robert Hull

Las primeras civilizaciones trataron de encontrar una manera de explicar el mundo y el lugar que ocupaban en él. En el antiguo Egipto toda la vida giraba alrededor de la adoración a los dioses. Los egipcios creían que un dios, Osiris, había creado la vida en la Tierra. Antiguos relatos de ese país hablan de las aventuras de Osiris y de otros dioses. Esta versión de una antigua historia describe cómo Osiris ayudó a los primeros habitantes a sobrevivir en la Tierra.

Osiris le enseñó a la gente del mundo cuándo esperar la suave brisa del norte. Les mostró cómo construir edificios y levantarlos hacia las estrellas, cómo hacer espadas, cómo escribir sus recuerdos con marcas en la piedra, cómo hacer leyes. Osiris habló para darles una ley que les impidiera matarse y devorarse los unos a los otros.

Osiris se preguntaba qué más podía ofrecer a la gente. Un día, mientras caminaba junto al Nilo entre las altas hierbas de cebada, una brisa sopló sobre la pradera y Osiris observó cómo los granos maduros eran barridos por el aire y rodaban por el suelo. Luego, sus ojos penetrantes se percataron de que, aunque la mayoría de los granos volaban lejos llevados por el viento, algunos de los más pesados caían junto a la planta y permanecían allí, protegidos. "El año próximo", pensó, "esas semillas volverán a crecer aquí, en el mismo lugar. La mayoría de los granos se dispersará y se perderá, pero si unos pocos caen donde han crecido, los hombres podrán recogerlos y conservarlos. De ese modo, los hombres podrán hacer que la cebada crezca siempre en el mismo lugar".

La agricultura desempeñaba un papel importante en la vida de los egipcios. Esta pintura de aquella época muestra a unos agricultores plantando semillas.

Osiris tomó los granos que el viento no se había llevado y los enterró en el suelo. El año siguiente, las plantas de cebada crecieron en el mismo lugar. Había descubierto la manera de hacer que la cebada permaneciera en el mismo sitio. Les dijo a los hombres que rasparan la tierra con palos y prepararan un lugar seguro donde poner los granos de cebada más gordos, los granos que caían donde habían crecido antes.

Osiris le había dado a la gente los campos.

Luego Osiris observó algo más. Cuando el Nilo llegaba y el suave viento soplaba desde el norte, el mundo brillaba cubierto de agua y la cebada crecía en mayor abundancia. Les dijo a los hombres y a las mujeres que excavaran pequeños canales que llevaran el agua hasta los campos. De ese modo, guiada por el gran dios rey Osiris, la gente aprendió a conducir el agua hasta la cebada y diseminarla en los campos.

Poco a poco, la gente había aprendido a arar y cultivar la tierra, a guiar el agua del Nilo hacia ella y a recoger lo que en ella crecía. Osiris les había enseñado a ser agricultores; les había dado la cosecha.

A medida que estudies esta unidad aprenderás muchas cosas sobre los antiguos egipcios y su forma de vida. Asimismo, conocerás otras civilizaciones de todo el mundo.

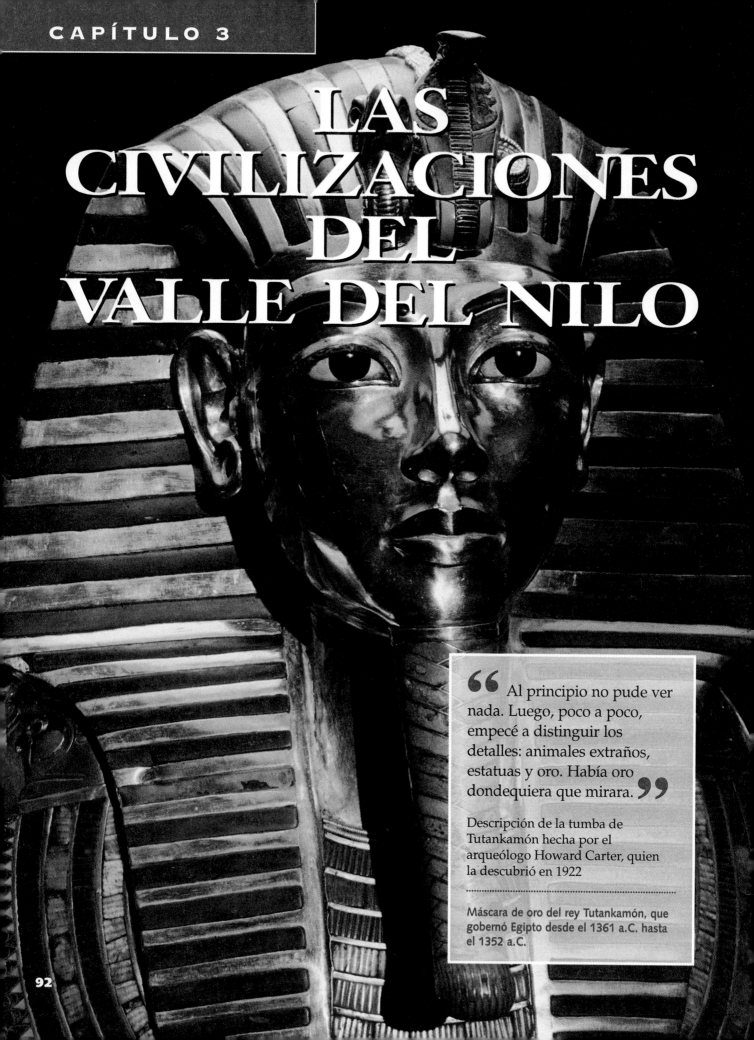

CAPÍTULO 3

LAS CIVILIZACIONES DEL VALLE DEL NILO

❝ Al principio no pude ver nada. Luego, poco a poco, empecé a distinguir los detalles: animales extraños, estatuas y oro. Había oro dondequiera que mirara. ❞

Descripción de la tumba de Tutankamón hecha por el arqueólogo Howard Carter, quien la descubrió en 1922

Máscara de oro del rey Tutankamón, que gobernó Egipto desde el 1361 a.C. hasta el 1352 a.C.

LA IMPORTANCIA DEL
RÍO NILO

Conexión con nuestro mundo

¿Qué efecto tiene actualmente el medio ambiente en las personas?

Concéntrate en la idea principal
Lee para aprender qué efecto tuvo el aspecto físico del valle del Nilo en el desarrollo de las civilizaciones del norte de África.

Anticipa el vocabulario
desertización	*predecir*
delta	*catarata*
sedimento	

Una angosta franja de tierra fértil atravesada por un solo río divide el desierto del extremo noreste de África. Este río, el Nilo, tiene un recorrido de más de 4,000 millas (6,500 kilómetros) desde su fuente, en las montañas del este de África, hasta su desembocadura, en el mar Mediterráneo. El Nilo es el río más largo del mundo. A lo largo de su curso se desarrolló la primera gran civilización de África y una de las civilizaciones de mayor duración en la historia del mundo.

EL RÍO QUE OTORGA (Y QUITA) LA VIDA

Durante el Paleolítico, primer período de la Edad de Piedra, los habitantes del noreste de África obtenían lo necesario para su subsistencia mediante la recolección de plantas y la caza. En ese entonces el noreste de África era una llanura cubierta de pastos y plantas donde abundaban los animales. Con el tiempo, el clima se hizo más seco, hasta que la llanura se convirtió en desierto. Cualquier cambio que transforma un terreno fértil en desierto, ya sea a causa del clima o de la acción humana, se llama **desertización**. A medida que la región se hacía más árida, las plantas morían y los animales tenían que ir a otros lugares en busca de agua. Los habitantes del lugar, que también necesitaban agua, se desplazaron hacia el valle del Nilo.

Cerca del mar Mediterráneo, el Nilo se divide en varios brazos, extendiéndose sobre una extensa superficie. Allí deposita gran parte del sedimento que arrastra desde su nacimiento. Con el tiempo, estos sedimentos dieron lugar a un gran **delta** compuesto de islas y marismas. Durante el Neolítico, aproximadamente en el año 6000 a.C., los habitantes del delta y el valle del Nilo comenzaron a producir su propio alimento. El terreno fértil contribuyó a que estos primeros agricultores tuvieran éxito en sus intentos. Allí se plantaba trigo y cebada, y se criaban ovejas, cabras y vacas.

Los egipcios sabían la importancia que tenía el Nilo para su supervivencia. Por eso el Nilo desempeñaba un papel tan importante en su religión, su escritura y su arte. Esta pintura muestra a un gobernante y su esposa, en su viaje al más allá.

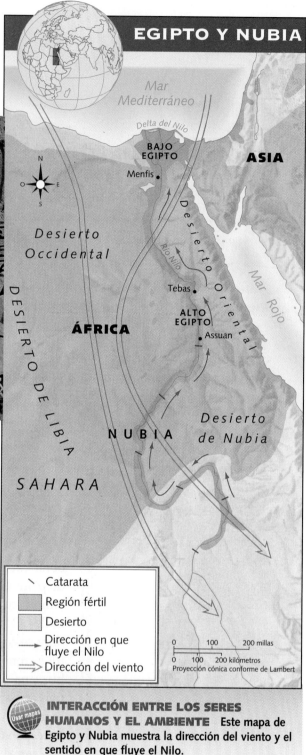

EGIPTO Y NUBIA

Mar Mediterráneo

Delta del Nilo

BAJO EGIPTO

Menfis

ASIA

Desierto Occidental

Río Nilo

Desierto Oriental

Mar Rojo

ÁFRICA

Tebas

ALTO EGIPTO

Assuan

DESIERTO DE LIBIA

Desierto de Nubia

NUBIA

SAHARA

Catarata
Región fértil
Desierto
Dirección en que fluye el Nilo
Dirección del viento

0   100   200 millas
0   100   200 kilómetros
Proyección cónica conforme de Lambert

INTERACCIÓN ENTRE LOS SERES HUMANOS Y EL AMBIENTE Este mapa de Egipto y Nubia muestra la dirección del viento y el sentido en que fluye el Nilo.
- ¿Por qué crees que la región del norte se llamaba Bajo Egipto, y la región del sur, Alto Egipto?

Hacia el año 5000 a.C. ya existían pequeñas aldeas en el delta y también a lo largo del valle del Nilo. Esta región era llamada Kemet por los habitantes del lugar; Kemet significa "tierra negra" y se refiere al lodo fértil y oscuro que se encontraba a orillas del Nilo. En cambio el desierto que rodeaba Kemet recibía el nombre de "tierra roja". El antiguo territorio de Kemet se conoce en la actualidad como Egipto, que es el nombre que los griegos le dieron a esa región. Los habitantes de Kemet son conocidos como egipcios.

"¡Bienaventurado seas, oh Nilo, que fluyes de la tierra y alimentas a Egipto!" dice una antigua plegaria. Los egipcios dependían del Nilo de la misma manera que los sumerios dependían de las aguas de los ríos Tigris y Éufrates.

El río no era solamente una excelente fuente de agua, sino que también fertilizaba las tierras de cultivo. Cada año el río se desbordaba depositando **sedimentos**, pedazos de piedra y tierra muy finos, sobre las tierras cercanas. Cuando el río volvía a su cauce, los agricultores araban el terreno y esparcían las semillas sobre el fértil sedimento. Para enterrar las semillas, simplemente conducían a las vacas y a las ovejas a través de los campos sembrados. El clima soleado se encargaba

de hacer el resto. Los cultivos crecían rápidamente, a veces produciendo de dos a tres cosechas por año. "Éste será un año maravilloso; libre de necesidades y con abundantes cosechas", dijo un agricultor egipcio en un año favorable. Entonces se decía que el Nilo era "el que da la vida".

Sin embargo, había años en que el Nilo ocasionaba la muerte de personas, plantas y animales. Cuando las lluvias eran escasas el Nilo no se desbordaba. El sol resecaba la tierra y arruinaba los cultivos. Al no haber cosechas, la gente se moría de hambre. En cambio cuando caía demasiada lluvia, el Nilo se desbordaba sin control: inundaba las cosechas y personas y animales morían ahogadas. Durante mucho tiempo fue imposible **predecir**, o anticipar, cómo se comportaría el río.

 ¿Qué función cumplía el Nilo en la vida de los egipcios?

FUENTE DE INVENTOS

Con el paso de los siglos, los egipcios fueron descubriendo maneras de predecir cuándo se desbordaría el Nilo. Estudiando el cielo, llegaron a entender los patrones del clima y a predecir cuándo llovería torrencialmente y cuándo llegarían las inundaciones correspondientes. Toda esta información la anotaron en un calendario anual de 365 días. Éste es el calendario solar más antiguo que conocemos.

De acuerdo con el calendario egipcio el año se dividía en tres períodos: inundación, siembra y cosecha. Cada período duraba varios meses y su nombre indicaba lo que sucedía en las riberas del Nilo.

A fines de la primavera, el Nilo comenzaba a inundar el terreno cercano a las orillas. Los egipcios llamaban inundación a este período y festejaban su comienzo con grandes celebraciones. Hacia fines del verano las aguas alcanzaban su máxima altura y luego comenzaban a descender. Este período se llamaba siembra y durante el mismo los agricultores araban y cultivaban la tierra. El período de siembra duraba hasta mediados del invierno y era seguido por un período seco llamado cosecha, durante el cual los agricultores cuidaban y cosechaban sus cultivos.

En Egipto llovía muy poco. Para regar las tierras durante el período de siembra los egipcios inventaron métodos de irrigación.

La estación de siembra era un período de gran actividad para los agricultores egipcios. En esta escultura de madera, que data del siglo 2000 a.C., se ve a un agricultor egipcio arando la tierra al finalizar las inundaciones. ¿Por qué crees que los egipcios hacían esculturas de este tipo?

Durante el período de siembra, la gente almacenaba el agua en estanques para poder regar los cultivos durante la época seca. Igual que los habitantes de Mesopotamia, los egipcios construyeron diques y represas para contener el río durante el período de inundación. También construyeron canales para llevar el agua sobrante de vuelta al río durante el período de siembra.

✓ ¿Qué hacían los egipcios para controlar el Nilo?

FUENTE DE RELIGIONES

A veces la ciencia y la tecnología no eran suficientes para resolver los problemas creados por el Nilo. Por ejemplo, había años en los que el río no se desbordaba y como consecuencia los egipcios no tenían suficiente agua. Otros años había demasiada agua y las inundaciones destruían los campos fértiles. En esas ocasiones, los egipcios recurrían a sus dioses para obtener ayuda.

Los habitantes de Egipto explicaban los fenómenos de la naturaleza basándose en relatos sobre sus dioses. Para los egipcios, el Sol era un dios que nacía todos los días y moría todas las noches. Con este relato explicaban por qué el Sol desaparecía durante la noche y volvía cada mañana. El Sol era un símbolo del ciclo de la vida.

Los egipcios creían que el dios Osiris había enseñado a los primeros habitantes de Egipto cómo y qué cultivar. Horus, el hijo de Osiris, y su esposa Isis gobernaban el cielo. Horus, a menudo, tomaba la forma de un halcón.

Ra, el dios Sol, posteriormente llamado Amón-Ra, era el dios más importante. Según las creencias egipcias,

Los egipcios creían que sus dioses eran en parte animales y en parte humanos. Esta estatua de bronce muestra a Ra, el dios Sol egipcio, en forma de pájaro.

uno de los ojos de Ra abandonó su cuerpo y tomó vida propia. Cuando los demás dioses trataron de alcanzar el ojo de Ra, el ojo comenzó a llorar y las lágrimas se convirtieron en los primeros habitantes de Egipto.

✓ ¿Cómo explicaban los egipcios los fenómenos naturales?

LA UNIFICACIÓN DE EGIPTO

La mayoría de las pequeñas aldeas agrícolas de Egipto surgieron en la región que se extiende desde las primeras seis cataratas hasta el delta del Nilo. Una **catarata** es una cascada o un lugar donde el agua de un río cae desde cierta altura.

Muchos de los mitos egipcios eran acerca de la diosa Isis y sus aventuras. Como muestra esta estatua, generalmente se retrataba a Isis con cuernos de vaca y un sol.

Las aldeas ubicadas al norte de Egipto, sobre el delta del Nilo, eran consideradas parte del Bajo Egipto. Las aldeas situadas en el valle del río, al sur del delta, se consideraban parte del Alto Egipto.

Al principio las aldeas de los "dos países" eran pequeñas. La mayoría estaban habitadas por clanes pequeños que subsistían cultivando la tierra que rodeaba sus viviendas de barro. Con el aumento de la población, las aldeas se convirtieron en pueblos con más construcciones y más tierras cultivadas. Con el tiempo, algunos pueblos se convirtieron en capitales de enormes ciudades estado cuyos gobernantes competían por el control del territorio.

Los habitantes del Alto y del Bajo Egipto se mantuvieron en estrecho contacto a lo largo de los años. Usando embarcaciones de juncos, los mercaderes navegaban agua arriba por el Nilo, empujados por el viento, o iban agua abajo impulsados por la corriente. Los mercaderes no sólo intercambiaban productos sino también ideas.

Hacia el año 3100 a.C. los territorios del Alto y del Bajo Egipto se convirtieron en reinos y lucharon por el control de todo Egipto.

Finalmente, el Alto Egipto ganó la guerra, unificando la región del delta y del valle.

El gobernante que logró unir a los dos países fue el rey Narmer del Alto Egipto. Como un gesto de paz y unidad, Narmer fundó Menfis, la capital, en el lugar donde las tierras del delta se unen a las tierras del valle. La fundación de Menfis marcó el comienzo de Egipto como un solo país; este período duraría 3,000 años.

 ¿Por qué el rey Narmer construyó la capital de Egipto cerca de donde se unen las tierras del delta con las del valle?

¿**C**uándo ocurrió?

Egipto y Sumeria en el 3500 a.C. y 3100 a.C.

Si hubieras podido viajar desde Sumeria a Egipto en el año 3500 a.C., ¿qué habrías aprendido al comparar los dos lugares? Sumeria tenía grandes ciudades, muchos edificios y miles de habitantes. El territorio de Egipto abarcaba grandes llanuras con grupos de viviendas diseminadas a lo largo del valle del Nilo. Los sumerios construían enormes templos en honor a sus dioses y los egipcios tenían solamente dos pequeños templos. Pero unos pocos cientos de años después todo había cambiado. Hacia el año 3100 a.C. Egipto empezó a superar a Sumeria tanto en población como en el esplendor de sus edificios.

LECCIÓN 1 • REPASO

Comprueba lo que aprendiste

1. **Recuerda los datos** El Nilo aportaba dos cosas a la tierra que lo rodeaba. ¿Cuáles eran?
2. **Concéntrate en la idea principal** ¿Qué efecto tuvo el Nilo en el desarrollo de la civilización egipcia?

Piensa críticamente

3. **Piensa más sobre el tema** El río Nilo atravesaba todo el territorio de Egipto. ¿De qué manera crees que los viajes y el comercio por el Nilo contribuyeron a que los egipcios se unieran para formar un reino?
4. **Causa y efecto** Los egipcios creían que la vida continuaba en el más allá. ¿Qué cosas o aspectos de la naturaleza pueden haber contribuido a esta idea?
5. **Ayer y hoy** ¿Qué efecto tienen los accidentes geográficos, como ríos, lagos o montañas, en la vida de las personas que viven en tu comunidad?

Muestra lo que sabes

Actividad: Escritura Los egipcios explicaban los fenómenos de la naturaleza por medio de relatos. Piensa en un fenómeno de la naturaleza e imagina un relato que usarías para explicarlo. Escribe tu relato, ilústralo y muéstraselo a un compañero de clase.

LAS DINASTÍAS EGIPCIAS

Conexión con nuestro mundo

¿Por qué algunas sociedades cambian con el tiempo y otras no?

Concéntrate en la idea principal
Lee para aprender qué hicieron los egipcios para mantener su civilización durante tanto tiempo a la vez que realizaban cambios.

Anticipa el vocabulario
dinastía	*papiro*
faraón	*pirámide*
edicto	*momia*
jeroglíficos	*campesino*

Los egipcios consideraban que su civilización había comenzado con el gobierno del rey Narmer. Narmer fue el rey del Alto Egipto que unificó a los dos países aproximadamente en el año 3100 a.C. Al morir Narmer, su hijo lo sucedió como gobernante. A su vez, el hijo de Narmer también nombró sucesor a su hijo. Este proceso continuó durante varias generaciones, creando así la primera **dinastía** de Egipto. Una dinastía es una serie de gobernantes pertenecientes a la misma familia. Durante sus 3,000 años de existencia, Egipto fue gobernado por más de 30 dinastías.

LOS COMIENZOS

Los reyes de la primera y segunda dinastía usaban nombres que indicaban una relación con los dioses. Luego, los egipcios empezaron a llamar **faraón** a su rey. La palabra faraón significa "gran casa" y se refería al magnífico palacio donde vivía el rey.

Los egipcios consideraban que el faraón era un dios que había tomado forma humana. Honraban a su gobernante como al hijo de Ra, el dios Sol. Por ser un dios con forma humana, el faraón tenía autoridad absoluta sobre el territorio y sus habitantes.

El poder absoluto que ejercían los faraones posibilitó que la civilización egipcia continuara durante cientos de años. El faraón tenía autoridad total sobre la vida de los habitantes y sobre casi todos los asuntos del estado. Como consecuencia, el modo de vida y el sistema de gobierno egipcio cambió muy poco a lo largo de los siglos.

Los nobles y oficiales ayudaban al faraón en el gobierno. Se encargaban de recaudar impuestos, planificar proyectos de edificación y hacer cumplir las leyes. El funcionario más importante del gobierno era el visir o asesor. El visir se ocupaba de hacer cumplir los **edictos**, u órdenes, del faraón y también se encargaba de dirigir las actividades diarias del gobierno.

Los egipcios han dejado muchos ejemplos de obras de arte y joyas de excelente calidad. Este anillo de oro macizo fue usado por el faraón Ramsés II.

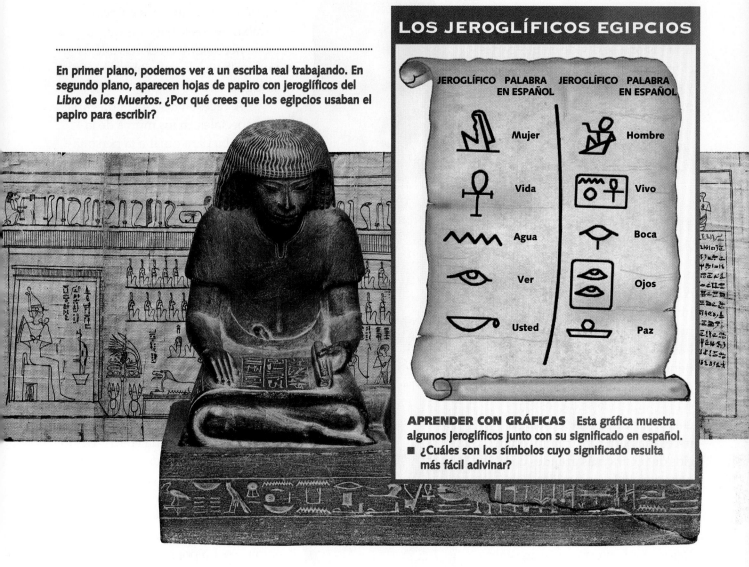

En primer plano, podemos ver a un escriba real trabajando. En segundo plano, aparecen hojas de papiro con jeroglíficos del *Libro de los Muertos.* ¿Por qué crees que los egipcios usaban el papiro para escribir?

LOS JEROGLÍFICOS EGIPCIOS

JEROGLÍFICO	PALABRA EN ESPAÑOL	JEROGLÍFICO	PALABRA EN ESPAÑOL
	Mujer		Hombre
	Vida		Vivo
	Agua		Boca
	Ver		Ojos
	Usted		Paz

APRENDER CON GRÁFICAS Esta gráfica muestra algunos jeroglíficos junto con su significado en español.
■ ¿Cuáles son los símbolos cuyo significado resulta más fácil adivinar?

Toda la información que tenemos sobre los primeros faraones y su sistema de gobierno se ha obtenido de los documentos escritos que dejaron los egipcios. Ellos habían desarrollado un sistema de escritura basada en **jeroglíficos** . La escritura jeroglífica utilizaba más de 700 símbolos, la mayoría dibujos de objetos o ideas. Con el tiempo, estos símbolos también llegaron a representar sonidos. Los egipcios escribían sobre piedra, sobre paredes y sobre un material parecido al papel, llamado **papiro** . La palabra *papel* que usamos en la actualidad deriva de *papiro*. El papiro, uno de los grandes inventos de los egipcios, facilitó la existencia de un sistema de gobierno central. Los egipcios usaban el papiro para mantener registros de los acontecimientos más importantes de su sociedad.

Para fabricar este tipo de papel, los egipcios cortaban en tiras el tallo de la planta del papiro, un tipo de caña que crece en el delta del Nilo. Luego, colocaban las tiras unas al lado de las otras de manera que sus bordes se tocaran. Sobre estas tiras colocaban otra capa. Luego, presionaban las capas de papiro con piedras hasta que se pegaran entre sí y se convirtieran en una sola. Los escribas afilaban otro tipo de caña que utilizaban como pluma y escribían mojando la punta de la caña en tinta hecha de hollín, plantas molidas y agua.

Para los egipcios un "libro" era un rollo formado por hojas de papel de papiro unidas en los extremos. Algunos rollos medían más de 100 pies de largo (30 m).

En estos rollos de papiro, los escribas documentaban la historia de Egipto. Esta historia se divide en tres partes: el Imperio Antiguo, el Imperio Medio y el Imperio Nuevo. Cada imperio duró cientos de años.

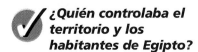

¿Quién controlaba el territorio y los habitantes de Egipto?

EL IMPERIO ANTIGUO

El Imperio Antiguo, también conocido como la era de las pirámides, duró aproximadamente desde el año 2686 a.C. hasta el 2181 a.C. Durante este período de 500 años, en el cual gobernaron desde la tercera dinastía hasta la sexta, los egipcios desarrollaron la tecnología necesaria para construir los edificios de piedra más grandes de la antiguedad: las pirámides. Una **pirámide** es una tumba, por lo general de un gobernante.

Antes de esta época, los reyes de Egipto eran enterrados en mastabas, tumbas hechas con ladrillos de barro pero con techo plano. Estas tumbas se construían lejos de las orillas del Nilo para que las inundaciones no las dañaran. Los egipcios construían este tipo de tumbas porque creían que el cuerpo era necesario en el más allá. Por este motivo, los egipcios también desarrollaron métodos para preservar el cuerpo de los muertos. Sacaban todos los órganos del cuerpo excepto el corazón. Luego frotaban el cuerpo con aceites especiales y lo envolvían en telas de lino. Este proceso tardaba aproximadamente 70 días. Solamente entonces el cuerpo preservado, o **momia**, estaba listo para ser colocado en la tumba.

Junto con la momia, los egipcios enterraban todos los objetos que la persona necesitaría en el más allá: la ropa, las alhajas, los muebles y hasta los juguetes.

A veces se inscribían plegarias especiales en los muros de la tumba para guiar a la persona en el más allá. En general, estas plegarias provenían de una antigua colección llamada *El libro de los muertos*.

No todas las personas estaban destinadas a vivir en el más allá. Los egipcios creían que el alma de la persona muerta aparecía frente a un grupo de jueces. Los jueces colocaban el corazón del muerto en una balanza. Luego colocaban una pluma, el símbolo de la verdad, en el otro lado de la balanza. Si la balanza se equilibraba, el alma había ganado la vida eterna. De no ser así, el alma era devorada por un animal que era una combinación de cocodrilo, hipopótamo y león.

Debido a estas creencias sobre el más allá, los gobernantes se preocuparon mucho por sus tumbas. Hacia el año 2650 a.C., el faraón Zoser le pidió al arquitecto real Imhotep que construyera su tumba de piedra y no de ladrillos de barro. Imhotep empezó a construir una tumba de piedra que se parecía mucho a una mastaba. Pero luego cambió de opinión e hizo construir varias mastabas, una encima de la otra, cada una más pequeña que la anterior.

Los ataúdes de las momias egipcias generalmente están cubiertos con escenas que muestran a los dioses. Los ataúdes se construían de manera que se parecieran a la persona que contenían. Este ataúd fue hecho para Paankhenamun, un egipcio que vivió probablemente entre los años 900 y 700 a.C.

El resultado fue una pirámide de mastabas semejante a un zigurat sumerio. Esta pirámide se parecía tanto a una escalera, que hoy se la conoce como pirámide escalonada.

En esa misma época surgieron nuevas creencias religiosas. Se comenzó a creer que cuando el faraón moría, iba a vivir con Amón-Ra, el dios Sol. Una de las nuevas escrituras religiosas decía: "Se ha construido una escalera muy alta para que él pueda subir al cielo". Ésta puede ser una de las razones por las cuales Imhotep hizo construir la pirámide escalonada.

Aproximadamente en el 2600 a.C., los constructores de pirámides empezaron a construir pirámides con los lados inclinados y terminados en punta. Es posible que esta nueva práctica estuviera relacionada con el culto al dios Sol y que los lados de las pirámides representaran los rayos del sol.

La pirámide más famosa de Egipto es la Gran Pirámide de Gizeh. El faraón Keops ordenó que se construyera esta pirámide en su honor. Quería que su tumba fuera la pirámide más suntuosa que se hubiera construido jamás. Se tardó 20 años en levantar la Gran Pirámide. Durante los períodos de inundación, cuando no se podía cultivar, el faraón ordenó que hasta 100,000 agricultores trabajaran en la construcción de la Gran Pirámide.

Se cortaron y transportaron más de 2 millones de bloques de piedra. La mayoría de los bloques pesaba alrededor de 5,000 libras (casi 2,300 kilos). Nadie sabe exactamente cómo los egipcios resolvieron el problema de transportar los grandes bloques de piedra hasta la punta de la pirámide. Muchos arqueólogos creen que los egipcios construyeron rampas para trasladar los bloques de piedra. Una vez terminada, la Gran Pirámide medía 480 pies de altura (casi 146 m) y cubría 13 acres. La punta de la pirámide estaba cubierta de oro para reflejar los rayos del sol. Era la pirámide más grande y más espectacular de Egipto.

¿En qué se parecen y en qué se diferencian las pirámides y las mastabas?

Los egipcios construyeron más de 80 pirámides en Gizeh durante el Imperio Antiguo. Algunas de estas pirámides aún existen. Estas grandes estructuras de piedra son evidencia de que los egipcios dominaban las matemáticas, la ingeniería y la arquitectura.

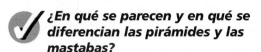

¿Dónde fue?

Gizeh

La ciudad de Gizeh está situada a orillas del Nilo, frente a la actual capital de Egipto, El Cairo. En Gizeh se encuentran dos de los monumentos más famosos de Egipto: la Gran Pirámide y la Gran Esfinge.

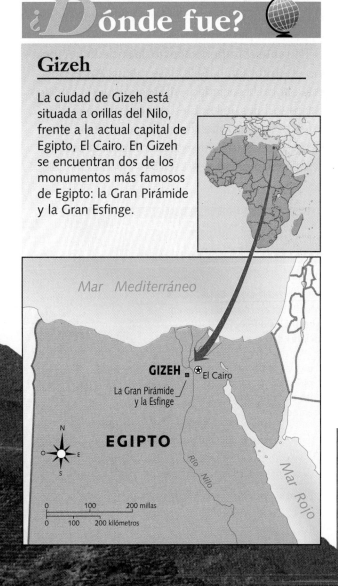

Mar Mediterráneo

GIZEH
La Gran Pirámide y la Esfinge
El Cairo

EGIPTO

Río Nilo

Mar Rojo

0   100   200 millas
0   100   200 kilómetros

EL IMPERIO MEDIO

El Imperio Medio, de aproximadamente 200 años de duración, está definido por el gobierno de la XII dinastía. Este período comenzó en el año 1991 a.C. y finalizó en el año 1786 a.C. El Imperio Medio empezó cuando Amenemhet, un visir del Bajo Egipto, se convirtió en faraón. Tanto él como sus sucesores transformaron Egipto en un verdadero imperio. Conquistaron gran parte del territorio de Nubia, situado al sur, y enviaron a sus ejércitos al Oriente Medio para proteger las rutas comerciales.

Los prisioneros de guerra de Nubia y el Oriente Medio eran llevados como esclavos a Tebas y a otras grandes ciudades egipcias. A diferencia de otras sociedades, los esclavos egipcios tenían algunos derechos. Estaban autorizados a poseer objetos personales y hasta podían ocupar cargos de gobierno. También podían comprar su libertad.

Durante el Imperio Medio, la sociedad egipcia vio el surgimiento de la clase media. Antes de esta época, la sociedad estaba compuesta por dos clases sociales, los nobles, que gobernaban al pueblo, y los **campesinos**, que cultivaban la tierra. La clase media estaba compuesta por artesanos, mercaderes, escribas y personas que ocupaban puestos en el gobierno del faraón. Durante el Imperio Medio, los miembros de la clase media obtuvieron el derecho a poseer tierra, un derecho que antes pertenecía solamente a los faraones.

Los mercaderes de la clase media, deseosos de enriquecerse, comerciaban con otros mercaderes del actual territorio del Líbano, en el suroeste de Asia. Allí compraban madera de cedro y de pino que utilizaban para construir barcos y muebles. También comerciaban con los habitantes de Nubia y compraban marfil y maderas duras como el ébano. En Egipto, los artesanos utilizaban estos materiales, así como cobre y oro, para fabricar joyas y otros objetos de arte.

A partir de la XIII dinastía, los gobiernos empezaron a debilitarse hasta llegar al caos. La prosperidad de Egipto terminó aproximadamente en el 1670 a.C. cuando los hicsos obtuvieron el control del Bajo Egipto. Los hicsos eran uno de los muchos grupos que habían migrado con caballos desde el sur de Europa y Asia central. Los hicsos provenían de Asia y se asentaron cerca del delta del Nilo. Utilizando armas que los egipcios nunca antes habían visto, los hicsos ata-caron en carros tirados por caballos. Rápidamente conquistaron el territorio y las propiedades de los egipcios y establecieron su propio gobierno.

✓ **¿Qué cambio se produjo en las clases sociales de Egipto durante el Imperio Medio?**

PIRÁMIDE SOCIAL EGIPCIA

FARAÓN

NOBLES

ARTESANOS, MERCADERES, ESCRIBAS

CAMPESINOS

ESCLAVOS

APRENDER CON GRÁFICAS
Este dibujo en forma de pirámide muestra las diferentes clases sociales de Egipto.
- ¿Por qué crees que se usa la forma de una pirámide para mostrar las clases sociales egipcias?

Ajnatón y la familia real ofrecen regalos al dios Atón, representado aquí como un disco solar.

EL IMPERIO NUEVO

Aproximadamente 100 años después de que empezara el reinado de los hicsos, los egipcios recuperaron el poder. Esto fue posible porque ellos también habían aprendido a usar las nuevas armas y los carros de guerra. Para evitar más guerras, los gobernantes de la XVIII dinastía formaron el primer ejército de Egipto. Posteriormente, los faraones enviaron estos ejércitos a conquistar los territorios que quedaban más allá del valle del Nilo.

El faraón Tutmés I llegó con su ejército hasta el río Éufrates. La expansión de Egipto continuó también bajo su hijo, Tutmés II. Después de la muerte de Tutmés II, la reina Hatsepsut se convirtió en faraona. Hatsepsut envió su ejército hacia el oeste del Oriente Medio y estableció rutas comerciales hacia el sur, en África. Tutmés III continuó las conquistas de Egipto, invadiendo

Nubia y el Oriente Medio. Hacia el año 1465 a.C. el imperio egipcio ya había alcanzado su máxima extensión.

Amenofis IV subió al trono en el año 1367 a.C. En este período de paz, Amenofis IV quiso introducir algunos cambios entre los egipcios. Él y su esposa Nefertiti quisieron imponer el culto a un solo dios, el dios Atón. Amenofis IV era tan devoto de Atón, que se hizo llamar Ajnatón, o "sirviente de Atón".

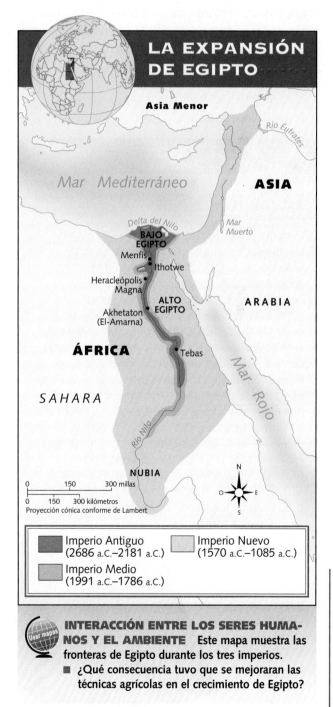

LA EXPANSIÓN DE EGIPTO

Asia Menor

Río Éufrates

Mar Mediterráneo

ASIA

Delta del Nilo

Mar Muerto

BAJO EGIPTO

Menfis

Ithotwe

Heracleópolis Magna

ALTO EGIPTO

ARABIA

Akhetaton (El-Amarna)

ÁFRICA

Tebas

Mar Rojo

SAHARA

Río Nilo

NUBIA

0   150   300 millas
0   150   300 kilómetros
Proyección cónica conforme de Lambert

Imperio Antiguo
(2686 a.C.–2181 a.C.)

Imperio Nuevo
(1570 a.C.–1085 a.C.)

Imperio Medio
(1991 a.C.–1786 a.C.)

INTERACCIÓN ENTRE LOS SERES HUMANOS Y EL AMBIENTE Este mapa muestra las fronteras de Egipto durante los tres imperios.

■ ¿Qué consecuencia tuvo que se mejoraran las técnicas agrícolas en el crecimiento de Egipto?

Los egipcios temían que un cambio de este tipo en la religión significara el fin de su civilización.

El ataque contra Amón-Ra y los otros dioses ya establecidos en Egipto despertó la ira de los sacerdotes. Cuando Ajnatón murió, los sacerdotes eligieron como faraón a alguien que pudieran controlar fácilmente. Escogieron a un niño de 9 años de la casa real y le cambiaron el nombre de Tutankatón a Tutankamón. Tutankamón gobernó Egipto durante sólo nueve años y en este período sus ministros volvieron a imponer los dioses tradicionales. Tutankamón murió a los 18 años y fue enterrado en un ataúd de oro macizo en una espléndida tumba llena de oro y joyas que ostentaba la gran riqueza de Egipto.

Después de la muerte de Tutankamón, el poderío de Egipto y su control sobre el imperio empezó a debilitarse. Hacia el año 1085 a.C., en la XXI dinastía, el Imperio Nuevo llegó a su fin. Durante los siguientes 700 años, los egipcios fueron gobernados por diez dinastías, la mayoría de las cuales estaban formadas por conquistadores extranjeros.

Como consecuencia de este nuevo tipo de gobierno, la civilización egipcia comenzó a declinar. Sin embargo, los logros de los egipcios nunca fueron olvidados.

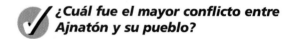 **¿Cuál fue el mayor conflicto entre Ajnatón y su pueblo?**

¿Qué es?

La piedra de Rosetta

Durante miles de años nadie había podido interpretar los antiguos jeroglíficos egipcios. Cuando los egipcios fueron conquistados adoptaron el lenguaje escrito de sus conquistadores, abandonando los jeroglíficos. En 1798 d.C., los ejércitos europeos invadieron el norte de África. Un año después, un oficial del ejército francés encontró una gran piedra negra cerca de la ciudad de Rosetta, en el delta del Nilo. Sobre la superficie brillante de la piedra se podía ver un mensaje en tres tipos de escritura, dos egipcias y una griega. La escritura griega dio a los investigadores la clave de una de las escrituras egipcias. Sin embargo la otra escritura, en jeroglíficos egipcios, siguió siendo un misterio. Finalmente en 1822, Jean-François Champollion logró interpretar los jeroglíficos usando otras formas de escritura como guía. De esta forma, los jeroglíficos pudieron ser descifrados, revelando los secretos de la historia de los egipcios.

LECCIÓN 2 • REPASO

Comprueba lo que aprendiste

1. **Recuerda los datos**   La civilización egipcia se divide en tres períodos. ¿Cuáles son?
2. **Concéntrate en la idea principal**   ¿Qué aspectos del gobierno, la religión y el modo de vida de los egipcios no cambió a lo largo de los años? ¿Qué es lo que cambió?

Piensa críticamente

3. **Piensa más sobre el tema**   ¿Qué hicieron los faraones para mantener la continuidad de la civilización egipcia al efectuar cambios? ¿Qué papel desempeñaba cada clase de la sociedad egipcia?
4. **Ayer y hoy**   ¿En qué sentido Estados Unidos ha permanecido igual en los últimos años? ¿En qué manera ha cambiado?

Muestra lo que sabes

Actividad: Arte   Siguiendo el estilo de los egipcios, haz dibujos de uno o más acontecimientos ocurridos en cada uno de estos períodos: el Imperio Antiguo, el Imperio Medio y el Imperio Nuevo. Si deseas, puedes hacer tus dibujos en papel de cartulina que se pueda enrollar como un papiro.

Cómo

Resolver un problema

¿Por qué es importante esta destreza?

Es posible que todos los días tengas que resolver algún problema. Hay problemas que son más difíciles que otros, pero la mayoría se puede resolver con facilidad si sigues una serie de pasos. Si sabes cuáles son los pasos que debes seguir, podrás resolver problemas toda tu vida sin dificultades.

Recuerda lo que has leído

Los constructores de la Gran Pirámide de Gizeh tenían un *gran* problema. El faraón Keops había ordenado que se construyera la pirámide más grande de Egipto. Esta pirámide debía cubrir 13 acres y alcanzar la altura de un edificio de 36 pisos. Como los ladrillos de barro no iban a ser lo suficientemente resistentes para este tipo de construcción, la Gran Pirámide se construyó con grandes bloques de piedra caliza. Los constructores de la Gran Pirámide tenían que encontrar una manera de transportar los grandes bloques de piedra.¡Las poleas y las ruedas todavía no existían en Egipto!

Comprende el proceso

Nadie sabe exactamente qué pasos siguieron los constructores egipcios para resolver el problema. El hecho de que la Gran Pirámide todavía exista en la actualidad demuestra que encontraron la solución. A continuación, enumeramos algunos pasos que tú puedes seguir para resolver problemas, ya sean grandes o pequeños. Debajo de cada paso, hay una breve descripción de cómo los arqueólogos piensan que los constructores egipcios resolvieron el problema.

1. **Identificar el problema.** Los constructores tenían que levantar grandes bloques de piedra hasta la cima de la pirámide sin poleas o ruedas.

2. **Pensar en las soluciones que pueda tener el problema.**
   a. Los trabajadores levantaron los bloques de piedra subiéndolos por la pirámide escalón por escalón.
   b. Los trabajadores acarrearon los bloques por una rampa construida junto a la pirámide.

3. **Comparar las soluciones y decidir qué solución funciona mejor.**
   a. La construcción de la pirámide requería el trabajo de miles de obreros. Si se levantara cada piedra escalón por escalón se necesitarían aún más obreros.
   b. Se necesitarían menos trabajadores para subir las piedras por una rampa. Este proceso sería más fácil y llevaría menos tiempo.

4. **Planificar cómo poner en práctica la solución.** Se podrían construir varias rampas a los costados de la pirámide. Al construir más rampas, los trabajadores podrían poner más piedras en su lugar con mayor rapidez.

5. **Resolver el problema y evaluar hasta qué punto la solución funciona.** La Gran Pirámide de Gizeh sigue en pie 4,500 años después de su construcción.

Piensa y aplica

¿Qué sucedería si la gran pirámide tuviera que ser construida hoy en día? ¿Cómo resolverías el problema que enfrentaron los constructores egipcios? Con un compañero, piensa de qué manera los constructores de hoy en día podrían resolver el problema. Utiliza los pasos que acabas de aprender y explica tu solución a la clase.

APRENDE
con la
LITERATURA

Concéntrate en la
función de los
individuos

Su Majestad,

La Reina Hatsepsut

Dorothy Sharp Carter

En la antigua sociedad egipcia, las mujeres disfrutaban, como los hombres, del derecho a tener propiedades y negocios. Algunas mujeres del antiguo Egipto llegaron a ser funcionarias del gobierno y apreciadas consejeras de los faraones. Los historiadores creen que la reina Tiye, esposa del faraón Amenofis III, gobernó junto con su marido, tomando muchas decisiones de importancia. Sin embargo, muy pocas mujeres llegaron a reinar solas.

La reina Hatsepsut también gobernó con su marido, Tutmés II. Hatsepsut se había casado con su hermanastro, una costumbre muy común entre los miembros de la familia real egipcia. Tras la muerte de su esposo, Hatsepsut se negó a entregar el poder al joven Tutmés III, el hijo de Tutmés II y otra de sus mujeres. Por ser varón, Tutmés III era el primero en la línea de sucesión al trono. Sin embargo, Hatsepsut creía que le correspondía reinar a ella por ser la hija de Tutmés I.

Hatsepsut consiguió su propósito y se convirtió en la primera mujer en la historia del mundo que tuvo un puesto de esta importancia. Aconsejada por su visir Hapusoneb, Hatsepsut gobernó Egipto durante el período del Nuevo Reino. Durante su reinado consiguió fortalecer y enriquecer a Egipto; Hatsepsut es recordada por su expansión de las rutas comerciales a la tierra de Punt, que es ahora parte de Etiopía.

Ahora vas a leer el relato de la coronación de Hatsepsut. Durante la lectura, piensa en cómo se debe sentir una persona que va a asumir un nuevo papel en una sociedad.

Los preparativos para mi coronación siguen su curso, y cuando antes tenga lugar, mejor será. Si dejamos pasar tiempo pueden surgir conspiraciones.

El edicto de mi ascensión al trono se envía a los dos países y al extranjero pocas semanas antes de la ceremonia. La tradición marca que el acontecimiento se produzca durante una festividad religiosa de importancia, en este caso la fiesta de Opet. Hapusoneb insiste en que es algo apresurado, pero perfectamente apropiado. Pero es que todo lo que el futuro faraón decide es apropiado.

El edicto dice así:

Un mensaje del Rey para comunicar que Mi Majestad se eleva como Rey en el trono de Horus, por siempre supremo. Mis títulos son: para mi nombre de Horus, Usert-Kau, poderosa; para Buitre-Cobra, Uadjit-Renpet, lozana en años; para Horus dorado, Netertkhau, divina en apariciones[1]; mis nombres real y de pila, Makare Hatsepsut.

Advierte que se haga adoración a los dioses por deseo del Rey del Alto y Bajo Egipto, Hatsepsut. Advierte que todos los juramentos se tomen en el nombre de Mi Majestad, nacida de la reina madre Ahmose. Así se escribe para que incline la cabeza en señal de obediencia y acatamiento a la firmeza y fortaleza de la casa real.

El año tercero, tercer mes de la Inundación, día 7. Día de la coronación.

Me preocupa mi vestido. Como la ceremonia dispone que el rey lleve la barba real trenzada y sujeta a la barbilla (tenga o no una barba propia), ciertamente lo haré así. ¿Deberé, por lo tanto, vestir el traje largo de una reina, o la falda corta de un rey? Con una pregunta, Hapusoneb proporciona la respuesta.

---

[1] **apariciones:** espíritus religiosos

....

Esta escultura de arenisca pintada capta la belleza de la reina Hatsepsut. Hatsepsut reinó en Egipto como faraón desde el 1504 a.C. hasta el 1482 a.C.

Se siente preocupado, pobre hombre, por tener que supervisar preparativos tan complicados en tan poco tiempo. En cada nueva audiencia aparece ante mí más angustiado, más doblado por la responsabilidad, hasta que su espalda se curva como un arco tensado.

—Uno de los problemas, Majestad, es que los títulos y las ceremonias de coronación están pensadas para los hombres. ¿Cómo podemos modificarlas?

La solución se me presenta clara, como el rostro atormentado de Hapusoneb.

—No hay necesidad de cambiar nada, Visir. Mi intención es gobernar como rey, con los plenos poderes de un rey. Vestiré como un rey. Los rituales, los títulos, serán los mismos que creó Narmer, primer Rey de los dos países.

Hapusoneb parece vacilante, y luego aliviado. Después de todo, por muchas que sean sus dudas, no puede desobedecer a quien va a ser el nuevo faraón.

Y como estoy decidida a ser tan resuelta, tan enérgica, como cualquier rey, comenzaré por llevar todos los atributos[2] reales en mi coronación. Alrededor de la cintura, sobre la falda corta, me abrocho un amplio cinturón adornado con una hebilla metálica con la forma de mi tarjón[3] personal. Unido a él, por delante llevo un mandil de cuentas, por detrás, una cola de

En esta estatua, la reina Hatsepsut lleva la tradicional barba de los faraones.

toro. Una muchacha me sujeta la barba al mentón. Sobre la peluca me ajusto el *nems*, el tocado de piel con dos pliegues rayados que caen hacia delante sobre los hombros.

Para la ceremonia he ordenado un deslumbrante pectoral[4] de oro y piedras preciosas suspendido de una cadena doble de oro. Una muchacha abrocha un par de amplios brazaletes en cada brazo, otro par en cada muñeca, un tercer par en los tobillos. En los dedos me ponen anillos como si fueran pedazos de carne en una brocheta. Estoy segura de que debo pesar el doble de lo normal.

Cuando echo un vistazo final en mi espejo de plata, exclamo con sorpresa:

—¡Pero si parezco una momia! Con todo este oro apenas se me ve la piel.

—Muy apropiado, Alteza —asiente Henut[5]—. Egipto es un país rico más allá de toda medida. Y vos sois el símbolo de esa riqueza.

Es posible, pero como descubro pronto, riqueza no siempre significa comodidad.

La ceremonia se inicia con esplendor. Aunque la coronación de mi esposo tuvo lugar hace quince años, los ritos siguen claros en mi memoria.

Voy sentada en un trono ligero que seis esclavos llevan desde el Gran Palacio hasta la nave real, que nos transporta río abajo. Desde la orilla hasta el templo, la procesión va encabezada por heraldos que anuncian:

—¡Tierra, te avisamos! ¡Tu Dios llega!

---

[2] **atributos:** símbolos
[3] **tarjón:** adorno con el nombre o emblema de un soberano

[4] **pectoral:** placa que se lleva sobre el pecho
[5] **Henut:** sirviente de Hatsepsut

Pectoral, o placa para el pecho, de un faraón de la XIX dinastía

Filas de soldados marchan delante y detrás de mi silla portátil, y tras ellos, cientos de sacerdotes.

Detrás de la silla, un sirviente me alivia sosteniendo con un mango muy largo un quitasol, y a mi lado dos jóvenes pajes agitan abanicos de plumas de avestruz. (El visir me ha prometido muchachos con resistencia y dedicación suficientes para no derribarme el tocado.) La cola de la procesión, una larga cola, está formada por dignatarios[6] del gobierno, la nobleza y embajadores[7] extranjeros.

La mayoría de los espectadores caen de rodillas, con la cabeza en el polvo, aunque algunos campesinos fascinados permanecen en pie, boquiabiertos de admiración. Un guardia les hace gestos imperativos de que se inclinen, e incluso golpea a uno o dos de ellos con su espada. Como dice Hapusoneb: "Las buenas costumbres cada vez están menos de moda". Así y todo, el ambiente es una alegre mezcla de reverencia y júbilo.

En la sala principal del templo hacen descender mi silla, y camino, acompañada por el Sumo Sacerdote, hasta el reluciente trono dorado situado sobre una plataforma[8]. Tras las plegarias y los himnos a Amón, el Sacerdote repite las palabras pronunciadas por mi padre en el sueño: "La he escogido para ser mi sucesora en el trono. Ella es, sin duda, quien debe sentarse en mi glorioso trono; ella debe dirigir en todas las cuestiones al pueblo en cada departamento del Estado; ella es quien debe gobernaros".

Por último, me declara Señor de los dos países, sentada en el trono de Horus, inmortal. En mis manos pone los dos cetros, emblemas de Osiris: el báculo de oro y el mayal dorado con el mango tallado en forma de flor de loto. Y sobre mi cabeza pone una corona simbólica tras otra, terminando con la doble corona que combina la diadema blanca del Alto Egipto con la roja del Bajo Egipto, con la cobra dorada en la frente. Se dice que la cobra escupe fuego venenoso a cualquiera que se acerque demasiado al faraón. (Un día, para divertirme, tengo que persuadir al visir de que ponga esto a prueba.) El artefacto es tan recargado que el cuello me duele por el peso.

Durante la coronación observo a mi hija y al Príncipe, uno al lado del otro. Como Nofrure se negó a ser llevada en una silla portátil por miedo a caerse, los dos marcharon en el cortejo (cuando Nofrure no era llevada por un miembro de la guardia), a poca distancia detrás de mi litera. Nofrure me sonríe, orgullosa y emocionada, mientras que la mirada de Tutmés es tan vacía como la que mostraba al contemplar las piedras preciosas y los jarrones durante la recepción a los embajadores. Perdido en su propio mundo (quizás un mundo en que su madrastra se muestra débil o ha muerto), parece ajeno a todo lo que lo rodea.

---

[6] **dignatarios:** personas que ocupan un cargo importante

[7] **embajador:** persona enviada como representante por otro país

[8] **plataforma:** lugar elevado donde se coloca el trono

El viaje de regreso al palacio es un tormento; tanto es así que tengo que apretar los dientes y poner duro el cuello. ¿Qué pasaría si de repente mi cuello cediera, o se rompiera, y esta inmensa corona rodara por el suelo entre la muchedumbre? El rey Hatsepsut tendría que inventarse una hábil patraña o todo Egipto creería que es una señal de Amón que indica mi incapacidad para ser faraón. Un escalofrío me recorre y tenso el cuello con mayor fuerza.

Por fin todo ha terminado. Estoy en mi cámara, descansando, la cabeza y el cuello aún doloridos, pero intactos. Por delante todavía quedan la recepción y el banquete, pero en ellos puedo arreglármelas con facilidad. Oigo en la distancia a la gente que celebra comiendo y bebiendo, cantando y bailando, y escucho las carcajadas que producen los acróbatas, malabaristas y payasos. El Tesoro de Egipto va a descender como las aguas del Nilo durante la cosecha, pero lo cierto es que una coronación no ocurre todos los días, y la de una reina, prácticamente nunca.

¡Yo, Makare Hatsepsut, soy Faraón de todo el Egipto! La idea es demasiado maravillosa para acostumbrarme a ella. Primero debo analizarla desde todos los ángulos… y esculpirla… y moldearla… hasta poder abarcarla con naturalidad.

Repaso de la literatura

1. ¿De qué modo Hatsepsut conservó y al mismo tiempo modificó la tradición egipcia al asumir su nuevo papel de gobernante?
2. ¿Cuál crees que fue la razón de que Hatsepsut desafiara la tradición y quisiera convertirse en faraón?
3. Usa lo que has aprendido sobre Hatsepsut para escribir una descripción del carácter de la mujer faraón. Asegúrate de que mencionas las cualidades de gobernante que tú crees que demostró.

Tutmés III, que sucedió a Hatsepsut como faraón, destruyó muchas de las estatuas que representaban a la reina. Esta esfinge, o estatua de un ser medio humano y medio animal que representa a Hatsepsut, no sufrió daños.

KUSH: EL RIVAL DE EGIPTO

Conexión con nuestro mundo

¿Por qué el contacto entre dos grupos vecinos puede ser motivo de cooperación y conflicto al mismo tiempo?

Concéntrate en la idea principal
Identifica la influencia mutua que existió entre los egipcios y los nubios.

Anticipa el vocabulario
obelisco
anexar
independencia
red comercial

Cerca del templo de Karnak hay una columna de piedra llamada **obelisco**. Este obelisco es un antiguo monumento que honra a Hatsepsut y su glorioso reinado. Este bloque de granito tiene una altura de casi 100 pies (30 m). Los jeroglíficos que se encuentran a ambos lados del obelisco mencionan oro, esmeraldas, plumas de avestruz y panteras. Cuentan también el origen de estos fabulosos bienes y describen las tierras que se encuentran al sur de Egipto. Una de estas tierras es Nubia.

LOS PRIMEROS HABITANTES DE NUBIA

El territorio de Nubia se extendía a lo largo del Nilo, desde la frontera sur de Egipto hasta donde se encuentra hoy en día la ciudad de Jartum, en Sudán. Algunos de los primeros habitantes de Nubia establecieron aldeas y se dedicaban a la agricultura en los terrenos aluviales del Nilo. Otros vivían como pastores nómadas, cuidando de su ganado en el desierto y las colinas cercanas.

Los habitantes de Nubia vivían de la misma manera que habían vivido los egipcios antes de que surgieran las dinastías. De hecho, algunos expertos consideran que las costumbres de los nubios fueron el origen de algunas de las ideas básicas de la cultura egipcia. Por ejemplo, es posible que algunos de los dioses egipcios también hayan sido venerados en Nubia. Se cree que la cultura nubia comenzó hace aproximadamente 8,000 años.

Al igual que en Egipto, el clan era la unidad social básica. Cada clan vivía independientemente de los demás clanes y no había ningún rey lo suficientemente poderoso para unificarlos a todos. Tampoco había ciudades y es probable que hubiera muy pocos artesanos especializados. Casi toda la población se dedicaba a la agricultura o al pastoreo.

Los habitantes de Nubia serán siempre recordados por sus grandes logros. Objetos como éstos demuestran la habilidad de sus artesanos. Estas delicadas piezas de alfarería datan de aproximadamente el año 2000 a.C.

Bajo el dominio de los egipcios era común que los nubios tuvieran que pagar tributo a los faraones egipcios. Este mural muestra a una princesa nubia viajando junto a cuatro príncipes nubios que avanzan a pie. El grupo va a ofrecer oro al faraón.

Se desconoce exactamente cuándo comenzó a desarrollarse una civilización, o sea, una sociedad compleja, en Nubia. Basándose en la evidencia que ofrecen los canales de irrigación, los arqueólogos creen que puede haber sido en el año 2000 a.C.

Los primeros habitantes de Nubia desarrollaron una tecnología muy avanzada para construir canales.

Durante el Imperio Medio, algunos nubios establecieron contacto con sus vecinos del norte, los egipcios. Los mercaderes egipcios intercambiaban sus bienes por oro, maderas duras, marfil, e incluso grandes bloques de granito de las escarpadas montañas nubias. El granito se utilizaba para construir templos y obeliscos en Egipto.

Los egipcios llegaron a establecer centros comerciales en Nubia ya que dependían de los recursos naturales del lugar. Luego, durante el Imperio Medio, los faraones lograron **anexar**, o apoderarse del norte de Nubia, convirtiéndola en parte de Egipto. Los egipcios llamaban Wawat a la región norte, y Kush a la región sur.

 ¿Por qué los egipcios establecieron centros comerciales en Nubia?

KUSH

En la época en que los hicsos conquistaron Egipto, al final del Imperio Medio, Nubia había recuperado su **independencia**, o sea se había liberado de Egipto. En esa misma época, Kerma se convirtió en la capital del gobierno kushita y pasó a ser un importante centro comercial para el sur y el centro de África. Productos tales como oro, sal, marfil, cuernos de rinoceronte y especias pasaban por Kerma rumbo a los mercados de África y del otro lado del Mar Rojo. También se comerciaba con esclavos a cambio de otros bienes y se producían cerámicas y fino trabajo en metal. Poco a poco, Kerma se convirtió en el centro de la civilización de Kush.

Hacia el año 1500 a.C. los faraones del Imperio Nuevo invadieron Nubia, volviendo a tomar control de sus habitantes. Los egipcios impusieron nuevamente su modo de vida en Kush.

Debido a que querían mantener un gobierno independiente de Egipto, los gobernantes kushitas escaparon de Kerma y establecieron una nueva capital en Napata, junto al Nilo pero más al sur. Durante los próximos siglos Kush se convirtió en un reino independiente y los únicos lazos que lo unían a Egipto fueron comerciales.

¿Qué hicieron los kushitas para mantener su civilización después de ser conquistados?

LA CONQUISTA DE EGIPTO

Después de varias dinastías débiles el imperio egipcio perdió su estabilidad y entró en un período de caos. El rey Kasta de Kush aprovechó estas circunstancias e invadió Egipto. Aproximadamente en el año 750 a.C. los ejércitos de Kasta se habían apoderado del Alto Egipto. Veinte años más tarde, su hijo Piankhi continuó los éxitos de su padre y conquistó el Bajo Egipto. Después de la muerte de Piankhi, su hermano

Shabaka reclamó el trono del faraón en Tebas, inaugurando una nueva dinastía en Egipto. La XXV dinastía se conoce como la dinastía kushita.

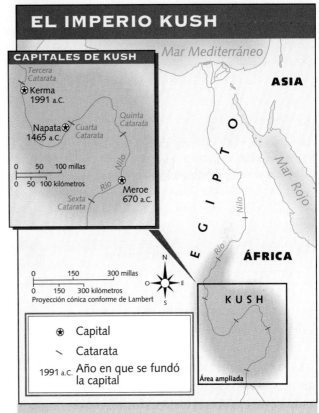

EL IMPERIO KUSH

CAPITALES DE KUSH

Mar Mediterráneo

Tercera Catarata

Kerma 1991 a.C.

Napata 1465 a.C.

Cuarta Catarata

Quinta Catarata

0   50   100 millas
0   50   100 kilómetros

Río Nilo

Sexta Catarata

Meroe 670 a.C.

ASIA

EGIPTO

Mar Rojo

Río Nilo

ÁFRICA

KUSH

Área ampliada

0   150   300 millas
0   150   300 kilómetros
Proyección cónica conforme de Lambert

N   O   E   S

⊛ Capital

⟍ Catarata

1991 a.C. Año en que se fundó la capital

MOVIMIENTO La capital de Kush se mudó de Kerma a Napata y luego a Meroe.
Usar mapas
■ ¿Por qué crees que los kushitas trasladaron su capital cada vez más al sur?

Los nubios eran reconocidos por su destreza, aquí se pueden observar figuras de soldados nubios que probablemente datan del año 2100 a.C.

EGIPTO Y NUBIA: CONFLICTOS Y CONQUISTAS

2100 a.C.	1850 a.C.	1600 a.C.	1350 a.C.	1100 a.C.	850 a.C.	600 a.C.	350 a.C.

1991 a.C. APROX.
El faraón Amenemes conquista Nubia

1670 a.C. APROX.
Nubia recupera su independencia

1465 a.C. APROX.
El faraón Tutmés III conquista Nubia

La región independiente de Kush establece su capital en Napata

705 a.C.
El rey Piankhi conquista el Bajo Egipto

730 a.C.
El rey Kasta conquista el Alto Egipto

670 a.C.
Termina el gobierno kushita en Egipto

Continúa el reino independiente de Kush

350 a.C.
El reino de Axum conquista a los kushitas

APRENDER CON LÍNEAS CRONOLÓGICAS Esta línea cronológica indica que Egipto y Nubia a menudo estaban en guerra.

■ De acuerdo a la línea cronológica, ¿durante qué años gobernó Kush a Egipto?

Los faraones kushitas gobernaron durante menos de 100 años. Durante ese período restauraron la economía egipcia, estableciendo nuevamente redes comerciales con otros pueblos. Los kushitas reconstruyeron muchos templos que habían sido destruidos en invasiones anteriores y construyeron otros nuevos. Asimismo, crearon registros duraderos de sus conquistas en obeliscos de piedra.

En una de las columnas de piedra es posible leer las órdenes de Piankhi a sus soldados en su victoria final contra Egipto:

66¡No se demoren, ni de
día ni de noche!
¡Luchen sin descanso!
¡Que avancen los caballos
de guerra
hacia la línea de la batalla!99

Piankhi había conquistado un gran imperio. Al derrotar a Egipto, Kush se transformó en una gran potencia.

 ¿Cuáles fueron los dos gobernantes kushitas que conquistaron Egipto?

LOS PRIMEROS HERREROS

El gobierno kushita de Egipto llegó a su fin aproximadamente en el año 670 a.C. con la llegada de invasores del Oriente Medio. Perseguidos pero no derrotados, los kushitas trasladaron su capital a Meroe, hacia el sur, donde su civilización volvió a florecer una vez más.

Libres de la influencia egipcia, el pueblo kushita construyó templos a sus dioses y pirámides para sus gobernantes. Los kushitas recuperaron sus costumbres y desarrollaron sus propios descubrimientos e inventos. Ellos inventaron un sistema de escritura basado en un alfabeto de 23 letras. Con este sistema de escritura documentaban sus transacciones comerciales.

En Meroe los mercaderes kushitas volvieron a establecer una **red comercial**, es decir un grupo de compradores y vendedores. Allí llegaban mercaderes de todo Medio Oriente y África.

Ésta es la estatua del rey Aspelta, gobernante de Kush desde 593 a.C. hasta 568 a.C. Al igual que en Egipto, el pueblo de Kush consideraba que sus gobernantes estaban directamente relacionados con los dioses.

Además de oro y especias, los kushitas vendían productos de hierro, por ejemplo lanzas, arados y aros de acero para ruedas.

Los habitantes de Kush descubrieron que dentro de su territorio había mucho mineral de hierro. En las minas cerca de Meroe, los trabajadores extraían el mineral de hierro que se encontraba debajo de las piedras y la arena. Después de quitarle las impurezas al hierro, los forjadores fundían el metal. Finalmente el metal era llevado hasta la ciudad, donde los artesanos lo utilizaban para fabricar herramientas y armas.

Meroe fue uno de los primeros lugares de África donde se trabajó el hierro. En la actualidad, las grandes pilas de escoria, es decir los desechos del mineral de hierro fundido, son una prueba de la gran importancia que tuvo esa actividad económica en el pasado.

Muchos expertos creen que las mujeres ocupaban posiciones de autoridad en Nubia. Esta máscara de plata y oro muestra a la reina Malaqaye de Kush. La máscara fue hecha hace aproximadamente 2,500 años.

Meroe perdió su importancia cuando los mercaderes empezaron a usar rutas comerciales que no pasaban por la ciudad. Aproximadamente en el 350 a.C., el reino africano de Axum derrotó a los kushitas. "Quemé sus pueblos, tanto aquellos construidos con ladrillos como los construidos con cañas", dijo el jefe de Axum al derrotar a los kushitas.

 ¿Qué cambios ocurrieron cuando los kushitas se liberaron del control egipcio?

LECCIÓN 4 • REPASO

Comprueba lo que aprendiste

1. **Recuerda los datos**   ¿Cómo entraron en contacto los pueblos de Egipto y de Nubia?
2. **Concéntrate en la idea principal**   ¿Qué influencia mutua hubo entre Egipto y Nubia?

Piensa críticamente

3. **Explora otros puntos de vista**   Desde el punto de vista de un agricultor de Nubia, ¿qué habrías sentido cuando Egipto conquistó a Nubia? Desde el punto de vista de un soldado egipcio, ¿qué habrías sentido acerca de la conquista de Nubia?
4. **En mi opinión**   ¿Por qué crees que el rey Kasta de Kush quería controlar Egipto?
5. **Ayer y hoy**   ¿Qué influencia ha recibido los Estados Unidos de otras sociedades? ¿De qué manera ha podido mantener Estados Unidos su propio modo de vida?

Muestra lo que sabes

Actividad: Intercambio de ideas   En grupo, trata de imaginar de qué forma tu comunidad ha cooperado con otras comunidades. Si lo deseas, puedes buscar ideas en el periódico. Enumera tus ideas en una hoja de papel. Luego, con tu grupo, escribe varios párrafos acerca del efecto que la cooperación con otros ha tenido en tu comunidad.

¿QUÉ CIVILIZACIÓN APARECIÓ ANTES:

LA NUBIA O LA EGIPCIA?

Las antiguas civilizaciones africanas de Nubia y Egipto a menudo estaban en guerra. A veces Egipto conquistaba Nubia y otras veces Nubia conquistaba Egipto. La rivalidad entre estas dos civilizaciones comenzó hace 4,000 años y duró más de 1,000 años. En la actualidad, los arqueólogos debaten acerca de cuál de estas civilizaciones fue la primera en tener un gobierno unificado y dirigido por un solo rey.

Durante muchos años estas civilizaciones fueron un misterio para los arqueólogos y los investigadores. En 1822, Jean-François Champollion utilizó la piedra de Rosetta para descifrar la lengua de los egipcios, revelando al mundo los secretos de su historia. Sin embargo, estos escritos expresaban solamente el punto de vista egipcio sobre la rivalidad con los nubios. Durante más de 150 años los investigadores pensaron que los nubios eran de poca importancia.

No fue sino hasta la década de los sesenta que se empezó a descubrir más información acerca de los nubios. Como los expertos no tenían ninguna clave para descifrar su idioma, tuvieron que utilizar otro tipo de evidencia para sus investigaciones. Basando su estudio en artefactos y monumentos, los investigadores descubrieron que Nubia poseía una civilización altamente desarrollada.

A la derecha podemos observar el incensario que menciona Bruce Williams. Este artefacto fue encontrado entre las ruinas de la antigua Nubia. El dibujo muestra la parte del incensario donde aparece la imagen de un halcón y un rey.

En la actualidad, algunos investigadores se preguntan cuál de estas dos civilizaciones tuvo mayor influencia sobre la otra. Al igual que la rivalidad que existía en el pasado entre nubios y egipcios, hoy también existe rivalidad de opiniones al respecto.

Bruce Williams, un arqueólogo de la Universidad de Chicago, opina que los artefactos nubios que datan del año 3300 a.C. muestran las primeras representaciones de reyes que conocemos. Uno de los artefactos que Williams ha estudiado es un incensario de piedra en el que se ve un halcón y una figura humana.

66 El halcón simboliza a un dios… Esa (figura) es definitivamente la representación de un rey porque lleva una corona… El incensario es claramente un artefacto nubio y no egipcio. **99**

David O'Connor, de la Universidad de Pennsylvania, cree que los nubios copiaron muchas de las ideas de los egipcios, incluso el sistema de gobierno unificado bajo el poder de un rey.

66 Es muy probable que en Nubia haya existido una clase social a cargo del gobierno. Pero los artefactos que menciona Williams seguramente son egipcios y no nubios. Son objetos que probablemente llegaron a Nubia a través del comercio. Los reyes que representan son reyes egipcios. **99**

COMPARA
PUNTOS DE VISTA

1. ¿Por qué Bruce Williams considera que Nubia fue la primera civilización en tener reyes?

2. ¿Por qué David O'Connor no está de acuerdo con Bruce Williams?

3. ¿Se resolvería este desacuerdo si los arqueólogos pudieran traducir el lenguaje de los nubios?

PIENSA
-Y-
APLICA

La gente a menudo usa pruebas para respaldar sus puntos de vista. Sin embargo, no todos están siempre de acuerdo acerca del significado de esas pruebas. ¿En qué situaciones de la actualidad es importante el significado de una prueba? ¿Están todos de acuerdo con el significado de esa prueba?

EL BUEN CIUDADANO

Las pirámides construidas durante el reino de Kush son evidencia de las antiguas civilizaciones que se desarrollaron en Nubia.

ONECTA LAS IDEAS PRINCIPALES

Usa este organizador para mostrar cómo están relacionadas las ideas principales del capítulo. Copia el organizador en una hoja de papel y complétalo escribiendo tres detalles de cada idea principal.

**La importancia
del río Nilo**

El valle del Nilo influyó en el desarrollo de las civilizaciones del norte de África.

1. _____
2. _____
3. _____

Las dinastías egipcias

Los habitantes de Egipto lograron mantener su civilización durante mucho tiempo a la vez que realizaron cambios.

1. _____
2. _____
3. _____

**Las
civilizaciones
del valle del Nilo**

Kush: el rival de Egipto

Los nubios y los egipcios influyeron mutuamente en su modo de vida.

1. _____
2. _____
3. _____

 SCRIBE MÁS SOBRE EL TEMA

1. **Escribe una descripción** Imagina que eres el hijo de un agricultor egipcio y vives a lo largo del Nilo en el año 2000 a.C. Describe tu vida. Usa estas preguntas para planificar lo que escribirás: ¿Qué efecto tiene el río en tu vida? ¿Qué haces durante el día? ¿Cuáles son las cosas más importantes para ti y tu familia? ¿Qué planes tienes para el futuro?

2. **Escribe un noticiero** Piensa de qué manera el medio ambiente ha influido en la vida de la gente a lo largo de la historia. Imagina que eres un periodista de *La voz de Egipto*. Escribe un artículo acerca de lo que pasaba en Egipto cuando el Nilo se desbordaba. No olvides describir tanto las buenas como las malas consecuencias de la inundación. Luego, explica cómo el calendario egipcio seguía los ciclos del Nilo.

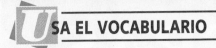

USA EL VOCABULARIO

Escribe por lo menos una oración que muestre la relación que hay entre los términos que aparecen en cada grupo.

1. delta, catarata

2. dinastía, faraón, edicto

3. papiro, jeroglíficos

4. pirámide, momia

5. anexar, independencia

COMPRUEBA LO QUE APRENDISTE

1. ¿Qué es el sedimento de un río? ¿Por qué era tan importante para los primeros agricultores egipcios?

2. ¿De qué manera influyó la naturaleza en la religión de los egipcios?

3. ¿Quién unificó los reinos del Alto Egipto y del Bajo Egipto en el año 3100 a.C.?

4. ¿Cómo los faraones lograron darle continuidad al modo de vida de los egipcios?

5. ¿Qué cambios religiosos hicieron que también cambiara la arquitectura de las tumbas de los faraones?

6. ¿De qué manera cambió la sociedad egipcia durante el Imperio Medio?

7. ¿Por qué fue tan importante el reinado de la faraona Hatsepsut?

8. ¿Qué hizo el rey Kasta de Kush para conquistar el Alto Egipto en el año 750 a.C.?

9. ¿Cuál fue el resultado de casi 100 años de gobierno kushita en Egipto?

10. ¿Qué importante actividad estaba centrada en la capital kushita de Meroe?

PIENSA CRÍTICAMENTE

1. **Causa y efecto** ¿Qué es la piedra de Rosetta y de qué manera su descubrimiento contribuyó a entender la antigua historia de Egipto?

2. **Piensa más sobre el tema** ¿Por qué la nueva religión de Amenofis IV no fue popular entre el pueblo egipcio?

3. **Explora otros puntos de vista** La reina Hatsepsut optó por conservar muchas de las tradiciones que habían iniciado los faraones anteriores. ¿Qué cambios pudo haber realizado la reina Hatseput? ¿Qué reacción crees que habría tenido la gente de esa época ante los cambios?

4. **Ayer y hoy** En Sudán, África, se han encontrado pilas de escoria. Estos restos prueban que los kushitas trabajaban el hierro. ¿Qué podrán encontrar los arqueólogos en los Estados Unidos dentro de 2,000 años que les puedan dar claves acerca de nuestra cultura?

APLICA TUS DESTREZAS

¿Cómo resolver un problema? Pregunta a un miembro de tu familia acerca de un problema que haya tenido que resolver. ¿Qué pasos tomó para resolverlo? Compara esos pasos con los que aparecen en la página 105.

LEE MÁS SOBRE EL TEMA

Aida: A Picture Book for All Ages versión de Leontyne Price; Harcourt Brace. Una princesa etíope y un joven capitán del ejército egipcio se enamoran cuando sus países están en guerra.

Into de Mummy's Tomb: The Real-Life Discovery of Tutankhamun's Treasures de Nicolás Reeves; Scholastic. Este libro narra el descubrimiento de la tumba del rey Tut por Howard Carter y describe los artefactos que se encontraban en la tumba.

Pyramids of Ancient Egipt de John D. Clare; Harcourt Brace. Esta descripción de la vida cotidiana en Egipto durante la época de los faraones incluye información acerca de la ropa, maquillaje, vida hogareña, prácticas religiosas, rituales funerarios y la construcción de las pirámides.

CAPÍTULO 4

LAS PRIMERAS CIVILIZACIONES DE ASIA Y LAS AMÉRICAS

“ Hace apenas cien años los olmecas eran totalmente desconocidos, pero hoy en día se les reconoce como los creadores de la primera civilización de las Américas. ”

Henri Stierlin
The World's Last Mysteries

Esta máscara de jade y madera de la cultura olmeca fue hallada en el actual territorio de México.

LA CIVILIZACIÓN DEL VALLE DEL INDO

Conexión con nuestro mundo

¿Por qué algunas civilizaciones perduran mucho tiempo mientras otras desaparecen con rapidez?

Concéntrate en la idea principal
Mientras lees, considera de qué manera la ubicación geográfica afectó al desarrollo y la existencia de la civilización del valle del Indo.

Anticipa el vocabulario
subcontinente   inscripción
afluente

El territorio que ocupan en la actualidad los países de Pakistán, Bangladesh e India, está ubicado en una gran península al sur de Asia. Los geógrafos consideran esta península como un **subcontinente** debido a su tamaño y al hecho de que está aislada del resto del continente. Una larga muralla de montañas nevadas y rocosas separa este subcontinente del resto de Asia. En lo alto de estas montañas, que constituyen la cordillera del Himalaya, nace el Indo, un río en cuyo valle se desarrolló la primera civilización del subcontinente.

PRIMEROS ASENTAMIENTOS

Alimentado por aguas de deshielo, el río Indo se precipita desde las altas montañas arrastrando rocas, gravilla y limo. El Indo corre en dirección oeste y sur hacia una cálida y seca planicie en lo que hoy es Pakistán. Cuatro **afluentes**, es decir ríos más pequeños cuyas aguas alimentan a un río más grande, se unen al Indo en su recorrido por la baja planicie hasta que desemboca en el mar Arábigo.

Cada primavera, al derretirse las nieves, el Indo crece y se desborda. El agua inunda la llanura, y el suelo se vuelve fértil al cubrirse con un nuevo manto de sedimento.

Los primeros agricultores del valle del Indo cultivaron cebada y otros cereales en ese fértil suelo. Estos cereales fueron a partir de entonces un suplemento de los alimentos que la gente obtenía cazando animales y recogiendo plantas silvestres.

La planicie donde los cuatro afluentes desembocaban en el Indo ofrecía condiciones inmejorables para la agricultura. Las personas que se establecieron allí apilaron barro y piedras en grandes montículos para poder vivir sin peligro por encima de las tierras inundadas. La gente construyó pequeñas aldeas en las elevaciones y cultivó la tierra.

Los niños del antiguo valle del Indo tenían juguetes como este carnero con ruedas.

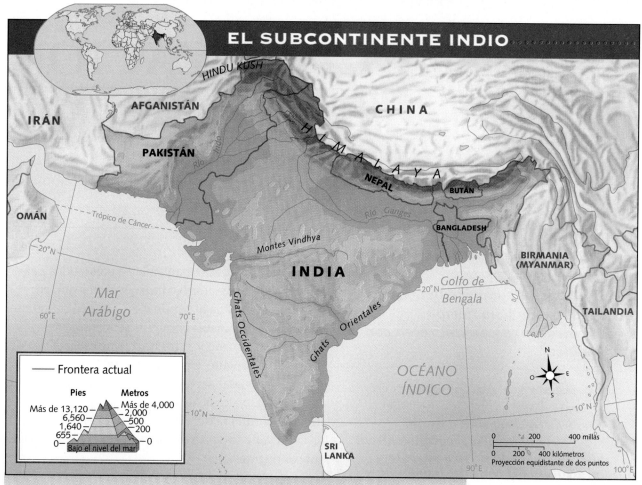

EL SUBCONTINENTE INDIO

HINDU KUSH
AFGANISTÁN
IRÁN
PAKISTÁN
Río Indo
OMÁN
Trópico de Cáncer
20°N
60°E
Mar Arábigo
70°E
Montes Vindhya
INDIA
Ghats Occidentales
Ghats Orientales
SRI LANKA
90°E

CHINA
HIMALAYA
NEPAL
BUTÁN
BANGLADESH
Río Ganges
BIRMANIA (MYANMAR)
20°N
Golfo de Bengala
TAILANDIA
OCÉANO ÍNDICO
10°N
100°E

Frontera actual

Pies   Metros
Más de 13,120 — Más de 4,000
6,560 — 2,000
1,640 — 500
655 — 200
0 — 0
Bajo el nivel del mar

0   200   400 millas
0   200   400 kilómetros
Proyección equidistante de dos puntos

LUGAR Este mapa muestra el relieve del subcontinente indio.
■ ¿De qué manera la barrera natural del Himalaya pudo haber ayudado o perjudicado a la civilización del valle del Indo?

Alrededor del año 2500 a.C., no mucho después de que los pueblos del Creciente Fértil y del valle del Nilo hubieran desarrollado sus civilizaciones, los primeros habitantes del valle del Indo también construyeron ciudades y establecieron una civilización.

Dos de las ciudades más grandes e importantes del valle del Indo eran Harappa y Mohenjo-Daro. Harappa llegó a ser tan importante, que a esta civilización a menudo se la llama la civilización de Harappa. Sin embargo, los restos de Mohenjo-Daro son los que proporcionan una evidencia más completa de la vida urbana en el antiguo valle del Indo.

✔ **¿Por qué los primeros habitantes del valle del Indo construyeron sus ciudades en los lugares en que lo hicieron?**

LA CIUDAD DE MOHENJO-DARO

En su época, Mohenjo-Daro fue un ejemplo de diseño y planificación urbana. Calles rectas y amplias, algunas de hasta 30 pies (casi 9 m) de ancho, cruzaban la ciudad. Estas calles estaban cuidadosamente alineadas para formar zonas rectangulares en las que se ubicaban las viviendas y otros edificios.

En una colina de la ciudad, cercana al río Indo, se construyó una fortaleza amurallada sobre una plataforma de ladrillos. Los gruesos muros protegían los edificios del gobierno, los baños públicos y un gran depósito que tenía 30 pies (casi 9 m) de alto y 1,200 pies (casi 366 m) de largo. En este depósito se almacenaban cereales suficientes para alimentar a la población de la ciudad, que en el año 1500 a.C. ya alcanzaba los 45,000 habitantes.

Gran parte de las construcciones en Mohenjo-Daro, incluyendo el gran depósito de cereales, estaban hechas de ladrillos. En lugar de secar los ladrillos al sol, como hacían los pobladores del Creciente Fértil y del valle del Nilo, los pueblos del valle del Indo cocían los ladrillos en hornos. Estos ladrillos horneados duraban más y eran más resistentes que los secados al sol.

La mayoría de las personas del valle del Indo vivía en pequeñas chozas que bordeaban la ciudad de Mohenjo-Daro. Sólo las familias más pudientes vivían en la ciudad. Algunas casas de la ciudad tenían dos pisos de alto y eran tan grandes que tenían patio y cuartos para los sirvientes. La puerta principal de las viviendas solía estar situada en la parte que daba a callejones, en lugar de en la calle principal. Las fachadas de las viviendas, que no tenían ventanas, se parecían mucho entre sí.

Incluso las casas más pequeñas tenían paredes que separaban la cocina de los dormitorios y cuartos de baño. Casi todas las casas de Mohenjo-Daro tenían cuarto de baño. Los miembros de la familia se bañaban echándose agua fresca con recipientes. El agua caía por unas tuberías de ladrillo y llegaba al drenaje de las calles principales de la ciudad. Las viviendas tenían también un conducto por el que tirar la basura, que caía en un contenedor en la calle. Luego la basura era recogida por trabajadores de la ciudad.

Cerca de la fortaleza de Mohenjo-Daro había una casa de baños públicos. El tanque principal

tenía 40 pies (12 m) de largo y 8 pies (2.4 m) de profundidad. La casa de baños tal vez se utilizó para prácticas religiosas. También pudo ser un lugar de reunión donde las personas intercambiaban noticias y realizaban negocios.

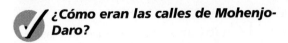

¿Cómo eran las calles de Mohenjo-Daro?

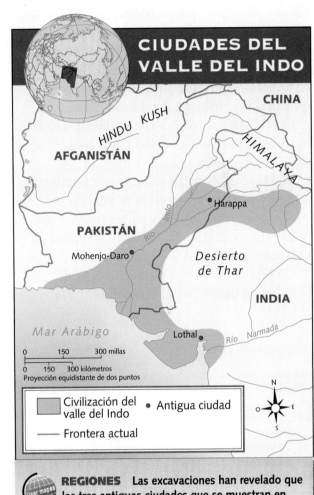

CIUDADES DEL VALLE DEL INDO

CHINA

HINDU KUSH

HIMALAYA

AFGANISTÁN

• Harappa

PAKISTÁN

Río Indo

Mohenjo-Daro •

Desierto de Thar

INDIA

Mar Arábigo

Lothal •

Río Narmada

0   150   300 millas
0   150   300 kilómetros
Proyección equidistante de dos puntos

Civilización del valle del Indo   • Antigua ciudad

—— Frontera actual

N
O   E
S

REGIONES   Las excavaciones han revelado que las tres antiguas ciudades que se muestran en este mapa, Mohenjo-Daro, Harappa y Lothal, eran casi idénticas.

■ ¿Por qué es interesante que estas ciudades se parezcan tanto?

En lo que hoy día es Pakistán, los arqueólogos están desenterrando la antigua ciudad de Mohenjo-Daro.

LA GENTE DE LA CIUDAD

La mayoría de la gente en Mohenjo-Daro eran artesanos y mercaderes. Los artesanos tejían el algodón, modelaban vasijas de arcilla y trabajaban el metal, fabricando, por ejemplo, joyas de plata. Ya en el año 2300 a.C., los comerciantes del valle del Indo cambiaban estos productos, además del grano sobrante, por turquesas, oro, cobre y alimentos que procedían de lugares de Asia tan lejanos como el Creciente Fértil.

Muchos de los artesanos y mercaderes de Mohenjo-Daro sabían leer y escribir. Sus cerámicas, al igual que otros artículos, llevaban grabadas inscripciones. La mercancía tenía la marca de sellos de piedra con figuras de elefantes, tigres u otros animales. Esas marcas mostraban quién era el dueño de los artículos.

Muchos sellos tenían además una **inscripción**, es decir un mensaje escrito. Si ponían un cordel a través de un orificio en la parte posterior del sello, éste podía ir atado a la carga de grano y a cualquier otro artículo.

Un hecho interesante de las ciudades de Harappa es que se parecían mucho entre sí. Sus habitantes usaban las mismas medidas de peso y longitud. Los diseños de las calles eran similares y también su joyería, herramientas de cobre y bronce y cuentas de collares.

 ¿Qué es lo más interesante de las ciudades de Harappa?

EL MISTERIO DE MOHENJO-DARO

Mohenjo-Daro lleva deshabitada más de 3,000 años. Se desconoce por qué desapareció la civilización, pero sabemos que ocurrió de forma repentina, probablemente en una fecha cercana al año 1500 a.C.

Buscando alguna evidencia sobre la vida en la antigua ciudad de Mohenjo-Daro, los arqueólogos encontraron signos de que sus habitantes habían muerto de forma repentina. Descubrieron muchos esqueletos sin enterrar y las posturas de los esqueletos sugerían que las personas estaban huyendo de algo. Las viviendas parecían haber sido abandonadas súbitamente.

Para identificar sus bienes y artesanías, los mercaderes del valle del Indo marcaban sus propiedades con sellos. Los estampaban directamente en la mercancía o los ataban a ella con cordeles. ¿Cómo identifican los comerciantes sus productos hoy en día?

Este sello encontrado en el valle del Indo muestra al rey sumerio Gilgamesh. ➤

¿Qué es?

El comercio más allá del valle del Indo

En Ur y en otras ciudades de Mesopotamia se han descubierto sellos del valle del Indo. Por otra parte, en las ruinas de la ciudad portuaria de Lothal, en el valle del Indo, se han encontrado sellos de Mesopotamia. Los barcos mercantes del valle del Indo quizás aprovechasen los fuertes vientos monzónicos para cruzar desde Lothal al mar Arábigo. Es probable que sus barcos transportaran gemas, aceite de sésamo y algodón mientras que los sumerios navegaban hacia Lothal con cargamentos de cebada, lana y plata.

En el valle del Indo, los juguetes y los juegos eran tan populares como lo son hoy en día en otras culturas. A la izquierda puede verse un juego de mesa con fichas y piedras. A la derecha, un carro de juguete.

Quizás los habitantes de Mohenjo-Daro fuesen víctimas de un terremoto o de una inundación.

Algunos esqueletos, sin embargo, muestran evidencias de heridas de espada. Esto sugiere que Mohenjo-Daro fue atacada por invasores. Nadie sabe con exactitud quiénes pudieron ser sus atacantes. En el caso de que esta invasión hubiera ocurrido de verdad, es posible que el pueblo se encontrara debilitado de antemano, ya que había padecido frecuentes inundaciones. Asimismo, hay evidencia de que las aguas subterráneas del valle del Indo, y por lo tanto las tierras de labranza, se habían salificado. De ser eso cierto, los granjeros habrían tenido grandes dificultades para cultivar sus cosechas. Mucha gente habría muerto por falta de alimentos y el resto de los habitantes del valle del Indo probablemente habrían desertado las ciudades y se habría mudado a otros lugares. Quién sabe si, con el tiempo, habrán formado parte de otras culturas.

Lo que hoy sabemos acerca de Mohenjo-Daro, de la gente de Harappa y de su modo de vida proviene de los restos que los arqueólogos han reunido. Parte de las paredes de los edificios, pequeños artefactos y objetos hechos por el hombre, como ollas, joyería y juguetes, es la única evidencia que queda de una civilización que ya no existe.

 ¿Cuáles pueden ser algunas de las razones que explican la desaparición de la civilización del valle del Indo?

LCCIÓN 1 • REPASO

Comprueba lo que aprendiste

1. **Recuerda los datos** ¿Por qué a la primera civilización de India se la conoce como civilización de Harappa?
2. **Concéntrate en la idea principal** ¿De qué forma la ubicación geográfica del valle del Indo afectó al desarrollo y a la capacidad de supervivencia de sus habitantes?

Piensa críticamente

3. **Piensa más sobre el tema** ¿Qué información te ofrece la gran similitud entre las ciudades del valle del Indo sobre la antigua civilización de Harappa?
4. **Ayer y hoy** ¿Por qué crees que en nuestros días grandes comunidades abandonan su lugar de origen para irse a otros lugares?
5. **Explora otros puntos de vista** ¿Cuáles son algunas de las preocupaciones que hay en la actualidad acerca del medio ambiente? ¿Por qué la gente no se pone de acuerdo sobre la naturaleza de estos problemas?

Muestra lo que sabes

 **Actividad: Diario** Imagina que eres un arqueólogo que está explorando las ruinas del antiguo valle del Indo. Escribe a diario tus anotaciones durante una semana. Describe tus observaciones de cómo la gente del valle del Indo aprovechaba los recursos naturales del lugar.

LA CIVILIZACIÓN DEL VALLE DEL HUANG HE

LECCIÓN 2

Conexión con nuestro mundo

¿De qué forma las creencias de un pueblo pueden afectar al desarrollo y a los cambios en una civilización?

Concéntrate en la idea principal
Lee para enterarte de qué manera las creencias de los habitantes de China afectaron al desarrollo y al crecimiento de su civilización.

Anticipa el vocabulario
leyenda   antepasado
mandato   oráculo
Mandato Divino   pictograma

De todas las civilizaciones del mundo, la de China es una de las de mayor antigüedad. La cadena de su historia une a China actual con su antigua civilización, nacida hace miles de años en el valle del Huang He, el "río Amarillo" de la gran llanura del norte de China.

HECHOS Y LEYENDAS SOBRE EL ORIGEN DE CHINA

Al igual que otras muchos pueblos, los chinos han utilizado a menudo **leyendas**, historias transmitidas desde la antigüedad, para explicar su pasado. Una de estas leyendas nos habla de Pan Gu. Según esta historia, Pan Gu trabajó 18,000 años para crear el universo en el que todos vivimos.

Otra leyenda sobre Yu el Grande, que al parecer gobernó China hacia el año 2000 a.C., relata cómo Yu hizo que la agricultura fuera posible en China, construyendo diques y canales para evitar que el Huang He inundara las cosechas. Aún hoy en día los niños chinos suelen decir: "Si no hubiera sido por Yu el Grande hoy seríamos todos peces".

No hay prueba alguna de que Yu el Grande construyera los primeros diques y canales en China o ni siquiera de que haya existido. Sin embargo, se sabe que ya en el año 5000 a.C. los granjeros en el valle del Huang He cultivaban la tierra y criaban ganado. Los primeros granjeros encontraron el terreno arenoso y amarillo del valle fácil de cultivar. De hecho, era tan blando que no hacía falta arado para excavarlo.

Esta cabeza de hacha de metal se hizo durante la dinastía Shang en lo que hoy es China.

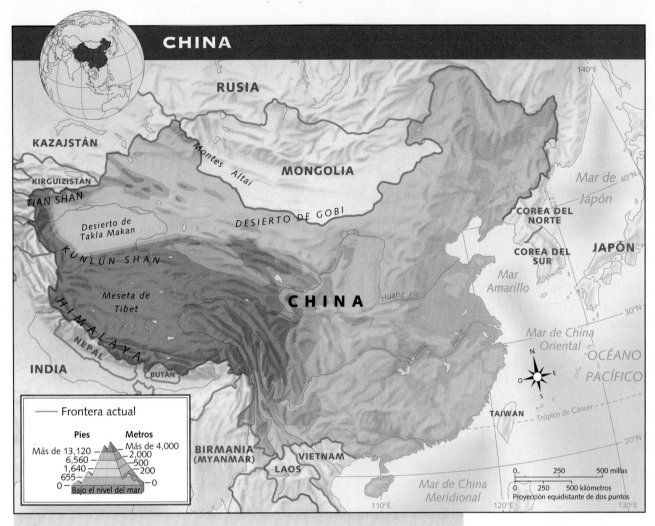

CHINA

RUSIA

KAZAJSTÁN

KIRGUIZISTÁN

TIAN SHAN

Montes Altai

MONGOLIA

DESIERTO DE GOBI

Desierto de
Takla Makan

KUNLUN SHAN

Meseta de
Tibet

CHINA

Huang He

HIMALAYA

NEPAL

INDIA

BUTÁN

Chang Jiang

Mar de
Japón

COREA DEL
NORTE

COREA DEL
SUR

JAPÓN

Mar
Amarillo

Mar de China
Oriental

OCÉANO
PACÍFICO

TAIWÁN

Trópico de Cáncer

BIRMANIA
(MYANMAR)

VIETNAM

LAOS

Mar de China
Meridional

140°E

40°N

30°N

20°N

110°E

120°E

130°E

—— Frontera actual

Pies   Metros
Más de 13,120   Más de 4,000
6,560   2,000
1,640   500
655   200
0   0
Bajo el nivel del mar

0   250   500 millas
0   250   500 kilómetros
Proyección equidistante de dos puntos

LUGAR El relieve de China varía mucho de una región a otra.
■ ¿Por qué crees que la civilización china se desarrolló en la parte este de lo que ahora es China en lugar de hacerlo en la parte oeste?

Los antiguos pobladores de China en seguida construyeron poblados y desarrollaron la tecnología adecuada para irrigar las tierras y controlar las inundaciones. De esta manera comenzaron a crear su propia civilización, no mucho después de que nacieran civilizaciones en el Creciente Fértil y el valle del Indo.

Los antiguos pobladores de China comerciaban e intercambiaban ideas con los habitantes de las tierras que ahora forman parte de China y Tailandia. Su comercio llegó a los pueblos arroceros del valle de Chang Jiang e incluso les llevó al mar de la China meridional.

A diferencia de los pueblos del valle del Indo, los chinos no comerciaron con Sumeria u otras lejanas civilizaciones. Rodeada de montañas y desiertos y ubicada lejos de todos esos pueblos, China no tuvo contacto con esas civilizaciones.

Al no tener relación con gente de otras culturas, los chinos desarrollaron una aguda conciencia de su importancia en el mundo. Llamaban a su tierra Zhongguo, que significa "el imperio del centro." Los Chinos creían que vivían en el centro del universo que Pan Gu había creado.

 ¿Por qué los antiguos chinos desarrollaron un agudo sentido de su importancia en el mundo?

LA DINASTÍA SHANG

Aproximadamente en el año 2000 a.C. había cientos de poblados en el valle del Huang He. Al igual que en otras civilizaciones, algunas poblaciones agrícolas terminaron por convertirse en ciudades. Más tarde esas ciudades se transformaron en poderosas ciudades estado gobernadas por reyes. Los reinos peleaban entre sí por las tierras. Hubo un rey, quizás Yu el Grande, que conquistó varias villas y ciudades estado. Los miembros de su familia continuaron gobernando tras su muerte, creando la dinastía Xia.

En el 1776 a.C. otra ciudad estado pasó a ser la más poderosa. Su rey estableció una nueva dinastía gobernante: la Shang. A partir de entonces, muchas familias gobernaron China. Pero esta idea de dinastía, es decir, el gobierno

Esta vasija, de la época de la dinastía Shang, se usaba para la preparación de alimentos. Su forma le permitía sostenerse facilmente sobre un fuego pequeño.

DINASTÍA SHANG

DESIERTO DE GOBI

Anyang

Mar de Japón

Mar Amarillo

Mar de China Oriental

0   200   400 millas

0   200   400 kilómetros
Proyección equidistante de dos puntos

Trópico de Cáncer

OCÉANO PACÍFICO

Mar de China Meridional

Territorio dominado por la dinastía Shang

INTERACCIÓN ENTRE LOS SERES HUMANOS Y EL AMBIENTE Los Shang reclamaron tierras en el este de Asia.

■ ¿Por qué crees que otras familias también querían controlar la tierra que estaba dominada por los Shang?

de una familia durante generaciones, continuó durante más de 3,500 años.

Los Shang impusieron su dinastía sometiendo a más de 1,800 ciudades estado y pueblos del norte y centro de China. Los guerreros Shang usaban carros militares y poderosas armas de metal para tomar el control por la fuerza.

Para controlar sus tierras, los Shang crearon una forma muy simple de gobierno. El rey repartía tierras entre sus más importantes seguidores y, a cambio, los seguidores le juraban lealtad, prestaban determinados servicios y pagaban impuestos. Su poderoso ejército ayudó a los Shang a conquistar todavía más tierras.

Los chinos creían que sus gobernantes eran el vínculo directo entre los seres humanos y el cielo, en donde sus dioses vivían. Los dioses dieron a los gobernantes un **mandato**, es decir una orden para gobernar. Esta orden era conocida en China como el **Mandato Divino**. Cuando el poder de un gobernante se debilitaba o cuando ocurrían desastres naturales, el pueblo decía que el gobernante había perdido el Mandato Divino.

El color amarillo del Huang He resulta de la mezcla del *loess* con el agua del río.

Loess

Al fértil y arenoso suelo del valle del Huang He se le llama *loess*. El *loess* se diferencia de otros suelos en que nunca cesa de acumularse y desplazarse con el azote de los vientos. A veces la acumulación de *loess* en el río Huang He causa desbordamientos. El rápido avance de las aguas arrasa con todo lo que encuentra a su paso. Los montículos de *loess* pueden hacer incluso que el río cambie su curso, destruyendo las casas y ahogando a las personas. La gente tuvo realmente muy buenas razones para llamar al Huang He "El río de los pesares".

Luego, este mandato pasaba a un nuevo gobernante y así comenzaba otra dinastía. Los Shang mantuvieron el control de China hasta aproximadamente el año 1122 a.C.

✔ **¿Qué era el Mandato Divino?**

LOS HUESOS ORACULARES

La mayoría de la gente en el período Shang vivía en pequeños poblados agrícolas. Los agricultores cultivaban un cereal llamado mijo, tenían pollos, cerdos y también gusanos para obtener seda. Los artesanos utilizaban el bronce, un metal hecho de una aleación de cobre y estaño, para fabricar herramientas, armas y hermosas vasijas.

Los chinos utilizaban los huesos oraculares para hallar la respuesta a sus problemas. ¿Qué medios usamos hoy en día para resolver problemas?

El pueblo acudía a sus antepasados y a los dioses en busca de consejo y de una respuesta a sus preguntas. Creían que sus **antepasados** (aquellos parientes de generaciones anteriores a los abuelos) eran sabios que podían guiar sus vidas y que los dioses tenían grandes poderes. Si se les complacía, los dioses les ayudarían a tener buenas cosechas o a derrotar al enemigo. Si, por el contrario, se les encolerizaba, los dioses podrían enviar a un enemigo para matarlos o un mal que los enfermase. Para obtener el consejo de sus dioses y de sus ancestros los antiguos chinos utilizaban los "huesos dragón".

Los arqueólogos llaman a estos huesos de otro modo: huesos oraculares. Un **oráculo** es una persona de gran sabiduría que da consejos.

Los huesos que descubrieron los arqueólogos tenían pequeñas inscripciones con símbolos y dibujos hechos por los oráculos.

Si los chinos querían algún consejo, se dirigían a un templo donde se guardaban los huesos. Cuando una persona hacía una pregunta al oráculo, éste escogía un hueso.

Los oráculos a menudo utilizaban un caparazón de tortuga o un hueso de buey. El oráculo acercaba el hueso o el caparazón al fuego hasta que éste se rompía. La forma de la rotura le daba al oráculo la respuesta que escribiría sobre el hueso o el caparazón.

Al principio, la gente sólo acudía al oráculo para hacerle preguntas de importancia, como por ejemplo, la probabilidad de que hubiera inundaciones, o si el ejército debía iniciar un ataque. Después de un tiempo, también empezaron a pedir consejo sobre todo tipo de asuntos de la vida diaria. De ahí que las inscripciones en los huesos oraculares nos den una idea acertada de los problemas a los que se enfrentaba el pueblo chino y de cómo transcurría su vida diaria.

✓ **¿De qué forma se utilizaban los huesos oraculares?**

LA ESCRITURA SHANG

Los dibujos realizados en huesos, bronce y cerámica eran la base del lenguaje del período Shang. Los dibujos, llamados **pictogramas**, se combinaban para formar miles de palabras.

Durante el período Shang se utilizaba la escritura para registrar los impuestos y los planes de construcción. El gobierno enviaba órdenes a sus ejércitos y hacía tratados con sus enemigos por escrito. En los funerales de este período la gente llevaba carteles de seda con el nombre y datos de la vida del difunto. Las leyendas cuentan que la gente del período Shang escribía en libros de bambú y madera, pero jamás se halló ninguno de estos libros.

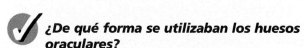

¿Qué es?

La leyenda de la seda

La seda se usó en China desde la antigüedad para tejer hermosas prendas de vestir y cintas. Cuenta la leyenda que los chinos descubrieron la seda en el 2700 a.C., cuando Xilingshi, la esposa de un gobernante, vio que unos gusanos comían de una morera que le era muy preciada. Xilingshi arrojó el capullo de un gusano en agua hirviendo y notó que la hebra de hilo se desenrollaba. Xilingshi usó entonces la hebra para hacer un hermoso tejido. Nadie sabe a ciencia cierta si esta historia es o no verídica. Lo que sí es cierto es que la seda se produce en el valle del Huang He desde el 2700 a.C.

La seda siempre ha sido un producto muy preciado en China. Abajo, a la derecha, puede verse la pieza de seda más antigua de China. Abajo, a la izquierda, artesanos chinos del siglo XVIII tejen seda en un gran telar.

ESCRITURA CHINA

ESCRITURA DEL PERÍODO SHANG	PALABRA EN ESPAÑOL	ESCRITURA EN LA ACTUALIDAD
☉	Sol	日
☽	Luna	月
木	Árbol	木
⦙⦙⦙	Lluvia	雨
⋃	Montaña	山
〰	Agua	水

APRENDER CON GRÁFICAS Esta gráfica muestra cómo evolucionó la escritura china desde la antigüedad hasta el presente.
■ ¿Qué semejanzas puedes encontrar entre los caracteres del pasado y los actuales?

La escritura tuvo un importante efecto en la formación de las clases sociales de China. Para aprender a leer y a escribir una persona tenía que aprender por lo menos 5,000 caracteres diferentes. Sólo los acaudalados tenían tiempo para aprender el arte de la lectura y la escritura. Puesto que para ser funcionario del gobierno se requería saber leer y escribir, la mayoría de los agricultores y obreros no estaban capacitados para conseguir este tipo de empleos. Como consecuencia, sólo aquellos que pertenecían a las clases sociales educadas y adineradas estaban a cargo del gobierno. Al mismo tiempo aprovechaban su posición para dictar leyes a su favor que protegiesen su riqueza y les situara socialmente por encima de otras personas. Con el tiempo, las clases sociales se diferenciaron cada vez más.

En el transcurso de miles de años, el sistema de escritura china ha sufrido cambios. En algunos casos, se ha desarrollado una nueva forma de dibujar los caracteres. Sin embargo, la escritura que se usa en la actualidad tiene profundas raíces en la que se utilizaba durante la dinastía Shang.

 ¿Qué ventaja tenía ser rico en la antigua China?

 **LECCIÓN 2 • REPASO**

Comprueba lo que aprendiste

1. **Recuerda los datos** ¿Quién daba al gobernante el Mandato Divino, según las creencias de la antigua China?
2. **Concéntrate en la idea principal** ¿De qué modo las creencias de los chinos afectaron al desarrollo de su civilización?

Piensa críticamente

3. **Piensa más sobre el tema** ¿De qué forma habría sido diferente la civilización china si hubiese comerciado con los sumerios y con los habitantes del valle del Indo?
4. **En mi opinión** Los chinos consideraban muy importante a la familia. ¿Qué importancia crees tú que se le da en nuestra sociedad? Explica tu respuesta.
5. **Ayer y hoy** Los huesos oraculares nos proporcionan información sobre el tipo de problemas a los que tuvieron que enfrentarse los antiguos chinos. ¿Cuáles serían las fuentes de información para conocer los problemas que sufre la gente de hoy en día?

Muestra lo que sabes

Actividad: Teatro Con un compañero escribe y representa una escena en la que una persona de la antigua China visita a un oráculo en un templo. El visitante le hará preguntas y el oráculo las responderá. Las preguntas deberán referirse a cómo las costumbres y creencias de los Shang pueden afectar a los chinos del futuro. Una pregunta, por ejemplo, podría ser: ¿Se seguirá utilizando nuestro sistema de escritura cuando nuestra época llegue a su fin? Escenifica con tu compañero las preguntas y respuestas en forma de conversación.

CÓMO

Usar mapas de relieve

¿Por qué es importante esta destreza?

Las diferentes clases de mapas nos proporcionan diferentes clases de información. Un mapa de carreteras, por ejemplo, muestra cuáles son las rutas que nos llevan de un lugar a otro y las distancias que las separan. Sin embargo, algunas veces la gente necesita información que no está incluida en un mapa de carreteras. Si tú necesitas saber a qué altura está situado el terreno, lo que debes usar es un mapa de relieve. **Altitud** es la altura a la que está situado un terreno. Los mapas de relieve ayudan a los urbanistas a planificar dónde instalar las cañerías de agua o dónde construir un centro comercial. Los mapas de relieve pueden también ayudarte a encontrar un lugar adecuado para ir en bicicleta o patineta.

Estudia las curvas de nivel y el color

Para saber tu altura debes medir la distancia que hay desde la planta de los pies, (la base), a la cabeza (la coronilla, el tope). El volumen del terreno también se mide de la base al tope. La base de medida de todos los accidentes geográficos es el nivel del mar, 0 pies (0 m). Encuentra el nivel del mar en el dibujo A.

Las líneas de este dibujo de una colina son curvas de nivel. Una **curva de nivel** conecta todos los puntos de igual altitud. Encuentra la línea de contorno de 400 pies (122 m) en el dibujo A. Esta línea conecta todos los puntos que están exactamente a 400 pies sobre el nivel del mar.

Imagínate que vas en un avión volando sobre la colina que muestra el dibujo. Si la miras desde arriba verás las curvas de nivel como anillos. Si sobrevuelas la colina en el dibujo B verás que la altura está escrita sobre cada curva de nivel y que los espacios entre las curvas de nivel no están nivelados. En el lado más empinado de la colina las curvas de nivel están más juntas y en el lado en que la pendiente es menos pronunciada las curvas de nivel están más separadas.

En algunos mapas de relieve, como el del dibujo C, se añade color entre las curvas de nivel. Se usa una clave en lugar de los niveles escritos. La clave nos muestra que todo lo que está en verde oscuro está ubicado entre el nivel del mar y los 100 pies (30 m). La línea entre el verde oscuro y el verde claro es una curva de nivel de 100 pies (30 m). Las líneas que delimitan los otros colores son también curvas de nivel.

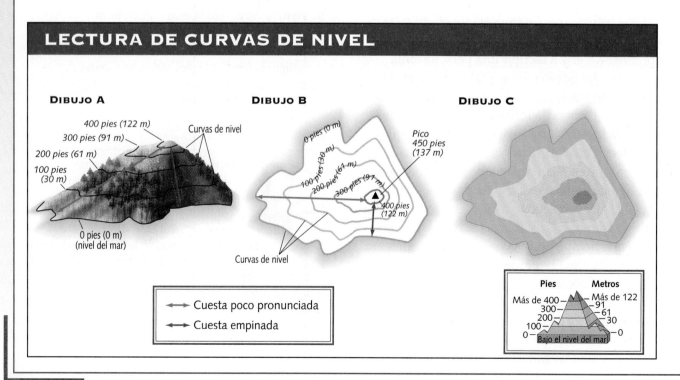

LECTURA DE CURVAS DE NIVEL

DIBUJO A

400 pies (122 m)
300 pies (91 m)
200 pies (61 m)
100 pies (30 m)
Curvas de nivel
0 pies (0 m) (nivel del mar)

DIBUJO B

0 pies (0 m)
100 pies (30 m)
100 pies (61 m)
200 pies (61 m)
300 pies (91 m)
400 pies (122 m)
Pico 450 pies (137 m)
Curvas de nivel

⟷ Cuesta poco pronunciada
⟷ Cuesta empinada

DIBUJO C

Pies	Metros
Más de 400	Más de 122
300	91
200	61
100	30
0	0

Bajo el nivel del mar

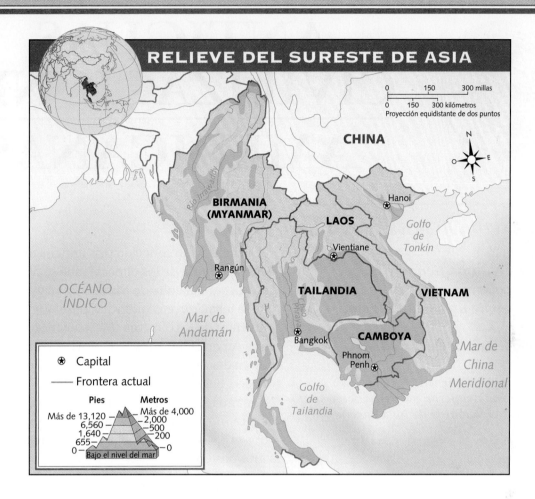

RELIEVE DEL SURESTE DE ASIA

CHINA

BIRMANIA (MYANMAR)

LAOS

VIETNAM

TAILANDIA

CAMBOYA

Hanoi

Vientiane

Rangún

Bangkok

Phnom Penh

OCÉANO ÍNDICO

Mar de Andamán

Golfo de Tonkín

Golfo de Tailandia

Mar de China Meridional

Río Irrawaddy

Chao Phraya

0   150   300 millas
0   150   300 kilómetros
Proyección equidistante de dos puntos

⊛ Capital

─── Frontera actual

Pies   **Metros**
Más de 13,120 ── Más de 4,000
6,560 ──   2,000
1,640 ──   500
655 ──   200
0 ──   0
Bajo el nivel del mar

La mayoría de los mapas de relieve utilizan unas pocas curvas de nivel a las que les dan mayor importancia, y agregan colores entre las líneas. La clave del mapa muestra el color que corresponde a cada altitud. Los terrenos que están a 13,120 pies (4,000 m) sobre el nivel del mar, o que superan esta altura, se señalan con marrón oscuro. El verde oscuro se usa para la tierra de menos altura, la situada entre el nivel del mar y los 655 pies (200 m). Cuando estudias el mapa, no puedes decir con certeza si la tierra en las áreas de verde oscuro está al nivel del mar, a 655 pies sobre el nivel del mar, o a otra altitud intermedia.

Comprende el proceso

Usa estas preguntas como guía para entender mejor los mapas de relieve.

1. ¿Cuál es la diferencia entre lo que una curva de nivel muestra en el mapa y lo que muestra una línea de color?

2. ¿Debes fijarte en las curvas de nivel o en las franjas de color para encontrar la altitud exacta de un lugar? ¿Por qué?

3. ¿A qué altitud están las áreas más elevadas de Birmania? ¿Cómo lo sabes?

4. ¿Cuáles son las áreas de menor altitud de Vietnam? ¿Cómo lo sabes?

5. ¿La mayor parte del terreno de Camboya es llano o elevado? Explica tu respuesta.

Piensa y aplica

Hacia el año 2000 a.C. la gente que vivía en el noreste y centro de Tailandia empezó a fabricar objetos de bronce. Hicieron herramientas y armas, adornos y tambores. Con esos objetos iniciaron un comercio con la gente de asentamientos cercanos. Imagina que eres un comerciante tailandés viajando desde la parte central de Tailandia hasta la costa sur del mar de China. Sigue la ruta con el dedo. Describe la tierra que aparece a lo largo del camino.

ANTIGUAS CIVILIZACIONES AMERICANAS

Conexión con nuestro mundo

¿Qué ventajas tiene desarrollarse a partir de los avances de otras civilizaciones?

Concéntrate en la idea principal
Mientras lees, piensa en cómo los mayas construyeron su civilización a partir de los logros de los olmecas.

Anticipa el vocabulario
Mesoamérica
proteína
multicultivo
invadir

La civilización conocida más antigua de las Américas fue la de los olmecas, que se desarrolló en la costa sur del golfo de México. Las civilizaciones que se formaron en América Central tuvieron mucha influencia de los olmecas. **Mesoamérica** es la región entre América del Sur y América del Norte, donde hoy en día están ubicadas las regiones del sur de México, Belice, Guatemala, Honduras, El Salvador, Nicaragua, Costa Rica y Panamá. La civilización olmeca fue la "civilización madre" de los mayas y de otros grupos de Mesoamérica que aparecieron en siglos posteriores.

LOS PRIMEROS AGRICULTORES OLMECAS

Los olmecas se instalaron primero en la costa del golfo de México, en lo que ahora son los estados mexicanos de Veracruz y Tabasco. Antes del 1500 a.C., los olmecas vivían en las riberas de los ríos, en grupos de casas hechas de paja y juncos. Pescaban en los ríos y cultivaban la tierra que se fertilizaba con las inundaciones.

Los olmecas cultivaban frijoles, calabazas y maíz. Estos tres cultivos sirvieron de alimento a la mayoría de las primeras civilizaciones de Mesoamérica, al igual que a las del norte y el sur de América. Si se consumían conjuntamente, los frijoles, las calabazas y el maíz constituían una alimentación rica en proteínas. La **proteína** es una sustancia que se encuentra en los alimentos y que es muy necesaria para la salud.

Los agricultores plantaban estos tres cultivos de forma simultánea en un mismo montículo. El tallo firme del maíz era a su vez utilizado como poste para sostener las enredaderas de los frijoles. Las de las calabazas se desparramaban en el terreno entre los duros tallos. Debido a este **multicultivo**, es decir, a la siembra de diferentes cultivos juntos, los granjeros olmecas hacían el mejor uso posible de la pequeña porción de suelo fértil que poseían.

El jaguar era un animal sagrado para los habitantes de la costa sur del golfo de México. Esta estatua representa a un dios olmeca con forma de jaguar.

El juego de pelota más antiguo de las Américas

La palabra *olmeca* significa "gente de caucho". El nombre se lo pusieron las civilizaciones que poblaron posteriormente Mesoamérica, por los muchos usos que los olmecas daban al caucho extraído de los árboles de la selva. Por ejemplo, los olmecas fabricaban pelotas de goma. Con ellas practicaban un deporte en el que dos equipos competían en un campo de juego. El juego aún sigue practicándose en México. Las reglas estipulan que los jugadores no pueden tocar la pelota con las manos o los pies pero pueden usar otras partes del cuerpo, como las caderas. Como la pelota es muy dura y va a gran velocidad, los jugadores deben usar ropa especial para protegerse.

Al igual que otras sociedades agrícolas, los olmecas dependían de las inundaciones estacionales para irrigar sus cosechas y para que el suelo se fertilizara. Al igual que muchas otras civilizaciones en otras partes del mundo, los olmecas elaboraron un calendario para calcular las fechas de las inundaciones. Los olmecas utilizaban una escritura jeroglífica, similar a la de los egipcios, para llevar una crónica de los sucesos históricos.

También como todas las antiguas civilizaciones, la religión de los olmecas adoraba a las fuerzas de la naturaleza que afectaban al crecimiento de sus cosechas. El pueblo adoraba a muchos dioses, pero el más importante era el jaguar, el dios gato, que era quien enviaba la lluvia.

Las ciudades olmecas eran centros religiosos. En el centro de cada ciudad había grandes templos de piedra. En las afueras, enormes cabezas de cerca de 10 pies de altura (3 m) y 20 toneladas miraban hacia la ciudad. Las caras estaban esculpidas con los rostros de los sacerdotes y gobernantes. Nadie sabe cómo los olmecas pudieron mover las gigantescas piedras. Desconocían la rueda y algunas las debieron arrastrar por más de 50 millas (80 km).

Nadie sabe cuál fue la causa del fin de la civilización olmeca. La última de las ciudades fue abandonada o destruida cerca del año 300 a.C. Quizás, al igual que la del valle del Indo, la civilización olmeca fuese víctima del hambre, de un ataque enemigo o de un desastre natural. Pero las ideas de los olmecas permanecieron vivas en la cultura de civilizaciones posteriores.

✓ **¿Qué ideas legaron los olmecas a otras civilizaciones posteriores?**

Ésta y otras cabezas que los olmecas esculpieron en tiempos remotos todavía sorprenden a los actuales visitantes de México. Algunos científicos creen que los olmecas quizás utilizaban balsas para transportar las cabezas por el río.

LOS MAYAS

En la misma época en que los olmecas construían centros religiosos en México, los mayas se dedicaban a la agricultura. Este pueblo vivía en el borde de la selva tropical de Mesoamérica. Cerca del 500 a.C., la civilización maya comenzó a cobrar forma. Tomando prestadas muchas ideas de los olmecas, los mayas talaron los bosques para tener más tierras de cultivo y para construir ciudades. Construyeron más de cien en lo que hoy es Guatemala, México, Belice y Honduras. Chichén Itzá, Tikal y Mayapán fueron algunas de las muchas ciudades construidas por los mayas.

Cada ciudad tenía su propio gobierno y también su propio gobernante. Al igual que los olmecas, los mayas nunca se unieron para formar un gobierno central. Pero de vez en cuando, algún que otro poderoso gobernante se adueñaba de varias ciudades y construía un imperio.

La ciudad más grande de los mayas era Tikal, que tenía una población de más de 100,000 habitantes. En el corazón mismo de Tikal, ubicada en lo que ahora es Guatemala, seis grandes templos rodeaban la ciudad central. Cada uno de ellos estaba hecho de grandes bloques de piedra caliza y tenía forma de pirámide. En la cúspide de las pirámides había cresterías, plataformas decoradas en forma de corona o cresta de pájaro. Un jaguar de garras curvas y afiladas está tallado en la cornisa de uno de los templos más grandes de Tikal. A veces se le denomina como "El templo del jaguar gigante" y rinde homenaje al dios

Tallas como ésta, que representa a un antiguo maya, nos dan una idea de cómo era el modo de vida de este pueblo.

de la lluvia que los mayas adoptaron de los olmecas.

La religión era muy importante en la vida de los mayas, como lo fue en la de los olmecas. Los mayas tenían cerca de 160 dioses. Creían que cada uno regía los distintos aspectos de la vida diaria.

Al igual que en otras civilizaciones agrícolas, las innovaciones de los mayas estaban basadas en las necesidades de labranza. Los mayas tenían dos calendarios. Uno de ellos tenía 365 días y era usado para calcular el tiempo de la siembra, la cosecha y las inundaciones.

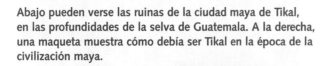

Abajo pueden verse las ruinas de la ciudad maya de Tikal, en las profundidades de la selva de Guatemala. A la derecha, una maqueta muestra cómo debía ser Tikal en la época de la civilización maya.

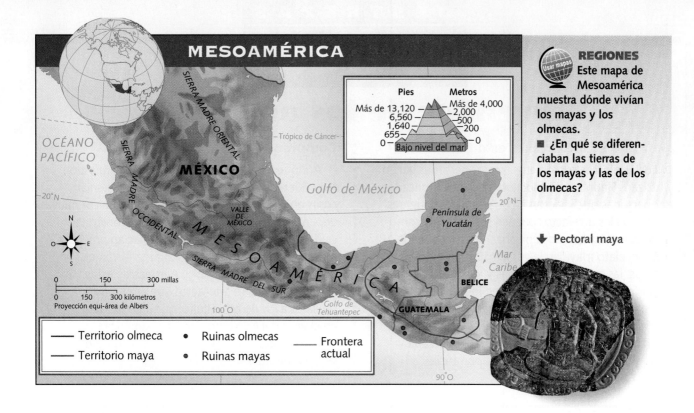

MESOAMÉRICA

SIERRA MADRE ORIENTAL

OCÉANO PACÍFICO

MÉXICO

Trópico de Cáncer

Golfo de México

SIERRA MADRE OCCIDENTAL

VALLE DE MÉXICO

Península de Yucatán

20°N

20°N

MESOAMÉRICA

Mar Caribe

SIERRA MADRE DEL SUR

BELICE

Golfo de Tehuantepec

GUATEMALA

100°O

90°O

Pies	Metros
Más de 13,120	Más de 4,000
6,560	2,000
1,640	500
655	200
0	0
Bajo nivel del mar	

0 150 300 millas
0 150 300 kilómetros
Proyección equi-área de Albers

—— Territorio olmeca
—— Territorio maya
• Ruinas olmecas
• Ruinas mayas
—— Frontera actual

REGIONES
Usar mapas
Este mapa de Mesoamérica muestra dónde vivían los mayas y los olmecas.
■ ¿En qué se diferenciaban las tierras de los mayas y las de los olmecas?

↓ Pectoral maya

Los mayas también desarrollaron un sistema numérico basado en el número 20 para llevar un control de las cosechas que tenían almacenadas. El sistema maya incluía el número cero, y en esto difería de otros sistemas numéricos. En la actualidad, los matemáticos coinciden en que el cero fue una de las innovaciones más revolucionarias de todos los tiempos.

Además de un sistema numérico, los mayas crearon un sistema jeroglífico de escritura. Grababan o pintaban en paredes, pilares, vasijas u ollas, dibujos que comunicaban un mensaje. Los mayas también escribían en libros. Pero los arqueólogos apenas pueden leer unos pocos pictogramas, por eso no saben a ciencia cierta lo que éstos querían decir.

Lo que sí saben los arqueólogos es que la gran civilización maya duró más de 600 años. Pero después del 900 d.C., las ciudades mayas fueron abandonadas e **invadidas**, es decir tomadas de nuevo por la selva tropical que las rodeaba. Los conocimientos y técnicas de los mayas, al igual que los de los olmecas, formarían parte de la cultura de las civilizaciones que posteriormente habitaron las Américas.

✓ **¿Qué ideas han legado los mayas a otros pueblos?**

LECCIÓN 3 • REPASO

Comprueba lo que aprendiste

1. **Recuerda los datos** ¿Qué fue lo que los olmecas hicieron para aprovechar al máximo la poca cantidad de tierra cultivable que tenían?

2. **Concéntrate en la idea principal** ¿De qué forma aprovecharon los mayas los logros de los olmecas? ¿Cuáles fueron sus propias innovaciones?

Piensa críticamente

3. **Causa y efecto** ¿Qué influencia tuvo la civilización olmeca en el posterior desarrollo de la civilización maya?

4. **Ayer y hoy** ¿Por qué los arqueólogos quieren saber más sobre los mayas? ¿Qué más te gustaría aprender acerca de ellos?

Muestra lo que sabes

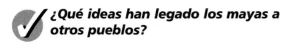

Actividad: Cartel Piensa en la semejanza entre las civilizaciones maya y olmeca y las de otras partes del mundo. Haz un cartel que muestre qué tenían estas culturas en común.

CÓMO

Aprender de los artefactos

¿Por qué es importante esta destreza?

Los artefactos son objetos que las personas hacen y utilizan. Habrás visto muchos artefactos fabricados por personas que vivieron en otras épocas y lugares. Sabes que los artefactos pueden ser grandes, como la cabeza mostrada en la página 135, o pequeños, como el plato maya en la página 137. Las herramientas, las armas, las monedas y los utensilios de cocina son artefactos. También lo son la televisión, los automóviles, las computadoras y los relojes. Los artefactos de una sociedad de la antigüedad nos dicen mucho de cómo la gente vivía y trabajaba y de lo que ellos consideraban de importancia.

Comprende el proceso

Aunque las antiguas civilizaciones del mundo eran diferentes unas de otras, a menudo tenían cosas en común. La mayoría de las culturas primitivas dependían de la agricultura. También construían ciudades, establecían gobiernos y hacían prácticas religiosas. Muchas utilizaban alguna forma de moneda como intercambio. Algunas de estas culturas producían artefactos que eran muy similares a los de otras culturas. La gente, tanto en el valle del Nilo como en Mesoamérica, construía pirámides. ¿Qué te dice este dato de las dos culturas?

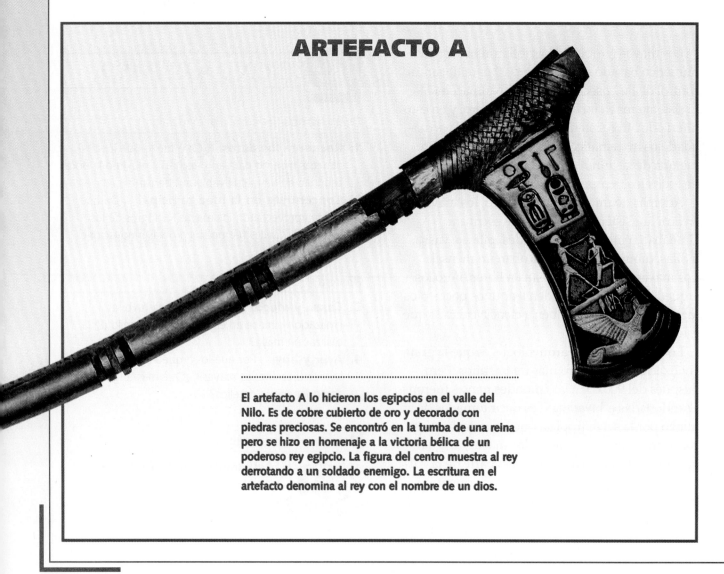

ARTEFACTO A

El artefacto A lo hicieron los egipcios en el valle del Nilo. Es de cobre cubierto de oro y decorado con piedras preciosas. Se encontró en la tumba de una reina pero se hizo en homenaje a la victoria bélica de un poderoso rey egipcio. La figura del centro muestra al rey derrotando a un soldado enemigo. La escritura en el artefacto denomina al rey con el nombre de un dios.

ARTEFACTO B

El artefacto B lo hicieron los olmecas, en Mesoamérica. Es de jade, una piedra que los olmecas valoraban más que al oro. El artefacto tiene forma de una criatura mitad hombre y mitad jaguar. Estos objetos se han hallado en tumbas de reyes o de otros líderes. El jaguar puede que fuera un símbolo de autoridad entre los olmecas.

ARTEFACTO C

El artefacto C pertenece a la dinastía Shang, en China. Está hecho de bronce, un metal con el que los Shang fabricaban los objetos que usaban en las ceremonias públicas. Este artefacto fue encontrado en la tumba de un aristócrata o rey de la dinastía Shang y debía de ser un símbolo de poder político.

En la páginas 138–139 se muestran tres artefactos. Uno fue hecho en Egipto, otro en las Américas y el tercero en China. No se parecen entre sí pero tienen importantes semejanzas. Estudia las figuras y sus leyendas. Luego usa las preguntas como guía para comparar estas antiguas civilizaciones.

1. ¿Cómo sabes lo que es cada artefacto?
2. ¿Cómo usaba los artefactos la gente que los hacía?
3. ¿Qué te hace pensar que los artefactos eran importantes para aquellos que los fabricaban?
4. ¿En qué se parecen estos tres artefactos? ¿En qué crees que se parecían las sociedades que los fabricaron?

Piensa y aplica

Los artefactos egipcios nos dan información con jeroglíficos y dibujos. La información que obtenemos de los dibujos y la escritura nos permite saber que probablemente un poderoso rey poseyó este objeto. Observa nuevamente las ilustraciones de los Capítulos 3 y 4 de esta unidad. Busca otros artefactos antiguos. Recuerda que los artefactos son objetos que la gente de la antigüedad fabricó y utilizó. Con un compañero, haz una lista de los artefactos que hayas encontrado. Luego describe la información que estos artefactos te dan sobre las sociedades que los crearon. Comparte tus hallazgos con la clase.

EL BUEN CIUDADANO

CONECTA LAS IDEAS PRINCIPALES

Usa este organizador para mostrar cómo están relacionadas las ideas principales del capítulo. Copia el organizador en una hoja de papel y complétalo escribiendo tres detalles de cada idea principal.

La civilización del valle del Indo
Las condiciones físicas del valle del Indo afectaron el desarrollo y supervivencia de sus habitantes.
1. _____
2. _____
3. _____

La civilización del valle del Huang He
Las creencias de los chinos afectaron el desarrollo y el crecimiento de su civilización.
1. _____
2. _____
3. _____

Las primeras civilizaciones de Asia y las Américas

Antiguas civilizaciones americanas
Los mayas aprovecharon los logros de los olmecas y desarrollaron sus propios logros.
1. _____
2. _____
3. _____

ESCRIBE MÁS SOBRE EL TEMA

1. **Escribe para comparar**   Para las antiguas civilizaciones del valle del Indo, del Huang He y del Nilo, los ríos eran esenciales para su supervivencia. Piensa en cómo aprovecharon los ríos los distintos pueblos. Luego escribe un párrafo comparando cómo los ríos afectaron a estos pueblos.

2. **Escribe una carta**   Los chinos pensaban que podían comunicarse con sus antepasados a través de los huesos oraculares. Imagínate que pudieras comunicarte con tus ancestros. Escribe una carta a uno de ellos y cuéntale en qué ha cambiado la vida desde su época y en qué permanece igual.

3. **Escribe una inscripción**   Imagina que eres un trabajador que está construyendo un objeto para una cápsula de tiempo que se abrirá dentro de 1,000 años. Para dar a la gente de esa época una idea de cómo ha cambiado la vida en algunos aspectos y en otros ha permanecido igual, haz una inscripción que te describa a ti y a tu cultura.

SA EL VOCABULARIO

Completa cada una de las oraciones que sigue con una de las palabras de la lista.

multicultivo
mandato
oráculo
proteína
afluente

1. Una persona que da sabios consejos es un _____.

2. Una _____ es una sustancia que se encuentra en los alimentos y es necesaria para la salud.

3. Un _____ es un río pequeño que desemboca en otro de mayor tamaño.

4. A la plantación de cultivos combinados, como hicieron los olmecas, se le llama _____.

5. Los chinos creían que los dioses daban a su gobernante una orden, o un _____, para gobernar.

OMPRUEBA LO QUE APRENDISTE

1. ¿Cómo era la vida en las ciudades del valle del Indo?

2. ¿Qué ocasionó la caída de Mohenjo-Daro?

3. ¿Qué evidencia tienen los arqueólogos de que la civilización del valle del Indo realmente existió?

4. ¿Qué era el Mandato Divino? ¿De qué forma afectó a los gobernantes chinos?

5. ¿Qué son los pictogramas? ¿Cómo los utilizaba la dinastía Shang?

6. La civilización olmeca se desarrolló en Meso-américa. ¿Qué países componen Mesoamérica en la actualidad?

7. ¿Por qué crearon calendarios los mayas y los olmecas?

8. ¿Qué ideas importantes de los mayas pasaron luego a otras culturas?

IENSA CRÍTICAMENTE

1. **Piensa más sobre el tema** ¿En que se parecía la ciudad de Mohenjo-Daro a las ciudades de la actualidad?

2. **En mi opinión** Los chinos tenían una enorme conciencia de su importancia dentro del universo. ¿Se puede decir lo mismo hoy en día de los habitantes de Estados Unidos? Explica tu respuesta.

3. **Ayer y hoy** Los chinos usaban los huesos oraculares para solicitar consejos. ¿Cómo busca la gente consejos en nuestras sociedades en la actualidad?

4. **Causa y efecto** ¿De qué forma afectaron las inundaciones al desarrollo de las primeras culturas en el valle del Indo y China?

PLICA TUS DESTREZAS

Cómo usar mapas de relieve Use el mapa de Mesoamérica de la página 137 para responder a las preguntas:

1. ¿En qué parte de México se encuentran las mayores elevaciones?

2. ¿Qué conclusión puedes sacar acerca de la relación entre la altitud y el lugar donde estaban ubicadas las ciudades olmecas en Mesoamérica?

Cómo aprender de los artefactos. Imagina que eres un arqueólogo en el año 2999 d.C. y que acabas de hallar un automóvil que se usó en los últimos años del siglo XX. ¿Qué información te daría este artefacto sobre la sociedad que lo utilizó?

EE MÁS SOBRE EL TEMA

Ancient Indians: The first Americans de Roy A. Gallant; Enslow. El autor describe cómo llegaron desde Asia los primeros habitantes de las Américas y cómo se desarrollaron sus sociedades.

Cities in the Sand: The Ancient Civilizations of Southwest de Scott S. Warren; Chronicle. Este libro ofrece información de los anasazi, los hohokam y los mogollon.

*L*OS ESTUDIOS
SOCIALES Y TÚ

¿*P*or qué es importante preservar el pasado?

Para algunas personas de Estados Unidos, construir un centro comercial en el lugar donde se libró una batalla de la guerra civil, o demoler una escuela antigua para poner un estacionamiento, es signo de progreso. Para otros significa destruir un testimonio del pasado.

Los edificios antiguos, monumentos y otras importantes construcciones unen al mundo de hoy con la historia. Nos ayudan a recordar que la gente que vivió en la antigüedad obtuvo importantes logros. Mientras permanezca todo aquello que construyeron, su presencia se mantendrá viva.

Uno de los monumentos más notables del mundo es la Esfinge, en Egipto. Nos trae el recuerdo de los poderosos faraones egipcios que gobernaron hace más de 4,000 años. Estos faraones ordenaron que miles de hombres trabajaran durante años para crear construcciones tan grandes como las de las pirámides y la Esfinge.

En los últimos años la Esfinge ha sufrido daños por la contaminación, el clima y el paso del tiempo. Si este proceso de destrucción continúa, los egipcios de hoy día podrían perder sus vínculos con el pasado. Para evitar que esto ocurra se comenzó un costoso proceso para salvar la Esfinge. El artista Adam Henein explicó sus razones para dedicar tantas horas de trabajo a la restauración y protección de la Esfinge. "Para mí", dijo Henein, "(la Esfinge) es el alma de Egipto".

Reflexiona sobre la importancia de preservar el recuerdo de nuestro pasado. ¿Qué objetos te gustaría conservar para que la gente del futuro recordara tus logros? Trabaja con tu clase para preparar una cápsula de tiempo que contenga estos objetos. Busca un lugar seguro en donde poner la cápsula para que otros compañeros de tu escuela la puedan abrir dentro de muchos años.

Hasta hace poco tiempo, mientras los trabajadores la reparaban (izquierda), la Esfinge estaba cubierta por cuerdas y tablas. Más al sur de África, los trabajadores desentierran las antiguas pirámides de Nubia (arriba). Atravesando el Atlántico, en la ciudad de México, se está llevando a cabo la excavación de un templo azteca (abajo).

CUADROS DE LA HISTORIA

Examina las ilustraciones que aparecen en este cuadro de la historia para repasar los acontecimientos que se presentan en la Unidad 2

Resume las ideas principales

1. En América, los mayas se basaron en los logros de los olmecas para desarrollar su propias ideas.

2. El río Nilo fue importante para el desarrollo de la civilización en el norte de África.

3. Las creencias de los antiguos chinos afectaron al desarrollo de su civilización.

4. Mientras desarrollaba su civilización, el pueblo de Nubia recibió influencia de los egipcios y a la vez influyó en ellos.

5. El lugar donde se instaló la civilización del valle del Indo afectó al desarrollo y la supervivencia de sus bien diseñadas ciudades.

Compara Al observar las escenas del cuadro de la historia, reflexiona sobre la forma en que el medio ambiente afectó al desarrollo de cada civilización. Luego, haz una gráfica que compare y contraste el medio ambiente de dos o más civilizaciones que se muestran en las escenas.

Escribe una descripción Selecciona una de las escenas del cuadro de la historia. Describe el lugar que se muestra en la escena.

UNIDAD 2
REPASO

TALLER DE APRENDIZAJE COOPERATIVO

Recuerda

- Comparte tus ideas.
- Coopera con los demás para planificar el trabajo.
- Responsabilízate por tu trabajo.
- Muestra a la clase el trabajo de tu grupo.
- Comenta lo que has aprendido trabajando en grupo.

Actividad 1
Hacer un pergamino egipcio

Formen un pequeño grupo de trabajo y hagan un pergamino que describa la vida en el antiguo Egipto. Algunos de los temas que pueden elegir son: Construir una pirámide, planificar la vida en el más allá, hacer una momia u organizar el cultivo a orillas del río Nilo. Para hacer el pergamino usen una hoja larga de papel, o varias más cortas pegadas por los extremos con cinta adhesiva. Asegúrense de usar sólo dibujos. Cuando hayan terminado de hacer el pergamino, enróllenlo y átenlo. Intercambien los pergaminos con los otros grupos y traten de ver qué significan las historias que se relatan en cada uno.

Actividad 2
Participar en una mesa redonda

Con un grupo de cuatro o cinco compañeros de clase hagan una mesa redonda y comenten las similitudes y las diferencias entre los líderes del antiguo Egipto y los actuales. Analicen las cualidades que se deben poseer para gobernar, tanto en el caso de los faraones como en el de los gobernantes de la actualidad. Luego comparen las cualidades que antes se necesitaban con las que se necesitan ahora.

Actividad 3
Hacer un cartel

Trabaja con algunos de tus compañeros para hacer un cartel que ilustre las estaciones en el antiguo calendario egipcio. En la parte superior de una hoja de cartulina, escribe el título *El calendario egipcio*. Luego, traza un gran círculo y divídelo en tres partes iguales. Después, escribe en cada parte el nombre de cada una de las tres estaciones del calendario egipcio. Por último, hagan por turnos dibujos que representen lo que ocurría en cada estación.

Actividad 4
Hacer una maqueta de la ciudad de Mohenjo-Daro

Al igual que la gente de la antigua India cooperaba para construir las ciudades, trabaja con tus compañeros para hacer una maqueta de Mohenjo-Daro. Tu modelo debe tener una casa de baños públicos, un fuerte amurallado que proteja al palacio y un almacén para las cosechas. Usa cartón y otros materiales fáciles de conseguir para realizar el modelo de la antigua ciudad. Cada grupo de estudiantes puede construir una parte diferente de la ciudad y luego unirlas para completar la maqueta.

USA EL VOCABULARIO

Escribe la palabra que corresponde a cada significado.

dinastía   leyenda   predecir
multicultivo   obelisco   proteína

1. decir lo que pasará en el futuro

2. plantar diferentes cultivos de forma simultánea

3. una sustancia que aparece en los alimentos que es muy necesaria para la salud

4. un relato transmitido desde la antigüedad para explicar el pasado

5. una serie de gobernantes pertenecientes a la misma familia

6. una columna de piedra que a menudo se usa para honrar a personas o eventos importantes

COMPRUEBA LO QUE APRENDISTE

1. ¿Por qué los egipcios llamaban al Nilo "el que da la vida"? ¿Y de qué forma era a su vez "el que quita la vida"?

2. ¿Cómo ayudaron los faraones a continuar la civilización egipcia a través de los siglos?

3. ¿Por qué la conquista de Egipto por parte de Kush afectó tanto a Kush como a Egipto?

4. ¿Qué hicieron los habitantes del valle del Indo para vivir de forma segura en la confluencia de los cuatro afluentes del río Indo?

5. ¿Por qué los antiguos chinos no comerciaban con los extranjeros?

6. ¿De qué manera afectó la escritura a la cultura china?

7. ¿Cómo sabemos que la religión jugó un importante papel en la cultura maya?

PIENSA CRÍTICAMENTE

1. **Piensa más sobre el tema**   ¿Por qué los egipcios creían en el más allá?

2. **Causa y efecto**   ¿De qué forma los problemas causados por el río Nilo ayudaron al desarrollo de la ciencia y la tecnología en Egipto?

3. **En mi opinión**   ¿Si fueras Tutmés III, qué te parecería que Hatsepsut llegase a ser la primera mujer faraón de Egipto?

4. **Ayer y hoy**   ¿Por qué los arqueólogos quieren aprender a leer los jeroglíficos mayas?

APLICA TUS DESTREZAS DE GEOGRAFÍA

Cómo usar mapas de relieve   Usa el mapa siguiente para contestar a las preguntas.

1. ¿Qué país de los que se muestran en el mapa tiene zonas con mayor altitud?

2. ¿En qué áreas de Egipto hay mayor altitud?

3. ¿Cómo describirías la altitud de Sudán?

4. ¿Donde hay mayor altitud, en el nacimiento o la desembocadura del Nilo?

5. ¿Puedes usar este mapa para hallar la altitud exacta? Explica tu respuesta.

RELIEVE DEL NORTE DE ÁFRICA

Frontera actual

Pies	Metros
Más de 13,120	Más de 4,000
6,560	2,000
1,640	500
655	200
0	0
Bajo el nivel del mar	

Mar Mediterráneo

Depresión de Qattara

LIBIA   EGIPTO

SAHARA

Desierto Arábigo   río Nilo

Desierto de Nubia

Mar Rojo

CHAD

SUDÁN

Nilo Blanco   Nilo Azul

ERITREA

Ras Dashan 15,158 pies (4,620 m)

Golfo de Adén

REPÚBLICA CENTRO-AFRICANA

Tierras Altas de Etiopía

ETIOPÍA

Península de Somalia

ZAIRE   UGANDA   Rift Valley   SOMALIA

OCÉANO ÍNDICO

0   400   800 millas
0   400   800 kilómetros
Proyección azimutal equi-área

UNIDAD 3

EL PERÍODO CLÁSICO EN ASIA

1500 a.C.

1500 a.C. aprox.
Comienzan las
migraciones
arias

1200 a.C.

1122 a.C.
El primer emperador
Zhou proclama en
China el Mandato
Divino

900 a.C.

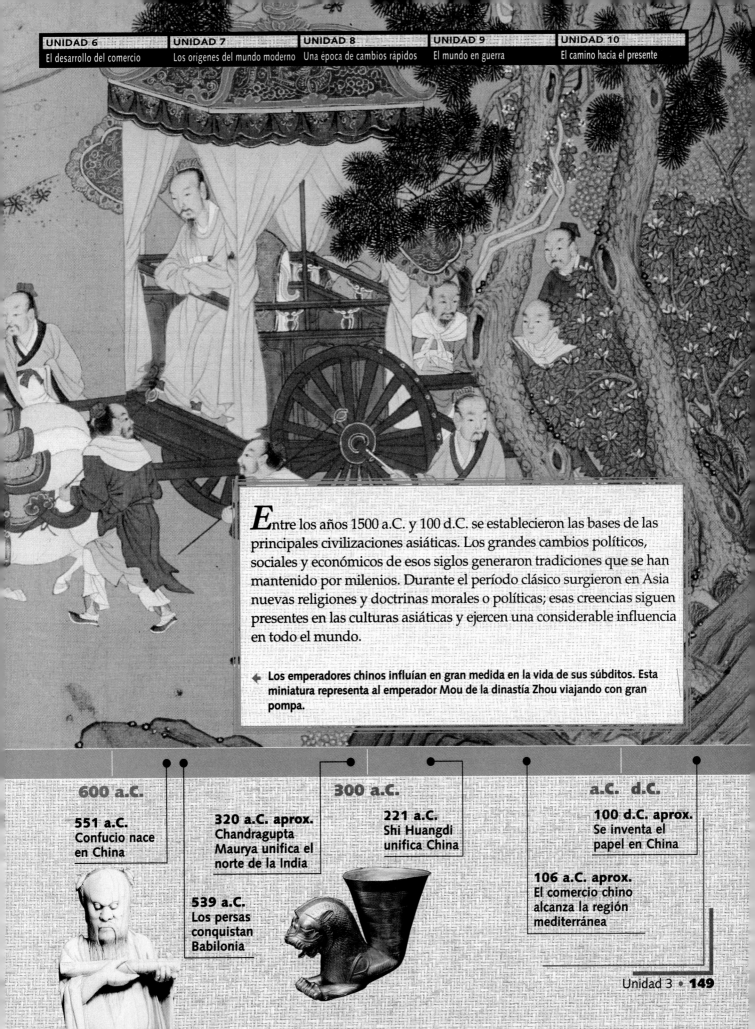

UNIDAD 6
El desarrollo del comercio

UNIDAD 7
Los orígenes del mundo moderno

UNIDAD 8
Una época de cambios rápidos

UNIDAD 9
El mundo en guerra

UNIDAD 10
El camino hacia el presente

*E*ntre los años 1500 a.C. y 100 d.C. se establecieron las bases de las principales civilizaciones asiáticas. Los grandes cambios políticos, sociales y económicos de esos siglos generaron tradiciones que se han mantenido por milenios. Durante el período clásico surgieron en Asia nuevas religiones y doctrinas morales o políticas; esas creencias siguen presentes en las culturas asiáticas y ejercen una considerable influencia en todo el mundo.

← **Los emperadores chinos influían en gran medida en la vida de sus súbditos. Esta miniatura representa al emperador Mou de la dinastía Zhou viajando con gran pompa.**

600 a.C.

300 a.C.

a.C. d.C.

551 a.C.
Confucio nace en China

320 a.C. aprox.
Chandragupta Maurya unifica el norte de la India

221 a.C.
Shi Huangdi unifica China

100 d.C. aprox.
Se inventa el papel en China

539 a.C.
Los persas conquistan Babilonia

106 a.C. aprox.
El comercio chino alcanza la región mediterránea

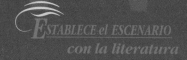

6 hermanos

CHINOS

Un antiguo relato

versión de Cheng Hou-tien

··

ilustraciones de Jean Hirashima

Antes de que la gente aprendiera a escribir, los narradores de cuentos ocupaban un lugar de honor en la mayoría de las antiguas civilizaciones. Estas personas conservaban las historias y leyendas, manteniéndolas vivas al darlas a conocer de viva voz.

Más tarde, los amanuenses escribieron algunos de los relatos que habían sido transmitidos por los narradores. Por medio de estas historias podemos conocer los valores, las costumbres y las tradiciones de pueblos antiguos.

Ahora vas a leer una versión de un antiguo relato de China. En esta historia, seis hermanos demuestran su lealtad a su padre y entre ellos, a pesar del peligro y las amenazas de muerte. Generación tras generación, los chinos han aprendido la importancia de la lealtad gracias a historias como ésta.

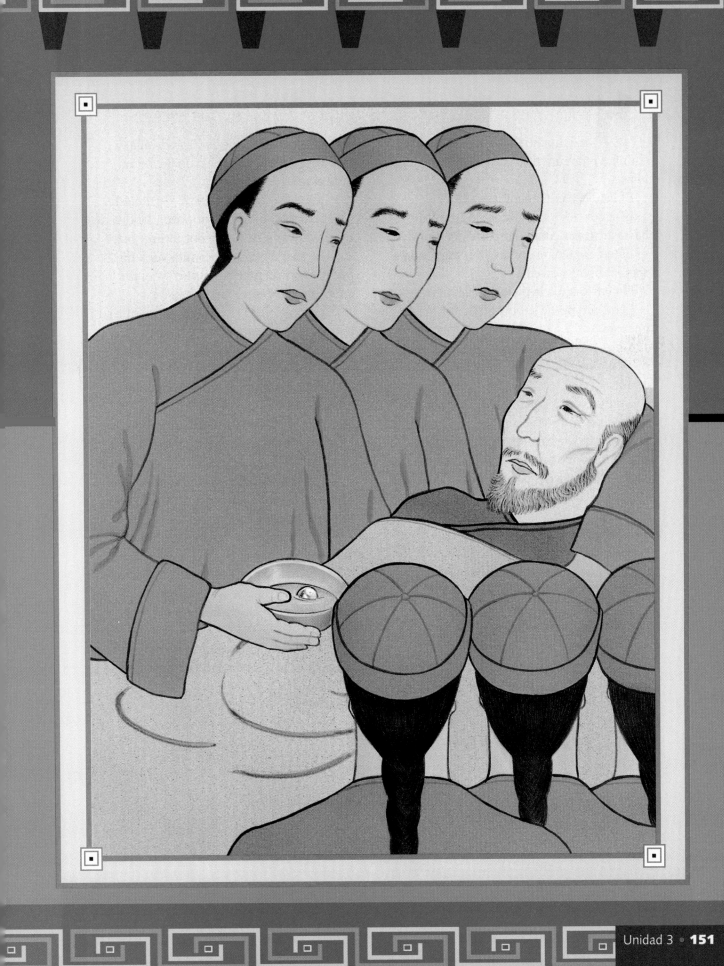

Hace mucho tiempo, en la antigua China, vivían un viejo campesino y sus seis hijos.

El primero era ingenioso.

El segundo podía alargar los brazos hasta alcanzar cualquier parte del mundo.

El tercero tenía la cabeza tan dura, que el acero rebotaba en ella.

El cuarto tenía la piel como el hierro.

El quinto podía soportar el calor más intenso.

Y el sexto era capaz de alargar las piernas pulgadas y pies y yardas, y millas y millas.

Un día, el campesino cayó enfermo, y ningún doctor podía curarlo.

—Sólo existe una forma de salvar a su padre —dijo uno de ellos—. Deben obtener la perla del palacio del rey, hervirla en agua y hacer que su padre beba el agua.

Primer Hijo dijo:

—Segundo Hijo, alarga tus brazos y toma la perla.

Segundo Hijo los alargó sobre la llanura hasta la ciudad, donde estaba el palacio, y hasta la ventana del rey, y tomó la perla. Los hermanos la hirvieron, le dieron a su padre el agua y el anciano se curó.

Cuando el rey descubrió que su preciosa perla había desaparecido, se puso furioso y envió a sus soldados a buscarla. Los soldados fueron casa por casa. Cuando Primer Hijo abrió la puerta, los soldados vieron la perla, se apoderaron de ella, y tras arrestar a Primer Hijo, lo llevaron ante el rey.

—¡Que le corten la cabeza! —gritó éste.

Primer Hijo no podía soportar la idea de morir sin ver a su padre por última vez.

—Le ruego que me permita ver a mi padre antes de morir —suplicó, y el rey le concedió ese deseo.

Cuando el viejo campesino supo que su hijo iba a ser decapitado, se puso muy triste. Pero Tercer Hijo dijo:

—Déjame ir en lugar de mi hermano.

Al día siguiente, quien puso la cabeza sobre el tajo fue Tercer Hijo. El verdugo hizo caer el hacha, pero, ante los abucheos y risas de la gente, la cabeza permaneció en su sitio.

El rey se encolerizó y ordenó a sus soldados que acuchillaran a Tercer Hijo. Éste, atemorizado, suplicó:

—Le ruego que me permita ver a mi padre antes de morir.

El rey le dejó que se fuera. Al enterarse los demás hermanos de lo ocurrido, todos acordaron que Cuarto Hijo fuera en su lugar.

Y al día siguiente, cuando los soldados quisieron clavar el cuchillo, la hoja se partió en dos como si fuera una caña de bambú.

—¡Que lo arrojen en agua hirviendo! —gritó el rey—. Eso acabará con él.

—Por favor, déjeme ir a casa a ver a mi padre antes de morir—suplicó Cuarto Hijo

Al día siguiente, cuando Quinto Hijo fue arrojado al agua hirviendo, ante la gran sorpresa de todos los presentes, pidió que calentaran más el agua y comenzó a cantar.

Encolerizado, el rey gritó:

—¡Que lo echen al mar! Nadie escapa de sus profundidades.

—Acepto mi destino—dijo Quinto Hijo—, pero antes de morir permítame que vaya a casa y vea a mi padre.

Quinto Hijo se apresuró a ir a su casa y relató lo que había ocurrido.

—No te preocupes—dijo Primer Hijo—. Sexto Hijo te sustituirá. Él no puede ahogarse.

Sexto Hijo regresó al palacio en lugar de su hermano, y fue llevado al mar y arrojado por la borda. Los soldados vieron cómo desaparecía y cómo se formaban burbujas en la superficie del agua, y quedaron convencidos de que se había ahogado.

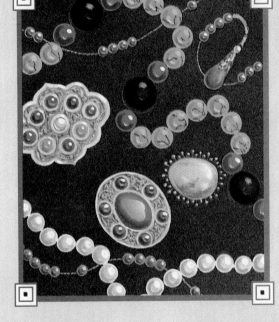

Pero Sexto Hijo no se había dado por vencido. Alargó y alargó sus piernas hasta que alcanzaron el fondo del mar, donde encontró muchas joyas. Cuando volvió a salir a la superficie, los asombrados soldados lo llevaron ante el rey.

Sexto Hijo le regaló al rey las joyas que había encontrado, y éste, satisfecho, decidió perdonarle la vida al muchacho.

—¿Cómo has conseguido escapar de una muerte segura tantas veces? —le preguntó el rey. Cuando escuchó la historia, envió a buscar a los otros cinco hermanos y les dijo:

—Muchachos, ustedes son un gran ejemplo de devoción a la familia. China se siente orgullosa de ustedes.

Y organizó en el palacio un banquete para el anciano campesino y sus seis hijos al que asistieron cientos de personas.

A medida que estudies los antiguos pueblos de Asia, aprenderás la importancia de la lealtad y conocerás valores, costumbres y tradiciones que se desarrollaron en Asia hace mucho tiempo y que se han conservado con el paso de los siglos.

CAPÍTULO 5

CHINA

66 China es un mar que sala los ríos que en ella desembocan. 99

Proverbio chino tradicional

Estatua de un soldado chino esculpida en tamaño natural hacia el año 210 a.C.

LA DINASTÍA ZHOU

Conexión con nuestro mundo

¿Pueden ciertas creencias colectivas estimular la cooperación entre la gente?

Concéntrate en la idea principal
Durante la lectura, piensa en cómo ciertas virtudes permitieron a los chinos mantener el orden y la cohesión sociales.

Anticipa el vocabulario

herencia	filósofo
milicia	responsabilidad
virtud	confucianismo
obras públicas	

El *bi* o anillo sagrado, simbolizaba el vínculo que unía a los dioses con los monarcas escogidos para ejercer el Mandato Divino.

El período clásico de China comenzó en el año 1122 a.C. con la conquista del valle del Huang He por la dinastía Zhou. Bajo el reinado de ésta y de las siguientes dinastías, China se hizo grande y poderosa. La **herencia** cultural de esa época ha perdurado hasta nuestros días. Llamamos herencia cultural a cualquier conjunto de ideas y costumbres que se transmite de generación en generación.

EL MANDATO DIVINO

Los antepasados de quienes fundaron la dinastía Zhou eran nómadas que vivían junto al nacimiento del Huang He, en las montañas occidentales de una región que hoy pertenece a China. Con el tiempo, los Zhou se establecieron en las fronteras del reino Shang y se hicieron célebres tanto por su capacidad agrícola como por su destreza militar.

Los Zhou se hicieron sedentarios cuando empezaba a difundirse el uso del hierro. Con este duro metal fabricaban arados y otras herramientas, y también armas mortíferas para derrotar al más fiero de los enemigos.

Cuando los Shang intentaron expandir su territorio, las **milicias** Zhou, o tropas voluntarias, los rechazaron. Las armas de los Shang no podían rivalizar con el hierro forjado de los Zhou.

En el año 1122 a.C., el rey Wu proclamó el llamado Mandato Divino, un "decreto" por el que los dioses otorgaban a los Zhou el gobierno de China. Wu anunció al pueblo que el rey Shang no poseía las **virtudes**, o buenas cualidades, necesarias para reinar y que los Zhou serían mejores gobernantes. Los Zhou reinaron durante casi 900 años, hasta el año 256 a.C. Esta dinastía fue la más larga en la historia de China.

✔ **¿Quiénes reemplazaron a los Shang en el gobierno de China?**

LAS CLASES SOCIALES

Con los Zhou surgió una estructura social que facilitaba el control del enorme reino. El rey se encontraba en la punta de la pirámide, las familias nobles ocupaban el estrato intermedio y los campesinos, el más bajo.

Todos debían lealtad al monarca, quien concedía tierras a cambio de ayuda militar. Los nobles gobernaban esos territorios a su antojo, como si fueran estados independientes, y el rey utilizaba las tropas de los nobles para proteger el reino.

Los campesinos habitaban y cultivaban las tierras de la nobleza; a cambio de ese derecho tenían que servir en los ejércitos de sus señores.

La vida de los campesinos estaba llena de padecimientos. Este poema escrito después del año 1000 a.C. pertenece al *Libro de los cantos* y expresa con elocuencia esas desventuras.

> 66¿Qué planta no está marchita?
> ¿Qué día no nos hacen marchar?
> ¿Qué hombre no es llevado
>   a defender las cuatro fronteras?
> ¿Qué planta no está agostada?
> ¿Qué hombre no es separado de
>   su esposa?
> ¡Ay de nosotros, soldados,
>   tratados como si no fuéramos
>   humanos! 99

Los campesinos, que constituían una fuerza de trabajo casi inagotable, realizaron inmensas obras públicas en el reino. Las **obras públicas** son las construcciones que un gobierno lleva a cabo en beneficio de todos.

Durante la dinastía Zhou se construyeron caminos, canales,

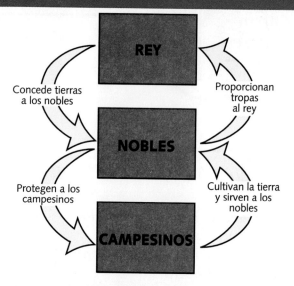

ESTRUCTURA SOCIAL DURANTE LA DINASTÍA ZHOU

REY — Concede tierras a los nobles — Proporcionan tropas al rey — NOBLES — Protegen a los campesinos — Cultivan la tierra y sirven a los nobles — CAMPESINOS

APRENDER CON TABLAS Cada una de las tres clases sociales tenía responsabilidades con respecto a las otras clases.
■ ¿Cuál era la principal responsabilidad de los nobles con respecto a los campesinos?

diques y embalses que permitieron mejorar el transporte, las comunicaciones, la agricultura y la distribución de alimentos.

China experimentó un gran desarrollo durante el reinado de los Zhou; hacia el año 700 a.C. era ya el país más poblado del mundo.

✔ **¿Qué ventajas y desventajas tenía el sistema social chino?**

Esta figura de bronce y jade, perteneciente al período Zhou, representa a un niño campesino. ¿Por qué crees que se hacían esculturas como ésta?

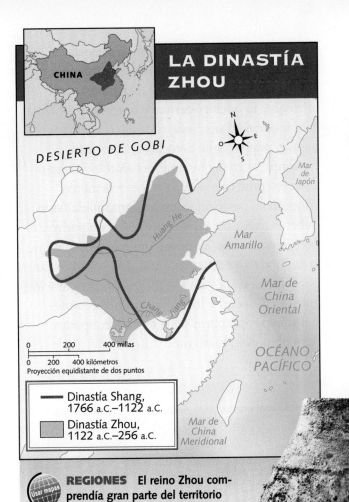

LA DINASTÍA ZHOU

DESIERTO DE GOBI

Huang He

Chang Jiang

Mar de Japón

Mar Amarillo

Mar de China Oriental

OCÉANO PACÍFICO

Mar de China Meridional

0   200   400 millas
0   200   400 kilómetros
Proyección equidistante de dos puntos

— Dinastía Shang,
1766 a.C.–1122 a.C.

Dinastía Zhou,
1122 a.C.–256 a.C.

REGIONES El reino Zhou comprendía gran parte del territorio antes ocupado por la dinastía Shang.
■ ¿Por qué crees que las dos dinastías no controlaban exactamente el mismo territorio?

EL PERÍODO DE LOS REINOS COMBATIENTES

En el siglo VIII a.C., el valle del Huang He fue invadido por pueblos nómadas procedentes de Asia Central. Pero en lugar de unirse para luchar en contra de sus invasores, los nobles chinos lucharon entre sí. Estas luchas debilitaron la autoridad de los Zhou y pusieron en peligro la continuidad de la dinastía. Al no contar con la lealtad de la nobleza, el sistema de gobierno se desmoronó.

En el año 771 a.C., los habitantes de Hao, capital del reino Zhou, se prepararon para rechazar

Esta escultura de un hombre sosteniendo una gran lámpara podría estar inspirada en la leyenda del rey Yoo. →

una ofensiva de los invasores. Según cuenta una leyenda, el rey Yoo ordenó encender fuegos durante las noches anteriores al ataque para avisar así a los nobles de que debían acudir con sus tropas en defensa del soberano. Sin embargo, los nobles ignoraron las señales y el rey Yoo murió en la batalla.

Al derrumbarse su organización política, China entró en una etapa conocida por los historiadores como el Período de los reinos combatientes. Desde aproximadamente el año 600 a.C., los reinos se combatieron casi sin interrupción. A causa de estas luchas, ardieron extensos campos de cultivo y se destruyeron muchos pueblos y obras públicas. El sistema que durante siglos había garantizado el orden social y el poder de la monarquía se hundió en el olvido. Fue un tiempo de caos hasta que, en el año 221 a.C., un poderoso caudillo reclamó para sí el Mandato Divino.

✓ **¿Qué fue el Período de los reinos combatientes?**

↑ Esta urna de bronce de la dinastía Zhou se usaba en ceremonias religiosas. ¿Por qué crees que estaba tan bellamente adornada?

LAS IDEAS DE CONFUCIO

Durante el Período de los reinos combatientes, el pueblo chino recurrió a sus más sabios filósofos para buscar una explicación de lo que había ocurrido con su sociedad. Un **filósofo** es una persona que estudia el sentido de la vida. El filósofo chino más importante fue Kung Fu Zi (maestro Kung), conocido en Occidente como Confucio.

Confucio, que había nacido en el año 551 a.C., comparaba su tiempo con la época de esplendor de los Zhou y se preguntaba por qué el pueblo había sido entonces leal a sus gobernantes. El pensador concluyó que los caudillos del pasado habían dado al pueblo un sentido de orden; todo individuo sabía cómo comportarse dentro de la sociedad.

Según Confucio, el gobernante debe dar ejemplo al pueblo como lo da un padre a sus hijos. "Gobernar es hacer las cosas de forma justa", afirmaba. El buen gobernante aprende primero a actuar con rectitud. Si un caudillo no gobierna bien, el pueblo tiene derecho a derrocarlo.

Confucio creía que una sociedad bien organizada es como una familia cuyos miembros conocen su posición y sus **responsabilidades** o deberes. "Que el padre actúe como un padre y el hijo como un hijo", decía. Confucio pensaba que la gente debía participar en la vida social como participaba en la vida familiar. Esta comparación entre la sociedad y la familia era importante porque los miembros de la familia cooperan para obtener el bien común. Los chinos de la

¿Quién es?

Confucio
551-479 a.C.

Confucio se crió en la ciudad estado de Lu, en el noreste de China. Su padre fue un funcionario menor, y él mismo trabajó en la administración estatal. Confucio empezó a preocuparse de cómo podía el gobierno proporcionar el bien para el pueblo. Como su empleo le ofrecía pocas posibilidades de poner en práctica esas ideas, se convirtió en maestro de los hijos de los nobles. Confucio confiaba en que esos discípulos aplicarían sus doctrinas cuando tuvieran poder para ello.

← Confucio, representado en una talla de marfil del año 1000 d.C., aproximadamente.

Se desconoce el aspecto físico de Confucio; los retratos de arriba (1734 d.C.) y de la izquierda (hacia el 1000 d.C.) presentan imágenes muy distintas.

Proverbios de Confucio, tomados de las ANALECTAS

SOBRE LA VERDAD

Quienes conocen la verdad no están a la altura de quienes la aman; quienes la aman no están a la altura de quienes se deleitan en ella.

SOBRE LA EDUCACIÓN

En educación no hay distinciones de clase.

El estudio sin reflexión es tiempo perdido; la reflexión sin estudio es peligrosa.

SOBRE EL GOBIERNO

Si un gobernante es recto, todo irá bien sin necesidad de órdenes. Pero si carece de rectitud, aunque dé órdenes, éstas no serán obedecidas.

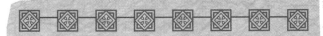

antigüedad honraban a los ancianos de la familia, y su sabiduría era la base de las decisiones que se tomaban en el grupo familiar.

Los nobles, ocupados en combatirse unos a otros, ignoraron el mensaje de Confucio. Pero al maestro no le faltaban discípulos. Mucho después de su muerte en el año 479 a.C., sus enseñanzas fueron recogidas en un libro titulado *Analectas*. Con el tiempo, la doctrina de Confucio, que llegó a ser conocida como

confucianismo, se divulgaría entre los japoneses y otros pueblos del este de Asia.

El confucianismo se convirtió en un código de comportamiento que recomendaba cinco virtudes: caridad, bondad, perseverancia, buena fe y cortesía.

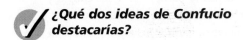

¿Qué dos ideas de Confucio destacarías?

LECCIÓN 1 • REPASO

Comprueba lo que aprendiste

1. **Recuerda los datos**   ¿Qué filósofo chino creó un importante sistema político y moral?
2. **Concéntrate en la idea principal**   ¿Por qué la creencia en una doctrina común facilitaba la cooperación entre los chinos?

Piensa críticamente

3. **Piensa más sobre el tema**   ¿En qué sentido podía el confucianismo respaldar la idea del Mandato Divino?
4. **En mi opinión**   La sociedad Zhou se dividía en tres clases, cada una con diferentes responsabilidades. ¿A qué conduce un sistema como ése, a la cooperación o al conflicto? Explica tu respuesta.

Muestra lo que sabes

Actividad: Proverbios   Confucio solía presentar sus ideas sociales en forma de proverbios. Arriba aparecen algunas muestras extraídas de las *Analectas*. Úsalas como modelo para escribir tus propios proverbios sobre la necesidad de orden y cooperación en tu escuela o comunidad.

CÓMO

Identificar las causas y sus efectos

¿Por qué es importante esta destreza?

Para encontrar conexiones entre diferentes hechos históricos es necesario comprender sus causas y sus efectos. Llamamos causa a lo que produce cierta cosa o suceso. Llamamos efecto a la cosa o suceso producido. Saber identificar las causas y los efectos es importante no sólo para comprender la historia, sino también para tomar decisiones personales; es decir, para pensar en las posibles consecuencias de nuestros actos y, de este modo, tomar decisiones bien meditadas.

Recuerda lo que has leído

Antes de perder el Mandato Divino, los gobernantes Zhou habían creado una nueva organización social. El rey estaba en la cima, los nobles en el medio y los campesinos en el estrato más bajo. Ese sistema se basaba en la lealtad. Para que funcionara con éxito, los campesinos debían ser leales a los nobles, y los nobles, leales al rey. En esta lección se ha mencionado la leyenda del rey Yoo. Ese relato ilumina las causas que provocaron la decadencia de aquella sociedad y la caída de la dinastía reinante.

Comprende el proceso

Muchos sucesos históricos tienen más de una causa y más de un efecto. Siguiendo las flechas de la gráfica que aparece a la derecha podrás determinar las causas y los efectos de la caída de la dinastía Zhou.

1. ¿Cuál fue la causa de las guerras entre los nobles durante la época final de la dinastía Zhou? ¿Qué efecto tuvieron esos conflictos en la dinastía.

2. ¿Por qué el rey Yoo trató de comunicarse con los nobles mediante fuegos nocturnos?

3. ¿Qué causó la muerte del rey Yoo y la caída de la dinastía Zhou?

4. ¿Qué efectos tuvo la caída de la dinastía Zhou?

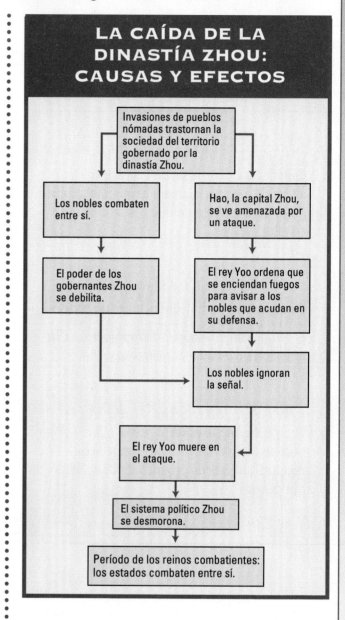

LA CAÍDA DE LA DINASTÍA ZHOU: CAUSAS Y EFECTOS

Invasiones de pueblos nómadas trastornan la sociedad del territorio gobernado por la dinastía Zhou.

Los nobles combaten entre sí.

El poder de los gobernantes Zhou se debilita.

Hao, la capital Zhou, se ve amenazada por un ataque.

El rey Yoo ordena que se enciendan fuegos para avisar a los nobles que acudan en su defensa.

Los nobles ignoran la señal.

El rey Yoo muere en el ataque.

El sistema político Zhou se desmorona.

Período de los reinos combatientes: los estados combaten entre sí.

Piensa y aplica

Recuerda un suceso que haya tenido lugar en tu comunidad o que hayas leído en la prensa (por ejemplo, una tormenta o un día de limpieza en tu comunidad). Conecta las causas y los efectos del suceso en una gráfica como la que aparece en esta página. Utiliza tu gráfica para explicar el hecho a un compañero o a un familiar.

EL BUEN CIUDADANO

LA UNIFICACIÓN
DEL IMPERIO DURANTE LA
DINASTÍA QIN

Conexión con nuestro mundo

¿Cómo puede un gobernante unificar a su pueblo?

Concéntrate en la idea principal
Descubre cómo el primer emperador de China consiguió unificar a su pueblo.

Anticipa el vocabulario
legalismo
estandarizar
burocracia

Los gobernantes Zhou carecían de poder durante el Período de los reinos combatientes, pero aun así conservaban el Mandato Divino. Finalmente, los Qin se adjudicaron ese mandato y gobernaron desde el año 221 hasta el 207 a.C. Durante esta breve etapa, la dinastía Qin unificó a las ciudades estado en conflicto y creó el primer gran imperio chino.

EL REINADO DE SHI HUANGDI

El caudillo que fundó la dinastía Qin tenía sólo 13 años cuando tomó el poder. Según uno de sus enemigos, el joven rey tenía "el pecho de un ave rapaz, la voz de un chacal y el corazón de un tigre". El monarca alimentaba proyectos muy ambiciosos; hasta el título que adoptó tras subir al trono delataba sus pretensiones: como el tratamiento de *rey* no le parecía suficientemente majestuoso, se llamó Qin Shi Huangdi, "primer emperador Qin". ¡Y esto cuando ni siquiera tenía un imperio!

Shi Huangdi gobernó con mucha crueldad. Quienes cometían la imprudencia de discutir su autoridad eran ejecutados junto con sus familias. Esto servía de advertencia para que los demás obedecieran.

Shi Huangdi basó su feroz mandato en preceptos muy diferentes de los de Confucio. Su doctrina se denominó **legalismo**. Según el legalismo, el pueblo debía obedecer a sus gobernantes impulsado por el miedo y no por el respeto. Quienes obedecían eran recompensados; quienes no acataban las órdenes eran castigados. Para los legalistas, sólo una tiranía brutal podía garantizar la paz y la prosperidad de China.

Shi Huangdi consideraba las enseñanzas de Confucio como un desafío a su autoridad y, por ello, mandó destruir todos los textos de su doctrina. Los estudiosos que se negaban a cumplir la orden eran asesinados. Un contemporáneo observó que en Shi Huangdi predominaba "la violencia sobre la bondad y la justicia".

LA DINASTÍA QIN Y LOS SIETE REINOS COMBATIENTES

DESIERTO DE GOBI

YAN

ZHAO

QI

WEI

QIN

HAN

CHU

Mar Amarillo

Mar de China Oriental

OCÉANO PACÍFICO

Mar de China Meridional

◼ Dinastía Qin, 221 a.C.–207 a.C.

⋯⋯ La Gran Muralla

QI Reino combatiente

0   200   400 millas

0   200   400 kilómetros
Proyección equidistante de dos puntos

INTERACCIÓN ENTRE LOS SERES HUMANOS Y EL AMBIENTE Siete reinos combatientes se unificaron durante la dinastía Qin.
◼ ¿Hacia dónde se expandió el Imperio Qin?

El emperador Shi Huangdi ordenó quemar libros en todo el imperio para evitar la difusión de ideas distintas de las suyas. Esta pintura de Hung Wu, realizada en un período posterior, representa una de esas quemas.

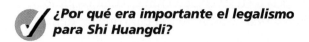

¿Por qué era importante el legalismo para Shi Huangdi?

LA UNIFICACIÓN DE CHINA

En el año 221 a.C., Shi Huangdi se atribuyó el Mandato Divino. Sabía que la unificación de China sólo era posible sometiendo a las ciudades estado y aniquilando el poder de los nobles. Para alcanzar este objetivo conquistó las ciudades y se apoderó de su armamento. Luego dividió China en distritos militares y puso un gobernador de confianza al frente de cada uno.

De este modo instauró el imperio que siempre había deseado.

Una vez que poseía el control, Shi Huangdi ordenó a las familias nobles que abandonaran sus tierras y se trasladaran a la capital; así lograba romper los lazos de lealtad que se mantenían entre la nobleza y los campesinos, quienes a partir de entonces sólo prestarían obediencia al emperador. Shi Huangdi creó un poderoso ejército compuesto por cientos de miles de campesinos; con esas tropas pudo extender las fronteras del imperio hacia el sur y hacia el este, hasta el mar de la China Meridional.

¿Por qué Shi Huangdi rompió los lazos de lealtad que unían a nobles y campesinos?

LA GRAN MURALLA

Tras levantar un gran imperio, Shi Huangdi se enfrentaba a un nuevo desafío. Sus extensos territorios estaban mal comunicados. ¿Cómo podía controlar un reino tan vasto? Shi Huangdi puso entonces en marcha su gran proyecto unificador.

> ## Por primera vez HA UNIFICADO EL MUNDO.
>
> Dicho acerca de Shi Huangdi

Como antes habían hecho los gobernantes Zhou, Shi Huangdi usó a los campesinos para realizar las obras públicas. Miles de trabajadores construyeron más de 4,000 millas (6,437 km) de caminos que conectaban las regiones más distantes con la capital del imperio. Alguien dijo de Shi Huangdi: "Por primera vez ha unificado el mundo".

Entre los proyectos de Shi Huangdi, la Gran Muralla destaca por su colosal tamaño y lo costoso de su construcción. Se trata de una obra única en el mundo. Construida para proteger a China de invasiones, la muralla mide 30 pies (9 m) de altura y cuenta con torres de 40 pies (12 m); es tan ancha, que por el camino de su parte superior podían circular dos carretas.

La Gran Muralla serpentea entre montañas, valles, pantanos y desiertos del norte de China, a lo largo de casi 1,500 millas (2,414 km); sin embargo, a pesar de esa longitud, la muralla fue construida en sólo siete años. Ello fue posible gracias al titánico esfuerzo de los campesinos.

Aunque está en gran parte reconstruida, la Gran Muralla conserva el aspecto que tuvo en la época de Shi Huangdi. Se trata de la construcción más larga que el hombre haya erigido jamás.

APRENDER CON DIAGRAMAS En este corte transversal de la Gran Muralla se indican los materiales usados para construirla.

■ ¿Por qué piensas que se utilizaron distintos materiales en las diferentes partes de la muralla?

LA GRAN MURALLA CHINA

ladrillo

13 pies (4 m)

5 pies

15 pies

30 pies (9 m)

piedra o ladrillo

grava y tierra apisonada

base de piedra 5 pies

piedra

25 pies (7.5 m)

40 pies (12 m)

El costo humano de la muralla fue dramático: más de 500,000 trabajadores murieron durante la obra; algunos fueron incluso sepultados entre sus piedras. Si la naturaleza había dado a China el Huang He, el "río de los pesares", Shi Huangdi le dio la Gran Muralla, el "muro de las lágrimas".

 ¿Con qué propósito se construyó la Gran Muralla? ¿Por qué se la llamó el "muro de las lágrimas"?

La creación de un sistema monetario único durante la dinastía Qin facilitó las operaciones de compraventa. El orificio central servía para ensartar las monedas con un cordel.

UN PROGRAMA DE ESTANDARIZACIÓN

Las murallas, las carreteras y otras obras públicas ayudaron a la defensa y la unificación de China. También lo hizo el programa de estandarización de Shi Huangdi. **Estandarizar** significa uniformar, hacer que cosas distintas se atengan a la misma norma. La estandarización de la escritura, la moneda y el sistema de pesos y medidas facilitó el comercio y las comunicaciones e hizo que los distintos pueblos del imperio se reconocieran como miembros de la misma nación.

Para administrar su enorme imperio, Shi Huangdi creó una **burocracia**, es decir, una red de funcionarios. Cada funcionario gobernaba una parte del imperio. Por medio de este sistema, Shi Huangdi se aseguraba de que hasta las regiones más remotas estuvieran bajo su control.

El ejército de arcilla de Shi Huangdi permaneció sepultado durante siglos. Todavía se trabaja para desenterrar figuras.

El ejército de arcilla del emperador

La tumba de Shi Huangdi está situada cerca de la antigua ciudad de Chang'an, la actual Xian, en el valle Wei He. Esta fastuosa tumba tenía originalmente 15 niveles y ocupaba unos 3 acres. Sin embargo, no es el tamaño lo que la hace tan poco común, sino el ejército que la protege. Más de 6,000 soldados de arcilla de tamaño natural y 1,400 carros rodean la sepultura. Los guerreros parecen listos para el combate. No hay dos idénticos, y muchos sostienen ballestas, lanzas o espadas reales. Shi Huangdi quería que un ejército de arcilla lo defendiera en el otro mundo, del mismo modo que un ejército de hombres lo había defendido en éste.

221–207 a.C.

Mientras Shi Huangdi introducía sistemas estandarizados en China, otras civilizaciones de distintas partes del mundo también experimentaban cambios. En África, el milenario Imperio Egipcio había perdido su independencia. El reino de Kush, sin embargo, prosperaba gracias a la industria del hierro. Europa había asistido a la aparición de nuevos imperios y vivía un período de avances científicos y matemáticos. En las Américas, los mayas creaban una escritura jeroglífica y practicaban nuevas técnicas arquitectónicas.

Pesas estándar como ésta permitían a los chinos tasar el jade u otros artículos de manera uniforme. ¿Por qué era importante valorar de la misma manera las mercancías del mismo género?

El emperador estaba convencido de que la nueva burocracia permitiría a los Qin gobernar por "diez mil generaciones", pero no contaba con el creciente malestar de los campesinos, que, con el tiempo, acabarían sublevándose contra sus crueles gobernantes. La dinastía Qin llegó a su fin al poco tiempo de morir Shi Huangdi.

Los Qin gobernaron por un período breve, pero tuvieron gran influencia en la civilización china. Shi Huangdi instauró el imperio y unificó los estados chinos, sometiéndolos a una poderosa autoridad central. Sin embargo, los Qin también pasarían a la historia por los sufrimientos que causaron.

 ¿Cuál fue el principal resultado de la estandarización y la creación de una burocracia?

LCCIÓN 2 • REPASO

Comprueba lo que aprendiste

1. **Recuerda los datos** De acuerdo con los legalistas, ¿qué sentimiento aseguraba a los gobernantes la lealtad de su pueblo?
2. **Concéntrate en la idea principal** ¿Cómo unificó Shi Huangdi los estados chinos?

Piensa críticamente

3. **Causa y efecto** ¿Qué efecto podía tener en el pueblo el hecho de que Shi Huangdi prefiriera gobernar con violencia y no con bondad y justicia?

4. **En mi opinión** ¿Qué deberíamos recordar de Shi Huangdi, la unificación de China o la brutalidad de su reinado? Explica tu respuesta.
5. **Ayer y hoy** ¿Por qué la tecnología actual facilita a los gobernantes la administración de países grandes?

Muestra lo que sabes

 **Actividad: Cartel** Toma una cartulina y enumera en una columna las cualidades que permitieron a Shi Huangdi unificar China. Escribe en otra las características que dificultaron esa tarea. Ciertas características pueden aparecer en ambas columnas.

EL PROGRESO BAJO LA DINASTÍA HAN

Conexión con nuestro mundo

¿Por qué ciertos períodos históricos se recuerdan como tiempos de logros?

Concéntrate en la idea principal
Considera los logros que hicieron del período Han una época sobresaliente en la historia de China.

Anticipa el vocabulario
guerra civil
embajador
administración
  pública
taoísmo
importar

exportar
caravana
ganancia
Ruta de la Seda

Mujer con un vestido típico de la dinastía Han

A la caída de la dinastía Qin siguió un período de desorden que finalmente concluyó en el año 202 a.C. cuando la dinastía Han asumió el poder. Los emperadores Han impulsaron el desarrollo de la civilización china en una edad de oro de 400 años de paz, prosperidad y progreso. Hasta el día de hoy, los chinos se han reconocido con orgullo como "hijos de Han".

EL GOBIERNO HAN

Después de la muerte de Shi Huangdi, China se hundió en un período de guerras civiles. En una **guerra civil** combaten grupos de personas que pertenecen al mismo lugar o a una misma nación. Durante esa etapa, las familias nobles que habían recuperado sus territorios luchaban para ampliarlos y consolidar así su poder. Pero el triunfador fue un campesino, no un noble: se llamaba Liu Bang y, a diferencia de los nobles, quería unificar China.

En el año 202 a.C., Liu Bang se atribuyó el Mandato Divino. Al igual que muchos caudillos anteriores, quería llevar un nombre que expresara sus logros y, por ello, se llamó Han Gao Zu, "gran fundador de la dinastía Han".

Gao Zu sabía que era importante contar con el apoyo de sus súbditos. "El príncipe es el barco y el pueblo es el agua; el agua puede sostener el barco o puede volcarlo", afirmaba. Gao Zu meditó cada una de sus decisiones para que el estado chino se mantuviera a flote. Gao Zu se ganó el apoyo de los nobles concediéndoles tierras y permitiéndoles que las administraran como quisieran. También redujo los impuestos para obtener el respaldo de los campesinos. Como los Qin habían obligado a la población a pagar

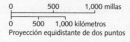

ANTIGUAS DINASTÍAS CHINAS

 Dinastía Shang   Dinastía Zhou ····· La Gran Muralla

Dinastía Qin Dinastía Han • Capital

0   500   1,000 millas
0   500   1,000 kilómetros
Proyección equidistante de dos puntos

 REGIONES China creció bajo las primeras dinastías que la gobernaron. Compara su tamaño en la época Shang con el alcanzado bajo la dinastía Han.

■ ¿En qué direcciones se expandió el imperio durante el período Han?

muchos impuestos para cubrir los gastos de la Gran Muralla y de otras obras públicas, los campesinos recibieron con agrado la reducción de impuestos aprobada por el nuevo emperador.

En la política de Gao Zu se combinaban ideas de dos filosofías muy distintas: el legalismo y el confucianismo. Gao Zu defendía con los legalistas la conveniencia de un gobierno central poderoso y de una autoridad absoluta, pero al mismo tiempo rechazaba las leyes severas y la crueldad. El emperador aceptaba la idea confuciana de que el gobernante debía dar ejemplo al pueblo; pensaba que un comportamiento ejemplar le permitiría conseguir el respeto de sus súbditos.

Y lo consiguió: Gao Zu llegó a ser tan respetado como Shi Huangdi había sido temido. Pero cuando por fin había resuelto los conflictos internos de China, ejércitos provenientes del norte cruzaron las fronteras del imperio. En uno de los ataques llegaron hasta los muros de Chang'an, la capital Han. Gao Zu fue herido durante la defensa de la ciudad y murió de esas heridas en el año 195 a.C.

 Según Gao Zu, ¿qué tipo de gobernante necesitaba China?

WU DI Y LA ADMINISTRACIÓN PÚBLICA

En el 140 a.C., Wu Di subió al trono de los Han. Su nombre, que significa "emperador guerrero", está sin duda justificado: Wu Di formó ejércitos de hasta 300,000 soldados para extender el imperio hacia el norte, el sur y el oeste.

Wu Di alargó la Gran Muralla para proteger el territorio imperial de invasores nómadas. Pero tomó, además, otras medidas. En algunos casos pagó a los nómadas (con seda, arroz o dinero) para que no atacaran. Los pueblos extranjeros descubrieron así los productos de China.

Wu Di también envió **embajadores**, es decir, mensajeros o representantes autorizados, para que negociaran la paz con sus enemigos. La original política de Wu Di produjo lo que los historiadores llamarían más adelante *pax sinica* (paz china).

Alcanzada la paz había que estabilizar el imperio, y Wu Di estableció para ello el primer sistema chino de administración pública. Llamamos **administración pública** a todos los organismos que realizan tareas de gobierno.

Los cargos burocráticos de la época Qin se otorgaban para recompensar lealtades o favores. La administración Han, por el contrario, sólo daba empleo a quien obtenía una alta puntuación en exámenes oficiales. Tanto los nobles como los campesinos podían presentarse a esas pruebas.

Sólo quienes demostraban su capacidad conseguían trabajo en la administración. Este sistema de exámenes se mantendría durante siglos, pues era muy eficaz para contratar funcionarios capaces.

¿Cómo defendió y administró Wu Di su imperio?

LA EDAD DE ORO

La "paz china" de Wu Di fue una edad de oro para las artes y el pensamiento. Alejado el peligro de guerra, florecieron los estudios lingüísticos, filosóficos, históricos y religiosos.

Durante el período Han, los hombres de letras perfeccionaron el sistema de escritura. Un estudioso publicó en el año 100 a.C. el primer

diccionario de chino, e historiadores como Sima Qian escribieron crónicas del pasado. Sima no se limitó a una simple enumeración de fechas y sucesos, sino que explicó las causas y efectos que se habían dado desde los tiempos de las primeras dinastías. Esto permitió a la gente entender *por qué* se habían producido esos hechos.

APRENDER CON LÍNEAS CRONOLÓGICAS Los chinos lograron muchos avances técnicos desde los tiempos prehistóricos hasta el 220 d.C.

■ ¿Qué se inventó primero, la carretilla o un instrumento para detectar terremotos?

TECNOLOGÍA CHINA

Prehistoria
Se obtiene seda del gusano de seda

Prehistoria

2000 a.C.

1200 a.C. aprox.
Se desarrollan la escritura y la metalurgia del bronce

1750
— 1700 a.C.

1500

500 a.C. aprox.
Se construyen canales, diques y presas para el riego

1250
— 1122 a.C.

Dinastía Shang

210 a.C. aprox.
Se comienza la Gran Muralla

1000

Dinastía Zhou

750

200 a.C. aprox.
Se construyen carreteras

— 600 a.C.
500

100 d.C.
Se inventan instrumentos para observar el sol; se inventan la carretilla y el papel

250
— 221 a.C.
— 207 a.C.

a.C.
d.C.

Período de los reinos combatientes

Dinastía Han

132 d.C.
Se inventan instrumentos para detectar terremotos

— 200 d.C.
250 d.C

*Dinastía Qin

Hacia el año 132 d.C., Chang Heng inventó el primer sismógrafo de China. Los sismógrafos modernos indican la ubicación e intensidad de un terremoto. El antiguo aparato que se muestra a la izquierda funcionaba de manera muy parecida. Una barra interior golpeaba al dragón más cercano al movimiento sísmico, produciendo un fuerte ruido. Una bola salía entonces de la boca del dragón y caía en la rana de bronce situada debajo. El sonido anunciaba al emperador que un terremoto acababa de ocurrir en su reino. La dirección en que caía la bola indicaba la posición aproximada del terremoto.

El confucianismo se convirtió en la ideología oficial del Imperio Han, pero Wu Di y sus sucesores fomentaron también el estudio de doctrinas como el taoísmo. El **taoísmo** enseña que para vivir largo tiempo y felizmente hay que aceptar la vida tal como es.

La época Han conoció también muchas innovaciones técnicas. Un general inventó la carretilla, utensilio muy valioso en el ejército, pues permitía a un solo soldado acarrear más de 330 libras (150 kg). En el 132 d.C. se inventó un instrumento para detectar terremotos.

Pero el hallazgo más importante de ese período fue el papel, un invento efectuado hacia el año 100 d.C. que se reveló ideal para registrar información; su uso abrió, además, el camino a la impresión de signos o dibujos grabados en moldes de piedra.

✓ **¿Cuál fue el invento más importante de la época Han?**

LA RUTA DE LA SEDA

Los primeros pobladores de China dependían de los recursos que había en su entorno inmediato: ni **importaban** (introducían en el país) mercancías de otras regiones del mundo, ni **exportaban** (enviaban a otras regiones) sus propias mercancías. Pero con la dinastía Han los productos chinos comenzaron a llegar a los mercados de otros países.

Los chinos ricos de la época Han vivían en mansiones como ésta. Los pobres solían vivir en pequeñas construcciones de una planta.

En el año 126 a.C., un embajador enviado por Wu Di al oeste regresó con noticias increíbles. Más allá de los desiertos de Asia Central había pueblos "civilizados" que querían seda china. El emperador, por su parte, deseaba tener los corpulentos "caballos celestiales" que esa gente al parecer poseía.

La primera **caravana** de mercaderes partió en el 106 a.C. llevando hacia el oeste un cargamento de seda transportado en camellos. Durante la travesía, los viajeros se encontraron con tribus nómadas que exigieron dinero a cambio del permiso para atravesar sus tierras. El viaje fue peligroso, pero las **ganancias**, el dinero obtenido, compensaron sobradamente los riesgos.

Los chinos no tardaron en encontrar un extenso mercado para su seda. Los compradores que la adquirían directamente la revendían más al oeste. Los comerciantes chinos no llegaron hasta África o Europa, pero sus productos sí. Hacia el siglo II d.C., el trayecto comercial hoy conocido como **Ruta de la Seda** cubría 5,000 millas (8,047 km) hasta el mar Mediterráneo.

La llegada de la seda a Occidente provocó un aumento del intercambio comercial. Las caravanas que partían hacia el oeste llevaban seda y objetos de hierro o bronce. Las que se dirigían hacia China transportaban oro, marfil, lana, lino, vides y caballos de razas desconocidas en Oriente. Junto con las mercancías, viajaban de un continente a otro descripciones y relatos de los dos mundos.

 **¿Qué era la Ruta de la Seda?**

Esta talla de madera representa a una joven sirvienta; aunque fue colocada en una tumba hace más de 2,000 años, sus ropas de seda están muy bien conservadas.

LECCIÓN 3 • REPASO

Comprueba lo que aprendiste

1. **Recuerda los datos** ¿Qué inventos se realizaron durante el período Han?

2. **Concéntrate en la idea principal** ¿Por qué se considera el período Han como una época sobresaliente en la historia de China?

Piensa críticamente

3. **Piensa más sobre el tema** ¿Por qué la dinastía Han tuvo más éxito en el mantenimiento de la paz que las dinastías anteriores?

4. **En mi opinión** Desde hace siglos, los chinos se enorgullecen de ser "hijos de Han". ¿A qué crees que se debe este sentimiento?

5. **Ayer y hoy** ¿Vives en una época de grandes logros? Explica por qué.

Muestra lo que sabes

 Actividad: Cartel Algunas personas sostienen que el siglo XX ha sido una época de innovaciones. Usa fotografías y titulares de diarios o revistas para crear un cartel que ilustre esta idea.

CÓMO

Usar una tabla para clasificar datos

¿Por qué es importante esta destreza?

Imagina que buscas algo pero no puedes encontrarlo inmediatamente porque está en una pila de papeles donde se mezclan tareas de matemáticas con resúmenes de lecturas y otros trabajos. De manera similar, la búsqueda de datos puede resultar difícil si éstos están desordenados. Es más fácil manejar **datos clasificados**, es decir, datos que estén divididos en clases o categorías. Aprender a clasificar datos te ayudará a buscar los hechos históricos que necesites.

Recuerda lo que has leído

En este capítulo se proporciona mucha información sobre China durante el período clásico: cuándo gobernaron las dinastías Zhou, Qin y Han, en qué consistió el Período de los reinos combatientes, quiénes fueron los gobernantes principales de esas épocas y qué contribuciones hizo cada dinastía a la civilización china. Éstos y otros datos pueden clasificarse en una tabla. Una **tabla** es una gráfica donde los datos están agrupados por clases o categorías.

Comprende el proceso

Los datos sobre la antigua China aparecen clasificados en dinastías y el Período de los reinos combatientes. Los años que delimitan cada período se registran en orden cronológico dentro de la primera columna.

Cada hilera contiene datos acerca de una etapa particular. Supón que quieres encontrar información sobre la dinastía Qin: mueve tu dedo por la columna *Nombre* hasta que encuentres Qin; mueve después tu dedo por esa hilera hasta hallar la columna *Contribuciones*. ¿Qué contribución destacarías? En la columna siguiente aparece el nombre del principal caudillo, Qin.

Piensa y aplica

Haz tu propia tabla para presentar datos sobre la China clásica. Usa los datos que aparecen en esta página, pero clasifícalos de otra manera. Muestra tu tabla a un compañero cuando repases el capítulo.

EL BUEN CIUDADANO

CHINA ANTIGUA			
AÑOS	**NOMBRE**	**CONTRIBUCIONES**	**GOBERNANTES PRINCIPALES**
del 1122 al 600 a.C.	Dinastía Zhou	Uso del hierro Mejoras en el riego y en las técnicas de cultivo	Wu
del 600 al 221 a.C.	Período de los reinos combatientes	Introducción de la moneda de metal	
del 221 al 202 a.C.	Dinastía Qin	Construcción de la Gran Muralla Estandarización de pesos y medidas Creación de un sistema de caminos	Shi Huangdi
del 202 a.C. al 200 d.C.	Dinastía Han	Exámenes para ingresar en la administración pública Invención del papel Invención del sismógrafo Apertura de la Ruta de la Seda	Gao Zu Wu Di

CONECTA LAS IDEAS PRINCIPALES

Usa este organizador para mostrar cómo están relacionadas las ideas principales del capítulo. Copia el organizador en una hoja de papel y complétalo escribiendo una o dos oraciones que describan cada tema.

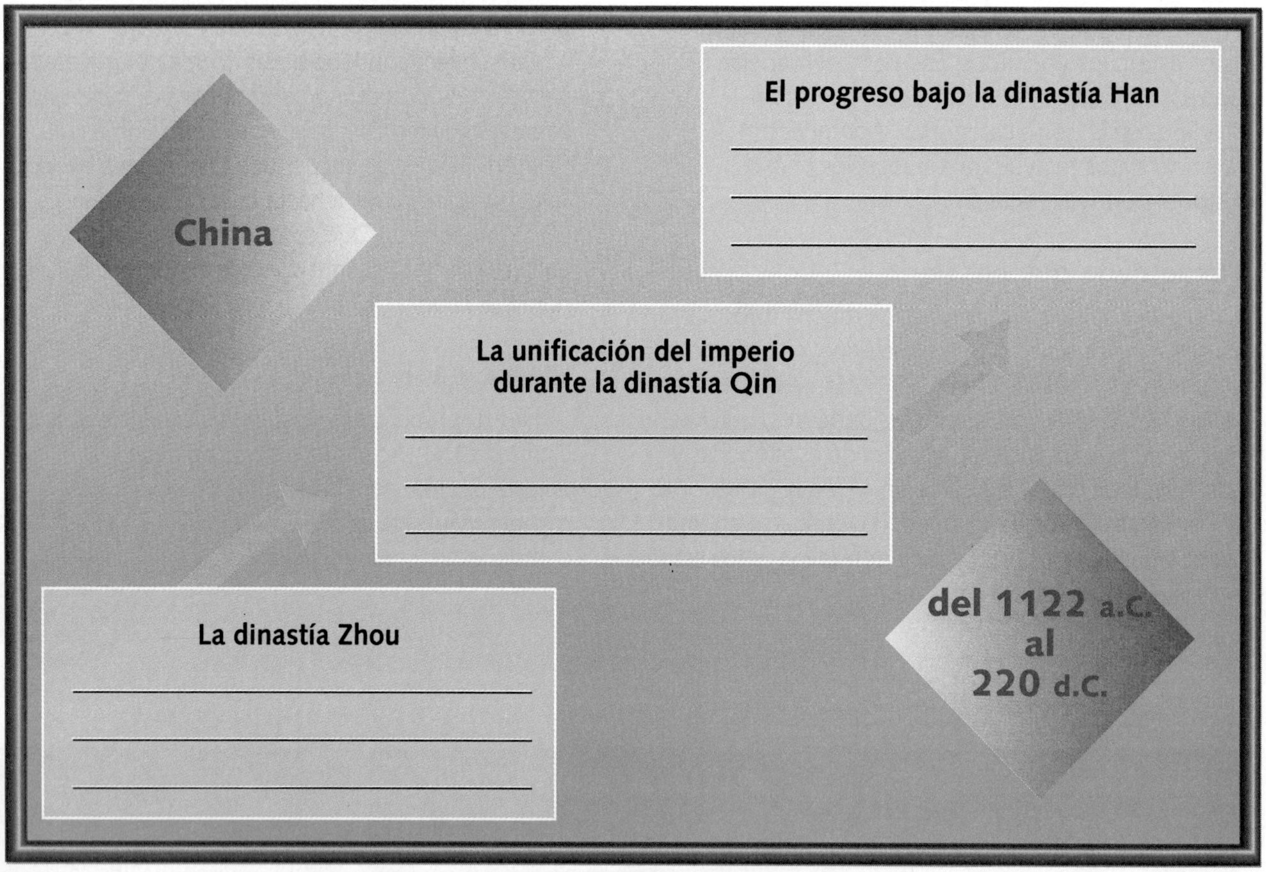

China

El progreso bajo la dinastía Han

La unificación del imperio durante la dinastía Qin

La dinastía Zhou

del 1122 a.C. al 220 d.C.

ESCRIBE MÁS SOBRE EL TEMA

1. **Escribe tu opinión** Los Zhou forzaban a los campesinos a servir en el ejército y a trabajar en grandiosas obras públicas. ¿Por qué los campesinos aceptaban esto? ¿Crees que esos gobernantes eran justos? ¿Te parece que en la China actual sigue ocurriendo lo mismo?

2. **Escribe un proverbio** Inventa un proverbio acerca del gobierno, la verdad o la educación.

3. **Escribe un informe breve** Compara la política de Shi Huangdi con la de Gao Zu. ¿Qué consecuencias tuvo cada una para el pueblo chino?

4. **Haz una descripción** Vuelve a leer la sección dedicada a la Gran Muralla (páginas 163–64) y observa la fotografía de la página 163. Describe luego la Gran Muralla en uno o varios párrafos. Puedes utilizar otras fuentes.

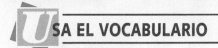

USA EL VOCABULARIO

Escribe la palabra correspondiente a cada definición y úsala luego en una frase.

burocracia	filósofo
exportar	estandarizar
importar	virtud

1. persona que estudia el sentido de la vida

2. igualación mediante un sistema uniforme

3. cualidad positiva

4. enviar cosas a otros países

5. adquirir cosas de otros países

6. conjunto de funcionarios nombrados por un gobierno

COMPRUEBA LO QUE APRENDISTE

1. ¿Qué argumento usó el primer rey Zhou cuando proclamó el Mandato Divino en el 1122 a.C.?

2. Según Confucio, ¿qué debe hacer un buen gobernante?

3. ¿Qué era el legalismo?

4. ¿Por qué se recuerda a Shi Huangdi?

5. ¿Por qué la estandarización fue importante para China?

6. ¿Cómo logró Wu Di implantar la *pax sinica* (paz china)?

7. ¿Cuál fue el invento más importante de la época Han? ¿Por qué?

8. ¿Qué consecuencias tuvo la apertura de la Ruta de la Seda?

PIENSA CRÍTICAMENTE

1. **Ayer y hoy** Confucio afirmaba que la sociedad ideal es como una familia cuyos miembros conocen su posición y sus responsabilidades. ¿Pensaría Confucio que nuestra sociedad está bien organizada? Explica tu respuesta.

2. **Piensa más sobre el tema** ¿En qué se diferenciaba la administración pública organizada por Wu Di de la burocracia de Shi Huangdi?

3. **En mi opinión** ¿Qué preferirías si fueras un gobernante, ser temido como Shi Huangdi o ser respetado como Gao Zu? Explica tu respuesta.

4. **Causa y efecto** ¿Qué efectos tuvo la paz impuesta por Wu Di en las artes y las ciencias?

APLICA TUS DESTREZAS

Cómo usar una tabla para clasificar datos
Pregunta a varios compañeros de clase sobre sus comidas, canciones, materias escolares y libros favoritos. Luego clasifica esos datos en una tabla.

Cómo identificar las causas y sus efectos
Busca en diarios o revistas un artículo sobre un suceso cualquiera. Anota la causa (o causas) de lo sucedido y el efecto (o efectos) de dicha causa.

LEE MÁS SOBRE EL TEMA

The Ancient Chinese de Julia Waterlow; Thomson Learning. Acontecimientos, gobernantes, costumbres, ciudades, inventos: éstos son sólo algunos de los temas tratados en este fascinante libro.

The Chinese Empire de Marinella Terzi; Childrens Press. Obra ilustrada que ofrece una visión panorámica de la cultura china a lo largo de 4,000 años.

The Great Wall of China de Leonard Everett Fisher; Macmillan. Breve historia de la muralla construida hace más de 2,000 años para defender China de pueblos invasores.

Science in Ancient China de George Beshore; Franklin Watts. En este libro se habla sobre la ciencia de la antigua China y se describen inventos como el cohete, la brújula, la rueda hidráulica y los caracteres móviles.

INDIA Y PERSIA

66 Una época dorada como ésta, que manifiesta la grandeza de una cultura por tiempos inmemoriales, nunca es un fenómeno repentino o desarraigado. 99

Lucille Schulberg,
Historic India

Niña de Madras, India, vestida con ropas tradicionales

LOS ARIOS TRANSFORMAN LA INDIA

Conexión con nuestro mundo

¿Qué efecto tiene la llegada de nuevas culturas sobre los pueblos indígenas?

Concéntrate en la idea principal
Durante la lectura, piensa cómo cambió la vida de los nativos de India con la llegada de los arios.

Anticipa el vocabulario
ario	hinduismo
sánscrito	casta
Vedas	intocable
reencarnación	budismo

Alrededor del año 1500 a.C. India empezó a atraer a un gran número de inmigrantes. Estas migraciones duraron más de 3,000 años y fueron importantes porque permitieron que pueblos con ideas y costumbres diferentes se relacionaran entre sí. Los primeros inmigrantes se llamaban a sí mismos **arios**. Eran una civilización de guerreros y pastores provenientes de Asia central, cerca del mar Caspio. Su llegada marcó el comienzo de la era clásica en India.

LOS INMIGRANTES ARIOS

Las primeras migraciones arias duraron varios siglos. Éstas formaban parte del desplazamiento hacia el sur de los pueblos llamados indoeuropeos. Aunque no se conoce la razón exacta que motivó estas migraciones masivas, se piensa que las sequías, el hambre y las enfermedades fueron causas posibles. Es probable que los arios y otros pueblos hayan sido expulsados de sus territorios por invasores.

Algunos arios se desplazaron hacia el oeste, mientras que otros migraron hacia el sur. Estos últimos atravesaron los desfiladeros del Hindu Kush, las montañas que separan al subcontinente indio del resto de Asia. Después se asentaron en la región del valle del río Indo, hoy Pakistán. Con el tiempo, los arios ocuparon gran parte del norte de India.

La población aria en India aumentó con cada ola migratoria. Esto condujo a la lucha entre los arios y los pueblos indígenas por las tierras de cultivo. Los arios habían traído consigo algo que en India no existía y que ahora los aventajaba en el combate por los territorios: los caballos.

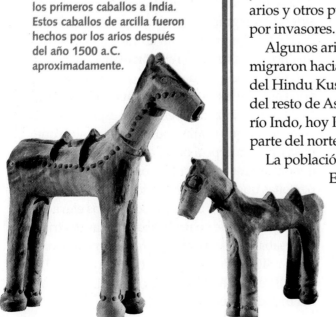

Los inmigrantes arios llevaron los primeros caballos a India. Estos caballos de arcilla fueron hechos por los arios después del año 1500 a.C. aproximadamente.

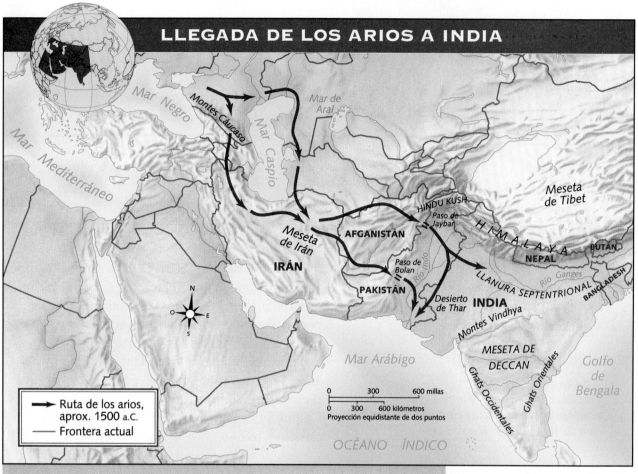

LLEGADA DE LOS ARIOS A INDIA

Ruta de los arios, aprox. 1500 a.C.

Frontera actual

 **MOVIMIENTO**   Este mapa muestra las líneas migratorias arias hacia India alrededor del año 1500 a.C.

■ ¿Por qué crees que los arios detuvieron su marcha y se asentaron en el norte de India?

Antes de migrar a India, los arios fueron pastores y criaron vacas, cabras, ovejas y caballos. En India se transformaron en agricultores y vivieron en aldeas pequeñas. La vida y el trabajo se desarrollaron en torno a estas comunidades campesinas durante los siglos que siguieron. Aún en el presente, si bien India tiene ciudades grandes, continúa siendo una nación rural.

✔ ¿Por qué abandonaron los arios sus lugares de origen?

EL HINDUISMO

Las costumbres de los arios son parte de la cultura india actual. Muchas de las lenguas indias, por ejemplo, están basadas en el **sánscrito**, la lengua ancestral de los arios.

Los arios pensaban que el sánscrito era la lengua hablada por los dioses y por eso la consideraban sagrada. Los **Vedas**, los cuatro libros divinos de los arios, están escritos en sánscrito. En ellos se describe la religión de los arios.

Una creencia fundamental de la religión de los arios era que las personas viven muchas vidas hasta que alcanzan la perfección espiritual. Esta creencia de que el alma nunca muere, sino que pasa de un cuerpo a otro después de la muerte, se denomina **reencarnación**. Los arios creían que las personas que obedecían las doctrinas de los *Vedas* volvían a nacer en una clase social más elevada; sin embargo, los que no respetaban dichas doctrinas regresaban a la vida como seres más primitivos.

La religión de los arios se transformó en el **hinduismo**, una de las religiones más antiguas del mundo y que aún se practica.

Los que profesan el hinduismo adoran a tres dioses principales: Brahma el Creador, Visnú el Protector y Siva la Destructora. En el hinduismo también existen muchos dioses menores que toman la forma de animales y plantas. Según esta religión todos los animales tienen alma y la vaca es un animal sagrado. Es por esta razón que los creyentes no comen carne vacuna.

✓ **¿Qué religión actual proviene de la religión de los arios?**

EL SISTEMA DE CASTAS

Durante cientos de años, los sacerdotes arios usaron los *Vedas* y la creencia en la reencarnación como criterio para estructurar la sociedad. Los arios dividieron a la sociedad en distintas clases: los sacerdotes, los guerreros, los campesinos y mercaderes y, por último, la gente común.

La división de la sociedad en clases condujo al sistema de castas de India. Una **casta** es un grupo social inalterable. Una persona que nacía en una casta no podía cambiar de casta o relacionarse socialmente con miembros de otras castas. Los miembros de una casta vivían, se casaban y trabajaban dentro de su propio grupo.

Para los hindúes, el sistema de castas era igual que la estructura del cuerpo humano. Los brahmanes (sacerdotes y maestros) correspondían a la cabeza. Los chatrias (gobernantes y guerreros) equivalían a los brazos; los vaisías (campesinos y mercaderes) a las piernas y los sudras (obreros, artesanos y sirvientes) a los pies.

Debajo de todas las castas estaban los **intocables**, o parias, que realizaban los trabajos más indignos de la sociedad, como recoger

La diosa india Siva, bailando

basura, limpiar los establos y encargarse de los muertos. Los intocables eran considerados gente impura y debían evitar todo contacto con el resto de la sociedad. Un intocable ni siquiera podía proyectar su sombra sobre un miembro de una casta superior.

El hinduismo exigía que la gente aceptara la casta en la que había nacido, porque cada persona nacía con un lugar específico en la sociedad. La vida podía ser difícil, pero si las personas se comportaban debidamente dentro de sus castas, podían lograr una vida mejor en la siguiente reencarnación.

Sin embargo, muchos indios no se conformaron con llevar una vida difícil con la esperanza de reencarnar. En el siglo VI a.C. surgió una nueva religión que cuestionaría al hinduismo.

✓ **¿Qué fue el sistema de castas indio?**

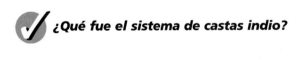

La estatua de la izquierda, del siglo II d.C., representa a una joven sirvienta de la casta sudra. En la otra imagen se muestran dos brahmanes. Los brahmanes solían representarse con la mano derecha levantada, un signo de sabiduría.

LOS ORÍGENES DEL BUDISMO

Una antigua leyenda india narra que un brahmán errante se encontró con un desconocido en su camino. El brahmán le preguntó su nombre y el desconocido contestó: "Aunque he nacido en el mundo y me he criado en el mundo, me sobrepuse al mundo y me mantengo limpio del mundo. Puedes llamarme Buda".

Lo poco que conocemos del hombre que se hacía llamar Buda, o "el Iluminado", proviene de información escrita muchos años después de su muerte. Según estos escritos, su nombre verdadero era Siddhartha Gautama, nacido al norte de India en el año 563 a.C. Gautama fue el hijo de un príncipe indio y vivió una vida acomodada. Su padre satisfizo todos sus deseos y lo mantuvo apartado de la realidad que se extendía más allá de las murallas del palacio.

Pero a los 30 años, Gautama salió al mundo exterior por primera vez. En la calle vio a un hombre encorvado por la edad. Después se encontró con un enfermo indefenso. Finalmente vio un cadáver.

> **" AUNQUE HE NACIDO EN EL MUNDO _y me he criado en el mundo, me sobrepuse al mundo y me mantengo limpio del mundo._ "**
>
> Buda, 563–483 a.C.

Los artistas de diversas culturas representaron a Buda de muchas maneras. La pintura sobre la pared de una cueva (izquierda) lo muestra sentado sobre una flor de loto. Esta pintura y la escultura que lo representan sentado (debajo) se encontraron en las cuevas de Ajanta, en la ciudad india de Hyderabad.

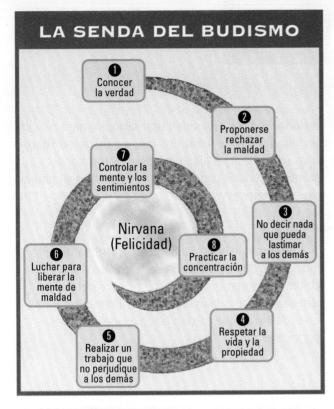

LA SENDA DEL BUDISMO

1. Conocer la verdad
2. Proponerse rechazar la maldad
3. No decir nada que pueda lastimar a los demás
4. Respetar la vida y la propiedad
5. Realizar un trabajo que no perjudique a los demás
6. Luchar para liberar la mente de maldad
7. Controlar la mente y los sentimientos
8. Practicar la concentración

Nirvana (Felicidad)

APRENDER CON GRÁFICAS Los budistas siguen estos ocho pasos para alcanzar el *nirvana*, un estado espiritual de felicidad y equilibrio. Estos pasos se conocen como la "noble senda de los ocho".

■ ¿Por qué una persona puede ser más feliz si no dice nada que pueda lastimar a los demás?

Gautama pidió a su sirviente que le explicase lo que había visto. Éste le dijo que todas las personas envejecen, enferman y mueren. Pero a Gautama no le satisfizo esa contestación; él quería saber por qué existía tanto sufrimiento en el mundo y si se podía hacer algo para evitarlo. Gautama decidió dedicar el resto de su vida a encontrar las respuestas a sus preguntas. Fue así que abandonó el palacio de su padre y se marchó a mendigar por los caminos.

Gautama estudió con los sacerdotes brahmanes durante algunos años. Después continuó su búsqueda de la verdad en el ayuno y la oración, pero ni así logró encontrar sus respuestas. Un día se sentó a la sombra de un árbol para meditar una vez más sobre el problema. Después de horas de profunda reflexión, sintió que había comprendido el significado de la vida. Entendió que las personas debían buscar el

amor, la verdad, el placer de la sabiduría y la paz espiritual. En ese momento se convirtió en Buda, "el Iluminado".

Gautama pasó el resto de su vida predicando su mensaje. Al morir, sus discípulos continuaron su labor. El **budismo**, la religión basada en sus doctrinas, se difundió con el tiempo por toda Asia.

Ni Buda ni sus discípulos fundaron iglesia alguna; tampoco escribieron libros sagrados, como los *Vedas* de los arios. Su objetivo fue enseñar a través del ejemplo, con generosidad y cortesía.

 ¿Por qué emprendió Gautama la búsqueda de la verdad?

LECCIÓN 1 • REPASO

Comprueba lo que aprendiste

1. **Recuerda los datos** ¿De dónde provenían los arios? ¿Hacia dónde migraron?
2. **Concéntrate en la idea principal** ¿Qué influencia tuvieron las migraciones arias en la civilización india?

Piensa críticamente

3. **Ayer y hoy** La India es hoy un país industrializado. ¿Qué efecto crees que ha tenido el desarrollo industrial en el sistema de castas?
4. **Explora otros puntos de vista** Si hubieras sido un brahmán en India antigua, ¿cómo crees que habrías reaccionado ante las enseñanzas de Buda? ¿Y si en lugar de un brahmán hubieras sido un intocable?

Muestra lo que sabes

Actividad: Investigación
Recopila información de tu libro de texto, de almanaques y de enciclopedias para hacer una gráfica comparativa de India antes y después de que llegaran los arios. Entre los temas que incluyas pueden estar el modo de vida de la gente, los lugares donde vivía y las clases sociales que existían.

Usar un mapa cultural

¿Por qué es importante esta destreza?

Los símbolos de las señales de tránsito dan información sin emplear palabras. Esto se hace para que la información se pueda entender al instante. Si, por ejemplo, ves una señal con un dibujo de un venado saltando, sabes que estos animales cruzan la carretera de vez en cuando. Los símbolos de los mapas también permiten interpretar la información con rapidez. Nos permiten saber, por ejemplo, dónde se producen determinados productos o dónde se libraron batallas.

Al igual que otros tipos de mapas, los mapas culturales dan una idea general de una región del mundo. En ellos se pueden usar símbolos para indicar las lenguas que se hablan en una región determinada o las religiones que allí se profesan. Estos mapas pueden ayudar a conocer mejor los pueblos y culturas de esas regiones.

Piensa en los símbolos

Observa que este mapa del actual subcontinente indio tiene dos leyendas. La de la izquierda usa colores como símbolos. Los colores representan las lenguas que se hablan en el subcontinente indio. La leyenda indica que existen cinco grupos de lenguas principales.

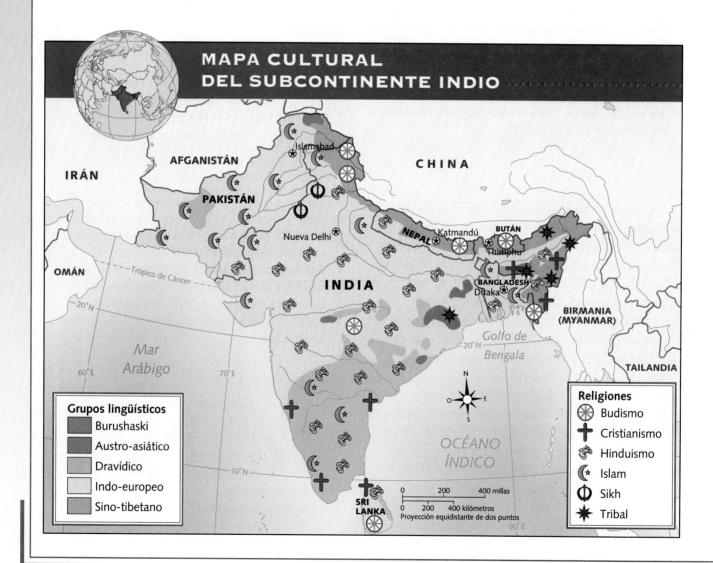

MAPA CULTURAL DEL SUBCONTINENTE INDIO

Grupos lingüísticos
- Burushaski
- Austro-asiático
- Dravídico
- Indo-europeo
- Sino-tibetano

Religiones
- Budismo
- Cristianismo
- Hinduismo
- Islam
- Sikh
- Tribal

Uno de estos grupos es el indoeuropeo, dentro del cual se incluye el hindi, la lengua oficial de India contemporánea. En ese país también se hablan otras lenguas indoeuropeas, entre ellas el inglés.

La leyenda de la derecha utiliza dibujos pequeños a modo de símbolos. Cada uno de ellos representa una religión importante y está situado en el medio del área donde esa religión se profesa. El símbolo del hinduismo es la forma escrita de la palabra *om,* un término sagrado. El símbolo del budismo es la "rueda de la ley". En esta religión, cada rayo de la rueda representa uno de los ocho pasos de la "noble senda de los ocho".

Comprende el proceso

Ahora que ya conoces los símbolos de las leyendas, usa estas preguntas como guía para generalizar acerca de las culturas actuales del subcontinente indio.

1. Identifica el color que cubre la mayor parte de la mitad norte de India. ¿Qué generalizaciones puedes hacer sobre la lengua de esa región?
2. ¿Cuál es el grupo de lenguas del sur de India?
3. ¿Cuál es el grupo de lenguas principal de Pakistán?

4. ¿Qué indican los símbolos en Pakistán?
5. ¿En qué país predomina el budismo?
6. ¿Cómo se distribuyen los distintos grupos lingüísticos de Sri Lanka?
7. ¿Se practica una sola religión en Bangladesh? Explica tu respuesta.
8. Generaliza acerca de la religión y la lengua de los siguientes países:
   a. Bangladesh
   b. Bután
   c. India
   d. Nepal
   e. Pakistán

Piensa y aplica

Sírvete de un atlas, de una enciclopedia o de un almanaque para hacer un mapa cultural de todo el continente asiático. Emplea colores para indicar los distintos grupos de lenguas, y símbolos para indicar dónde se practican las religiones. Asegúrate de poner el nombre de cada país. ¿Qué grupos lingüísticos y religiones que no aparecen en el mapa de la página 180 crees que vas a emplear en el tuyo? Cuando hayas terminado pide a un compañero que use tu mapa para generalizar acerca de Asia contemporánea.

El "Templo Dorado" sikh en Amritsar, India, cerca de la frontera con Pakistán

APRENDE
con la
LITERATURA
Concéntrate en la cultura

Dos Fábulas

de *Los Relatos de Jataka*

versión de Nancy DeRoin

ilustraciones de Navin Patel

Buda predicaba con un lenguaje sencillo para que todos pudieran entenderlo. En ocasiones se valía de cuentos tradicionales para hacer comprender su mensaje. Muchos de estos cuentos eran fábulas, relatos breves protagonizados por animales y que transmiten un mensaje moral. Los seguidores de Buda pensaban que él había aprendido estos relatos en vidas pasadas, cuando su alma había habitado los cuerpos de varios animales. Muchos años después de la muerte de Buda, algunas fábulas fueron recopiladas en un libro titulado Los Relatos de Jataka *o* Historias del nacimiento. *Si bien los protagonistas de estas fábulas son animales, los mensajes que transmiten son muy claros.*

 La maravillosa vida de palacio

Hace mucho tiempo, cuando Brahmadatta era el rey de Benares, había un monito que vivía en una colonia de monos cerca de las montañas del Himalaya. Cierto día, un leñador lo capturó y se lo regaló al rey.

Durante los largos meses de invierno, el mono vivió en el palacio como la mascota real, divirtiendo al rey y la corte con sus monerías. Tenía plena libertad para corretear por el palacio, y por ello aprendió mucho sobre las costumbres de los hombres.

Cuando terminó el invierno, el rey y su corte comenzaron los preparativos para mudarse al palacio de verano.

El rey pidió que llamaran al leñador y le dijo: —Tu regalo me ha hecho muy dichoso y nos ha entretenido a todos durante el frío invierno. Por ello he decidido premiarte.

El rey le dio al leñador una bolsa llena de monedas de oro.

—Como deseo que el monito también reciba su recompensa—continuó—, te pido que lo lleves donde lo atrapaste y que lo dejes en libertad.

El leñador obedeció las órdenes del rey. El monito, ya libre, regresó al Himalaya. Al verlo llegar, todos sus amigos se reunieron sobre una piedra grande para escuchar sus aventuras.

—Amigo —le preguntaron— ¿se puede saber dónde has estado todo este tiempo?

—En el palacio real de Benares —respondió.

—¿Y cómo lograste escapar?

—Me convertí en el bufón del rey y de su corte; hice tan bien mi trabajo, que me gané la simpatía del monarca y éste me dejó ir —explicó el monito.

—Debes haber aprendido muchas cosas de la vida en el palacio. ¡Qué maravilloso debe ser! A nosotros nos encantaría vivir igual. Dinos, ¿nos enseñarás las costumbres de los hombres?

Al principio, el monito se negó.

—No, no les gustaría vivir de esa manera —dijo—.

l monito tenía plena libertad para corretear por el palacio, y por ello aprendió mucho sobre las costumbres de los hombres.

Pero los monos insistieron en que les enseñara las costumbres de los hombres.

—Muy bien —dijo finalmente—. El monito señaló al mono más grande y le dijo: —Tu serás el rey. Debes sentarte sobre esa piedra y ordenar a todo el mundo que te traiga fruta.

El rey mono hizo lo indicado y todos le llevaron fruta.

—¡Óyeme! —dijo el rey mono al verse rodeado de comida—. Yo no puedo comerme toda esta fruta.

—Esa fruta —dijo el monito— no es para que te la comas; debes limitarte a amontonarla. Para ser rey, primero debes ser rico y para ser rico debes tener una montaña de fruta.

Así que los monos, que querían aprender las costumbres de los hombres, apilaron una montaña de fruta detrás del mono rey.

—¿Y ahora qué? —preguntaron todos.

—Ahora debéis acercaos al rey y adularlo.

Los monos aceptaron contentos.

—Majestad, —dijo uno— tu pelo es tupido y brillante.

—Majestad —dijo otro— tus ojos están llenos de luz y de coraje.

—Majestad, —dijo un tercero— eres sabio y fuerte.

Y así sucesivamente hasta que todos los monos hubieron adulado al rey.

—Ahora, —dijo el monito— vayan detrás del rey y digan cosas ofensivas a sus espaldas.

Así que todos los monos fueron detrás del rey y dijeron:

—Su pelo es ralo; creo que se está quedando calvo.

—Tiene la mirada cansada; seguro que ya no ve tan bien como antes.

—Es tan débil y casi tan estúpido como un gusano.

Finalmente, el rey se enfureció tanto, que abandonó su trono y empezó a perseguir a los monos que lo insultaban. Cuando regresó, toda la fruta que tenía apilada había desaparecido.

—¡Mi fruta, mi fruta! —exclamó el rey mono—. ¡Alguien se ha llevado toda mi fruta!

—Ahora —dijo el monito—, debes encontrar al culpable y ejecutarlo.

—¿Ejecutarlo? —preguntó el rey mono, alarmado—. ¿Pero qué estás diciendo? —dijo tapándose los oídos y hundiendo la cabeza entre las rodillas.

—¡Basta! ¡Basta! —gritaron todos los monos con las manos sobre las orejas—. Ya no queremos saber nada más de la vida en el palacio.

Y mientras corrían en todas direcciones, decían espantados:

—Adular, mentir, robar, matar;
las costumbres de los hombres son para olvidar.
Si eso es lo que hacen en el palacio,
estaremos mucho más seguros en nuestro espacio.

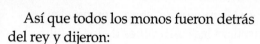

Amigos y vecinos

Una vez, un gran león que andaba de cacería perdió el equilibrio y cayó, colina abajo, en una ciénaga. Como era muy

pesado, el león se hundió en el fango hasta el cuello. A pesar de que lo intentaba, no podía salir. Cuando levantaba una pata, las otras tres se hundían más profundamente en el barro. Finalmente, el león dejó de moverse por temor a hundirse por completo. Se quedó inmóvil, petrificado y sólo su enorme cabeza emergía del lodazal.

El león permaneció así durante siete días, sin beber ni probar bocado. Al final del séptimo día se acercó un chacal que también iba de caza. Su primera reacción, al ver la cabeza del león sobresaliendo del barro, fue huir despavorido. Pero el león le ordenó que se detuviera:

—¡Chacal, quédate donde estás! Estoy atrapado en el fango y no puedo salir. ¡Sálvame, por favor!

El chacal se acercó temeroso, miró al león y le dijo: —Creo que no me sería muy difícil rescatarte, pero temo que una vez que estés libre te eches sobre mí y me comas.

—No temas —dijo el león—. Si me salvas, seré tu amigo de por vida.

El chacal decidió creerle. Cavó un hoyo alrededor de cada pata del león y varias zanjas que conectaban los hoyos con una pequeña laguna. El agua de la laguna corrió por las zanjas hasta llenar los agujeros y ablandó el barro. Entonces el chacal dijo:

—Ahora debes hacer mucha fuerza.

El león, debilitado por la falta de alimento, tensó cada músculo, cada nervio y hasta cada hueso de su cuerpo. Finalmente, logró despegar sus pies del lodo y se arrastró hasta tierra firme.

Después de lavar su dorado cuerpo, el león cazó un bisonte y le dijo al chacal: —Come lo que gustes, compañero.

Cuando el chacal terminó de comer, el león observó que el chacal había dejado un buen trozo de carne sin tocar.

—¿Por qué no lo comes todo? —preguntó el león.

—Quiero llevar algo de carne a mi esposa —contestó el chacal.

—Yo también tengo esposa —dijo el león—. Iré contigo.

Cuando se acercaron al escondrijo del chacal, la esposa se aterrorizó al ver al enorme león. Pero el chacal la tranquilizó diciendo:

—No temas; este león es mi amigo.

Y el león añadió: —A partir de este momento, señora mía, voy a compartir mi vida con usted y su familia.

Los chacales lo acompañaron a su refugio y se instalaron en una cueva vecina.

Desde ese entonces, el chacal y el león salieron juntos de caza, mientras sus esposas se quedaban en casa. Al poco tiempo, ambas familias tuvieron cachorros, que al crecer jugaron juntos.

Pero un día, repentinamente, la leona pensó: —Mi esposo quiere mucho a estos chacales. A mí no me parece natural. Al fin y al cabo, son diferentes.

Este pensamiento se hizo tan fuerte que no pudo pensar en otra cosa.

—Nosotros somos leones y ellos chacales; debo deshacerme de ellos —concluyó.

La leona se dedicó a asustar a su vecina cada vez que el león y el chacal salían de caza. La leona acechaba silenciosamente y después saltaba por sorpresa.

—¿Por qué te quedas donde no te quieren? —rugía—.

También se arrastraba junto a la madre chacal y le siseaba al oído: —¿Acaso no sabes que tu vida corre peligro? Después añadía entre dientes: —Pobres chacalitos; es una pena que su madre no se preocupe por su seguridad.

Finalmente, la madre chacal le contó a su compañero lo que estaba sucediendo.

—Está claro —dijo la madre chacal— que el león le dijo a su esposa que me asustara. Llevamos aquí mucho tiempo y se debe haber cansado de nosotros. Vámonos antes de que nos maten.

Luego de escuchar a su esposa, el chacal se encontró con el león y le dijo: —Amigo mío, es bien sabido que en este mundo siempre se impone la voluntad del más fuerte. Pero debo decirte que es una crueldad aterrorizar a la esposa e hijos del vecino, sólo porque éste no te caiga bien.

—¿Pero de qué me estás hablando? —preguntó el león, confundido.

Entonces el chacal le contó que la leona estaba asustando a su esposa e hijos. Después de escuchar con atención, el león llamó a su esposa y le dijo frente a todos: —¿Recuerdas que hace mucho tiempo salí de caza y no regresé hasta pasados siete días? ¿Recuerdas que al volver traje conmigo a este chacal y a su esposa?

—Sí, me acuerdo muy bien —dijo la leona.

—¿Y sabes por qué tardé toda una semana en regresar?

—Pues no, no lo sé —contestó.

—No te lo conté entonces porque me daba vergüenza —dijo el león—, pero te lo contaré ahora. Estaba tratando de cazar un ciervo, salté demasiado, resbalé por una colina y caí en una ciénaga. Allí me quedé atrapado en el barro. Estuve una semana sin poder moverme, sin comida ni agua. Entonces llegó este chacal y me salvó la vida. Este chacal es mi amigo.

Desde ese momento los chacales y los leones volvieron a vivir en paz y en armonía. Incluso después de que los padres murieron, los hijos de ambas parejas no se separaron. Ellos también vivieron juntos en armonía sin olvidar nunca las palabras del gran león:

"Un amigo que actúa como tal,
sea quien sea,
es mi camarada y mi familiar,
es mi propia carne y sangre".

Repaso de la literatura

1. ¿Qué piensas que podemos aprender de estas fábulas?

2. ¿Cuál es el mensaje de Buda en la fábula de los monos? ¿Y en la fábula del león y el chacal?

3. Piensa en una cualidad que sea importante para ti, como la honestidad, la responsabilidad, la amistad, el espíritu de cooperación o el respeto por los demás. Escribe una fábula que transmita una enseñanza sobre esa cualidad. Asegúrate de que tu fábula termine con una estrofa, como en *Los Relatos de Jataka*.

LA UNIFICACIÓN DE LA INDIA

Conexión con nuestro mundo

¿Qué fuerzas crean y mantienen la unidad de un pueblo?

Concéntrate en la idea principal
A medida que leas, reflexiona sobre los métodos empleados por los emperadores Maurya y Gupta para mantener la unidad de India.

Anticipa el vocabulario
rajá   misionero
asesinar   número arábigo
momento decisivo   vacuna

Este relieve maurya del siglo II pertenece a una serie de tablillas que representaban a emperadores del pasado.

En tiempos de Buda la India estaba dividida. Los **rajás**, nombre con el que se conocía a los príncipes indios, gobernaban grandes ciudades estado, ricas en comida, joyas y metales. La riqueza de estas ciudades atrajo a pueblos invasores, entre ellos los persas, provenientes de Asia, y los griegos desde Europa. Durante más de dos siglos, después de la muerte de Buda, muchas partes del subcontinente indio estuvieron dominadas por fuerzas extranjeras. Finalmente, un joven indio logró expulsar a los invasores y someter a los rajás.

EL PRIMER IMPERIO INDIO

Hacia el año 320 a.C., el joven emperador Chandragupta Maurya logró unificar a India y creó el Imperio Maurya. El primer emperador de India fue muy similar al primer emperador de China, Shi Huangdi. Ambos gobernantes fueron crueles y se basaron en métodos violentos para castigar a aquellos que no los apoyaban.

Al igual que Shi Huangdi, Chandragupta obligaba a los campesinos a trabajar para su gobierno y a apoyarlo. Los trabajadores tenían que talar bosques y drenar pantanos para luego cultivar las tierras despejadas. Además, los campesinos tenían que pagar impuestos por sus cosechas.

La crueldad extrema de Chandragupta le hizo ganar muchos enemigos por todo el imperio. Como temía constantemente que intentaran asesinarlo por causas políticas, hacía que sus criados probaran su comida por si estaba envenenada. **Asesinar** es matar a alguien. Cada noche dormía en una habitación distinta. Sin embargo, jamás se produjo el temido intento de asesinato. En el año 297 a.C. Chandragupta cedió el trono a su hijo.

Chandragupta y su hijo gobernaron de acuerdo al *Arthashastra*, un libro según el cual los gobernantes debían regir con mano firme. En este libro se declaraba: "El gobierno es la ciencia del castigo". El Arthashastra también defendía la guerra como un método legítimo de los gobernantes para lograr sus fines.

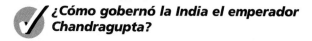

¿Cómo gobernó la India el emperador Chandragupta?

Este relieve que forma parte del Gran Stupa, en Sanchi, refleja varias escenas de la vida cotidiana en India de siglos atrás.

EL REINADO DE ASOKA

El nieto de Chandragupta, Asoka, se convirtió en emperador maurya alrededor del año 274 a.C. Asoka gobernó con la misma crueldad que sus predecesores. Él sostenía que "un reino más poderoso que otro debe lanzarse a la guerra".

En el año 262 a.C. aproximadamente, Asoka condujo su ejército hasta el reino de Kalinga, en la frontera sur del imperio. Las fuerzas imperiales aplastaron a las de Kalinga en una sangrienta batalla donde, según el propio Asoka, "se deportaron a más de 150,000 personas, se mataron a 100,000 y, en total, murieron muchas veces más ese número de personas".

La invasión de Kalinga fue un momento decisivo en la vida de Asoka. Un **momento decisivo** es un momento importante de cambio. La sangrienta invasión de Kalinga hizo que Asoka abandonara la tradición de crueldad de sus antecesores.

Durante el Imperio Maurya, los budistas construyeron grandes templos funerarios llamados stupas. Al igual que casi todos estos templos, el Gran Stupa de Sanchi, en India, está cubierto de antiguos dibujos y relieves.

Asoka adoptó el budismo y por ello dejó de cazar animales y de comer carne. Su conversión hizo que mucha gente del imperio también adoptara costumbres pacíficas.

Asoka empleó su poder para mejorar la calidad de vida de sus súbditos. Bajo sus órdenes, la gente comenzó a poner menos énfasis en el sistema de castas.

Asoka decretó un número de edictos para extender el mensaje de Buda. Ordenó que los edictos se grabaran en rocas y en pilares a lo largo de los caminos para que la gente pudiera leerlos con facilidad. Uno de estos edictos decía: "obedece a tu padre y tu madre". Asoka también envió **misioneros**, o maestros religiosos, para difundir el budismo por otras regiones de Asia.

Asoka fue un emperador tan justo que pasó a la historia como "el gobernante más grande y más noble que jamás haya conocido la India". Sin embargo, después de su muerte en el año 232 a.C., su gran labor no tardó en olvidarse por cierto tiempo. El sistema de castas volvió a imponerse y las ideas del budismo se disiparon del imperio. En el presente, sin embargo, la India guarda respeto por Asoka. Los dibujos del león y la rueda con los que Asoka ordenaba decorar sus edictos son símbolos de India actual.

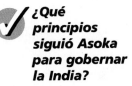

✓ **¿Qué principios siguió Asoka para gobernar la India?**

El relieve de este soldado a caballo pertenece al Stupa indio de Babrut.

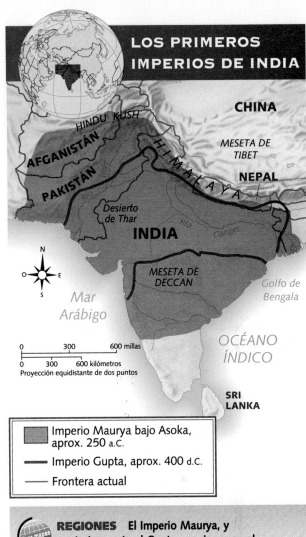

LOS PRIMEROS IMPERIOS DE INDIA

CHINA

HINDU KUSH

AFGANISTÁN

PAKISTÁN

MESETA DE TIBET

NEPAL

HIMALAYA

Desierto de Thar

RÍO

RÍO Ganges

INDIA

N
O E
S

MESETA DE DECCAN

Golfo de Bengala

Mar Arábigo

OCÉANO ÍNDICO

0   300   600 millas
0   300   600 kilómetros
Proyección equidistante de dos puntos

SRI LANKA

■ Imperio Maurya bajo Asoka, aprox. 250 a.C.

— Imperio Gupta, aprox. 400 d.C.

— Frontera actual

REGIONES El Imperio Maurya, y posteriormente el Gupta, surgieron en el subcontinente indio.

■ ¿Por qué crees que ninguno de estos imperios se expandió hacia el noreste, en lo que hoy es China?

EL IMPERIO GUPTA

Tan sólo cincuenta años después de la muerte de Asoka, el Imperio Maurya se derrumbó a causa de las luchas internas entre las ciudades estado. Pasarían 500 años hasta que otro gran imperio, el Imperio Gupta, lograra unificar la India una vez más.

En el año 320 d.C., Chandragupta I se convirtió en el gobernante de un pequeño reino en el valle del Ganges y no tardó mucho tiempo en controlar todo el valle. Su hijo, Samudra Gupta, y su nieto, Chandragupta II, continuaron la expansión del territorio. Si bien el Imperio Gupta jamás alcanzó las dimensiones del Imperio Maurya, estos gobernantes pusieron fin a siglos de guerras. Durante 200 años, India gozó de paz y prosperidad.

Casi todo lo que se sabe del Imperio Gupta proviene de los escritos de Fa-xien, un monje budista que redactó crónicas de sus viajes por India en el siglo V. "La gente", escribió Fa-xien "vive muy bien". Las personas gozaban de tal libertad que "si quieren ir, van, y si desean detenerse, se detienen". A Fa-xien le asombró lo bien mantenidos que estaban los caminos y la majestuosidad de los palacios, templos y monumentos que vio a su paso. También escribió acerca de los hospitales gratuitos de un imperio que, a juicio del monje chino, parecía ser un lugar seguro y feliz.

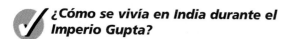 ***¿Cómo se vivía en India durante el Imperio Gupta?***

LA EDAD DE ORO DE INDIA

Fa-xien visitó India durante el reinado de Chandragupta II. Los historiadores denominan a ese período la edad de oro de India, en referencia al progreso, al crecimiento y a la paz de esa época.

Durante la edad de oro, Chandragupta II apoyó a muchos escritores y artistas. El más conocido de ellos fue quizás Kalidasa, un escritor famoso por sus poemas y obras de teatro. De esta época también es el *Panchatantra,* un libro de cuentos populares anónimos. Con el tiempo, estos cuentos se hicieron famosos en todo el mundo. Es probable que conozcas algunas de las historias, como "Simbad el marino" y "Juan, el asesino de gigantes".

Los avances más importantes se lograron en el campo de la medicina y las matemáticas.

En esta moneda (a la derecha) aparece la imagen de Chandragupta II, quien gobernó la India durante la edad de oro. Los gobernantes de la India comprendieron la importancia de la educación y por ello crearon universidades. Abajo se muestran las ruinas de una antigua universidad budista de la India, en lo que hoy es Nalanda.

Las cuevas de Ajanta, en la India, son en realidad templos budistas que fueron excavados en la roca entre los años 200 a.C. y 600 d.C. Estas cuevas son una de las fuentes de información más importantes sobre las culturas de la India.

Los matemáticos indios desarrollaron el sistema numérico decimal: del 1 al 9 y el cero. Aunque se conocen como **números arábigos**, estos números se empleaban en la India desde el año 595 d.C., mucho antes de que los comerciantes árabes los adoptaran.

Durante la edad de oro, los médicos indios inventaron técnicas para inmovilizar huesos fracturados y para facilitar el parto a las mujeres. Al igual que los cirujanos actuales, los médicos de la India usaban la piel de otras partes del cuerpo para curar orejas y narices dañadas. También esterilizaban los instrumentos de cirugía y empleaban la **vacuna**, un procedimiento médico que consiste en causar una pequeña enfermedad para prevenir que se produzca otra más seria. Esta técnica no se empleó en Europa y en América sino hasta el siglo XVIII.

Los comerciantes llevaron muchas de estas ideas a otras regiones. Los mercaderes árabes llevaron especias, paños, alfombras y joyas indias hacia la región del Mediterráneo, y libros e ideas a Europa y África. Las noticias de los avances de la India llegaron a muchas partes del mundo.

 ¿Qué conocimientos importantes se lograron en la India durante el Imperio Gupta?

LECCIÓN 3 • REPASO

Comprueba lo que aprendiste

1. **Recuerda los datos** ¿Quién fundó el primer Imperio Indio? ¿Qué gobernante decidió terminar con las conductas violentas?
2. **Concéntrate en la idea principal** ¿Qué métodos emplearon los gobernantes maurya y gupta para unificar la India? ¿En qué se asemejan estos métodos? ¿En qué difieren?

Piensa críticamente

3. **En mi opinión** ¿Quién crees que estaba mejor calificado como gobernante, Chandragupta Maurya o Asoka? ¿Por qué?
4. **Piensa más sobre el tema** ¿Por qué los historiadores denominan la edad de oro al reinado de Chandragupta II?

Muestra lo que sabes

Actividad: Presentación oral
Asoka intentó gobernar su imperio siguiendo las doctrinas de Buda. Imagina que visitas la India en la época de Asoka. Describe con tus propias palabras el efecto de las acciones del emperador en la calidad de vida de la gente.

EL
IMPERIO
PERSA

Conexión con nuestro mundo

¿Cómo generan cambios los gobernantes poderosos?

Concéntrate en la idea principal
A medida que leas, reflexiona acerca de la influencia que tuvieron los gobernantes persas en el desarrollo de su imperio y de su civilización.

Anticipa el vocabulario
meseta	mensajero
caballería	profeta
tributo	zoroastrismo

Algunos pueblos arios migraron hacia el oeste de la India y se establecieron en lo que hoy es Irán. Es probable que el nombre *Irán* provenga de la palabra *ario*. Los arios llegaron a esa región alrededor del año 900 a.C. Con el tiempo fueron conocidos como los persas.

CIRO, EL ARQUITECTO DEL IMPERIO PERSA

Los persas antiguos vivían en la meseta de Irán, una vasta región que se extiende desde la India hasta la cordillera de los Zagros. Desde esa **meseta**, o elevación de terreno llano, los persas se diseminaron en todas direcciones. Comenzaron por conquistar el valle del Nilo, donde derrotaron a los babilonios en el 539 a.C., y Egipto en el 525 a.C. Los persas crearon el imperio más vasto que se conociera hasta ese entonces.

El ejército persa contaba con un gran número de soldados que bastaba para aterrorizar a la mayoría de los enemigos. La tecnología bélica de los persas era insuperable. Los soldados de a pie usaban cascos de bronce y escudos, lo cual les daba una gran ventaja en el combate cuerpo a cuerpo. Los persas también se valían de la **caballería**, soldados que cabalgaban caballos o camellos para atacar con rapidez. Además, los persas combatían con carros que llevaban cuchillas fijadas a las ruedas. El poderío de los persas no se limitaba al combate terrestre, sino que también eran temibles en el mar. En dos décadas, lograron conquistar un territorio que se extendía desde el norte de África hasta el norte de la India.

El gobernante que construyó el Imperio Persa se llamaba Ciro el Grande, un brillante militar que jamás perdió ninguna batalla, excepto la última. Su única derrota ocurrió en una región cercana al mar Caspio gobernada por la reina Tomyris.

El sujeto de esta escultura es posiblemente Ciro el Grande, quien creó el Imperio Persa.

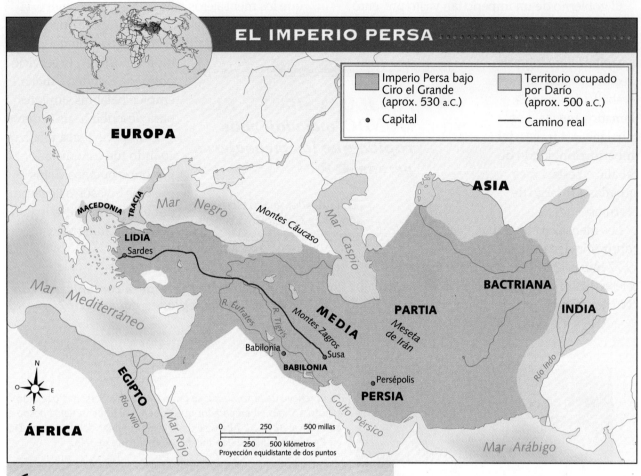

EL IMPERIO PERSA

Leyenda:
- Imperio Persa bajo Ciro el Grande (aprox. 530 a.C.)
- Territorio ocupado por Darío (aprox. 500 a.C.)
- Capital
- Camino real

EUROPA

MACEDONIA
TRACIA
Mar Negro
Montes Cáucaso
Mar Caspio
ASIA
LIDIA
Sardes
BACTRIANA
Mar Mediterráneo
R. Éufrates
R. Tigris
Montes Zagros
MEDIA
PARTIA
Meseta de Irán
INDIA
Babilonia
Susa
BABILONIA
Río Indo
EGIPTO
Persépolis
PERSIA
N O E S
Río Nilo
Mar Rojo
Golfo Pérsico
ÁFRICA
Mar Arábigo

0   250   500 millas
0   250   500 kilómetros
Proyección equidistante de dos puntos

MOVIMIENTO El Imperio Persa logró su máxima expansión bajo el mando de Ciro el Grande.
■ ¿En qué continentes añadió Darío nuevos territorios?

Cuando los persas invadieron esa región, la monarca asiática envió su ejército más pequeño para hacer frente a las fuerzas de Ciro. La amarga batalla fue descrita del siguiente modo por un cronista de la época:

❝En un principio ambos ejércitos mantuvieron la distancia y se dispararon flechas. Cuando sus carcajes se vaciaron, lucharon cuerpo a cuerpo con lanzas y puñales. Y de este modo continuaron la batalla por un tiempo, sin que ninguna de las partes cediera terreno.❞

Finalmente, los soldados de Tomyris mataron a casi todos los persas, incluyendo a Ciro. Esa batalla puso fin a la expansión del Imperio Persa.

¿Quién creó el Imperio Persa?

DARÍO, EL ORGANIZADOR DEL IMPERIO PERSA

Darío, un gobernante persa posterior a Ciro, se encargó de organizar el vasto imperio. Su éxito se basó en la decisión de dar a los pueblos del imperio plena libertad para mantener sus costumbres. Además eligió a gobernantes locales para que gobernaran a su propia gente con justicia.

Los territorios conquistados por los persas debían enviar anualmente un **tributo**, o pago, al emperador. En Persépolis, la capital fundada por Darío, hay grabados en piedra en los que se representa a diferentes pueblos pagando sus tributos. Allí se muestra a los babilonios llevando ganado, a los asirios portando cueros curtidos y a los indios cargando recipientes de oro en polvo. Otros pueblos aparecen ofreciendo paños finos, cerámicas, caballos y camellos.

Capítulo 6 • **193**

El gobierno de un imperio tan vasto presentó un desafío para Darío. ¿Cómo podía comunicarse con regiones situadas a miles de kilómetros de la capital? Para lograrlo, creó un sistema de jinetes a caballo. Los jinetes, llamados **mensajeros**, cabalgaban a través del imperio, cambiando de caballo en estaciones situadas a lo largo de las rutas.

Los mensajeros lograban cubrir una distancia de 1,677 millas (2,699 km) en una semana. El célebre historiador griego Heródoto escribió: "No hay nada en el mundo que viaje más rápido

> ❝ *NO HAY NADA EN EL MUNDO que viaje más rápido que los mensajeros persas.* ❞
>
> El historiador griego Heródoto, año 440 a.C. aproximadamente

que los mensajeros persas. Nada, ni la nieve, la lluvia, el calor o la oscuridad, impide que estos mensajeros cubran su ruta asignada lo más rápido posible". El servicio postal de Estados Unidos emplea palabras similares para describir a sus carteros.

El Imperio Persa finalizó cuando fue conquistado por otros pueblos. Estos pueblos invasores llegaron por el oeste desde la región del mar Mediterráneo.

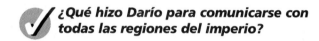

¿Qué hizo Darío para comunicarse con todas las regiones del imperio?

En el relieve de la izquierda se puede ver a dos personas pagando tributo a Darío, el emperador que gobernó al Imperio Persa desde el año 522 al 486 a.C. Abajo se muestran las ruinas del palacio de Darío en Persépolis, una ciudad que hoy forma parte de Irán.

ZARATUSTRA, EL PROFETA

Los primeros persas adoraban a muchos dioses, hasta que un profeta llamado Zaratustra fundó una nueva religión. Un **profeta** es una persona a la que se le atribuye ser portadora de un mensaje divino. La religión creada por Zaratustra se llamó **zoroastrismo**.

El zoroastrismo se basaba en la existencia de dos dioses. Ormuz, o "Dios sabio", era una divinidad bondadosa que representaba el bien. El otro dios y enemigo de Ormuz era Ahrimán. Según esta religión, el bien y el mal, encarnados en estos dos dioses, están en lucha continua. La batalla terminará un día con la victoria del bien. "La Tierra es un campo de batalla, una lucha entre las fuerzas de la luz y las fuerzas de la oscuridad", dijo Zaratustra. Los seguidores de esta religión también creen, como los cristianos, en la existencia de un paraíso más allá de la muerte.

A medida que los persas expandían el imperio, también diseminaban sus costumbres. Pero al

El relieve de arriba, del año 800 a.C. aproximadamente, representa a Ormuz, el dios de la verdad y la bondad del zoroastrismo. A la izquierda se ve un sacerdote zoroástrico llevando ramas para encender un fuego sagrado.

debilitarse tuvieron que luchar por mantener su herencia cultural, primero contra los griegos y luego contra los bizantinos. Las luchas continuaron hasta el año 750 d.C., cuando los árabes conquistaron la región e implantaron su propia religión: el islam.

 **¿Qué es el zoroastrismo?**

LECCIÓN 4 • REPASO

Comprueba lo que aprendiste

1. **Recuerda los datos** ¿Quién logró la máxima extensión del Imperio Persa?
2. **Concéntrate en la idea principal** Menciona un logro de cada uno de estos personajes: Ciro, Darío y Zaratustra.

Piensa críticamente

3. **Piensa más sobre el tema** ¿Por qué era importante que los mensajes llegaran con rapidez a todas partes del Imperio Persa?
4. **Causa y efecto** ¿Qué podría haber pasado si Ciro hubiera ganado la batalla contra la reina Tomyris?

5. **Ayer y hoy** Piensa en un gobernante contemporáneo que admires. ¿Cómo crees que ese gobernante transformó el gobierno que representa?

Muestra lo que sabes

 **Actividad: Discurso** ¡Felicitaciones! Has sido elegido presidente de tu clase. Escribe un discurso en el que describas los cambios que, como gobernante poderoso pero justo, pretendes llevar a cabo. Después lee tu discurso en voz alta. Si puedes, grábalo para escuchar como suena. Presenta el discurso ante tus familiares o tus compañeros de clase.

REPASO

CONECTA LAS IDEAS PRINCIPALES

Usa este organizador para mostrar cómo están relacionadas las ideas principales del capítulo. Copia el organizador en una hoja de papel y complétalo escribiendo dos detalles de cada idea principal.

India y Persia

Los arios transforman la India

La llegada de los arios a la India cambió el modo de vida de los nativos.

1. _____
2. _____

La unificación de la India

Los gobernantes maurya y gupta emplearon métodos distintos para unificar a la India.

1. _____
2. _____

El Imperio Persa

Los gobernantes poderosos jugaron un papel importante en el desarrollo del imperio y de la civilización persas.

1. _____
2. _____

ESCRIBE MÁS SOBRE EL TEMA

1. **Escribe preguntas** Escribe cinco preguntas que te gustaría hacer a un practicante actual del hinduismo.

2. **Escribe para comparar** Redacta varios párrafos sobre las similitudes y las diferencias entre el hinduismo y el budismo.

3. **Escribe una descripción** La siguiente cita del *Arthashastra* describe cómo gobiernan algunos gobernantes: "El gobierno es la ciencia del castigo". ¿Crees que castigar a los ciudadanos es un buen modo de gobernar? ¿Por qué? Escribe una breve descripción personal de un gobierno competente.

USA EL VOCABULARIO

Escribe una o dos oraciones con cada grupo de palabras para mostrar cómo se relacionan entre sí dichas palabras.

1. sánscrito, *Vedas*

2. hinduismo, casta, intocables

3. números arábigos, vacuna

4. profeta, zoroastrismo

COMPRUEBA LO QUE APRENDISTE

1. ¿Qué ventaja tenían los arios sobre los nativos de la India en la lucha por las tierras de cultivo?

2. ¿Cuáles son algunas de las cosas que los arios introdujeron en la India?

3. ¿Cuáles son los tres dioses principales del hinduismo?

4. ¿Qué influencia tuvo el sistema de castas en la antigua sociedad india?

5. ¿Qué hizo que Siddartha Gautama emprendiera su búsqueda del saber?

6. ¿Cuál fue el momento decisivo en la vida de Asoka?

7. ¿Qué avances importantes se produjeron durante la edad de oro de la India?

8. ¿Qué consecuencias tuvo en Persia el sistema de mensajeros ideado por Darío?

PIENSA CRÍTICAMENTE

1. **Piensa más sobre el tema**   ¿Cómo la creencia en la reencarnación puede haber ayudado a las personas que vivían en el subcontinente indio y que formaban parte del sistema de castas?

2. **Explora otros puntos de vista**   ¿Qué opinión tenía, probablemente, un sacerdote indio acerca del sistema de castas? ¿Cuál podría haber sido la opinión de una persona considerada intocable?

3. **Ayer y hoy**   El budismo se ha extendido a muchos países de culturas diferentes. ¿Por qué crees que esta religión se practica en tantas partes del mundo?

4. **En mi opinión**   Imagina que eres miembro de la clase sudra, a la que también pertenecen los obreros, artesanos y sirvientes. ¿Crees que te resignarías a permanecer en esta casta toda la vida? Explica por qué.

APLICA TUS DESTREZAS GEOGRÁFICAS

Cómo usar un mapa cultural   Elige un país de cualquier lugar del mundo. Usa una enciclopedia para determinar cómo se distribuyen las religiones y lenguas principales de ese país. Haz un mapa con esa información. Usa colores y símbolos para representar las religiones y lenguas. Cuando termines, intercambia tu mapa con un compañero. Escribe una breve descripción de la información que aparece en el mapa de tu compañero.

LEE MÁS SOBRE EL TEMA

The Blue Jackal de Rashmi Sharma; Vidya Books. Este relato, basado en una antigua fábula india, demuestra que el color de la piel no tiene ninguna relación con las virtudes o defectos de una persona.

The King's Chessboard de David Birch; Dial. Un rey, demasiado orgulloso como para admitir que no lo sabe todo, aprende una lección muy importante al concederle un deseo a un hombre sabio.

The Red Lion: A Tale of Ancient Persia de Diane Wolkstein; Harper Collins. En este relato, el futuro rey de Persia debe probar su valentía en un combate contra el feroz León Rojo. ¿Aceptará el reto o escapará?

The Story of Wali Dad de Kristinas Rodanas; Lothrop, Lee & Shepard. La generosidad de un humilde segador desencadena una asombrosa serie de eventos.

LOS ESTUDIOS
SOCIALES Y TÚ

LA RELIGIÓN en el MUNDO DE HOY

La religión ha sido desde siempre una parte importante de nuestra vida. La religión une a las personas que comparten una creencia. En muchos países existe una religión mayoritaria e incluso oficial. Más del ochenta por ciento de la población de la India pertenece al hinduismo. En Japón, la mayoría de las personas profesan el budismo y el sintoísmo.

A diferencia de muchos países, Estados Unidos se fundó sobre la idea de la libertad religiosa. La Declaración de Derechos de la Constitución de Estados Unidos de América otorga a los ciudadanos la libertad de profesar la religión que deseen, cualquiera que ésta sea. Por eso, en este país conviven personas de religiones que se han profesado durante siglos, como el cristianismo, el islam, el hinduismo, el budismo y el judaísmo. En Estados Unidos también conviven personas que practican muchas religiones más recientes. De hecho, ¡en nuestro país existen más de mil grupos religiosos!

PIENSA Y APLICA

Busca información en los medios de comunicación para conocer el modo en que las diferencias religiosas afectan la vida de las personas en las escuelas, en el gobierno y en otras partes de la sociedad. Busca ejemplos de nuestro país y de otros lugares. Luego, con otro estudiante, haz una exposición visual de la información y muéstrala a tus compañeros.

EL BUEN CIUDADANO

CUADROS DE LA HISTORIA

Examina las ilustraciones que aparecen en este cuadro de la historia para repasar los acontecimientos que se presentan en la Unidad 3.

Resume las ideas principales

1. El filósofo chino Confucio vivió en una época de inestabilidad conocida como el Período de los reinos combatientes. Confucio enseñó que se necesitaban ciertas virtudes para organizar la sociedad.

2. El emperador Shi Huangdi unificó muchos estados independientes y creó así el primer Imperio Chino. Sus logros más notables fueron la construcción de la Gran Muralla y la estandarización de la moneda, pesos y medidas y la escritura.

3. Durante la dinastía Han hubo grandes avances políticos, literarios, comerciales y de recopilación histórica.

4. La llegada de los arios al subcontinente indio produjo muchos cambios en la región.

5. El hinduismo y el budismo nacieron en la India antigua e influyeron en Asia por siglos.

6. La dinastía Gupta de la India hizo posible una época de avances en el arte, la literatura, las matemáticas y la medicina.

7. Gobernantes poderosos como el rey Darío posibilitaron el desarrollo del Imperio Persa.

Analiza las ilustraciones Observa atentamente cada ilustración. ¿Qué detalles se muestran de cada período? Después de mirar cada escena, escribe una descripción breve de cada una de ellas.

TALLER DE APRENDIZAJE COOPERATIVO

Recuerda

- Comparte tus ideas.
- Coopera con los demás para planificar el trabajo.
- Responsabilízate por tu trabajo.
- Muestra a la clase el trabajo de tu grupo.
- Comenta lo que has aprendido trabajando en grupo.

Actividad 1
Crear un cartel con la clase

Trabaja con toda la clase para hacer un cartel que ilustre las cinco virtudes del confucianismo. Recorta fotos de periódicos y revistas que muestren a personas realizando acciones que ejemplifiquen cada virtud. Agrupa las imágenes de una virtud en un mismo lugar del cartel. Después titula cada virtud y exhibe el cartel fuera del salón de clases.

Actividad 2
Publicar un folleto

Los modos de vida de la India y China cambiaron a raíz de los logros de sus respectivas edades de oro. Haz un folleto con un grupo pequeño de compañeros en el que se muestren estas innovaciones. Este folleto debe tener dos capítulos titulados *La edad de oro de China* y *La edad de oro de la India*. Cada miembro del grupo debe tener una tarea específica. Uno, por ejemplo, puede dedicarse a recopilar información, otro puede ser el dibujante y un tercero, el escritor. Cada participante debe hacer una corrección de pruebas del folleto. Cuando hayas terminado, muestra el trabajo al resto de la clase.

Actividad 3
Hacer un plan de viaje

Imagina que tienes la oportunidad de visitar China. Haz una lista de lugares históricos que te gustaría visitar. Junto a cada lugar, explica por qué te gustaría visitarlo.

Actividad 4
Contar una fábula

Con tres o cuatro compañeros, piensa en un mensaje que desearías comunicar al mundo. Después, tu grupo debe escribir una fábula que contenga dicho mensaje en forma interesante. Cuando termines haz una representación oral ante la clase.

USA EL VOCABULARIO

Usa las palabras de la siguiente lista para completar las frases.

administración pública   misionero
mensajero   reencarnación
legalismo

1. La _____ se encarga de las tareas cotidianas relacionadas con el funcionamiento de un gobierno.

2. Un jinete que llevaba recados por todo el Imperio Persa recibía el nombre de _____.

3. La creencia de que el alma continúa viviendo después de la muerte y regresa a la vida en otro cuerpo se conoce como _____.

4. El _____ sostenía que el gobierno debía controlar al pueblo a través del miedo al castigo severo.

5. Un instructor religioso que viaja a otros países para difundir su religión se llama _____.

COMPRUEBA LO QUE APRENDISTE

1. ¿Cuál fue la causa del derrumbe del sistema político de China en el siglo VIII a.C.?

2. ¿Que filósofo chino comparó la sociedad con la familia?

3. ¿Cuáles fueron algunos inventos logrados durante la edad de oro de la dinastía Han?

4. ¿Quiénes eran los intocables?

5. ¿Quién era Zaratustra? ¿Qué religión fundó?

PIENSA CRÍTICAMENTE

1. En mi opinión ¿Cómo piensas que era la vida durante las dinastías Zhou, Qin y Han?

2. Causa y efecto ¿Qué efecto tuvo el Período de los reinos combatientes en la sociedad china?

3. Ayer y hoy La llegada de los inmigrantes arios a la India transformó la vida de los nativos. ¿Cómo crees que la inmigración a Estados Unidos afecta a la sociedad de este país?

APLICA TUS DESTREZAS GEOGRÁFICAS

Cómo usar un mapa cultural Los títulos del mapa siguiente indican las distintas áreas culturales de China. Los colores representan las lenguas. Consulta el mapa para responder las siguientes preguntas.

1. ¿En qué partes de China se habla alguna lengua que no sea el chino?

2. ¿Por qué crees que hay más diversidad cultural en las fronteras de China?

3. ¿Qué pueblos viven sobre las fronteras oeste y sur de China?

CHINA ACTUAL: POBLACIÓN Y GRUPOS CULTURALES

0   500   1,000 millas
0   500   1,000 kilómetros
Proyección equidistante de dos puntos

KAZAJ
UIGUR
KIRGUIZ
MONGOL
HUI
HAN
YI
BAI
HANI
DAI
BOUYEI
ZHUANG
MIAO
YAO
HAN
HAN
Harbin
Shenyang
Beijing
Tianjin
Nanjing
Shanghai
Wuhan
Chengdu
Chongqing
Guangzhou

Lenguas Sino-tibetanas

Mandarín
Cantonés
Tibetano
Kam-tai
Miao-yoa

Otras lenguas

Tayik
Turcomano
Mongol
Manchú-tungús
Coreano

HAN Grupo cultural

UNIDAD 4

EL MEDITERRÁNEO

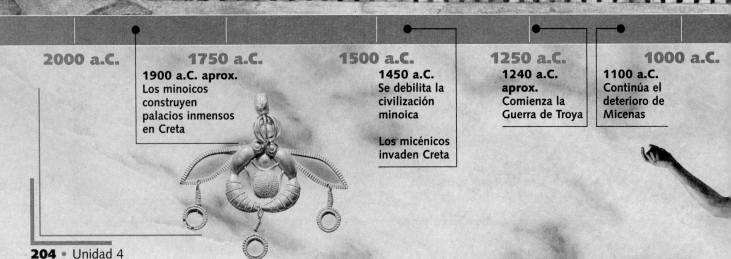

2000 a.C.   **1750 a.C.**   **1500 a.C.**   **1250 a.C.**   **1000 a.C.**

1900 a.C. aprox.
Los minoicos
construyen
palacios inmensos
en Creta

1450 a.C.
Se debilita la
civilización
minoica

Los micénicos
invaden Creta

**1240 a.C.
aprox.**
Comienza la
Guerra de Troya

1100 a.C.
Continúa el
deterioro de
Micenas

*E*ntre los años 3000 a.C. y 500 d.C. se desarrollaron muchas civilizaciones en la región del Mediterráneo, entre ellas las civilizaciones griega y romana. Los griegos, y posteriormente los romanos, copiaron ideas de otras sociedades que existieron durante su época. Asimismo, los romanos basaron gran parte de su civilización en la cultura griega. Al mismo tiempo, ambos pueblos desarrollaron nuevas maneras de pensar y nuevas ideas acerca de la ciencia, la política, la literatura, el lenguaje y las artes. A lo largo de la historia, se han admirado mucho los logros y descubrimientos de las civilizaciones griega y romana.

← En esta pintura que data de hace 3,500 años se muestra la antigua ceremonia religiosa minoica de saltar sobre toros.

750 a.C.	500 a.C.	250 a.C.	a.C. d.C.	250 d.C.
800 a.C. aprox. Surgen las primeras ciudades estado en Grecia	**509 a.C.** Se establece la República Romana	**331 a.C.** El Imperio de Alejandro Magno alcanza su apogeo	**27 a.C.** Se establece el Imperio Romano	**313 d.C.** El cristianismo se convierte en la religión oficial del Imperio Romano

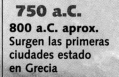

49 a.C. Julio César cruza el Rubicón con su ejército

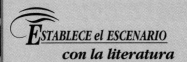
EL VENGADOR

Margaret Hodges

Como ocurre en el mundo moderno, también en las antiguas civilizaciones mediterráneas la gente disfrutaba con los deportes. Estos pueblos creían en "mente sana, cuerpo sano". Los antiguos griegos, por ejemplo, incluían competiciones atléticas en sus festivales religiosos. La competición más famosa de las que se celebraban en Grecia eran los Juegos Olímpicos.

Los griegos organizaban los Juegos Olímpicos cada cuatro años en honor a Zeus, el más poderoso de sus dioses. Ciudades y pueblos como Atenas, Esparta, Asini, Elis y Delfos enviaban a sus mejores atletas para que participaran en carreras, lanzamientos y luchas. Al igual que los atletas olímpicos de nuestros días, estos jóvenes competían por su honor propio, el de sus lugares de origen y el de sus familias.

Lee ahora la historia de un atleta de 15 años llamado Alexis, que tomó parte en los Juegos Olímpicos del año 492 a.C. representando a la ciudad griega de Asini. Durante la lectura, imagina lo que verías, escucharías y sentirías si estuvieras asistiendo a los Juegos Olímpicos de la antigüedad o participando en ellos.

Los personajes:

Alexis: joven atleta de Asini
Lampis: atleta rival de Esparta
Dion: hermano de Alexis
Niki: hermana de Alexis
Aristes: padre de Alexis
Telamón: entrenador de Alexis

A la primera luz del día, los atletas regresaron al Altis[1] y se congregaron alrededor del altar de Zeus, en el centro del olivar sagrado. El altar se elevaba a gran altura, con las cenizas de sacrificios ofrecidos durante más años de los que cualquier hombre vivo podía recordar, o incluso imaginar. Un sacerdote avanzó a través de la muchedumbre, llevando una antorcha del fuego eterno que ardía en el altar de Hestia, diosa del hogar. Subió los peldaños hasta la parte más alta del altar de Zeus y prendió fuego al montón de madera allí apilado. El olor a álamo quemado y a incienso se extendió por el olivar. Luego, la llama olímpica crepitó entre el humo, y de la multitud se elevó un suspiro como el ruido de una ola al romper en una playa enorme. Algunos delegados se aproximaban con los sacrificios de ese año para los Juegos, cestas de carne con los muslos de un centenar de vacas que habían sido llevadas al sacrificio con los cuernos pintados de oro y guirnaldas[2] de flores alrededor del cuello. Por fin, el fuego se apagó, y sobre las cenizas echaron agua del Alfeo[3]. Cuando éstas se enfriaran, se endurecerían y alisarían, y el altar de Zeus se habría elevado aún más cerca del cielo; tierra, aire, fuego y agua, entremezclados para alabar al señor de todas las cosas. En la última noche de los Juegos, satisfechos los dioses, la muchedumbre celebraría un festín.

Alexis recordaba lo que había ocurrido, como si hubiera sido un sueño. Sin saber cómo, llegó al estadio para la carrera de los muchachos. Las laderas se habían comenzado a llenar; muchos de los participantes de la jarana[4] de la noche anterior se habían tumbado a dormir allí. Alexis sorteó su turno. Por suerte, iba a correr en la primera eliminatoria[5] y tendría tiempo para descansar mientras se corrían las otras cuatro, suponiendo que consiguiera clasificarse para las finales. En la primera carrera participaron quince muchachos, pero Lampis no era uno de ellos.

Recordaba muy poco desde el momento en que puso la punta del pie en la línea de salida y escuchó la trompeta hasta que alcanzó la meta. Sólo sabía que otro corredor había estado por delante de él casi hasta el final. Luego, con la sangre latiéndole en los oídos y los pulmones a punto de reventar, había conseguido acortar la distancia. Pero no supo que había ganado hasta que cayó entre la muchedumbre en la línea de llegada y sintió que le daban golpes en la espalda y gritaban:

—¡Asini, Asini ha ganado la primera eliminatoria! ¡Alexis de Asini!

Tenía la boca seca, y la cabeza le latía. Su padre y Dion le estaban abriendo camino entre la multitud, hacia un lavabo de piedra donde bebió un largo trago antes de caer sobre la hierba. No podía creer que había ganado. ¿Podría correr de nuevo? Necesitaba tiempo, y no se tardaba mucho en acabar cuatro eliminatorias más.

Con gran cuidado, Telamón le estaba dando un masaje en los músculos de las piernas.

—Hay tiempo suficiente. Los jueces tienen que anunciar el nombre y la ciudad de cada participante, y los árbitros suelen estar en desacuerdo sobre quién ha ganado, y es posible que haya algunas salidas en falso. Estarás preparado.

---

[1] **Altis:** nombre del olivar sagrado
[2] **guirnalda:** corona de flores
[3] **Alfeo:** río de Grecia
[4] **jarana:** fiesta ruidosa

[5] **eliminatoria:** parte de una competición

Ocurrió lo que Telamón había dicho. En dos ocasiones las eliminatorias se retrasaron cuando los corredores salieron en falso y, como castigo, recibieron un fuerte golpe propinado por los jueces con largos palos bifurcados. Pero Lampis ganó con facilidad su eliminatoria, y pronto comenzaron a anunciar la carrera final de muchachos.

Aristes y Dion abrazaron a Alexis. El ruido de la multitud le impedía escuchar sus palabras —algo sobre Lampis, algo sobre Asini—, pero sabía lo que querían decir, y asintió mientras se acercaba a la línea de salida.

"Eucles de Atenas…" Y en todo el estadio los atenienses gritaron para animar a su corredor. "Sotades de Elis… Lampis de Esparta… Alexis de Asini… Troilo de Delfos…"; cada nombre era recibido con vítores en algunas zonas del estadio y con silencio por aquellos cuyos campeones ya habían sido eliminados por uno de los finalistas o cuya ciudad había combatido recientemente en una guerra contra la ciudad del atleta nombrado.

Alexis siguió con la vista la pista del estadio hasta la línea de llegada. Lampis era el favorito al que tenía que superar, y debía hacerlo por Asini. Pero Lampis siempre se ponía en cabeza desde el primer momento. Si Alexis, cansado como estaba, se quedaba detrás, nunca podría recuperar al final el terreno perdido. Debía empezar con rapidez, permanecer cerca de Lampis durante la carrera y acelerar aún más en el último tramo. Respiró a fondo, soltó el aire y se inclinó hacia delante, los dedos de los pies agarrándose a la piedra de salida. La trompeta sonó y los corredores salieron disparados.

Por el rabillo del ojo, Alexis vio a su izquierda a Lampis y al muchacho de Elis, que corrían con soltura. A su derecha no había nadie. Atenas y Delfos se habían quedado algo retrasados. Otro vistazo le mostró que Lampis estaba tomando la delantera. Alexis sintió que los pulmones y las piernas realizaban un doloroso esfuerzo. Luego, de repente, escuchó: "Pertenezco a Zeus"; fue como si alguien le dijera esas palabras. En su cabeza vio la playa de Asini y sintió que la respiración se hacía más fácil y poderosa. Los músculos de las piernas le obedecían y estaba adelantando a Lampis. En la línea de llegada, la muchedumbre que se había congregado se abalanzó sobre él.

Todo había terminado. Alexis era el vencedor. Una lluvia de flores y de ramas de olivo le caía en la espalda, brazos lo golpeaban… y entonces, entre todos los rostros desdibujados, reconoció una cara familiar, una cara que le hizo pensar que se estaba volviendo loco. Todo ocurrió en un segundo. Unos brazos delgados le rodearon el cuello y la voz de una muchacha le dijo al oído:

—¡Has triunfado y yo he sido testigo de tu victoria! ¡Oh, eres magnífico!

Era Niki. Niki, donde ninguna mujer podía asistir a los juegos so pena de muerte; Niki, con el pelo recortado como el de un muchacho y llevando una de las viejas túnicas de Alexis, que debía de haber traído de la casa, planeando esto desde el principio. Aunque nadie parecía mirarla, a Alexis se le heló la sangre.

—¡Estás loca! —le susurró—. ¡Rápido! Vete antes de que sea tarde. Ya sabes cuál es la pena.

—No creo en la pena.

Y tras dedicarle una deslumbradora sonrisa, desapareció entre la multitud.

Telamón secó el sudor de la frente de Alexis, su padre y su hermano lo elevaron sobre sus hombros, y sus conciudadanos le pusieron una corona de flores sobre la cabeza. Le ataron una cinta alrededor del brazo, otra en el muslo y lo llevaron hasta el asiento de piedra de los jueces para que recibiera el ramo de palma que serviría como símbolo de la victoria hasta la última noche, en que los triunfadores serían coronados con olivo silvestre. Mientras miraba hacia abajo desde el lugar elevado que ocupaba, confundido y sonriente, Alexis vio a Lampis, con las mejillas pálidas y cubiertas de lágrimas, que abandonaba a la muchedumbre seguido por su cabizbajo entrenador. Una vez más, en medio de su propio triunfo, Alexis sintió lástima. Era un síntoma de debilidad y debía tratar de superarlo. No quiso imaginarse la llegada de Lampis a Esparta.

A medida que vayas conociendo los antiguos pueblos del Mediterráneo, irás descubriendo por qué Alexis sintió lástima de Lampis, el corredor de Esparta. También aprenderás que los antiguos griegos son recordados en nuestros tiempos por otras cosas, además de por los Juegos Olímpicos.

LA ANTIGUA GRECIA

> **"** Aquí los individuos no sólo se interesan por sus asuntos personales, sino también por los asuntos del estado. **"**
>
> Pericles, gobernante ateniense, 450 a.C.

Estatua de un joven auriga, esculpida alrededor del año 470 a.C.

LOS PRIMEROS HABITANTES
DE GRECIA

Conexión con nuestro mundo

¿Cuáles son las causas por las que una cultura pierde o toma posesión de una región?

Concéntrate en la idea principal
A medida que leas, piensa en cómo diferentes culturas conquistaron Grecia con el transcurso del tiempo.

Anticipa el vocabulario
istmo
intercambio cultural
poema épico

A lo largo de los siglos, varias culturas diferentes se establecieron en lo que hoy se conoce como Grecia. Directa o indirectamente, cada una de esas culturas contribuyó a la formación de la civilización griega.

MONTAÑAS Y MAR

La Grecia actual ocupa una extensa península en el extremo sur de Europa oriental. Esta península, la península balcánica, describe una curva hacia el sur y el este hasta el mar Mediterráneo, y se extiende hasta una parte del continente asiático llamada Asia Menor. Hoy en día, Turquía ocupa el territorio de Asia Menor. Turquía y Grecia están separadas por el mar Egeo, un brazo del mar Mediterráneo donde existen muchas islas.

El mar circundante llega hasta la parte sur de la península Balcánica. De hecho, prácticamente divide a la península en dos. La parte sur, llamada el Peloponeso, está conectada al resto del continente por una pequeña lengua de tierra, o **istmo**.

Casi tres cuartas partes del territorio de Grecia están cubiertas por montañas. La tierra fina y rocosa y el clima seco permitieron que los primeros agricultores de la región plantaran aceitunas, uvas y cereales. Además, criaban ovejas, cabras, cerdos y reses con el fin de utilizar sus pieles para la confección de ropa.

El territorio escarpado de Grecia dificultaba el desplazamiento y prácticamente imposibilitaba el comercio. Los habitantes de cada aldea de montaña tenían que subsistir con los alimentos que producían.

El territorio montañoso de Grecia dificultaba el desplazamiento y el comercio.

211

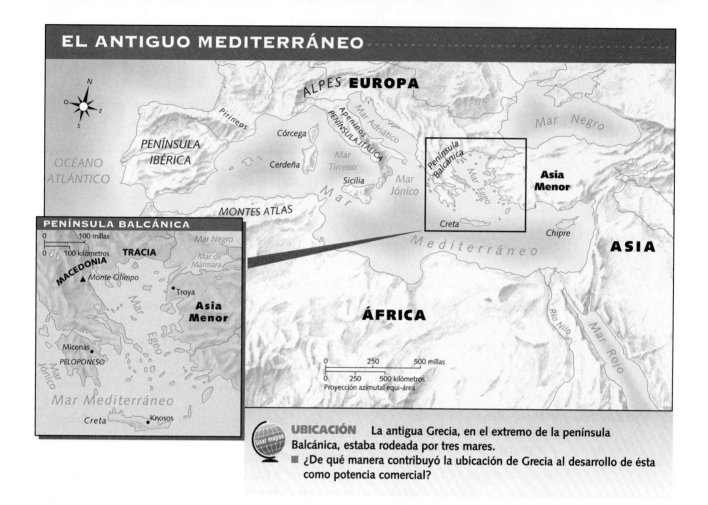

EL ANTIGUO MEDITERRÁNEO

EUROPA
ALPES
Pirineos
PENÍNSULA IBÉRICA
OCÉANO ATLÁNTICO
Córcega
Cerdeña
Mar Tirreno
Sicilia
Apeninos
PENÍNSULA ITÁLICA
Mar Adriático
Mar Jónico
Península Balcánica
Mar Egeo
Mar Negro
Asia Menor
Creta
Chipre
MONTES ATLAS
Mar Mediterráneo
ASIA
ÁFRICA
Río Nilo
Mar Rojo

PENÍNSULA BALCÁNICA

0   100 millas
0   100 kilómetros
TRACIA
MACEDONIA
▲ Monte Olimpo
Mar Negro
Mar de Mármara
Troya
Asia Menor
Micenas
PELOPONESO
Mar Jónico
Mar Egeo
Mar Mediterráneo
Creta
Knosos

0   250   500 millas
0   250   500 kilómetros
Proyección azimutal equi-área

UBICACIÓN   La antigua Grecia, en el extremo de la península Balcánica, estaba rodeada por tres mares.
■ ¿De qué manera contribuyó la ubicación de Grecia al desarrollo de ésta como potencia comercial?

Debido a que no existía ningún tipo de comunicación entre las aldeas de montaña, cada una de ellas formó su propio gobierno y se convirtieron en regiones fuertemente independientes.

El mar conectaba a los griegos con Asia y África. Los griegos que vivían cerca del mar Mediterráneo se convirtieron en pescadores, navegantes y comerciantes. El hecho de que Grecia contara con escasos recursos naturales llevó a los griegos a fomentar el comercio con otros pueblos.

La ubicación de Grecia en la región este del Mediterráneo la convertía en un perfecto centro de comercio. Los comerciantes que navegaban por el Mediterráneo siempre estaban dispuestos a trocar sus productos por el aceite de oliva, la lana y el vino de Grecia. Entre los años 3000 y 1500 a.C. se desarrolló el primer gran centro de comercio en la isla de Creta, al sur de Grecia.

✓ **¿De qué manera afectó la geografía al estilo de vida de los habitantes de la antigua Grecia?**

LOS MINOICOS

Creta está situada a 60 millas (97 km) al sur del Peloponeso. El poeta griego Homero describió Creta como "una tierra hermosa y rica, bañada por las olas".

Hacia el año 1900 a.C. los habitantes de Creta construyeron inmensos palacios, que eran como pequeñas ciudades. Desde ellos administraban los asuntos del gobierno y controlaban los campos aledaños. Quizá también fueran centros religiosos.

Los arqueólogos desenterraron las ruinas de cuatro palacios. El más grande, el de Knosos, tenía la altura de un edificio de tres pisos.

A los minoicos se los recordará a través de la historia por sus hermosos murales.

Knosos y otros dos palacios contaban con amplios patios centrales y lugares para almacenar comida. Las paredes estaban decoradas con hermosas pinturas que representaban escenas apacibles.

Se llama minoico al pueblo que construyó Knosos y otras ciudades de Creta. El nombre deriva del legendario rey Minos. Si Minos existió, probablemente gobernó Creta durante la época más floreciente de la civilización minoica, entre los años 1760 y 1550 a.C.

Los minoicos eran comerciantes marinos. Comerciaban con pueblos de África, Asia y Europa. Egipto y Siria eran tan sólo dos de sus socios comerciales. Las embarcaciones minoicas transportaban aceite de oliva, vino, lana, vasijas de barro y otros bienes desde Creta hasta puertos extranjeros. Las embarcaciones volvían repletas de tesoros, tales como cobre, estaño y oro. Los minoicos fueron uno de los primeros pueblos en mezclar cobre y estaño para hacer bronce. Con el bronce fabricaban hermosos tazones y otros objetos.

Para mantener un registro de sus actividades comerciales, los minoicos desarrollaron un sistema de escritura. Lamentablemente, es posible que parte de los documentos escritos hayan sido destruidos en un incendio que arrasó el reino minoico hacia el año 1450 a.C. Solamente se preservaron registros inscritos en tablillas de barro. Algunos historiadores piensan que el

Los delfines eran tan sólo uno de los temas de los artistas minoicos. Este mural decoró la Sala de la Reina en el palacio de Knosos.

incendio puso fin a la civilización minoica. Otros creen que fue un poderoso terremoto lo que causó la destrucción de la isla. Es posible que nunca se conozca con certeza cómo terminó el reino Minoico.

 **¿Qué aspecto tenían los palacios minoicos?**

LOS MICÉNICOS

Durante los últimos años de su reino, los mercaderes minoicos comenzaron a comerciar con la ciudad de Micenas, cerca de la costa de la región montañosa del Peloponeso. Al parecer los micénicos eran una civilización guerrera que calculaba su poderío según el número de armas que poseía.

A través de las relaciones comerciales, los micénicos aprendieron muchas de las costumbres minoicas. Este **intercambio cultural** llevó a los micénicos a adaptar muchos estilos artísticos y diseños de vasijas del pueblo minoico para darles un aspecto más belicoso.

Partes de este palacio de Knosos fueron restauradas a principios de este siglo. ¿Qué conclusiones puedes sacar sobre el antiguo palacio que se muestra en esta fotografía?

Los soldados micénicos utilizaban armaduras de bronce con cascos fabricados con colmillos de jabalí (arriba). Las vasijas micénicas (debajo) a menudo eran decoradas con escenas bélicas.

Asimismo, modificaron la escritura minoica para adaptarla a su lenguaje y también adoptaron algunas creencias religiosas.

En el año 1450 a.C., cuando el reino minoico fue destruido, los micénicos invadieron Creta. Los micénicos controlaron Creta y gran parte del Peloponeso desde el año 1450 a.C. hasta el año 1100 a.C. aproximadamente. Hacia el año 1100 a.C., los micénicos habían comenzado a perder el control sobre Grecia, aunque nadie sabe exactamente por qué. Durante siglos los historiadores pensaron que los dorios, un pueblo guerrero, viajaron hacia el sur e invadieron el Peloponeso, quemando palacios y aldeas durante su marcha. Hoy algunos expertos piensan que un pueblo de navegantes conquistó a los micénicos. Según estos expertos, los dorios simplemente se asentaron en la región después de esta conquista. Otros sostienen que los desacuerdos internos debilitaron a la civilización micénica.

Debe de haber ocurrido un gran cambio para que los micénicos abandonaran su escritura, arte y comercio. Durante el período comprendido aproximadamente entre los años 1100 y 800 a.C., se perdió gran parte del saber minoico y micénico. El antiguo pueblo de Grecia regresó a un estilo de vida más simple.

✔️ **¿De qué pueblo tomaron los micénicos muchas ideas?**

RELATOS Y LEYENDAS ANTIGUAS

Gran parte de lo que sabemos de los micénicos proviene de los relatos de Homero. Cuatro siglos después de que la civilización Micénica hubiera perdido su poderío, Homero escribió **poemas épicos** , o poemas largos que relataban una historia. Estos poemas ayudaron a mantener viva la civilización micénica. Los poemas se basaban en relatos que Homero había escuchado. Estos poemas épicos se han vuelto a narrar a lo largo de la historia.

¿Quién es?

Homero
Siglo VIII a.C.

Los historiadores saben muy poco sobre Homero, el autor de la *Ilíada* y la *Odisea*. Es probable que Homero haya nacido en Ionia, en Asia Menor, entre los años 800 y 700 a.C. La tradición dice que Homero era ciego y que recitaba de memoria los 28,000 versos de sus poemas épicos.

Esta máscara de oro, realizada por un artista micénico, es un testimonio de las antiguas culturas que vivían en lo que hoy es Grecia. ¿Qué tipo de persona crees que representa esta máscara?

Uno de los poemas épicos, la *Ilíada*, relata los acontecimientos que ocurren durante una gran guerra. Otro poema épico, la *Odisea*, describe las aventuras del héroe Ulises durante su largo viaje de regreso a su hogar después de la guerra descrita en la *Ilíada*. Durante su viaje de diez años, Ulises vive muchas aventuras extrañas, entre ellas una pelea con un gigante de un solo ojo. Al mismo tiempo, su esposa, Penélope, trata de resolver los problemas que surgieron a causa de la larga ausencia de Ulises.

Según la tradición, la guerra que describió Homero tuvo lugar entre los griegos y los habitantes de Troya, una ciudad ubicada en lo que hoy es el noroeste de Turquía. A esta guerra se la conoce como la Guerra de Troya.

La leyenda cuenta que la guerra comenzó cuando un príncipe de Troya, llamado Paris, raptó a Elena, la esposa del rey griego. Agamenón, el hermano del rey, marchó con un grupo de soldados hacia Troya para rescatar a Elena. "¡Grecia debe defender su honor!" fue la proclama de guerra.

El conflicto se extendió y parecía no tener fin, cuando a los griegos se les ocurrió una idea ingeniosa para engañar a los troyanos. Construyeron un gran caballo de madera hueco, lo arrastraron hasta las puertas de Troya durante la noche y lo dejaron allí.

El caballo despertó la curiosidad de los troyanos, y a la mañana siguiente lo arrastraron dentro de la ciudad, como los griegos lo habían planeado. Cuando se hizo de noche, unos soldados griegos salieron silenciosamente del interior del caballo y abrieron las puertas de la ciudad al ejército que esperaba afuera. Al día siguiente los griegos habían rescatado a Elena e incendiado la ciudad de Troya.

La leyenda de la Guerra de Troya, los poemas épicos de Homero y otros relatos dejaron constancia de la vida de los antiguos griegos. A partir de estas primeras tradiciones, la civilización griega continuó cambiando y creciendo.

 ¿Cómo Homero mantuvo viva la memoria de la civilización micénica?

LCCIÓN 1 • REPASO

Comprueba lo que aprendiste

1. **Recuerda los datos** ¿Quiénes fueron los minoicos y los micénicos?
2. **Concéntrate en la idea principal** ¿Cuáles fueron las causas probables del debilitamiento de la civilización minoica? ¿Cuáles fueron las causas probables del debilitamiento de la civilización micénica?

Piensa críticamente

3. **Ayer y hoy** ¿Qué podría causar el fortalecimiento y posterior debilitamiento de una cultura actual?
4. **Piensa más sobre el tema** ¿Por qué los micénicos modificaron las ideas minoicas en vez de utilizarlas tal como eran?

Muestra lo que sabes

 Actividad: Mural Haz un mural para mostrar las causas que en tu opinión debilitaron a las culturas micénica y minoica.

LAS CIUDADES ESTADO Y
LA CULTURA GRIEGA

Conexión con nuestro mundo

¿Qué factores pueden hacer que las personas desarrollen estilos de vida muy diferentes?

Concéntrate en la idea principal

A medida que leas, busca las causas por las cuales los antiguos habitantes de Grecia desarrollaron diferentes formas de vida.

Anticipa el vocabulario

polis
acrópolis
ágora
tirano
aristocracia
asamblea

oligarquía
democracia
voluntad de la mayoría
identidad cultural
mito

Cerca del año 800 a.C. los habitantes de Grecia construyeron asentamientos. Al principio, la mayoría vivía en pequeñas aldeas. Con la expansión del comercio de los bienes locales las aldeas se convirtieron en pueblos. Con el tiempo, los pueblos se unieron con otros pueblos y granjas vecinas para formar una **polis**, o ciudad estado.

LAS CIUDADES ESTADO

Para protegerse de los invasores, las comunidades griegas construyeron fortalezas en las cimas de las colinas. Durante los ataques enemigos, los granjeros se refugiaban dentro de las fortalezas. Posteriormente, la fortaleza amurallada, o **acrópolis**, se convirtió en el centro de la vida cotidiana en muchas ciudades estado.

Fuera de la acrópolis existían casas, templos y un mercado al aire libre, que también servía como lugar de reunión, llamado **ágora**. En el ágora se intercambiaban bienes y las noticias del día.

En un principio, las ciudades estado eran gobernadas por reyes o tiranos que tomaban todas las decisiones políticas. En Grecia, un **tirano** era alguien que se apoderaba del gobierno por la fuerza y tenía poder absoluto. Hoy, la palabra tirano nos hace pensar en un gobernante cruel.

Con el tiempo, cada ciudad estado desarrolló su propia forma de gobierno. En algunas, los ricos compartían la autoridad con el rey. Esta clase rica gobernante, o **aristocracia**, estaba constituida por terratenientes y comerciantes. En otras ciudades estado todos los hombres libres, ricos o pobres, participaban en el gobierno. Se reunían en una **asamblea**, o grupo legislativo, para decidir por toda la comunidad.

Casi todas ciudades estado tenían unos 5,000 habitantes. Con el aumento del número de personas surgió la superpoblación, y algunos tuvieron que buscar otro sitio para vivir.

Esta estatuilla del año 375 a.C. muestra una escena cotidiana de la antigua Grecia.

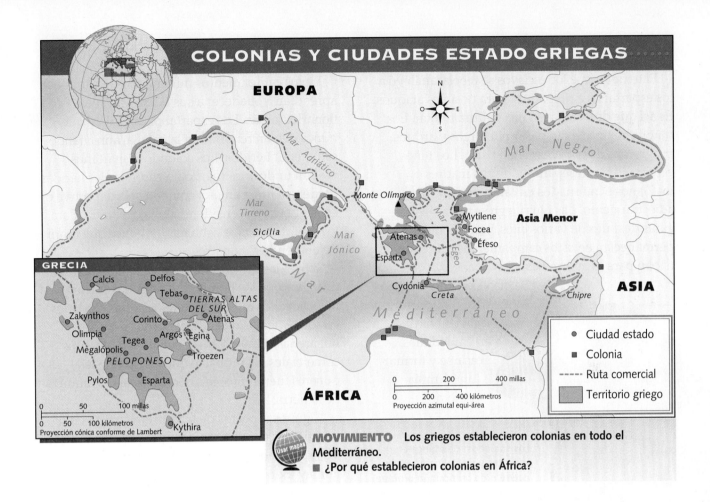

COLONIAS Y CIUDADES ESTADO GRIEGAS

EUROPA

Mar Adriático

Mar Negro

Mar Tirreno

Sicilia

Mar Jónico

Monte Olímpico

Mytilene

Asia Menor

Focea

Éfeso

Atenas

Esparta

Mar Egeo

ASIA

Cydonia

Creta

Chipre

Mediterráneo

ÁFRICA

GRECIA

Calcis

Delfos

Tebas

TIERRAS ALTAS DEL SUR

Zakynthos

Corinto

Atenas

Olimpia

Argos

Egina

Tegea

Mègalòpolis

Troezen

PELOPONESO

Pylos

Esparta

Kythira

0   50   100 millas
0   50   100 kilómetros
Proyección cónica conforme de Lambert

0   200   400 millas
0   200   400 kilómetros
Proyección azimutal equi-área

- ● Ciudad estado
- ■ Colonia
- --- Ruta comercial
- Territorio griego

MOVIMIENTO Los griegos establecieron colonias en todo el Mediterráneo.
■ ¿Por qué establecieron colonias en África?

Varias ciudades estado establecieron colonias, creando así nuevas ciudades estado en Asia Menor, el sur de Europa y el norte de África.

Además de proporcionar espacio para más personas, las colonias brindaron a los griegos recursos naturales y mercados nuevos. A medida que se establecían más colonias, las ideas y costumbres griegas se difundían por la región del Mediterráneo.

Las rivalidades aumentaron a medida que las ciudades estado empezaron a competir por el territorio y las colonias. Las ciudades estado de Esparta y Argos querían el control del Peloponeso. Atenas y Egina combatieron por el gobierno de las mesetas del sur al noreste del Peloponeso. Si bien Esparta y Atenas no eran rivales en un principio, ambas ciudades estado tenían estilos de vida muy diferentes.

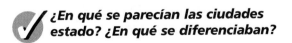 **¿En qué se parecían las ciudades estado? ¿En qué se diferenciaban?**

ESPARTA

En Esparta era común ver soldados desfilando y niños haciendo ejercicio. Los espartanos vivían una vida simple, llena de actividades físicas.

Los espartanos eran descendientes de los colonos dorios. Sus esclavos eran descendientes de los habitantes de la región antes de la llegada de los dorios. Los gobernantes de Esparta creían que sólo a través del poderío militar podían controlar a una ciudad estado que tenía diez veces más esclavos que ciudadanos.

El ejercicio físico era parte importante de la vida diaria en Esparta.

Los expertos creen que quizás vivían hasta 250,000 esclavos y tan sólo 25,000 ciudadanos.

El temor a que los esclavos se rebelaran llevó a los espartanos a prepararse para posibles ataques. Es así que desarrollaron una cultura militar. Los niños y niñas debían pasar por largos y arduos programas de entrenamiento físico. Los niños espartanos eran separados de sus madres a los 7 años e internados en campamentos de adiestramiento. Las niñas regresaban a sus hogares después de varios años, pero los niños permanecían en estos campamentos y se entrenaban para la guerra hasta los 30 años.

Una vez cumplidos los 30 años, los hombres podían convertirse en ciudadanos, casarse y formar una familia, pero no

Los soldados espartanos eran valientes y disciplinados. Este guerrero de bronce aún protege la tumba del rey Leónidas, que vivió durante el siglo V a.C.

quedaban liberados de la obligación de ir a la guerra sino hasta los 60 años.

En los campamentos militares, los espartanos aprendían a obedecer a sus líderes sin cuestionarlos jamás. Los espartanos pensaban que nunca debían rendirse en la batalla, aun cuando estuvieran heridos. Los soldados espartanos usaban uniformes rojos para esconder las heridas. Perder, ya fuera en una competencia deportiva o en la guerra, se consideraba una deshonra. Para los espartanos no existía mayor honor que morir defendiendo a su patria.

Si bien las mujeres de Esparta tenían menos derechos que los hombres, tenían, sin embargo, más derechos que las mujeres de otras ciudades estado. Además de encargarse de las tareas hogareñas, a menudo se ocupaban de asuntos comerciales. Es probable que en Esparta las mujeres fueran propietarias de hasta dos quintos de la tierra.

Algunos aspectos de la vida en Esparta eran los mismos para las mujeres y los hombres. Todos los espartanos vivían una vida simple y modesta. Por ley todos comían "en común, del mismo pan y de la misma carne". Se desalentaba el comercio con el exterior por temor a que nuevas ideas causaran cambios. Por este motivo, muy rara vez los ciudadanos espartanos tenían permiso para viajar fuera de su ciudad estado. Por eso los espartanos dependían de sí mismos y de sus propios recursos. Puesto que no tenían relación con otros pueblos, su estilo de vida no cambió mucho a lo largo de los años.

El sistema de gobierno de Esparta tampoco cambió mucho con el tiempo. Esparta tenía dos reyes, pero ejercían poca autoridad excepto durante períodos de guerra. La ciudad estado también contaba con una asamblea de ciudadanos, pero ésta tampoco tenía mucho poder. El control del gobierno estaba en manos de cinco terratenientes ricos llamados *éforos*. Esta **oligarquía**, o pequeño grupo gobernante, tomaba todas las decisiones con respecto a Esparta. Si bien estricto, el gobierno de Esparta era uno de los más admirados de Grecia.

 ¿Por qué consideraban los espartanos que necesitaban un ejército? ¿Cómo afectaba esto a los niños de Esparta?

ATENAS

Atenas era la principal ciudad estado en Ática, el antiguo nombre que se daba a la región de las mesetas del sur. A diferencia de Esparta, Atenas requería que los jóvenes sirvieran en el ejército sólo en tiempos de guerra. El gobierno de Atenas alentaba a sus habitantes a que participaran en las decisiones de la comunidad. Esta participación cívica dio lugar a un sistema de **democracia**, o gobierno del pueblo. El historiador griego Tucídides dijo acerca de Atenas: "Su gobierno favorece a la mayoría en vez de a la minoría".

El líder ateniense Solón había ayudado a establecer la democracia en Atenas alrededor del 594 a.C. Bajo su mandato, los atenienses obtuvieron más derechos a participar en el gobierno. Posteriormente, cerca del año 508 a.C., Clístenes modificó el sistema de gobierno de Atenas para que sus habitantes desempeñaran un papel aún más importante.

Hacia el año 500 a.C., todos los hombres adultos libres de más de 20 años eran considerados ciudadanos. Todos los ciudadanos participaban en la asamblea de la ciudad estado. Cada miembro de la asamblea tenía un voto. Todas las decisiones se adoptaban según la **voluntad de la mayoría**. En otras palabras, la idea que recibía más votos se convertía en ley.

Las reformas de Clístenes evitaron que una sola persona tuviera el control total del gobierno de Atenas. Para excluir de la comunidad a una persona que causaba problemas, los ciudadanos organizaban una asamblea especial. Cualquier ciudadano que recibía 6,000 *óstrakones*, o pedazos de vasijas de barro, era desterrado, o forzado a dejar Atenas por un período de 10 años. De esta antigua costumbre deriva la palabra *ostracismo*, que significa "desterrar, exilar".

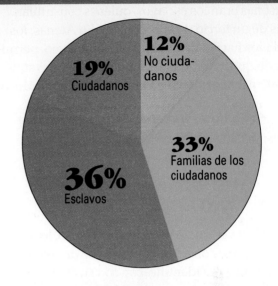

POBLACIÓN DE ATENAS EN EL AÑO 430 A.C. APROXIMADAMENTE

- **12%** No ciudadanos
- **19%** Ciudadanos
- **33%** Familias de los ciudadanos
- **36%** Esclavos

APRENDER CON GRÁFICAS Los ciudadanos con derecho al voto representaban solamente una pequeña fracción de la población de Atenas.

■ La población de Atenas era de unos 285,000 habitantes. ¿Cuántos ciudadanos había? ¿Cuántos esclavos?

Los cambios introducidos por Clístenes permitieron que más personas participaran en el gobierno. Pero la democracia ateniense no incluía a todos. Las mujeres no participaban en el gobierno y no eran consideradas ciudadanas. Sin embargo, como en Esparta, las mujeres se encargaban del presupuesto familiar y de las tareas del hogar.

> 66 *SU GOBIERNO FAVORECE A LA MAYORÍA en vez de a la minoría.* 99
>
> Tucídides, historiador griego nacido en al año 460 a.C. aproximadamente

Las pinturas en las vasijas de barro griegas ilustraban relatos de la historia, leyendas, ceremonias religiosas o actividades de la vida cotidiana.

Las personas que menos ventajas obtenían de la democracia ateniense eran probablemente las que permitían que esa democracia existiera. Estas personas eran los esclavos, quienes constituían más de un tercio de la población. En Atenas, los esclavos hacían la mayor parte del trabajo, permitiendo que los ciudadanos tuvieran tiempo suficiente para participar en el gobierno democrático.

 ¿Cómo se tomaban las decisiones de gobierno en Atenas?

LO QUE SIGNIFICABA SER "GRIEGO"

Durante la era de las ciudades estado, los griegos no se consideraban parte de un solo país. Las personas se identificaban con su ciudad estado más que con un país. Había espartanos, atenienses, etc.

Sin embargo, los habitantes de Grecia sentían que compartían una cultura, o **indentidad cultural**. Todos los griegos se llamaban helenos porque consideraban que tenían un antecesor común, el héroe Heleno. Un **mito**

Un luchador compite en los Juegos Olímpicos. ¿De qué manera los Juegos Olímpicos de hoy relacionan a las diferentes culturas?

¿Qué es?

Los primeros Juegos Olímpicos

Los primeros Juegos Olímpicos tuvieron lugar en el valle de Olimpia, cerca de la ciudad estado de Elis, en el año 776 a.C. Aproximadamente 40,000 personas presenciaron a deportistas de ciudades estado de toda Grecia competir en un solo evento: una carrera pedestre. Las mujeres no podían entrar al estadio como espectadoras ni tampoco podían competir. Sin embargo, posteriormente, las mujeres de Elis organizaron sus propias carreras pedestres en honor de la diosa Hera.

Disco de bronce antiguo

griego, o relato acerca de un antiguo dios o héroe, contaba que, en el pasado, Heleno había sido el único sobreviviente de una inundación. Además, los griegos consideraban que su religión los diferenciaba de otros pueblos de las costas del Mediterráneo, como los fenicios y los egipcios.

La identidad cultural griega se manifestaba en muchas actividades. Por ejemplo, durante los Juegos Olímpicos, las ciudades estado se reunían en paz. Cerca del año 776 a.C., los griegos empezaron a reunirse cada cuatro años para participar en competencias deportivas en honor al dios Zeus. Los griegos pensaban que Zeus y sus otros dioses controlaban acontecimientos de la vida cotidiana.

Un lenguaje escrito común también ayudó a las ciudades estado a solidificar la relación. En el siglo VIII a.C. los griegos desarrollaron un alfabeto basado en el de los fenicios.

EL ALFABETO GRIEGO

LETRA GRIEGA	NOMBRE ESCRITO	SONIDO EN ESPAÑOL
A	alfa	a
B	beta	b
Γ	gamma	g
Δ	delta	d
E	épsilon	e
Z	zeta o seta	z o s
H	eta	e
Θ	zeta o theta	th
I	iota	i
K	kappa	k
Λ	lambda	l
M	my	m
N	ny	n
Ξ	xi	x
O	ómicron	o
Π	pi	p
P	ro o rho	r
Σ	sigma	s
T	tau	t
Y	ípsilon	y
Φ	fi	f
X	ji	j
Ψ	psi	ps
Ω	omega	o

APRENDER CON TABLAS El alfabeto griego tomó muchas letras de los fenicios, pero agregó sus propias vocales para formar un alfabeto de 24 letras.
■ ¿En qué se parece el alfabeto griego antiguo al alfabeto español actual?

Los fenicios, al igual que los minoicos mucho antes que ellos, eran comerciantes y necesitaron un sistema de escritura para mantener un registro de sus actividades comerciales. El sistema de escritura fenicio utilizaba símbolos para representar sonidos individuales en vez de conceptos. Al modificar este sistema para adaptarlo a sus necesidades, los griegos llamaron *alfa* a la primera letra y *beta* a la segunda. Nuestra palabra *alfabeto* deriva de los nombres de estas dos letras griegas.

 ¿Qué permitió que los griegos se sintieran unidos por una identidad cultural?

La pintura que decora este tazón representa a Zeus. Los griegos pensaban que muchos dioses gobernaban la naturaleza y los seres humanos. Según los griegos, Zeus, el dios principal, gobernaba el universo.

 CCIÓN 2 • REPASO

Comprueba lo que aprendiste

1. **Recuerda los datos** ¿Qué ciudad estado griega se organizaba en torno al ejército? ¿Qué ciudad estado griega tenía una democracia?
2. **Concéntrate en la idea principal** ¿Por qué las diferentes regiones de Grecia desarrollaron diferentes estilos de vida?

Piensa críticamente

3. **Piensa más sobre el tema** ¿Por qué consideraban los atenienses que la participación en el gobierno era importante?
4. **Explora otros puntos de vista** ¿Por qué los países tienen diferentes sistemas de gobierno?

Muestra lo que sabes

Actividad: Dibujo Los habitantes de las ciudades estado griegas tenían diferentes estilos de vida. Imagina que visitas Esparta y luego Atenas. Haz un dibujo de lo que ves. Trata de mostrar las diferencias en los estilos de vida de estas dos ciudades estado.

LA EDAD DE ORO DE ATENAS

Conexión con nuestro mundo

¿Cómo afectan los períodos de paz y de guerra a las sociedades actuales?

Concéntrate en la idea principal
Investiga cómo los períodos de paz y de guerra afectaron las formas de vida de los antiguos griegos.

Anticipa el vocabulario
liga	comedia
tragedia	demagogo

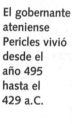

El gobernante ateniense Pericles vivió desde el año 495 hasta el 429 a.C.

Durante siglos las ciudades estado de Grecia lucharon por el control del territorio y para imponer sus propios estilos de vida. A principios del siglo V a.C., un enemigo común unificó a los griegos.

LAS GUERRAS MÉDICAS

Por el año 499 a.C. los ejércitos persas marcharon a la conquista de Egipto y de otras regiones del Mediterráneo. Basándose en la creencia de que más territorio significaba más poder, los persas ocuparon el territorio del norte de África. Al poco tiempo también capturaron las colonias griegas de Asia Menor. Los habitantes de las colonias griegas se rebelaron, pero no pudieron derrotar a los persas.

En el año 490 Darío I, el rey persa, decidió invadir Atenas, pues ésta había apoyado a los habitantes de las colonias. Los atenienses se enfrentaron a los persas en la llanura de Maratón, próxima a Atenas. A pesar de que los persas tenían más soldados, los atenienses lograron derrotarlos en un solo día de batalla. Un mensajero corrió de Maratón a Atenas para anunciar la victoria. En los Juegos Olímpicos de hoy en día, los atletas recrean este acontecimiento corriendo el maratón.

Darío murió en el año 486 a.C. En 480 a.C. su hijo Jerjes envió a 200,000 soldados en 800 barcos para atacar a Grecia. Esta vez los persas se enfrentaron al ejército y a la armada de una Grecia unida. Los soldados y marineros provenían de Atenas, de Esparta y de otras ciudades estado griegas. Si bien los persas tenían más soldados que todas las ciudades estado juntas, los griegos los derrotaron en una batalla naval cerca de la isla de Salamis.

En ese entonces, nadie sabía que la guerra tendría un efecto duradero en la historia del mundo.

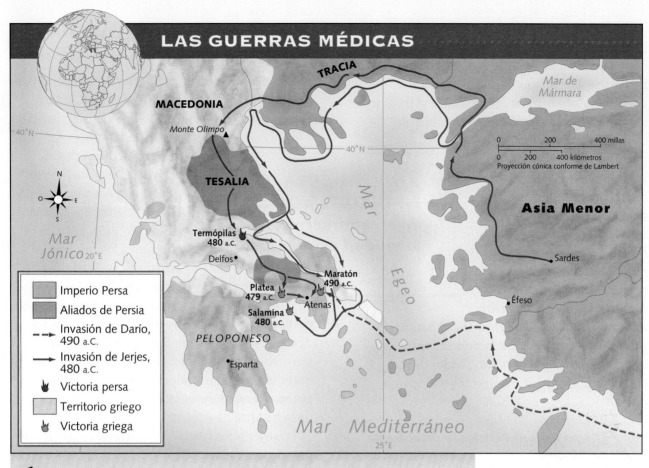

LAS GUERRAS MÉDICAS

TRACIA

MACEDONIA

Monte Olimpo ▲

Mar de Mármara

TESALIA

Asia Menor

Termópilas 480 a.C.

Delfos

Maratón 490 a.C.

Platea 479 a.C.

Atenas

Salamina 480 a.C.

Mar Jónico

Mar Egeo

Sardes

Éfeso

Imperio Persa
Aliados de Persia
Invasión de Darío, 490 a.C.
Invasión de Jerjes, 480 a.C.
Victoria persa
Territorio griego
Victoria griega

PELOPONESO

Esparta

Mar Mediterráneo

0   200   400 millas
0   200   400 kilómetros
Proyección cónica conforme de Lambert

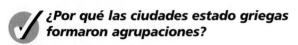

INTERACCIÓN ENTRE LOS SERES HUMANOS Y EL AMBIENTE
Los griegos y persas libraron una batalla en la península balcánica.
■ ¿Quién controlaba el territorio donde los griegos obtuvieron sus victorias?

Como consecuencia de la victoria de Grecia, fueron las costumbres, el lenguaje y las ideas griegas, no las persas, las que influyeron en muchas culturas en los siglos por venir.

Después de las guerras, las ciudades estado griegas se prepararon para posibles invasiones futuras. Fue así cómo formaron agrupaciones llamadas **ligas**, o grupos de aliados, para defenderse. Esparta estaba a la cabeza de un grupo de ciudades estado en la Liga del Peloponeso. Las ciudades estado de Ática formaron la Liga Ático-Délica, encabezada por Atenas.

¿Por qué las ciudades estado griegas formaron agrupaciones?

LA EDAD DE ORO

Los griegos, especialmente los atenienses, sintieron un gran orgullo después de haber derrotado a Persia. Desde el año 479 al 431 a.C.

aproximadamente, la cultura ateniense alcanzó un período de gran esplendor, que luego se conocería como la edad de oro.

Pericles, un miembro acaudalado de la aristocracia, gobernó Atenas durante la mayor parte de ese período. Pericles era un líder sabio que aconsejaba a sus súbditos no hacer "nada en exceso", es decir, hacer las cosas con moderación.

Pericles gobernó con la ayuda de una asamblea compuesta por miles de hombres. Cualquier miembro podía hablar ante la asamblea, y todos tenían derecho a votar. Los miembros votaban levantando la mano.

Un grupo llamado el Consejo de los 500 decidía los temas que se debatirían en cada asamblea. Los miembros del Consejo se elegían todos los años sacando los nombres de un tazón. La mayoría de los demás puestos de gobierno, así como los miembros de los jurados que participaban en casos judiciales, se elegían de esta manera.

Pericles apoyaba firmemente la idea de un gobierno democrático en Atenas. Sin embargo, estaba convencido de que la democracia podía mejorarse. Él consideraba que todos los ciudadanos, y no simplemente los ciudadanos ricos, tenían derecho a participar en el gobierno.

Pericles ordenó que todos los funcionarios públicos y los miembros de los jurados recibieran un salario por los días de servicio. Este salario compensaba el dinero que los ciudadanos perdían por faltar al trabajo. Esto permitió que tanto los ciudadanos pobres como los ricos tuvieran la posibilidad de ocupar cargos públicos. "Para nosotros, la pobreza no es un impedimento", dijo Pericles. "Todos deben tener la oportunidad de prestar servicios a la ciudad estado."

" *TODOS DEBEN TENER LA OPORTUNIDAD de prestar servicios a la ciudad estado.* "

Pericles, 495–429 a.C.

✔ ¿Cómo mejoró Pericles la democracia de Atenas?

LOS LOGROS DE LA EDAD DE ORO

Pericles fortaleció el gobierno de Atenas al permitir la participación de todos los ciudadanos. También hizo posible que los atenienses participaran en las artes y las ciencias al ofrecerles el apoyo del estado. Pericles quería que Atenas se convirtiera en "la escuela de Grecia". Con este fin contrató a los mejores artistas y eruditos y les dio tareas a realizar. Los arquitectos y los constructores se dedicaron a embellecer Atenas. Los arquitectos diseñaron nuevos templos, gimnasios, teatros y otros edificios públicos. Los artistas decoraron los edificios con murales, o pinturas sobre paredes, que representaban escenas gloriosas de la historia de Atenas.

Los escritores también hicieron un registro del pasado de Atenas.

¿Qué es?

La democracia directa

A diferencia de la democracia de Estados Unidos, Atenas tenía una democracia directa. Cada ciudadano desempeñaba un papel directo en los asuntos cotidianos del gobierno. La mayoría de los países modernos tienen demasiados habitantes como para posibilitar una democracia directa. Estados Unidos tiene una democracia representativa. En este tipo de democracia, muchos ciudadanos eligen a otros ciudadanos, o representantes, para que formulen las leyes.

El edificio más notable de la edad de oro de Atenas fue el Partenón, que se construyó en la acrópolis de la ciudad. Este templo de mármol celebraba las victorias de Grecia en las Guerras Médicas y honraba a la diosa griega Atenea. El Partenón se terminó de construir en el año 432 a.C. Aún hoy se pueden ver las ruinas en la ciudad de Atenas, Grecia.

Heródoto, a quien algunos consideran el primer historiador y uno de los primeros geógrafos, escribió sobre las Guerras Médicas. Heródoto explicó que él escribía la historia para dejar constancia de "los increíbles logros obtenidos por nuestros ciudadanos y por los demás pueblos".

Otros grandes escritores también contribuyeron a los logros de la edad de oro. Sófocles escribió **tragedias**, u obras de teatro dramáticas, en las cuales el personaje principal tiene un final trágico. Aristófanes escribió **comedias**, u obras de teatro humorísticas. En sus comedias solía burlarse de los gobernantes o de ciertas ideas tradicionales.

Pericles y el gobierno de Atenas también financiaron el estudio de la naturaleza y de la vida humana. Los descubrimientos de los eruditos cambiaron para siempre la manera de ver el mundo. Uno de los científicos más famosos de la edad de oro

fue Hipócrates. Hipócrates demostró que las enfermedades deriran de causas naturales y que no eran castigos de los dioses, como creía la mayoría de la gente.

Hipócrates informó a los atenienses de que para mantener una buena salud "es preferible comer pan de trigo que tortas de cebada, y carne asada en vez de hervida". Si bien muchas de sus sugerencias eran acertadas, también pensaba que "las verduras se deben reducir al mínimo".

A Hipócrates se lo recuerda en especial por haber escrito un código de conducta que los médicos aún siguen hoy en día.

¿A qué tipo de personas apoyó Pericles durante la edad de oro?

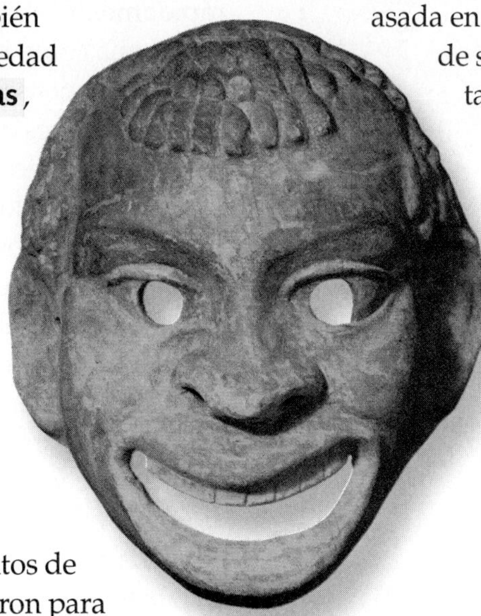

↑ Es muy probable que esta máscara fuera utilizada por actores de la comedia griega.

Los anfiteatros griegos, como éste en Delfos, fueron diseñados de manera que hasta un susurro pudiera escucharse desde los asientos más alejados. ↓

LA GUERRA DEL PELOPONESO

0   75   150 millas
0   75   150 kilómetros
Proyección cónica conforme de Lambert

Mar Negro

MACEDONIA

Monte Olimpo ▲

TESALIA

Mar de Mármara

40°N

IMPERIO PERSA

Delfos

Mar Egeo

ÁTICA

Corinto •   Atenas

Éfeso

PELOPONESO

• Esparta

20°E   25°E

35°N

■ Atenas y sus aliados

■ Esparta y sus aliados

Mar Mediterráneo

LUGAR La Guerra del Peloponeso surgió como resultado de los continuos conflictos entre Esparta y Atenas.

■ Durante la guerra, ¿quién piensas que tenía el control del mar Egeo, Esparta o Atenas?

EL FIN DE LA EDAD DE ORO

Durante el período de la edad de oro, Atenas y Esparta se convirtieron en las ciudades estado más poderosas de Grecia. Pero ninguna de las dos estaba satisfecha. Atenas ansiaba más territorio. Esparta quería debilitar la influencia de Atenas. Las ciudades estado de la Liga del Peloponeso apoyaban a Esparta, mientras que las de la Liga Ático-Délica apoyaban a Atenas. En el año 431 a.C. estalló la Guerra del Peloponeso. Esta guerra duraría 27 años.

Después de que Esparta atacara a Ática, muchas personas dejaron el campo y se mudaron a Atenas. El exceso de habitantes ocasionó muchas epidemias que devastaron a la ciudad estado. Un cuarto del ejército de Atenas murió a causa de enfermedades. Pericles también murió en esa época.

Sin la sabia guía de Pericles, los miembros de la asamblea quedaron bajo el mando de gobernantes ineptos llamados **demagogos**. Los demagogos hacían promesas que no podían cumplir y llevaban a la asamblea a adoptar decisiones insensatas. Caída en ruinas, Atenas se rindió ante Esparta en el año 404 a.C. Esparta reemplazó rápidamente a la asamblea ateniense con una oligarquía como la suya.

Grandes pensadores y maestros vivieron en Atenas después de la Guerra del Peloponeso. No obstante, la ciudad estado ya no financiaba sus obras como lo había hecho durante la edad de oro. Uno de los maestros más famosos fue Sócrates, que enseñaba haciendo preguntas y obligando a sus alumnos a pensar en vez de a simplemente repetir información.

Sócrates se llamaba a sí mismo el "tábano" de Atenas. De la misma manera que un tábano pica a un caballo y lo hace saltar, Sócrates usaba la crítica para "picar" a Atenas y hacerle recordar su gloria pasada. Este tipo de crítica hubiera sido bien aceptada en la época de Pericles. Sin embargo, en el año 399 a.C., un tribunal ateniense acusó a Sócrates de inculcar ideas peligrosas en la mente de los jóvenes de la ciudad. El tribunal dictaminó que Sócrates debía poner fin a su vida bebiendo veneno.

Las ideas de Sócrates aún se estudian en la actualidad.

Aristóteles vivió desde el año 384 hasta el año 322 a.C. Amaba la sabiduría.

Uno de los discípulos de Sócrates fue Platón. Al igual que Sócrates, Platón estaba decepcionado de los líderes que sucedieron a Pericles. Platón consideraba que el gobernante debía ser una persona noble, pues tales personas son justas y sabias. Él creía que era posible convertirse en una persona noble estudiando mucho y amando la sabiduría. Pensaba que los filósofos, o "amantes de la sabiduría", serían los mejores gobernantes. En el año 385 a.C. Platón fundó una escuela llamada la Academia, donde los filósofos podían lograr el conocimiento necesario para gobernar correctamente.

Platón también pensó mucho en las cualidades necesarias para ser un buen ciudadano. Según su opinión, un buen ciudadano era una persona que pensaba y sentía y luego actuaba. Platón pensaba que todos los ciudadanos tenían el derecho y la responsabilidad de participar en la vida pública. Creía que era importante que la gente estuviera bien informada, que aceptara otros puntos de vista y que fuera responsable de sus propios actos. Esta perspectiva cívica es compartida por muchas personas hoy en día.

Uno de los discípulos de Platón, Aristóteles, estaba más interesado en cómo eran las cosas que en cómo quería que fueran. Su búsqueda del saber lo llevó a estudiar temas tan diferentes como las leyes, la economía, la astronomía y los deportes.

 ¿Qué puso fin a la edad de oro en Atenas?

En la Academia de Platón, los filósofos estudiaban las responsabilidades de los ciudadanos y de los gobernantes.

L CCIÓN 3 • REPASO

Comprueba lo que aprendiste

1. **Recuerda los datos** ¿Qué guerras libraron los atenienses en el siglo V a.C.?
2. **Concéntrate en la idea principal** ¿Cómo afectaron los períodos de paz y de guerra a la vida en Atenas?

Piensa críticamente

3. **Ayer y hoy** ¿Cambia en tiempos de guerra la forma de vida de las personas? Explica tu respuesta.
4. **Piensa más sobre el tema** ¿Cómo ayudaron las Guerras Médicas a unir a los griegos? ¿Cómo dividió a Grecia la Guerra del Peloponeso?
5. **En mi opinión** Sócrates enseñaba haciendo preguntas. ¿Cuál crees que es el método de enseñanza más efectivo, el de hacer preguntas o el de presentar información? ¿Por qué?

Muestra lo que sabes

 **Actividad: Cartel** Después de derrotar a los persas, los atenienses representaron su orgullo heleno en grandes obras de arte y científicas. Piensa en el orgullo que sientes de vivir en Estados Unidos. Haz un cartel que explique por qué estás orgulloso de ser ciudadano americano. Exhibe tu trabajo en el salón de clase o en algún otro lugar de la escuela.

CÓMO

Predecir un resultado

¿Por qué es importante esta destreza?

Es útil poder observar una situación determinada y predecir qué es lo que va a suceder a continuación. Hacer este tipo de predicciones te puede ayudar a tomar decisiones bien pensadas y a elaborar planes prácticos. Cuando haces predicciones no estás simplemente adivinando lo que va a suceder en el futuro. Más bien, te basas en lo que ya sabes y en los datos que encuentres para predecir un resultado probable.

Recuerda lo que has leído

Después de las Guerras Médicas existía en las ciudades estado de Grecia el temor a nuevas invasiones. Para defenderse, algunas de las ciudades estado formaron ligas o grupos de aliados. Las ciudades estado de la región sur de Grecia formaron la Liga del Peloponeso, encabezada por Esparta. Las ciudades estado de Ática formaron la Liga Ático-Délica, dirigida por Atenas. Esparta y Atenas fueron las ciudades estado más importantes debido a su tamaño, poderío militar e influencia. Imagina que hubieras leído la lección 3 solamente hasta este punto. ¿Qué predicción hubieras hecho acerca de lo que iba a ocurrir entre las dos ligas? ¿Por qué crees que los eventos se habrían desarrollado según tu predicción?

Comprende el proceso

Para hacer una predicción sobre las ligas podrías haber seguido estos pasos:

- Piensa en lo que ya sabes. *Esparta y Atenas tenían diferentes estilos de vida.*
- Repasa cualquier información nueva que hayas aprendido. *La rivalidad entre Esparta y Atenas aumentó hacia finales de la edad de oro. Atenas quería más territorio y Esparta quería debilitar la influencia de Atenas.*
- Haz una predicción. *¿Qué crees que sucedió a continuación entre las dos ligas?*
- Mientras leas, pregúntate si tu predicción aún es correcta. Puedes modificar tu predicción a medida que encuentres información adicional.

Al seguir estos pasos podrías haber predicho que las ligas peloponesa y ático-délica entrarían en guerra.

Piensa y aplica

La división que surgió en Grecia como consecuencia de la Guerra del Peloponeso llevó a un período de conflicto y desconfianza entre las ciudades estado. Sigue los pasos que se indican anteriormente para predecir cómo afectaron estas tensiones a Grecia.

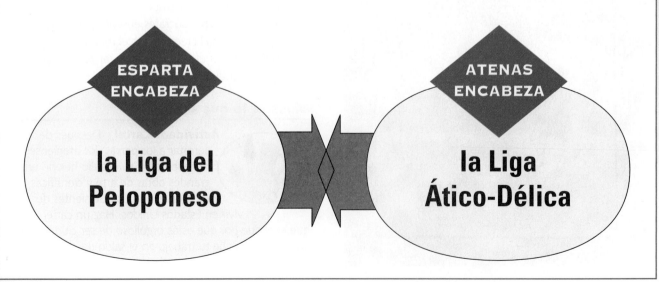

EL IMPERIO DE ALEJANDRO MAGNO

LECCIÓN 4

Conexión con nuestro mundo

¿Cómo puede una sola persona afectar el curso de la historia?

Concéntrate en la idea principal
A medida que leas, intenta descubrir cómo Alejandro Magno cambió para siempre la región del Mediterráneo.

Anticipa el vocabulario
alianzas
helenística
multicultural

Alejandro Magno tenía sólo veinte años cuando asumió el trono de Macedonia. Esta escultura de mármol es una copia romana de la original, que fue hecha en el año 320 a.C.

Grecia necesitaba un líder que pudiera unificar los diferentes estilos de vida y de ideas. Con el tiempo asumió el poder un hombre capaz de lograr ese objetivo. Este líder llegó a controlar territorios que se extendían desde la península griega hasta el norte de la India, creando así el imperio más vasto que jamás hubiera existido.

LA CONQUISTA DE GRECIA

Después de la Guerra del Peloponeso, Grecia se convirtió en una región de conflictos y desconfianza. Las ciudades estado formaron **alianzas**, o acuerdos para ayudarse mutuamente. La mayoría de estas alianzas no duraba demasiado. El que era amigo en un conflicto podía ser enemigo en el próximo conflicto. Cada ciudad estado hacía valer sus intereses por encima del bienestar común de Grecia.

Mientras tanto, en una región al norte de Grecia llamada Macedonia, un rey poderoso llamado Felipe II asumió el trono. Felipe había logrado unificar a su pueblo bajo un solo gobierno. Pensaba hacer lo mismo en Grecia.

Felipe había pasado parte de su niñez en Grecia y sentía gran admiración por la cultura griega. Incluso contrató al filósofo Aristóteles para que fuera el preceptor de su hijo de 13 años, Alejandro. El joven Alejandro aprendió de Aristóteles a apreciar las culturas de otros pueblos, y de su padre, a ser un valiente guerrero. Según cuenta la leyenda, Alejandro dormía con un puñal y una copia de la *Ilíada*, de Homero, debajo de su almohada.

Ni siquiera los espartanos pudieron detener a los diestros soldados macedonios. Los ejércitos de Felipe avanzaron hacia el sur por el norte de Grecia y entraron en el Peloponeso. Hacia el año 338 a.C. Felipe había logrado controlar la mayor parte de la península griega, incluso Atenas.

Los macedonios no conquistaron Grecia para destruirla. Felipe sabía que no podía imponer grandes cambios en el estilo de vida del pueblo que había conquistado. Bajo su mandato, las ciudades estado griegas tuvieron el derecho de gobernarse a sí mismas. Sin embargo, Felipe dictó una ley muy importante. Prohibió que los griegos combatieran entre sí. Grecia había logrado la paz gracias a los actos de un extranjero.

✔ **¿Qué gobernante unificó Grecia? ¿De dónde provenía?**

LA CREACIÓN DE UN IMPERIO

Olimpia, la madre de Alejandro, había tratado durante años de convencer a Felipe de que Alejandro debía ser su sucesor. Cuando Felipe murió en el año 336 a.C., Olimpia vio sus sueños hechos realidad: Alejandro se convirtió en rey a los veinte años de edad.

El joven Alejandro quería gobernar no sólo Grecia sino el resto del mundo. El mundo que conocía Alejandro era Europa oriental, el norte de África y Asia occidental. Alejandro comenzó conquistando a los antiguos enemigos de Grecia, los persas.

En el año 334 a.C. Alejandro condujo a un ejército de 35,000 soldados desde Grecia hasta Asia Menor. Una por una, Alejandro tomó posesión de todas las colonias griegas de la región que estaban bajo el dominio de los persas.

Los soldados de Alejandro avanzaban sin dificultad. La gente, que odiaba a los gobernantes persas, aceptó a Alejandro y los cambios que introdujo.

Alejandro, o Alejandro Magno, como se lo llamó posteriormente, construyó nuevas ciudades en todo su imperio en expansión. Las ciudades se convirtieron en centros de estudio y ayudaron a propagar la cultura griega. Alejandro puso su propio nombre a cada ciudad, llamando a todas ellas Alejandría. Con el tiempo, Alejandría, Egipto, reemplazó a Atenas como el centro de la cultura griega.

Esta corona de oro (izquierda) perteneció a Alejandro Magno. En esta antigua ilustración (abajo), Alejandro aparece luchando contra los persas.

EL IMPERIO DE ALEJANDRO MAGNO

EUROPA

MACEDONIA
TRACIA
Pella•
Mar Negro
Montes Cáucasos
Atenas•
Asia Menor
Esparta•
Sardes•
Mar Caspio
ASIA
Alejandría•
Creta
Mar Mediterráneo
Antioquia•
Río Tigris
Alejandría•
Alejandría•
SIRIA
MESOPOTAMIA
Río Éufrates
Alejandría•
Babilonia•
PERSIA
Alejandría•
Alejandría•
Río Indo
Alejandría•
Alejandría•
ÁFRICA
EGIPTO
Río Nilo
ARABIA
Golfo Pérsico
Alejandría•

Mar Rojo
Mar Arábigo

Imperio de Alejandro Magno
→ Ruta de Alejandro Magno

0   250   500 millas
0   250   500 kilómetros
Proyección equidistante de dos puntos

REGIONES En 13 años Alejandro conquistó gran parte del mundo conocido. Gobernó un imperio formado por muchos pueblos y culturas.

■ ¿Cuántos continentes abarcaba el imperio de Alejandro?

Los diferentes pueblos de todo el imperio de Alejandro aprendieron a hablar el idioma griego y a rendir culto a los dioses griegos. La influencia griega fue tan fuerte, que el período del gobierno de Alejandro y el que siguió al poco tiempo de su muerte se conoce como la época **helenística**, o "semejante a la cultura griega".

Las conquistas de Alejandro lo convirtieron en el gobernante de un imperio **multicultural**, o formado por muchas culturas. Cómo gobernante de pueblos tan diferentes, Alejandro consideró que era apropiado tomar algunas de sus costumbres y al mismo tiempo hacer adoptar la cultura griega a esos pueblos. Alejandro confiaba en que si adoptaba algunas de esas costumbres, los persas y otros pueblos conquistados aceptarían su mandato. Y efectivamente, así lo hicieron. Hacia el año 331 a.C. el imperio de Alejandro se extendía desde el río Danubio, en Europa, hasta el río Nilo, en África, y hacia el este, más allá de los ríos Tigris y Éufrates, en Asia. Alejandro había conquistado Asia Menor, Siria, Egipto, Mesopotamia y el antes poderoso imperio persa, ¡todo ello sin perder una sola batalla!

✓ **¿Cómo construyó Alejandro su imperio? ¿Cuáles eran las fronteras del imperio?**

⬆ Esta moneda de plata hecha en Babilonia honra la batalla que Alejandro libró en la India contra soldados montados en elefantes.

Este ataúd de piedra caliza se construyó para Alejandro Magno.

LA DESINTEGRACIÓN DEL IMPERIO

Alejandro Magno había conquistado un vasto territorio, pero aun así quería más tierras. Más allá de Persia estaba la India. Alejandro avanzó con su ejército hacia el este de Babilonia, hasta llegar al río Indo. Desde allí pensaba proseguir hasta el río Ganges. Sin embargo, sus soldados, agotados por tantas guerras, se negaron a continuar. Muy decepcionado, Alejandro regresó a Babilonia en el año 326 a.C.

En el año 323 a.C. Alejandro se enfermó y murió unos días después, poco antes de cumplir treinta y tres años. La leyenda cuenta que antes de su muerte un soldado le preguntó: "¿Quién gobernará el gran imperio?" Alejandro contestó: "¡El más fuerte!"

Los generales de Alejandro lucharon por el control del imperio, pero ningún líder demostró tener el poder de mando suficiente para asumir el trono. El imperio se desintegró poco después de la muerte de Alejandro y con el tiempo se dividió en tres partes: Macedonia, Siria y Egipto. Estas regiones lucharon frecuentemente entre sí. Con estas guerras se perdió gran parte de lo que Alejandro había creado.

¿Por qué se desintegró el imperio de Alejandro después de su muerte?

EL LEGADO DE ALEJANDRO

Si bien el imperio no duró mucho tiempo, la cultura helenística que había empezado con Alejandro sí lo hizo. Al igual que en la época de Pericles, los grandes pensadores de la época helenística influyeron por siglos en las culturas venideras.

Esta escultura de piedra encontrada en la India evidencia el alcance de la influencia helenística en el arte.

En estas tumbas, construidas hacia el año 7 a.C., se pueden observar los adelantos helenísticos en la arquitectura. Las tumbas fueron excavadas en paredes de roca en lo que hoy es Turquía.

Los maestros griegos de la época helenística hicieron descubrimientos en el campo de las matemáticas. En Alejandría, Egipto, Euclides estudió rectas y ángulos e inició el estudio de la geometría. En Siracusa, en la isla de Sicilia, Arquímedes aplicó las matemáticas a la contrucción de maquinas.

Los geógrafos helenísticos también emplearon las matemáticas en el estudio de la Tierra y de otros planetas. Aristarco, por ejemplo, descubrió por medio de cálculos matemáticos que la Tierra y otros planetas giran alrededor del Sol.

Los científicos helenísticos desarrollaron los conocimientos médicos que Hipócrates había introducido. Durante la época helenística, Alejandría, en Egipto, se convirtió en el centro para el estudio de la medicina y de la cirugía. Allí los médicos descubrieron que el cerebro es el centro del sistema nervioso.

Hacia el año 146 a.C. otro pueblo, los romanos, había adquirido el poder suficiente para tomar el control del mundo mediterráneo. Pero los conocimientos que los griegos habían logrado no se perdieron. Los romanos tomaron aspectos de la religión, el arte, la arquitectura, la filosofía y el idioma griegos para desarrollar su propia civilización.

 ¿En qué áreas del saber realizaron descubrimientos los pensadores de la época helenística?

*L*ECCIÓN 4 • REPASO

Comprueba lo que aprendiste

1. **Recuerda los datos**   ¿Quién fue Alejandro Magno?
2. **Concéntrate en la idea principal**   ¿Qué influencia tuvo Alejandro Magno en la región del Mediterráneo?

Piensa críticamente

3. **Piensa más sobre el tema**   ¿Cómo pudo Alejandro Magno construir un imperio tan vasto?
4. **Explora otros puntos de vista**   Alejandro pensaba que si adoptaba algunas de las ideas y costumbres de los pueblos que había conquistado tendría mayor control sobre ellos. Muchos de sus soldados y generales no opinaban lo mismo. ¿Por qué crees que no estaban de acuerdo con esa postura?
5. **Ayer y hoy**   Nombra a algunas personas que tienen influencia en el mundo de hoy.

Muestra lo que sabes

Actividad: Encuesta   Trabaja en grupo para escoger un tema importante de tu escuela, como las actitudes, la forma de vestir o el comportamiento de los estudiantes. Luego, durante una semana, observa cuánta influencia puede ejercer tu grupo para lograr cambios en ese área. Cuando termine la semana, lleva a cabo una encuesta y haz un informe para la clase.

REPASO

CONECTA LAS IDEAS PRINCIPALES

Usa este organizador para mostrar cómo están relacionadas las ideas principales del capítulo. Copia el organizador en una hoja de papel y complétalo escribiendo dos detalles de cada idea principal.

Los primeros habitantes de Grecia
La antigua Grecia fue conquistada por diferentes culturas.

1. _____

2. _____

Las ciudades estado y la cultura griega
Los pueblos de la antigua Grecia desarrollaron diferentes estilos de vida.

1. _____

2. _____

La antigua Grecia

La edad de oro de Atenas
Los períodos de guerra y de paz afectaron la forma de vida de los antiguos griegos.

1. _____

2. _____

El Imperio de Alejandro Magno
Alejandro Magno transformó para siempre la región del Mediterráneo.

1. _____

2. _____

ESCRIBE MÁS SOBRE EL TEMA

1. **Escribe en tu diario** Imagina que eres un joven espartano que vive en un campamento de entrenamiento. Escribe en tu diario acerca de tus actividades. Describe los programas de entrenamiento físico y expresa tu opinión sobre dichos programas.

2. **Escribe una carta** Escribe una carta al director de un periódico en la que expliques si es importante que los gobiernos municipales contraten a personas para embellecer, construir o escribir acerca de las ciudades. Incluye ejemplos de la antigua Atenas.

3. **Escribe un informe comparativo** Escribe un informe para comparar a Atenas y a Esparta. Comenta sobre sus estilos de vida, formas de gobierno y logros.

4. **Escribe una descripción** El poeta Homero describió Creta como "una tierra hermosa y rica, bañada por las olas". Piensa en cómo se describe la geografía de Grecia en el texto. Si lo deseas, puedes buscar libros que muestren fotografías de las características físicas de Grecia. Luego escribe una descripción poética de la geografía de Grecia.

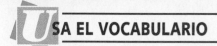

USA EL VOCABULARIO

Escribe por lo menos una oración con cada par de palabras, que muestre cómo dichas palabras se diferencian una de otra.

1. poema épico, mito

2. polis, ágora

3. aristocracia, oligarquía

4. liga, alianza

COMPRUEBA LO QUE APRENDISTE

1. ¿Por qué Grecia era un centro apropiado para el comercio?

2. ¿Quién fue Homero?

3. ¿Qué uso daban los minoicos a sus enormes palacios?

4. ¿Por qué los espartanos desarrollaron una cultura militarista?

5. ¿Qué era la voluntad de la mayoría?

6. ¿A quiénes se excluía de participar en la democracia de Atenas?

7. ¿Cuáles fueron tres componentes de la identidad cultural que existía entre las diferentes ciudades estado de Grecia?

8. ¿Qué influencia tuvo en Atenas la victoria sobre los persas?

9. ¿Por qué el período de gobierno de Alejandro se conoce como la época helenística?

10. ¿Qué sucedió con el imperio de Alejandro después de la muerte de dicho líder? ¿Por qué?

PIENSA CRÍTICAMENTE

1. **Ayer y hoy** ¿En qué se parece el gobierno actual de los Estados Unidos al gobierno de Atenas durante el mandato de Pericles? ¿En qué se diferencia?

2. **Piensa más sobre el tema** En las ciudades estado de la antigua Grecia, las personas se reunían en las ágoras para intercambiar productos y comentar las noticias del día. ¿Qué diferencias hay entre los lugares de compras y de reunión de la actualidad y las ágoras del pasado?

3. **En mi opinión** ¿Por qué crees que Alejandro quería controlar un imperio?

4. **Causa y efecto** ¿Qué influencia tuvieron los pensadores de la época helenística en las culturas posteriores?

APLICA TUS DESTREZAS

Cómo predecir un resultado Durante la época de Alejandro Magno, la cultura griega tuvo gran influencia en la región del Mediterráneo. Antes de leer el Capítulo 8, predice qué repercusión tuvo la muerte de Alejandro Magno en el desarrollo de la influencia de la cultura griega en esa región. Procura usar el proceso de cuatro pasos descrito en la página 228. A medida que leas el capítulo 8, fíjate si la información que encuentras respalda tu predicción.

LEE MÁS SOBRE EL TEMA

Ancient Greece de Rowena Loverance y Tim Wood; Viking. Este libro contiene descripciones sobre la vida en Grecia e ilustraciones que permiten a los lectores ver el interior de una casa, un mercado, un teatro y un barco de batalla griegos.

The Ancient Greeks: In the Land of the Gods de Sophie Descamps-Lequime y Denise Vernerey; Millbrook. Este libro brinda información sobre la vida diaria en la antigua Grecia e incluye datos sobre costumbres tales como alimentación, vestimentas y juegos.

The Olympics de Jane Duden; Macmillan. El autor ofrece una descripción de los Juegos Olímpicos modernos por medio de datos y líneas cronológicas. También incluye algunos datos sobre los Juegos Olímpicos que se celebraban en Grecia.

LA ANTIGUA ROMA

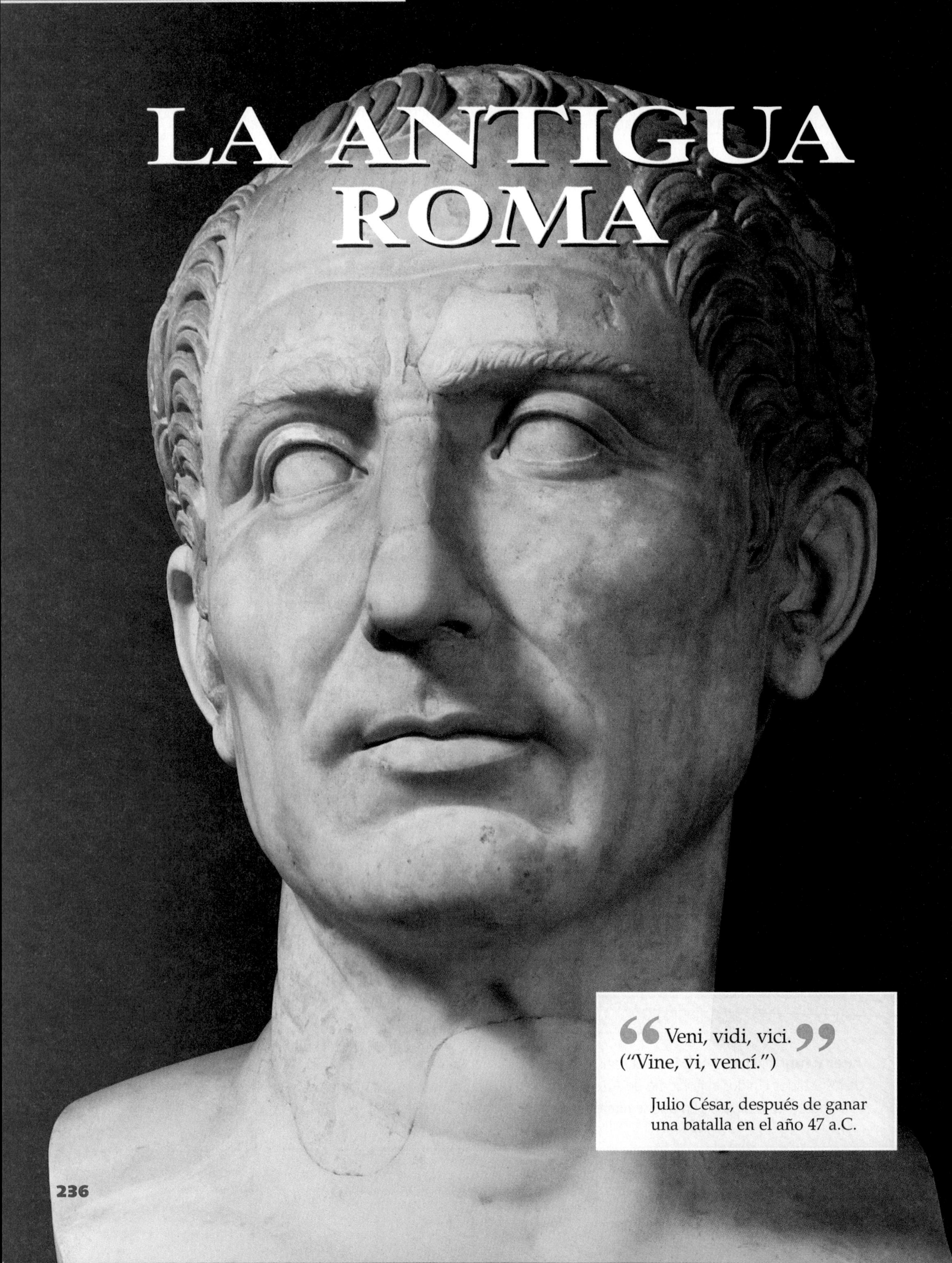

> 66 Veni, vidi, vici. 99
> ("Vine, vi, vencí.")
>
> Julio César, después de ganar
> una batalla en el año 47 a.C.

LA REPÚBLICA ROMANA

Conexión con nuestro mundo

¿Qué puede causar cambios en un gobierno en la actualidad?

Concéntrate en la idea principal
Durante la lectura, reflexiona sobre los cambios en el gobierno de Roma y sobre las causas de esos cambios.

Anticipa el vocabulario
república	plebeyo
senado	tribuno
cónsul	vetar
dictador	provincia
patricio	

En el año 79 d.C. el volcán Vesubio hizo erupción y sepultó la ciudad de Pompeya bajo una capa de lava y ceniza. La materia volcánica permitió la conservación de objetos y obras de arte, como el retrato de arriba.

Tras la muerte de Alejandro Magno, en 323 a.C., el centro de poder del mundo mediterráneo se desplazó lentamente de Grecia a Roma. Esta ciudad, originalmente una pequeña aldea de la península Itálica, se convirtió con el tiempo en la capital de un gran imperio. A medida que Roma crecía, su gobierno fue transformándose para adaptarse a las nuevas necesidades de los romanos.

LA PENÍNSULA ITÁLICA

La península Itálica está situada en el sur de Europa, al oeste de la península Balcánica. Por su forma se parece a una larga bota de tacón alto. El "pie" de la bota parece listo para dar un puntapié a la cercana isla de Sicilia. Al otro lado del Mediterráneo, a menos de 100 millas (unos 160 km), se halla la costa norte de África. El río Tíber atraviesa el centro de la península de este a oeste. Con excepción de la parte norte, Italia está rodeada por tres mares: el Tirreno, al oeste; el Adriático, al este; y el Mediterráneo, al sur.

Como el terreno de Italia es menos escarpado que el de Grecia, los viajes, el comercio y las comunicaciones en la península eran más fáciles. Su fértil tierra permitía una gran variedad de cultivos, con los que los campesinos satisfacían sus necesidades. Sin embargo, los viajes y el comercio por mar eran difíciles, pues Italia carecía de buenos puertos naturales. Por este motivo, y a diferencia de los griegos, los primeros pueblos de la península Itálica comerciaban más entre ellos que con pueblos extranjeros.

La parte norte de la península limita con los Alpes, una gran cadena montañosa coronada de nieve. Otra cordillera, los Apeninos, se extiende a lo largo de su costa este.

¿Cómo influyó la geografía en la vida de los primeros pueblos de la península Itálica?

LA FUNDACIÓN DE ROMA

La península Itálica ha estado habitada desde hace miles de años. Hacia el año 1000 a.C. los latinos, un pueblo proveniente de Europa central, emigraron a la península. Los latinos se instalaron en las riberas del río Tíber y construyeron allí varias poblaciones. Entre siete colinas situadas junto al río surgió entonces una pequeña comunidad agrícola conocida como Roma.

Las tierras en torno a Roma eran fértiles y ofrecían recursos naturales, como madera y piedra, que se usaban en la construcción de edificios. La lejanía de la costa y las colinas protegían a los latinos de posibles enemigos. "No sin buenas razones eligieron los dioses y los hombres este lugar como sitio para una ciudad", escribió un historiador romano.

Los primeros pobladores de Roma contaban leyendas pintorescas sobre los orígenes de su ciudad. Según una de ellas, un tío cruel había abandonado a dos gemelos a orillas del Tíber. Los bebés fueron salvados de la muerte por una loba. Con el tiempo, Rómulo y Remo se convirtieron en grandes héroes. La leyenda cuenta que en el año 753 a.C. fundaron una ciudad cerca del lugar donde se habían criado. Rómulo se convirtió en el primer rey de la ciudad y sus súbditos la llamaron Roma en su honor. Rómulo prometió que la pequeña ciudad alcanzaría la gloria. "Mi Roma será la capital del mundo", afirmó.

 ¿Por qué la región del Tíber era un buen lugar para asentarse?

DE MONARQUÍA A REPÚBLICA

Alrededor del año 600 a.C. un pueblo vecino, los etruscos, se apoderaron de Roma. Los etruscos, que comerciaban frecuentemente con las colonias griegas, difundieron las ideas y

ITALIA, 600 A.C.

- Territorio etrusco
- Territorio latino
- Colonias griegas
- Colonias fenicias

EUROPA

ALPES

Apeninos

Río Po

Perugia
Volsinii
Córcega
Tarquinia
Cerveteri
Roma

Mar Adriático

Mar Tirreno

Cerdeña

Nápoles

44° N
14° E
40° N
8° E
12° E
16° E

0   75   150 millas
0   75   150 kilómetros
Proyección cónica conforme de Lambert

Sicilia

Cartago

ÁFRICA

Mar Mediterráneo

REGIONES Muchos pueblos de culturas diferentes se habían asentado en la península itálica hacia el año 600 a.C.
■ ¿Qué ideas crees que estos pueblos compartían?

costumbres helénicas entre los romanos. La escritura etrusca, que se basaba en el alfabeto griego, se convirtió en el modelo del alfabeto latino. Después de casi cien años de dominio etrusco, los romanos se rebelaron contra el brutal rey Tarquino el Soberbio. Los romanos abolieron la monarquía y establecieron una nueva forma de gobierno. A partir de ese momento, los ciudadanos de Roma eligieron autoridades que tomaban todas las decisiones de gobierno. Este sistema político recibió el nombre de **república**.

Al igual que en Atenas, los varones libres de la República Romana formaban una asamblea de ciudadanos.

Pero los romanos no tomaban todas las decisiones, como sucedía en Atenas. La asamblea romana elegía a representantes para que resolvieran las cuestiones políticas. El consejo de representantes se llamaba **senado** . De este senado se escogían dos miembros, o **cónsules** , que se encargaban de los asuntos cotidianos de Roma y actuaban en nombre de los ciudadanos.

El senado romano elegía a los cónsules cada año para impedir que una persona permaneciera demasiado tiempo en el poder. En situaciones de emergencia se podía nombrar a un dictador por un período de seis meses. Un **dictador** es un gobernante con poderes absolutos.

Pero no todos los ciudadanos de Roma tenían la misma influencia en el gobierno. La sociedad romana había estado dividida desde hacía mucho tiempo en dos clases sociales. Una de ellas era la clase de los **patricios** , los descendientes de los primeros pobladores de Roma. La otra clase, los **plebeyos** , estaba compuesta de obreros, artesanos, campesinos y comerciantes cuyos antepasados habían llegado a Roma mucho después. Los patricios tenían más derechos que los plebeyos. Formar parte del senado, por ejemplo, era un privilegio exclusivo de los patricios.

En el año 494 a.C., los plebeyos iniciaron una rebelión y abandonaron Roma con el objeto de fundar su propia ciudad. Los patricios comprendieron que la ausencia de los plebeyos debilitaría la economía de la ciudad. Por ello decidieron aceptar que los plebeyos eligieran a diez representantes especiales conocidos como **tribunos** . Los tribunos podían asistir a las reuniones del senado y **vetar** , o rechazar, las leyes que no les satisfacían.

En los años 451 y 450 a.C. el gobierno romano inició el registro de las leyes en un documento llamado las Doce Tablas, que serviría de base para toda la legislación posterior. Con el tiempo, patricios y plebeyos tendrían casi los mismos derechos.

Al margen de la clase social a la que pertenecieran, los hombres disponían de un poder absoluto en la casa; incluso podían vender a sus propias familias como esclavos.

A los etruscos se los recuerda especialmente por sus obras de arte. Este ataúd de piedra, que representa a un matrimonio, fue esculpido hace unos 2,600 años. Los etruscos y los latinos vivían juntos en la Italia de la antigüedad. Mientras su propia cultura se desarrollaba, los romanos utilizaron la tecnología, al alfabeto y el arte de los etruscos.

Como las mujeres no podían intervenir en el gobierno, el senado romano estaba compuesto sólo de varones.

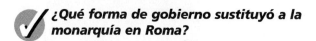

A pesar de esto, algunas mujeres colaboraban en los asuntos cotidianos y a menudo aconsejaban a sus esposos. No podían, sin embargo, participar directamente en las tareas de gobierno.

✓ **¿Qué forma de gobierno sustituyó a la monarquía en Roma?**

LA EXPANSIÓN DE ROMA

Los romanos, basándose en el criterio de "más vale atacar que ser atacado", empezaron a ocupar territorios vecinos hacia el año 500 a.C. En 274 a.C. toda la península Itálica estaba en manos de Roma.

Después de haber conquistado los territorios cercanos, los romanos buscaron otros rivales al otro lado del Mediterráneo. Entre los años 264 y 146 a.C. Roma libró tres guerras con Cartago, una ciudad estado fundada por los fenicios en el norte de África. Estas guerras se conocen como las Guerras Púnicas, palabra que deriva de *punicus*, el nombre que los romanos daban a los fenicios.

Las Guerras Púnicas estallaron porque Roma y Cartago querían controlar el comercio marítimo en el Mediterráneo. Los romanos ganaron la primera guerra después de una larga lucha. En la segunda, sin embargo, los cartagineses amenazaron seriamente a la misma ciudad de Roma. Bajo el mando de un general llamado Aníbal, los soldados y elefantes del ejército cartaginés partieron de lo que hoy es España, y, luego de atravesar las nevadas montañas alpinas, penetraron en Italia. Años después, un historiador romano describió a Aníbal de la siguiente manera:

> **❝**Ningún esfuerzo agotaba su cuerpo o su espíritu. El calor y el frío eran para él la misma cosa. Era siempre el primero en el combate y el último en la retirada.**❞**

A pesar del cansancio, los soldados cartagineses sorprendieron a sus enemigos con ataques violentos y repentinos. Combatieron con tanta bravura, que Roma estuvo a punto de ser vencida. Pero un general romano llamado Escipión realizó entonces una maniobra inesperada: dejó la península Itálica y atacó los territorios del norte de África controlados por Cartago. Aníbal se vio obligado a regresar para defender su propia ciudad.

En 202 a.C. Aníbal perdió una batalla decisiva en el pueblo de Zama, cerca de Cartago. Cartago tuvo que rendirse.

La tercera y última guerra púnica, ocurrida en el año 146 a.C., dejó a Cartago en ruinas. Muchos cartagineses fueron vendidos como esclavos.

Para ese entonces Grecia, Macedonia y algunas zonas del suroeste de Asia estaban controladas por Roma. Los romanos dividieron los territorios del imperio en **provincias**, o regiones autónomas. Un gobernador romano gobernaba cada provincia. Los pueblos sometidos pagaban impuestos a Roma y muchas personas fueron esclavizadas. La victoria sobre Cartago permitió a Roma asegurarse un suministro constante de cereales para alimentar a la creciente población de la ciudad.

Las tácticas de guerra de Aníbal aún son estudiadas por los líderes militares actuales.

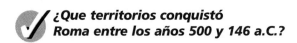
¿Que territorios conquistó Roma entre los años 500 y 146 a.C.?

DE REPÚBLICA A DICTADURA

El dinero originado por los impuestos a las provincias enriqueció a los patricios; los esclavos, sin embargo, empobrecieron a los plebeyos. Muchos plebeyos fueron desplazados de sus trabajos por la mano de obra esclava. Esto causó conflictos entre patricios y plebeyos. Los hermanos Tiberio y Cayo Graco propusieron cambios en las leyes para ayudar a los plebeyos, pero el senado rechazó esos cambios. Ambos hermanos fueron asesinados por sus ideas.

Diversos líderes trataron de lograr el control de la república durante los 50 años siguientes. Tras una sangrienta guerra civil que concluyó en el año 82 a.C., Lucio Sila se convirtió en dictador. Sila se mantuvo en el poder durante tres años, en lugar de los seis meses que establecía la ley romana.

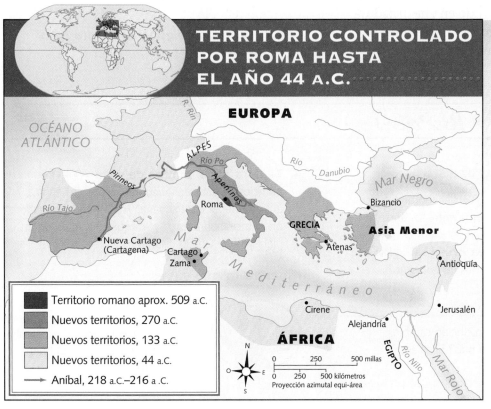

TERRITORIO CONTROLADO POR ROMA HASTA EL AÑO 44 A.C.

EUROPA

OCÉANO ATLÁNTICO

R. Rin

ALPES

Río Po

Pirineos

Apeninos

Río Tajo

Río Danubio

Mar Negro

Roma

Bizancio

GRECIA

Asia Menor

Nueva Cartago (Cartagena)

Cartago
Zama

Atenas

Antioquía

Mar Mediterráneo

Cirene

Alejandría

Jerusalén

ÁFRICA

EGIPTO

Río Nilo

Mar Rojo

N O E S

0   250   500 millas
0   250   500 kilómetros
Proyección azimutal equi-área

■ Territorio romano aprox. 509 a.C.
■ Nuevos territorios, 270 a.C.
■ Nuevos territorios, 133 a.C.
□ Nuevos territorios, 44 a.C.
→ Aníbal, 218 a.C.–216 a.C.

MOVIMIENTO
Hacia 44 a.C. Roma dominaba buena parte de Europa y varias regiones africanas.

■ ¿Qué ventajas obtuvo Roma al conquistar los territorios que rodeaban Italia?

El hecho de que los romanos aceptaran a un gobernante único significaba que la república no podía durar mucho tiempo. De todos modos, Sila renunció al cargo en el año 79 a.C. y el consulado se restableció por un tiempo. Líderes tales como Pompeyo y Cicerón se desempeñaron como cónsules después de Sila.

En el año 59 a.C., un cónsul llamado Julio César ansiaba gobernar todos los territorios romanos y con ese fin tramó un minucioso plan. Su primer paso fue formar un ejército y conquistar Galia (la actual Francia) para Roma. La victoria de esta campaña demostró su genio militar. Como gobernador de la nueva provincia de Galia, César siguió muy de cerca lo que sucedía en Roma.

En el año 49 a.C. César se dispuso a regresar a Roma. El senado, temiendo que César se propusiera tomar la ciudad, le advirtió que su ejército no podía cruzar el río Rubicón, frontera entre Italia y Galia. Al grito de "La suerte está echada", César atravesó el Rubicón con sus tropas y declaró la guerra a Roma. Así estalló una guerra civil en la que César luchó por el poder.

César fue proclamado dictador de toda Roma en el año 45 a.C. Al año siguiente se hizo claro que César no tenía ninguna intención de abandonar el cargo después de seis meses. La república se había convertido en una dictadura. César demostró ser un gobernante enérgico e inmediatamente introdujo cambios, como la

¿Qué es?

El calendario romano

Julio, el séptimo mes de nuestro calendario, debe su nombre a Julio César. Antes de que César llegara al poder, el antiguo calendario romano no cubría los 365 días del año solar. César decidió resolver esto añadiendo 67 días al calendario. Para conformar el nuevo calendario, César dispuso que el primer año fuera mucho más largo. ¡El año 46 a.C. tuvo 442 días! Los romanos llamaron a este insólito año "el año de la confusión".

Julio César

creación de leyes que favorecieron a los pobres. También concedió la ciudadanía a más personas.

Pero la gloria de César fue corta, pues murió apuñalado el 15 de marzo, el idus de marzo del calendario romano, del año 44 a.C. El asesinato de César condujo a un período de guerra civil.

 ¿Qué tipo de gobernante era Julio César?

LECCIÓN 1 • REPASO

Comprueba lo que aprendiste

1. **Recuerda los datos** ¿Cuáles fueron las tres formas de gobierno en Roma entre los años 600 y 44 a.C.?

2. **Concéntrate en la idea principal** ¿Por qué Roma tuvo diferentes formas de gobierno?

Piensa críticamente

3. **Ayer y hoy** ¿Se han producido cambios en el gobierno de nuestro país? Si es así, descríbelos.

4. **Explora otros puntos de vista** Sólo los patricios podían ser senadores y cónsules en la antigua República Romana. ¿Qué habría opinado un patricio sobre esto? ¿Por qué la opinión de un plebeyo habría sido distinta?

Muestra lo que sabes

Actividad: Redacción Eres un político romano que tratas de obtener el voto de tus conciudadanos. Escribe un discurso prometiendo un buen gobierno para Roma.

El gobierno se valió del censo para asegurarse de que todos los habitantes pagaran impuestos.

Augusto contaba con un ejército bien entrenado para asegurar la paz y la unidad del imperio. Las tropas estaban divididas en grupos numerosos llamados **legiones**. Cada legión podía tener hasta 6,000 soldados. Muchas de ellas estaban en las fronteras para prevenir invasiones.

El sistema de caminos que el ejército romano construyó y usó para desplazarse también contribuyó a la unidad del imperio. Las legiones utilizaban los caminos para ir con rapidez de provincia a provincia, aunque servían igualmente a comerciantes y viajeros. Con el tiempo, esa red de caminos llegó a conectar la capital con casi todos los rincones del imperio. De esa época proviene el célebre dicho "todos los caminos conducen a Roma". Por los caminos romanos transitaban productos e ideas procedentes de todo el imperio. Este movimiento de ideas generó un intercambio cultural entre las provincias.

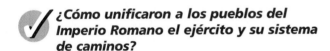 **¿Cómo unificaron a los pueblos del Imperio Romano el ejército y su sistema de caminos?**

EL ORGULLO ROMANO

Augusto pensaba que Roma no tenía el esplendor propio de la capital de un gran imperio. Por ello ordenó la reconstrucción de edificios antiguos y la edificación de nuevos templos, bibliotecas, baños públicos y oficinas de gobierno. "Encontré una ciudad de ladrillo y dejo una ciudad de mármol", afirmó.

En torno al Palatino, la colina que existía en el centro de la ciudad, se alzaban enormes edificios gubernamentales denominados **basílicas**. Templos y otros edificios se construyeron entre las basílicas, y a su alrededor se instalaban puestos de carnes y verduras, ropas y cerámicas. Los ciudadanos ricos podían adquirir productos finos traídos de lugares lejanos del imperio, como Hispania y Egipto. Los que sabían leer podían comprar textos escritos a mano en rollos de papiros egipcios.

La influencia cultural de Grecia se reflejaba en las nuevas construcciones. Los arquitectos romanos admiraban la belleza estilística de la arquitectura griega. Por ello diseñaron sus edificios con columnas y vigas rectas características del estilo griego.

Caminos de piedra como éste (izquierda) se conservan en muchas regiones que formaron parte del Imperio Romano. En pueblos grandes se podían alquilar carros y caballos (abajo) para viajar por los caminos.

Los romanos también incorporaron ideas arquitectónicas propias, como la cúpula. Además, utilizaron el arco, estructura que adoptaron de los etruscos.

Como la población de Roma era aficionada a los espectáculos públicos, se construyeron también teatros y anfiteatros. El Coliseo, el más grande de los anfiteatros, fue concluido en el 80 d.C., tras la muerte de Augusto. Más de 50,000 personas podían asistir allí a las peleas de **gladiadores**, esclavos o prisioneros que eran obligados a luchar entre sí, a veces hasta la muerte.

Los líderes de todo el imperio decidieron seguir el ejemplo de Roma y comenzaron a reconstruir sus ciudades de la misma manera. En regiones tan lejanas como Britania y Siria se edificaron foros en los centros de las ciudades. Alrededor de los foros se construyeron templos, baños públicos, bibliotecas y anfiteatros.

Muchos edificios de la antigua Roma se mantienen aún en pie. Sin embargo, su conservación está en peligro. Un tipo de contaminación llamada **lluvia ácida** está dañando las ruinas. La lluvia ácida es una mezcla de agua y gases procedentes de la quema de combustibles orgánicos como el petróleo. Esa mezcla genera ácidos que caen a la tierra cuando llueve.

En todo el imperio se construyeron también numerosos **acueductos** de piedra. Un acueducto es un sistema de canales y puentes usado para transportar agua de un sitio a otro. Los acueductos del Imperio Romano llevaban agua desde ríos lejanos a las ciudades.

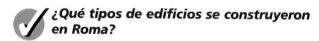

¿Qué tipos de edificios se construyeron en Roma?

LENGUA, LITERATURA Y ARTE

Si bien Roma dominaba el Mediterráneo, a menudo miraba hacia Grecia en busca de inspiración. Los pintores, escultores y escritores romanos imitaban el arte y el estilo griegos.

Los romanos son célebres por su destreza en la construcción de acueductos (izquierda, arriba), anfiteatros y otras obras. En el Coliseo (abajo, izquierda y derecha), un anfiteatro terminado en el año 80 d.C., se podían congregar hasta 50,000 espectadores para presenciar los combates de gladiadores.

¿Qué es?

Los baños públicos

Los gobernantes romanos construyeron grandes albercas y baños públicos, donde la gente acudía no sólo para lavarse, sino también para conversar con amigos o hacer negocios. Algunos baños contaban incluso con tiendas y bibliotecas. Estas instalaciones se construyeron en todo el imperio. En la actualidad se conservan ruinas de baños públicos en Gran Bretaña, Francia, Israel, Siria, Tunicia y Argelia.

Las ideas de los filósofos griegos Sócrates, Platón y Aristóteles también se difundieron en Roma. Como dijo el poeta romano Horacio, "la Grecia conquistada conquistó a su inculta conquistadora y llevó las artes a Roma".

Los romanos adoptaron muchos elementos ➡ de la cultura griega. Esta estatua de la diosa griega Atenea es una copia romana de un original griego.

Augusto pidió a los artistas y escritores romanos que estimularan con sus obras los sentimientos patrióticos del pueblo. Augusto tenía interés especial en la creación de un gran poema épico que glorificara a Roma, como la *Ilíada* y la *Odisea* lo habían hecho con Grecia. Un poeta llamado Virgilio escribió entonces la *Eneida*, un largo poema sobre los orígenes de Roma que, como Augusto había deseado, despertó el fervor nacionalista de todos los romanos.

El idioma también contribuyó a la unificación de los territorios imperiales. Los soldados y comerciantes que recorrían las provincias difundieron el latín. Esta lengua se usaba en el gobierno y en la educación de todas las provincias romanas. El latín fue un elemento importante de la cultura romana, que se expandió a todo el imperio.

✓ **¿Qué papel tuvieron el arte y la literatura en la unificación del Imperio Romano?**

LECCIÓN 2 • REPASO

Comprueba lo que aprendiste

1. **Recuerda los datos** ¿Qué mejoras en el gobierno y en las artes se produjeron tras la proclamación de Augusto como emperador?

2. **Concéntrate en la idea principal** ¿Qué facilitó la unificación de los diferentes pueblos del Imperio Romano?

Piensa críticamente

3. **Explora otros puntos de vista** ¿Por qué crees que Augusto decidió usar medios pacíficos para unificar a los pueblos del Imperio Romano?

4. **Ayer y hoy** Al igual que el Imperio Romano, Estados Unidos es una nación compuesta por muchas culturas. ¿Qué une a los habitantes de este país?

Muestra lo que sabes

Actividad: Mapas Usa el mapa de la página 244 como guía para hacer una maqueta o un mapa en relieve del Imperio Romano. Traza las fronteras de los países que actualmente ocupan el territorio del antiguo imperio y escribe sus nombres. Utiliza un solo color para marcar todas las tierras que formaban parte del imperio.

Comparar mapas históricos

¿Por qué es importante esta destreza?

Los **mapas históricos** son un medio muy útil para aprender sobre el pasado. En algunos se indican los lugares donde ocurrieron ciertos acontecimientos. En otros se muestra cómo se organizaba el mundo en una época concreta del pasado. Mediante los mapas históricos puedes investigar cómo han cambiado las fronteras o qué nombres tuvo una misma región en épocas diferentes.

MAPA A: ROMA EN EL AÑO 274 A.C.

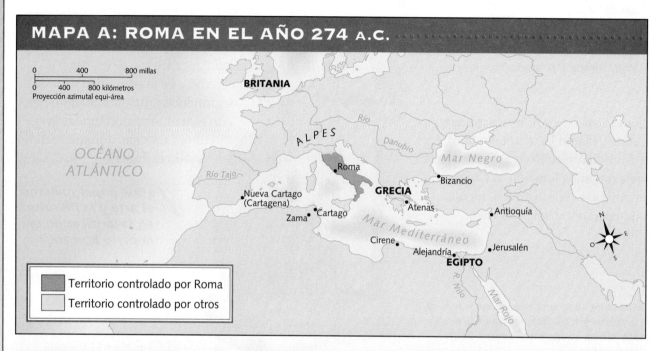

MAPA B: ROMA EN EL AÑO 117 D.C.

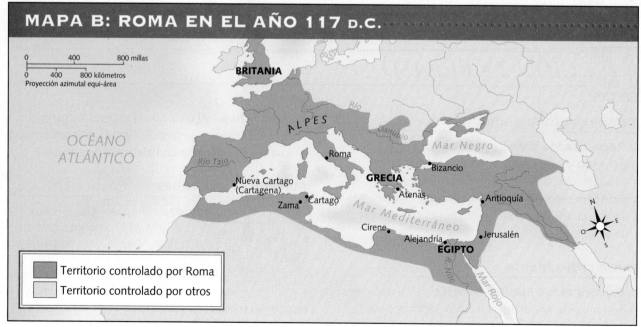

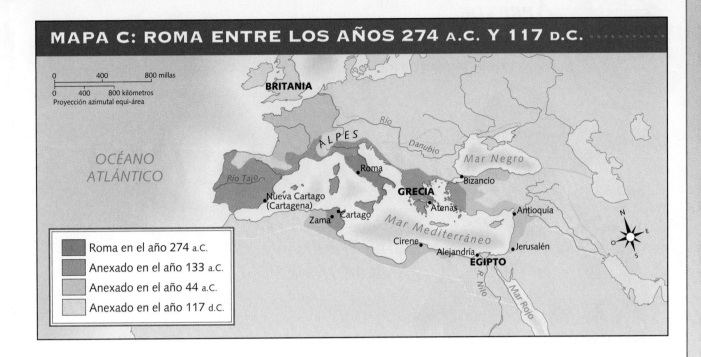

MAPA C: ROMA ENTRE LOS AÑOS 274 A.C. Y 117 D.C.

0   400   800 millas
0   400   800 kilómetros
Proyección azimutal equi-área

BRITANIA

OCÉANO ATLÁNTICO

ALPES

Río Danubio

Mar Negro

Roma

Bizancio

GRECIA

Río Tajo

Nueva Cartago (Cartagena)

Atenas

Antioquía

Zama   Cartago

Mar Mediterráneo

Cirene

Jerusalén

Alejandría

EGIPTO

R. Nilo

Mar Rojo

Roma en el año 274 a.C.
Anexado en el año 133 a.C.
Anexado en el año 44 a.C.
Anexado en el año 117 d.C.

Comprende el proceso

Los libros de historia y muchos atlas contienen mapas históricos. Con frecuencia, el título o la leyenda de un mapa histórico indica la época o el año representado.

El mapa A representa los territorios romanos en el año 274 a.C., cuando Roma dominaba toda la península Itálica. Las áreas color café representan las tierras gobernadas por Roma; las verdes, las controladas por otros pueblos.

El Imperio Romano alcanzó su máxima expansión en el año 117 d.C., durante el mandato del emperador Trajano. Como en el mapa A, el color café del mapa B representa los territorios romanos; y el verde, los controlados por otros pueblos.

Ahora observa el mapa C que aparece arriba. Éste incluye la información de los dos mapas anteriores y muestra cómo cambiaron las fronteras de Roma del año 274 a.C. al 117 d.C. La leyenda te indica lo que cada color representa. A continuación, responde las preguntas siguientes acerca del desarrollo del Imperio Romano.

1. ¿De qué color es el territorio que Roma controlaba en el año 274 a.C.?
2. ¿Qué regiones estaban ya incorporadas al imperio en el año 133 a.C.?

3. ¿En qué año fue sometida Britania?
4. ¿En qué año tomó Roma control de
   a. Alejandría?
   b. Atenas?
   c. Bizancio?
   d. Cartago?
   e. Jerusalén?
5. ¿Entre qué años se produjo la mayor expansión del Imperio Romano? ¿Cómo lo sabes?
6. ¿En qué año ocupó Roma el primer territorio africano?
7. ¿Estaba Atenas bajo dominio romano en el año 100 a.C.?

Piensa y aplica

Usar mapas

En un atlas, busca un mapa que muestre el desarrollo territorial de Estados Unidos. Examina los colores o símbolos usados en dicho mapa para representar la expansión a lo largo del tiempo. Usa el mapa para escribir un párrafo en el que expliques cuándo y cómo se integró tu estado a Estados Unidos. Luego dibuja tu propio mapa para ilustrar el párrafo. Usa diferentes colores para representar a Estados Unidos antes y después de la incorporación de tu estado. Muestra tu trabajo a un compañero.

APRENDE con la LITERATURA

Concéntrate en la vida militar

El LEGIONARIO

Martin Windrow y
Richard Hook

Sextus Duratius,
del libro
El legionario

Durante siglos, el ejército de Roma estuvo formado por ciudadanos voluntarios que sólo prestaban servicios en momentos de necesidad. Cuando el imperio comenzó a expandirse, los líderes se dieron cuenta de que necesitaban un nuevo tipo de soldado. Este soldado debía ser un combatiente bien entrenado que recibiera un sueldo del gobierno para dedicarse exclusivamente a ello. La siguiente historia narra la vida de un soldado profesional, Sextus Duratius, de la segunda Legión Augusta. Mientras leas, piensa en por qué algunas personas deciden dedicarse a la vida militar.

Como soldado de lo que él consideraba la mejor legión del imperio, Sextus podía esperar viajes, aventuras y, quizás, un ascenso al puesto de centurión mayor, un cargo casi sagrado, responsable de una cohorte de 500 hombres. La retribución por el trato duro y la obediencia ciega eran 337 ½ monedas de plata al año en tres pagos, menos las deducciones obligatorias por raciones, botas, reposición de equipo perdido, seguro de entierro y cualquier otra cosa que a los tacaños funcionarios se les pudiera ocurrir. De vez en cuando quizás recibiera alguna bonificación generosa si participaba en una victoria importante, o si un nuevo emperador llegaba al poder. Parte de su paga se guardaría en un banco, y si terminaba el período de servicio, obtendría una buena suma como pensión o una concesión de terrenos. No era un mal negocio, si sobrevivía para recibir los beneficios.

Durante los primeros meses, Sextus dudaba de si iba a terminar el primer año. Aprendió el oficio de soldado por las malas, con las lenguas afiladas y los garrotes[1] de madera de los instructores que lo hostigaban constantemente en el campo de desfiles y en el terreno de entrenamiento. Aprendió a mantener la armadura siempre limpia y brillante, aunque tuviera que quedarse media noche despierto para limpiarla. Aprendió a realizar marchas de veinticinco millas en un día, arrastrando el bagaje[2], bajo la lluvia o el sol, con sandalias que producían ampollas sobre ampollas ya existentes. Casi siempre regresaba tambaleándose al cuartel, sólo para que lo arrastraran nuevamente al campo de prácticas a excavar trincheras y construir murallas que se volvían a tapar para la jornada del día siguiente. Sextus aprendió a lanzar la jabalina y a manejar la espada y el escudo. Sufrió más magulladuras de las que podía contar, a causa de las espadas de madera que pesaban el doble de lo normal y con las que debía entrenarse antes de que le confiaran el acero romano. Aprendió las

señales de las diferentes formaciones de batalla, la "cuña", la "sierra" y todas las demás estrategias de combate. Y también aprendió cuándo, por cuánto y a quién sobornar para evitar que su nombre apareciera en las temidas listas del centurión para la limpieza de las letrinas, la cocina, el aseo del campamento y otros castigos diversos que se reservaban para los reclutas distraídos. Antes de que hubieran pasado dos años, Sextus se había convertido en un soldado profesional bien entrenado, disciplinado y peligroso.

Habían pasado ocho años desde que Sextus y sus camaradas iniciaran un largo viaje a pie, en barcaza y en barco. Dejaron los familiares alrededores de Estrasburgo, con sus cuarteles de piedra y su animada población civil, para viajar hasta las playas desnudas y las colinas onduladas y boscosas de Britania.

---

[1] **garrotes:** palos gruesos
[2] **bagaje:** equipo militar

Este fuerte (abajo) fue construido por soldados romanos que lucharon contra los sajones en lo que hoy es Gran Bretaña. Mucho tiempo después se construyó un castillo en el interior de las murallas.
(Michael Holford Photographs)

Los soldados romanos se protegían con cascos y armaduras para las piernas y para el cuerpo (derecha). La armadura los ayudaba a avanzar contra el enemigo.
(Roma, Museo della Civilta Romana/Scala/Art Resource/NY)

Los soldados romanos solían luchar cuerpo a cuerpo y hacían frente a lanzas y cargas de caballería. Este relieve en piedra representa al ejército romano.
(Scala/Art Resource/NY)

En esos años Sextus había participado en dos o tres expediciones locales a la frontera germana; nada serio, sólo viajes cortos para recaudar impuestos, animados por la ocasional escaramuza. Sextus descubrió que su entrenamiento había sido bueno, y eso le dio confianza.

Esta confianza era ahora necesaria. Sólo los dioses sabían los horrores que le aguardaban en esta aterradora expedición a las brumas del norte, en esos oscuros bosques y páramos asolados por el viento. Además, existía la posibilidad de ahogarse en los mares agitados y grises, o de morir bajo las lanzas de los britanos. Estos eran sólo salvajes, por supuesto, pero en algunas de las primeras batallas de la invasión habían aparecido muchos de ellos. Sin embargo, la magia de las armas y de la disciplina romanas había funcionado una vez más, y Sextus olvidó pronto sus dudas y temores.

Cuando la Legión Augusta se separó de las otras legiones y marchó hacia el oeste, las cosas mejoraron aún más. Lejos de la mirada de los generales y oficiales, el legado Vespasiano demostró ser un comandante justo y honrado.

Vespasiano esperaba que los legionarios cumplieran con su deber con rapidez y precisión, pero no regañaba a los hombres, que combatían casi a diario.

Esta noche, por ejemplo, cuando la batalla terminara, y no faltaba mucho, a juzgar por el denso humo y el ruido que se escuchaba más allá del portón, Sextus podía confiar en pasar una noche de sueño reparador. Quizás las cohortes auxiliares que no habían entrado en combate recibieran la orden de excavar las defensas y levantar las tiendas. En cualquier caso, Sextus probablemente no tendría que montar guardia.

Repaso de la literatura

1. ¿Por qué Sextus se alistó en el ejército?
2. ¿Por qué crees que algunas personas se enrolan en el ejército en la actualidad?
3. ¿Piensas que Sextus querría que su hijo se enrolara en el ejército? Haz una lista de las ventajas e inconvenientes que Sextus podría mencionar acerca de la vida de un soldado romano.

LA APARICIÓN DEL CRISTIANISMO

Conexión con nuestro mundo

¿Cómo surgen, evolucionan y adquieren importancia las religiones?

Concéntrate en la idea principal
Descubre cómo el cristianismo se difundió por el Imperio Romano y transformó la vida de Roma.

Anticipa el vocabulario
mesías	Nuevo Testamento
crucifixión	Evangelios
apóstol	Antiguo Testamento
cristianismo	mártir

La creencia de los romanos en numerosos dioses fue otro factor que unificó a los habitantes del imperio durante su período inicial. Con la expansión territorial se multiplicaron también las religiones. Una de ellas, el cristianismo, se difundiría por todo el mundo romano y afectaría decisivamente al desarrollo de la humanidad.

EL IMPERIO ROMANO Y LA RELIGIÓN

Además de ser el gobernante del Imperio Romano, Augusto era también una autoridad religiosa. Quería que todos los ciudadanos participaran en las ceremonias religiosas. Sabía que la fe común unificaría a una población cada vez más numerosa y variada.

Como otros pueblos de la antigüedad, los romanos adoraban a muchos dioses. Entre ellos destacaban Saturno, el más antiguo; Marte, el dios de la guerra; y Ceres, la diosa de la agricultura. Enero, el comienzo del nuevo año, estaba dedicado a Jano, dios de las puertas y los inicios. Las puertas del templo de Jano se abrían cuando comenzaba una guerra y se cerraban cuando ésta concluía.

Pero aunque los romanos tenían su propia religión, también adoptaron en muchas ocasiones los dioses y creencias de pueblos sometidos. La religión romana incluía muchas divinidades y conceptos griegos. A menudo, lo único que cambiaba era el nombre del dios. Por ejemplo, Hera, la diosa griega del matrimonio y de las mujeres, fue llamada Juno por los romanos. Zeus, el dios supremo de los griegos, se convirtió en Júpiter, el dios romano más importante.

La creencia en los dioses era una parte esencial de la vida romana. Los romanos pensaban que el imperio sería destruido si no rendían culto a sus dioses. Las leyes, por tanto, castigaban a quienes no veneraban a los dioses romanos. No obstante, no siempre se controlaba la vida religiosa de los pueblos sometidos. Los romanos permitieron a los judíos, por ejemplo, que conservaran sus propios sacerdotes, leyes y enseñanzas, al igual que lo habían hecho bajo el dominio persa y de otros pueblos. Los judíos vivían por todo el imperio, no sólo en la provincia romana de Judea.

 ¿Por qué los romanos querían que todo el mundo rindiera culto a sus dioses?

EL SURGIMIENTO DEL CRISTIANISMO

Una creencia del judaísmo es que un mesías vendrá a traer la paz al mundo. El **mesías** es una persona sabia y justa que establecerá el reino de Dios en la Tierra. Durante el gobierno de un líder llamado Herodes se divulgó el rumor de que el mesías había nacido. Se dijo que una mujer llamada María había dado a luz a un niño de nombre Jesús en la aldea de Belén, en Judea. Años después se harían famosos las enseñanzas y actos milagrosos de Jesús.

Jesús, al igual que otros predicadores judíos, se dedicó a difundir el judaísmo. Recorrió Judea divulgando la creencia en un Dios único y en los Diez Mandamientos. Su mensaje de amor al prójimo y de compasión hacia los pobres también se basaba en el judaísmo. Sin embargo, Jesús afirmaba que era el Hijo de Dios y que había sido enviado por su Padre para salvar a la humanidad de sus pecados. Sus seguidores creían que él era el mesías.

Las autoridades judías y romanas de la provincia de Judea se inquietaron al aumentar el número de personas que escuchaban las palabras de Jesús. A los líderes judíos les molestaba el hecho de que Jesús no se atenía estrictamente a las leyes judías. Los dirigentes romanos pensaron que Jesús podría apoderarse del imperio e instaurar su propio reino. Cerca del año 30 d.C., Poncio Pilatos, gobernador romano de Judea, ordenó la **crucifixión** de Jesús. Este tipo de ejecución significaba que Jesús tenía que morir clavado en una cruz.

Doce hombres, a los que se conocía como los **apóstoles**, eran los seguidores más fieles de Jesús. Los apóstoles contaban que Jesús había resucitado tres días después de que se le crucificara. Después de la resurrección, los apóstoles predicaron las enseñanzas de Jesús.

El mensaje de Jesús empezó a divulgarse por los caminos que conectaban las provincias del imperio. Las embarcaciones romanas transportaban no sólo bienes, sino también las enseñanzas de Jesús. Los discípulos ganaban nuevos adeptos dondequiera que iban. Los seguidores posteriores predicaron en griego, la lengua que se usaba en la parte oriental del imperio. La palabra griega para *mesías* era *khristós*. Con el tiempo, Jesús se conoció como Jesús Christus o Jesucristo.

Aquí se muestran dos símbolos antiguos del cristianismo: el Buen Pastor (izquierda) y el crismón (derecha), monograma formado por las dos primeras letras de la palabra griega *khristós*.

Las catacumbas (izquierda) eran galerías subterráneas donde los primeros cristianos sepultaban a sus muertos. Muchas catacumbas estaban decoradas con escenas cristianas (arriba) o con inscripciones funerarias (abajo, izquierda).

Sus seguidores, cada vez más numerosos, recibieron el nombre de cristianos, y la religión que profesaban se llamó **cristianismo**.

Uno de los primeros en poner por escrito la nueva doctrina fue un converso, o nuevo creyente, llamado Pablo, quien fundó iglesias cristianas en muchas de las ciudades principales del imperio. Sus cartas a los miembros de esas iglesias forman gran parte del **Nuevo Testamento**, la sección de la Biblia cristiana que trata sobre Jesucristo, sus enseñanzas y sus discípulos. Los cuatro libros del Nuevo Testamento que relatan la vida y obra de Jesús se denominan **Evangelios**, o "buenas nuevas". Estos libros fueron escritos tras la muerte de Jesús por sus discípulos Mateo, Marcos, Lucas y Juan. La primera parte de la Biblia, el **Antiguo Testamento**, contiene los mismos libros que la Biblia judía.

 **¿Cómo se difundió el mensaje de Jesucristo por el Imperio Romano?**

LA REACCIÓN DE ROMA

La rápida difusión del cristianismo alarmó a los gobernantes de Roma, pues temían que los cristianos intentaran tomar el poder. Para los líderes romanos, la nueva religión era una amenaza a la estabilidad de todo el imperio. Por ello arrestaron, persiguieron o maltrataron a los cristianos que se negaran a rendir culto a los dioses romanos.

Hacia el año 112 d.C. Plinio el Joven, un funcionario romano que había sido destinado a Asia Menor, explicó al emperador Trajano su política hacia los cristianos:

> ❝Con aquellos que fueron traídos ante mí como cristianos, he actuado de la siguiente manera: primero les pregunté si eran cristianos. Si lo confirmaban dos veces, los amenazaba con castigarlos antes de preguntar por tercera vez. Ordené la ejecución de quienes continuaron diciendo que sí… Dejé ir a quienes dijeron que nunca fueron cristianos y a quienes ofrecieron sacrificios a nuestros dioses.❞

El emperador Trajano le contestó:

66 Has actuado bien… No debes perseguir a los cristianos, pero si son traídos ante ti y rehúsan adorar a nuestros dioses, entonces deben ser castigados.99

Muchos de los primeros cristianos se convirtieron en **mártires**, es decir, personas que mueren o sufren a causa de sus creencias. Algunos cristianos eran despedazados en el circo por leones hambrientos mientras los romanos gozaban del espectáculo.

La persecución de los romanos hizo que muchos cristianos abrazaran su religión con más fuerza que antes. Ahora estaban dispuestos a demostrar la solidez de su fe, muriendo por ella.

Más y más romanos, impresionados por la fuerza de la nueva religión, se convirtieron al cristianismo. De este modo el cristianismo se fue extendiendo por todos los rincones del imperio.

✓ **¿Qué efecto tuvieron las persecuciones en el cristianismo?**

CONSTANTINO ACEPTA EL CRISTIANISMO

Mientras el cristianismo se fortalecía, el poder de Roma se debilitaba progresivamente. La administración del imperio era muy costosa. Los funcionarios debían cobrar sus sueldos y el mantenimiento de las carreteras era caro. Éstos eran sólo algunos de los muchos gastos del imperio. El gobierno aumentó los impuestos, pero esta medida no bastó para cubrir las necesidades financieras y sólo le causó sufrimiento al pueblo.

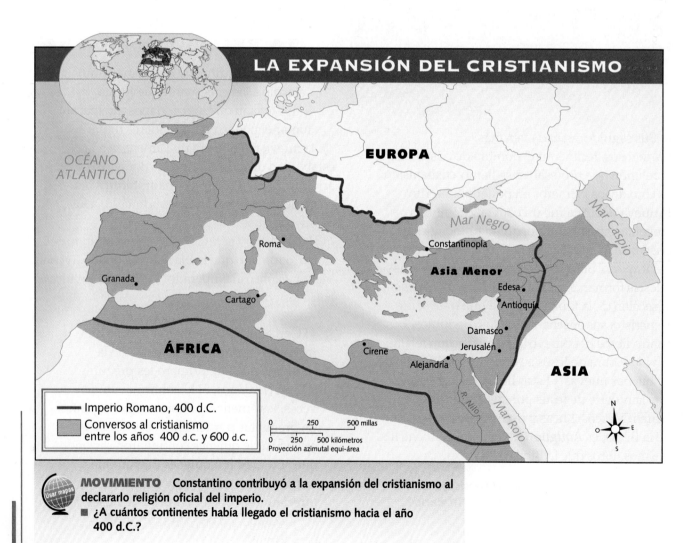

LA EXPANSIÓN DEL CRISTIANISMO

OCÉANO ATLÁNTICO

EUROPA

Mar Negro

Roma

Constantinopla

Mar Caspio

Granada

Asia Menor

Edesa

Cartago

Antioquía

Damasco

ÁFRICA

Cirene

Jerusalén

ASIA

Alejandría

R. Nilo

Mar Rojo

—— Imperio Romano, 400 d.C.

Conversos al cristianismo entre los años 400 d.C. y 600 d.C.

0   250   500 millas
0   250   500 kilómetros
Proyección azimutal equi-área

N / O E / S

MOVIMIENTO Constantino contribuyó a la expansión del cristianismo al declararlo religión oficial del imperio.
■ ¿A cuántos continentes había llegado el cristianismo hacia el año 400 d.C.?

El arco de Constantino (arriba) fue erigido para conmemorar la obra de dicho emperador (izquierda).

Al mismo tiempo, el imperio se enfrentaba a ataques en todas las fronteras. Grupos invasores penetraban en el territorio y obligaban a los romanos a luchar. Pueblos invasores se adentraron en Galia y en Hispania desde el norte. Los persas intentaron apoderarse de provincias asiáticas. Un pueblo africano, los bereberes, atacó los territorios romanos del norte de África.

Además, muchos emperadores del período comprendido entre los años 180 y 312 d.C. fueron malos gobernantes y perdieron el respeto de sus propios súbditos. El imperio era tan extenso, que muchos de sus ciudadanos ni conocían Roma ni le daban importancia a su condición de romanos. Incluso los soldados que combatían para mantener la unidad del imperio sentían más lealtad hacia sus generales que hacia las instituciones romanas. Dentro del imperio surgieron guerras en las que los generales combatían entre sí.

En el año 312 d.C., dos generales romanos que aspiraban al trono imperial se encontraron en el puente Milvio de Roma. Constantino, uno de los contendientes, no era cristiano, pero vivió una experiencia que cambió su vida. Según contaría después, la palabra griega *khristós* apareció ante él en el firmamento. Sobre esta palabra pudo leer la frase latina *in hoc signo vinces*, "con este signo vencerás". Constantino ordenó inmediatamente a sus soldados que pintaran cruces en los escudos. La cruz se había convertido en símbolo del cristianismo desde la crucifixión de Jesucristo.

Constantino ganó la batalla y se convirtió en emperador. A diferencia de sus predecesores, no mostró ninguna gratitud hacia los dioses romanos, sino que comenzó a apoyar al cristianismo. En el año 313 d.C. promulgó el Edicto de Milán, que concedía a los cristianos libertad de culto. Más tarde en ese siglo, el cristianismo se convirtió en la religión oficial del Imperio Romano.

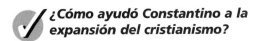

¿Cómo ayudó Constantino a la expansión del cristianismo?

EL IMPERIO ROMANO SE DIVIDE EN DOS, 395 D.C.

OCÉANO ATLÁNTICO

EUROPA

IMPERIO ROMANO DE OCCIDENTE

Mar Negro

Roma

Constantinopla

Atenas

IMPERIO ROMANO DE ORIENTE

Cartago

Mar Mediterráneo

Alejandría

0   250   500 millas
0   250   500 kilómetros
Proyección azimutal equi-área

ÁFRICA

LUGAR Constantino trasladó la capital imperial a Bizancio, pues pensaba que Roma no era un lugar seguro. El imperio comenzó a debilitarse y terminó dividido en dos partes.

■ ¿Qué ciudad se convirtió en capital de la parte oriental?

LA DECADENCIA DE ROMA

Constantino pensaba que Roma no era el mejor lugar para la capital del imperio. Creía que la ciudad estaba demasiado alejada de todo y demasiado expuesta a los ataques enemigos. Constantino eligió Bizancio, situada a orillas del Mar Negro, como lugar para la nueva capital. En el año 330 d.C. Bizancio fue rebautizada Constantinopla, la "ciudad de Constantino".

Roma comenzó a debilitarse después de que la capital se mudara a Bizancio. Como el emperador ya no residía en Roma, muchos de sus habitantes la abandonaron. Finalmente los visigodos, bajo las órdenes del rey Alarico, cruzaron los Alpes y saquearon la ciudad en el año 410 d.C. Pocos romanos estuvieron dispuestos a defenderla.

Roma siguió existiendo y se mantuvo como sede de la Iglesia cristiana, pero su antiguo poder se extinguió.

El Imperio Romano quedó dividido en dos partes. La parte oriental conservaría las costumbres romanas durante siglos. La parte occidental, que se fragmentó en numerosos reinos pequeños, experimentaría después cambios notables.

Pero el mensaje de Jesucristo desbordó las fronteras del Imperio Romano. El cristianismo unificaría a pueblos, razas, lenguas y culturas de todo el mundo.

✓ **¿Por qué perdió importancia la ciudad de Roma?**

LECCIÓN 4 • REPASO

Comprueba lo que aprendiste

1. **Recuerda los datos** ¿Por qué la expansión del cristianismo alarmaba a los gobernantes romanos?
2. **Concéntrate en la idea principal** ¿De qué modo se propagó el cristianismo por el Imperio Romano?

Piensa críticamente

3. **Piensa más sobre el tema** ¿Por qué los habitantes del Imperio Romano se adherían a la religión cristiana?
4. **Ayer y hoy** ¿Qué efecto tiene en Estados Unidos la libertad religiosa?
5. **Causa y efecto** ¿Por qué se fragmentó el Imperio Romano? ¿Qué efectos tuvo esa fragmentación en los pueblos del imperio?

Muestra lo que sabes

Actividad: Informe
Muchos cristianos de la antigüedad arriesgaban la vida por su fe. En nuestra época también hay gente que lucha y se arriesga por sus creencias. Busca relatos en periódicos o revistas de personas que defienden sus creencias. Haz un breve informe oral sobre un personaje que haya sostenido valerosamente sus ideas.

Interpretar una línea cronológica telescópica

¿Por qué es importante esta destreza?

Piensa en un período importante de tu vida, quizá las vacaciones del verano pasado o la visita de un familiar especialmente querido. Seguramente te gustará recordar hasta el más mínimo detalle de cada uno de esos días. De igual modo, también es posible que te interese recordar o examinar con precisión un período histórico determinado.

Para conseguirlo puedes recurrir a una **línea cronológica telescópica**. Si los telescopios permiten observar en detalle objetos que se encuentran muy alejados, las líneas cronológicas telescópicas permiten examinar con precisión una etapa del pasado. Cuando sepas interpretar este tipo de líneas cronológicas, dispondrás de un eficaz instrumento para conocer los acontecimientos históricos.

Comprende el proceso

A continuación puedes ver una línea cronológica que representa los comienzos del cristianismo. Esta línea abarca el período comprendido entre los años 1 y 350 d.C. La línea está dividida en segmentos de 50 años. Al igual que las pulgadas o centímetros de una regla, los años de la línea cronológica también se suceden de modo uniforme. Además, la línea representa acontecimientos concretos ocurridos en los años 30, 64, 312, 313, 325, 330 y 337 d.C.

Un sector de la línea ha sido ampliado para mostrar los sucesos ocurridos en los años 312, 313, 325 y 330. Esa ampliación proporciona una visión "telescópica", o detallada, de ese período particular. La parte telescópica también está dividida en secciones iguales. Sin embargo, el período representado por cada sección es de sólo 5 años.

Usa la información de las dos partes de la línea para responder a estas preguntas:

1. ¿Qué ocurrió antes, la aprobación del Edicto de Milán o la muerte de Constantino? ¿Cómo lo sabes?
2. ¿Era Constantino emperador cuando se promulgó el edicto? ¿Cómo lo sabes?
3. ¿Cuándo se convirtió Constantinopla en capital del imperio, antes o después de la muerte de Constantino? ¿Cómo lo sabes?
4. ¿Qué aspecto tendría la línea cronológica si le faltara la parte telescópica y si todos los acontecimientos estuvieran representados en la parte principal?

Piensa y aplica

Desarrolla una línea cronológica con los acontecimientos del año escolar. Representa un mes en detalle usando una ampliación telescópica. Muestra la línea a un miembro de tu familia.

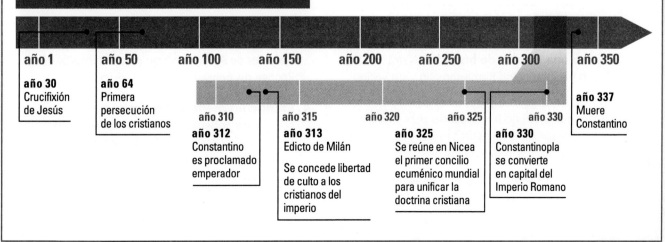

CRISTIANISMO PRIMITIVO

| año 1 | año 50 | año 100 | año 150 | año 200 | año 250 | año 300 | año 350 |

año 1
año 30
Crucifixión de Jesús

año 50
año 64
Primera persecución de los cristianos

año 310
año 312
Constantino es proclamado emperador

año 315
año 313
Edicto de Milán

Se concede libertad de culto a los cristianos del imperio

año 320

año 325
año 325
Se reúne en Nicea el primer concilio ecuménico mundial para unificar la doctrina cristiana

año 330
año 330
Constantinopla se convierte en capital del Imperio Romano

año 337
Muere Constantino

REPASO

CONECTA LAS IDEAS PRINCIPALES

Usa este organizador para mostrar cómo están relacionadas las ideas principales del capítulo. Copia el organizador en una hoja de papel y complétalo escribiendo dos detalles de cada idea principal.

La República Romana
Las formas de gobierno en Roma cambiaron a lo largo de los años.

1. _____

_____

2. _____

_____

La antigua Roma

El Imperio Romano
Bajo el Imperio Romano se unificaron muchos pueblos.

1. _____

_____

2. _____

_____

La aparición del cristianismo
El cristianismo se propagó por el imperio y transformó la cultura romana.

1. _____

_____

2. _____

_____

ESCRIBE MÁS SOBRE EL TEMA

1. Escribe una lección de historia   Narra con tus propias palabras cómo Roma sometió a sus vecinos.

2. Escribe un discurso   Eres un emperador romano y tienes que pronunciar un discurso para explicar por qué los romanos han sido capaces de unificar a muchos pueblos bajo su imperio. Escribe tu discurso.

3. Escribe en tu diario   Eres un legionario romano en la época de las Guerras Púnicas. Los soldados y elefantes de Aníbal avanzan para entablar batalla. Recoge tus pensamientos en tu diario.

4. Escribe un mensaje explicativo   Explica por qué los gobernantes romanos perseguían a los primeros cristianos. Tu mensaje podría aparecer en las catacumbas, las galerías subterráneas donde los cristianos del Imperio Romano enterraban a sus muertos.

USA EL VOCABULARIO

Escribe como mínimo una oración con cada par de palabras para mostrar cómo se relacionan dichas palabras.

1. patricios, plebeyos

2. tribuno, vetar

3. foro, política

4. cristianismo, *Nuevo Testamento*

COMPRUEBA LO QUE APRENDISTE

1. ¿Quiénes fueron Rómulo y Remo?

2. ¿Qué hechos condujeron a la instauración de la República Romana?

3. ¿Qué clase de gobierno quería establecer Julio César?

4. ¿Por qué impulsó Augusto la construcción de oficinas de gobierno, baños, bibliotecas y templos?

5. ¿Qué influencia cultural puede apreciarse en muchos edificios romanos?

6. ¿Por qué escribió Virgilio la *Eneida*?

7. ¿Por qué eran perseguidos y maltratados los primeros cristianos?

8. ¿Qué hizo que Constantino decidiera apoyar al cristianismo?

9. ¿Por qué Constantino trasladó la capital del imperio a Bizancio?

PIENSA CRÍTICAMENTE

1. Causa y efecto ¿Qué consecuencias tuvo la expansión territorial en la vida de patricios y plebeyos?

2. En mi opinión ¿Piensas que Julio César hizo bien en declararse dictador de Roma? Explica tu respuesta.

3. Ayer y hoy ¿Qué principios del derecho romano se conservan en el sistema legal de Estados Unidos?

4. Piensa más sobre el tema ¿Por qué la crueldad de los gobernantes romanos consolidó la fe de muchos cristianos?

APLICA TUS DESTREZAS

Cómo comparar mapas históricos
Responde a estas preguntas usando el mapa C de la página 249 y el mapa "La expansión del cristianismo" de la página 256.

1. ¿Cuándo fue más extenso el Imperio Romano, en el año 400 d.C. o en el año 117 d.C.?

2. ¿Se había extendido el cristianismo en el año 600 d.C. a todos los territorios que habían pertenecido a Roma en el 117 d.C.?

3. ¿Por qué los límites del imperio se representan con una línea en el mapa de la página 256 en vez de con un color, como en el mapa de la página 249?

Cómo interpretar una línea cronológica telescópica Usa la línea cronológica de la página 259 para responder a estas preguntas.

1. ¿Qué suceso es más cercano a la proclama de Constantino como emperador, la muerte de Jesucristo o el traslado de la capital imperial a Constantinopla? ¿Cómo lo sabes?

2. ¿Aproximadamente cuántos años transcurrieron entre la primera persecución de los cristianos y la legalización del cristianismo? ¿Cómo lo sabes?

3. ¿Por qué hay una ampliación telescópica del período comprendido entre los años 312 y 330?

LEE MÁS SOBRE EL TEMA

Ancient Rome de Simon James; Random House. Una exploración de la cultura romana antigua a través de objetos de la época.

The Roman Empire and the Dark Ages de Giovanni Caselli; Bedrick. Una historia del pueblo romano entre 50 a.C. y 1300 d.C.

LOS ESTUDIOS
SOCIALES Y TÚ

¿QUÉ NOS OFRECEN LAS CIVILIZACIONES DEL PASADO?

En el mundo actual puedes encontrar muchas huellas de antiguas culturas. Por ejemplo, ¿has visto en las monedas americanas la frase *e pluribus unum*, "de muchos, uno"? También es probable que observes palabras latinas inscritas en muchos edificios públicos. Observa esos edificios en tu localidad: algunos pueden tener un aspecto parecido al de las construcciones griegas y romanas de antaño.

Las culturas griega y romana influyeron en muchos aspectos de la vida de Estados Unidos, especialmente en los campos de la política y el derecho. Algunos de nuestros principios democráticos proceden de Grecia, y los estudiantes de derecho siguen estudiando las ideas de Cicerón, un orador y político romano que vivió entre los años 106 y 43 a.C. Los ciudadanos de Estados Unidos eligen a sus representantes locales, estatales y nacionales en forma similar a la elección de legisladores durante el período de la República Romana.

Si los americanos han heredado los logros de los griegos y romanos, éstos a su vez heredaron los de civilizaciones africanas y asiáticas aún más remotas. Este legado cultural nos conecta con la historia antigua y explica cómo surgieron algunas de nuestras instituciones y costumbres.

EL BUEN CIUDADANO

Con un compañero, haz un cuaderno con ilustraciones titulado *Legado cultural*. Muestra en él algunas maneras en que las culturas antiguas o modernas se manifiestan en la vida contemporánea. Incluye ejemplos de arquitectura, festividades, nombres de personas, ideas, literatura, vestimentas, pintura, escultura y música. Muestra el cuaderno a tus compañeros. Luego llévalo a tu casa y conversa sobre él con tu familia.

CUADROS DE LA HISTORIA

Examina las ilustraciones que aparecen en este cuadro de la historia para repasar los acontecimientos que se presentan en la Unidad 4.

Resume las ideas principales

1. Los micénicos y los minoicos, pueblos de navegantes, fueron dos de los primeros pueblos que vivieron en lo que hoy es Grecia.

2. Con el transcurso del tiempo, los pueblos de la antigua Grecia desarrollaron costumbres diferentes. Los espartanos crearon una sociedad militarizada, y los atenienses, un sistema de gobierno en el que participaban todos los ciudadanos varones.

3. El período de paz que vivió la ciudad estado de Atenas generó prosperidad y el desarrollo de nuevas ideas.

4. Las conquistas de Alejandro Magno cambiaron para siempre la vida de los pueblos mediterráneos.

5. El estado romano pasó por tres formas de gobierno: la monarquía, la república y el imperio.

6. Augusto unificó a muchos pueblos bajo el Imperio Romano.

7. El cristianismo se difundió por el imperio y transformó la vida romana.

Haz tu propio cuadro de la historia
Dibuja un cuadro de la historia que represente cualquiera de estos hechos: 1) el desarrollo de la democracia en Grecia, 2) la expansión de Roma o 3) el origen y propagación del cristianismo.

TALLER DE APRENDIZAJE COOPERATIVO

Recuerda

- Comparte tus ideas.
- Coopera con los demás para planificar el trabajo.
- Responsabilízate por tu trabajo.
- Muestra a la clase el trabajo de tu grupo.
- Comenta lo que has aprendido trabajando en grupo.

Actividad 1

Pintar un mural

Trabaja con varios compañeros para hacer un mural que muestre algunas de las personas y logros de la edad de oro de Atenas.

Actividad 2

Construir una ciudad romana

Diseña y construye con tus compañeros de clase un modelo en miniatura de una ciudad romana. El modelo debe incluir un foro, un templo, unos baños públicos, un anfiteatro y un acueducto. La clase puede dividirse en varios grupos encargados de tareas como el anfiteatro, el acueducto, etc.

Actividad 3

Crear una gráfica

Con un grupo pequeño de compañeros, crea una gráfica de los dioses griegos para incorporarla a un libro sobre Grecia. Busquen información en el libro de texto, en una enciclopedia o en otros textos de la biblioteca. Incluyan al menos diez dioses. Aclaren cuál era la función o responsabilidad de cada dios y proporcionen los nombres romanos si fuera necesario. Combinen luego su gráfica con las de otros grupos. Procuren evitar repeticiones.

Actividad 4

Escribir una reseña

Forma un grupo con tres o cuatro compañeros. Imaginen que a su grupo le han encargado la escritura de un libro sobre las antiguas civilizaciones mediterráneas. La editorial les permite desarrollar cualquier tema que deseen. Escriban una reseña del libro enumerando al menos diez temas que piensen desarrollar.

USA EL VOCABULARIO

Escribe la palabra correspondiente a cada definición.

gladiador   istmo   mesías
helenístico   mártir   república

1. franja de tierra que conecta dos territorios más extensos

2. relativo a la antigua Grecia

3. forma de gobierno en la que los gobernantes son elegidos por los ciudadanos

4. esclavo o prisionero obligado a combatir incluso hasta la muerte

5. persona sabia y justa que establecerá el reino de Dios sobre la Tierra

6. persona que muere o sufre por sus creencias

COMPRUEBA LO QUE APRENDISTE

1. ¿Qué causó, según los historiadores, el fin de la civilización minoica?

2. ¿Quiénes podían participar en el gobierno ateniense?

3. ¿Por qué los griegos se llamaban a sí mismos "helenos"?

4. ¿Por qué los primeros pueblos itálicos comerciaban más entre ellos que con extranjeros?

5. ¿Qué fueron las Guerras Púnicas?

6. ¿Qué consecuencias tuvieron en el Imperio Romano las enseñanzas de Jesucristo?

PIENSA CRÍTICAMENTE

1. **Ayer y hoy** ¿Por qué la gente de hoy puede tener interés en conocer las causas por las que desaparecieron las civilizaciones micénica y minoica?

2. **Piensa más sobre el tema** ¿Piensas que una obediencia ciega a los gobernantes, como la practicada en Esparta, es algo positivo? Explica tu respuesta.

3. **En mi opinión** Escribe tu opinión sobre el comportamiento de los gobernantes de Roma durante la época en que se perseguía a los cristianos que se negaban a adorar a los dioses romanos.

APLICA TUS DESTREZAS GEOGRÁFICAS

Cómo comparar mapas históricos
Estudia los dos mapas de abajo. Luego responde a las preguntas.

1. ¿Por qué hay más colores en el segundo mapa?

2. ¿Qué reinos se formaron en los territorios del antiguo Imperio de Alejandro?

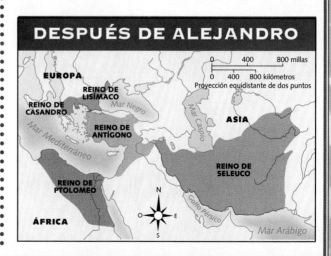

UNIDAD 5

EL SURGIMIENTO DE NUEVOS IMPERIOS

500

527
Justiniano I se
convierte en
emperador
del Imperio
Bizantino

700

645
Comienzan las reformas
de Taika en Japón

622
La hégira de
Mahoma

618
Se funda la dinastía
Tang en China

800
Carlomagno es
coronado
"emperador de
los romanos"

El feudalismo se
extiende por Europa

900

900
Feudalismo
en Japón

*L*os imperios que se desarrollaron entre los años 500 y 1500 fueron muy diferentes a los del pasado. El mundo había empezado a cambiar drásticamente. Por primera vez en la historia, pueblos de culturas muy distintas establecieron estrechas relaciones. Los bienes, el conocimiento y los adelantos tecnológicos llegaban hasta tierras más remotas. La tecnología empezó a desarrollarse con rapidez. Las civilizaciones idearon nuevos conceptos para adaptarse a un mundo cambiante. Los efectos de las ideas, tecnología, conquistas y religiones de esta época pueden observarse en el presente.

◀ Este mural, o pintura sobre una pared, hecho por Diego Rivera (1886–1957), muestra el estilo de vida de los aztecas, que vivieron en lo que hoy es México.

1100

1095
El Papa Urbano II convoca a las cruzadas

1215
Se firma la Carta Magna

1300

1271
Los mongoles se adjudican el Mandato Divino

1347
La peste bubónica azota Europa

1500

1500
Apogeo de la cultura azteca en las Américas

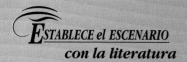
LOS MONTÍCULOS DE CAHOKIA

texto de Marlene Smith-Baranzini y Howard Egger-Bovet
ilustraciones de George Gaadt

Entre los años 500 y 1500 se formaron y prosperaron en todo el mundo culturas e imperios extraordinarios. La caída del Imperio Romano produjo cambios en el modo de vida tanto en la zona occidental como en la oriental de Europa. En el suroeste de Asia, una creciente fe en el islam aportó muchas ideas a la cultura de esa región. En África, el comercio permitió que florecieran imperios poderosos y ricos. En las Américas, diversas culturas pusieron en práctica nuevas ideas y tecnologías.

Una de estas culturas fue la del Mississippi, en América del Norte. Su ciudad más grande, Cahokia, surgió en lo que en la actualidad es el estado de Illinois. Sus habitantes y los de otros lugares de la misma cultura son mejor conocidos, quizás, por los enormes montículos que construyeron en sus ciudades.

Lee primero la introducción de los autores en el recuadro de la derecha. Luego, lee el relato que comienza en la página siguiente. Trata de un joven que viaja a Cahokia, y describe lo que este joven ve. Intenta imaginarte cómo era la ciudad de Cahokia hace 1,000 años.

El surgimiento y desaparición de una sociedad

La ciudad de Cahokia formaba parte de una civilización muy importante que se extendía desde lo que hoy es el sureste de Estados Unidos hasta Oklahoma, en el oeste, y Wisconsin, en el norte. Esta sociedad del Mississippi tuvo su origen en el año 800.

Cahokia se encontraba cerca de donde hoy está la ciudad de East St. Louis, en Illinois. La decadencia de la ciudad se produjo cerca del año 1200, por razones desconocidas.

Algunos expertos opinan que los pobladores de Cahokia se mudaron a otras ciudades cercanas. Otros creen que Cahokia creció tanto, que se hizo imposible producir lo suficiente para alimentar a su población. Sea cual sea el motivo, la gran ciudad de Cahokia fue abandonada.

El jefe echó una mirada desde su casa, en lo alto de un elevado montículo de tierra. Ante él se extendía la ciudad de Cahokia, con su amplia plaza rodeada por múltiples aldeas.

Era por la mañana temprano. En toda la verde llanura, una gran parte de los treinta mil residentes habían encendido fuegos en sus hogares, y el humo se elevaba a través de los techos de hierba seca creando miles de espirales blancas en el cielo.

Junto al único acceso a la ciudad se alineaban mercaderes, sus porteadores[1] a sueldo y los trabajadores de la ciudad, a la espera de que se les permitiera la entrada. Un guardia interrogaba a cada

_____

[1] **Porteadores:** personas que transportan algo

persona antes de dejar que pasara por la pequeña entrada en forma de "L". Los encargados de proyectar la ciudad habían creado la entrada de ese modo para impedir que grupos numerosos de personas arrollaran al guardia.

La espera era larga. Para quienes habían llegado en canoa por el arroyo, Cahokia era una molestia que ponía a prueba su paciencia. Para los porteadores contratados para transportar la carga de piedra de un mercader, era un obstáculo que ponía a prueba su fortaleza. Estos hombres no podrían descansar hasta haber alcanzado el mercado de la ciudad.

Uno de los porteadores no pensaba en las oscuras piedras similares al pedernal que llevaba, sino en Cahokia.

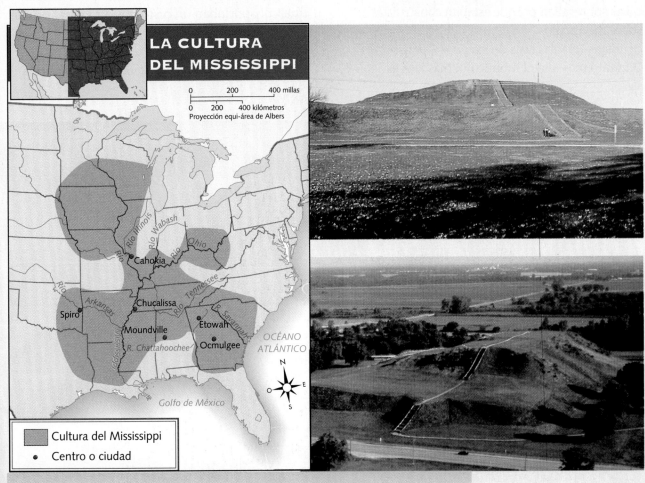

LA CULTURA DEL MISSISSIPPI

0   200   400 millas
0   200   400 kilómetros
Proyección equi-área de Albers

Río Illinois · Río Wabash · Río · Río Ohio · Cahokia · Río Tennessee · Arkansas · Chucalissa · Spiro · Moundville · Etowah · R. Chattahoochee · Ocmulgee · R. Savannah · OCÉANO ATLÁNTICO · Misisipí · Golfo de México

Cultura del Mississippi
• Centro o ciudad

REGIONES Los pueblos de la cultura del Mississippi ocuparon una gran parte de lo que es hoy la mitad oriental de Estados Unidos. Los visitantes del Centro Histórico de los Montículos de Cahokia, en Illinois, pueden ver algunos de los montículos (derecha) erigidos por esta cultura.
■ ¿En qué estados puedes encontrar objetos de esta cultura?

De niño había presenciado la salida diaria de campesinos y mercaderes que llevaban sus productos a la ciudad. Al regreso de éstos, les había insistido para que le hablaran de Cahokia. Les había rogado que lo contrataran como porteador, pero ellos se habían reído y le habían dicho que dejara de hacer preguntas y esperara a hacerse grande. Ya vería Cahokia a su debido tiempo. Ahora no era el momento.

Al pasar por la entrada, el porteador ardía en deseos de detenerse y mirar a su alrededor, pero no le quedó más remedio que seguir al mercader. Advirtió que había montículos por todas partes. Caminó por patios abiertos donde los niños jugaban, y pasó a cientos de hombres con las espaldas desnudas que transportaban cestos de tierra de una aldea a otra. Las casas eran de barro y estaban montadas en pilotes; algunas casas sobresalían porque estaban construidas sobre montículos.

"Éstas son las casas de los ricos", pensó; "Cuanto más alto el montículo, más rica es la persona". Sin detenerse, volvió a observar a más hombres con cestos llenos de tierra.

Aunque el cuerpo le dolía por el enorme peso, el porteador se detuvo, asombrado por el tamaño del montículo que había a su lado. Entrecerró los ojos al mirar hacia arriba, en su intento de ver la cima[2] plana que se elevaba a 100 pies del suelo. Toda la ciudad de Cahokia vivía a su sombra. Era el montículo del jefe, de 700 pies de ancho por 1,000 de largo.

El porteador vio más hombres con las espaldas desnudas que transportaban cestos de tierra. Esta vez, sin embargo, observó que echaban la tierra en el suelo. Estaban formando un nuevo montículo.

Lo que había escuchado era cierto. Estos montículos no habían sido creados por la naturaleza, sino por trabajadores, contratados por los ricos, que transportaban un cesto tras otro para formar los terraplenes.

_____

[2] **cima:** parte más alta de una montaña o edificación

Se preguntó cuánto tardarían en completar el montículo. No sabía que muchos de los hombres que transportaban tierra jamás vivirían lo suficiente para ver el montículo terminado. Para la construcción del montículo del jefe se habían necesitado más de doscientos años.

El porteador apresuró el paso para alcanzar al mercader. Por fortuna, éste no se había percatado de que el porteador se había rezagado[3]. El mercader penetró en la soleada y amplia plaza, un laberinto de mercaderes y artesanos que animaban a los paseantes a ver las mercancías que había en el suelo junto a ellos.

El mercader se abrió paso entre la muchedumbre mientras hablaba con posibles compradores. Artesanos que estaban haciendo puntas de flecha, cestos y objetos de cerámica hacían tratos con compradores ricos interesados en adquirir[4] sus mercancías para venderlas a muchas millas de distancia. Un joyero discutía con un cliente acerca del valor de una joya de perlas de agua dulce.

El mercader se detuvo y ordenó al porteador que depositara en el suelo la mercancía. Éste se liberó de su pesada carga y miró más allá de la atestada[5] plaza a los montículos funerarios[6] y a los que acogían templos. Los montículos lo asombraban. "Algún día", se dijo, "viviré en Cahokia, aunque tenga que cargar cestos de tierra".

Al final de esta unidad conocerás mejor la cultura del Mississippi y la de otros pueblos que vivieron en América desde el 500 hasta el 1500. Pero primero, lee acerca del modo de vida de otros pueblos que vivieron durante esa época en Europa, África y Asia.

---

[3] **rezagado:** que se ha quedado atrás

[4] **adquirir:** comprar
[5] **atestada:** llena de gente
[6] **funerarios:** relacionados con la sepultura de los muertos

↑ Estatua de una mujer de Cahokia moliendo maíz

← Interpretación de un artista de cómo era Cahokia hace mucho tiempo

CAPÍTULO 9

LOS HEREDEROS DE ROMA Y PERSIA

> 66 Nuestro reino es solamente una imitación del de ustedes, una copia del único imperio verdadero de la tierra. 99

Palabras de Teodorico, rey de los ostrogodos durante el siglo VI, en una carta dirigida al emperador del Imperio Bizantino Anastasio I.

Esta pintura del siglo VI d.C. representa a la emperatriz Teodora, esposa de Justiniano I, uno de los primeros emperadores del Imperio Bizantino.

EL IMPERIO BIZANTINO

Conexión con nuestro mundo

¿Cómo hace la gente hoy en día para conservar las tradiciones del pasado y a la vez adaptarse a los tiempos modernos?

Concéntrate en la idea principal
A medida que leas, identifica las maneras en que los emperadores bizantinos preservaron el pasado romano al mismo tiempo que realizaban cambios necesarios.

Anticipa el vocabulario
Código de Justiniano   **icono**
monopolio   **patriarca**
mosaico   **católico**
ortodoxo

Estos brazaletes utilizados por miembros de la corte bizantina están hechos con dos piezas sólidas de oro unidas entre sí. Quizás se hayan fabricado a principios del siglo X.

Si bien la ciudad de Roma fue invadida por pueblos extranjeros, la civilización romana se perpetuó durante siglos. En el siglo V, las costumbres romanas se mantenían vigentes en la región oriental del antiguo imperio. Esta región en auge recibió el nombre de Imperio Bizantino, y su capital fue llamada Constantinopla. El imperio abarcaba Grecia, la región balcánica y Asia Menor (actualmente Turquía), y perduró casi mil años gracias al poderío de su ejército, la eficacia de su gobierno y una economía próspera.

JUSTINIANO I MIRA HACIA EL PASADO

Los habitantes del Imperio Bizantino se consideraban romanos y querían preservar la grandeza de Roma. Esto los llevó, entre otras cosas, a construir casas y edificios imitando el estilo romano.

En el año 527, el emperador Justiniano I comenzó una campaña para hacer que el Imperio Bizantino alcanzara la misma grandeza que había logrado el Imperio Romano. Su primera medida fue reconquistar muchos de los territorios que Roma había perdido. Justiniano invadió con su poderoso ejército el norte de África y Europa occidental. En el año 565, casi todas las tierras a lo largo del Mediterráneo pertenecían al Imperio Bizantino, y una vez más se pensó en el mar Mediterráneo como un "lago romano". Ciudades como Alejandría y Cartago en el norte de África y Atenas en Europa formaron parte de este imperio.

Justiniano hizo mucho más que simplemente conquistar otros territorios. Al principio de su mandato ordenó la redacción de un código de leyes. Este código se basaba en los antiguos códigos romanos pero a su vez incorporaba leyes nuevas. Las leyes estaban actualizadas y escritas con un lenguaje fácil de entender.

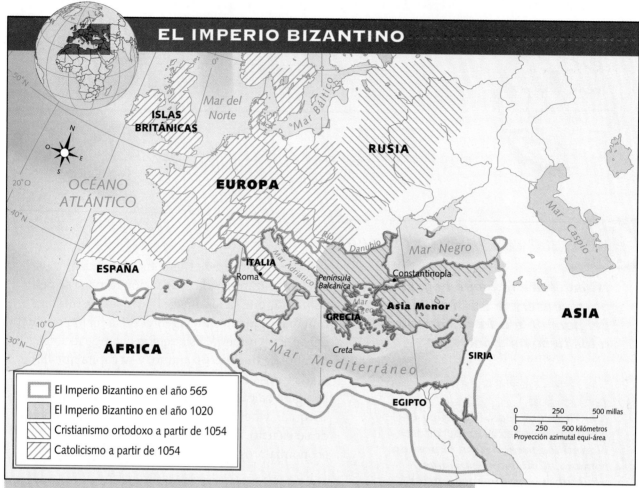

ISLAS BRITÁNICAS

Mar del Norte

Mar Báltico

RUSIA

OCÉANO ATLÁNTICO

EUROPA

Mar Caspio

ESPAÑA

ITALIA
Roma

Río Danubio

Mar Adriático

Mar Negro

Constantinopla

Península Balcánica

Mar Egeo

Asia Menor

ASIA

GRECIA

ÁFRICA

Creta

Mar Mediterráneo

SIRIA

EGIPTO

	El Imperio Bizantino en el año 565
	El Imperio Bizantino en el año 1020
	Cristianismo ortodoxo a partir de 1054
	Catolicismo a partir de 1054

0   250   500 millas
0   250   500 kilómetros
Proyección azimutal equi-área

REGIONES El Imperio de Justiniano se expandió hasta incluir gran parte del antiguo Imperio Romano. Hacia el año 1020 los bizantinos habían perdido parte de este territorio. En el año 1054 una división en la Iglesia cristiana dio origen a dos religiones y a la consiguiente división de los habitantes de la región que se muestra en el mapa.

■ ¿La mayoría de los habitantes del Imperio Bizantino después del año 1054 era católica romana u ortodoxa?

Como dijo un historiador del siglo VI, Justiniano "purificó" las leyes y eliminó "un montón de juegos de palabras".

La nueva legislación se conoció como el **Código de Justiniano**. Durante cientos de años, los gobernantes del Imperio Bizantino usaron estas leyes. Además, muchos de los sistemas legales que hoy se usan en Europa se basan en este código.

Justiniano intentó que la economía del Imperio Bizantino fuera tan próspera como lo había sido la romana. Para fomentar el comercio transformó a Constantinopla en un importante centro comercial que reunía a mercaderes de Europa y Asia. Justiniano también impulsó el desarrollo de industrias nuevas en esa ciudad. Por ejemplo, creó la industria de seda bizantina al ordenar que se contrabandearan de China huevos de gusanos de seda y arbustos de mora, el alimento de los gusanos. Esta operación terminó con el **monopolio**, o el control absoluto, de China en el mercado mundial de la seda.

Los impuestos recaudados del comercio y la industria ayudaron a costear el programa de edificación iniciado por Justiniano para convertir a Constantinopla en la "nueva Roma". Allí se construyeron muchas iglesias, caminos, puentes y acueductos nuevos. El más grande de los edificios todavía se mantiene en pie: la iglesia de Santa Sofía o de la "Sabiduría Divina". Esta iglesia está decorada con magníficas pinturas y **mosaicos**, dibujos hechos con trocitos de piedras o vidrios de colores.

La base de la cúpula de la iglesia forma un círculo de 40 ventanas. Hace mucho tiempo, un visitante dijo que la cúpula parecía estar "colgada del cielo". En la época de Justiniano la iglesia de Santa Sofía era la más grande y hermosa del mundo.

Al igual que en el Imperio Romano, solamente los gobernantes y los mercaderes disfrutaban de las riquezas y prosperidad del Imperio Bizantino. La mayoría de los habitantes trabajaba casi sin parar y ganaba sólo lo suficiente para subsistir y para pagar los impuestos del imperio.

 ¿En qué aspectos del pasado se basó Justiniano para construir su imperio?

TEODORA, LA GRAN INNOVADORA

Muchas leyes del nuevo código legal reflejaban los puntos de vista de la esposa de Justiniano, la emperatriz Teodora. Teodora ayudó a mejorar las condiciones de vida de las mujeres bizantinas alentando a Justiniano a dictar leyes que fueran más justas con las mujeres. Una de estas leyes permitió que las hijas pudieran heredar propiedad al igual que los hijos.

Teodora también participó en la elección de los gobernantes. Ella consideraba que la capacidad de la persona, y no la clase social, era lo que debía tenerse en cuenta al otorgar un cargo público.

¿Quién es?

Teodora
Cerca del año 500–548 d.C.

Casi todas las emperatrices de la región del Mediterráneo provenían de la nobleza. Se criaban en palacios y llevaban una vida de lujos. Sin embargo, la infancia de Teodora fue distinta. Su padre era entrenador de osos en el Hipódromo, un enorme anfiteatro de Constantinopla, y Teodora también actuaba en el circo. Cuando Teodora tenía unos 20 años, dejó el circo y al poco tiempo conoció y se casó con Justiniano, convirtiéndose en la emperatriz del Imperio Bizantino.

La cúpula más alta de la iglesia de Santa Sofía (abajo) mide 200 pies de alto. El interior (recuadro) está decorado con oro, plata, mármol y marfil.

Fue ella quien recomendó a Belisario para jefe del ejército bizantino. Belisario era el hijo de un agricultor pobre y tenía poco entrenamiento como soldado. Sin embargo, había mostrado grandes habilidades en una batalla importante. Con Belisario al mando del ejército, Justiniano logró reconquistar gran parte del antiguo Imperio Romano.

Si bien Teodora y Justiniano eran cristianos, estaban en desacuerdo con respecto a las prácticas religiosas. Justiniano quería que todo el pueblo bizantino profesara el cristianismo **ortodoxo**, la religión oficial. Teodora se ocupó de proteger a los que profesaban otras formas del cristianismo. Sus gestiones lograron garantizar la seguridad de esos cristianos así como su lealtad al gobierno bizantino.

✓ *¿Qué participación tuvo Teodora en los cambios del Imperio Bizantino?*

LA IGLESIA CRISTIANA SE DIVIDE

La religión causó desacuerdos serios entre los habitantes de los territorios cristianos. Las diferentes creencias causaban discusiones amargas entre los ciudadanos. Muchos de los gobernantes creían que la religión era un tema más importante que los asuntos de comercio, gobierno o ejército.

Una de las controversias se basaba en los **iconos**, pinturas sagradas de Jesús y de los santos. Algunas personas se arrodillaban ante los iconos cuando rezaban en las casas o en las iglesias. Otras consideraban que esa práctica equivalía a adorar a ídolos, lo cual está prohibido en los Diez Mandamientos.

Esta controversia llevó a un desacuerdo entre los cristianos de Europa occidental y los cristianos del Imperio Bizantino. Debido a que en Europa occidental la mayoría de los habitantes no sabía leer ni escribir, los líderes religiosos se valían de iconos para enseñar el cristianismo.

Teodora luchó por mejorar la vida de las mujeres, como las que se muestran aquí. ¿Qué han hecho las mujeres de nuestra sociedad para mejorar las condiciones en las que viven?

Los libros para los niños que están aprendiendo a leer tienen muchos dibujos y poco texto. Los iconos tenían una función parecida a la de estos libros. Por medio de los iconos aprendían acerca de la religión quienes no sabían leer y escribir.

Pero los **patriarcas** bizantinos, o dirigentes religiosos, no querían usar iconos pues consideraban que su uso iba en contra de las leyes de Dios. León, el emperador bizantino, ordenó destruir todos los iconos del imperio en el año 726. Más adelante Irene, la emperatriz bizantina que gobernó el imperio desde el año 780 hasta el año 802, declaró que los iconos se podían utilizar siempre y cuando las personas rezaran a Dios y no a los iconos.

El desacuerdo sobre los iconos entre los cristianos de Europa occidental y los cristianos del Imperio Bizantino terminó por separar a ambos grupos. Otros asuntos religiosos agravaron el conflicto con el paso del tiempo. Finalmente, la Iglesia cristiana se dividió en el año 1054. La iglesia del Imperio Bizantino se convirtió en la Iglesia ortodoxa oriental, con sede en Constantinopla. La iglesia de Europa occidental se transformó en la Iglesia católica romana, con sede en Roma. La palabra **católica** significa "universal".

Ambas iglesias continuaron creciendo y solidificándose. Sin embargo, el Imperio Bizantino comenzó a declinar. Con el tiempo se debilitaron su ejército, su gobierno y su economía. En 1453 el Imperio Bizantino llegó a su fin.

 ¿Qué cambios se produjeron en la Iglesia cristiana a causa de los desacuerdos religiosos?

LECCIÓN 1 • REPASO

Comprueba lo que aprendiste

1. **Recuerda los datos** ¿Quiénes fueron los gobernantes que introdujeron cambios en el Imperio Bizantino? ¿Cuáles fueron sus logros?
2. **Concéntrate en la idea principal** ¿Qué aspectos del pasado romano se tomaron como base para edificar el imperio? ¿Cómo se adaptó el imperio a los cambios?

Piensa críticamente

3. **Piensa más sobre el tema** Un historiador llamó a Justiniano "el gran simplificador". ¿De qué otra manera podrías describirlo?
4. **Ayer y hoy** Si Teodora hubiera vivido en la actualidad, ¿por qué derechos de la mujer crees que habría luchado?

Muestra lo que sabes

Actividad: Arte Los mosaicos bizantinos se exhibían a menudo en las paredes de los edificios de gobierno y en otros lugares públicos. De esta manera todos podían observar estas escenas de la vida cotidiana bizantina. Haz tu propio mosaico para ilustrar nuestra sociedad. ¿Dónde te gustaría exhibirlo?

CÓMO

Comprender otro punto de vista

¿Por qué es importante esta destreza?

Al leer lo que escribieron las personas del pasado podemos entender mejor sus puntos de vista. Se llama punto de vista al conjunto de creencias de una persona. La edad, el género, clase social, raza, cultura y nacionalidad de un individuo pueden afectar su visión del mundo. El estudio de los puntos de vista de las personas que participaron en un acontecimiento te ayudará a entender mejor la historia. Descubrirás que las personas de todo el mundo y de todas las épocas se parecen mucho a ti.

Recuerda lo que has leído

La emperatriz Teodora del Imperio Bizantino ayudó al emperador Justiniano a tomar muchas decisiones. El punto de vista de Teodora sobre los derechos de las mujeres, los gobernantes y la libertad religiosa tuvieron efecto en las leyes que gobernaban la vida de las personas.

En el año 532, al principio del reinado de Justiniano, se produjo un terrible motín en la ciudad de Constantinopla. Una multitud de personas incendió gran parte de la ciudad y se preparó para nombrar a un nuevo emperador. Justiniano y Teodora, refugiados en el palacio, hablaron sobre cómo actuar. Procopio, un funcionario del gobierno, escribió lo que Teodora le dijo a su marido:

66 En cuanto a la opinión de que una mujer no debe mostrar audacia frente a los hombres o hacer valer sus derechos con firmeza, considero que la crisis actual nos impide discutirlo. Opino que éste no es el momento adecuado para huir, si bien es el camino más seguro. Todos los hombres que han nacido también morirán, pero ninguno que ha sido emperador soportará ser un fugitivo. Si ahora desea escapar, Emperador, nada se lo impide. Allí está el mar, allí la escalera que lleva al barco. 99

Justiniano decidió quedarse y defender su posición.

Comprende el proceso

A continuación se describen algunos pasos que te ayudarán a entender mejor el punto de vista de la persona que habla o escribe:

- Vuelve a leer la cita. Identifica a la persona que habla o escribe. Piensa en lo que sabes sobre esa persona. Esto te puede ayudar a entender en qué basa sus opiniones.
- Piensa en la situación en que estaba el personaje cuando expresó su opinión. Busca pistas para indagar cómo era la vida en la época y en el lugar donde vivía esa persona.
- Busca palabras que te ayuden a identificar el punto de vista de una persona. A menudo, las declaraciones que expresan puntos de vista incluyen palabras como *pienso*, *creo*, *probablemente* y *en mi opinión*.

Piensa y aplica

Pon en práctica los pasos de arriba para contestar las siguientes preguntas:

1. ¿Qué razones crees que tenía Teodora para decir lo que dijo?
2. ¿Qué sugiere el discurso de Teodora acerca de su opinión sobre las mujeres?
3. ¿Qué palabras en el discurso de Teodora indican que está expresando su punto de vista?

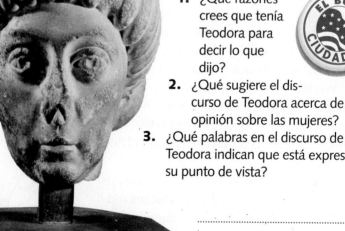

La emperatriz Teodora

EL IMPERIO MUSULMÁN

Conexión con nuestro mundo

¿Cómo pueden las ideas sobre religión influir en los gobiernos y en el estilo de vida de los habitantes?

Concéntrate en la idea principal
Identifica la influencia del islamismo en las regiones por las que se difundió.

Anticipa el vocabulario

estepa	mezquita
Corán	minarete
musulmán	astrolabio
islam	sunní
califa	chiita

A fines del siglo VI, el emperador de Persia le escribió una carta al emperador del Imperio Bizantino en la que alababa a sus imperios como los mas grandes de la época. El emperador de Persia expresó que los imperios persa y bizantino "son para el mundo… lo que los dos ojos son para el hombre". Pero dicho emperador no sabía que al poco tiempo todo eso cambiaría. En los próximos 100 años un nuevo imperio, el Imperio Musulmán, derrotaría a los persas y pondría en peligro a los bizantinos.

PASTORES Y ALDEANOS

El desierto cubre más de dos tercios de la península de Arabia. Algunas partes del desierto están cubiertas por dunas y otras llanuras semiáridas llamadas **estepas**. En las estepas crecen algunos tipos de arbustos y hierba, pero sólo alcanzan para alimentar a los camellos, ovejas y cabras de los pastores. En el siglo VI muchas tribus árabes vivían como nómadas en las estepas. Un jeque, o jefe, estaba al mando de cada tribu.

Las aldeas se formaron en zonas fértiles donde había manantiales subterráneos. Los habitantes de estos pueblos vivían de la agricultura. A menudo, los mercaderes que viajaban por las rutas comerciales del desierto paraban en estos poblados. Con el aumento del número de viajeros, los pueblos comenzaron a crecer.

Uno de los pueblos más grandes de Arabia era La Meca. Como la agricultura no existía en esta ciudad, sus habitantes se dedicaban a otro tipo de actividades.

Las estepas árabes (abajo) forman parte de la península de Arabia. La península abarca más de 1,000,000 de millas cuadradas.

La Meca era una parada importante en las rutas de las caravanas. Los productos provenientes de Asia y África pasaban por allí rumbo a Siria, Yemen y el Mediterráneo.

La Meca era también un centro religioso. Cada año, árabes de toda la península se reunían a rezar en un edificio cúbico llamado Kaaba. En la Kaaba estaban las estatuas de muchos de los dioses árabes. El hecho de que la Kaaba estuviera en La Meca daba prestigio y prosperidad a los habitantes de la ciudad.

✓ *¿Cómo afectó el comercio a los pueblos de Arabia?*

MAHOMA Y EL ISLAM

Cerca del año 570, un niño árabe llamado Mahoma nació en el hogar de una familia pobre pero importante de La Meca. Sus padres murieron cuando era niño y quedó al cuidado de sus familiares. Cuando creció se convirtió en un hombre muy respetado por su tribu. Mahoma se dedicó al comercio y se casó con una viuda rica llamada Jadiya.

Mahoma no estaba de acuerdo en que su tribu adorara ídolos. Solía pasar horas meditando en una cueva en las afueras del pueblo. Un día, mientras meditaba, tuvo una visión: el ángel Gabriel le anunció que sería un mensajero para la humanidad.

La revelación del ángel Gabriel le confirmó a Mahoma que sólo existe un Dios, o Alá, en árabe. Mahoma recibió más mensajes durante los 23 años siguientes. La compilación de estos mensajes constituye el **Corán**, el libro sagrado de los musulmanes. Un **musulmán**, o seguidor del islam, considera al *Corán* la palabra de Dios. **Islam** significa "someterse a la voluntad de Dios". Los musulmanes honran a Dios cumpliendo los preceptos del *Corán* y siguiendo el ejemplo de Mahoma.

La familia de Mahoma y sus amigos más cercanos fueron los primeros musulmanes. El aumento progresivo del número de musulmanes causó preocupación entre los líderes de las tribus de La Meca, pues ellos no querían perder su propia influencia religiosa. También creían que si las personas aceptaban el islam, ya no irían a rezar a la Kaaba. Esto, a su vez, debilitaría la economía de La Meca. Por ello, los líderes de La Meca trataron de forzar a los musulmanes a abandonar sus creencias.

A los antiguos artistas musulmanes se los recuerda por su caligrafía, o escritura bella.

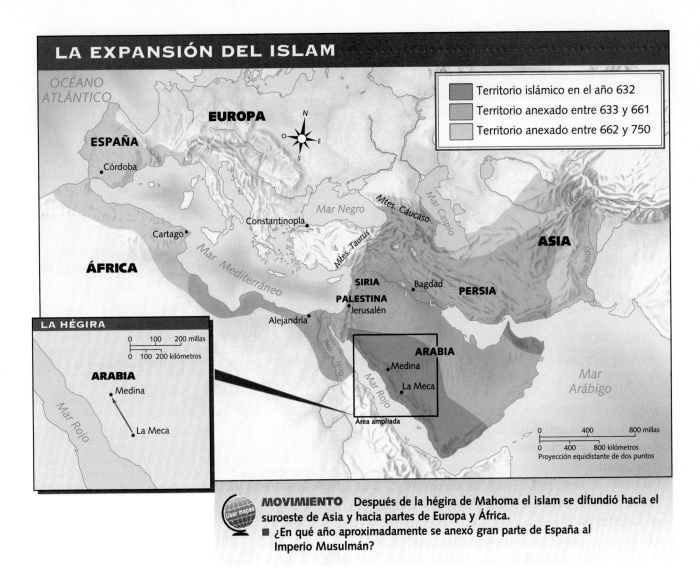

LA EXPANSIÓN DEL ISLAM

OCÉANO ATLÁNTICO

EUROPA

ESPAÑA
• Córdoba

Cartago •

ÁFRICA

Mar Negro

Constantinopla

Mtes. Cáucaso

Mar Caspio

Mtes. Taurus

Mar Mediterráneo

ASIA

Río Indo

SIRIA
• Bagdad   PERSIA
PALESTINA
• Jerusalén
Alejandría •

ARABIA

Mar Rojo

• Medina

• La Meca

Mar Arábigo

Área ampliada

| Territorio islámico en el año 632 |
| Territorio anexado entre 633 y 661 |
| Territorio anexado entre 662 y 750 |

LA HÉGIRA

0   100   200 millas
0   100   200 kilómetros

ARABIA

• Medina

Mar Rojo

• La Meca

0   400   800 millas
0   400   800 kilómetros
Proyección equidistante de dos puntos

MOVIMIENTO Después de la hégira de Mahoma el islam se difundió hacia el suroeste de Asia y hacia partes de Europa y África.
■ ¿En qué año aproximadamente se anexó gran parte de España al Imperio Musulmán?

Mahoma abandonó La Meca diez años más tarde. Su travesía se conoció como la hégira y representó un nuevo comienzo para los musulmanes. La fecha en que ocurrió, el año 622 d.C., marca el primer año del calendario árabe.

La travesía de Mahoma finalizó con su llegada a Medina, donde los musulmanes lo recibieron con entusiasmo. La expansión del islam a otras tribus árabes agravó los conflictos con La Meca. Nueve años después de la hégira, los musulmanes derrotaron a los habitantes de La Meca. Mahoma destruyó todos los ídolos de la Kaaba y consagró el santuario sólo para el culto a Alá. La Meca sigue siendo una ciudad sagrada para los musulmanes.

 ¿Por qué los jeques de las tribus árabes estaban preocupados por la expansión del islam?

LA EXPANSIÓN DEL IMPERIO MUSULMÁN

Mahoma consideraba que su deber era difundir las doctrinas del islam. Lo hizo a través de la enseñanza y del ejemplo personal. También pidió a sus seguidores que divulgaran la palabra de Alá.

Después de la muerte de Mahoma, los gobernantes musulmanes eligieron a un **califa**, o "sucesor" de Mahoma. La función del califa era gobernar la comunidad musulmana según las reglas del Corán y el ejemplo de Mahoma.

Al cabo de unos años, los primeros califas unificaron Arabia bajo un gobierno musulmán. Luego se dedicaron a divulgar el islam entre los pueblos vecinos. Los ejércitos de los califas invadieron Mesopotamia, Siria y Egipto.

Los musulmanes no encontraron mucha resistencia durante su campaña. De hecho, los persas y los bizantinos dieron la bienvenida a los invasores, creyendo que los liberarían de los altos impuestos y de la persecución religiosa que sufrían a manos de sus propios gobernantes.

Cerca del año 750, menos de 200 años después de la muerte de Mahoma, el Imperio Musulmán se extendía desde España y el norte de África, a través de Arabia y Persia, hasta partes de China y el valle del río Indo. Solamente el Imperio Bizantino, mucho más pequeño que antes, separaba las tierras musulmanas del este de Europa.

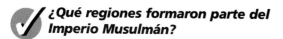 **¿Qué regiones formaron parte del Imperio Musulmán?**

LOS LOGROS DE LA CIVILIZACIÓN MUSULMANA

El Imperio Musulmán logró unificar a pueblos con culturas e idiomas diferentes. Con el aumento del número de musulmanes se creó una civilización que ha perdurado desde el siglo VII.

Desde un principio, la civilización musulmana puso empeño en el arte y las ciencias. Las **mezquitas**, o edificios religiosos, son algunos de los testimonios más hermosos del arte

El estilo de las mezquitas y los minaretes difiere de una región a otra. Este minarete en espiral (derecha) pertenece a una mezquita de Irak. El minarete alto y delgado (izquierda) forma parte de una mezquita de Turquía.

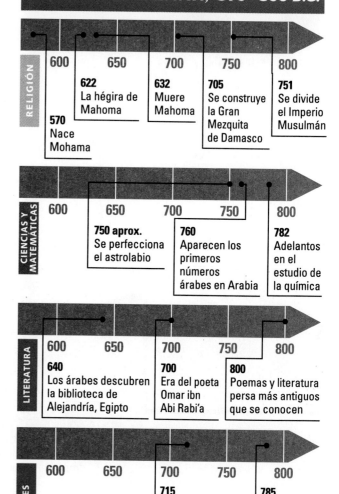

ETAPAS PRINCIPALES DEL IMPERIO MUSULMÁN, 570–800 D.C.

RELIGIÓN

600 650 700 750 800

570 Nace Mohama

622 La hégira de Mahoma

632 Muere Mahoma

705 Se construye la Gran Mezquita de Damasco

751 Se divide el Imperio Musulmán

CIENCIAS Y MATEMÁTICAS

600 650 700 750 800

750 aprox. Se perfecciona el astrolabio

760 Aparecen los primeros números árabes en Arabia

782 Adelantos en el estudio de la química

LITERATURA

600 650 700 750 800

640 Los árabes descubren la biblioteca de Alejandría, Egipto

700 Era del poeta Omar ibn Abi Rabi'a

800 Poemas y literatura persa más antiguos que se conocen

ARTES

600 650 700 750 800

715 Inicio de la arquitectura islámica en España

785 Se construye la Mezquita de Córdoba

APRENDER CON LÍNEAS CRONOLÓGICAS
El período comprendido entre los años 570 y 800 fue una época de logros importantes para el Imperio Musulmán.
■ ¿Qué acontecimientos importantes ocurrieron entre los años 700 y 750?

islámico. El diseño básico de una mezquita es simple y el amueblado sobrio. La mezquita puede tener una o más torres, llamadas **minaretes**, desde las cuales se escucha una llamada a la oración cinco veces por día. Muchas mezquitas están decoradas con diseños complejos realizados con formas geométricas y versos del *Corán*.

Los musulmanes también lograron adelantos en las ciencias. Los eruditos musulmanes estudiaron y trazaron el movimiento de los planetas y las estrellas.

Estas observaciones permitieron perfeccionar el **astrolabio**, un instrumento que se usaba para navegar siguiendo la posición de las estrellas. El astrolabio hizo posible que los cartógrafos pudieran trazar mapas más precisos.

Los científicos musulmanes también hicieron contribuciones en el campo de la medicina. Ya en el siglo X se construyó un hospital escuela que formaba parte de una mezquita de Bagdad, en lo que ahora es Irak. En éste y en otros hospitales los médicos aprendían a curar a los enfermos. El trabajo de estos médicos originó una fuente importante de datos sobre las enfermedades, que se utilizó durante siglos.

El comercio que se realizó dentro y fuera del imperio permitió que los musulmanes descubrieran ideas nuevas. De los chinos, por ejemplo, aprendieron a fabricar papel. De India adoptaron un sistema de números compuesto por nueve dígitos y un cero. Los árabes llamaban a este sistema números indios, pero nosotros lo llamamos números arábigos, en honor de los mercaderes que lo difundieron en el Imperio Musulmán y en Europa. Estos son los números que utilizamos hoy en día.

La Gran Mezquita de Córdoba, construida a fines del siglo VIII, tiene más de 800 columnas de mármol.

¿Cuáles son algunos de los logros de la cultura musulmana?

DIVISIONES DENTRO DEL IMPERIO MUSULMÁN

Con el desarrollo del Imperio Musulmán, las familias más poderosas empezaron a disputar entre sí por el control del poder. En el año 661 un miembro de la familia Omeya se convirtió en califa y trasladó la capital musulmana de Medina a Damasco, en Siria.

¿Dónde fue?

Córdoba, España

En los siglos IX y X, personas de toda Europa y del norte de África viajaban a Córdoba para estudiar temas tales como filosofía, matemáticas, medicina, poesía, astronomía y teología (el estudio de la religión). Este centro del saber musulmán contaba con una enorme biblioteca de más de 400,000 libros. La ciudad también tenía una universidad, más de 60 bibliotecas más pequeñas y muchas librerías. Los visitantes se maravillaban al ver las calles pavimentadas e iluminadas de la ciudad. Córdoba, al igual que la mayor parte de lo que hoy es España, estaba bajo el control de los moros, musulmanes provenientes del norte de África.

EUROPA

ESPAÑA

Sector Norte

0 ____ 1,500 pies
0 ____ 500 metros

CÓRDOBA

Sector Este

Sector Oeste

Universidad

Biblioteca

Río Guadalquivir

Jardines del Palacio

Puente romano

— Antiguo muro de la ciudad

☐ La ciudad en el año 800

La familia Omeya se estableció en la nueva capital y gobernó hasta el año 750. En ese año, la dinastía de los Abasidas reclamó el derecho al gobierno. Los Abasidas mudaron la capital hacia el este y construyeron la ciudad de Bagdad junto al río Tigris.

Un miembro de la familia de los Omeyas escapó y estableció su propio gobierno en Córdoba, España. Más tarde los descendientes de Fátima, la hija de Mahoma, formaron un gobierno más, cuya capital estaba en El Cairo, Egipto. Ahora existían califatos rivales que gobernaban diferentes partes del Imperio Musulmán.

Un dinar, la moneda de oro emitida por el gobierno de los Abasidas

Con el paso del tiempo, la comunidad musulmana también se dividió en varios grupos. Los grupos más importantes fueron quizás los musulmanes **sunní** y los musulmanes **chiitas**. Los musulmanes chiitas permanecieron leales a los descendientes del cuarto califa, Alí. No aceptaban a los Omeyas ni a los Abasidas como gobernantes. Por el contrario, los musulmanes sunní aceptaron a las nuevas dinastías. En la actualidad, los musulmanes sunní y los musulmanes chiitas aún están en desacuerdo sobre muchos asuntos.

✓ **¿Cuáles fueron las causas de la división del islam y del Imperio Musulmán?**

Los cinco pilares del islam

El *Corán* dice que el islam se basa en cinco ideas importantes, llamadas Los Cinco Pilares. Estos actos no son meros rituales, sino que conforman la vida diaria de los musulmanes.

Cree que no hay otro dios sino Alá y que Mahoma es su profeta.

Reza cinco plegarias en momentos concretos de cada día.

Dona una parte de tus ahorros para la atención de los necesitados.

Ayuna (no comas ni bebas) desde el amanecer hasta el anochecer durante Ramadán, el noveno mes del calendario musulmán.

Realiza una peregrinación, o visita por razones religiosas, a La Meca durante el curso de tu vida.

*L*ECCIÓN 2 • REPASO

Comprueba lo que aprendiste

1. **Recuerda los datos** ¿Cómo difundieron el islam Mahoma y sus seguidores?
2. **Concéntrate en la idea principal** ¿Qué influencia tuvo el islam en los pueblos por los que se difundió?

Piensa críticamente

3. **En mi opinión** ¿Piensas que algunos pueblos se opusieron al gobierno de los musulmanes? Explica tu respuesta.
4. **Ayer y hoy** En Estados Unidos, ¿qué relación hay entre la religión y el estado?

Muestra lo que sabes

Actividad: Mapas Traza un mapa del mundo que incluya todos los continentes. Luego indaga dónde viven los musulmanes actualmente. Agrega esta información a tu mapa.

EUROPA EN LA
EDAD MEDIA

LECCIÓN 3

Conexión con nuestro mundo

¿Cómo pueden los actos de un individuo o de un grupo lograr cambios en un gobierno en la actualidad?

Concéntrate en la idea principal
Lee acerca de cómo los individuos y los grupos influyeron en los gobiernos durante la Edad Media en Europa.

Anticipa el vocabulario

Edad Media	sistema feudal
Papa	cristiandad
feudo	cruzado
siervo	peste bubónica
arrendatario	estado nacional
vasallo	Carta Magna
contrato	

A comienzos de la Edad Media, Europa estaba formada por reinos pequeños. Este jinete del siglo VII proviene del Reino de los Lombardos.

Cuando el Imperio Musulmán comenzó a expandirse, el continente europeo estaba dividido en reinos pequeños. El fuerte gobierno centralizado del Imperio Romano, que tiempo atrás había unificado Europa, había desaparecido. Ahora lo reemplazaban reinos pequeños y débiles, gobernados por grupos humanos que los romanos habían llamado bárbaros. Los historiadores denominan período medieval o **Edad Media** al período en Europa comprendido aproximadamente entre los años 500 y 1500.

CARLOMAGNO ERIGE UN IMPERIO

Durante los últimos años del Imperio Romano, grupos que provenían del norte de Europa, desde o cerca de lo que hoy es Alemania, se apoderaron de la mayor parte de Europa occidental. El conjunto de estos grupos recibía el nombre de tribus germánicas. La más poderosa de estas tribus eran los francos, de donde deriva el nombre de Francia. Bajo el mando de Carlomagno, los francos reactivaron la región del decadente Imperio Romano.

El nombre Carlomagno significa "Carlos el Grande". Carlomagno no sólo era grande en estatura, medía 6 pies y 4 pulgadas (193 cm), sino que también era un gran guerrero. Con su ejército conquistó partes extensas de Italia, Alemania, Europa central y parte de la región norte de España. Poco después llego a controlar el territorio que se extendía desde los Pirineos, en el oeste, hasta el río Danubio, en el este.

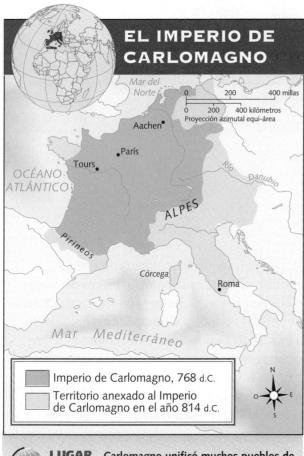

EL IMPERIO DE CARLOMAGNO

Mar del Norte

Aachen

París

Tours

OCÉANO ATLÁNTICO

Río Danubio

ALPES

Pirineos

Córcega

Roma

Mar Mediterráneo

0   200   400 millas
0   200   400 kilómetros
Proyección azimutal equi-área

Imperio de Carlomagno, 768 d.C.

Territorio anexado al Imperio de Carlomagno en el año 814 d.C.

N O E S

LUGAR Carlomagno unificó muchos pueblos de Europa occidental en un solo imperio.

■ ¿Cuántas millas de este a oeste medía el Imperio de Carlomagno en su punto más ancho?

Carlomagno tenía una relación muy estrecha con el **Papa**, la cabeza de la Iglesia cristiana con sede en Roma. Tanto Carlomagno como su abuelo, Carlos Martel, cuyo nombre significa "Carlos Martillo", habían defendido la ciudad de Roma de los ataques de otras tribus germánicas. En el año 800, el Papa León III recompensó a Carlomagno coronándolo "Emperador de los Romanos" en el día de Navidad. Muchas personas realmente lo consideraban como un antiguo emperador romano.

El Papa le confirió a Carlomagno el título de "Augusto", en honor al primer emperador romano. Y Carlomagno trató de emular la gloria de los antiguos emperadores. Al igual que Augusto, quería un gobierno fuerte y gobernantes inteligentes. Estimaba que era su responsabilidad enseñar cómo gobernar a sus nobles. A menudo enviaba mensajes a sus nobles acerca de la importancia de gobernar con justicia. Carlomagno se reunía con todos sus nobles cada

primavera. Estas reuniones, llamadas Campos de Mayo, se hicieron famosas. Carlomagno instalaba tiendas en praderas cubiertas de flores e impartía conocimientos a sus nobles acerca de leyes, religión, comercio y educación.

Carlomagno tenía gran respeto por el conocimiento. "La sabiduría", dijo, "debe preceder a la acción". Carlomagno invitaba a eruditos de toda Europa para que enseñaran en la escuela que había fundado para los hijos de sus nobles. También alentaba a los sacerdotes de las diversas regiones del imperio a que educaran "a todos aquellos que con la ayuda de Dios tienen la capacidad de aprender". Si bien Carlomagno no sabía escribir, leía con fluidez. De hecho, la lectura era una de sus actividades favoritas.

El gobierno de Carlomagno representa un período floreciente de los comienzos de la Edad Media. Sin embargo, los musulmanes del norte de África atacaron la costa mediterránea del imperio, incluso antes de que Carlomagno muriera en 814. Posteriormente, los eslavos y los magiares de Europa oriental invadieron por el este. Los vikingos entraron por el norte, desde lo que hoy es Noruega, Suecia y Dinamarca. El imperio que Carlomagno había logrado erigir se desmoronó. Una vez más, Europa se convirtió en una tierra de reinos pequeños.

 ¿Cómo logró Carlomagno fortalecer su imperio a través de la cooperación?

Esta ilustración muestra al Papa León III coronando a Carlomagno como Emperador de los Romanos, en agradecimiento por haber defendido la ciudad de Roma.

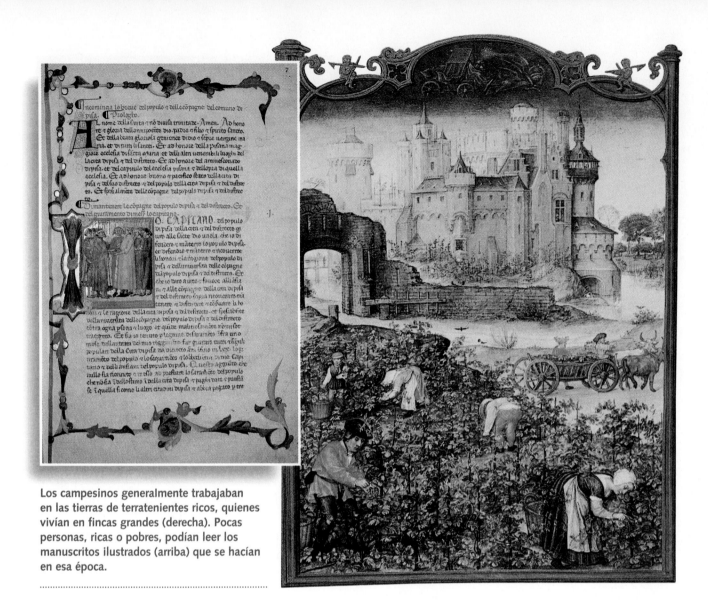

Los campesinos generalmente trabajaban en las tierras de terratenientes ricos, quienes vivían en fincas grandes (derecha). Pocas personas, ricas o pobres, podían leer los manuscritos ilustrados (arriba) que se hacían en esa época.

LA VIDA EN LA EDAD MEDIA

Durante gran parte de la Edad Media, la mayoría de los habitantes de Europa vivía en aldeas pequeñas que formaban parte de un feudo. El **feudo** era un territorio extenso que comprendía bosques, praderas, tierras de cultivo, la aldea, una iglesia y la mansión o castillo del noble, que era el propietario del feudo.

Los campesinos o **siervos** del feudo vivían en la aldea y todos los días iban al campo a trabajar. Cultivaban la tierra y fabricaban los productos que la familia del noble usaba. Los siervos utilizaban la tierra, pero no podían ser propietarios. Eran los arrendatarios del noble. Un **arrendatario** es alguien que paga un alquiler al dueño del lugar.

Los siervos pagaban al noble con productos y servicios por el uso de la tierra. Trabajaban todas las semanas en el campo del noble, y durante la época de cosecha le entregaban parte de los cultivos. A cambio, el noble protegía a los siervos de los ataques de otras aldeas.

El noble era a su vez un arrendatario del rey. Según las leyes de la época, el rey era propietario de toda la tierra de su reino. Reservaba territorios extensos para su uso personal y dividía el resto entre los nobles, quienes acordaban apoyarlo en caso de guerra. Estos nobles se llamaban **vasallos**. El vasallo acordaba prestar ciertos servicios al rey a cambio del derecho a utilizar la tierra. El vasallo también se comprometía a enviar soldados a luchar en el ejército del rey, a participar él mismo en las batallas y a recaudar los impuestos del rey.

Por lo general, los servicios que un vasallo debía prestar se enumeraban en un acuerdo escrito o **contrato** con el rey (lamentablemente, la mayoría de los vasallos no sabía leer.). Un contrato típico comenzaba así:

> 66 Durante toda mi vida, me comprometo a obedecerle y servirle. 99

El contrato también establecía la cantidad de tierra que el vasallo recibía, los edificios que se incluían y el número de campesinos que vivían en las tierras. Este sistema de protección a cambio de lealtad se conoce como **sistema feudal**.

 ¿Cómo funcionaba el sistema feudal?

LA IGLESIA Y LAS CRUZADAS

Entre los años 800 y 1300 aproximadamente, casi todos los habitantes de Europa vivían en un feudo y bajo el gobierno de un rey. Si bien Europa estaba dividida en reinos pequeños, la Iglesia cristiana de Roma unificaba a los habitantes. La idea de **cristiandad**, o sentimiento de comunidad entre los cristianos de todos los reinos, tenía mucho valor para la gente.

¿Dónde fue?

Jerusalén

La Cúpula de la roca

Los judíos, cristianos y musulmanes de hoy, al igual que en la antigüedad, consideran que Jerusalén es un lugar sagrado. Los judíos se congregan a diario para rezar en el Muro de los Lamentos, la única pared de un antiguo templo judío que todavía permanece en pie. Los musulmanes visitan la Mezquita de Omar, el sitio desde donde Mahoma ascendió al cielo. Los cristianos visitan lugares tales como la Iglesia del Santo Sepulcro, construida en el sitio donde Jesús fue crucificado y enterrado. Jerusalén es la presente capital de Israel.

La Iglesia cristiana de la Edad Media no era solamente la autoridad religiosa. También coronaba a emperadores, como el Papa León III lo había hecho con Carlomagno, y enviaba soldados a la guerra.

Estas obras de arte antiguas muestran a los cruzados desde el punto de vista musulmán (izquierda) y desde el punto de vista cristiano (abajo).

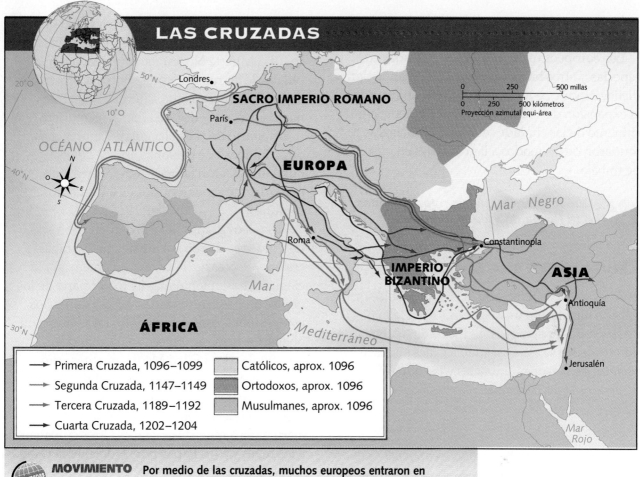

LAS CRUZADAS

Leyenda del mapa:

→ Primera Cruzada, 1096–1099
→ Segunda Cruzada, 1147–1149
→ Tercera Cruzada, 1189–1192
→ Cuarta Cruzada, 1202–1204

Católicos, aprox. 1096
Ortodoxos, aprox. 1096
Musulmanes, aprox. 1096

0 — 250 — 500 millas
0 — 250 — 500 kilómetros
Proyección azimutal equi-área

MOVIMIENTO Por medio de las cruzadas, muchos europeos entraron en contacto con los musulmanes del suroeste de Asia.

■ ¿Cuántas millas recorrieron los cruzados cuando viajaron desde París hasta Constantinopla durante la Segunda Cruzada?

En el año 1095, el Papa Urbano II convocó a toda la cristiandad para reconquistar la ciudad sagrada de Jerusalén, que estaba ocupada por los turcos musulmanes seljúcidas. En ese entonces, los turcos seljúcidas controlaban los territorios que antes habían formado parte del Imperio Musulmán, incluyendo la ciudad de Jerusalén. El Papa Urbano II dijo que los turcos no permitían que los cristianos visitaran Jerusalén y otros lugares sagrados para los cristianos. Por esta razón, el Papa Urbano solicitó que se iniciara una guerra santa. Al grito de "¡Es la voluntad de Dios! ¡Es la voluntad de Dios!", miles de cristianos europeos se dirigieron hacia Jerusalén.

Los soldados voluntarios, entusiasmados por la campaña, cortaban tiras de tela que luego cosían sobre sus vestimentas en forma de cruz. Por haber adoptado la cruz como emblema, se llamó **cruzados** a los soldados cristianos. Las guerras en las que participaron se conocieron como cruzadas.

Entre los años 1095 y 1291 hubo ocho cruzadas importantes. Algunas se llamaron Cruzadas Familiares porque familias enteras dejaban sus hogares para viajar hacia Jerusalén. De todas partes de Europa se unían a cada cruzada para marchar juntos hacia la batalla. Incluso se formaron dos ejércitos de niños, las Cruzadas Infantiles. La mayoría de ellos murió de hambre durante el largo trayecto y nunca llegó a Jerusalén. En estas guerras para reconquistar la Tierra Santa murieron miles de cristianos y musulmanes.

Las cruzadas nunca pudieron recuperar Jerusalén, aunque hicieron posible que los europeos entraran en contacto con los musulmanes y sus formas de vida.

Las nuevas ideas aprendidas de los musulmanes transformaron Europa para siempre.

Los europeos regresaron de las cruzadas con especias y otros bienes de Asia. La demanda por dichos productos no tardó en surgir, originando la expansión del comercio y el consiguiente crecimiento de las ciudades europeas. Muchos se mudaron de los feudos a las ciudades en busca de trabajo.

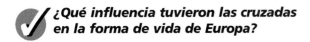 **¿Qué influencia tuvieron las cruzadas en la forma de vida de Europa?**

DESASTRE Y CAMBIO

A finales de la Edad Media la superpoblación y falta de higiene era un rasgo común en la mayoría de las ciudades europeas. Edificios de madera destartalados se alzaban junto a calles angostas repletas de personas, animales y basura. A fines de la década de 1340, una enfermedad mortal llamada **peste bubónica** azotó a las ciudades europeas. Esta enfermedad, también conocida como la Muerte Negra, fue propagada por las pulgas de las ratas. La peste bubónica causaba llagas en el cuerpo, que se tornaban de color negro justo antes de que la persona muriera.

Un cuarto de la población de Europa, más de 20 millones de personas, murió de peste bubónica. Fueron tantos los cadáveres, que tuvieron que ser enterrados en enormes fosas comunes.

Los pocos granjeros que sobrevivieron en los feudos se dieron cuenta de que su trabajo era muy necesario. Fue así que comenzaron a exigir un tratamiento más justo por parte de los nobles que regían sus vidas. En ocasiones, los campesinos se rebelaban contra los nobles para obligarlos a que aceptaran sus demandas.

A finales de la Edad Media, muchos europeos estaban descontentos tanto con la Iglesia como con el sistema feudal. Los desacuerdos entre los reyes y la Iglesia con respecto a la autoridad alarmaban a muchas personas. Otros culpaban a los reyes y a los Papas por no detener la peste.

 ¿Qué cambios produjo la peste bubónica en Europa a fines de la década de 1340?

LA APARICIÓN DE LOS ESTADOS NACIONALES

A fines de la Edad Media, los reyes poderosos empezaron a debilitar la autoridad de los nobles y la Iglesia. En muchas partes de Europa se formaron estados nacionales, especialmente en Inglaterra, Francia y España. Cada **estado nacional** estaba gobernado por un gobierno central fuerte y un único gobernante, el monarca o rey. Además, cada estado nacional disponía de leyes y funcionarios de gobierno propios y de un ejército permanente. El idioma, la cultura y las costumbres también unificaban a los habitantes de los estados nacionales.

Para no perder toda su autoridad, los nobles más poderosos trataron de encontrar maneras de evitar que el rey tuviera poder absoluto.

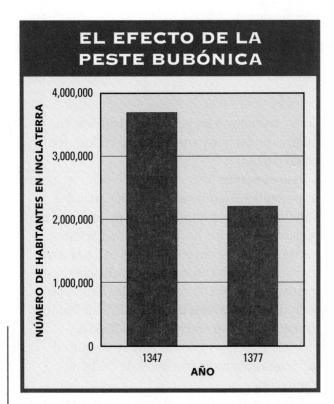

EL EFECTO DE LA PESTE BUBÓNICA

NÚMERO DE HABITANTES EN INGLATERRA

4,000,000

3,000,000

2,000,000

1,000,000

0

1347   1377

AÑO

APRENDER CON GRÁFICAS Muchos habitantes de Europa murieron de peste bubónica en la década de 1340.
■ ¿En cuántos habitantes disminuyó la población de Inglaterra desde 1347 hasta 1377?

La Carta Magna

Copia de la Carta Magna original

Las siguientes son 3 de las 63 demandas que los nobles ingleses presentaron en la Carta Magna.

[30] Ninguno de nuestros administradores o alguaciles, ni ninguna otra persona, podrá apropiarse de los caballos o carros de ningún hombre libre para utilizarlos como transporte, salvo que cuente con la autorización de dicho hombre libre.

[31] Ni nosotros ni nuestros alguaciles podremos utilizar en nuestros castillos u otras obras madera que no nos pertenezca, a menos que contemos con la autorización del dueño de la madera.

[40] A nadie le venderemos, a nadie le negaremos o demoraremos derecho alguno o justicia.

En el año 1215, un grupo de nobles ingleses presentó al rey Juan sin Tierra, en ese entonces el rey de Inglaterra, una lista de 63 demandas en forma de contrato. Este documento se conoce como la **Carta Magna**. El rey Juan sin Tierra se vio forzado a firmarla. La Carta Magna obligaba al rey a asumir responsabilidad de sus actos. En otras palabras, el rey tenía que acatar las leyes como cualquier otra persona. No podía, por ejemplo, adueñarse de la propiedad ajena sin pagar por ella.

Los nobles redactaron la Carta Magna para protegerse a sí mismos. Sin embargo, las leyes europeas que se redactaron posteriormente para proteger las libertades de todos los individuos se basaron en ciertos principios de la Carta Magna. Por ejemplo, la Carta Magna otorgaba a las personas el derecho a un juicio por jurado. De acuerdo con los términos en ella expresados nadie, ni siquiera el rey, estaba por encima de la ley. La Carta Magna establecía que el rey de Inglaterra debía tener "el consentimiento general del reino" antes de imponer nuevos impuestos. La asamblea de nobles que se reunían para votar los impuestos recibió más adelante el nombre de Parlamento. En la actualidad, los principales legisladores del Parlamento son elegidos por el pueblo.

La firma de la Carta Magna tuvo efectos duraderos. La Constitución de los Estados Unidos, por ejemplo, tiene sus raíces en las ideas expresadas en la Carta Magna.

 ¿Cómo limitaron los nobles la autoridad del rey Juan sin Tierra?

LCCIÓN 3 • REPASO

Comprueba lo que aprendiste

1. **Recuerda los datos**   ¿Qué factores clave determinaron la vida en Europa durante la Edad Media?
2. **Concéntrate en la idea principal**   ¿Qué influencia tuvieron los individuos y los grupos en los gobiernos europeos de la Edad Media?

Piensa críticamente

3. **En mi opinión**   Si la peste no hubiera ocurrido, ¿piensas que la gente hubiera intentado modificar el sistema feudal de todas maneras? Explica tu respuesta.
4. **Ayer y hoy**   ¿Cómo ayudó al desarrollo de las futuras democracias el contrato que los nobles firmaron con el rey Juan sin Tierra?

Muestra lo que sabes

Actividad: Representación
En todo el mundo existen museos de historia viva, donde los actores se comportan, se visten y hablan como en el pasado. Con algunos de tus compañeros de clase, crea una escena de "historia viva" que represente la vida en el sistema feudal. Invita a otros compañeros a hacer preguntas sobre tu escena.

Cómo

Comprender los símbolos internacionales

¿Por qué es importante esta destreza?

Desde la formación de los primeros estados nacionales, las banderas se han utilizado como símbolo de la identidad nacional. La bandera representa el territorio de una nación, sus habitantes, su gobierno y también ideas y cualidades que se valoran en el país. Saber lo que representan las banderas puede ayudarte a entender mejor las naciones actuales y su historia.

Piensa en las banderas

Es probable que las banderas se hayan usado por primera vez hace miles de años. En las batallas, los soldados egipcios llevaban varas largas con banderolas en la punta, con la esperanza de persuadir a sus dioses de que los ayudaran a triunfar. Los asirios, griegos y romanos usaron banderas de manera similar. Sus banderas representaban a sus dioses y líderes.

Durante las batallas, los generales solían mirar las banderas para seguir el movimiento de sus tropas. Cada bando estaba representado por una bandera. Si la bandera de un bando era capturada, muchos soldados se rendían. Si el soldado que llevaba la bandera moría o caía herido, otros la recogían y la protegían para que el enemigo no la capturara.

Los caballeros de la Edad Media decoraban sus escudos con colores y figuras para que sus seguidores los identificaran en el campo de batalla. Estas figuras se usaron posteriormente en banderas, ropas y otros artículos. A fines de la Edad Media, los gobernantes de los estados nacionales usaron esas mismas figuras en sus banderas.

Comprende el proceso

Los diseños de muchas banderas se empleaban en la **heráldica**, el sistema de colores, diseños y símbolos que los caballeros usaron durante la Edad Media en Europa. Las naciones actuales también utilizan colores, diseños y figuras en sus banderas.

- **Colores**

  En la mayoría de las banderas actuales aparecen uno o más de estos siete colores: negro, azul, verde, anaranjado, rojo, blanco y amarillo. Estos colores se usaban en la heráldica para representar diferentes cualidades: azul para la lealtad, rojo para el coraje y blanco para la libertad.

  Algunas naciones usan los mismos colores en sus banderas. Los colores negro, verde, rojo y blanco representan la unidad de los países árabes, y aparecen en las banderas de Irak, Jordania, Kuwait, Sudán, Siria, los Emiratos Árabes Unidos y Yemen.

- **Diseños**

  Los diseños de las banderas actuales son similares a los utilizados en la heráldica. Algunos caballeros de la Edad Media usaban una franja blanca o amarilla para separar dos colores. Este diseño se utiliza en muchas banderas del presente. La bandera de Egipto tiene una franja blanca que separa una franja negra de una roja. La bandera mexicana tiene una franja blanca entre una verde y una roja.

- **Símbolos**

  Los símbolos de algunas banderas representan la religión que se practica en una nación. La cruz, el emblema del cristianismo, aparece en algunas banderas. La media luna y una estrella, símbolo del islam, está presente en las banderas de muchas naciones musulmanas. La Estrella de David aparece en la bandera de Israel. A menudo las estrellas simbolizan unidad. Es común que el número de estrellas que aparece en una bandera represente el número de estados o provincias del país. La bandera de Estados Unidos tiene 50 estrellas.

  Los símbolos también pueden mostrar un aspecto importante del pasado de una nación. En la bandera mexicana aparece un águila posada sobre un cacto y sosteniendo una serpiente con el pico. Ésta es la imagen que, según los aztecas, les indicó dónde construir la ciudad de Tenochtitlan. El sol de la bandera de Argentina representa la independencia de ese país.

Piensa y aplica

Imagina que debes diseñar una bandera para tu escuela o salón de clases. ¿Cómo sería? Dibuja una y escribe un párrafo para explicar los símbolos que usaste. Exhibe la bandera en el tablero de anuncios junto con las de tus compañeros.

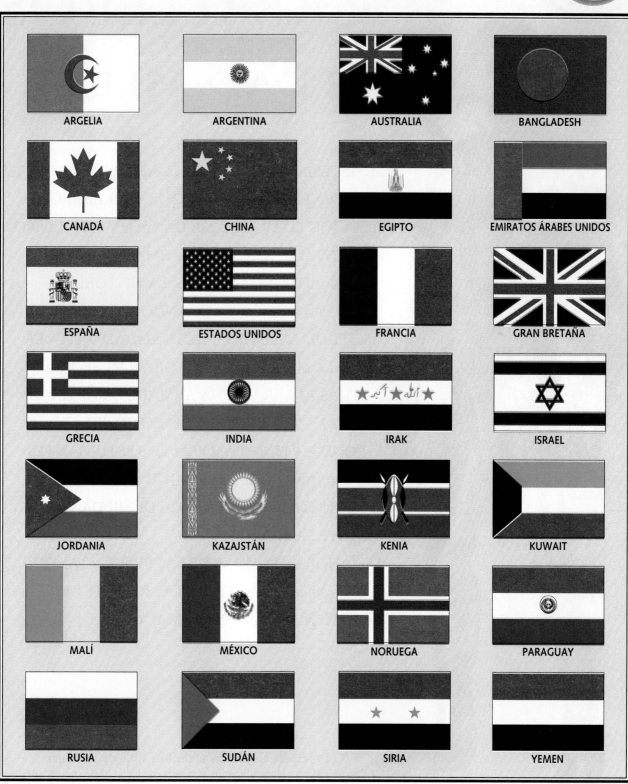

ARGELIA	ARGENTINA	AUSTRALIA	BANGLADESH
CANADÁ	CHINA	EGIPTO	EMIRATOS ÁRABES UNIDOS
ESPAÑA	ESTADOS UNIDOS	FRANCIA	GRAN BRETAÑA
GRECIA	INDIA	IRAK	ISRAEL
JORDANIA	KAZAJSTÁN	KENIA	KUWAIT
MALÍ	MÉXICO	NORUEGA	PARAGUAY
RUSIA	SUDÁN	SIRIA	YEMEN

CABALLEROS
de la
EDAD MEDIA

EL SISTEMA FEUDAL DE LA EDAD MEDIA PRODUJO UN NUEVO TIPO DE SOLDADO: EL CABALLERO. LA SELECCIÓN LITERARIA, *SIR DANA: UN CABALLERO, PRESENTADO POR SU FIEL ARMADURA*, NOS HABLA DE UNO DE ELLOS. LA HISTORIA DE SIR DANA COMIENZA CUANDO UNA CLASE DE ESTUDIANTES DE LA ACTUALIDAD VISITA LA SALA MEDIEVAL DE UN GRAN MUSEO. MIENTRAS ADMIRAN UNA ARMADURA DE HACE 600 AÑOS, SE PREGUNTAN CÓMO SE LA PONDRÍA EL CABALLERO. LOS ESTUDIANTES IMAGINAN QUE LA ARMADURA RESPONDE A SUS PREGUNTAS SOBRE LA VIDA DE SIR DANA DURANTE LA EDAD MEDIA.

LEE AHORA ALGUNAS DE LAS PREGUNTAS QUE HACEN LOS ESTUDIANTES Y LAS RESPUESTAS QUE OBTIENEN DE LA FIEL ARMADURA DE SIR DANA.

Los caballeros entraban en combate vistiendo armaduras. Las placas metálicas los protegían de los ataques con espada.

SIR DANA: UN CABALLERO

PRESENTADO POR SU FIEL ARMADURA
TEXTO E ILUSTRACIONES DE DANA FRADON

OR QUÉ SE HIZO CABALLERO SIR DANA?

"A decir verdad, como hijo de caballero, jamás pensó en ser otra cosa. Desde el día de su nacimiento fue educado para una vida dedicada a esta misión. Cuando niño, Sir Dana practicaba juegos que desarrollaran sus capacidades físicas.

"Él y sus amigos usaban espadas de juguete hechas de madera y se imaginaban que eran caballeros.

"Caminaban sobre zancos.

"Jugaban a atrapar una pelota de cuero o de tela rellena de cualquier cosa. La lana era lo mejor, por ser ligera y no perder la forma.

"Algunas veces golpeaban con una mano enguantada la pelota sobre una red o un montón de tierra."

UÉ ES UN ESCUDERO?

"El escudero era el asistente de un caballero, su aprendiz,[1] podríamos decir. El escudero caminaba tras su caballero cuando éste iba a una batalla, llevando el corcel[2] y cuidando de su equipo. El caballero iba montado en el palafrén.[3]

"Durante los primeros años, los escuderos no participaban en la batalla, pero a medida que se hacían mayores y más fuertes, muchos de ellos luchaban junto a sus caballeros como iguales, con mucho valor y haciendo estragos[4] en el enemigo. El gran caballero inglés Sir John Chandos encontró la muerte a manos de un fuerte y experimentado escudero.

"Algunos hombres preferían seguir siendo escuderos durante toda la vida. Hacerse caballero era costoso.[5] Vivir como ayudante de un rico señor o de un caballero próspero era a menudo tan bueno como ser caballero."

---

[1] **aprendiz:** persona que aprende un oficio
[2] **corcel:** caballo de batalla
[3] **palafrén:** caballo para montar habitualmente
[4] **estragos:** daños importantes
[5] Un gran señor sólo tenía que proporcionar un caballo, la armadura y las armas a un nuevo caballero. Éste tenía que pagar los abundantes banquetes y las lujosas ceremonias.

QUÉ EDAD TENÍA SIR DANA CUANDO SE HIZO CABALLERO?

"Sir Dana tenía ventiún años, la edad en que la mayoría de los escuderos se hacían caballeros. Pero a muchos escuderos se les armaba caballeros cuando aún eran adolescentes.

"Por otro lado, el gran caballero francés Sir Bertrand du Guesclin, condestable[6] de Francia, no fue armado caballero hasta los treinta y cinco años.

"Lo cierto es que un rey podía conferir a voluntad el título de caballero casi a cualquiera, y a cualquier edad. Muchos ricos mercaderes compraron el honor de ser caballeros. Algún soldado de a pie, pobre pero capaz, lo obtuvo en el campo de batalla gracias a su valor. Los nobles, por supuesto, se mostraban airados[7] ante esta entrada a su clase por la puerta falsa, pero no podían impedirlo por completo.

"El escudero Dana fue armado caballero y recibió el título de Sir en una ceremonia de muchos siglos de antigüedad. Tras tomar un baño la noche anterior para purificarse de sus pecados, se vistió completamente de blanco como símbolo de su pureza. Hizo votos de servir y defender a Dios, al rey de Domania, a los demás caballeros, a las mujeres y a los débiles, y de actuar en todo momento de manera justa, cortés y caballerosa.

"Luego, el rey le ciñó a Sir Dana alrededor de la cintura la espada y el cinto; en las botas le pusieron espuelas de montar.

"Después, sucedió algo extraño, *muy* extraño. El rey le dio una bofetada en el carrillo con la mano abierta. A veces era un golpe meramente simbólico, pero en otras ocasiones era lo bastante fuerte para hacer tambalear a un caballero.

"Con la bofetada se terminaba la ceremonia. Algunos dicen que su propósito era asegurarse de que el joven caballero nunca olvidara sus votos."

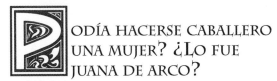

PODÍA HACERSE CABALLERO UNA MUJER? ¿LO FUE JUANA DE ARCO?

"¡No! ¡Un caballero no podía ni tan siquiera ir montado en una yegua! Se consideraba que una mujer o un animal hembra no podían estar en un campo de batalla.

"Sin embargo, a veces se daban casos de mujeres que iban a la guerra, incluso encabezando un ejército. Se dice que la reina Felipa de Inglaterra arengó a sus tropas para que lucharan con hombría en la batalla de *Neville's Cross,* impidiendo una invasión escocesa, mientras su marido, el rey Eduardo III, y la mayoría de sus caballeros luchaban contra los franceses al otro lado del Canal de la Mancha. Y la condesa de Monfort dirigió la defensa de su castillo y de sus tierras mientras su marido era prisionero de los franceses. ¡Se dice que poseía el coraje de un hombre y el corazón de un león!

"No conozco personalmente a Juana de Arco. Sé que murió quemada en la hoguera en 1431. De haber estado vivo, Sir Dana habría tenido entonces cien años de edad. Juana de Arco era un gran jefe militar y, vistiendo una armadura completa, luchó al frente de sus tropas contra los ingleses. Llegó a ser santa, pero no un caballero. …"

---

[6] **condestable:** jefe del ejército
[7] **airados:** enfadados

¿QUÉ ES LA CABALLERÍA?

"Era un código de reglas y normas, escrito y reescrito, que se remontaba al menos a los tiempos del rey anglosajón Alfredo, en el siglo IX. En él se incluían el cumplimiento del deber, la integridad en el campo de batalla, la honestidad, el buen comportamiento y la valentía; también, la bondad con los débiles, el respeto por las mujeres, la cortesía, la generosidad y la gentileza hacia los demás. Sobre todo, obligaba al caballero a servir a Dios. ¡Por San Dionisio! No era un mal código de conducta, incluso para esta época, ¿eh?

"Es triste admitirlo, pero estas reglas se incumplían con frecuencia. Los caballeros solían matar sin necesidad. ¡Pero qué digo? ¿Cuándo es matar algo necesario? El comportamiento caballeresco se olvidaba con frecuencia al tratar con campesinos, minorías religiosas o cualquiera que no le gustara al caballero."

Si un caballero que había sido capturado prometía pagar un rescate a cambio de que se le permitiera regresar a su tierra sano y salvo, casi siempre cumplía su palabra.

"Si un rey garantizaba paso franco por el país a alguien del enemigo, como, por ejemplo, al negociar un tratado de paz, se esperaba que sus súbditos respetaran su palabra.

"En una batalla de la Guerra de los Cien Años, el rey ciego de Bohemia, demostrando gran valentía y un espíritu noble, dijo así a varios de sus ayudantes: —Caballeros, amigos y camaradas de armas: como estoy ciego, les pido que me guíen a la batalla para que pueda dar un golpe con mi espada.

DEBE HABER UNA MANERA MAS FÁCIL DE LLEGAR A SER CABALLERO.

¡GUAU!
¡GUAU!
¡GUAU!

"Con las riendas entrelazadas para no separarse, el rey y sus camaradas cabalgaron hacia el fiero combate. A la mañana siguiente se los encontró muertos, todavía honrosamente atados entre sí."

"Si un caballero no respetaba alguna regla en un torneo, se deshonraba a sí mismo y a sus camaradas. Por ejemplo, en cada carga de una justa, cualquiera de los caballeros podía, como poco, perder el casco en un golpe violento. Que te arranquen de la cabeza un casco estrechamente amarrado es una dolorosa experiencia. Sir Reginald de Roye, antes de arremeter[8] contra Sir John Holland, trató de suavizar el golpe sujetándose el casco sólo con una fina correa. De esta manera, el casco saltaría fácilmente al ser golpeado.

"Los camaradas ingleses de Sir John protestaron, gritando: '¡Ah! El francés no lucha lealmente. ¿Por qué su casco no está bien amarrado como el de Sir John? Está haciendo trampa.' Se sentían molestos porque pensaban que no era propio de caballeros utilizar argucias y trucos para obtener ventaja.

"Un amigo de Sir Dana, Sir Geoffrey de Charny, escribió tres libros sobre lo que significaba la caballería, extendiendo el código a todos los hombres de armas, no sólo a los caballeros. En sus escritos enseñaba honor, compasión, moderación, alegría y, sobre todo, espíritu de amor. Sir Geoffrey recibió el calificativo de Perfecto Caballero, quizás porque no era sólo un valeroso guerrero sino también un escritor y un filósofo…"

---

[8] **arremeter:** lanzarse contra el adversario

Repaso de la literatura

1. ¿Cómo era la vida de un caballero?
2. Se suele pensar que la época de los caballeros fue un momento histórico lleno de emoción y aventura. ¿Crees que te habría gustado ser un caballero si hubieras vivido en Europa durante la Edad Media? ¿Por qué? ¿Qué te habría impedido convertirte en caballero?
3. Escribe un poema o una canción que, en tu opinión, refleje la información más importante que has aprendido sobre los caballeros.

Durante la Edad Media era habitual en Europa ver a caballeros montados (derecha). La mayoría de los caballeros eran vasallos de señores feudales que vivían en castillos como éste de Bodiam (abajo), que se encuentra en lo que es ahora el Reino Unido. Pocos caballeros eran lo bastante ricos para poseer su propio castillo.

CONECTA LAS IDEAS PRINCIPALES

Usa este organizador para mostrar cómo están relacionadas las ideas principales del capítulo. Copia el organizador en una hoja de papel y complétalo escribiendo tres detalles de cada idea principal.

Los herederos de Roma y Persia

El Imperio Bizantino

Los emperadores bizantinos tomaron como base el pasado romano, pero a la vez introdujeron cambios necesarios.

1. _____

2. _____

3. _____

El Imperio Musulmán

El islam produjo cambios en las regiones por las que se difundió.

1. _____

2. _____

3. _____

Europa en la Edad Media

Durante la Edad Media, los individuos y los grupos influyeron en los gobiernos y las costumbres de Europa.

1. _____

2. _____

3. _____

ESCRIBE MÁS SOBRE EL TEMA

1. Escribe una carta Escribe una carta que pudiera publicarse en el periódico de tu escuela acerca de una regla escolar que, según tu opinión, debería actualizarse. Si piensas que la escuela debe conservar parte de la antigua regla, indica qué parte y explica por qué.

2. Escribe un resumen Explica en tus propias palabras cómo se desarrollo el islam.

3. Escribe un código de conducta Escribe un código de conducta para ti y tus amigos, que sea similar al de los caballeros medievales. Decide si quieres mantener partes del código de caballeros y, si lo haces, descríbelas y explica por qué las mantuviste.

4. Escribe un horario Imagina que eres un campesino europeo de la Edad Media. Escribe el horario de un día cotidiano.

USA EL VOCABULARIO

Completa cada oración con una de las palabras siguientes.

católico
Edad Media
musulmán

ortodoxo
arrendatario

1. Justiniano quería que el pueblo bizantino siguiera el cristianismo _____, la religión oficial del imperio.

2. La palabra _____ significa "universal".

3. Un _____, o seguidor del islam, considera que el *Corán* es la palabra de Dios.

4. Los historiadores llaman período medieval o _____ a la época comprendida aproximadamente entre los años 500 y 1500 en Europa.

5. Un _____ es la persona que paga alquiler a un terrateniente.

COMPRUEBA LO QUE APRENDISTE

1. ¿Qué era el Código de Justiniano? ¿Qué relación tenía con los códigos romanos del pasado?

2. ¿Qué influencia tuvieron las opiniones de Teodora, la emperatriz bizantina, en Justiniano?

3. ¿Qué grupo religioso considera La Meca una ciudad sagrada? ¿Qué religión practica ese grupo?

4. ¿Cuáles fueron algunos de los adelantos logrados por los habitantes del Imperio Musulmán?

5. ¿Qué ideas nuevas llegaron al Imperio Musulmán a través del comercio?

6. ¿Qué hizo Carlomagno para fortalecer su imperio?

7. ¿Por qué los habitantes de Europa se convirtieron en cruzados?

8. ¿En qué documento inglés esta basada la Constitución de Estados Unidos?

PIENSA CRÍTICAMENTE

1. **Ayer y hoy** ¿Cómo se compara la opinión de Teodora acerca de las oportunidades de trabajo con las creencias de hoy?

2. **Explora otros puntos de vista** ¿Qué conflictos causaron los diferentes puntos de vista sobre la religión de las civilizaciones bizantina y musulmana?

3. **Piensa más sobre el tema** ¿Por qué crees que la opinión de los europeos sobre los musulmanes cambió cuando los europeos viajaron a los territorios musulmanes?

4. **En mi opinión** ¿Piensas que los niños deberían ir a la guerra, como en las Cruzadas Infantiles? Explica tu respuesta.

5. **Causa y efecto** ¿Qué efecto tuvo la peste bubónica en Europa?

APLICA TUS DESTREZAS

Cómo comprender los símbolos nacionales
Vuelve a leer la información de la página 294 sobre los símbolos que se usan en las banderas. Luego crea una bandera que represente a tu familia. Si, por ejemplo, consideras que la fortaleza física es una cualidad importante de tu familia, puedes incluir un animal fuerte en el diseño como símbolo de poder.

LEE MÁS SOBRE EL TEMA

The Middle Ages de Fiona Macdonald; Facts on File. La historia del mundo desde 500 hasta 1500 explicada con palabras y dibujos.

Science in Early Islamic Culture de George W. Beshore; Franklin Watts. El autor analiza los descubrimientos y adelantos científicos de la civilización islámica.

Walter Dragun's Town: Crafts and Trade in the Middle Ages de Sheila Sancha; Crowell. Este libro describe una semana de actividades en un pueblo medieval de Stanford (ahora Stamford), Inglaterra, en 1275.

LOS IMPERIOS ASIÁTICOS Y AMERICANOS

> " Mis descendientes lucirán joyas de oro, comerán los manjares más delicados y montarán los mejores caballos. "
>
> Gengis Kan, fundador del Imperio Mongol

Retrato del conquistador mongol Gengis Kan, que vivió desde 1162 hasta 1227

304

LA EXPANSIÓN DE CHINA

Conexión con nuestro mundo

¿Cómo pueden los gobernantes actuales contribuir al desarrollo de la cultura en sus países?

Concéntrate en la idea principal
A medida que leas, identifica las maneras en que los gobernantes chinos participaron en la creación de una cultura fuerte en China.

Anticipa el vocabulario
leva
papel moneda
porcelana

La emperatriz Wu, que vivió a fines del siglo VII, fue la primera gobernante mujer de China.

En el siglo XIII, cuando Europa occidental vivía en la Edad Media, China ya era un imperio bien organizado. En las ciudades chinas, como Beijing, se llevaba a cabo un comercio activo. Un gran número de barcos y barcazas cargados con personas y productos circulaban por el Gran Canal, que unía Beijing con Hangzhou.

LA CONSTRUCCIÓN DEL GRAN CANAL Y DEL IMPERIO CHINO

El Imperio Chino del siglo XIII se originó en realidad en el año 589, cuando la dinastía Sui unificó China luego de 400 años de conflictos internos.

Los emperadores de la dinastía Sui gobernaron por sólo 30 años. Sin embargo, durante ese breve período se construyó una de las maravillas de la antigüedad, el Gran Canal. Esta obra se creó al conectarse las vías fluviales que existían entre los ríos Huang He y Chang Jiang con otras vías fluviales nuevas. El Gran Canal medía más de 1,000 millas (1,600 km) de longitud y permitió conectar los ríos más importantes de China, uniendo por primera vez las regiones norte y sur del imperio.

Los emperadores Sui obligaron a los campesinos a construir el Gran Canal, como habían hecho las dinastías anteriores con los campesinos que edificaron la Gran Muralla. Más de un millón de personas trabajaron en su construcción, y muchas de ellas perecieron debido al inmenso esfuerzo de la obra. Para costear el proyecto, los emperadores también forzaron a la población a pagar impuestos altos. El canal se inauguró en el año 610, pero ocho años más tarde los campesinos se rebelaron contra los crueles gobernantes y pusieron fin a la dinastía Sui.

Cuando la dinastía Sui concluyó, otra poderosa familia, los Tang, se adjudicaron el Mandato Divino. La dinastía Tang expandió el territorio de China, adentrándose hacia el oeste de Asia central, hacia el sur, en lo que hoy es Vietnam, y hacia el este, en Corea.

Para proteger la frontera norte de China, los Tang ordenaron la extensión de la Gran Muralla y la reconstrucción de algunos tramos.

Al expandirse el Imperio Chino se necesitaron más soldados. Los emperadores Tang ordenaron el servicio militar obligatorio para todos los ciudadanos del sexo masculino. Así se estableció la **leva**, o sistema de reclutamiento de soldados, para que el imperio contara con un ejército suficiente en tiempos de guerra o de paz. El poderío del ejército Tang mantuvo fuerte a China durante 150 años.

✔ **¿Cómo fomentaron la expansión del Imperio Chino las dinastías Sui y Tang?**

....

Los Tang se apoderaron de China por medio de la fuerza militar. Esta figura de arcilla representa a un soldado de la Guardia Imperial Tang. La función de los guardias imperiales era proteger al príncipe heredero.

LA EDAD DE ORO

Durante el gobierno de la dinastía Tang, China gozó de una época de gran prosperidad conocida como la edad de oro, que duró desde el año 618 hasta cerca del 750.

En ese período se desarrollaron muchos aspectos de la civilización china, y la mayor parte de las actividades tuvieron lugar en Chang'an, la capital del Imperio Tang. Un historiador describió a Chang'an como "la ciudad más grande, rica y cosmopolita del mundo". Como la capital estaba situada en uno de los extremos de la famosa Ruta de la Seda, vivían en ella y en sus alrededores cerca de 2 millones de personas. Muchos de sus habitantes trabajaban para el gobierno. Durante la edad de oro, los emperadores Tang perfeccionaron el sistema de exámenes para puestos en la

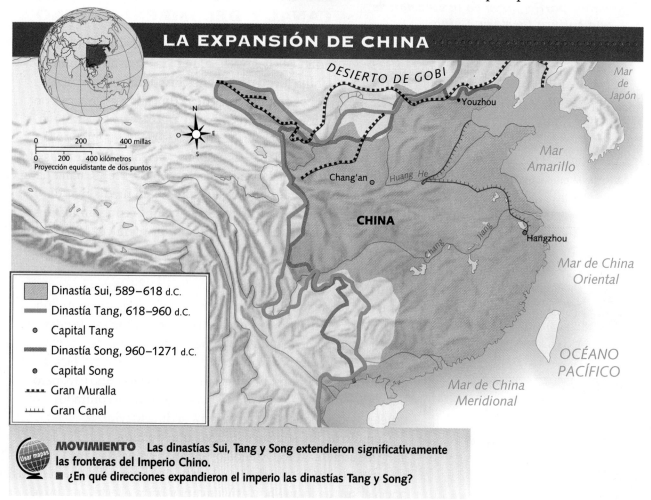

LA EXPANSIÓN DE CHINA

Dinastía Sui, 589–618 d.C.
Dinastía Tang, 618–960 d.C.
• Capital Tang
Dinastía Song, 960–1271 d.C.
• Capital Song
Gran Muralla
Gran Canal

MOVIMIENTO Las dinastías Sui, Tang y Song extendieron significativamente las fronteras del Imperio Chino.
■ ¿En qué direcciones expandieron el imperio las dinastías Tang y Song?

Esta pintura, que representa a damas de la corte y a sus sirvientas (arriba), fue hallada en una tumba cerca de Chang'an. La dinastía Tang es famosa por sus pinturas y sus cerámicas (derecha).

administración pública. Los puestos se otorgaban según la capacidad del individuo y no la clase social a la que pertenecía.

Los libros para estudiar los exámenes de administración pública se hicieron muy populares. Para imprimirlos con mayor rapidez, los artesanos del período Tang introdujeron mejoras en la técnica de impresión con planchas de piedra. Durante años, los chinos habían impreso con planchas de piedra en las que se grababan las palabras. En el período de la dinastía Tang se comenzaron a fabricar planchas de madera o de metal que funcionaban como sellos de tinta. Posteriormente, los impresores chinos inventaron tipos movibles para cada letra. El perfeccionamiento de los métodos de impresión llevó al invento del **papel moneda**, o billete. El papel moneda resultó más fácil de transportar y de intercambiar que las pesadas monedas de metal.

Las artes también prosperaron durante la dinastía Tang. Los ceramistas fabricaron vasijas de **porcelana**, un material tan fino que parece transparente. La porcelana china fue descrita como "tan delicada que se puede ver el rocío del agua a través de ella". Las vasijas y jarrones del período Tang eran hermosos y también prácticos.

Hoy en día se continúa admirando la belleza de la porcelana Tang.

Los pintores de ese período crearon paisajes hermosos y dibujos de personas y animales. Se decía que Wu Dao-zu, el artista Tang más conocido, manejaba el pincel a la perfección.

La poesía de la dinastía Tang alcanzó tanta fama como la pintura y la porcelana. Las obras de Li Bo, un poeta famoso que vivió desde el año 705 hasta el 762, reflejan un orgullo en la prosperidad y en los logros culturales de China. Li Bo escribió lo siguiente sobre la edad de oro:

66Mi deseo es seleccionar y transmitir el pasado para que su esplendor persista durante milenios.99

El interés por la religión reapareció durante la dinastía Tang. Tai Zung, el segundo emperador Tang, promovió el estudio del taoísmo y del budismo, y también invitó a un sacerdote a enseñar cristianismo. Bajo el gobierno de Tai Zung, el confucianismo se convirtió una vez más en la religión oficial de China.

Después del año 750, la dinastía Tang se debilitó progresivamente debido a una sucesión de gobernantes ineficaces.

Hacia el año 900, los gobernantes de algunas regiones remotas de China comenzaron a desafiar al gobierno de los Tang. Uno de estos gobernantes, Zhao Kuangyin, se adjudicó el Mandato Divino y comenzó la dinastía Song en el año 960.

✓ **¿Qué innovaciones surgieron durante la edad de oro de China?**

CHINA BAJO LA DINASTÍA SONG

Es probable que hacia el año 1050 la población de China superara los 80 millones de habitantes. La mayoría eran campesinos que vivían en aldeas y trabajaban en granjas, aunque un gran número de personas vivía en las ciudades y en los pueblos. Hangzhou, la capital de China después del año 1127, tenía casi 1 millón de habitantes.

Esta pintura del período Song muestra la importancia que se daba en la antigua China a la agricultura y al respeto de los niños hacia sus padres. ¿Cómo aparece ilustrado cada uno de estos conceptos?

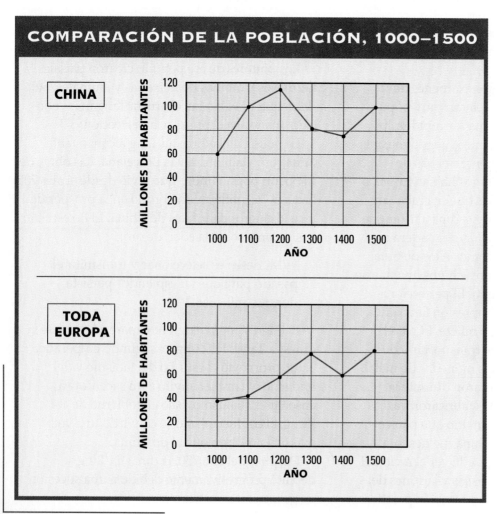

COMPARACIÓN DE LA POBLACIÓN, 1000–1500

CHINA

MILLONES DE HABITANTES

TODA EUROPA

MILLONES DE HABITANTES

AÑO

APRENDER CON GRÁFICAS

Hacia el año 1000, China tenía una población de aproximadamente 60 millones de personas.

■ ¿En qué año la población de China superaba a la de toda Europa en casi 60 millones de habitantes?

Las ciudades chinas de la dinastía Song bullían de actividad. En el tráfico intenso de las calles era posible observar los diferentes grupos urbanos. Los mercaderes transportaban sus productos en carros y colgados de varas de bambú. Los sirvientes llevaban a los ricos en literas, sillas de mano con varales a ambos lados que podían levantarse y acarrearse de un lado a otro. En las calles también pululaban los mendigos. Y cuando las tierras se inundaban o las cosechas se malograban, las personas que habían perdido sus hogares y granjas se amontonaban en las ciudades.

Las granjas también atravesaban por una etapa de cambios. Un nuevo tipo de arroz que crecía con mayor rapidez permitía la recolección de dos cosechas al año en vez de una. Las obras para el control del agua en la región sur de China posibilitaban el aprovechamiento de más tierras para el cultivo. Al aumentar los cultivos, los agricultores comenzaron a vender el excedente, o la cantidad sobrante, en los numerosos pueblos.

Al igual que los campesinos de Europa, los campesinos chinos del período Song pagaban un alquiler a un terrateniente por el uso de la tierra. El alquiler equivalía en ocasiones a la mitad de la cosecha. Los terratenientes chinos, como los nobles de los feudos europeos, ejercían mucho poder sobre sus inquilinos. Día tras día, desde la mañana hasta la noche, los campesinos se veían obligados a trabajar en los campos para poder pagar el alquiler. Eran muy pocos los niños que podían aprender a leer o escribir, pues también ellos trabajaban en la tierra.

¿Qué es?

El arroz

Para los chinos que vivieron durante la dinastía Song, el arroz constituía el plato principal de una comida, y no un simple acompañamiento. Los chinos comían cantidades enormes de este cereal, tal vez hasta 2 libras (cerca de 1 kg) por día. Los campesinos cultivaban muchos tipos diferentes de arroz. Algunos eran de colores vistosos. Otros despedían un aroma a flores cuando se cocinaban. Las familias ricas de Hangzhou incluso tenían sus propias clases de arroz, que sólo ellos podían comer.

El gobierno de la dinastía Song no duró mucho. A principios del siglo XIII, los mongoles que habitaban al norte de la Gran Muralla habían conquistado toda la parte norte de China. Los gobernantes mongoles se adjudicaron el Mandato Divino en 1271 y dieron comienzo a la dinastía Yuan.

 ¿Cómo eran las condiciones de vida de los campesinos durante la dinastía Song?

L ección 1 • REPASO

Comprueba lo que aprendiste

1. **Recuerda los datos** ¿Cuáles eran las diferencias y semejanzas entre Europa occidental y China durante la dinastía Song?

2. **Concéntrate en la idea principal** ¿De qué maneras los gobernantes Sui, Tang y Song contribuyeron al desarrollo de una cultura rica en China?

Piensa críticamente

3. **Piensa más sobre el tema** ¿Por qué crees que el período de la dinastía Tang se conoce como la edad de oro?

4. **Causa y efecto** ¿Cuáles son las causas posibles del surgimiento de una etapa floreciente en cualquier país? ¿Qué efecto puede tener una época de gran prosperidad en un país?

Muestra lo que sabes

Actividad: Generalización
Basándote en lo que has leído hasta el momento, escribe una generalización sobre los gobernantes durante las edades de oro de las civilizaciones.

EL IMPERIO MONGOL

Conexión con nuestro mundo

¿Qué acontecimientos unifican a los pueblos actuales?

Concéntrate en la idea principal
A medida que leas, identifica cómo los mongoles lograron que los chinos contactaran con otras culturas.

Anticipa el vocabulario
kan
saquear

Los mongoles vivían en la región de Asia central que hoy se llama Mongolia. Al igual que otros pueblos de las estepas asiáticas, los mongoles eran pastores y, además, excelentes jinetes y guerreros. Vivían en clanes pequeños, como la mayoría de los pueblos nómadas. La escasez de recursos en las estepas llevaba a los clanes mongoles a combatir entre sí por las tierras de pastoreo, el agua y la madera para hacer fuego.

De vez en cuando un gobernante fuerte, o **kan**, lograba unificar a los clanes rivales. Estos clanes unificados se convertían en una fuerza de combate prácticamente indestructible debido a su destreza como jinetes y guerreros. Comandados por el más poderoso de todos los kans, los mongoles conquistaron tierras en todas direcciones. El imperio que crearon abarcó la mayor parte de Asia.

LAS CONQUISTAS DE LOS MONGOLES

Timuyin, un kan famoso por su crueldad, despertaba miedo hasta en los guerreros mongoles más valientes. En una reunión de clanes que tuvo lugar en el año 1206, Timuyin se declaró comandante supremo de todos los kanes y asumió el título de Gengis Kan, o "Gobernante del mundo".

Gengis Kan partió de Mongolia hacia el sur con un ejército de aproximadamente 130,000 jinetes. Nada detuvo a los temibles guerreros en su avance hacia la parte norte de China. Las tropas de Gengis Kan arrasaron con todo lo que encontraron a su paso, dejando atrás un camino de destrucción. Capturaron Beijing y le dieron un nuevo nombre, Khanbalik. Por primera vez, China había sido conquistada por extranjeros.

Antes de morir en 1227, Gengis Kan dijo a sus hijos: "No es posible alcanzar la gloria mientras una hazaña no esté concluida". Los hijos entendieron que Gengis Kan quería que continuaran la expansión del imperio y tomaron las palabras de su padre como una orden.

El gobernante mongol Gengis Kan invadió China. ¿Cuál crees que fue el resultado de esta invasión?

EL IMPERIO MONGOL EN EL AÑO 1294

0   500   1,000 millas
0   500   1,000 kilómetros
Proyección equidistante de dos puntos

EUROPA

ASIA

Kiev
Moscú

Montes Urales

Río Danubio

BULGARIA

Río Volga

TERRITORIO DE
KIPCHAK KAN
(HORDA DE ORO)

Mar Negro

Montes Cáucaso

Mar Caspio

Mar de Aral

Karakorum

DESIERTO DE GOBI

Kanbalik
(Beijing)

COREA

Mar de Japón

Río Amur

Alepo

ÁFRICA

Tabriz

Mar Mediterráneo

Bagdad

TERRITORIO
ILCANE

ARABIA

Samarcanda

HINDU KUSH

TERRITORIO DE
CHAGATAI KAN

TERRITORIO
DEL GRAN KAN

Hangzhou

Mar de
China
Oriental

Hwang He

Yang

OCÉANO PACÍFICO

HIMALAYA

Río Ganges

INDIA

Mar
Arábigo

Golfo de
Bengala

Mar de
China
Meridional

Mar Rojo

OCÉANO ÍNDICO

☐ Imperio de Qubilay Kan

REGIONES El Imperio Mongol, que estaba constituido por varios estados llamados kanatos, se expandió hasta ocupar casi todo el territorio que hoy pertenece a China.
■ ¿Por qué crees que el Imperio Mongol no se expandió aún más?

Los mongoles reivindicaron Corea e intentaron, sin éxito, invadir Japón. También capturaron Asia central y gran parte de Asia occidental. Durante sus guerras de conquista devastaron muchos territorios que tiempo atrás habían pertenecido al Imperio Musulmán. Batu Kan, uno de los nietos de Gengis Kan, se abrió paso hacia Europa a través de lo que hoy son Rusia, Polonia y Hungría. Los mongoles **saqueaban**, o robaban, todos los lugares que atravesaban. También mataban a mucha gente y esclavizaban a los prisioneros. Los pueblos europeos, atemorizados por el avance mongol, comenzaron a llamar a los mongoles la "Horda de Oro". "Oro" por las riquezas que robaban y "horda" porque era un ejército salvaje.

Hacia el año 1260 los mongoles habían creado el imperio más grande que jamás hubiera existido. Se extendía desde el Mar Negro hasta el océano Pacífico. Ocupaba Asia central, gran parte de Persia, partes de Europa oriental y toda China. Ese mismo año, otro nieto de Gengis Kan asumió el título de Qubilay Kan, o Gran Kan, proclamándose gobernante de todo el Imperio Mongol.

Qubilay Kan envió soldados a todo el Imperio Mongol para establecer la paz. Ya que la mayor parte de Asia estaba bajo el control de los mongoles, los comerciantes viajaban por las rutas comerciales sin temor a ser atacados. Estas rutas conectaban Europa y el norte de África a través de Asia, y por ellas circulaban productos y también ideas de Europa y de Asia.

 ¿Por qué los mongoles causaron temor y a la vez lograron la seguridad en los territorios que conquistaron?

UN INTERCAMBIO DE IDEAS Y PRODUCTOS

Los europeos y los chinos llegaron a conocerse mejor durante el gobierno de los mongoles. A fines del siglo XIII Marco Polo, su padre Niccolo y su tío Matteo fueron algunos de los primeros europeos en pasar un período prolongado en China. Lo que allí vieron les fascinó.

Marco Polo quedó maravillado con los inventos chinos como la pólvora, la brújula y el papel moneda. Durante su visita al palacio de Qubilay Kan vio salas llenas de oro, joyas y otras riquezas. Además, los Polo quedaron pasmados al visitar ciudades que tenían más de un millón de habitantes.

Marco Polo regresó a Europa con sedas, joyas, porcelanas y con relatos fascinantes acerca de ciudades grandiosas e inventos maravillosos. Al principio fueron pocos los europeos que tomaron en serio estas historias. Pero cuando los relatos se publicaron en Europa surgió el interés por China y sus riquezas. Los comerciantes europeos comenzaron a buscar las mejores rutas comerciales para llegar hasta los tesoros del Imperio Chino.

A su vez, los mongoles quisieron saber más sobre los territorios de Occidente descritos por Marco Polo. Rabban Bar Sauma, un cristiano que había nacido en China, visitó los reinos europeos. A lo largo de su viaje recogió mercancías y relatos sobre Occidente.

 **¿Cómo difundió Marco Polo la cultura china en Occidente?**

EL MODO DE VIDA MONGOL

La civilización china maravilló a Marco Polo y a otros visitantes. La cultura que había florecido bajo las dinastías Tang y Song continuó desarrollándose durante el gobierno mongol.

Si bien los mongoles conquistaron China, también adoptaron muchas costumbres de ese imperio. Se podría decir que la conquista de China tuvo una mayor influencia en los mongoles que en los chinos, pues la cultura china se mantuvo sin cambios.

Este mapa antiguo (izquierda) muestra a Marco Polo, su padre y su tío viajando en una caravana. Los relatos de los Polo despertaron el interés de los europeos por los productos chinos, como este jarrón de porcelana de la dinastía Yuan (abajo).

Qubilay Kan, nieto del feroz Gengis Kan, fue hábil como gobernante y como guerrero.

El gobernante mongol Qubilay Kan gobernó con acierto y realizó obras que beneficiaron mucho a China. Durante su gobierno extendió el Gran Canal y ordenó la reparación de los caminos principales. El servicio de correo que creó contaba con más de 200,000 jinetes y llegaba hasta las regiones más remotas del imperio. El poderoso ejército de este gobernante mantuvo la paz en todo el imperio. Sin embargo, a Qubilay Kan se le recuerda especialmente por haber promovido un acercamiento entre Asia y Europa. Con la llegada de los mercaderes occidentales, las ciudades chinas se convirtieron en centros comerciales de gran actividad.

Aunque los mongoles habían actuado con crueldad durante sus campañas de conquista, trataron de gobernar con justicia. Por ejemplo, permitieron que los habitantes del imperio practicaran sus propias religiones. Pero esto no satisfizo a los chinos, pues no querían ser gobernados por un pueblo que anteriormente había causado tanta destrucción.

Los mongoles resultaron ser más diestros en el combate que en el gobierno. El imperio comenzó a desmoronarse poco después de la muerte de Qubilay Kan en 1294. El territorio imperial era demasiado vasto para ser gobernado por un solo individuo. Además, los diferentes pueblos del imperio no sentían ninguna afinidad entre sí. Estos pueblos se rebelaron cuando percibieron que los mongoles habían perdido el Mandato Divino. En 1368 un comandante rebelde capturó Kanbalik y creó una nueva dinastía, la Ming, que duraría casi 300 años.

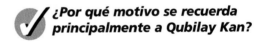 **¿Por qué motivo se recuerda principalmente a Qubilay Kan?**

L ECCIÓN 2 • REPASO

Comprueba lo que aprendiste

1. **Recuerda los datos** ¿Qué papel desempeñó Gengis Kan en la historia de China?
2. **Concéntrate en la idea principal** ¿Cómo hicieron los mongoles para que los chinos contactaran otros pueblos?

Piensa críticamente

3. **En mi opinión** Marco Polo alabó al ejército mongol por haber logrado seguridad dentro de China. Si hubieras sido un ciudadano chino durante esa época, ¿qué habrías pensado del ejército mongol?

4. **Ayer y hoy** ¿Cómo aprenden los habitantes de Estados Unidos sobre las costumbres de otros países?

Muestra lo que sabes

 Actividad: Investigación Busca en periódicos o revistas algún acontecimiento que haya contribuido al acercamiento de las culturas. Escribe un guión para un programa televisivo en el que expliques a tus compañeros el impacto de este acercamiento en cada una de las culturas afectadas. Luego interpreta el guión como si estuvieras frente a una cámara.

¿FUE BUENA O MALA PARA CHINA LA INFLUENCIA DE LOS MONGOLES?

Bajo el mandato de Qubilay Kan, China progresó en muchas áreas. Durante ese período se completó el Gran Canal, se construyó un observatorio, aumentó el comercio y China se hizo famosa en el mundo entero por su grandeza y riquezas. Un historiador dijo que el gobierno de Qubilay Kan fue "probablemente el más productivo y beneficioso de todos los gobiernos de los grandes kanes".

Sin embargo, no todos los que vivieron durante el período de Qubilay Kan pensaban de forma tan positiva. Algunos sostenían que los chinos padecían penurias bajo el gobierno de dicho kan. Dos personas con puntos de vista opuestos eran Cheng Sixiao, un pintor y poeta chino, y Marco Polo, el explorador europeo que prestó servicios en la corte de Qubilay Kan durante varios años. Lee la siguiente cita de Marco Polo y el poema de Cheng Sixiao para entender las diferentes opiniones acerca del gobierno de Qubilay Kan.

Esta ilustración muestra a campesinos mongoles irrigando cultivos de arroz. La escena de la página 315 representa al ejército mongol atacando a tropas persas.

Marco Polo

❝Todos los años, el Gran Kan envía a sus comisionados para investigar si las cosechas de sus súbditos han sido afectadas por el mal tiempo, las tormentas, el viento o las lluvias torrenciales, las langostas, los gusanos o cualquier otro tipo de plaga; y en tales casos… les proporciona de sus propios graneros todos los cereales que necesiten para subsistir y para plantar… Asimismo les provee de ropas, que hace confeccionar de su propia lana, seda y cáñamo. Debido a esta admirable e impresionante generosidad del Gran Kan hacia los pobres, toda la gente lo adora como a una divinidad [dios].❞

Cheng Sixiao

❝En el pasado, en la era del antiguo emperador,
A quien durante cuarenta años el sol iluminó,
La ardiente luz de la sabiduría y del refinamiento al
    mundo inundó,
Y hombres heroicos y rectos acompañaron al gobernante.
Pero cuando los bárbaros soldados invadieron,
como un relámpago repentino, el gobierno Han fue
    derrocado.
Hoy el orden ancestral continúa en caos.
En los solitarios valles se han refugiado las grandezas
    de la pasada era.
En aquella época de paz floreció el espíritu del ser
    excelente,
Surgieron hombres de talento, modelos del logro humano.
Con sus corazones abiertos miraban al sol y a la luna,
De sus bocas fluían palabras de sentido noble y
    admirable…
¿Dónde están hoy en día esos hombres?
Hacia donde miro, sólo veo oscuridad.❞

COMPARA
PUNTOS DE VISTA

1. Según Marco Polo, ¿qué efecto tenía el gobierno de Qubilay Kan en el pueblo chino? ¿Cómo lo sabes?

2. Según Cheng Sixiao, ¿qué efecto tenía el gobierno de Qubilay Kan en el pueblo chino? ¿Cómo lo sabes?

3. ¿Por qué el punto de vista de alguien que visitaba China durante el gobierno de Qubilay Kan podía ser diferente de la opinión de un ciudadano chino?

PIENSA
-Y-
APLICA

A veces, las personas que viven bajo un gobierno tienen una opinión sobre dicho gobierno que suele ser opuesta a la de un visitante. ¿Qué otros gobernantes de la historia generaron puntos de vista diferentes?

EL BUEN CIUDADANO

EL DESARROLLO DE LA CULTURA JAPONESA

Conexión con nuestro mundo

¿Cómo el aprendizaje sobre otras culturas puede influir en las sociedades?

Concéntrate en la idea principal
A medida que leas, intenta identificar cómo los japoneses adoptaron y a la vez modificaron ciertos aspectos de la cultura china.

Anticipa el vocabulario
tifón   daimío
sintoísmo   samurai
kami   shogun
regente

Japón está formado por numerosas islas situadas cerca de la costa este del continente asiático. Los japoneses llaman a su país Nipón, o la "tierra del sol naciente". Muchos expertos opinan que los primeros japoneses migraron del continente asiático y que al llegar a las islas se encontraron con los aínos, un pueblo que ya vivía allí. Las antiguas leyendas japonesas cuentan que el primer emperador de Japón fue un descendiente de la diosa Sol. Los japoneses creían que el emperador no era un simple ser humano con el derecho a gobernar, sino que era un Tenno, o "príncipe divino". Debido a esta creencia, los emperadores de Japón siempre han pertenecido a la misma familia.

EL SURGIMIENTO DE JAPÓN

Hasta el siglo V, los japoneses vivieron casi sin ningún contacto con el mundo exterior. Los mares agitados y las violentas tormentas llamadas **tifones** mantenían alejados a los extranjeros e impedían que los japoneses salieran de sus tierras. Por estar aislados, los japoneses desarrollaron sentimientos fuertes hacia su país. Estos sentimientos han definido la cultura de Japón durante siglos.

Los primeros japoneses eran cazadores y agricultores que guardaban un gran respeto por la naturaleza. La religión que practicaban, el **sintoísmo** o "camino de los dioses", era un aspecto fundamental de su cultura. Los que profesan el sintoísmo creen que ciertos espíritus llamados **kamis** están presentes en todas las manifestaciones de la naturaleza, como las piedras, los árboles y los animales.

Los japoneses creían que cada clan estaba protegido por un espíritu diferente. Esta creencia hacía que las personas sintieran una fuerte lealtad hacia sus clanes y sus gobernantes. El estilo de vida japonés, que se basaba en dicha lealtad y en el respeto por un emperador descendiente de los dioses, se mantuvo sin modificarse durante cientos de años.

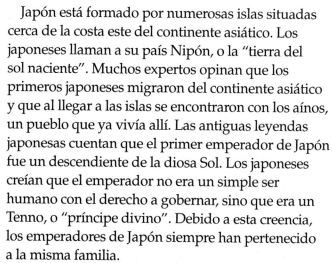

Los primeros japoneses creían que su emperador descendía de Amaterasu, la diosa Sol. Esta pintura del año 1407 muestra a Amaterasu sosteniendo una esfera que contiene a un conejo.

¿Dónde fue?

Corea, el vecino de Japón

La península de Corea es una extensión del continente asiático, situada a sólo 125 millas (200 km) de la isla japonesa de Kyushu. Al igual que Japón, la antigua Corea recibió el influjo de la civilización china. Sin embargo, los coreanos también incorporaron aspectos de la cultura japonesa.

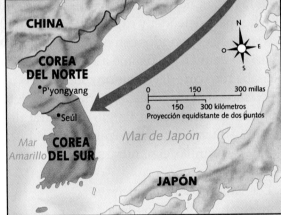

CHINA

COREA DEL NORTE

•P'yongyang

•Seúl

COREA DEL SUR

Mar Amarillo

Mar de Japón

JAPÓN

0 150 300 millas
0 150 300 kilómetros
Proyección equidistante de dos puntos

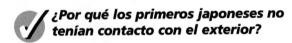

¿Por qué los primeros japoneses no tenían contacto con el exterior?

LA INFLUENCIA DE CHINA SOBRE JAPÓN

En algún momento del siglo I d.C., los japoneses comenzaron a comerciar con el continente asiático. Es probable que los mercaderes coreanos hayan sido los primeros en informar a los japoneses sobre la civilización china. El interés por la cultura china aumentaba a medida que los japoneses aprendían más sobre ella.

A mediados del siglo VI llegaron a Japón misioneros chinos. Estos religiosos no sólo introdujeron el budismo sino también muchos aspectos de la cultura china, como leyes, vestimentas, arquitectura, costumbres y artes, que tuvieron mucha aceptación en Japón. De hecho, los japoneses imitaron casi completamente a los chinos durante años.

En el año 645, un conjunto de leyes llamado la Gran Reforma de Taika estableció en Japón un sistema de gobierno basado en el gobierno chino. Sin embargo, los japoneses modificaron algunas leyes chinas para adaptarlas a sus propias necesidades. Mientras que el Mandato Divino chino pasaba de una dinastía a otra, la familia imperial que regía Japón reclamó el derecho a gobernar para siempre. A diferencia de los chinos, los japoneses no establecieron un servicio de funcionarios civiles. La mayoría de los puestos de gobierno eran ocupados por los miembros de los clanes más importantes.

La función del emperador japonés se modificó cuando los japoneses adoptaron ciertas prácticas chinas relativas a la estructura de gobierno.

ORÍGENES DE LA ESCRITURA JAPONESA		
PALABRA ESPAÑOLA	ESCRITURA CHINA	ESCRITURA JAPONESA (KANSI)
Sol	日	日
Luna	月	月
Árbol	木	木
Lluvia	雨	雨
Montaña	山	山
Agua	水	水

APRENDER CON GRÁFICAS Los japoneses basaron su sistema de escritura en los caracteres chinos.
■ Al observar los ejemplos de arriba, ¿piensas que un habitante de la antigua china podía entender la escritura japonesa?

JAPÓN FEUDAL, APROX. 1200

CHINA

COREA

JAPÓN

Mar de Japón

OCÉANO PACÍFICO

Heian-Yo (Kyoto)

Nara

Mar de China Oriental

140°E

130°E

40°N

30°N

0   150   300 millas
0   150   300 kilómetros
Proyección equidistante de dos puntos

Dominio Fujiwara   • Capital
Dominio Minamoto   • Capital

REGIONES Este mapa muestra las principales áreas controladas por los Fujiwaras y los Minamotos.

■ ¿Qué regiones de Japón escapaban al control de cada clan?

El emperador de Japón, que en un principio se desempeñaba solamente como gobernante religioso, se convirtió también en gobernante político. Por primera vez, todos los habitantes de Japón estuvieron unificados bajo un solo emperador. Esta unidad ideológica y política duró aproximadamente 300 años.

Al igual que los gobernantes Tang de China, la familia imperial japonesa fomentaba la creación de grandes obras artísticas. Murasaki Shikibu, por ejemplo, escribió la primera novela en la historia del mundo, a la que tituló *Historias de Genji.* Esta novela contiene muchos poemas delicados sobre la naturaleza y es considerada una de las obras más finas de la literatura de Japón.

✓ **¿Cómo cambió la función del emperador japonés en el siglo VII?**

EL JAPÓN FEUDAL

El sistema de gobierno de Japón volvió a transformarse a mediados del siglo IX. Hacia el año 858, los miembros de un clan llamado los Fujiwara obtuvieron el derecho a desempeñarse como regentes. Los **regentes** son aquellos que gobiernan en nombre de un gobernante. Sin embargo, los Fujiwara no lograron imponer su autoridad en las islas más lejanas de Japón. Las familias nobles que gobernaban esas provincias no tenían el mismo respeto por los regentes que por el emperador. En esas regiones distantes, los nobles mantuvieron el control del territorio y de los habitantes.

A medida que los nobles japoneses reclamaban diferentes territorios, surgía en Japón un sistema de gobierno similar al feudalismo de Europa. Los nobles japoneses más poderosos, llamados **daimíos** o "grandes señores", creaban sus propios ejércitos para defender y expandir sus dominios. Los soldados, conocidos como **samurais**, juraban lealtad al daimío, y el daimío a su vez los recompensaba con parte del territorio conquistado. Los campesinos vivían en las tierras del samurai y también las cultivaban, dando al samurai alimentos y dinero para que pagara su armadura y armas. A cambio, el samurai se comprometía a protegerlos.

Los samurais tenían mucho en común con los caballeros de la Europa feudal. Solamente los hijos de los nobles podían convertirse en samurais, y para ello debían someterse a un entrenamiento largo y riguroso que los preparaba para soportar el dolor y el hambre. Parte de este aprendizaje consistía en realizar caminatas descalzos y en temperaturas gélidas, y a veces pasar días sin comer.

La armadura de los samurai consistía de un casco, de una máscara y de protección para el cuerpo y las piernas. Esta cómoda armadura estaba fabricada con tiras de cuero entrelazadas.

Este grabado impreso con planchas de madera, realizado por el artista japonés Yoshitora, representa un combate entre samurais. En el extremo izquierdo se puede ver al shogun Minamoto Yoritomo cabalgando sobre un caballo negro. ¿Qué sensación transmite esta obra de arte?

"Cuando el estómago de un samurai está vacío", decían los entrenadores, "es un deshonor sentir hambre". Los samurais se preparaban para la batalla y para nunca temerle a la muerte.

Con el paso del tiempo los daimíos comenzaron a participar en el gobierno de Japón. Un daimío llamado Minamoto Yoritomo estableció un gobierno militar a fines del siglo XII, y en 1192 convenció al emperador de que le concediera el título de **shogun**, o "general en jefe". En teoría, el shogun era el comandante militar de las fuerzas imperiales y estaba subordinado al emperador, pero en la práctica tenía autoridad absoluta.

Minamoto Yoritomo y los shogunes posteriores mantuvieron la estructura del sistema feudal. Concedían tierra a los daimíos leales, quienes a su vez se comprometían a enviar soldados en tiempos de guerra. Este sistema continuó vigente hasta la década de 1330, cuando los daimíos empezaron a cuestionar la autoridad de los shogunes. Los daimíos comenzaron a luchar entre sí por el control de las tierras. A fines del siglo XV Japón se encontraba dividido por la guerra civil.

 ¿Cómo era el sistema feudal de Japón?

LECCIÓN 3 • REPASO

Comprueba lo que aprendiste

1. **Recuerda los datos** ¿Cómo conocieron los japoneses las costumbres chinas?
2. **Concéntrate en la idea principal** ¿Cómo adaptaron los japoneses la cultura china al crear su propia civilización?

Piensa críticamente

3. **En mi opinión** ¿Por qué crees que los japoneses adoptaron tantas costumbres e ideas chinas? ¿Por qué modificaron algunas de ellas?
4. **Piensa más sobre el tema** ¿Por qué crees que los sistemas feudales surgieron tanto en Europa como en Japón?

Muestra lo que sabes

 **Actividad: Teatro** A principios del siglo XIV, los japoneses inventaron un tipo de teatro llamado No. En una obra No, los actores narran un suceso histórico a través del movimiento de las manos y del cuerpo. El texto principal de la obra es relatado por un grupo de narradores. Forma un grupo para escribir una obra No que trate sobre un acontecimiento histórico de la civilización japonesa. Repártanse los papeles y ensayen la obra. Luego represéntenla frente a la clase. Para despertar el interés del público pueden incorporar vestimentas y música.

LAS
CIVILIZACIONES
AMERICANAS

Conexión con nuestro mundo

¿Cómo transforman las personas el medio ambiente, y qué impacto tienen estas transformaciones en la sociedad?

Concéntrate en la idea principal
Piensa sobre cómo los habitantes de las Américas se adaptaron y, a la vez, modificaron el medio ambiente entre los años 1100 y 1500.

Anticipa el vocabulario
chinampa
mesa

pueblo
constructores de montículos

Los antiguos aztecas usaban este calendario de piedra, que estaba decorado con turquesas y conchas, para seguir el paso de las estaciones.

En el siglo XV Japón atravesaba un período de guerras continuas. Los mongoles acababan de perder el Mandato Divino. Los europeos se recuperaban de la devastadora peste bubónica. Del otro lado del océano, en las Américas, las civilizaciones comenzaban una etapa de gran esplendor.

A fines del siglo XV vivían en las Américas más de 45 millones de habitantes. Desde Alaska, en el norte, hasta Tierra del Fuego, en el sur, los pueblos de las Américas tenían estilos de vida muy diferentes. Algunos grupos eran cazadores y recolectores, otros eran agricultores que se agrupaban en aldeas. Algunas de estas aldeas se convirtieron en ciudades populosas que llegaron a tener entre 150,000 y 250,000 habitantes.

EL IMPERIO DE LOS AZTECAS

Cerca del año 1150, grupos de guerreros nómadas provenientes del norte invadieron lo que hoy es la región central de México. Estos pueblos combatieron entre sí y contra los habitantes de la región para apoderarse del territorio. Finalmente un grupo resultó victorioso, los aztecas. Cuando los aztecas aseguraron el control del territorio, lo poblaron y se dedicaron a la agricultura.

Según cuenta la leyenda, los aztecas habían viajado hacia el sur en busca de un nuevo lugar donde vivir. Su dios de la guerra, Huitzilopochtli, les había anunciado que debían construir su nuevo reino en el lugar donde vieran un águila peleando con una serpiente sobre un cactus. Los guerreros aztecas vieron esta señal en una isla del lago Texcoco, en la región central de México. En esa isla construyeron su capital, Tenochtitlan, a mediados del siglo XIV.

La isla contaba con pocos recursos naturales, como piedras y madera para la construcción. Además, la tierra era pantanosa y se inundaba con frecuencia.

Los aztecas creían en muchos dioses y diosas. Adoraban a Quetzalcoatl (derecha) como el dios creador de los seres humanos. También creían que una manera de acceder al paraíso era morir combatiendo (arriba). ¿Qué otra cultura del pasado consideraba un gran honor morir en la batalla?

No obstante, los aztecas encontraron maneras de solucionar estos problemas. Enterraron postes largos en la tierra y sobre ellos levantaron viviendas de cañas. Construyeron puentes para conectar la isla con la tierra firme. También crearon un dique de 9 millas (14.5 km) de largo para proteger la ciudad de las inundaciones y dos acueductos de ladrillos para transportar agua potable desde el territorio aledaño. Usando madera y piedras obtenidas a través del comercio y como tributo, construyeron palacios grandes y templos piramidales con techos planos. Hacia el siglo XV, Tenochtitlan se había convertido en una ciudad inmensa con más de 300,000 habitantes.

Los aztecas también tuvieron que superar otro obstáculo. La isla sobre la cual habían construido Tenochtitlan no era muy apta para la agricultura. Para solucionar esto construyeron **chinampas**, islas artificiales formadas por plataformas de juncos y cañas entrelazadas. Sobre las plataformas colocaron barro que sacaron del fondo del lago. En estos "huertos flotantes" los agricultores aztecas cultivaron maíz, frijoles, pimientos y aguacates.

Si bien los aztecas se dedicaron a la agricultura también continuaron sus conquistas. Sus ejércitos atravesaron la región central de México, conquistando un reino tras otro. En el siglo XVI controlaban un imperio que cubría la mayor parte del territorio que hoy es México. El Imperio Azteca se expandió hasta incluir cerca de 5 millones de habitantes. Los aztecas exigían a todos los pueblos conquistados el pago de tributos en oro, plata y semillas de cacao.

Al igual que muchas sociedades antiguas, la sociedad azteca estaba dividida en clases. Un grupo pequeño constituía la clase noble, mientras que los agricultores y los esclavos representaban la mayor parte de la población. La clase esclava incluía a prisioneros de guerra, que no gozaban de ningún derecho. Sin embargo, sus hijos nacían libres.

 ¿Qué consiguieron los aztecas al adaptarse y transformar el medio ambiente?

EL MODO DE VIDA DE LOS AZTECAS

La civilización azteca se parecía en muchos aspectos a la civilización maya. Los aztecas habían ideado un calendario preciso y utilizaban las matemáticas para aumentar el volumen de las cosechas. También desarrollaron un sistema de escritura con jeroglíficos, como lo habían hecho los mayas. Los artesanos de ambas culturas fabricaban joyas y decoraciones hermosas. Los dos pueblos construyeron muchas ciudades grandes y bien organizadas.

Al igual que los mayas, los aztecas practicaban una religión que incluía sacrificios humanos, pues pensaban que sus dioses necesitaban corazones palpitantes para sobrevivir. Los aztecas iban a la guerra no sólo por motivos territoriales, sino también para capturar prisioneros para sus sacrificios. En el apogeo de la civilización azteca, cerca del año 1500, se sacrificaban hasta 20,000 personas por año en ceremonias realizadas en Tenochtitlan.

El Imperio Azteca no alcanzó a durar 100 años. Los pueblos sometidos comenzaron a rebelarse contra el gobierno severo de los aztecas, quienes al poco tiempo se enfrentaron a su enemigo más terrible: los conquistadores españoles.

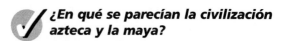 **¿En qué se parecían la civilización azteca y la maya?**

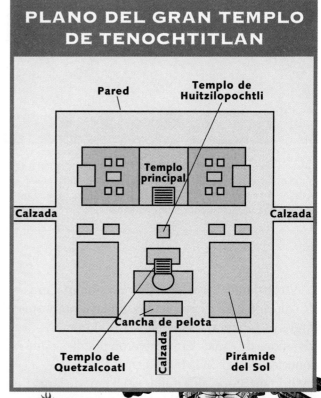

APRENDER CON DIAGRAMAS Este diagrama muestra un típico centro religioso azteca rodeado de murallas. Este templo era una parte importante de Tenochtitlan (abajo).
■ ¿Por qué crees que el templo incluía una cancha de pelota?

¿Qué es?

Papas

Los incas cultivaban más de 200 variedades de papas. Incluso sabían cómo secar por congelamiento sus cosechas. Primero dejaban las papas al aire libre para que las cubriera la helada de la noche. A la mañana siguiente las aplastaban para extraer el agua. Luego las secaban y las almacenaban para comerlas durante el invierno, cuando la comida escaseara.

EL IMPERIO INCA

La formación del Imperio Inca, de América del Sur, fue muy similar a la del Imperio Azteca. En su apogeo, el Imperio Inca abarcaba más de 2,500 millas (unos 4,000 km) a lo largo de la cordillera de los Andes.

Los incas creían que eran descendientes de su dios del Sol. Las leyendas cuentan que los incas construyeron Cuzco, su capital, cerca del año 1200. En el año 1438, durante el mandato de un gobernante poderoso llamado Pachacuti, los incas conquistaron muchos otros reinos. En el siglo XIV controlaban un extenso territorio al que llamaban las Cuatro Comarcas del Mundo. En el imperio vivían 9 millones de personas que hablaban docenas de idiomas distintos.

Para mantener la cohesión del imperio, los incas impusieron su modo de vida sobre los pueblos conquistados. Los incas creían que si los diversos pueblos del imperio compartían las mismas creencias y hablaban el mismo idioma, habría menos posibilidades de rebelión.

Los incas también lograron unificar el imperio al transformar el medio ambiente. Por ejemplo, conectaron todas las regiones del imperio con Cuzco, la capital, a través de un sistema de amplios caminos de piedra. Construyeron puentes de soga que atravesaban profundos desfiladeros, o pasos estrechos entre montañas, donde era imposible construir caminos. También crearon un sistema de mensajeros que corrían de una posta a otra por esos caminos y puentes.

Los caminos incas conducían a ciudades magníficas. En ellas había edificios de piedra construidos con tanto cuidado, que las piedras encajaban a la perfección. Este tipo de construcciones puede verse en las ruinas de la ciudad inca de Machu Picchu, en Perú.

Los incas también aplicaron conocimientos de ingeniería para mejorar los cultivos. Primero construyeron terrazas, o plataformas excavadas en las laderas de la montaña y rodeadas por muros de piedra. Luego, utilizando fertilizantes y métodos de irrigación, cultivaron en esas terrazas frijoles, maíz, calabazas, tomates y muchas clases de papas.

Ruinas de la ciudad inca de Machu Picchu (derecha) y un cuchillo de oro (izquierda) que se utilizaba en ceremonias religiosas.

La mayor parte de los alimentos cultivados en las terrazas se almacenaba en depósitos del gobierno. Esta comida servía para alimentar a los ejércitos y se distribuía entre las personas que la necesitaban. A su vez, los gobernantes incas contaban con el pueblo para llevar a cabo los diversos proyectos de construcción.

¿Qué beneficios lograron los incas al modificar el medio ambiente?

LAS CULTURAS DE AMÉRICA DEL NORTE

Los habitantes de lo que hoy es Estados Unidos y Canadá eran muy pocos y vivían muy separados como para construir grandes imperios. Aun así, transformaron el medio ambiente y desarrollaron sociedades complejas.

Los indígenas del suroeste del actual Estados Unidos utilizaron la irrigación para cultivar la tierra seca de la región.

UBICACIÓN

En las Américas surgieron culturas muy diferentes. Cada una de ellas fue influida de alguna manera por las características geográficas y los recursos del lugar.

- ¿Qué efecto crees que tuvo la ubicación en los alimentos de los primeros grupos indígenas de las Américas? ¿Qué grupos piensas que dependían de la pesca y los mariscos? ¿Por qué?

INDÍGENAS DE AMÉRICA

TENOCHTITLAN

0   5   10 millas
0   5   10 kilómetros

Valle de México

Lago Texcoco

Tenochtitlan

Puente

Lago Xochimilco

OCÉANO ÁRTICO

Círculo Polar Ártico

AMÉRICA DEL NORTE

OCÉANO PACÍFICO

Golfo de México

Tenochtitlan

MESOAMÉRICA

Mar Caribe

Trópico de Cáncer

OCÉANO ATLÁNTICO

Ecuador

AMÉRICA DEL SUR

Machu Picchu
Cuzco

Trópico de Capricornio

Áreas culturales indígenas

- Ártico
- Subártico
- Costa noroeste
- Meseta
- California
- Gran Cuenca
- Suroeste
- Llanuras
- Bosques del este
- Mesoamérica
- Caribe
- Andes
- Selva tropical
- Marginal
- Azteca
- Inca

0   750   1,500 millas
0   750   1,500 kilómetros
Proyección azimutal equi-área

Para ello construyeron sistemas de acueductos, algunos de hasta 10 millas (16 km) de largo, con los que transportaban agua hasta los campos de cultivo.

Si bien el medio ambiente era riguroso, existían algunos recursos naturales. Los indígenas fabricaban vasijas de barro y canastas de juncos entrelazados que no dejaban escapar el agua. Además, construyeron viviendas de varios pisos en las paredes de los acantilados y en las cimas de las mesas. Una **mesa** es una colina de cima plana con laderas empinadas. Algunas de estas viviendas, o *pueblos*, tenían cientos de habitaciones.

Al otro lado de América del Norte la vida era muy diferente. En la región de bosques del este vivían los **constructores de montículos**. Esta civilización alcanzó su apogeo entre 1250 y 1400 con la cultura del Mississippi, cuya zona de influencia se extendía desde el golfo de México hasta los Grandes Lagos.

Los constructores de montículos recibieron dicho nombre porque enterraban a sus muertos o construían templos sobre inmensos túmulos de tierra, algunos de los cuales tenían formas de animales. El pueblo más grande, Cahokia, que estaba situado cerca de lo que hoy es St. Louis, Missouri, tenía 85 montículos. El más grande de ellos cubría

Estos pueblos fueron excavados en la pared del cañón de Mesa Verde, en la parte sur de lo que hoy es Colorado.

16 acres y medía 100 pies (30.5 m) de alto. Es posible que Cahokia haya tenido una población de 75,000 habitantes. En esa época, muy pocas ciudades europeas tenían tantos habitantes.

 ¿Cómo modificaron el medio ambiente los indígenas de América del Norte?

L CCIÓN 4 • REPASO

Comprueba lo que aprendiste

1. **Recuerda los datos** ¿En qué región de las Américas vivían los aztecas y los incas?
2. **Concéntrate en la idea principal** ¿Cómo se adaptaron al medio ambiente los indígenas de América del Norte?

Piensa críticamente

3. **En mi opinión** ¿Piensas que las transformaciones que hicieron los aztecas y los incas perjudicaron al medio ambiente de alguna manera? Explica tu respuesta.
4. **Ayer y hoy** ¿Qué cambios en el medio ambiente tienen lugar hoy en día en tu comunidad? ¿Qué efectos han producido estos cambios?

Muestra lo que sabes

Actividad: Multimedia Trabaja en grupo para presentar un informe de multimedia a la clase. Busca libros en la biblioteca para indagar qué grupos de indígenas americanos vivieron en tu estado antes del año 1500. Investiga sobre sus modos de vida y sobre cómo se adaptaron y transformaron el medio ambiente para satisfacer sus necesidades. También investiga sobre sus vidas familiares, religiones, gobiernos, educación y economías. En la presentación de tu informe puedes usar cualquiera de los siguientes medios: carteles, tablas y gráficas, diapositivas, transparencias, computadoras, música, danza, discursos, artesanías y maquetas.

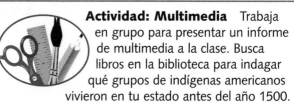

CÓMO

Comparar mapas con escalas diferentes

¿Por qué es importante esta destreza?

En los mapas, el tamaño de los lugares representados varía según lo que se quiera mostrar. Los mapas que muestran un área grande deben usar una escala pequeña, o lo que es lo mismo, los lugares deben dibujarse pequeños para que quepan en la página. Los mapas que muestran un área reducida pueden usar una escala más grande. Las vistas cercanas de un área permiten incluir más detalles. Cuando conozcas las diferentes escalas podrás escoger el mejor mapa para encontrar la información que necesites.

Las escalas de los mapas

Los mapas de estas dos páginas ilustran cómo las escalas pueden cambiar según se represente una perspectiva cercana o lejana de un área. En el mapa A se muestra América del Norte y el Imperio Azteca en el momento de su apogeo. En el mapa B aparece el valle de México, que es una meseta alta rodeada de montañas, situada en la región central de México. El mapa C representa a la capital del Imperio Azteca, Tenochtitlan.

Ubica a Tenochtitlan en los tres mapas. El mapa A la muestra como un punto pequeño. En el mapa B se ve la ciudad y sus alrededores. El mapa C presenta una vista detallada de los alrededores. Puesto que Tenochtitlan ocupa más espacio en el mapa C que en el mapa A, se dice que la escala es más grande en el mapa C. Como todos los mapas de escala grande, el mapa C muestra un área pequeña con mucho detalle.

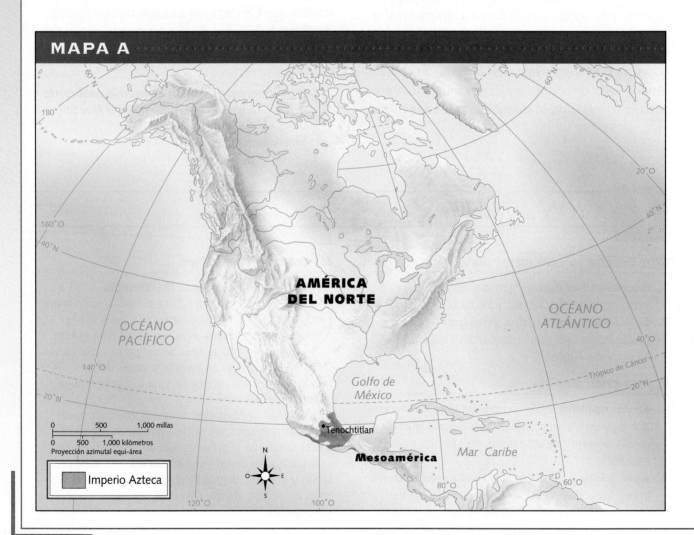

MAPA A

AMÉRICA DEL NORTE

OCÉANO PACÍFICO

OCÉANO ATLÁNTICO

Golfo de México

Tenochtitlan

Mesoamérica

Mar Caribe

0   500   1,000 millas
0   500   1,000 kilómetros
Proyección azimutal equi-área

Imperio Azteca

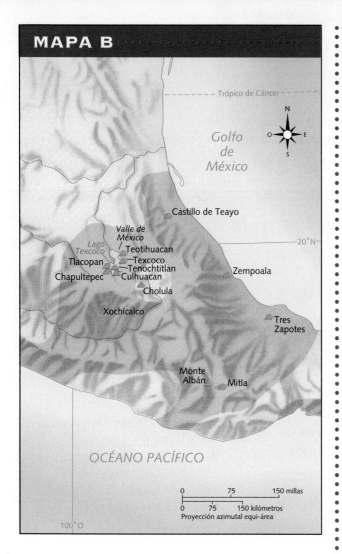

MAPA B

Trópico de Cáncer

Golfo de México

Castillo de Teayo

20°N

Valle de México
Teotihuacan

Lago Texcoco
Tlacopan — Texcoco
— Tenochtitlan
Chapultepec Culhuacan

Cholula

Zempoala

Xochicalco

Tres Zapotes

Monte Albán
Mitla

OCÉANO PACÍFICO

0   75   150 millas
0   75   150 kilómetros
Proyección azimutal equi-área

100°O

MAPA C

0   5   10 millas
0   5   10 kilómetros

—— Puente
—— Dique

Coyotepec
Xoloc
Lago Zumpango
Teotihuacan
Tepotzotlan
Lake Xaltocan
VALLE
Tepexpan
Ecatepe
DE
Tezoyuca
Tenayucan
Azcapotzalco
Texcoco
Lago Texcoco
Tlacopan
Tenochtitlan
MÉXICO
Chapultepec
Chimalhuacan
Mexicaltzinco
Coyoacan
Culhuacan
Zapotitlan
Ixtapalucan
Lago Xochimilco
Lago Chalco
Xochimilco
Chalco
Mixquic

Comprende el proceso

Las siguientes preguntas te ayudarán a entender mejor cuándo conviene usar un mapa de escala pequeña y cuándo uno de escala grande.

1. La capital azteca se construyó en una isla del lago Texcoco. Ubica Tenochtitlan en los tres mapas. También observa las otras ciudades cercanas al lago. ¿Cuál mapa muestra la mayor cantidad de ciudades?

2. Supón que quieres viajar desde Tenochtitlan hasta el golfo de México. ¿En qué mapa puedes medir con más precisión la distancia entre ambos lugares? Explica por qué.

3. Imagina que quieres medir la longitud del lago Texcoco desde el extremo norte hasta el extremo sur. ¿Cuál mapa usarías?

4. Has leído sobre los puentes que conectaban Tenochtitlan con tierra firme. También aprendiste que el dique de la ciudad la protegía de las inundaciones. ¿En qué mapa aparecen los puentes y el dique? ¿Por qué crees que aparecen en ese mapa y no en los otros?

Piensa y aplica

Piensa en cómo se utilizan los mapas cuando se viaja. Busca dos mapas de carreteras con escalas diferentes, tal vez uno de tu estado y otro de una ciudad grande de tu estado. ¿Cuándo crees que conviene usar el mapa del estado, que tiene la escala más pequeña? ¿Cuándo crees que conviene usar el mapa de la ciudad, el de la escala más grande?

REPASO

CONECTA LAS IDEAS PRINCIPALES

Usa este organizador para mostrar cómo están relacionadas las ideas principales del capítulo. Copia el organizador en una hoja de papel y complétalo escribiendo tres detalles de cada idea principal.

La expansión de China

China desarrolló una cultura rica bajo las dinastías Sui, Tang y Song.

1. _____
2. _____
3. _____

Los imperios asiáticos y americanos

El Imperio Mongol

Los mongoles posibilitaron el acercamiento entre China y otras culturas.

1. _____
2. _____
3. _____

El desarrollo de la cultura japonesa

Los japoneses adoptaron y modificaron muchos aspectos de la cultura china.

1. _____
2. _____
3. _____

Las civilizaciones americanas

Los pueblos que vivieron en las Américas entre los años 1100 y 1500 modificaron el medio ambiente para adecuarlo a sus necesidades.

1. _____
2. _____
3. _____

ESCRIBE MÁS SOBRE EL TEMA

1. **Escribe un poema**   La dinastía Tang es famosa por su hermosa poesía y por muchos otros logros culturales. Escribe una poesía corta que describa uno de estos logros.

2. **Describe a un personaje**   Imagina la vida de un samurai japonés. Piensa en las cualidades que todo samurai debía tener. Haz una descripción de un samurai que pudo haber vivido en el pasado.

3. **Escribe un diario**   Primero imagina que eres Marco Polo. Escribe en tu diario tus impresiones de China y de la corte de Qubilay Kan. Luego imagina que eres Qubilay Kan. Escribe en tu diario tus impresiones de Europa basándote en lo que te contó Marco Polo.

4. **Escribe una descripción**   Con tus propias palabras, describe cómo los aztecas transformaron el medio ambiente para adaptarse a él.

USA EL VOCABULARIO

Escribe una oración con cada palabra para aclarar su significado.

papel moneda	saquear
daimío	porcelana
kan	*pueblo*
mesa	samurai

COMPRUEBA LO QUE APRENDISTE

1. ¿Por qué el Gran Canal fue importante para China?

2. ¿Cómo contribuyeron los gobernantes de las dinastías Sui, Tang y Song a la edad de oro en China?

3. ¿De qué manera los mongoles ayudaron y a la vez perjudicaron a los pueblos que conquistaron?

4. ¿Por qué los europeos comenzaron a interesarse en China?

5. ¿Cómo cambiaron los mongoles las políticas chinas hacia los extranjeros?

6. ¿De qué cultura adoptaron costumbres los antiguos japoneses?

7. ¿En qué parte de las Américas vivían los aztecas? ¿Y los incas?

8. ¿Por qué los incas impusieron su modo de vida sobre los pueblos conquistados?

PIENSA CRÍTICAMENTE

1. **Piensa más sobre el tema** Describe cómo sería tu vida cotidiana si fueras un campesino chino durante la dinastía Sui.

2. **En mi opinión** Escribe tu opinión sobre los gobernantes que causaron destrucción y a la vez hicieron aportes positivos en los territorios que conquistaron, como Gengis Kan y Qubilay Kan.

3. **Ayer y hoy** Describe cómo la gente de hoy se adapta al medio ambiente y lo transforma para satisfacer sus necesidades. Di cuáles de estos métodos te parecen útiles y cuáles destructivos.

4. **Causa y efecto** ¿De qué manera el contacto con otras culturas afecta a los habitantes de Estados Unidos?

APLICA TUS DESTREZAS

 Cómo comparar mapas con escalas diferentes Usa los mapas de las páginas 326 y 327 para contestar las siguientes preguntas.

1. Imagina que quieres describir la ubicación de Tenochtitlan a un amigo. ¿Cuál mapa sería el más indicado para mostrar la ciudad en relación a los lugares que tu amigo conoce?

2. Imagina que quieres determinar la distancia entre Texcoco y Chapultepec. ¿Qué mapa usarías? ¿Por qué?

3. ¿Qué aspecto tendría un mapa de Tenochtitlan si tuviera una escala aún mayor?

LEE MÁS SOBRE EL TEMA

Aztec, Inca and Maya de Elizabeth Baquedano; Knopf. Este libro describe la historia, las creencias y la vida cotidiana de los aztecas, incas y mayas.

The Aztecs de Robert Nicholson y Claire Watts; Chelsea. En este libro se describe la civilización azteca a través de datos, ilustraciones, actividades y relatos.

Genghis Khan de Judy Humphrey; Chelsea. La autora analiza cómo el gobernante mongol construyó un vasto imperio utilizando la fuerza bruta y también una estrategia muy cuidadosa.

Journey into Civilization: The Mongols de Robert Nicholson; Chelsea. El autor cuenta la fascinante historia de los mongoles y su modo de vida.

LOS ESTUDIOS SOCIALES Y TÚ

¡HAZ LA PAZ Y NO LA GUERRA!

En la historia de la humanidad han existido muchos pueblos que han vivido bajo la guerra o la amenaza de guerra. Gobernantes como Carlomagno y Gengis Kan se valieron de la guerra para construir vastos imperios en Europa y Asia. Sin embargo, la mayoría de esos imperios se desmoronaron poco después de la muerte de sus creadores.

A los horrores de la guerra solían seguirles períodos de paz. La paz siempre posibilitó intercambios culturales, dentro y fuera de los imperios, que fomentaron las ciencias, la tecnología, la literatura y el arte. Durante los tiempos de paz también se pusieron a prueba formas diferentes de gobierno. Pronto los gobernantes se dieron cuenta de que la paz podía ser tan útil como la guerra en la construcción de un imperio. Gengis Kan, famoso por ser un guerrero despiadado, dijo una vez que los acuerdos de paz podían evitar muchos problemas.

Hoy muchos gobernantes coinciden con lo que dijo Gengis Kan. ¡Lograremos mucho más si hacemos la paz y no la guerra! En la década de 1990, los gobernantes de ciertos grupos en conflicto finalmente decidieron hacer las paces. Esto sucedió entre Israel y la OLP, en el suroeste asiático, y entre los diferentes grupos étnicos de Bosnia, en el sureste de Europa.

La *Paz mundial*, ilustración de un artista hindú de 12 años.

PIENSA Y APLICA

Escucha las noticias en la televisión o en la radio o lee periódicos o revistas para saber en qué países ha terminado o se ha evitado la guerra. ¿Qué hicieron los gobernantes del mundo y las organizaciones mundiales para poner fin a esos conflictos? Presenta tus descubrimientos ante la clase utilizando las técnicas de un programa televisivo de noticias.

La pintura que se observa en el fondo, llamada *Nuestro mundo en paz,* fue creada por un artista estadounidense de 11 años de edad. Los niños que aparecen en la fotografía participaron en la Cumbre Mundial de la Infancia.

CUADROS DE LA HISTORIA

Examina las ilustraciones que aparecen en este cuadro de la historia para repasar los acontecimientos que se presentan en la Unidad 5.

Resume las ideas principales

1. La civilización romana perduró en la región oriental del antiguo Imperio Romano y dio lugar al Imperio Bizantino, que se basó en el pasado romano y a la vez se adaptó a los nuevos tiempos.

2. Mahoma difundió el mensaje del islam entre los pueblos del suroeste de Asia y de más allá. Muchos de estos pueblos adoptaron el islam. A los habitantes del Imperio Musulmán se los recuerda por sus logros en las ciencias, la geografía y las matemáticas.

3. En Europa occidental muchos reinos pequeños e independientes reemplazaron al fuerte gobierno central del Imperio Romano. En esa misma época muchos europeos se sumaron a las cruzadas.

4. China desarrolló una cultura muy rica entre los años 500 y 1300.

5. Los mongoles de Asia central conquistaron China y favorecieron el acercamiento entre los chinos y otros pueblos.

6. Los japoneses adoptaron aspectos de la cultura china mientras desarrollaban su propia civilización.

7. Los pueblos de las Américas se adaptaron al medio ambiente y, a la vez, lo transformaron a medida que construían sus civilizaciones.

Generaliza Estudia los cuadros de la historia. Luego haz una generalización sobre la vida en diferentes partes del mundo entre los años 500 y 1500.

TALLER DE APRENDIZAJE COOPERATIVO

Recuerda

- Comparte tus ideas.
- Coopera con los demás para planificar el trabajo.
- Responsabilízate por tu trabajo.
- Muestra a la clase el trabajo de tu grupo.
- Comenta lo que has aprendido trabajando en grupo.

Actividad 1
Hacer una dramatización

Forma una pareja con un compañero para dramatizar una entrevista entre un periodista y Marco Polo. Divídanse los papeles y trabajen juntos para escribir las preguntas que el periodista hará a Marco Polo. Luego escriban las respuestas que Marco Polo dará. Ensayen la dramatización y luego actúenla frente a la clase.

Actividad 2
Dibujar un mapa

Forma un grupo para dibujar un mapa de América del Norte. Luego ilústrenlo con escenas de la vida de los indígenas que vivieron en ese continente entre los años 500 y 1500. Procuren incluir escenas que muestren a los aztecas y a los constructores de montículos. Si lo desean, también pueden investigar y hacer ilustraciones de otros grupos indígenas.

Actividad 3
Construir una maqueta

Trabaja en grupo para indagar más sobre la vida feudal en Europa. Luego construyan la maqueta de un feudo. Identifiquen las distintas partes de la maqueta con carteles pequeños. Exhiban la maqueta terminada en el salón de clase.

Actividad 4
Escribir una canción

En un grupo, imagina cómo sería tu vida si pertenecieras a alguno de los siguientes grupos: cruzados marchando hacia Jerusalén, musulmanes defendiendo su derecho sobre la Tierra Santa, mujeres y hombres japoneses en la época de los shogunes, o aztecas. Escriban la letra de una canción que describa su modo de vida.

USA EL VOCABULARIO

Con un compañero, usa uno de los grupos de palabras que aparecen a continuación para escribir un relato corto. En el relato se deben aclarar los significados de las palabras.

Grupo A: cruzado, sistema feudal, feudo, peste

Grupo B: mesa, constructores de montículos, *pueblos*

Grupo C: católico, icono, mosaico, ortodoxo, patriarca

 COMPRUEBA LO QUE APRENDISTE

1. ¿Cuáles fueron algunos logros del emperador bizantino Justiniano?

2. ¿Qué es el *Corán* y por qué es importante para la religión del islam?

3. ¿Qué influencia tuvo en la cultura china y mongola la conquista de China por parte de los mongoles?

4. ¿Qué influencia tuvo la civilización china en la civilización japonesa?

5. ¿Cómo modificaron los aztecas el medio ambiente a medida que construían la ciudad de Tenochtitlan?

6. ¿Cómo se adaptaron al clima seco los indígenas americanos de la región del suroeste?

 PIENSA CRÍTICAMENTE

1. Ayer y hoy En la actualidad, ¿qué grupos están en conflicto por cuestiones de religión?

2. Explora otros puntos de vista ¿Por qué crees que algunos grupos, como los samurais de Japón, están dispuestos a enfrentar grandes dificultades para alcanzar sus objetivos?

3. En mi opinión ¿Cuál de las culturas que estudiaste en esta unidad te interesó más? ¿Por qué?

4. Causa y efecto ¿Qué influencia tuvieron las culturas de otros países en la cultura de Estados Unidos?

 APLICA TUS DESTREZAS GEOGRÁFICAS

 Cómo comparar mapas con escalas diferentes Usa el mapa A y el B para contestar las siguientes preguntas.

1. ¿Qué mapa utilizarías para ubicar las ciudades antiguas que estaban situadas a menos de 100 millas (161 km) de Constantinopla? Explica tu respuesta.

2. ¿Qué mapa usarías para determinar la distancia comprendida entre las fronteras este y oeste de Constantinopla? Explica tu respuesta.

MAPA A: IMPERIO BIZANTINO, 1204

Proyección cónica conforme de Lambert

MAPA B: CONSTANTINOPLA, 1204

Proyección transversal de Mercator

UNIDAD 6

EL DESARROLLO DEL COMERCIO

500

600 aprox.
Los árabes
recorren la
costa este de
África en falúas

700 aprox.
Mercaderes soninké
controlan partes de
África occidental

700

762
Bagdad se
convierte en
el centro del
comercio
musulmán

800 aprox.
Comienzan las
invasiones
vikingas
en el norte de
Europa

900 aprox.
Los musulmanes
controlan el
comercio del
océano Índico

900

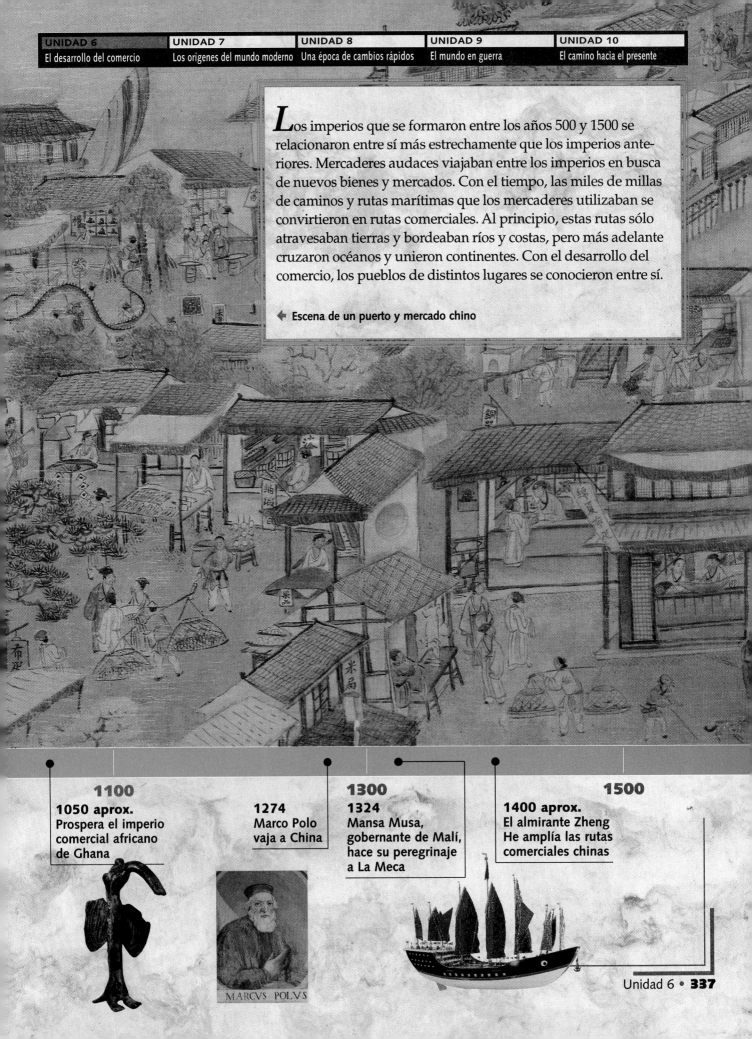

*L*os imperios que se formaron entre los años 500 y 1500 se relacionaron entre sí más estrechamente que los imperios anteriores. Mercaderes audaces viajaban entre los imperios en busca de nuevos bienes y mercados. Con el tiempo, las miles de millas de caminos y rutas marítimas que los mercaderes utilizaban se convirtieron en rutas comerciales. Al principio, estas rutas sólo atravesaban tierras y bordeaban ríos y costas, pero más adelante cruzaron océanos y unieron continentes. Con el desarrollo del comercio, los pueblos de distintos lugares se conocieron entre sí.

◄ Escena de un puerto y mercado chino

1100

1050 aprox.
Prospera el imperio comercial africano de Ghana

1274
Marco Polo vaja a China

1300

1324
Mansa Musa, gobernante de Malí, hace su peregrinaje a La Meca

1400 aprox.
El almirante Zheng He amplía las rutas comerciales chinas

1500

MARCVS POLVS

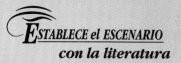
LOS REINOS DE
Ghana, Malí y Songhay
LA VIDA EN ÁFRICA MEDIEVAL

Patricia y Fredrick McKissack

Un intercambio de ideas se produjo con los viajes entre los territorios musulmanes y África occidental. Al viajar por las rutas comerciales que recorrían el Sahara de norte a sur, los mercaderes musulmanes llevaron la cultura árabe y el islam a África occidental. Por su parte, los pueblos de África propagaron sus costumbres.

Mansa Musa, soberano del Imperio de Malí, en África occidental, realizó su peregrinación a la ciudad santa de La Meca en 1324. Al ver a Mansa Musa por primera vez, los musulmanes de lugares como Egipto cambiaron para siempre la imagen que tenían de los habitantes de África occidental.

Mansa Musa gobernó el Imperio de Malí, en África occidental, desde 1307 hasta 1332.

La gran peregrinación

Meses antes de que Mansa[1] Musa partiera de Malí, sus funcionarios y servidores comenzaron a preparar el largo viaje. Quinientos esclavos, llevando cada uno un báculo[2] de oro de seis libras, llegaron a El Cairo, Egipto, en julio de 1324. Detrás iban Musa y su comitiva[3]. A ellos los seguía una caravana de cien camellos, cada uno cargado con trescientas libras de oro. Cien camellos más transportaban alimentos, ropas y otras provisiones. En total, sesenta mil personas acompañaban al mansa.

Mansa Musa llegó a El Cairo después de ocho meses de viaje. Su guía árabe le sugirió que visitara al sultán, o gobernante local. Musa rechazó la idea, pues no estaba interesado en realizar una visita social. El guía le insistió en que su negativa podía ser tomada como un insulto por el importante hermano musulmán, y Musa accedió a la visita.

Era costumbre que todo visitante se arrodillara y besara el suelo ante el sultán. Mansa Musa se negó rotundamente. Era más rico y controlaba un territorio más grande que el sultán de Egipto, ¿por qué debía postrarse[4] ante un rey menor? Una vez más, el guía le explicó que era una costumbre local. "Muy bien", dijo Mansa Musa, optando por la diplomacia. "Me postraré ante Alá, que me creó y me trajo al mundo." Después de que Musa se postrara, el sultán también cedió e invitó a Musa a sentarse a su lado en señal de igualdad.

Musa prosiguió su viaje y finalmente llegó a La Meca, en Arabia. Las historias contadas por mercaderes y viajeros sobre la abundancia de oro en los imperios al sur del Sahara habían animado la imaginación de los pueblos del Oriente Medio. Cuando se supo que el rey de

Malí estaba en la ciudad, los residentes se congregaron en las calles para verlo.

En todos lados donde estuvo, Mansa Musa pagó en oro por los servicios recibidos y dio suntuosos regalos a sus anfitriones. Los vendedores luchaban por atraer su atención, pues Musa solía comprar todo lo que se le mostraba. Los mendigos se aglomeraban a su paso esperando recibir una pepita de oro.

Cuando Mansa Musa se marchó del Oriente Medio, había puesto en circulación tanto oro, que su valor descendió notablemente. Un informante al servicio del sultán de Egipto comunicó que aún doce años después de la fabulosa peregrinación de Mansa Musa, el mercado de oro de El Cairo todavía no se había recuperado.

Esta unidad contiene más información sobre Mansa Musa y su increíble viaje. También explica cómo pueblos de culturas diferentes se conocieron mejor a través de los contactos comerciales.

---

[1] **mansa**: soberano
[2] **báculo**: bastón
[3] **comitiva**: grupo de personas que acompaña a alguien importante
[4] **postrarse**: arrodillarse y tocar el suelo con la frente en señal de respeto

---

LA PEREGRINACIÓN DE MANSA MUSA, 1324

EUROPA

OCÉANO ATLÁNTICO

Mar Mediterráneo

ASIA

El Cairo

Península de Arabia

EGIPTO

Medina

ARABIA

La Meca

Oulata · Tímbuktu
Gao

Río Nilo

Mar Rojo

MALI

Douna

ÁFRICA

Niani

Río Níger

- - - → Posibles rutas de la peregrinación de Mansa Musa

Golfo de Guinea

OCÉANO ÍNDICO

0   500   1,000 millas
0   500 1,000 kilómetros
Proyección azimutal equi-área

MOVIMIENTO Los musulmanes tienen el deber religioso de hacer una peregrinación a La Meca, en la península de Arabia cuando les sea posible.

■ ¿Cómo describirías la ruta que tomó Mansa Musa?

EL COMERCIO POR TIERRA

66 Viajaban por el desierto como si fuera sobre el mar, guiándose por las estrellas o las piedras del desierto. 99

Descripción de cómo los mercaderes atravesaban el Sahara, hecha por un escritor musulmán del siglo XII

El desierto es el hogar de este mercader de camellos nacido en El Cairo, Egipto.

LOS IMPERIOS COMERCIALES DE
ÁFRICA
OCCIDENTAL

*C*onexión con nuestro mundo

¿Por qué los países de la actualidad buscan socios comerciales?

Concéntrate en la idea principal
Mientras leas, piensa en por qué los pueblos de los imperios de África occidental comerciaban con otros pueblos.

Anticipa el vocabulario
sabana
selva tropical
tarifa
mansa

Esta escultura nok, hallada en 1943, tiene más de 2,000 años de antigüedad. Está hecha de terracota o arcilla cocida al horno.

El comercio fue siempre importante para los habitantes de África. Los primeros pueblos intercambiaban los recursos sobrantes por otros recursos que escaseaban en su región. Con el correr de los años se desarrollaron redes comerciales. Luego, entre los años 700 y 1500, surgieron en África occidental poderosos imperios que se dedicaban al comercio. La riqueza de estos imperios atrajo a mercaderes y viajeros de muchas regiones.

LOS COMIENZOS DE ÁFRICA OCCIDENTAL

África es un continente gigantesco, el segundo más grande del mundo. Los geógrafos suelen dividir el continente en cinco regiones: norte de África, África occidental, África central, África oriental y sur de África.

Gran parte de África es una meseta interrumpida en diversos sitios por cuencas y valles profundos. El *Rift-Valley* se extiende a lo largo de 3,500 millas (5,633 km) de norte a sur a través de África oriental. Es uno de los sistemas de valles más largos y profundos del mundo. Los desiertos también cubren partes muy vastas de África. El Sahara, el desierto más grande del mundo, ocupa más de 3.5 millones de millas cuadradas (9 millones de kilómetros cuadrados) en el norte de África.

Al sur del Sahara se extiende África occidental, un territorio cubierto principalmente por una planicie con pastos, o **sabana**. Una zona tropical ocupa la costa sur de África occidental y gran parte de África central. Esta región cálida y húmeda, con árboles tan altos que ocultan la luz del sol, es una **selva tropical**.

La supervivencia fue fácil para los primeros pueblos de África occidental. En la sabana podían cazar muchos animales salvajes para alimentarse, y el suelo fértil era perfecto para cosechar. Gracias a esto, la población de África occidental creció rápidamente.

La geografía de África es muy diversa. El desierto del Sahara (arriba, a la izquierda) contrasta fuertemente con la selva tropical (arriba, a la derecha). Al sur del desierto se extienden las praderas de la sabana (abajo a la izquierda).

Alrededor del año 300 a.C., los pueblos de la sabana aprendieron a forjar el hierro con calor. Los nok fueron el primer pueblo de África occidental en usar dicho metal. Este pueblo vivió desde cerca del año 900 a.C. hasta el 200 d.C. en la región que hoy es el norte de Nigeria.

El hierro cambió la vida de los nok. Con este metal fabricaron armas más fuertes para cazar y luchar. Las herramientas de hierro facilitaron la limpieza y siembra de la tierra. Gracias a estas ventajas, los nok y otros pueblos que utilizaban hierro se hicieron poderosos con el tiempo.

En el siglo VIII los soninké, un pueblo que también utilizaba el hierro, había logrado el control de gran parte de las praderas de África occidental. Los soninké vivían en una región muy fértil a orillas del río Níger, y utilizaban el agua de dicho río para irrigar sus cultivos.

Los soninké no sólo eran granjeros hábiles, sino también mercaderes sagaces. El sitio donde vivían era ideal para establecer un centro comercial. La región estaba comprendida entre una zona de bosques situada al sur del Níger y el desierto del Sahara, en el norte de África. Los mercaderes del norte de África atravesaban el Sahara para comerciar con los soninké, quienes se especializaban en el comercio del oro.

El oro, sin embargo, era un bien escaso en las sabanas. Para obtenerlo, los soninké tenían que comerciar con el reino de los bambara, situado al sur. Los soninké compraban el oro de los bambara con la sal que conseguían de los mercaderes musulmanes del norte de África. Como los bambara tenían muy poca sal, estaban dispuestos a intercambiarla por oro.

APRENDER CON DIAGRAMAS Los soninké actuaban como intermediarios en el comercio de oro y sal.
■ ¿Quién se quedaba con el oro? ¿Quién se quedaba con la sal?

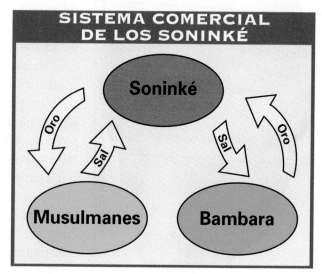

SISTEMA COMERCIAL DE LOS SONINKÉ

Soninké
Oro
Sal
Sal
Oro
Musulmanes
Bambara

Cuando los soninké recibían el oro de los bambara, lo cambiaban por más sal con los mercaderes del norte de África. Este sistema comercial continuó durante años. Los soninké también actuaban como intermediarios en el comercio de otros bienes, llevando bienes mediterráneos como papel, paños tejidos y perfumes a los pueblos que vivían más al sur.

Como los soninké lograban ganancias en los dos extremos de la cadena comercial, se hicieron poderosos y ricos. Esta riqueza condujo al desarrollo del primer gran imperio de África occidental.

 ¿Cómo intercambiaban los soninké la sal y el oro? ¿Cuál fue el resultado?

GHANA

El nuevo imperio de África occidental se conoció al poco tiempo como Ghana, el título conferido a sus líderes y que significaba "jefe de guerra". Ghana, que estaba situada entre el río Senegal y la parte norte del río Níger, comenzó a cobrar poder alrededor del año 700. Hacia el año 1000 el imperio abarcaba más de 100,000 millas cuadradas (258,980 kilómetros cuadrados).

Gran parte de lo que sabemos sobre los comienzos de Ghana proviene de los estudios llevados a cabo por humanistas musulmanes. Uno de estos humanistas, al-Zuhri, escribió sobre el fortalecimiento de Ghana. Dijo que los ghaneses atacaban a pueblos "que no conocían el hierro y que luchaban con palos de ébano".

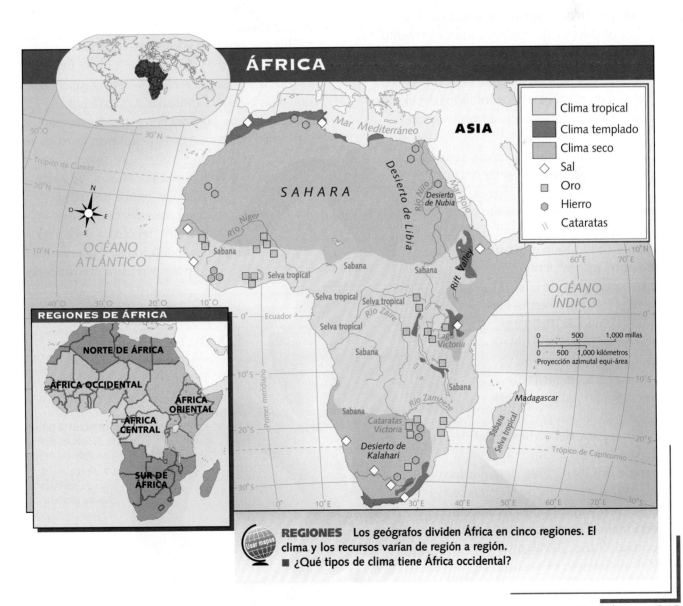

REGIONES Los geógrafos dividen África en cinco regiones. El clima y los recursos varían de región a región.
■ ¿Qué tipos de clima tiene África occidental?

Los ghaneses, al combatir con lanzas de hierro, derrotaron fácilmente a esos pueblos.

Con el paso del tiempo cada rey anexó más reinos de África occidental al imperio. Bajo órdenes de los reyes, el ejército ghanés protegía las rutas comerciales de la sabana de ataques. A cambio de esta protección los reyes imponían **tarifas**, o impuestos, sobre todos los bienes que atravesaban la sabana. Un geógrafo musulmán del siglo XI, llamado al-Bakri, explicó cómo se aplicaban estas tarifas:

> 66 El rey exige el pago de un dinar [moneda árabe] de oro por cada burro cargado de sal que entra en su país, y dos dinares de oro por cada cargamento que sale. 99

Las tarifas proporcionaban los fondos necesarios para alimentar a los soldados del ejército ghanés y para financiar la administración del gobierno.

A medida que Ghana crecía, anexaba tierras ricas en oro. El "señor del oro", como se llamaba al rey ghanés, mantenía un monopolio absoluto sobre el comercio de dicho mineral. Al-Bakri escribió que "Todo el oro que existe en este imperio pertenece al rey de Ghana, pero el rey deja a su pueblo sólo el polvo de dicho oro". Al recaudar tanto oro, el rey de Ghana se aseguraba de que no fuera fácil conseguirlo, lo cual le permitía mantener alto su precio.

Gran parte del comercio del oro tenía lugar en Kumbi-Saleh, la capital de Ghana. Esta ciudad estaba ubicada junto a una de las rutas comerciales más importantes del Sahara occidental. Los mercaderes del norte de África llevaban a Kumbi-Saleh su mercancía: sal pura extraída de las minas del Sahara. En aquel entonces la sal no sólo se empleaba para agregar más sabor a la comida, sino también para evitar que la carne se pudriera. La sal tenía mucho valor en África occidental porque era un recurso muy escaso. En ocasiones, un mercader pagaba hasta una libra (454 gramos) de oro ¡por la misma cantidad de sal!

Además de oro, los habitantes del norte de África adquirían marfil, objetos de algodón y pieles de animales. También compraban esclavos que luego vendían a los propietarios de minas de sal o granjas grandes. A cambio daban caballos, espadas, objetos de vidrio y ropas de lana.

Ghana controló el comercio en África occidental durante más de 300 años. Luego, durante el siglo XI, las disputas entre Ghana y un centro comercial bereber llevaron a la guerra entre ambas regiones. Los bereberes, que provenían del norte de África, resultaron victoriosos, y Ghana no volvió a recuperar su poder. Hacia 1203 Ghana se había dividido en reinos pequeños. Con el paso del tiempo, los pueblos del otrora poderoso imperio fueron gobernados por otros imperios africanos.

✓ **¿Cómo se enriquecieron los reyes de Ghana?**

> 66 **TODO EL ORO QUE** *existe en el imperio pertenece al rey de Ghana.* 99
>
> al-Bakri, geógrafo musulmán

Objetos como esta pulsera y esta escultura del pájaro ibis evidencian la destreza en la forja de metales que se alcanzó durante el Imperio de Ghana.

Esta sección de un mapa del siglo XIV muestra el gran Imperio de Malí. El personaje que aparece sentado y con una corona es el rey Mansa Musa. ¿Por qué crees que el cartógrafo dibujó a Mansa Musa ofreciendo una pepita de oro a un comerciante?

EL DESARROLLO DEL ISLAM EN ÁFRICA OCCIDENTAL

Los ghaneses no fueron los únicos que comerciaron con los mercaderes musulmanes. El reino de Kanem, que se había formado a orillas del lago Chad, empezó a desarrollarse en el siglo IX gracias al comercio. En la misma época surgieron otros centros comerciales en Jenné y en Gao, junto al río Níger.

El contacto comercial con los musulmanes del norte de África transformó la vida de los pueblos de África occidental. Los mercaderes musulmanes enseñaron a los mercaderes de África occidental a usar la moneda en vez del trueque, y también difundieron la lengua árabe.

Pero aún más importante fue el hecho de que los africanos occidentales se convirtieran al islam. Los reyes de Ghana, Kanem y Gao se convirtieron al islam en el siglo XI. Con el tiempo, los gobernantes de otros reinos y muchos mercaderes africanos también adoptaron el islam. Los grandes imperios que sustituyeron a Ghana se hicieron fuertes no sólo por el comercio, sino también por el islam.

 ¿Qué influencia tuvieron los mercaderes del norte de África en las costumbres de los reinos comerciales de África occidental?

MALÍ Y MANSA MUSA

Un nuevo imperio llamado Malí se formó en África occidental unos 25 años después de la disolución de Ghana. El pueblo que fundó este imperio fueron los malinké. Dirigidos por el rey musulmán Sundiata, los malinké conquistaron muchos de los reinos pequeños que habían formado parte de Ghana, incluyendo los que eran ricos en oro. La riqueza de Malí, igual que la de Ghana, provenía del comercio de oro y sal.

Los **mansas**, o gobernantes, que sucedieron a Sundiata conquistaron más tierras para el Imperio de Malí, que llegó a ser dos veces más grande de lo que había sido el Imperio de Ghana. La mayor expansión de Malí se produjo durante el reinado de Mansa Musa, entre 1307 y 1332. Durante su mandato, Mansa Musa extendió las fronteras del imperio hasta incluir los ricos mercados comerciales de Gao y Timbuktu. La anexión de territorios aumentó las riquezas del imperio.

El Imperio de Malí, sin embargo, se hizo famoso por algo más que por su riqueza. Mansa Musa, que era musulmán, invitó a estudiosos árabes a Malí e impulsó el conocimiento y el estudio en todo el imperio, que se convirtió en un centro del saber.

En la universidad de Timbuktu estudiaban alumnos de lugares tan lejanos como Egipto y Arabia.

En 1324 Mansa Musa realizó su famosa peregrinación a La Meca, la ciudad santa de los musulmanes. Todos los que lo veían pasar en su viaje por el norte de África y el suroeste de Asia quedaban impresionados. Los sirvientes de Mansa Musa lucían trajes resplandecientes y sus guerreros blandían lanzas de oro. Mientras viajaba, el rey daba regalos a casi todas las personas que salían a su encuentro.

La peregrinación hizo que Mansa Musa y Malí se conocieran por todas partes. La influencia comercial de Malí aumentó. Sin embargo, los gobernantes posteriores del imperio no fueron tan fuertes e inteligentes como Mansa Musa y no pudieron mantener las tierras que él había conquistado durante su reinado. Debido a esto, el poder de Malí empezó a desvanecerse.

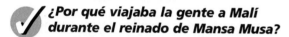 **¿Por qué viajaba la gente a Malí durante el reinado de Mansa Musa?**

SONGHAY

Mientras Malí se debilitaba, otro imperio de África occidental empezaba a ganar poder. A finales del siglo XV, gran parte de lo que había sido Malí había pasado a formar parte del Imperio de Songhay. Como anteriormente había sucedido con Ghana y Malí, el Imperio de Songhay se enriqueció gracias al control de las rutas comerciales que cruzaban el Sahara. Los songhay también lograron el control de los principales centros comerciales a lo largo del río Níger: Jenné, Timbuktu y Gao. Embarcaciones de guerra a lo largo del Níger protegían a estas ciudades comerciales de los invasores.

El viajero y geógrafo musulmán León Africano visitó Songhay a comienzos del siglo XVI. En Gao encontró a "mercaderes ricos que viajan constantemente por la región con sus mercancías". Los habitantes de Gao, observó, tenían oro más que suficiente para comprar bienes importados de Europa y del norte de África.

LOS PRIMEROS REINOS E IMPERIOS DE ÁFRICA

Túnez
Fez
BEREBERES
Trípoli
Marrakech
ÁRABES
El Cairo
ÁRABES
OCÉANO ATLÁNTICO
BEREBERES
S A H A R A
Mar Mediterráneo
N O E S

0   300   600 millas
0   300   600 kilómetros
Proyección azimutal equi-área

Río Senegal
SONINKÉ
Timbuktu
Kumbi-Saleh
Gao
Jenné
REINO DE KANEM
Lago Chad
REINO DE BAMBARA
Malí
Río Níger
Begho

Imperio de Ghana, aprox. 1200
Imperio de Malí, aprox. 1400
Imperio de Songhay, aprox. 1500
• Centro de comercio
• Capital
— Ruta comercial
ÁRABES Pueblo

LUGAR Tres imperios, Ghana, Malí y Songhay, surgieron y desaparecieron en África occidental a lo largo del tiempo.
■ ¿Cuál de estos imperios se extendió más al norte?

Estatuilla de África occidental, hecha en la ciudad de Jenné cerca del año 1400

Sin embargo, gobernantes de otras regiones miraban con codicia la riqueza y el poder songhay y esperaban la oportunidad para usurparlas. En 1591 el rey de Marruecos, un reino del norte de África, envió un ejército de 4,000 soldados hacia el Imperio de Songhay. Los soldados de Songhay lucharon con espadas. Los atacantes combatieron con armas nuevas para los songhay: armas de

¿Qué es?

Trovadores

La mayoría de las sociedades de África occidental no tenían un sistema de escritura propio. Sus historias, leyes, religiones y costumbres se mantenían vivas gracias a personas conocidas como trovadores. Los trovadores tenían como tarea recordar y transmitir oralmente a la próxima generación todo el conocimiento de la sociedad. Esta función era tan importante que los trovadores comenzaban su entrenamiento a una edad muy temprana. Después de que los habitantes del norte de África introdujeron la lectura y la escritura en África occidental, los estudiosos de este lugar empezaron a escribir su propia historia. Pero aun así, los trovadores de África occidental continuaron preservando la historia del pueblo a través de la palabra hablada.

Una escultura realizada en el siglo XV (izquierda) y una tumba hecha en el siglo XVI son testimonios del antiguo Imperio de Songhay.

fuego, que los marroquíes habían traído del suroeste de Asia. Los songhay no pudieron resistir el ataque marroquí, y su derrota puso fin al Imperio de Songhay. Las rutas comerciales a través del Sahara se continuaron usando, pero su importancia disminuyó. Los barcos europeos que navegaban por la costa atlántica de África crearon una nueva ruta para el comercio con África occidental.

 ¿Por qué otros pueblos querían controlar las tierras del Imperio de Songhay?

LECCIÓN 1 • REPASO

Comprueba lo que aprendiste

1. **Recuerda los datos**   ¿Cuáles fueron los tres imperios más importantes de África occidental?
2. **Concéntrate en la idea principal**   ¿Por qué los pueblos de África occidental comerciaban con otros pueblos?

Piensa críticamente

3. **Piensa más sobre el tema**   ¿Por qué los mercaderes de África occidental daban tanta importancia al oro? ¿Por qué los bambara estaban dispuestos a intercambiarlo?

4. **Causa y efecto**   ¿En qué benefició a la economía de Ghana la conquista de reinos ricos en oro?
5. **Ayer y hoy**   ¿Qué recursos naturales escasean en tu estado? ¿Cómo se consiguen en tu estado objetos fabricados con esos recursos naturales?

Muestra lo que sabes

 **Actividad: Diario**   Imagina que eres un mercader del norte de África que viaja en una caravana hacia un centro comercial de África occidental. Escribe en tu diario tus impresiones del viaje a través del Sahara, tu llegada a África occidental y el comercio que allí realizas.

CÓMO

Comparar mapas con proyecciones diferentes

¿Por qué es importante esta destreza?

A través de los siglos los cartógrafos árabes, chinos y europeos inventaron diferentes maneras de mostrar la redondez de la Tierra sobre un mapa plano. Estas representaciones de la Tierra se llaman **proyecciones**. Cada proyección de un mapa tiene **distorsiones**, o partes que no son exactas. Esto se debe a que la forma redonda de la Tierra debe ser estirada para representarse en forma plana. Cuando puedas identificar estas distorsiones sabrás cómo utilizar las proyecciones de la mejor manera.

Las proyecciones de mapas y sus usos

Cada proyección tiene un tipo de distorsión distinta. Algunas proyecciones distorsionan la forma o el tamaño del área mostrada. Otras muestran distancias que parecen más grandes o más pequeñas de lo que son en realidad. Una manera en que los cartógrafos clasifican las proyecciones es en base a las propiedades que menos se distorsionan.

El Mapa A es una proyección equivalente, o equi-área. Observa cómo el primer meridiano y el ecuador dividen los hemisferios en áreas iguales. Una **proyección equivalente** muestra correctamente la relación entre los tamaños de las regiones, pero distorsiona las formas. Este tipo de proyección resulta útil para comparar datos sobre distintas partes del mundo. La proyección del Mapa A que aparece en esta página es sólo una de las varias clases de proyecciones equivalentes.

El Mapa B es una proyección conforme. Observa que todas las líneas de longitud están separadas por la misma distancia. En un globo terráqueo las líneas de longitud se acercan hasta encontrarse en los polos. Observa también que en el Mapa B las líneas de latitud más cercanas a los polos están más separadas.

MAPA A: PROYECCIÓN EQUI-ÁREA

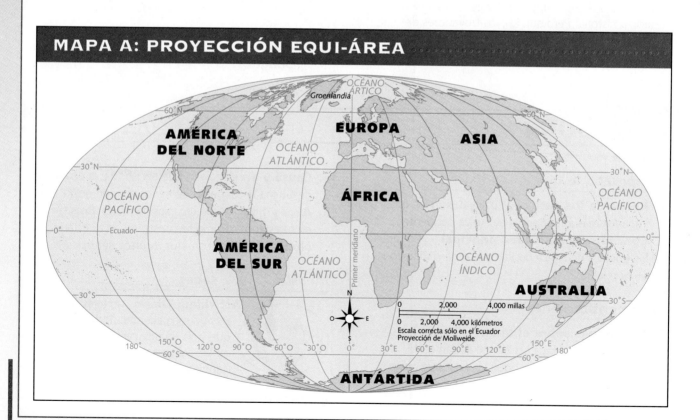

MAPA B: PROYECCIÓN CONFORME

En un globo terráqueo las líneas de latitud están separadas por la misma distancia. Una **proyección conforme** muestra las direcciones correctamente pero distorsiona los tamaños, especialmente en lugares cercanos a los polos. La proyección de Miller, mostrada en el Mapa B de arriba, es sólo un ejemplo de proyección conforme. Otra proyección que quizás encuentres es la proyección de Mercator. Y otro tipo, la proyección de Robinson, es una combinación de la proyección equivalente y de la conforme. El Mapa C es un ejemplo de la proyección de Robinson.

El Mapa D es una **proyección equidistante**. Esta proyección muestra distancias precisas desde un punto central.

MAPA C: PROYECCIÓN DE ROBINSON

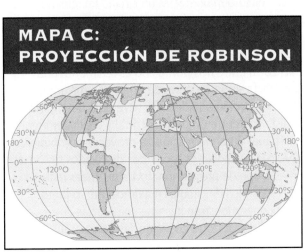

MAPA D: PROYECCIÓN EQUIDISTANTE

(Mapa con rótulos: ANTÁRTIDA, 90°E, 120°E, 60°E, AUSTRALIA, OCÉANO ÍNDICO, 150°E, 30°E, ASIA, ÁFRICA, EUROPA, Polo Norte, Groenlandia, 180°, 0°, OCÉANO PACÍFICO, OCÉANO ATLÁNTICO, AMÉRICA DEL NORTE, 30°N, 30°S, 150°O, 30°S, AMÉRICA DEL SUR, 60°S, 120°O, Ecuador, 90°O, 60°, 30°, ANTÁRTIDA)

0   2,000   4,000 millas
0   2,000   4,000 kilómetros
Escala correcta sólo en el Ecuador
Proyección azimutal equidistante

Cualquier lugar de la Tierra puede elegirse como punto central. A menudo se utiliza uno de los polos. El tipo de mapa que emplea uno de los polos como punto central se llama **proyección polar** . Tanto el Polo Norte como el Polo Sur pueden ser el centro de una proyección polar. Observa que el Polo Norte se eligió como centro en el mapa D. En este mapa, las líneas de latitud son círculos, y los círculos más alejados del centro son más grandes. Las líneas de longitud del Mapa D son líneas rectas que se extienden desde el centro hacia todas las direcciones, como los rayos de una rueda.

Un **círculo máximo** es un círculo imaginario que divide la tierra en partes iguales. El ecuador es un círculo máximo, al igual que las líneas de longitud. Como la superficie de la tierra es curva, la distancia más corta entre dos puntos no es realmente una línea recta sino una parte de un círculo máximo. Una proyección equidistante sirve para determinar la distancia entre un punto central y cualquier lugar del mapa. Otra proyección, la proyección gnómica, sirve para estudiar los recorridos de círculos máximos. En este tipo de proyección, todas las líneas rectas son recorridos de círculos máximos. Por lo tanto, estas líneas muestran las rutas más cortas entre dos lugares, aunque las distancias no son muy precisas.

Comprende el proceso

Responde a las siguientes preguntas para comparar y contrastar los mapas A, B, C y D. Mientras respondes, piensa en las ventajas y desventajas de cada tipo de proyección.

1. América del Sur es mucho más grande que Groenlandia. ¿Qué proyección muestra con más exactitud el tamaño de Groenlandia, el Mapa A o el Mapa B?

2. La distancia más larga de este a oeste en África es aproximadamente igual a la distancia más larga de norte a sur. ¿Qué proyección muestra con más exactitud la forma de África, el Mapa A o el Mapa B?

3. El Polo Norte es un punto. ¿Qué proyecciones muestran el Polo Norte con exactitud?

4. ¿Cuál de los mapas podría llamarse una proyección polar?

5. ¿En qué mapa las líneas de longitud se acercan entre sí hacia los polos?

6. ¿En qué mapa o mapas las líneas de longitud son paralelas, o separadas por una misma distancia?

Piensa y aplica

Escribe un párrafo sobre las ventajas y desventajas de utilizar cada tipo de mapa.

LAS RUTAS COMERCIALES ENTRE
ASIA Y
EUROPA

*C*onexión con nuestro mundo

¿Cómo cambia el comercio cuando crecen los países?

Concéntrate en la idea principal
Reflexiona sobre cómo la unificación de imperios llevó al comercio entre los pueblos de África, Asia y Europa.

Anticipa el vocabulario
**oasis
caravasar
cartógrafo**

Las rutas de caravanas entre el Sahara y África occidental eran sólo parte de una vasta red comercial que conectaba África con Asia y Europa. Esta red se extendía a lo largo de miles de millas. Atravesaba desiertos, rodeaba bosques y subía por cordilleras. Los viajes por estas rutas comerciales relacionaron a muchas culturas y esto llevó al intercambio de bienes, lenguas e ideas culturales.

EL COMERCIO EN LAS TIERRAS DEL ISLAM

Hacia finales del siglo VIII los musulmanes controlaban territorios que llegaban hasta el río Indo, en el este, hasta lo que ahora es España y Portugal, en el oeste, y hasta el desierto Sahara, en el sur. El imperio incluía a muchos pueblos, como los indios, sirios, persas, egipcios y españoles.

Poco a poco los pueblos bajo dominio musulmán se unieron bajo una cultura común. Muchos de estos pueblos se convirtieron al islam, y los habitantes de todas las tierras musulmanas adoptaron la lengua árabe. Se cuenta que Mahoma dijo una vez: "Cualquiera que hable árabe, es árabe".

La creciente red de rutas comerciales que atravesaba las tierras musulmanas también acercó a los pueblos. Esta red incluía las carreteras construidas por los romanos y los persas, así como carreteras nuevas. En las rutas comerciales del desierto el camello de Arabia, o dromedario, era el principal medio de transporte. A estos animales también se los llamaba "barcos del desierto". Estaban muy bien adaptados para los viajes por dichas regiones y podían pasar cuatro días sin beber agua.

Pintura de una peregrinación islámica, año 1237

Sin embargo, los viajes por el desierto eran lentos. En un buen día los camellos podían recorrer unas 25 millas (40 km) en diez horas. Las caravanas necesitaban detenerse en un **oasis**, o pozo de agua, cada dos o tres días para que los camellos pudieran beber. A lo largo de las rutas más frecuentadas también existían **caravasares**, que eran posadas construidas junto a oasis, donde los viajeros podían comer y alojarse.

 ¿Qué relacionó a los pueblos que vivían en las tierras controladas por los musulmanes?

UNA ÉPOCA DE INTERCAMBIO CULTURAL

El comercio trajo riquezas a las tierras controladas por los musulmanes. Los mercaderes viajaban a lo largo y ancho, llevando bienes desde y hacia los mercados del suroeste de Asia. Los bienes que llegaban a las tierras musulmanas influían en el modo de vida. Por ejemplo, el oro cambió la manera en que los musulmanes comerciaban. Desde los comienzos del comercio, los musulmanes utilizaban oro de África occidental para fabricar monedas llamadas dinares. Con el tiempo, el dinar se convirtió en la moneda estándar para el comercio. Los bienes importados también modificaron el paisaje. Los mercaderes musulmanes trajeron árboles frutales de Asia. Al poco tiempo crecían huertas de naranjas y limones en toda la región del Mediterráneo.

Las ideas viajaban a través de las rutas comerciales con la misma facilidad que los bienes. Por ello, el aprendizaje floreció en el Imperio Musulmán. Los eruditos musulmanes desarrollaron nuevos métodos para estudiar medicina, matemáticas, astronomía y geografía. El comercio con India, por ejemplo, introdujo en el mundo musulmán el sistema numérico que hoy se conoce como números arábigos.

APRENDER CON DIAGRAMAS Los musulmanes intercambiaban bienes con pueblos de África y Asia.
■ ¿De dónde conseguían el oro los mercaderes musulmanes? ¿Y las especias? ¿Y la seda?

LA INFLUENCIA MUSULMANA A TRAVÉS DEL COMERCIO

LOS SONINKÉ DE ÁFRICA OCCIDENTAL

GHANA, KANEM Y GAO

MALÍ

Sal, caballos, armas, objetos de vidrio y joyas a Ghana, Kanem y Gao a cambio de oro, marfil, tejidos de algodón y esclavos

Sal a los soninké a cambio de oro

Sal, seda, cerámicas y joyas a Malí a cambio de oro, cereales y algodón

Dátiles, azúcar, telas, perfumes y piedras preciosas a China a cambio de seda, porcelana y especias

MERCADERES MUSULMANES

Sal, abalorios, cerámicas y seda a los songhay a cambio de oro, ébano, marfil, esclavos y algodón

SONGHAY

CHINA

Caballos, telas y esclavos a India a cambio de piedras preciosas, perfumes, madera de agáloco, madera de teca, sal, cocos, esclavos y especias

Cerámicas y joyas a las ciudades estado suajili a cambio de oro, sal y marfil

CIUDADES ESTADO SUAJILI

INDIA

Esta pintura, que acompaña a un manuscrito del siglo XV (izquierda), representa la destreza de los musulmanes en la práctica de la medicina. En las farmacias musulmanas (abajo) los científicos elaboraban medicinas para tratar muchas enfermedades.

Con este sistema numérico los matemáticos musulmanes avanzaron el estudio del álgebra (*al-yabr*, en árabe). El álgebra se centra en las relaciones entre los números. En los problemas de álgebra se emplean variables, como x e y. En tiempos remotos, los egipcios habían reflexionado sobre el concepto del álgebra. Sin embargo, esta rama de las matemáticas se desarrolló plenamente gracias al trabajo que al-Khwarizmi realizó en Bagdad a principios del siglo IX.

Gracias a la experiencia de cientos de años de viajes y de comercio, los musulmanes se convirtieron en geógrafos expertos. El estudio de las estrellas y de los diarios de los viajeros permitió que los **cartógrafos** musulmanes, o dibujantes de mapas, trazaran mapas muy precisos. Estos mapas fueron utilizados por los exploradores europeos de los siglos XV y XVI.

La literatura también se benefició con el flujo de ideas que circulaba por las rutas comerciales. Por ejemplo, es posible que muchos de los relatos de *Las mil y una noches* se hayan narrado por primera vez en la India y Persia. En la cumbre del Imperio Musulmán, sin embargo, estos relatos ya formaban parte de la literatura árabe.

Los habitantes de todas las tierras musulmanas leían poesía, ensayos, biografías y cuentos árabes. A través de las obras literarias se difundieron la historia, el derecho y las ciencias islámicas.

Los musulmanes mantuvieron el control de la red comercial incluso durante las invasiones de los turcos seljúcidas, provenientes del centro de Asia, y de los cruzados de Europa. Pero a mediados del siglo XIII los mongoles tomaron a Bagdad y su poderío económico. Con esto, los musulmanes perdieron el control de las rutas comerciales terrestres.

 ¿Qué avances del Imperio Musulmán fueron consecuencia del intercambio de ideas?

Este mapamundi del siglo XII fue dibujado por el geógrafo musulmán al-Idrisi. ¿Qué continentes aparecen en el mapa?

CONTINÚA EL COMERCIO EN LA RUTA DE LA SEDA

Las invasiones de los mongoles transformaron Asia y Europa. Los mongoles destruyeron cientos de ciudades y acabaron con miles de vidas. Un poeta musulmán que vivió durante el siglo XIII definió a los mongoles como "un ejército tan denso como las arenas del desierto". Pero cuando los mongoles establecieron gobiernos en las tierras conquistadas también crearon oportunidades nuevas de comercio.

Al igual que los musulmanes, los mongoles unificaron muchos pueblos de culturas diferentes bajo un imperio, desde los chinos, en el sureste, hasta los rusos, en el noroeste. Además, los pueblos guerreros de las estepas de Asia central hicieron la paces bajo el mandato mongol.

El nuevo período de ley y orden facilitó los viajes y el comercio a lo largo de la Ruta de la Seda.

La Ruta de la Seda era una vía de acceso a Asia utilizada por mercaderes y viajeros europeos. Ésta era la ruta que Marco Polo había seguido al ir y volver de China. A medida que los europeos aceptaban como ciertos los relatos de Marco Polo acerca de las riquezas de China, más y más mercaderes partían hacia el este por la Ruta de la Seda. Los centros comerciales de Italia fueron los que más se beneficiaron con estos viajes comerciales. De hecho, las ciudades de Génova, Venecia, Florencia y Siena firmaron tratados de comercio con los mongoles. Los mercaderes de esas ciudades viajaban hasta lo más profundo del Imperio Mongol para comprar especias, perlas, alfombras y seda.

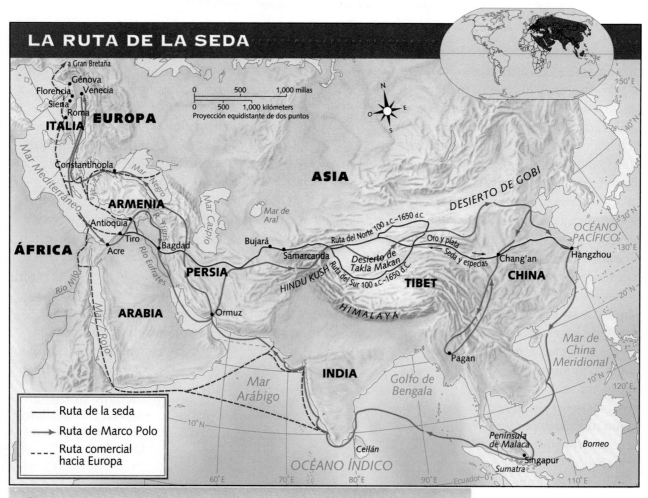

LA RUTA DE LA SEDA

Ruta de la seda
Ruta de Marco Polo
Ruta comercial hacia Europa

MOVIMIENTO Marco Polo siguió la Ruta de la Seda en sus viajes a China.
■ ¿Cómo describirías la ruta que utilizó para regresar a Venecia?

Luego, en el siglo XIV, el Imperio Mongol se debilitó. Una guerra civil estalló en Asia central y los viajes por la Ruta de la Seda se hicieron peligrosos. Los europeos tuvieron que utilizar rutas marítimas para llegar hasta los tesoros de China.

 ¿En qué benefició a los europeos el control que el Imperio Mongol tenía sobre las rutas de comercio?

EL COMERCIO EN EL SUR DE ASIA

Durante siglos, los relatos de las riquezas de India habían viajado hacia el norte a través de la Ruta de la Seda. Un mercader musulmán informó que "los ríos indios son perlas, las montañas, rubíes, y los árboles, perfumes". Estos relatos atrajeron a India a musulmanes descendientes de los mongoles. A partir del siglo XI, estos musulmanes se abrieron paso hacia el sur por los caminos elevados de las montañas del Hindu Kush y conquistaron gran parte del norte de India.

La ambición de oro, plata, joyas y perfumes había atraído a los primeros musulmanes a India. Pero ahora muchos otros bienes viajaban por la Ruta de la Seda hacia el norte. De India se exportaban, entre otros, cocos, sal y la madera

Las monedas de plata con forma de hacha (izquierda) y los billetes de banco (arriba) eran dos tipos de dinero que se utilizaban en todo el Imperio Mongol.

de una planta aromática llamada agáloco. A la India llegaban desde el norte caballos y tejidos finos. Además de bienes, las caravanas también transportaban esclavos, generalmente prisioneros de guerra, en ambas direcciones.

 ¿Cuáles eran algunos de los bienes que llegaban a la India? ¿Qué bienes salían de la India?

LECCIÓN 2 • REPASO

Comprueba lo que aprendiste

1. **Recuerda los datos** ¿Cómo se relacionaban los diversos pueblos que vivían en el Imperio Musulmán?
2. **Concéntrate en la idea principal** ¿En qué forma el desarrollo del Imperio Musulmán y del Imperio Mongol llevó al intercambio de bienes e ideas?

Piensa críticamente

3. **Piensa más sobre el tema** ¿Cómo puede el intercambio de bienes llevar al intercambio de ideas?
4. **Ayer y hoy** ¿Cuáles son algunos ejemplos actuales de actividades comerciales que llevan al intercambio cultural?

5. **En mi opinión** ¿Cuál crees que fue la idea más importante que se difundió mediante el comercio durante el período cubierto en esta lección? Explica tu respuesta.

Muestra lo que sabes

 **Actividad: Mapa** Consulta un atlas u otra fuente para dibujar un mapa de África y de la parte sur de Asia. Representa el relieve de la región. Luego imagina que tienes la tarea de elegir una ruta comercial desde la India hasta África occidental. Considera cuidadosamente los accidentes geográficos y luego dibuja la ruta que tomarías. Explica tu elección.

¿POR QUÉ PROSPERARON LOS MERCADERES MUSULMANES?

Durante cientos de años, los árabes controlaron las principales rutas comerciales del mundo. La historiadora Veronica Wedgwood dice que "los árabes se habían destacado desde hacía mucho tiempo por ser mercaderes intrépidos que viajaban por mar y por tierra". El control del comercio permitió a los árabes difundir el islam en muchas regiones. El comercio también facilitó la difusión de conocimiento e ideas.

Mientras que muchos historiadores coinciden en que los habitantes del Imperio Musulmán fueron mercaderes prósperos, existen opiniones distintas sobre las razones de este éxito. Lee los siguientes pasajes escritos por James Simmons, Francis Robinson y Fernand Braudel. Cada historiador tiene un punto de vista diferente acerca de por qué los musulmanes se destacaron en las actividades comerciales.

James Simmons

66 La domesticación del camello, y no la invención de la rueda, fue lo que dio movilidad a los primeros árabes y les permitió conquistar los vastos desiertos y establecer rutas comerciales lucrativas. Largas caravanas de camellos, a menudo con miles de animales y comerciantes, transportaban marfil, esclavos y pieles exóticas desde… África, seda de India y especias del sureste de Asia. Otras caravanas viajaban por la Ruta del Incienso desde el sur de Arabia, a través del desierto y hacia pueblos lejanos en el norte, transportando mirra, incienso y canela. Hoy en día es difícil apreciar la enorme importancia del incienso en el mundo antiguo, donde la falta general de servicios higiénicos hacía necesario el uso de humos aromáticos para cubrir olores desagradables. 99

Francis Robinson

66 Los mercaderes musulmanes, aprovechando la ubicación favorable del corazón de las tierras islámicas, lograron controlar gran parte del tráfico de bienes que circulaba por las rutas internacionales en los años anteriores al siglo XVI… Por esas rutas de la economía mundial viajaba la influencia islámica. Y mientras los musulmanes se apoderaban de zonas clave del sistema comercial, sus socios, que no eran musulmanes a menudo, se convertían al islam, en parte porque el negocio era mucho más fluido si los hombres tenían una cultura y una ley en común. 99

Fernand Braudel

66 Los mercaderes musulmanes fueron tratados con consideración desde tiempos tempranos, al menos por sus dirigentes políticos, lo que era infrecuente en Europa. Se dice que el mismo Profeta [Mahoma] llegó a decir: "Los mercaderes disfrutan de la felicidad de este mundo y del más allá"; "Aquél que gana dinero, complace a Dios". Esto basta para ilustrar el respeto que se daba a los comerciantes, y, además, existen cantidades de ejemplos concretos. 99

← Los mercaderes musulmanes y sus caravanas de camellos (a la izquierda, en la página 356) eran una escena frecuente hace unos mil años. Los gobernantes apoyaban a los escribanos, arquitectos, científicos y filósofos musulmanes (a la derecha, en la página 356).

COMPARA
PUNTOS DE VISTA

1. Según James Simmons, ¿cómo se explica el éxito de los mercaderes musulmanes? ¿Cómo lo sabes?

2. Según Francis Robinson, ¿cómo se explica el éxito de los mercaderes musulmanes? ¿En qué se diferencian el punto de vista de Robinson y el de Fernand Braudel?

3. Además de las razones dadas por estos tres historiadores, ¿qué otra razón crees que explica el éxito comercial del Imperio Musulmán?

PIENSA
-Y-
APLICA

A menudo, la gente no coincide sobre las razones de un acontecimiento o de una situación de la historia. ¿Qué ejemplos de este tipo de desacuerdo existen hoy día?

EL BUEN CIUDADANO

APRENDE con la LITERATURA

Concéntrate en el contacto entre culturas a través del comercio

La Ruta de la Seda

7,0,00 MILLAS DE HISTORIA

texto de
JOHN S. MAJOR

ilustraciones de
STEPHEN FIESER

La Ruta de la Seda, que relacionaba comercialmente a los imperios, no era un camino, sino la dirección en que los mercaderes viajaban para intercambiar bienes dentro de un área extensa. Por esta ruta se llevaban mercancías de China hacia Europa y hacia el centro y sur de Asia. A su vez, los bienes de esas regiones se llevaban a China.

Súmate a una caravana de mercaderes para viajar por la Ruta de la Seda desde Chang'an, en China, hasta el Imperio Bizantino. Mientras viajas, piensa en cómo el comercio relacionaba a los imperios del pasado.

COMIENZA EL VIAJE

La caravana está formada por muchos mercaderes privados y por funcionarios del gobierno chino. Al igual que los pioneros que viajaban en carretas hacia el oeste de Estados Unidos, los miembros de esta caravana viajan juntos para ayudarse mutuamente en el largo y peligroso trayecto. En la travesía sufrirán calor, hambre, sed y el peligro constante de ser saqueados por ladrones.

Pocos miembros de la caravana original realizarán todo el trayecto hasta el Mediterráneo. La seda y otros bienes de China cambiarán de manos varias veces a lo largo de la ruta.

Es el comienzo de la primavera. La caravana empieza un viaje que durará muchos meses. Será necesario atravesar los terribles desiertos del oeste antes de que llegue el calor del verano. Después de dejar atrás las murallas de la ciudad de Chang'an, la caravana atraviesa campos de cultivo. En la ladera de una colina cercana hay un templo budista.

DUNHUANG

En el año 100 d.C., la religión budista llegó a China desde la India por la Ruta de la Seda. El oasis de Dunhuang, que durante siglos había sido un importante centro comercial, donde los mercaderes compraban provisiones para el camino, pronto se convirtió también en un gran centro religioso. En la roca blanda de un acantilado cercano se excavaron cientos de cuevas que se usaron como templos budistas. Estos templos contienen estatuas budistas, y las paredes están decoradas con pinturas brillantes de motivos religiosos.

Varios mercaderes van a las cuevas para rezar por un viaje seguro, mientras otros compran provisiones en el mercado. Algunos funcionarios chinos reciben una manada pequeña de caballos traída desde el oeste por otra caravana. Más adelante llevarán la manada a la capital; otros funcionarios viajarán hacia el oeste para comprar más caballos.

La caravana debe realizar un viaje difícil a través del desierto de Takla Makan.

TAKLA MAKAN

El desierto de Takla Makan es uno de los más secos del mundo. Su nombre en turco uigur, una de las principales lenguas de Asia central, significa "si entras, no sales". La caravana bordea el límite norte del desierto, al sur de los picos nevados de Tian Shan. El camino es muy difícil, pues rodea dunas de arena, pasa por llanuras pedregosas y atraviesa espesos matorrales[1] salicáceos[2] junto a lechos de ríos secos. Pero los camellos bactrianos tienen dos jorobas, son fuertes y resistentes y están acostumbrados a esta tierra rústica.

Muchos camellos y conductores regresaron a Chang'an después de llegar a Dunhuang. Los mercaderes contrataron a otros conductores para la próxima etapa del viaje. También alquilaron animales adicionales para transportar la comida y el agua que se necesitarán para atravesar el desierto.

[1] **matorrales:** grupo apretado de arbustos
[2] **salicáceos:** de la familia del sauce

EL COMERCIO EN EL MUNDO

LUGAR Este mapa muestra la ruta seguida por los mercaderes del relato.

■ ¿Cuáles son los lugares de parada en la Ruta de la Seda?

Ruta de mercaderes

Estos cambios de hombres y animales se producirán varias veces durante el trayecto entre China y Damasco.

KASHGAR

Acalorados y cansados después de cruzar Takla Makan, los hombres y animales de la caravana se apresuran para llegar al oasis de Kashgar. En los campos de pastoreo cercanos a la ciudad pueden verse animales pastando y campamentos de pueblos pastores: uigures en sus yurtas[3] de lona redondas, turcomanos y tibetanos en tiendas negras.

Kashgar es famosa por su fruta. En los campos y viñedos irrigados se cultivan dátiles, melones y uvas. Todos los miembros de la caravana están ansiosos por comer y beber algo fresco.

Algunos de los miembros chinos de la caravana terminan aquí su viaje. Intercambian seda por dátiles secos, pasas de uva, jade y otros bienes locales que llevarán de regreso a China. Otros continuarán hacia el oeste junto a nuevos mercaderes, guardias, conductores y camellos descansados.

EL PAMIR

El Pamir es una alta cadena montañosa situada en la parte este de Afganistán. Aquí la Ruta de la Seda recorre valles estrechos que serpentean entre paredes altas junto a ríos caudalosos. Los conductores de camellos llaman a esta sección "el camino de los huesos", por la gran cantidad de hombres y animales que han muerto al caerse y al quedar aislados por las tormentas que se desatan sorpresivamente en los altos y fríos pasos. La caravana se encuentra con otra caravana que viaja hacia China con artículos de lujo provenientes de tierras occidentales y con una manada de hermosos caballos de Fergana.

TASHKENT, REINO DE FERGANA

En el mercado central de Tashkent, los últimos funcionarios chinos intercambian bobinas[4] de seda por caballos. Los comandantes militares chinos consideran que los caballos de Fergana son los más fuertes y resistentes del mundo.

Tashkent marca la frontera oriental del mundo cultural persa.

---

[3] **yurtas:** tiendas de forma circular

[4] **bobinas:** rollos

Antes de emprender el viaje de regreso a China, algunos mercaderes intercambian seda, porcelanas y otros bienes chinos por artesanías de metal, objetos de vidrio e instrumentos musicales persas.

TRANSOXIANA

Después de hacer otro alto en la ciudad de Samarcanda, la caravana penetra en una región inhóspita situada al este del río Oxus (hoy Amú Daryá). En estas tierras no hay ningún tipo de gobierno. Los nómadas[5] que viven en ellas asaltan a las caravanas siempre que pueden.

De improviso, la caravana es atacada por un grupo de bandidos turcomanos que van a caballo.

Se desencadena un feroz combate con espadas, arcos y flechas. Algunos miembros de la caravana mueren o resultan heridos. El combate termina con la huida de los bandidos, que logran apoderarse de varios camellos cargados de mercancías.

HERAT

En esta próspera ciudad persa se producen excelentes artesanías de metal, objetos de cristal, alfombras y otros bienes que se venden en China a buen precio. Herat se encuentra, por el momento, en la frontera oriental de un mundo islámico en rápida expansión. Una mezquita recién construida descolla[6] junto al mercado de la ciudad.

En el mercado de Herat, en Persia, se congregan mercaderes de muchas regiones.

[5] **nómadas:** personas que no viven en un sitio fijo
[6] **descollar:** destacarse

En el mercado, los miembros de la caravana se mezclan con vendedores locales, nómadas turcomanos y árabes de Bagdad y Damasco. Allí también hay mercaderes de la India que ofrecen especias y tejidos de vivos colores. Imanes[7] musulmanes, sacerdotes cristianos nestorianos, sacerdotes zoroástricos y monjes budistas están al servicio de la población de esta ciudad cosmopolita.

En Herat, la caravana deja los últimos camellos bactrianos. A partir de ese punto y durante el resto del trayecto se utilizarán dromedarios, los camellos de una sola joroba de Asia occidental.

BAGDAD

Bagdad es la ciudad más grande del mundo islámico y un centro comercial mundial. Las caravanas abarrotan los caminos que llevan a esta ciudad. Un mercader árabe conduce a un grupo de esclavos africanos que transportan marfil, oro y especias desde Zanzíbar. Barcos que llegan río arriba desde el puerto de Basora traen especias y telas estampadas de India, perlas del golfo Pérsico y piedras preciosas de Ceilán (ahora Sri Lanka). Algunos de estos bienes pronto viajarán hacia el este rumbo a China.

De la caravana original sólo quedan unos pocos mercaderes chinos. Para ellos, el viaje termina aquí. Gran parte de la seda, la porcelana y los demás bienes de China se intercambiaron durante el recorrido. El valor de los bienes que cambiaron de manos aumentó con cada transacción. Los mercaderes chinos ganarán una fortuna al vender sus mercancías en Bagdad. Luego deberán afrontar el largo y difícil viaje de regreso.

---

[7] **imanes:** personas encargadas de dirigir la oración en la mezquita

En Bagdad se intercambian una gran variedad de bienes de muchas partes del mundo.

DAMASCO

Los mercaderes árabes llevaron bobinas de seda de Bagdad a Damasco. Sólo las telas de la mejor calidad llegan tan lejos; entre ellas hay brocados de diseños intrincados,[8] rasos de colores brillantes y gasas finas para los camisones de las damas aristocráticas. Varias mujeres musulmanas ricas, con los rostros cubiertos por velos, admiran las telas de seda en una tienda.

TIRO

En la ciudad portuaria de Tiro, sobre la costa mediterránea de Líbano, los bienes se cargan en barcos que navegarán hasta las ciudades occidentales más alejadas. Parte de la seda obtenida en el mercado de Damasco será enviada a Bizancio,[9] la capital del Imperio Romano de Oriente.

---

[8] **intrincados:** complicados
[9] **Bizancio:** Constantinopla (actualmente Estambul)

BIZANCIO

En el salón principal de un esplendoroso palacio, un noble bizantino recibe la visita de un obispo de la iglesia cristiana ortodoxa. Ambos visten prendas costosas hechas con brocados de seda. Las mujeres del palacio permanecen en un patio interior, lejos de la vista de los hombres. Un príncipe de la lejana Rusia, al norte, espera su turno para hablar con el noble. Quizás reciba un pequeño regalo de seda para llevar a su país.

Las ropas de la gente rica de Bizancio están hechas con seda traída de China, situada a más de 6,000 millas de distancia. Pocos bizantinos tienen más que una vaga idea de dónde está China o de cómo son sus habitantes, de la misma manera que pocos chinos conocen algo sobre el Imperio Romano de Oriente. Y sin embargo, la seda china se vende en Bizancio y las monedas de oro bizantinas circulan en los mercados chinos. Los dos imperios están unidos por el comercio, gracias a los mercaderes valientes y emprendedores de la Ruta de la Seda.

Repaso de la literatura

1. ¿Cómo relacionaba la Ruta de la Seda a los pueblos?
2. ¿Por qué un objeto podía dar a un pueblo una idea del tipo de vida de otro pueblo?
3. Crea tu propio mapa de Europa y Asia. Procura incluir las fronteras actuales. Luego observa el mapa de la página 360. Copia la ruta comercial en tu mapa. Haz una lista de los países que hoy ocupan los territorios por los que pasaba esa ruta.

CAPÍTULO 11
REPASO

ONECTA LAS IDEAS PRINCIPALES

Usa este organizador para mostrar cómo están relacionadas las ideas principales del capítulo. Copia el organizador en una hoja de papel y complétalo escribiendo tres detalles de cada idea principal.

El comercio por tierra

Los imperios comerciales de África occidental

Los pueblos de África occidental se fortalecieron a través del comercio con otros pueblos.

1. _____

2. _____

3. _____

Las rutas comerciales entre Asia y Europa

El desarrollo de imperios unificados llevó al comercio entre pueblos de África, Asia y Europa.

1. _____

2. _____

3. _____

SCRIBE MÁS SOBRE EL TEMA

1. **Escribe en tu diario** Imagina que eres el dueño de una posada en Kumbi-Saleh, en África. Escribe en tu diario una descripción de los mercaderes que pasan la noche en tu posada. Incluye tu opinión sobre la influencia del comercio en las relaciones entre las personas de culturas distintas.

2. **Escribe un relato** Describe una ocasión en la que hayas intercambiado algo con un amigo,

como libros, juegos o cromos de deportes. Explica por qué decidiste hacer el intercambio y cómo ese intercambio afectó su relación.

3. **Escribe un cuento** Imagina que eres un mansa en Malí, o un mercader musulmán o chino en la Ruta de la Seda. Describe un día de tu vida.

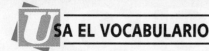

USA EL VOCABULARIO

Escribe la definición de cada palabra.

1. cartógrafo
2. mansa
3. oasis
4. sabana
5. tarifa
6. selva tropical

COMPRUEBA LO QUE APRENDISTE

1. ¿Cómo es el tamaño de África en relación con otros continentes?

2. ¿Cómo cambió la vida de los nok de África cuando aprendieron a forjar el hierro?

3. ¿Cuáles eran los dos bienes principales con los que los soninké comerciaban?

4. ¿Cuál fue el primer gran imperio de África occidental, y cómo se enriqueció?

5. ¿Cómo se obtuvo información histórica sobre el Imperio de Ghana?

6. ¿Qué influencia tuvo el contacto con los mercaderes musulmanes en la vida de los pueblos de África occidental?

7. ¿Por qué fue importante la peregrinación de Mansa Musa?

8. ¿Cuál era el medio de transporte más común en las rutas comerciales del desierto?

9. ¿Qué influencia tuvo el comercio en la vida en el Imperio Musulmán?

10. ¿Qué consecuencias tuvieron en Asia y Europa las invasiones de los mongoles?

11. ¿Qué atrajo a los primeros musulmanes a India?

PIENSA CRÍTICAMENTE

1. **En mi opinión** ¿Cómo crees que era la vida familiar de los mercaderes que pasaban meses o años enteros lejos del hogar?

2. **Causa y efecto** ¿Que causó la caída del Imperio de Malí?

3. **Ayer y hoy** ¿Cómo afectan las relaciones comerciales a los países del presente?

4. **Piensa más sobre el tema** ¿Por qué crees que los pueblos buscaron socios comerciales cada vez más lejanos entre los años 500 y 1500?

5. **Explora otros puntos de vista** Mansa Musa, de Malí, visitó Egipto durante su peregrinación a La Meca. ¿Cambió la opinión de los egipcios sobre Mansa Musa con la visita de dicho gobernante?

APLICA TUS DESTREZAS

Cómo comparar mapas con proyecciones diferentes Busca en tu biblioteca un atlas u otro libro que contenga muchos mapas. Observa los mapas e identifica las distintas proyecciones. Haz una lista con los tipos de proyecciones que encuentres. Junto al nombre de cada proyección, describe sus características.

LEE MÁS SOBRE EL TEMA

The Kingdoms of África: The Making of the Past de Peter Garlake; Bedrick. Una historia de África basada en descubrimientos arqueológicos y relatos orales.

Marco Polo and the Medieval Explorers de Rebecca Stetoff; Chelsea. La autora ofrece un análisis detallado de la vida de Marco Polo y de sus viajes a Asia. También se incluye información sobre otros viajeros, como Ibn Battuta.

Nadia the Willfull de Sue Alexander; Pantheon. Cuando el hermano de Nadia desaparece en el desierto, el padre ordena que su nombre no se pronuncie nunca más. Nadia quiere recordar a su hermano. ¿Qué hará?

EL COMERCIO MARÍTIMO Y FLUVIAL

> 66 Cada vez llegan más barcos. La interminable marea de vikingos no deja de crecer. 99
>
> Crónica de un monje francés del siglo IX
>
> ··
>
> **Escultura vikinga de madera, hecha hace unos 1,100 años**

EL COMERCIO EN EL OCÉANO ÍNDICO

Conexión con nuestro mundo

¿De qué modo el comercio conecta a las culturas contemporáneas?

Concéntrate en la idea principal
Lee sobre cómo el comercio en el océano Índico relacionó a muchos pueblos.

Anticipa el vocabulario
monzón	*junco*
vela latina	*diplomático*
falúa	*suajili*

Los nuevos conocimientos sobre la naturaleza y los avances en el diseño de barcos e instrumentos de navegación facilitaron los viajes oceánicos. Estos marineros árabes (abajo) se están embarcando en una expedición comercial.

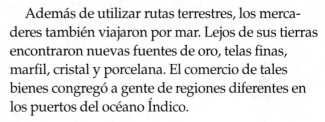

Además de utilizar rutas terrestres, los mercaderes también viajaron por mar. Lejos de sus tierras encontraron nuevas fuentes de oro, telas finas, marfil, cristal y porcelana. El comercio de tales bienes congregó a gente de regiones diferentes en los puertos del océano Índico.

DE BAGDAD A GUANGZHOU

"Éste es el Tigris y entre nosotros y China no hay ningún obstáculo. Todo lo que haya en el mar puede llegar hasta nuestras orillas," dijo el califa musulmán Almanzor en el año 762, cuando eligió a Bagdad, situada en lo que hoy es Irak, como la capital de su reino. De hecho, Bagdad se convirtió en "el puerto del mundo". Los barcos navegaban por el Tigris hasta el puerto de Basora, en el Golfo Pérsico. Allí los mercaderes cargaban sus bienes en navíos oceánicos. Los barcos entraban en el océano Índico y seguían las rutas marítimas que los llevaban a África oriental, India y China.

Los mercaderes árabes partían hacia el este a finales de año. Al planificar sus viajes tenían en cuenta el clima de la región hacia la que viajaban. En el océano Índico soplan vientos fuertes llamados **monzones**. El monzón de invierno sopla desde el noreste de noviembre a marzo. El monzón de verano sopla de abril a octubre desde el suroeste.

Para contrarrestar estos vientos constantes, los pueblos que navegaban el océano Índico desarrollaron la **vela latina**, que, por estar cortada en forma triangular, permite avanzar contra el viento. Los barcos árabes, o **falúas**, usaban velas latinas para viajar hacia China cuando el monzón soplaba del noreste.

La falúa

La falúa era una embarcación de madera con una o dos velas. Las tablas que la formaban no estaban unidas por clavos o cuñas de madera, como en las naves europeas, sino que "estaban cosidas con cuerdas de fibra de coco". Los constructores navales árabes revestían las tablas con una capa de aceite, como el aceite de tiburón, para impermeabilizar la madera.

La primera parada de los mercaderes era Mascate, en el extremo de la península de Arabia. Allí los barcos se abastecían de agua dulce. Luego navegaban por un mes hasta la costa de Malabar, al suroeste de India. Hacia finales de invierno alcanzaban las islas Nicobar, situadas en la parte este del océano Índico, y desde allí navegaban hasta el mar de China. En este punto del trayecto, el monzón de verano ya había comenzado a soplar. El viento del suroeste empujaba los barcos hasta Guangzhou, el puerto más importante de China.

Los barcos llegaban a China cargados con bienes de Arabia: dátiles, azúcar, telas de lino, perfumes y joyas. Después de intercambiar estos bienes por otros en Guangzhou, los mercaderes árabes aprovechaban el monzón de invierno para regresar. Volvían con sedas chinas, porcelanas, algodón y pimienta de India y especias del sureste de Asia.

El viaje de ida y vuelta duraba cerca de un año y medio. Ya de regreso, los mercaderes árabes pasaban seis meses juntando bienes para intercambiarlos con los chinos en el siguiente viaje. Cuando llegaba el próximo monzón de invierno, se hacían a la mar.

 ¿Cómo llegaban hasta el puerto de Guangzhou los mercaderes de Bagdad?

LA INFLUENCIA ÁRABE EN EL OCÉANO ÍNDICO

Los mercaderes árabes atravesaban el océano Índico cada año para comerciar con los chinos. Sin embargo, no tenían el monopolio de las rutas comerciales marítimas entre el este y el oeste. Los mercaderes judíos del suroeste de Asia viajaban entre el golfo Pérsico y China. Los hindúes también navegaban por el océano Índico, principalmente en la parte este.

En el siglo IX los **juncos** chinos, barcos de madera con velas de cuatro lados, comenzaron a navegar hacia lugares como la península de Malaca. A principios del siglo XV los mercaderes chinos empezaron a viajar aún más lejos. Bajo el mando del almirante Zheng He, los barcos chinos visitaron las costas de Siam, Indonesia, Ceilán, la península de Arabia y la costa oriental de África. Además de marino, Zheng He era un **diplomático**, o persona experta en hacer tratados.

En China, como en otras partes del mundo, las mujeres (izquierda) solían llevar a los mercados y puertos bienes para intercambiarlos. Los juncos (abajo) todavía se usan en el presente para transportar mercancías a largas distancias.

El almirante chino Zheng He (sentado) realizó muchos viajes oceánicos en nombre de su emperador. En su primer viaje iba a la cabeza de una flota de más de trescientos barcos.

Por ello logró persuadir a muchos pueblos de que comerciaran con China.

Sin embargo, el comercio en el océano Índico estuvo dominado por los árabes hasta fines del siglo XV. Debido a que los viajes eran muy largos, los mercaderes árabes establecieron comunidades en algunos de los puertos importantes donde se detenían. Se desarrollaron comunidades musulmanas en Sri Lanka, en partes de Indonesia y en China.

Las costumbres de las comunidades comerciales musulmanas no tardaron en difundirse entre los pueblos vecinos, y muchas personas se convirtieron al islam. Hacia el siglo XVI los mercaderes árabes habían introducido el islam en la parte sur de India, en Sri Lanka y en partes de Indonesia. El islam también se propagó entre los pueblos de la costa occidental del océano Índico.

 ¿Cómo se extendieron el islam y las costumbres musulmanas a los pueblos del océano Índico?

LAS CIUDADES ESTADO SUAJILI

Los mercaderes árabes habían navegado por la costa este de África en sus falúas desde el siglo VII. Allí buscaban oro, marfil, pieles y, a veces, esclavos. A cambio ofrecían a los africanos cerámica, porcelana, telas y especias.

Algunos mercaderes árabes fundaron comunidades musulmanas en los puertos comerciales de África oriental. Estos mercaderes se establecieron en dichas comunidades, se casaron con africanos y formaron familias. Una nueva cultura y una nueva lengua, en parte africanas y en parte árabes, habían surgido en la costa este de África hacia el siglo X. El pueblo y su idioma se llamaban **suajili**. La mayoría de los suajili se hicieron musulmanes, pero también incorporaron muchas tradiciones y costumbres africanas.

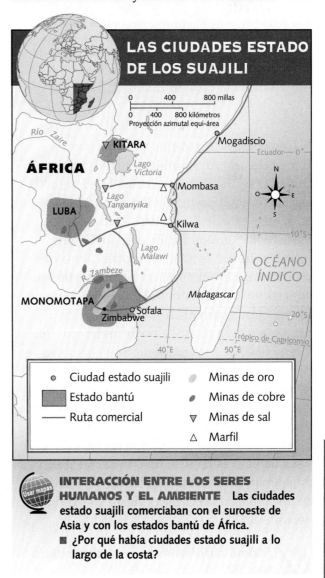

LAS CIUDADES ESTADO DE LOS SUAJILI

INTERACCIÓN ENTRE LOS SERES HUMANOS Y EL AMBIENTE Las ciudades estado suajili comerciaban con el suroeste de Asia y con los estados bantú de África.

■ ¿Por qué había ciudades estado suajili a lo largo de la costa?

Este detalle de una pintura hecha en seda por Shen Tu representa a una jirafa llevada a China desde África en 1419. El animal fue un regalo que el almirante Zheng He le hizo al emperador chino. El nombre de la obra es *Jirafa con su cuidador en homenaje al emperador.*

Con el transcurso de los años, los puertos comerciales de África oriental se convirtieron en ciudades estado independientes. En el siglo XIV existían hasta cuarenta ciudades comerciales en la costa este de África, desde Mogadiscio al norte hasta Sofala al sur. En el siglo XI, un cronista musulmán escribió que Sofala "tenía oro en abundancia y otras maravillas". Este tipo de noticias fue lo que motivó al almirante chino Zheng He a recorrer la costa este de África a comienzos del siglo XV. Uno de los tesoros que Zheng llevó de regreso fue algo que fascinó a los chinos: una jirafa.

Kilwa era una de las ciudades estado suajili más prósperas. Su riqueza provenía del comercio del oro y se evidenciaba en toda la ciudad. Sus casas, altas y elegantes, estaban hechas con coral y sus habitantes vestían ropas finas. El viajero musulmán Ibn Battuta definió Kilwa como "una de las ciudades más bellas y mejor construidas del mundo".

✓ ¿Cómo surgieron las ciudades estado suajili?

EL REINO DE MONOMOTAPA

Los habitantes de las ciudades estado suajili no producían los bienes que intercambiaban con sus socios árabes, sino que los conseguían por medio del trueque. Los mercaderes de Sofala y Kilwa daban sal, herramientas y telas a los mercaderes de África central a cambio de oro. Los habitantes de África central eran descendientes de pueblos que cientos de años antes habían llegado de África occidental. Estos pueblos, que los historiadores llaman bantú, se habían asentado en el este y en el sur de África.

MIGRACIÓN DE LOS BANTÚ

Migración de los bantú

Territorio original de los bantú

Territorio de los bantú

MOVIMIENTO Los bantú salieron del oeste de África.
■ ¿En qué dirección se desplazaron?

Las ruinas de la muralla del palacio real shona se encuentran en Zimbabwe, un país africano del presente (recuadro).

Alrededor del siglo XIII los shona, un pueblo bantú, se apoderaron de las minas de África central, de donde provenía el oro de Sofala y Kilwa. Con estas minas y las grandes manadas de ganado que poseían, los shona se hicieron ricos y poderosos. Con el tiempo formaron un vasto imperio en África central, cuya capital fue Zimbabwe. Como símbolo de su riqueza, los reyes shona ordenaron la construcción de una inmensa muralla de piedra que rodeaba al palacio real. Esta muralla tenía una altura de

más de 30 pies (9 metros) y encerraba una superficie tan larga como un campo de fútbol americano y cuatro veces más ancha.

El reino de Monomotapa comerció oro con las ciudades estado suajili durante más de dos siglos. Pero alrededor de 1450, los shona se marcharon de Zimbabwe. La causa de esta partida se desconoce.

 ¿Qué papel desempeñaba el reino de Monomotapa en el comercio del océano Índico?

L ECCIÓN 1 • REPASO

Comprueba lo que aprendiste

1. **Recuerda los datos**   ¿Quiénes fueron los mercaderes más activos de la región del océano Índico?
2. **Concéntrate en la idea principal**   ¿Cómo relacionó el comercio a través del océano Índico a los pueblos de Asia y África?

Piensa críticamente

3. **En mi opinión**   ¿Por qué crees que, a diferencia de los árabes, los mercaderes africanos no se hicieron a la mar en busca de mercados?

4. **Causa y efecto**   ¿Por qué podría decirse que el reino de Monomotapa desapareció a causa de su propio éxito?

Muestra lo que sabes

 Actividad: Carta   Imagina que formas parte de la tripulación del almirante Zheng He. Escribe una carta a un amigo de China contándole lo que viste al pasear por una ciudad estado suajili.

EL MEDITERRÁNEO
Y EL MAR NEGRO

Conexión con nuestro mundo

¿Qué hacen las naciones contemporáneas para mantener el control del comercio?

Concéntrate en la idea principal
Lee sobre cómo algunas ciudades estado consiguieron controlar el comercio en el mar Mediterráneo y en el Mar Negro.

Anticipa el vocabulario
fuego griego
dux

El Imperio Bizantino se enriqueció con el control de las rutas comerciales. Estas cucharas de plata y esta pintura del Palacio de Constantino y Helena son dos ejemplos de la riqueza de ese imperio.

Durante cientos de años, el mar Mediterráneo y el Mar Negro fueron los "lagos" del Imperio Romano. Por estos mares se transportaban bienes de todas las regiones del imperio. Cuando el Imperio Romano se dividió, las distintas fracciones se disputaron el control de las rutas comerciales de ambos mares.

EL COMERCIO EN EL IMPERIO BIZANTINO

Durante el siglo VI el emperador bizantino Justiniano I logró el control del Mar Negro y del Mediterráneo. Constantinopla, la capital del imperio, estaba estratégicamente situada entre los dos mares y funcionaba como centro comercial de ambos. "En los puertos de Constantinopla atracan expectantes las naves del comercio mundial", escribió un poeta de la época.

Pero el comercio bizantino también se efectuaba en muchos otros lugares. Los barcos mercantes atravesaban el Mar Rojo y luego el océano Índico para llegar a India. Barcos más pequeños navegaban por el Mar Negro y se adentraban en el río Dniéper para comerciar con el pueblo rus de Kiev, en lo que hoy es Ucrania. Además, las caravanas de camellos viajaban hacia China a través de rutas terrestres.

Los mercaderes que operaban en todas las rutas mencionadas llevaban bienes muy diversos a Constantinopla. De Kiev llegaban pieles, sal, cera y miel; de India y China, marfil, porcelana, joyas, seda y especias. El imperio se enriqueció al cobrar impuestos sobre todos los bienes que entraban en Constantinopla.

Durante siglos, la armada bizantina mantuvo seguras las rutas marítimas. Esto fue posible mediante la utilización de un arma secreta llamada fuego griego.

LA DECADENCIA DEL IMPERIO BIZANTINO

EUROPA

Imperio Bizantino, aprox. 1050
Imperio Bizantino, aprox. 1350

Los cruzados conquistan Constantinopla, 1204

Los turcos conquistan Bizancio, 1453

Río Danubio

Mar Negro

Mar Adriático

Mar Tirreno

•Roma

Sicilia

Mar Mediterráneo

•Constantinopla

ASIA

•Antioquía

Creta

Chipre

0   150   300 millas
0   150   300 kilómetros
Proyección azimutal equi-área

N
O   E
S

UBICACIÓN
A mediados del siglo XIV el Imperio Bizantino había perdido gran parte de su territorio original.
■ ¿Dónde estaba ubicado el Imperio Bizantino en 1350?

El **fuego griego** era un compuesto químico que ardía al entrar en contacto con el agua. Un solo impacto de esta sustancia podía hacer arder a un barco enemigo. Las embarcaciones árabes y de otros pueblos que intentaban controlar el Mediterráneo eran las víctimas más comunes del fuego griego.

 ***¿Cómo se enriqueció con el comercio el Imperio Bizantino?***

LOS MUSULMANES EN EL MEDITERRÁNEO

Los musulmanes habían intentado conseguir el control del Mediterráneo desde el principio. En el año 649 tomaron la isla de Chipre, en la parte este del Mediterráneo. Unos 150 años más tarde, los musulmanes de Túnez, Marruecos y España lograron controlar otras islas, entre ellas Creta y Sicilia. Desde estas islas protegían sus barcos mercantes que navegaban a lo largo de la costa norte de África. De esta forma se aseguraban de que la red comercial musulmana que llegaba hasta China tuviera una conexión con la parte oeste del Mediterráneo.

A finales del siglo X, los bizantinos lograron recuperar Chipre y Creta. Los gobernantes bizantinos ordenaron que los habitantes del imperio suspendieran el envío de madera y hierro a tierras musulmanas. Con tal medida, los gobernantes bizantinos confiaban en evitar que sus rivales construyeran más barcos para navegar por el Mediterráneo. Sin embargo, no todos los habitantes del Imperio Bizantino obedecieron esta orden. Las ciudades italianas de Amalfi y Venecia ignoraron la prohibición, ya que al estar tan alejadas del resto del imperio actuaban como ciudades estado independientes.

La riqueza de Amalfi, una ciudad ubicada en el mar Tirreno, provenía del comercio con el Imperio Musulmán. Sus gobernantes no tenían intención de perder a sus socios más importantes sólo porque lo ordenara el gobierno bizantino. Este sentimiento era compartido por Venecia, una ciudad situada al norte del mar Adriático que también se había enriquecido al comerciar con los musulmanes. Curiosamente fueron los venecianos, y no los musulmanes del norte de África, los que se apoderaron del Mediterráneo.

 ¿Por qué era tan importante para los musulmanes del norte de África el control de las islas del Mediterráneo?

EL NACIMIENTO DE LAS CIUDADES ESTADO ITALIANAS

Un documento del siglo XI describe a Venecia como una ciudad que "no conoce el arado, la guadaña ni la vendimia". "En su lugar", dice el mismo documento, "los venecianos compran cereales y vino en cada puerto". De esto se deduce que la actividad principal de Venecia era el comercio. Los mercaderes compraban madera, lana y hierro en Europa occidental. Después vendían esos mismos bienes en los puertos musulmanes del Mediterráneo oriental. Los mercaderes regresaban a Venecia cargados de sedas, especias y marfil, bienes que a su vez vendían en los mercados europeos.

Otras ciudades italianas también se dedicaban a actividades similares. Ubicadas en la parte oeste del Mediterráneo, las ciudades estado de Pisa y Génova habían creado fuertes lazos comerciales con los puertos musulmanes del norte de África. Los barcos partían de Pisa y Génova y navegaban por el Mediterráneo hacia el sur, cargados de lino, algodón, joyas, perfumes y especias. Luego regresaban con artículos de cuero, pieles de animales, cereales y demás, que a su vez intercambiaban por otros bienes.

Mercaderes de lana venecianos (arriba)
Vasija de amatista hecha en Venecia (izquierda)

A finales del siglo XI los normandos, que controlaban un territorio pequeño en lo que hoy es Francia, atravesaron el estrecho de Gibraltar en busca de nuevas tierras para conquistar. Como Venecia combatió contra los invasores normandos, el Imperio Bizantino premió a la ciudad permitiendo que los mercaderes venecianos pasaran por Constantinopla sin tener que pagar impuestos.

LAS CIUDADES ESTADO DE ITALIA

→ Ruta comercial
• Ciudad estado

al Rín
Río Rin
• Milán
a Hamburgo
al R. Danubio
Venecia
Génova
Florencia
Pisa
ITALIA
• Roma
Mar Adriático
EUROPA
Río Danubio
al Río Dniéper (Rusia)
30° E
Mar Negro
a Valencia (España)
40° N
Mallorca
a Brujas (Francia)
Cerdeña
Mar Tirreno
Nápoles
Amalfi
a Brujas (Francia)
10° E
Túnez •
Sicilia
Siracusa
Mar Jónico
al Azov (Rusia)
Constantinopla • a Trebisonda
ASIA
ÁFRICA
Mar Mediterráneo
a Trípoli
a Alejandría (Egipto)
0   150   300 millas
0   150   300 kilómetros
Proyección azimutal equi-área
20° E
30° E

MOVIMIENTO
Los mercaderes de las ciudades estado italianas viajaban por rutas terrestres y marítimas.

■ ¿Por qué crees que los mercaderes venecianos viajaban en tantas direcciones?

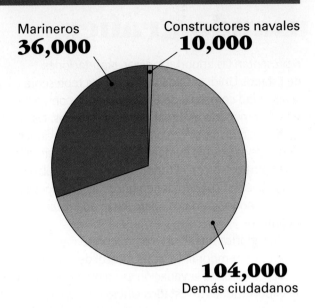

LA IMPORTANCIA DEL MAR PARA VENECIA, 1423

Marineros
36,000

Constructores navales
10,000

104,000
Demás ciudadanos

APRENDER CON GRÁFICAS Por estar situada a orillas del mar Adriático, Venecia se convirtió en un importante puerto comercial.

■ ¿Qué porcentaje de venecianos eran marinos y qué porcentaje constructores de barcos?

Sin embargo, con el tiempo los venecianos ayudaron a los normandos a desplazar a los bizantinos de Italia. Y en 1204, el **dux**, o gobernante, de Venecia persuadió a los cruzados que se dirigían a la Tierra Santa a que atacaran Constantinopla. Los cruzados tomaron

Constantinopla después de tres días de asedio, y Venecia se apoderó rápidamente de casi todos los territorios bizantinos de la costa este del Mediterráneo.

Venecia pasó a controlar las importantes rutas comerciales de la parte este del Mediterráneo y del Mar Negro. Génova controlaba el Mediterráneo occidental. Con el tiempo, Venecia monopolizó todo el comercio en el Mediterráneo.

En la misma época otras ciudades estado del interior de Italia, como Milán y Florencia, emprendieron sus propias actividades comerciales. Florencia y otras ciudades estado empezaron a acuñar monedas en el año 1252. Los florines florentinos y los ducados venecianos sustituyeron a los dinares árabes en el Mediterráneo.

El monopolio comercial de las ciudades estado italianas en el Mediterráneo, que Venecia encabezaba, duró más de dos siglos. Pero en 1453 Constantinopla cayó en poder de los turcos otomanos, quienes anexaron el Mediterráneo y el Mar Negro al Imperio Otomano. En la misma época aumentó el resentimiento de muchos reinos europeos por el control que las ciudades estado italianas ejercían sobre el comercio. Esto los llevó a navegar por el océano Atlántico en busca de otra ruta comercial a Asia. De esta forma surgió una época de exploración y descubrimientos.

 ¿Qué puso fin al monopolio comercial de las ciudades estado italianas en el Mediterráneo?

L*ección 2 • REPASO*

Comprueba lo que aprendiste

1. **Recuerda los datos** ¿Quiénes querían controlar el comercio en el Mediterráneo?

2. **Concéntrate en la idea principal** ¿Qué hicieron las ciudades estado italianas para lograr el control de las rutas comerciales del Mediterráneo y del Mar Negro?

Piensa críticamente

3. **Ayer y hoy** ¿Qué beneficios pueden obtener los países al comerciar con Estados Unidos?

4. **Piensa más sobre el tema** Observa un mapa de la región mediterránea. ¿Cómo influyó la geografía de la región en el éxito de Génova y Venecia como potencias comerciales?

Muestra lo que sabes

 **Actividad: Poesía** Los venecianos estaban muy orgullosos de sus logros. Imagina que vives en Venecia a principios del siglo XV. Escribe un poema sobre el orgullo que sientes de ser ciudadano de esta gran ciudad estado.

Comparar datos usando gráficas

¿Por qué es importante esta destreza?

Imagínate que quieres preparar un informe acerca del comercio en el mundo contemporáneo. Para ello debes presentar muchos datos de forma concisa y clara. Una forma de lograr esto es utilizando gráficas. Una **gráfica** es un diagrama que muestra la relación que existe entre determinados datos. Cuando sepas leer y crear gráficas, podrás comparar muchas clases de datos.

Gráficas de barras, gráficas circulares y gráficas lineales

El tipo de gráfica que se usa determina cómo se presentan los datos. Las **gráficas de barras** son especialmente útiles para hacer comparaciones rápidas. Observa que las barras de las gráficas de importaciones y exportaciones son horizontales y que van de izquierda a derecha. En las gráficas de barras también pueden utilizarse barras verticales.

Las **gráficas circulares** dividen los datos en sectores. Las gráficas de la página siguiente representan las importaciones y exportaciones de Estados Unidos. Cada sector de ella representa la actividad comercial de Estados Unidos con un país determinado. Al igual que otras gráficas, las gráficas circulares sirven para hacer comparaciones. Con ellas es posible comparar qué relación tienen las partes entre sí o con el todo. Las gráficas circulares son más útiles cuando tienen pocos sectores porque, de otro modo, los datos aparecerían abarrotados y confusos.

Una **gráfica lineal** sirve para representar una progresión temporal. La gráfica lineal de la página siguiente muestra la variación existente en la cantidad de exportaciones de Estados Unidos entre 1970 y 1995. Cada punto representa el grado de actividad comercial en un año. La línea que conecta todos los puntos muestra la progresión a lo largo del tiempo. Naturalmente, la curva asciende o desciende de acuerdo a los datos. Estas gráficas son las más adecuadas para mostrar una **tendencia**, o la forma en que algo cambia con el tiempo.

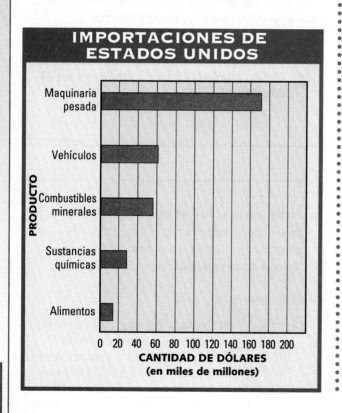

LOS CINCO SOCIOS PRINCIPALES DE ESTADOS UNIDOS: IMPORTACIONES

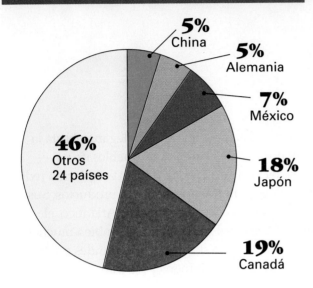

5% China

5% Alemania

7% México

18% Japón

46% Otros 24 países

19% Canadá

LOS CINCO SOCIOS PRINCIPALES DE ESTADOS UNIDOS: EXPORTACIONES

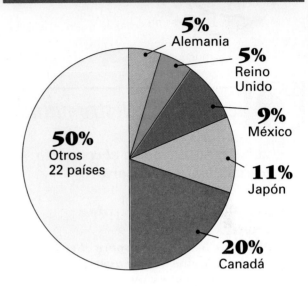

5% Alemania

5% Reino Unido

9% México

11% Japón

50% Otros 22 países

20% Canadá

Comprende el proceso

Compara los datos de los tres tipos de gráficas contestando las siguientes preguntas. Al contestar, reflexiona sobre las ventajas y los inconvenientes de cada gráfica.

EXPORTACIONES DE ESTADOS UNIDOS, 1970–1995

DÓLARES (en miles de millones)

500
400
300
200
100
0

1970 1975 1980 1985 1990 1995

AÑO

1. ¿Qué gráfica o gráficas usarías para saber la cantidad de maquinaria pesada que Estados Unidos importa? Explica tu respuesta.
2. ¿Qué gráfica o gráficas usarías para saber qué porcentaje del comercio internacional de Estados Unidos es con Japón? Explica tu respuesta.
3. ¿Qué gráfica o gráficas usarías para saber en qué manera han cambiado las exportaciones de Estados Unidos entre 1970 y 1980? Explica tu respuesta.
4. ¿Crees que los datos que aparecen en las gráficas de barras pueden mostrarse en gráficas circulares? Explica tu respuesta.
5. ¿Crees que los datos que aparecen en la gráfica lineal pueden mostrarse en la gráfica circular? Explica tu respuesta.

Piensa y aplica

Usa las gráficas de estas páginas para escribir un párrafo que resuma el comercio internacional de Estados Unidos durante los últimos años. Compara tu resumen con el de un compañero. ¿Llegaron a conclusiones similares?

LOS MARES DEL NORTE

Conexión con nuestro mundo

¿Qué efecto tiene en el comercio la anexión de territorio?

Concéntrate en la idea principal

Mientras leas, piensa sobre el efecto que tuvo la anexión de nuevos territorios en el comercio del norte de Europa.

Anticipa el vocabulario

saga
expansión territorial
hansa
embargo

La seda y las especias de Asia llegaban hasta la región nórdica de Europa. Los pueblos de navegantes del norte de Europa habían establecido redes comerciales para transportar estos productos. Sus embarcaciones recorrían el océano Atlántico, el Mar del Norte y el mar Báltico, y también muchos ríos. Con el tiempo surgieron dos grandes pueblos de mercaderes: los vikingos y los miembros de la Liga Hanseática.

LOS AVENTUREROS VIKINGOS

En una **saga** islandesa, o relato de aventuras en el que se cuentan las hazañas de un personaje, un joven héroe le dice a su padre: "Dame un barco y una tripulación y me convertiré en vikingo". El término *vikingo* proviene del noruego antiguo. Al principio significaba piratear los mares y posteriormente se usó para describir a los guerreros que llevaban a cabo los saqueos. ¿Pero por qué los vikingos dejaban sus tierras del norte para atacar a otros pueblos?

En el siglo VIII la población de Escandinavia, que en la actualidad comprende Dinamarca, Noruega y Suecia, aumentó con mucha rapidez. Después de un tiempo la tierra no produjo alimento suficiente para abastecer a toda la población. Muchos escandinavos se hacían a la mar todos los veranos en busca de alimento y bienes que robar. Viajaban en *drakkars* o embarcaciones alargadas, estrechas y de fondo plano. Los *drakkars* navegaban a gran velocidad, impulsados por velas grandes y cuadradas y por los muchos remeros que también luchaban a la hora del combate.

Los vikingos solían atacar por la noche o al amanecer para sorprender a sus víctimas. Mataban a todo aquel que oponía resistencia y solían llevarse a mujeres y niños para venderlos como esclavos. Lo que no robaban, lo quemaban.

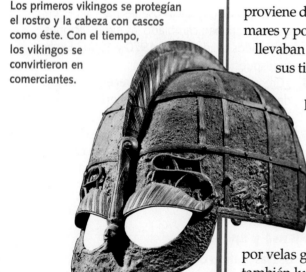

Los primeros vikingos se protegían el rostro y la cabeza con cascos como éste. Con el tiempo, los vikingos se convirtieron en comerciantes.

LA EXPANSIÓN DE LOS VIKINGOS, 800–1000

0   250   500 millas
0   250   500 kilómetros
Proyección azimutal equi-área

→ Expansión de los vikingos

MOVIMIENTO Desde Escandinavia, que comprendía las actuales Dinamarca, Noruega y Suecia, los vikingos viajaron en muchas direcciones.

■ ¿Cómo describirías el itinerario seguido por los vikingos para llegar hasta Pisa, en lo que hoy es Italia?

Los pueblos que vivían en las costas del noroeste de Europa fueron los primeros en sufrir los ataques de los vikingos. Un sacerdote inglés escribió: "Jamás ha conocido Bretaña semejante horror". Más adelante, los vikingos comenzaron a navegar por los ríos, adentrándose en el continente y atacando ciudades como París, Burdeos y Sevilla.

Después de cierto tiempo, los vikingos se establecieron en las regiones que atacaban. Con esta **expansión territorial**, o anexión de tierras, los vikingos lograron satisfacer las necesidades básicas generadas por su crecimiento demográfico. Los vikingos suecos viajaron hacia el este y penetraron en lo que hoy es

Rusia. Los daneses se apoderaron de partes de Inglaterra y de Francia. En el oeste, los noruegos se asentaron en Islandia, Groenlandia y partes de Escocia e Irlanda. Incluso establecieron un asentamiento en América del Norte.

Cuando los vikingos se asentaron abandonaron sus costumbres invasoras. El comercio reemplazó a la piratería, la cual pasó a ser mencionada sólo en las sagas.

✔ **¿Qué motivó a los escandinavos a saquear a otros pueblos? ¿Por qué abandonaron los saqueos?**

Los *drakkars* (izquierda) permitían a los vikingos viajar con facilidad y transportar los bienes robados. Los vikingos intercambiaban dichos bienes o los usaban para fabricar artículos como este broche de oro (derecha).

EL PUEBLO RUS

Con el paso del tiempo los vikingos establecieron rutas comerciales. Las rutas más usadas eran las del este. Invasores provenientes de Suecia se habían asentado en las costas del mar Báltico, en lo que hoy es Letonia, a principios de la edad vikinga. Más adelante se adentraron por tierra hasta alcanzar los ríos Dniéper y Volga. Algunos vikingos navegaron por el Dniéper hasta Kiev, donde establecieron un centro comercial. Otros navegaron por el Volga desde el centro comercial de Nóvgorod.

Los eslavos, que habitaban esa parte del este de Europa, llamaron a los vikingos *rus,* de donde quizás deriva la palabra *Rusia.* Las historias de los rus y de su comercio se difundieron en todas direcciones. El geógrafo musulmán del siglo X Ibn Rustah observó que la única actividad lucrativa de los rus era "el comercio de pieles de ardilla, marta y otros animales".

Pero los bienes no era lo único que viajaba por las rutas comerciales del este. A fines del siglo X, misioneros bizantinos viajaron hacia el norte e introdujeron el cristianismo entre los rus de Kiev.

Ésta es la "Gran grúa de Danzig", que se empleaba para subir o bajar cargas pesadas de los barcos mercantes en la ciudad de Brujas, en el norte de Europa. ¿Qué tipo de actividades se ven en esta escena?

¿Qué es?

Los vikingos en América del Norte

Por mucho tiempo, los historiadores se preguntaron si los vikingos realmente habían viajado tan al oeste como para llegar hasta América del Norte. En la década de los sesenta se descubrió en Terranova un grupo de casas de arquitectura vikinga. Entre los artefactos que se encontraron había una pesa de piedra parecida a las que se usaban en las ruecas vikingas. Sabemos que en la sociedad vikinga eran las mujeres quienes hilaban y tejían. También sabemos que las mujeres no viajaban con los hombres, a menos que tuvieran la intención de asentarse. A partir de estos hechos se concluyó que, efectivamente, los vikingos sí se habían establecido en América del Norte.

Hasta el siglo XIII, los rus y otros pueblos descendientes de los vikingos mantuvieron el poder comercial en las vías fluviales del norte. Ellos abastecían a Europa occidental de pieles y artículos de lujo. Más adelante, otros mercaderes europeos comenzaron a utilizar las rutas marítimas del norte para conseguir esos mismos productos.

✓ ¿Qué rutas comerciales controlaba el pueblo rus?

LOS MERCADERES DE EUROPA SE UNEN

Todos los mercaderes de Europa tenían que hacer frente a los mismos problemas, como defenderse de los ataques de bandoleros en tierra y de piratas en el mar. Además, tenían que pagar impuestos en casi todos los puertos donde atracaban.

LIGA HANSEÁTICA

0 300 600 millas
0 300 600 kilómetros
Proyección azimutal equi-área

Trondheim

NORUEGA

Golfo de Botnia

Mar del Norte

Estocolmo
Birka

Reval

SUECIA

Visby

Riga

INGLATERRA

DINAMARCA

Mar Báltico

Rostock

King's Lynn

Lübeck
Hamburgo

Danzig

Bremen

Río Oder

Brujas

Dortmund

Río Elba

Colonia

REINO DE ALEMANIA

EUROPA

- Miembros de la Liga Hanseática
- Otras ciudades importantes
— Rutas comerciales de la Liga Hanseática

N O E S

MOVIMIENTO Las ciudades de la Liga Hanseática estaban conectadas a través de rutas comerciales.

■ ¿Qué crees que habría pasado si una ciudad como Riga se hubiera separado de la Liga Hanseática?

A principios del siglo XIII, varios mercaderes del norte de Europa acordaron unir sus esfuerzos para protegerse. Para ello organizaron grupos llamados **hansas**. Los miembros de las hansas compartían gastos comunes, como el alquiler de barcos o la contratación de escoltas para defender sus caravanas comerciales de los bandoleros.

Hacia el año 1240, las hansas de los puertos alemanes de Lübeck y de Hamburgo firmaron un tratado de protección mutua. Durante los cien años siguientes los mercaderes de más de doscientos pueblos de la región se unieron a esta liga. La Liga Hanseática, como se le llamó, protegía los derechos de sus miembros, quienes habían prometido no infringir los derechos comerciales de los otros miembros. A aquellos que no cumplían con los tratados de cooperación se les prohibía seguir comerciando.

La Liga Hanseática contaba con una armada propia que usaba para proteger a sus miembros

o para librar batallas y obtener tratados comerciales ventajosos. A pesar de esto, la liga recurría normalmente a su poder económico para resolver las diferencias. Los **embargos**, o prohibiciones comerciales, funcionaban tan bien como la guerra a la hora de lograr nuevos tratados comerciales. Hacia el siglo XIV la Liga Hanseática había logrado un monopolio comercial casi absoluto en los mares del norte de Europa.

Esta exclusividad duró más de cien años. Más adelante, en el siglo XV, el poder económico europeo gravitó hacia los puertos del océano Atlántico. Aunque la Liga Hanseática continuó funcionando en el siglo XVII, su influencia disminuyó considerablemente.

¿Por qué se fundó la Liga Hanseática?

L CCIÓN 3 • REPASO

Comprueba lo que aprendiste

1. **Recuerda los datos** ¿Dónde comerciaron los vikingos y más tarde la Liga Hanseática?
2. **Concéntrate en la idea principal** ¿Por qué la expansión territorial de los vikingos les permitió a ellos y a la Liga Hanseática tener poder sobre el comercio?

Piensa críticamente

3. **Ayer y hoy** ¿En qué lugar del mundo se está produciendo una expansión territorial? ¿En qué se diferencia esta expansión de la expansión territorial de antaño?
4. **Piensa más sobre el tema** ¿Qué efecto tiene la cooperación de los mercaderes en la competencia y en el consumidor?

Muestra lo que sabes

Actividad: Presentación Imagina que trabajas con la Liga Hanseática y que tu objetivo es hacer que más ciudades se unan a ella. Haz una presentación para explicar las ventajas que las ciudades obtendrán si aceptan unirse a la liga.

CÓMO

Formular una conclusión lógica

¿Por qué es importante esta destreza?

Una **conclusión lógica** es una decisión o idea a la que se llega luego de estudiar cuidadosamente todos los hechos conocidos. Para formular una conclusión lógica es necesario conectar hechos e ideas nuevas con lo que ya se sabe. Este proceso te ayudará a entender por qué ciertas cosas del pasado sucedieron de cierta manera y también por qué ciertas cosas suceden en tu vida hoy.

Recuerda lo que has leído

En la década de los sesenta los historiadores se preguntaron si los vikingos habían construido asentamientos en América del Norte. Aunque existía evidencia de que los vikingos habían llegado a este continente, no había nada que indicara que habían permanecido aquí por un período significativo. Con el tiempo los

La pieza de una rueca (abajo), que fue descubierta por los antropólogos Helge Ingstad y Anne Stine (arriba), sirvió para demostrar que los vikingos construyeron asentamientos en Norteamérica.

antropólogos noruegos Helge Ingstad y Anne Stine hallaron la evidencia necesaria.

Ambos científicos estudiaron las sagas vikingas y viajaron a Terranova, en la parte este de Canadá, para buscar rastros de asentamientos vikingos. En la aldea de L'Anse aux Meadows, Ingstad, Stine y sus colaboradores descubrieron ocho viviendas parecidas a las halladas en Islandia y Groenlandia. También encontraron numerosos objetos que parecían ser de origen vikingo, aunque no estaban absolutamente seguros.

Pero un día, Anne Stine encontró un anillo de piedra que indudablemente era la pieza de una rueca vikinga, una herramienta muy importante que se usaba para hilar lana. Esta pieza era idéntica a las halladas en otros asentamientos vikingos. Con esta evidencia, Ingstad y Stine demostraron que los vikingos vivieron en América del Norte durante cierto tiempo.

Comprende el proceso

Hay muchas maneras de llegar a una conclusión. Una de ellas es siguiendo estos pasos:

- Formula una pregunta sobre el tema o la situación, como por ejemplo: *¿Construyeron los vikingos asentamientos en América del Norte?*
- Reflexiona sobre la evidencia que ya tienes para tratar de encontrar la respuesta.
- Reúne datos nuevos que te sirvan para encontrar la respuesta.
- Reflexiona cuidadosamente acerca de lo que indican los nuevos datos.

Piensa y aplica

Escribe unas diez pistas que lleven a la identificación de un lugar de tu comunidad, como la biblioteca. Lee las pistas a un compañero una por una. ¿Cuántas pistas se necesitan para que tu compañero formule una conclusión lógica? Conversa con tu compañero sobre cómo cada pista llevó a la conclusión.

EL BUEN CIUDADANO

LA CONQUISTA DEL PACÍFICO

Conexión con nuestro mundo

¿Qué desafíos presenta la exploración del universo?

Concéntrate en la idea principal
En esta lección aprenderás sobre cómo se superaron obstáculos cuando se exploraron y se crearon asentamientos en las islas del océano Pacífico.

Anticipa el vocabulario

atolón	paso de las
laguna	estrellas
canoa con batanga	archipiélago

Fotografía de la isla volcánica de Bora Bora, en el océano Pacífico

Durante cientos de años hubo mercaderes que recorrían las costas del océano Pacífico en busca de mercados. Al principio casi nadie se arriesgaba a navegar mar adentro, pero con el tiempo se produjeron avances que permitieron la exploración del Pacífico y la creación de asentamientos en sus islas.

LAS ISLAS DEL PACÍFICO

El Pacífico es el océano más vasto de la Tierra. Está comprendido entre Asia, en el oeste, y las Américas, en el este. Su inmensidad es tal que es posible navegar por su parte más ancha, que mide 12,300 millas (19,794 km), y dar media vuelta al mundo sin tocar tierra. Este océano es más grande que toda la superficie terrestre del planeta.

En el Pacífico existen más de 20,000 islas que, a pesar de ser muchas, representan una superficie de tierra muy limitada. Algunas de ellas se formaron por la acción de volcanes, muchos de los cuales permanecen activos. En el interior de las islas volcánicas predominan las montañas, y por ello reciben el nombre de "islas altas". Otras islas, llamadas atolones, están formadas por arrecifes de coral y tienen lagunas, o masas de agua pequeñas, en el interior. Las islas de coral se conocen también como "islas bajas". Muchas son muy bellas.

Las islas del Pacífico están divididas en tres grupos. Al noreste de Australia se halla Melanesia o las "islas oscuras". Al norte de Melanesia está Micronesia, o las "islas pequeñas". Y al este de ambos grupos se halla Polinesia o las "muchas islas". Estas últimas son muy pequeñas y están muy distantes entre sí. La Isla de Pascua, por ejemplo, que sólo mide 50 millas cuadradas (129 kilómetros cuadrados), se encuentra a 1,500 millas (2,414 km) de la isla más próxima.

El mayor obstáculo en la exploración del Pacífico era el temor a lo desconocido. Las pocas personas que se aventuraban a alejarse de la costa rara vez regresaban para contar lo que habían visto.

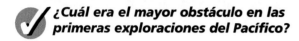

¿Cuál era el mayor obstáculo en las primeras exploraciones del Pacífico?

EL COMERCIO EN LAS COSTAS DEL PACÍFICO

Los mercaderes chinos habían navegado por las aguas del Pacífico desde tiempos remotos. Sin embargo, los viajes de los chinos a ultramar prácticamente cesaron cuando la dinastía Han adoptó el confucianismo. Según esta religión, no es correcto que las personas realicen viajes prolongados mientras sus padres estén vivos.

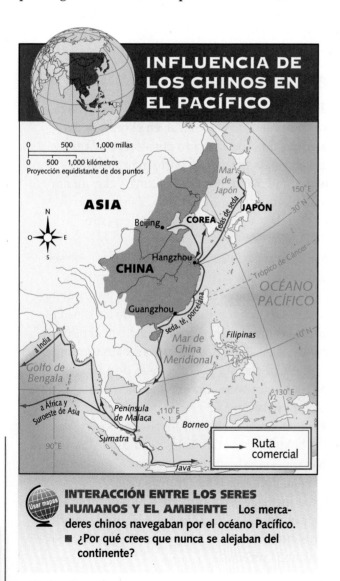

INFLUENCIA DE LOS CHINOS EN EL PACÍFICO

INTERACCIÓN ENTRE LOS SERES HUMANOS Y EL AMBIENTE Los mercaderes chinos navegaban por el océano Pacífico.
■ ¿Por qué crees que nunca se alejaban del continente?

El siglo XII fue una época de intenso comercio marítimo para China. Las embarcaciones chinas navegaban por los océanos Índico y Pacífico.

El confucianismo también sostenía que el comercio era una actividad poco digna.

Sin embargo, la opinión sobre la navegación marítima cambió en el siglo IX. La riqueza de los mercaderes árabes, persas e indios que se detenían en el puerto de Guangzhou despertó el interés en el comercio. Los barcos mercantes chinos comenzaron a navegar rumbo sur hacia la península de Malaca y hacia Sumatra, una isla que en la actualidad forma parte de Indonesia. Otros barcos se dirigieron al norte, hacia Corea y Japón.

En el siglo XII, los gobernantes chinos reconocieron que el comercio podía fortalecer la economía del imperio. El emperador Gao Zong lo explicó así:

❝Las ganancias del comercio marítimo son inmensas. Si se administran bien pueden sumar millones. ¿No es mejor esto que cobrar impuestos al pueblo?❞

El gobierno empezó a invertir dinero para mejorar los puertos y la construcción de barcos. Las ganancias originadas por el comercio exterior se habían duplicado a mediados de siglo. Los gobernantes del imperio ofrecían recompensas a aquellos que diseñaran mejores embarcaciones para viajes de ultramar. A principios del siglo XIII China contaba con los barcos más veloces de los mares del sur y controlaba las rutas que iban de Guangzhou a Corea y Japón.

Estas estatuas fueron creadas por los primeros habitantes de la Isla de Pascua, en el sureste del océano Pacífico. Cada estatua pesa cerca de 50 toneladas. Todas ellas están talladas en roca volcánica y situadas sobre plataformas de roca. Todavía no se ha descubierto cómo llegaron las estatuas a ese lugar ni qué representan.

Los chinos también habían comenzado a controlar el comercio que tenía lugar en el oeste del Mar de China Meridional, hacia el océano Índico. A partir de entonces China centró sus viajes marítimos en el Índico, abandonando la incierta inmensidad del gran Pacífico.

Del otro lado del océano Pacífico existían numerosos pueblos que navegaban por la costa oeste del continente americano. Ya en el siglo VIII se había creado una ruta comercial poderosa que unía las regiones que hoy se conocen como Perú y México. En el siglo XVI los salangones, que vivían cerca de lo que hoy es Ecuador, controlaban el comercio en casi toda la costa del continente. Un documento español de la época informa que las embarcaciones de los salangones estaban construidas con madera de balsa, y que eran lo suficientemente grandes como para transportar muchas personas y artículos.

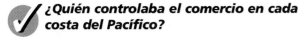 **¿Quién controlaba el comercio en cada costa del Pacífico?**

HACIA LA INMENSIDAD DEL PACÍFICO

Las solidez de las balsas americanas ha llevado a pensar en la posibilidad de que los pueblos americanos hayan navegado alguna vez en alta mar. Algunos historiadores incluso creen que esos pueblos pueden haber navegado hacia el oeste con la ayuda de los vientos, hasta llegar a las islas del Pacífico. En la década de los cuarenta el explorador noruego Thor Heyerdahl demostró que tal viaje era posible. Heyerdahl construyó una balsa con el mismo material descrito en las crónicas españolas y navegó en ella desde Perú hasta Polinesia. Sin embargo, los datos arqueológicos sugieren que las islas del Pacífico fueron pobladas por pueblos provenientes de Asia, y no de América.

Los pueblos de casi todas las islas del Pacífico tienen una leyenda sobre sus primeros habitantes.

¿Qué es?

Transmisión de conocimientos

Los habitantes de las islas del Pacífico tenían distintas formas de transmitir sus conocimientos de navegación a las generaciones posteriores. En algunas islas esta transmisión se hacía mediante canciones populares que todos aprendían. Otros pueblos escogían a ciertas familias para que preservaran los conocimientos. Tales familias ocupaban un lugar privilegiado en sus sociedades. En otras islas existían escuelas donde los jóvenes aprendían el arte de la navegación.

Aunque los historiadores no dan crédito a muchas de estas leyendas, todos coinciden en que reflejan los intereses e inquietudes de los pueblos. En una leyenda polinesia se describe al navegante:

66 El rey de la profundidad púrpura obscura; el rey de los abismos desconocidos. 99

A pesar de su carácter ficticio, las leyendas parecen indicar que la creación de asentamientos no fue accidental. La hipótesis más aceptada es que las exploraciones y la subsiguiente población ocurrieron durante un largo período. Se cree que este proceso quizás comenzó por el año 1500 a.C., cuando algunos marineros osaron emprender el viaje desde las islas más grandes que están situadas frente a Asia continental. Las siguientes generaciones continuaron hacia el norte y hacia el este, poblando primero Melanesia y después Micronesia y Polinesia. Hacia el siglo IX, estos navegantes habían poblado todas las islas

habitables del Pacífico. Un investigador escribió que "estos viajes representan la mayor proeza de navegación marítima de la historia de la humanidad".

Se deduce que los habitantes del Pacífico planificaban sus viajes con mucho cuidado. Aunque sus embarcaciones eran pequeñas, estaban construidas para la navegación oceánica. Estas **canoas con batangas** llevaban una armazón de madera a cada lado para mantener el equilibrio en aguas agitadas. También estaban provistas de velas triangulares llamadas pinzas de cangrejo. Al igual que las velas latinas, éstas permitían avanzar en contra del viento. Los isleños del Pacífico se guiaban por la posición del sol y de la estrellas. También estudiaban el **paso de las estrellas**, o la dirección en que las estrellas parecen moverse debido a la rotación de la Tierra.

Cuando emprendían un viaje, los isleños llevaban todo lo necesario para establecerse en un nuevo sitio.

MIGRACIÓN EN EL OCÉANO PACÍFICO

→ Rutas migratorias desde Asia

◄--- Posible ruta migratoria desde América

Los nombres geográficos son los usados en la actualidad.

0   1,500   3,000 millas
0   1,500   3,000 kilómetros
Proyección de Miller

MOVIMIENTO Con el tiempo se fueron poblando todas las islas habitables del Pacífico.

■ ¿Qué grupo de islas crees que los navegantes asiáticos poblaron primero?

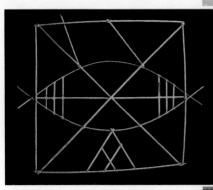

Hace mucho tiempo, los micronesios usaban palos para crear mapas (arriba). En Micronesia, como en todo el Pacífico, todavía se utilizan las canoas con batangas (derecha).

Cargaban sus embarcaciones con animales y plantas domésticas, y viajaban acompañados de artesanos y agricultores.

Los habitantes del Pacífico insular continuaron navegando incluso después de concluida la edad de exploraciones y colonización. Algunos hacían viajes de ida y vuelta entre sus islas nativas y las recién pobladas. También había mercaderes que recorrían todas las islas de un **archipiélago**, o grupo de islas. El comercio conectaba archipiélagos muy distantes, como Tahiti y Hawaii, separados por cerca de 2,400 millas (3,862 km) de océano.

Para los isleños del Pacífico, la inmensidad del océano "era una autopista, no un obstáculo". Esta autopista estuvo a su total disposición durante cientos de años. Pero en el siglo XVI los navegantes europeos penetraron en el océano Pacífico y controlaron sus aguas.

 ¿Qué hicieron los habitantes del Pacífico para transformar el océano en una "autopista"?

*L*ECCIÓN 4 • *REPASO*

Comprueba lo que aprendiste

1. **Recuerda los datos**   ¿En qué lugar del océano Pacífico se llevaron a cabo las primeras operaciones comerciales?

2. **Concéntrate en la idea principal**   ¿Cómo lograron los isleños explorar y poblar las miles de islas habitables del océano Pacífico?

Piensa críticamente

3. **Ayer y hoy**   ¿Qué similitudes encuentras entre la exploración del Pacífico en el pasado y las expediciones espaciales o submarinas de la actualidad?

4. **Piensa más sobre el tema**   Un historiador describió a los isleños del Pacífico como personas que "armonizaban con el océano". *Armonizar* quiere decir "concordar". ¿Qué crees que el historiador quiso decir con "armonizaban con el océano"?

5. **Explora otros puntos de vista**   Los chinos confucianistas se oponían a las largas expediciones comerciales porque pensaban que no era correcto abandonar a los padres durante mucho tiempo. Pero otros chinos consideraban que los viajes de comercio eran positivos porque el dinero que proporcionaban permitía reducir los impuestos. ¿Qué postura te parece más acertada? Explica por qué.

Muestra lo que sabes

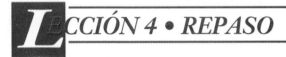 **Actividad: Investigación**
Forma un grupo de cinco compañeros. Escribe con ellos cinco preguntas acerca de los primeros habitantes del Pacífico. Cada miembro del grupo debe contestar una pregunta utilizando libros de referencia. Al terminar, comparte tu respuesta con el resto del grupo.

CONECTA LAS IDEAS PRINCIPALES

Usa este organizador para mostrar cómo están relacionadas las ideas principales del capítulo. Copia el organizador en una hoja de papel y complétalo escribiendo dos detalles de cada idea principal.

El comercio en el océano Índico

El comercio en la zona del océano Índico vinculó a muchos pueblos.

1. _____
2. _____

El Mediterráneo y el Mar Negro

Varias ciudades estado llegaron a controlar el comercio de la región del Mediterráneo y del Mar Negro.

1. _____
2. _____

El comercio marítimo y fluvial

Los mares del norte

En el norte de Europa surgieron dos pueblos de mercaderes muy importantes.

1. _____
2. _____

La conquista del Pacífico

Los pueblos superaron los obstáculos y poblaron las islas del Pacífico.

1. _____
2. _____

ESCRIBE MÁS SOBRE EL TEMA

1. **Escribe un informe** Escribe un informe de una página detallando los diferentes recursos que cada miembro de una familia puede aportar. Proporciona ejemplos del apoyo mutuo que existe entre los miembros de una familia y explica cómo la cooperación beneficia a la familia.

2. **Escribe en tu diario** Imagina que eres un mercader musulmán que acaba de regresar de un viaje. Describe la reacción de tus familiares

y conocidos al ver la seda, las porcelanas, el algodón, la pimienta y otras especias que has traído del sureste de Asia, China e India. Menciona la forma en que estos bienes afectan a tu cultura musulmana.

3. **Escribe un cuento** Escribe un cuento muy breve sobre un aventurero vikingo que se ha ido a piratear. Explica por qué el personaje se embarcó en la expedición de saqueo.

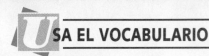

USA EL VOCABULARIO

Describe cada una de las siguientes palabras en una o dos oraciones.

1. atolón
2. falúa
3. fuego griego
4. laguna
5. vela latina
6. monzón
7. canoa con batanga

COMPRUEBA LO QUE APRENDISTE

1. ¿Por qué Bagdad era conocido como el "puerto del mundo"?

2. ¿En qué forma contribuyeron las velas latinas al comercio por mar?

3. ¿Qué influencia tuvo el comercio árabe en las comunidades de los puertos de África oriental?

4. ¿Con qué bienes regresaban los mercaderes bizantinos a Constantinopla?

5. ¿Cómo protegían los mercaderes árabes sus barcos en las costas septentrionales de África?

6. ¿Qué factores permitieron que Venecia se convirtiera en un centro comercial?

7. ¿Quiénes eran los rus? ¿Qué clase de dependencia comercial existía entre ellos y los habitantes de Europa occidental?

8. ¿Por qué los chinos no exploraron el océano Pacífico durante muchos años?

PIENSA CRÍTICAMENTE

1. **Ayer y hoy** ¿Qué características crees que tienen en común los mercaderes marítimos de la actualidad y los de antaño?

2. **Piensa más sobre el tema** ¿Por qué crees que los primeros mercaderes marítimos eran generalmente hombres?

3. **Explora otros puntos de vista** ¿Qué opiniones crees que se tenían en el siglo XIII con respecto a la exploración de los océanos?

4. **En mi opinión** Imagina que eres un mercader marítimo del siglo XIII. ¿Por qué elegiste dicha profesión?

5. **Causa y efecto** Estados Unidos depende de los recursos de muchos países. ¿Cuáles son las ventajas y los inconvenientes de esta dependencia?

APLICA TUS DESTREZAS

Cómo comparar datos usando gráficas Usa las gráficas de las páginas 376 y 377 para responder las siguientes preguntas.

1. ¿Qué gráfica usarías para determinar el año en que las exportaciones de Estados Unidos totalizaron 394,000 millones de dólares?

2. ¿Cuáles son las dos gráficas que usarías para indagar qué posición ocupa México en la lista de países que tienen importaciones y exportaciones con Estados Unidos?

3. Imagina que debes preparar una gráfica que muestre cuántos automóviles importó Estados Unidos entre 1970 y 1995. ¿Cuál de las gráficas mostradas utilizarías como modelo? ¿Qué tipo de gráfica es?

Cómo formular una conclusión lógica Sigue los pasos descritos en la página 382 para apoyar la siguiente conclusión: Las islas del Pacífico fueron pobladas por pueblos de Asia. Usa este manual y otros libros para reunir datos que apoyen esta conclusión. Haz una lista con todos los datos que encuentres y cita las fuentes de donde obtuviste cada uno.

LEE MÁS SOBRE EL TEMA

From Gibraltar to the Ganges de Irene M. Franck y David M. Brownstone; Facts on File. Los autores de este libro describen numerosas rutas comerciales, como las rutas del Mediterráneo y el Mar Negro, la Ruta del Gran Desierto y el Camino Real Persa.

The Vikings de Robert Nicholson y Claire Watts; Chelsea. En este fascinante libro se describe la cultura de los vikingos.

EL MERCADO INTERNACIONAL

El mercado Sonora, en Ciudad de México

Hace un milenio existió en China una ciudad llamada Chang´an (hoy Xian). Esta ciudad estaba ubicada en el extremo oriental de la Ruta de la Seda, la ruta de comercio internacional más importante de aquellos tiempos. En el mercado de Chang´an los mercaderes vendían bienes de tierras remotas: sándalo de Indonesia, clavo de olor de India, incienso de África oriental y dátiles y pistachos persas. El aroma de la pimienta de Birmania y la mostaza tibetana se sentía en todo el mercado.

Hoy en día, cualquier centro comercial de Estados Unidos ofrece más variedad de bienes internacionales que el mercado de Chang´an. En estos centros comerciales pueden comprarse café de América del Sur, camisas de algodón de India, calzado deportivo de Corea del Sur, discos compactos hechos en Japón y bienes de casi todos los estados de nuestro país.

El comercio internacional, hoy en día una actividad cotidiana, es el resultado de un proceso que empezó hace siglos con los primeros mercaderes que recorrían el mundo. A ellos se les ocurrió la idea de buscar nuevos bienes y venderlos en otros mercados. Gracias a aquellos aventureros, hoy puedes elegir entre muchas marcas distintas de zapatos, ¡incluso las que se fabrican en lugares tan remotos como Corea del Sur!

Entre los artículos que existen en tu casa, identifica aquellos que son importados y marca en un mapamundi los países de donde provienen. ¿Dónde se fabricaron la mayoría de los bienes? ¿Has notado si ciertos tipos de bienes provienen de zonas determinadas? Escribe un breve informe con un compañero en el que expongas tus hallazgos.

CUADROS DE LA HISTORIA

Examina las ilustraciones que aparecen en este cuadro de la historia para repasar los acontecimientos que se presentan en la Unidad 6.

Resume las ideas principales

1. Los habitantes de África occidental comerciaron con muchos pueblos entre los siglos VI y XVI. Este comercio les permitió construir imperios opulentos.

2. Al desarrollarse el Imperio Musulmán, los árabes establecieron contactos comerciales con pueblos de Asia, África y Europa.

3. Bienes e ideas de Asia y Europa viajaban en ambas direcciones por la Ruta de la Seda.

4. Los viajes por el océano Índico vincularon a pueblos de África y Asia e hicieron posible un intercambio comercial y cultural.

5. Venecia y otras ciudades estado italianas lograron controlar el comercio en la región del Mediterráneo y del Mar Negro.

6. La expansión territorial de los vikingos en el norte de Europa les dio acceso a nuevos mercados. Los mercaderes de esa región se unieron para ampliar sus propias redes comerciales.

7. Los pueblos que emprendieron la conquista del Pacífico tuvieron que atravesar muchos obstáculos.

Haz un mapa   Dibuja tu propio mapamundi, pero no traces las fronteras de los países contemporáneos. Rotula todos los continentes, los océanos y los mares más importantes. Reflexiona sobre los dibujos de estas páginas y sobre lo que has leído en esta unidad. Agrega algunos párrafos a tu mapa en los que describas las actividades comerciales que tenían lugar en el mundo entre los siglos VI y XVI.

Describe una escena   Elige una de las escenas de estas páginas. Escribe un párrafo describiendo lo que la escena representa.

TALLER DE APRENDIZAJE COOPERATIVO

Recuerda

- Comparte tus ideas.
- Coopera con los demás para planificar el trabajo.
- Responsabilízate por tu trabajo.
- Muestra a la clase el trabajo de tu grupo.
- Comenta lo que has aprendido trabajando en grupo.

Actividad 1
Hacer un diagrama de flujo

Haz un diagrama de flujo con un compañero de clase para mostrar las relaciones de dependencia entre los productores de bienes y servicios de exportación. Además, hagan otro diagrama que muestre las relaciones de dependencia entre los que adquieren los bienes y los servicios importados. Incluyan bienes y servicios que se originen en fábricas, en el campo, en empresas y en escuelas. Cuando hayan terminado, presenten los diagramas ante la clase.

Actividad 2
Hacer un diorama

Repasa lo que aprendiste sobre los reinos africanos de Ghana, Malí y Songhay. Luego trabaja en grupo para crear un diorama en el que representen a uno de estos reinos.

Actividad 3
Hacer una guía de viajes

Imagina que tú y tu grupo son geógrafos del siglo XV. El grupo ha viajado por muchas regiones diferentes. Escriban una guía de viajes en la que se describan los lugares que visitaron y las actividades comerciales que observaron.

Actividad 4
Dibujar un mapa

Trabaja con tres o cuatro compañeros de clase para hacer un mapa que represente el comercio mundial entre los siglos VI y XVI. Identifiquen cada continente, los pueblos de mercaderes y las redes comerciales que dichos pueblos formaron. Comparen el mapa con los de otros grupos.

SA EL VOCABULARIO

Escribe la palabra correspondiente a cada definición. Luego usa cada palabra en una oración.

archipiélago
falúa
embargo
hansa

oasis
sabana
tarifa

1. llanura de pastos

2. impuesto a los productos

3. pozo de agua en el desierto

4. embarcación árabe provista de velas latinas

5. prohibición de comerciar

6. grupo cuyos miembros comparten los gastos del comercio

7. grupo o cadena de islas

 OMPRUEBA LO QUE APRENDISTE

1. ¿Por qué creció tan rápidamente la población de los antiguos pueblos de África occidental?

2. ¿Cómo contribuyó la ubicación geográfica del pueblo soninké al éxito de dicho pueblo en el comercio?

3. ¿Qué hizo el rey de Ghana para mantener alto el precio del oro?

4. ¿Por qué era tan valiosa la sal en África occidental?

5. ¿Qué factores unificaron a los pueblos del Imperio Musulmán?

6. ¿Quién controlaba las minas de oro de África central?

7. ¿Por qué fue tan importante para el pueblo vikingo la expansión comercial?

8. ¿Qué beneficios obtenían los miembros de la Liga Hanseática?

9. ¿Cuál fue el mayor obstáculo para los viajes en el Pacífico?

 IENSA CRÍTICAMENTE

1. **Ayer y hoy**   ¿Cómo ha influido la tecnología en el comercio contemporáneo?

2. **Piensa más sobre el tema**   Imagina que cada país del mundo pudiera producir todo lo que necesita. ¿Qué efecto crees que tendría en el mundo la falta de interdependencia?

3. **En mi opinión**   Escribe tu opinión acerca del modo en que los gobernantes chinos de la antigüedad fomentaron el comercio marítimo.

4. **Causa y efecto**   Explica por qué el comercio entre los siglos VI y XVI aumentó la armonía y también los conflictos entre los pueblos.

 PLICA TUS DESTREZAS GEOGRÁFICAS

Cómo comparar mapas con proyecciones diferentes   Clasifica la proyección de cada uno de estos mapas como polar, conforme o equivalente.

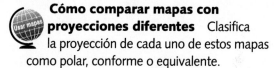

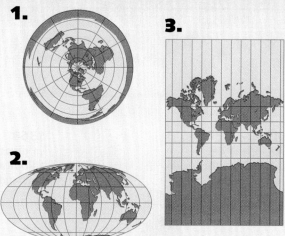

TIPOS DE PROYECCIÓN DE MAPAS

1.

2.

3.

UNIDAD 7

LOS ORÍGENES DEL MUNDO MODERNO

1250	1300	1350	1400	1450

1300
Las ideas del Renacimiento se arraigan en Italia

1368
La dinastía Ming se adjudica en China el Mandato Divino

1400 aprox.
Surge el Reino del Congo en África

1450
Gutenberg crea la imprenta de tipos móviles

*E*l mundo moderno comenzó a tomar forma entre 1300 y 1700. En Europa, se abandonaron las tradiciones de la Edad Media y se pusieron a prueba ideas nuevas. Estas ideas permitieron interpretar la vida de una manera distinta y como resultado los gobiernos, la industria, la religión, la filosofía y las artes adoptaron formas nuevas. En esa misma época los europeos partieron a explorar el mundo y descubrieron civilizaciones tan importantes como la de ellos en África, América y Asia. Estos contactos produjeron más cambios, dando forma al mundo en que hoy vivimos.

◄ **Escena del puerto de Venecia, pintura al óleo de Antonio Canaletto**

1500	1550	1600	1650	1700

1492
Primer viaje de Colón a las Américas

1500 aprox.
Benín se convierte en el centro comercial de África occidental

Se inicia el tráfico de esclavos a través del Atlántico

1588
Derrota de la armada española

1603
Primer shogun Tokugawa en Japón

1687
Newton publica su trabajo sobre la fuerza de la gravedad

Queen ♥

Yo, Juan de Pareja

Elizabeth Borton de Treviño

El relato Yo, Juan de Pareja se basa en la vida real del sirviente del artista español Diego Velázquez. Arriba se muestra un autorretrato de Velázquez.

La Edad Media dio paso a un período en el que los individuos examinaron su mundo con más atención. Escritores, estudiosos, científicos y artistas exploraron nuevas direcciones en su trabajo. Los artistas comenzaron a utilizar materiales y técnicas diferentes para captar la vida real en el lienzo en el que pintaban.

Lee ahora cómo un artista español fue absorbido por el espíritu de su época. Su historia la narra su sirviente, Juan (también llamado Juanico). Juan nos presenta a un artista que vive en una época de individualismo y creatividad.

Cuando el Maestro estaba concentrado en su trabajo, ni siquiera miraba la paleta ni las mezclas que con las pastas hacía maquinalmente. Enviaba el pincel como una lanza hacia el tono que quería, lo mezclaba sin errar, le daba el matiz requerido y de inmediato lo aplicaba en la tela. Lo vi hacer esto una y otra vez, repitiendo un matiz sin pestañear, y siempre era perfecto.

En cuanto a su mano maestra en la pincelada, era asombrosa. En ocasiones parecían embadurnadas sin sentido, toscas e ininteligibles. Eso era si estaba uno cerca del lienzo como él, pero a cierta distancia esos trazos gruesos y aparentemente erráticos, esas manchas de sombra o de luz, se resolvían en las delicadas filigranas de un brocado, o en el encaje de la gola[1] de una dama, o incluso en chispazos, apenas perceptibles, del brillo de una mesa. Todo esto era magia para mí. El Maestro nunca comentó mi asombro, pero en ocasiones, viéndome admirar su obra, aparecía una ligera sonrisa bajo el delgado y sedoso bigote del pintor.

---

[1] **gola:** cuello de un vestido

Retrato al óleo de Juan de Pareja, pintado por Velázquez

Este cuadro de Velázquez, *Las hilanderas*, muestra cómo un artista usaba a los modelos.

Además, nunca conversaba cuando trabajaba. Era el modelo quien lo hacía, y el Maestro contestaba con monosílabos o asentía mientras murmuraba un "Ah". Rara vez expresaba un "puede ser". Pero estudiaba cuidadosamente a las personas. Una vez, cuando la persona que iba a ser retratada ya se había retirado, me dijo:

—Me gusta observar a las personas cuando hablan de sí mismas, Juanico. Ahí se revelan claramente. Las mujeres, por ejemplo, se aman a sí mismas. Hablan de sí mismas como si estuvieran hablando de un amado pariente al que se ha de perdonar toda tontería. Los hombres, por otra parte, parece que se admiran a sí mismos. Hablan de sí como jueces que ya han llegado al veredicto de "inocente".

Me aventuré a decir:

—Y ¿no es difícil mostrar a las personas como en realidad son, cuando se les pinta, Maestro?

—No. Nadie sabe en realidad cómo luce realmente. Tráeme un poco más de ocre.

Y cayó en su acostumbrado silencio.

En ocasiones, me ponía a mí como modelo y me pintaba, para no "perder la mano", como decía, o me utilizaba de modelo para un tejido o tela de particular dificultad.

Después que les había enseñado a los aprendices[2] a dibujar y a pintar las llamadas "naturalezas muertas", tales como vasijas, frutas, quesos y otros objetos diversos, los inició en los misterios de esbozar[3] a seres humanos. Y yo fui escogido como modelo muchas veces. Fue entonces cuando pude vengarme de Cristóbal y ayudar a Álvaro. Me retiraba sutilmente de la luz, o cambiaba imperceptiblemente mi ángulo de presencia para arruinar el trazo de Cristóbal, y cuando Álvaro me observaba fijamente, permanecía perfectamente inmóvil. El Maestro me regañaba por ello y me vigilaba, pero aun así lo lograba a menudo. Lamentaba cuando el Maestro criticaba la labor de Álvaro y elogiaba

_____

[2] **aprendices:** personas que están aprendiendo un oficio
[3] **esbozar:** dibujar

la de Cristóbal, y un día, al notar mi desazón[4], el Maestro me dio sus razones:

—El arte debe ser verdad —me dijo—. Es precisamente lo único que en la vida ha de asentarse: la pura verdad. De no ser así, no vale la pena.

Un día alguien llamó a la puerta de la calle y mi ama entró al estudio pálida de emoción y, tras de ella, con pausados pasos, venía un mensajero del Rey. Le entregó un pergamino[5] al Maestro y se retiró.

Mi ama corrió agitada delante del mensajero para abrirle la puerta y despedirlo. Los aprendices y yo permanecimos en silencio mientras el Maestro desenrollaba el pergamino y lo leía. Después de leerlo, enrolló el pergamino, tomó su paleta y continuó trabajando, en medio del silencio general. Recuerdo que pintaba en ese momento una vasija de bronce y yo tenía que hacerla girar constantemente para que el haz de luz que la iluminaba siguiera en el mismo sitio a lo largo de varias horas.

—Diego —exclamó ansiosa mi ama—. Dime, por favor, ¡no me tengas en esta incertidumbre[6]! ¿Cuál es el mensaje del Rey?

—He de pintar su retrato —contestó por fin, frunciendo el entrecejo.

—¡Dios mío! ¡Qué maravilla!

—Se me ha de proporcionar un estudio en el palacio.

Mi ama se desplomó sobre un sillón, que crujió abominablemente, y se abanicó. De su peinado se escaparon algunos negros rizos y suspiró hondamente. Todo aquello significaba que podría moverse en los círculos de la corte. Con ello vendrían fortuna, honores, dignidad y posición, más allá de lo que ella jamás había soñado.

Pero el Maestro permaneció en silencio y pálido, y siguió pintando la vasija. Por fin murmuró entre dientes, y apenas pude escucharlo decir:

—Espero que no hayan enviado a un cortesano[7] inoportuno a seleccionar el sitio para mi estudio. Ha de tener luz… luz: ninguna otra cosa importa.

---

[4]**desazón:** inquietud
[5]**pergamino:** piel de animal en la que se escribía

[6]**incertidumbre:** duda
[7]**cortesano:** servidor del Rey

En este cuadro al óleo pintado por Velázquez, la familia del rey español Felipe IV visita al artista en su estudio del palacio real.

CAPÍTULO 13

NUEVOS RUMBOS PARA EUROPA

> 66 ¡Oh, qué maravilla!
> ¡Cuantas criaturas hermosas hay aquí!
> ¡Qué bella es la humanidad! ¡Oh mundo feliz que
> tiene esa gente! 99
>
> Dicho por Miranda
> *La tempestad*
> William Shakespeare

El artista del siglo XVI Michelangelo Merisi da Caravaggio pintó escenas religiosas y cotidianas, como el retrato de esta mujer, con un realismo casi fotográfico.

EL RENACIMIENTO DE IDEAS EN EUROPA

Conexión con nuestro mundo

¿Cómo puede una mayor libertad para las personas dar lugar a una época de pensamiento creativo?

Concéntrate en la idea principal

Mientras leas, reflexiona sobre cómo los cambios en el pensamiento europeo alentaron el individualismo y la creatividad.

Anticipa el vocabulario

Renacimiento
mecenas
perspectiva
tipo móvil
telescopio
gravedad
método científico

Al final de la Edad Media, Europa comenzó a observar el mundo de una manera diferente. Se abandonaron costumbres pasadas y se exploraron nuevas ideas. Sin embargo, algunas de estas ideas no eran realmente nuevas. Muchas provenían de Grecia y Roma y de otras culturas de Asia y África. El contacto con los árabes durante las cruzadas dio a los europeos una clara comprensión de la importancia del conocimiento. Poniendo en práctica todo lo aprendido, Europa comenzó una época de reflexión, estudio, artes y ciencias. A esta época, que duró desde 1400 hasta 1600, se la llama **Renacimiento**, que significa nacer de nuevo.

EL RENACIMIENTO SURGE EN ITALIA

Las ideas renacentistas se arraigaron por primera vez en Italia. Durante la Edad Media, ciudades como Venecia, Nápoles, Milán, Florencia y Génova funcionaban como centros comerciales importantes entre Europa y Asia. Los mercaderes de las ciudades estado regresaban del este con bienes e ideas sobre filosofía, ciencias, geografía y tecnología. En Italia, estas ideas despertaron el interés por el conocimiento.

Los mercaderes que navegaban hacia el este y los banqueros que financiaban estos viajes, se hicieron ricos y poderosos. Al poco tiempo, las familias de los mercaderes y banqueros se convirtieron en los gobernantes de las ciudades estado.

Estos gobernantes daban mucho valor al conocimiento y consideraban que era importante estudiar las obras clásicas de los griegos y romanos. Estaban muy interesados en el amor de los griegos por la belleza y en las ideas prácticas en cuanto al gobierno de los romanos.

Este retrato es típico de la pintura renacentista, que reflejaba la vida cotidiana.

ITALIA EN EL RENACIMIENTO

0   50   100 millas
0   50   100 kilómetros
Proyección cónica conforme de Lambert

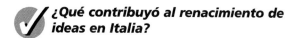

DUCADO DE MILÁN
DUCADO DE SABOYA
ALPES ITALIANOS
Milán
Verona
Venecia
REPÚBLICA DE VENECIA
Río Po
ASTI
MONFERRATO
MANTUA
Génova
MÓDENA
Bolonia
DUCADO DE FERRARA
REPÚBLICA DE GÉNOVA
LUCA
Luca
Apeninos
Mar Adriático
REPÚBLICA DE FLORENCIA
Florencia
Siena
Asís
REPÚBLICA DE SIENA
Elba
ESTADOS PAPALES
Córcega
42°N
Tíber
N O E S
Cerdeña
8°E   10°E
Roma
REINO DE NÁPOLES (ARAGÓN)
Mar Tirreno
Nápoles
40°N
12°E   14°E

- ● Centro cultural importante
- — Frontera actual

LUGAR Durante el Renacimiento Italia estaba controlada por ciudades estado poderosas.
■ ¿Qué ciudades estado controlaban el territorio que hoy en día no forma parte de Italia?

Durante años, las ciudades estado compitieron entre sí por el control del comercio en el Mediterráneo. Ahora competían por ser el centro del saber más importante de Europa. Los mercaderes y banqueros acaudalados de las diversas ciudades estado se convirtieron en **mecenas**, o protectores de las artes. Los mecenas pagaban tanto a los artistas, para que crearan pinturas y esculturas, como a los estudiosos, para que fueran a vivir en sus ciudades estado. Los Médicis, una familia poderosa de Florencia, dieron gran parte de su fortuna para ayudar a los artistas y pensadores. Este estímulo hizo posible al Renacimiento.

✓ **¿Qué contribuyó al renacimiento de ideas en Italia?**

EL ESTUDIO DEL MUNDO

Los mecenas italianos apoyaban a aquellos estudiosos que creían en una idea desconocida durante la Edad Media: la importancia del individuo. En la Edad Media el pensamiento estaba centrado sólo en Dios y la religión, y las ideas y acciones de los individuos no se consideraban dignas de estudio.

Durante el Renacimiento, los humanistas estudiaron todos los manuscritos griegos y romanos que encontraban. Los humanistas árabes habían salvado muchos manuscritos griegos y romanos cuando pocos europeos tenían interés en ellos. Otros manuscritos habían permanecido guardados en monasterios europeos.

El estudio del pensamiento griego y romano llevó a una nueva forma de interpretar el mundo: en el Renacimiento era importante entender cómo funcionaban las cosas. Todo merecía ser estudiado minuciosamente, no sólo la religión.

El Renacimiento se centraba en el saber. Esta pintura de una escuela de 1516 refleja lo importante que era aprender a leer.

Esta pintura de Rafael (izquierda) es un buen ejemplo de perspectiva. Observa cómo todas las partes del cuadro dirigen la vista hacia un punto central (arriba).

Además, en el Renacimiento se creía que la vida de una persona debía ser juzgada tomando como base sus acciones y no sus creencias.

Esta forma de pensamiento se manifestó primero en la literatura. Los escritores del Renacimiento se basaron en muchas de las ideas escritas en las obras griegas y romanas clásicas. Pero escribían en sus propias lenguas en vez de hacerlo en latín o griego.

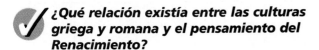 **¿Qué relación existía entre las culturas griega y romana y el pensamiento del Renacimiento?**

LOS CAMBIOS EN LAS ARTES

Las ideas renacentistas sobre la importancia del individuo también influyeron en las artes. Los artistas de la Edad Media pintaban temas exclusivamente religiosos y las pinturas tenían un estilo formal y rígido. Sin embargo, con el estudio de las obras griegas y romanas, los trabajos artísticos del Renacimiento se hicieron mucho más naturales y no se limitaron a temas religiosos.

Los personajes de las pinturas y las esculturas renacentistas parecían seres reales y sus rostros reflejaban emociones. Hasta los escenarios de estas pinturas parecían reales, pues los artistas renacentistas pintaban en **perspectiva**. Esta técnica permitía dar la idea de espacio entre los objetos que están cerca y los que están detrás o más lejos.

A la vez que el arte cambió, la opinión que se tenía de los artistas cambió. En la Edad Media los artistas eran considerados artesanos, al igual que los carpinteros o los albañiles. En esos tiempos no existía libertad para elegir los temas. El trabajo creativo estaba controlado por grupos de artistas llamados gremios, que determinaban dónde y para quién se trabajaba. En el Renacimiento, sin embargo, los mecenas competían entre ellos para atraer a los mejores artistas de la época. Como resultado, los artistas escogían para quién trabajar y a muchos se les pagaba muy bien.

Sin duda alguna, el gran genio del Renacimiento fue Leonardo da Vinci. Leonardo vivió de 1452 a 1519, pero su obra podría haber ocupado una docena de vidas. Fue científico, ingeniero, inventor, filósofo, escritor y artista.

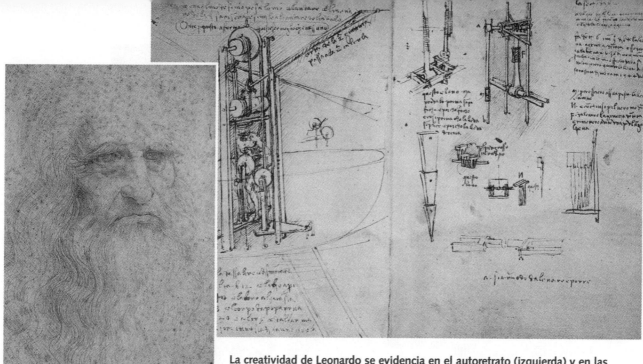

La creatividad de Leonardo se evidencia en el autoretrato (izquierda) y en las páginas de sus cuadernos de notas. Este croquis (arriba) es el de una máquina voladora. ¿Qué invento moderno te recuerda?

Leonardo llenó cuadernos y cuadernos con ideas y dibujos. Bosquejó plantas, animales y los huesos y músculos del cuerpo humano. También llenó páginas enteras con "visiones de cómo van a ser las cosas", como una máquina voladora.

Las pinturas de Leonardo representan lo mejor de su obra. Durante siglos, hemos tratado de descubrir el secreto que se esconde en la sonrisa de la Mona Lisa. Todavía nos asombra la preocupación con la que pintó los detalles de La Última Cena.

Miguel Ángel Buonarroti, otro artista del Renacimiento, también mostró talento en muchos campos. Sus esculturas de David y Moisés tienen la misma fuerza que las esculturas griegas más hermosas. La magnífica cúpula de la iglesia de San Pedro, en Roma, evidencia su habilidad como arquitecto. La grandeza de su pintura se manifiesta en las escenas bíblicas que cubren el techo de la Capilla Sixtina. El Papa Julio II, que era su mecenas, se quejó en cierta ocasión de que Michelangelo trabajaba muy despacio. El artista replicó con una frase que sintetiza el espíritu de los artistas del Renacimiento: "Terminaré cuando haya hecho todo lo necesario para satisfacer al Arte".

¿Cómo cambió el arte durante el Renacimiento?

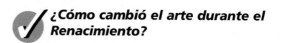

¿Qué es?

La Mona Lisa

Leonardo da Vinci pasó cuatro años pintando la Mona Lisa, retrato conocido en todo el mundo. El cuadro refleja la habilidad del artista en la combinación de colores y en el uso de la luz y la sombra. Todo el mundo está de acuerdo en que la Mona Lisa es una obra maestra. No obstante, nadie sabe con certeza quién es la mujer de la pintura. Algunos sostienen que fue la esposa de un mercader florentino, Francesco del Giocondo, mientras que otros piensan que fue una mujer imaginada por Leonardo.

LA DIFUSIÓN DE IDEAS

Las ideas del Renacimiento se difundieron por toda Europa con la ayuda de un invento que se originó en Alemania. En el siglo XIV, los libros se imprimían con un bloque de madera en el que se tallaban a mano las palabras y dibujos. Este bloque se rociaba con tinta y se fijaba sobre un papel para imprimir lo escrito. Si era necesario hacer algún cambio, había que volver a tallar todo el bloque.

> ## 66 *NO PERTENECIÓ A UNA SOLA ÉPOCA, sino a todas.* 99
>
> Descripción de William Shakespeare

Alrededor del año 1450, un impresor alemán llamado Johannes Gutenberg fue el primer europeo en imprimir usando el **tipo móvil**. Esta técnica de impresión consistía de muchas piezas pequeñas de metal. Cada pieza representaba un número o una letra del alfabeto. Las piezas se ordenaban en bandejas para formar hileras de palabras y se podían cambiar con facilidad. Gracias a esta técnica, el proceso de impresión se hizo mucho más rápido y fácil.

En 1455 Gutenberg imprimió una Biblia de 1,200 páginas utilizando una imprenta de tipos móviles. Poco después, este método se empezó a usar en todas las ciudades importantes de Europa. El precio de los libros bajó al aumentar la cantidad de libros impresos, lo que significó que más gente pudo comprarlos. La imprenta hizo posible que las ideas del Renacimiento se difundieran con rapidez por toda Europa.

Las ideas renacentistas llegaron a España, Francia e Inglaterra y dieron lugar a algunas de las obras literarias más importantes de la época. La literatura inglesa floreció durante el reinado de Isabel I, pues a ella le encantaba la poesía y el teatro y apoyó a muchos escritores ingleses. El escritor más importante de la edad de oro inglesa, y quizás de todos los tiempos, fue William Shakespeare, que escribió poemas y obras de teatro. El pueblo, los nobles y la realeza, todos por igual, se apiñaban en el teatro *Globe* de Londres para ver sus obras. Este gusto por las obras de Shakespeare sigue vigente hoy en día y muchas de ellas han sido llevadas al cine. El poeta inglés Ben Jonson observó que Shakespeare "no perteneció a una sola época, sino a todas".

✓ **¿Qué influencia tuvo la imprenta en el Renacimiento?**

Cada copia de la Biblia de Gutenberg (izquierda) requirió seis impresiones (derecha), muchos trabajadores y varios meses para terminarse. Se utilizaron alrededor de tres millones de letras de metal y de las 200 copias que se hicieron sólo quedan menos de 40.

LA REVOLUCIÓN EN LAS CIENCIAS

El espíritu de indagación del Renacimiento también influyó en las ciencias. Más y más científicos comenzaron a investigar sobre la manera en que el mundo físico funciona. Uno de ellos fue el astrónomo polaco Nicolás Copérnico. En el siglo XVI, Copérnico presentó unos cálculos que indicaban que la Tierra gira alrededor del sol. Esta idea ponía en cuestión la creencia de que la Tierra era el centro del sistema solar.

En el siglo XVII, un científico italiano llamado Galileo Galilei demostró la teoría de Copérnico. Galileo había oído hablar de un instrumento que podía hacer que los objetos lejanos se vieran más cerca. Copérnico decidió fabricar dicho objeto. Por medio del **telescopio** pudo comprobar que la Tierra efectivamente gira alrededor del sol.

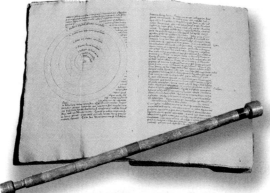

Este cuaderno de apuntes de Copérnico y este modelo del telescopio de Galileo son ejemplos de las ideas de los científicos renacentistas.

El trabajo de Galileo molestó a las autoridades religiosas. Éstas sostenían que las ideas de dicho científico se oponían a las doctrinas de la Iglesia e intentaron forzarlo a que se retractara. Ya anciano y enfermo, Galileo cedió. Pero la leyenda cuenta que en su lecho de muerte dijo "¡Sin embargo [la Tierra] *sí* gira!".

Los trabajos de Copérnico y Galileo interesaron a Isaac Newton, un matemático inglés. En 1687 Newton escribió un libro en el que explicaba que los objetos se mantienen sobre la Tierra gracias a una fuerza llamada **gravedad**. Según Newton, es esta misma fuerza la que hace girar a los planetas alrededor del sol. Newton desarrolló sus ideas por medio del **método científico**, que consiste en poner a prueba las ideas por medio de la observación y la experimentación. Los científicos de hoy todavía trabajan de la misma forma.

 ¿Cuáles fueron las contribuciones científicas de Copérnico, Galileo y Newton?

L ECCIÓN 1 • REPASO

Comprueba lo que aprendiste

1. **Recuerda los datos** ¿Por qué *Renacimiento* es una buena palabra para nombrar a una edad en la que se desarrollan los conocimientos?

2. **Concéntrate en la idea principal** ¿De qué modo los cambios en el pensamiento europeo alentaron el individualismo y la creatividad?

Piensa críticamente

3. **Piensa más sobre el tema** Hoy en día solemos llamar renacentista a alguien que sobresale en varios campos. ¿Crees que es un nombre apropiado? Explica tu respuesta.

4. **Causa y efecto** ¿Qué fue lo que permitió que las nuevas ideas se difundieran rápidamente por toda Europa? ¿Qué cambios produjo esta difusión de ideas?

Muestra lo que sabes

Actividad: Crítica Trabaja en grupo para buscar datos sobre el arte del Renacimiento en libros y revistas. Identifica las obras y los artistas. Luego tu grupo deberá asumir el papel de una mesa redonda de expertos en arte. Opinen sobre cómo cada pintura o escultura refleja las ideas del Renacimiento.

TRANSFORMACIONES
EN EUROPA

Conexión con nuestro mundo

¿Cuáles son las causas de la transformación gradual de una sociedad?

Concéntrate en la idea principal
Mientras leas, busca las causas de los cambios graduales de la sociedad europea.

Anticipa el vocabulario
reconquista
clero
indulgencia
herejía
protestante
Reforma

A mediados del siglo XVI, el Renacimiento había perdido gran parte de su fuerza en Italia. Si bien se mantuvo el interés por el saber y las artes, el comercio, la riqueza y el poder comenzaron a desplazarse hacia otras partes de Europa, especialmente hacia España, Francia e Inglaterra.

LAS NUEVAS MONARQUÍAS

Desde el siglo XII aproximadamente, los reyes cristianos habían intentado expulsar de España a los moros. Los moros eran musulmanes que provenían del norte de África. En el siglo XV Fernando el Católico, rey de Castilla, e Isabel la Católica, reina de Aragón, encabezaron la campaña para expulsar a los moros.

Fernando e Isabel se casaron en 1469. Varios años más tarde, unificaron sus reinos y otras partes de España bajo una sola monarquía. A pesar de haber logrado esta unificación, los reyes creían que sólo lograrían la verdadera unión de España si lograban que todo el país fuera católico.

Este plan de imponer el catolicismo en toda España se conoce como la **reconquista**. La campaña logró la rápida expulsión de los musulmanes de España y hacia el año 1492 se habían recuperado todas las tierras antes gobernadas por los moros. Ese mismo año también expulsaron a más de 200,000 judíos. Al finalizar el año, Fernando e Isabel habían unido a España bajo un solo gobierno y una sola religión.

En Francia, la tarea de la unificación recayó sobre Luis XI, quien en 1461 asumió el gobierno de un reino dividido. Francia acababa de ganar la Guerra de los Cien Años contra Inglaterra, pero el pueblo estaba cansado de las guerras y los privilegios de que gozaban los nobles.

El rey Fernando de Aragón y la reina Isabel de Castilla gobernaron España de 1479 a 1516.

Los poderosos nobles franceses daban prioridad a sus propias necesidades. Dejaban de lado al pueblo y se negaban a obedecer al rey. Luis XI comprendió la necesidad de imponer paz, orden y unidad en Francia.

Luis se puso a trabajar de inmediato. Su primera medida fue aplastar el poder de los nobles. Luego empezó a otorgar privilegios a los mercaderes de las crecientes ciudades y pueblos, pues sabía que eran ellos quienes controlaban los negocios y las finanzas y tenían dinero para pagar impuestos. Para estos mercaderes de clase media, el pago de impuestos era preferible a los desórdenes causados por los nobles beligerantes y por ello dieron su apoyo al rey. Cuando Luis murió en 1483, Francia estaba unificada bajo un solo gobierno.

En Inglaterra la unificación tomó mucho más tiempo. Al terminar la Guerra de los Cien Años, las familias nobles se disputaban la corona de Inglaterra. En 1485 Enrique Tudor, conde de Richmond, derrotó a Ricardo III en la batalla de Bosworth, convirtiéndose así en el rey Enrique VII. Enrique comenzó de inmediato la unificación del país. Se casó con una sobrina de Ricardo III con el objetivo de unificar a las familias enemigas y fortalecer así su derecho al trono. Luego procedió a luchar contra la familias nobles más poderosas, que todavía se oponían a su gobierno.

Una calle de mercaderes en el París del siglo XVI. ¿Por qué Luis XI favoreció a los mercaderes de las ciudades en crecimiento?

LA RECONQUISTA

FRANCIA

ASTURIAS
Pamplona
LEÓN
Río Duero
Zaragoza
Salamanca · CASTILLA · ARAGÓN
Madrid
PORTUGAL · Río Tajo
Toledo
Valencia
Córdoba
Cartagena
Sevilla · ANDALUCÍA
Granada
Cádiz
OCÉANO ATLÁNTICO
Pirineos
ESPAÑA
Mar Mediterráneo

Reconquistado en 1085
Reconquistado en 1150
Reconquistado en 1270
Reconquistado en 1492

ÁFRICA

0   100   200 millas
0   100   200 kilómetros
Proyección azimutal equi-área

LUGAR En 1492 España fue unificada bajo el gobierno de Fernando e Isabel.

■ ¿En qué año terminaron la conquista de Granada?

Se apoderó de los ejércitos privados de los nobles y los obligó a que cedieran parte de sus tierras. Al mismo tiempo, escogió a nobles de poco rango y gente de la clase media para que lo ayudaran a gobernar. Cuando Enrique VII murió en 1509, Inglaterra gozaba de paz y estaba unida bajo un gobierno centralizado y poderoso.

 **¿Cómo establecieron su autoridad las nuevas monarquías?**

LA VIDA EN EUROPA

Aunque las ideas del Renacimiento y el poder de los monarcas produjeron muchos cambios en Europa, el modo de vida de la mayoría de los habitantes no había cambiado. A principios del siglo XVI casi todos los habitantes aún vivían en pueblos pequeños. Las familias pobres vivían en chozas hechas de paja y madera, como las de la Edad Media.

Además de tener que desempeñar una labor difícil y que requería muchas horas de trabajo, los campesinos tenían que entregar parte de sus cosechas a los propietarios de la tierra.

La vida de los campesinos había empeorado más que nunca hacia mediados del siglo XVI. La demanda de lana crecía a un ritmo constante y los terratenientes notaron que podían ganar fortunas inmensas con la cría de ovejas. Para aumentar los terrenos de pastoreo obligaron a miles de familias campesinas a abandonar sus tierras. Los más afortunados encontraron trabajo en otras granjas; otros se convirtieron en mendigos o ladrones. El resto se trasladó a las ciudades en busca de trabajo.

La llegada masiva de familias campesinas dificultó la vida de los que ya vivían en las ciudades. Los recién llegados estaban dispuestos a trabajar a sueldos muy bajos y esto hizo que muchos ciudadanos que habían trabajado durante años perdieran repentinamente sus empleos.

Los europeos adinerados gozaban de una vida de ocio mientras los campesinos pasaban muchas privaciones.

En contraste con los pobres, los nobles y mercaderes adinerados llevaban una vida de lujos, dividiendo el tiempo entre sus palacios urbanos y sus casas del feudo, en el campo. Los ricos se convertían en mecenas de las artes y gastaban fortunas en diversiones.

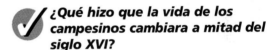 **¿Qué hizo que la vida de los campesinos cambiara a mitad del siglo XVI?**

UNA IGLESIA DEBILITADA

En 1513, un miembro de la familia Médicis de Florencia se convirtió en el Papa León X, la autoridad máxima de la Iglesia católica. Se dice que León X le escribió a su hermano, "Dios nos ha dado el papado [oficio de Papa], así que disfrutémoslo". Efectivamente, León X disfrutó de su posición. Usó el dinero de la Iglesia para satisfacer sus caprichos y hacer de mecenas. Para reponer el dinero de la Iglesia vendió puestos eclesiásticos al mejor postor.

La mayoría de los cristianos de Europa nunca conoció al Papa, aunque sí tenían contacto directo con los curas de las parroquias. Si bien muchos sacerdotes desempeñaban correctamente sus funciones, otros no eran tan responsables. Algunas personas advirtieron que la conducta poco apropiada de algunos miembros del **clero**, o conjunto de sacerdotes, iba a causar problemas.

APRENDER CON GRÁFICAS En el siglo XVI muchos habitantes se trasladaron del campo a las ciudades.

- ¿Cuánto aumentó la población de Londres en el siglo XVII en comparación con el siglo XVI?

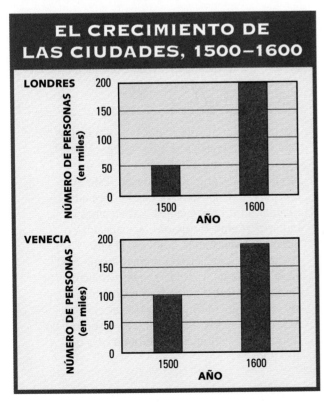

EL CRECIMIENTO DE LAS CIUDADES, 1500–1600

LONDRES
NÚMERO DE PERSONAS (en miles)
200
150
100
50
0
1500   1600
AÑO

VENECIA
NÚMERO DE PERSONAS (en miles)
200
150
100
50
0
1500   1600
AÑO

Esta bula papal, o carta escrita por el Papa (izquierda), ordenaba a Martín Lutero (arriba) que cambiara sus ideas.

de mucho reflexionar, decidió desafiar la práctica de la venta de indulgencias.

 ¿Qué eran las indulgencias? ¿Por qué Martín Lutero no estaba de acuerdo con ellas?

LA REFORMA

En el mediodía del 31 de octubre de 1517, Lutero clavó sus 95 tesis, o manifiestos de opinión, en la puerta de la iglesia de Wittenberg. En estos escritos Lutero presentaba una lista de sus quejas contra la Iglesia.

Una corte eclesiástica no tardó en enjuiciar a Lutero acusándolo de **herejía**, o de negar las doctrinas de la Iglesia. Carlos V, el emperador del Sacro Imperio Romano, que incluía los estados germánicos, también enjuició a Lutero. En ambos juicios, Lutero tuvo que explicar que no pretendía perjudicar a la Iglesia, sino que quería señalar y resolver los problemas de ésta. Sin embargo, también se negó a rechazar o cambiar sus ideas y por ello lo excomulgaron.

Los problemas empezaron mucho antes de lo esperado. León X quería reconstruir la iglesia de San Pedro en Roma. Para reunir el dinero necesario decidió vender **indulgencias**, o perdones por los pecados cometidos. La venta de indulgencias se había convertido en una práctica común en la Iglesia. Un eclesiástico dijo: "El Señor no desea que un pecador muera, sino que viva y pague". Pero las indulgencias de León X eran diferentes, ¡pues prometían el perdón de los pecados futuros!

Un sacerdote llamado Martín Lutero presenció una venta de indulgencias en la plaza pública de la ciudad alemana de Wittenberg. El hecho de que se pudiera comprar el perdón de los pecados asombró a Lutero y que se pudiera comprar el perdón de pecados futuros lo asombró aún más. Lutero se preguntó si debía actuar por su cuenta, ya que a pocos les importaba tal asunto. Después

¿Qué es?

La Inquisición

"Ven conmigo. El inquisidor quiere hablarte." Esta orden aterrorizaba a los europeos del siglo XV, pues significaba que tenían que rendir cuentas ante la Inquisición. Ésta era un tribunal religioso cuya tarea era señalar y castigar a los no creyentes. Las víctimas de la Inquisición eran torturadas, encarceladas o quemadas vivas en la hoguera. El Papa Gregorio IX estableció la primera Inquisición en la década de 1230. Los reyes católicos Fernando e Isabel comenzaron una nueva Inquisición en 1478 para fortalecer el catolicismo en España. Los españoles vivieron bajo la amenaza del Inquisidor durante más de 300 años.

LA EXPANSIÓN DEL PROTESTANTISMO, 1618

OCÉANO ATLÁNTICO

ESCANDINAVIA

NORUEGA
SUECIA

ESCOCIA

IRLANDA

Mar del Norte

INGLATERRA
DINAMARCA

Mar Báltico

PAÍSES BAJOS

ESTADOS DEL BÁLTICO

PRUSIA

RUSIA

SACRO IMPERIO ROMANO

FRANCIA

POLONIA

BOHEMIA

AUSTRIA
TRANSILVANIA

HUNGRÍA

PORTUGAL
ESPAÑA

ESTADOS ITALIANOS

IMPERIO OTOMANO

Mar Mediterráneo

- Protestante
- Católica
- Musulmana
- Ortodoxa

0   300   600 millas
0 300 600 kilómetros
Proyección azimutal equi-área

MOVIMIENTO Los primeros protestantes vivían en lo que hoy es Alemania.
■ ¿En qué dirección principal se diseminó la religión protestante?

Carlos V declaró a Martín Lutero fuera de la ley. Esto significaba que ningún habitante del imperio podía ayudarlo. No obstante, Federico el Sabio, un príncipe alemán, ignoró esta orden y ofreció a Lutero un lugar donde vivir.

En esa época Lutero había comenzado a cuestionar el papel de los sacerdotes y del Papa. Había llegado a la conclusión de que la Biblia contenía todos los preceptos que se debían conocer. Contando con un lugar seguro donde vivir, comenzó a traducir la Biblia del griego al alemán, la lengua que el pueblo hablaba. Los adelantos en la imprenta hicieron posible que mucha gente tuviera acceso a esta traducción.

Con el tiempo, cada vez más alemanes se convirtieron en seguidores de Lutero y crearon la Iglesia luterana. Los dirigentes católicos intentaron suprimir la nueva Iglesia pero estas acciones originaron protestas inmediatas por parte de los seguidores, lo que les valió el nombre de **protestantes**. El movimiento que llevó a la

creación de Iglesias protestantes se llamó la **Reforma**, pues su objetivo era reformar la Iglesia católica.

La Reforma protestante se extendió desde Alemania hasta otras partes de Europa. Escandinavia, Inglaterra, Escocia y los Países Bajos finalmente se convirtieron en países protestantes. En esos lugares se fundaron cientos de Iglesias cristianas protestantes. Por su parte, la Iglesia católica mantuvo su poderosa influencia en España, Portugal, Italia, Francia, Irlanda y en partes de Europa oriental, pero tuvo que modificar muchas de sus prácticas en respuesta al auge del protestantismo.

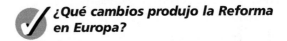 **¿Qué cambios produjo la Reforma en Europa?**

 *LECCIÓN 2 • REPASO*

Comprueba lo que aprendiste

1. **Recuerda los datos** ¿Qué fue la Reforma? ¿Qué efecto tuvo en Europa?
2. **Concéntrate en la idea principal** ¿Cuáles fueron los factores que generaron cambios importantes durante este período?

Piensa críticamente

3. **Piensa más sobre el tema** ¿Qué relación había entre el comercio y las finanzas y el surgimiento de las monarquías?
4. **Explora otros puntos de vista** Los católicos creían que los protestantes eran herejes (que habían cometido una herejía), mientras que los protestantes se consideraban reformadores. Explica las razones que apoyaban cada postura.
5. **Causa y efecto** ¿Cómo contribuyeron a la Reforma las ideas e inventos del Renacimiento?

Muestra lo que sabes

Actividad: Diario Imagina que eres un estudiante en Alemania a mediados del siglo XVI. Escribe en tu diario una descripción de los cambios en el modo de vida de tu ciudad causados por las acciones de Martín Lutero.

Actuar como un ciudadano responsable

¿Por qué es importante esta destreza?

Las naciones, la Iglesia y otros grandes grupos dependen de la participación responsable de sus ciudadanos o miembros. Para ser responsable, es necesario estar al tanto de lo que sucede en el grupo, elegir a dirigentes capaces y participar en las actividades del grupo. Cuando un grupo numeroso, como una nación o Iglesia, se enfrenta a un problema, son los miembros o ciudadanos los que tienen que actuar para resolverlo.

Recuerda lo que has leído

Has leído sobre los problemas que enfrentó la Iglesia católica a principios del siglo XVI. Muchos de sus miembros participaron en el movimiento llamado la Reforma. El objetivo de este movimiento era reformar, o cambiar, la manera de actuar de ciertos funcionarios eclesiásticos, como los que vendían indulgencias. Martín Lutero, el cabecilla del movimiento, clavó en la puerta de la iglesia de Wittenberg su manifiesto de protesta, compuesto por 95 tesis. Esto hizo que las autoridades eclesiásticas y Carlos V, el emperador del Sacro Imperio Romano, reaccionaran. Pero Lutero no fue la única persona que contribuyó a la Reforma. Cientos de sacerdotes y otros autoridades locales, especialmente en Alemania, actuaron para resolver los problemas de la Iglesia.

Martín Lutero clava sus edictos.

Comprende el proceso

Hoy en día, actuar como un ciudadano responsable no resulta tan difícil como lo fue para Lutero y sus seguidores, quienes a menudo arriesgaban sus vidas. Puede ser tan sencillo como estar bien informado y votar aunque, naturalmente, también se requiere reflexión y acciones cuidadosas.

Estos son algunos pasos que la gente puede seguir para actuar como ciudadanos responsables de los Estados Unidos:

- Mantenerse informado de los problemas que existen en el país.
  - Pensar en formas de resolver esos problemas.
    - Decidir sobre cómo lograr cambios que beneficien a todo el país.
      - Cada persona puede decidir cómo ayudar, actuando sola o en grupo.

Piensa y aplica

Algunos actos cívicos, como votar, están reservados a los adultos, pero otros están al alcance de ciudadanos de todas las edades. Los cuatro pasos enumerados anteriormente pueden ayudar a cualquier persona a actuar como un ciudadano responsable. Usa estos pasos para pensar en cómo tú y tus compañeros pueden actuar como ciudadanos responsables en la comunidad.

EL BUEN CIUDADANO

LOS EUROPEOS EXPLORAN EL GLOBO

Conexión con nuestro mundo

¿Qué nos lleva a explorar lo desconocido?

Concéntrate en la idea principal
Mientras leas, busca las razones por las cuales las naciones europeas empezaron a explorar y reclamar tierras fuera de Europa.

Anticipa el vocabulario
carabela
circunnavegación
armada

En el siglo XV muchos países europeos querían acabar con el monopolio comercial que tenían los italianos y árabes con Oriente. Para lograr dicho objetivo buscaron nuevas rutas marítimas hacia Asia. La carrera por encontrar estas rutas dio origen a la edad de las exploraciones.

LA CAÍDA DE CONSTANTINOPLA

A principios del siglo XV, Venecia controlaba el comercio europeo con Asia. Una cadena de centros comerciales venecianos se extendía desde el este del Mediterráneo hasta el Mar Negro. Las rutas más allá del Mar Negro estaban controladas por mercaderes árabes, quienes se quedaban con parte de las ganancias.

Esta organización del comercio se vio amenazada por el empuje de los turcos otomanos hacia el oeste. En 1453 los turcos capturaron la ciudad de Constantinopla, que por mucho tiempo había sido lugar clave del comercio marítimo entre Europa y Asia. Los venecianos lucharon sin éxito por mantener el control comercial y en el siglo XVI el Imperio Otomano se había apropiado de las rutas hacia Oriente.

La caída de Constantinopla conmocionó a los europeos. Sin embargo, esto no significó que sintieran pesar por Venecia, pues muchas naciones europeas habían comenzado a buscar otras rutas hacia el este para no tener que pagar a los mercaderes venecianos. Tales rutas les permitirían comerciar directamente con Asia y quedarse con todas las ganancias. La búsqueda de una nueva ruta se concentraba ahora en el océano Atlántico.

A mediados de 1453, los turcos otomanos se apoderaron de Constantinopla, controlada hasta ese momento por los venecianos.

 ¿De qué modo la caída de Constantinopla afectó al comercio europeo con Asia?

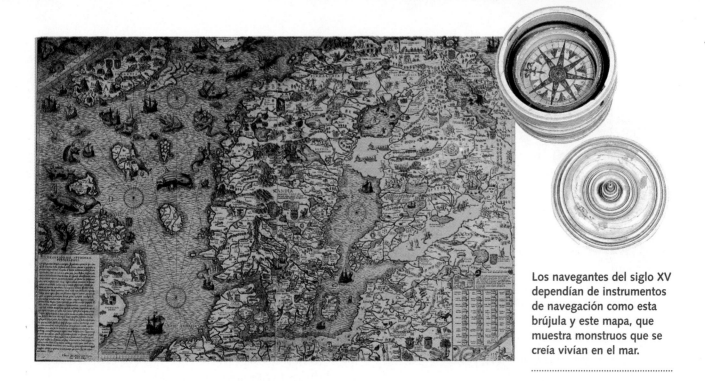

Los navegantes del siglo XV dependían de instrumentos de navegación como esta brújula y este mapa, que muestra monstruos que se creía vivían en el mar.

EUROPA MIRA HACIA EL ATLÁNTICO

Es probable que noticias de las exploraciones vikingas a través del Atlántico hayan llegado a oídos de los españoles y portugueses. Eso ayudaría a explicar por qué se empezó a creer que existía un territorio enorme en el océano hacia el oeste. Además, muchos europeos llegaron a creer que era posible encontrar otra ruta que llevara a Asia a través del Atlántico.

Los barcos de comienzos del siglo XV no eran lo suficientemente resistentes como para hacer un viaje tan largo. Pero a mediados del siglo, Portugal empezó a construir un tipo de barco llamado **carabela**. Esta embarcación usaba velas latinas para navegar distancias largas con rapidez y resistir las inclemencias de altamar.

En esa época los marineros europeos mejoraron sus técnicas de navegación. Aprendieron a usar el compás y el astrolabio y contaban con mapas mucho mejores que los de antes, algunos de los cuales habían sido trazados por geógrafos árabes. Con estas herramientas los marinos europeos estaban preparados para buscar una nueva ruta.

 ¿Qué adelantos permitieron a los europeos navegar por el océano Atlántico?

PORTUGAL Y ESPAÑA COMIENZAN LA AVENTURA

Los navegantes de Portugal fueron los primeros en adentrarse en el Atlántico. Portugal, un país pobre y pequeño, deseaba participar del comercio con Asia. Los gobernantes portugueses estaban seguros de que el comercio traería prosperidad al país.

Las expediciones del océano Atlántico comenzaron sobre todo gracias al príncipe Enrique el Navegante. Aunque nunca participó en ningún viaje de exploración, Enrique convirtió a Portugal en una potencia marítima. Fundó una escuela de navegación alrededor de 1419 y reunió allí a los mejores cartógrafos, científicos y arquitectos navales provenientes de muchas regiones y puso en práctica las ideas de estos expertos, financiando viajes de exploración a lo largo de la costa occidental de África.

Enrique murió en 1460, pero los portugueses continuaron las expediciones en la costa oriental de África. En 1488, Bartolomeu Dias bordeó la punta sur de África y entró en el océano Índico. Aunque su tripulación lo obligó a regresar, había abierto una nueva ruta hacia el este. Diez años más tarde, Vasco da Gama llegó a la India. En 1499 regresó a Portugal con un cargamento de especias y joyas de la India. ¡El dinero obtenido de la venta del cargamento equivalió a 60 veces el costo del viaje! Al poco tiempo los portugueses establecieron una cadena de centros comerciales a lo largo de las costas de África e India. Desde allí, los barcos portugueses se adentraron más y más en las aguas de Asia. A finales del siglo XVI esta cadena de centros comerciales se extendía desde la costa atlántica de África hasta China.

Cristóbal Colón, un marino italiano contemporáneo de Dias, se reunió con el rey de Portugal. Colón estaba convencido de que se podía llegar a Asia navegando rumbo oeste, a través del Atlántico. Como el rey de Portugal

Vasco da Gama

no se interesó en financiar la exploración, Colón llevó su propuesta a los reyes católicos Fernando e Isabel, a quienes les prometió tierras nuevas, riquezas enormes y difundir la fe católica en Asia. Los reyes aceptaron pagar por su viaje.

Colón zarpó con tres carabelas el 3 de agosto de 1492. Unos dos meses más tarde, el 12 de octubre, llegó a una pequeña isla en el mar Caribe, a la que llamó San Salvador. Como estaba convencido de haber llegado a las Indias, llamó indios a los aborígenes. Cuando Colón regresó a España en 1493, fue recibido como un héroe.

Aunque realizó otros tres viajes, Colón nunca supo que había descubierto un continente nuevo.

VIAJES DE EXPLORACIÓN

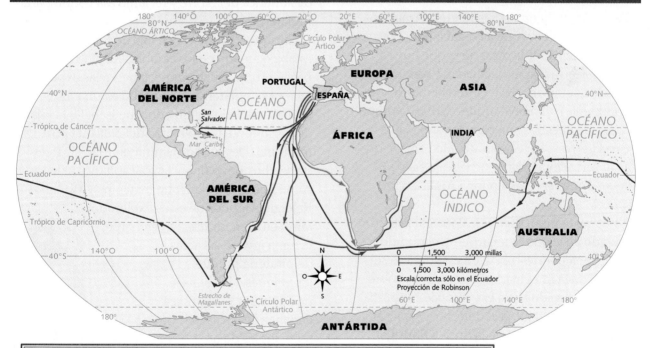

Exploradores españoles
→ Colón, 1492–1493
→ Magallanes, 1519–1522

Exploradores portugueses
→ Dias, 1487–1488
→ Da Gama, 1497–1499
→ Vespucio, 1501

MOVIMIENTO A fines del siglo XV, los navegantes españoles y portugueses partieron a explorar el mundo.
■ ¿Qué explorador navegó principalmente a lo largo del Trópico de Cáncer?

Cristóbal Colón es recordado por sus viajes a través del Atlántico, que cambiaron para siempre los modos de vida de Europa y las Américas.

Otros, sin embargo, sí lo supieron. Amerigo Vespucci, un italiano que navegaba para Portugal, exploró en 1501 la costa de lo que hoy es Brasil, trazando mapas detallados y escribiendo acerca de lo que vio. "Es legítimo llamarlo (al continente) un nuevo mundo", dijo, "porque ninguno de nuestros antepasados supo jamás de estas tierras". Un cartógrafo que había leído estas observaciones llamó América a este "nuevo" continente, en honor a Amerigo Vespucci.

A mismo tiempo, España y Portugal firmaron un tratado en el que se repartieron el mundo que quedaba por descubrir. En este tratado se trazó una línea imaginaria de norte a sur sobre el mundo conocido hasta ese entonces y se estipuló que España tendría el derecho a explorar todas las tierras al oeste de la línea y Portugal las del este.

Bajo este tratado España pudo seguir buscando una nueva ruta hacia el oeste. En 1519 partieron de España cinco barcos capitaneados por Fernando de Magallanes. Después de cruzar el Atlántico, bordearon el cono sur del continente americano y llegaron al océano Pacífico. De ahí continuaron rumbo a Asia. Magallanes murió en

una batalla en Filipinas, pero su tripulación completó el viaje alrededor del mundo.

Esta  **circunnavegación**, o viaje alrededor del mundo, demostró tres puntos importantes. Primero, que se podía llegar a Asia navegando hacia el oeste. Segundo, que existía una ruta marítima que daba la vuelta al mundo. Y tercero, que los geógrafos podían contar con una manera nueva de calcular el tamaño de la tierra.

✓ **¿Por qué fueron importantes los viajes iniciados por España y Portugal?**

LAS EXPLORACIONES INGLESAS

Los ingleses empezaron a buscar rutas comerciales poco después del viaje de Colón a través del Atlántico. El rey Enrique VII financió las expediciones del italiano Giovanni Caboto, quien también buscó una ruta a Asia por el oeste. En 1497 y 1498 Caboto navegó a lo largo de la costa de América del Norte y reclamó esa región para Inglaterra.

Enrique VIII, sucesor e hijo de Enrique VII, estaba ocupado en los cambios religiosos de su país y no dio mucha importancia a las exploraciones. Inglaterra se convirtió en un país protestante bajo su reinado. Fue Isabel I, la hija de Enrique VIII, quien hizo del país una potencia marítima. Después de asumir el trono en 1558, Isabel dio apoyo financiero a capitanes jóvenes como Francis Drake, John Hawkins y Walter Raleigh. Algunos de estos exploradores también eran piratas. Sin embargo, la reina ignoró los actos de piratería porque los ataques a los barcos portugueses y españoles llenaban las arcas del reino inglés de oro y plata.

Retrato de Isabel I en el día de su coronación como reina de Inglaterra.

Los barcos de guerra ingleses derrotaron a la armada española (izquierda). Inglaterra puso en circulación una baraja (arriba) para celebrar la victoria.

El rey español Felipe II, disgustado con la piratería inglesa y con el abandono del catolicismo en ese país, reunió en 1588 una flota de 130 barcos de guerra, llamada la **armada**, con el fin de atacar Inglaterra. Pero los barcos españoles no eran tan veloces como los ingleses y la armada tuvo que retirarse del combate. Una tormenta violenta destruyó toda la flota española cuando ésta regresaba a España. La batalla demostró que España comenzaba a perder el poderío mundial y que Inglaterra se fortalecía cada vez más.

 ¿Qué suceso demostró que Inglaterra se estaba convirtiendo en una potencia mundial?

LECCIÓN 3 • REPASO

Comprueba lo que aprendiste

1. **Recuerda los datos** ¿Por dónde buscaron los europeos una ruta marítima hacia Asia?

2. **Concéntrate en la idea principal** ¿Qué motivó a las naciones europeas a explorar y reclamar tierras en otros continentes?

Piensa críticamente

3. **En mi opinión** Imagina que vives en el siglo XV y que estás a punto de empezar un viaje de exploración. ¿Cómo te prepararías física, mental y emocionalmente?

4. **Causa y efecto** ¿Cómo influyó el Renacimiento en el origen de la edad de las exploraciones?

5. **Ayer y hoy** ¿A dónde viaja la gente hoy en día cuando se organizan viajes de exploración? ¿Por qué se exploran esas regiones?

Muestra lo que sabes

Actividad: Carta A menudo, los exploradores de antaño tenían que persuadir a alguien, generalmente un monarca, para que financiara las expediciones. Imagínate que quieres organizar un viaje de exploración para Portugal, España o Inglaterra. Escribe una carta al monarca de ese país, en donde describas las razones del viaje y cómo la ayuda que se te brinde puede beneficiar a la monarquía.

CONECTA LAS IDEAS PRINCIPALES

Usa este organizador para mostrar cómo están relacionadas las ideas principales del capítulo. Copia el organizador en una hoja de papel y complétalo escribiendo tres detalles de cada idea principal.

Transformaciones en Europa

Los gobiernos, la sociedad y los modos de vida cambiaron en Europa.

1. _____
2. _____
3. _____

El Renacimiento de ideas en Europa

Los cambios en la forma de pensar fomentaron el individualismo y la creatividad.

1. _____
2. _____
3. _____

Nuevos rumbos para Europa

Los europeos exploran el globo

Las naciones europeas empiezan a explorar y reclamar tierras en el extranjero.

1. _____
2. _____
3. _____

ESCRIBE MÁS SOBRE EL TEMA

1. Escribe un diálogo William Shakespeare, quizás el dramaturgo más importante de todos los tiempos, vivió en la época que se describe en esta unidad. Intenta escribir una obra de teatro. Escoge una de las siguientes situaciones: un artista europeo habla con un mecenas; Galileo Galilei defiende sus ideas; los reyes Fernando e Isabel discuten los planes para la reconquista; un explorador intenta encontrar a alguien que financie su viaje. Luego escribe un diálogo de una página acerca de la situación que hayas escogido.

2. Escribe un cuaderno de bitácora Imagina que formas parte de la tripulación de un explorador europeo famoso, como Vasco de Gama, Cristóbal Colón o Fernando de Magallanes. ¿Cómo influyó en tu vida dicho explorador? ¿Qué aprendiste sobre él? Escribe dos anotaciones en tu cuaderno de bitácora: una acerca del día en que te sentiste más inspirado por este explorador y otra acerca del día en que te sentiste más molesto. Proporciona detalles en ambas anotaciones y explica las causas de tus estados de ánimo.

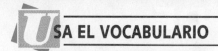 **SA EL VOCABULARIO**

Escribe el término que corresponda a cada definición. Luego utilízalo en una frase completa.

armada   carabela
indulgencia   Reforma
Renacimiento   método científico

1. una palabra que significa nacer de nuevo

2. un tipo de barco

3. el perdón de los pecados

4. poner a prueba las ideas por medio de la observación y la experimentación

5. una flota naval española

6. un movimiento surgido en el siglo XVI destinado a producir cambios en la Iglesia católica

 OMPRUEBA LO QUE APRENDISTE

1. ¿En qué parte de Europa se originó el Renacimiento?

2. ¿En qué se diferencian el arte del Renacimiento y el arte de la Edad Media?

3. ¿Quién fue un famoso científico, escritor, filósofo, ingeniero, inventor y artista del Renacimiento?

4. ¿Quién fue Johannes Gutenberg y en qué manera contribuyó a la difusión de ideas en Europa?

5. ¿Cómo unificaron a España los reyes católicos Fernando e Isabel?

6. ¿Qué relación existe entre Martín Lutero y los protestantes?

7. ¿Quién fue el príncipe Enrique y qué influencia tuvo en las exploraciones?

8. ¿Cuáles fueron las dos naciones europeas que comenzaron la exploración de nuevas rutas?

9. ¿Dónde desembarcó Colón en 1492?

10. ¿Por qué el viaje de Magallanes fue tan importante?

PIENSA CRÍTICAMENTE

1. **Explora otros puntos de vista** Miguel Ángel, refiriéndose a su trabajo de la Capilla Sixtina, dijo en cierta ocasión: "Terminaré cuando haya hecho todo lo necesario para satisfacer al arte". ¿Qué crees que quiso decir con esto?

2. **Ayer y hoy** ¿Cuán diferente hubiese sido el mundo de hoy si personas como Miguel Ángel, Leonardo da Vinci e Isaac Newton no hubieran existido?

3. **Piensa más sobre el tema** ¿En qué se benefició España con la reconquista? ¿En qué se perjudicó?

4. **En mi opinión** ¿Cuáles crees que fueron los cambios más importantes ocurridos en Europa entre 1400 y 1700? ¿Por qué?

5. **Causa y efecto** ¿Qué hubiese sucedido con las exploraciones si los italianos y los árabes no hubieran controlado las rutas comerciales de Oriente?

 **PLICA TUS DESTREZAS**

Cómo actuar como un ciudadano responsable
Busca en periódicos y revistas recientes un artículo que muestre a alguien actuando como un buen ciudadano. Escribe una descripción breve de lo que esa persona hizo y los resultados que obtuvo.

LEE MÁS SOBRE EL TEMA

The Apprentice de Pilar Molina Llorente, traducción al inglés de Robin Longshaw; Farrar, Straus & Giroux. Un muchacho descubre lo duro que es ser un aprendiz en la Italia del Renacimiento.

The Renaissance and the New World de Giovanni Caselli; Bedrick. El autor analiza la cultura de Europa después de la Edad Media y sus manifestaciones en la vida cotidiana.

EL ENCUENTRO DE
EUROPA, ÁFRICA Y AMÉRICA

66 Cuando los malindi los vieron [a los portugueses] supieron que eran portadores de guerra y corrupción, y se sintieron invadidos por un gran temor. 99

The Chronicle of Kilwa, descripción de de la llegada de la flota de Vasco da Gama a las costas de África oriental

....

Escultura de latón de un oba (rey) de Benín

ÁFRICA Y EUROPA

Conexión con nuestro mundo

¿Qué sucede cuando se nos obliga a migrar?

Concéntrate en la idea principal
Mientras leas, reflexiona sobre el modo en que los europeos forzaron a muchos africanos a abandonar sus tierras.

Anticipa el vocabulario
plantación
triángulo comercial
recorrido intermedio
racismo

Este flautista de bronce es evidencia de que la música era una parte importante de la cultura de Benín, en África.

Cuando en Europa la Edad Media llegaba a su fin, surgían nuevos reinos en África al sur del Sahara. Al igual que los antiguos imperios de África oriental, estos reinos se formaron principalmente gracias al comercio. Para muchos de los reinos africanos la llegada de los europeos a África supuso un incremento de su actividad comercial y, por consiguiente, de su riqueza y poder. Sin embargo, no tardaron en darse cuenta de que se habían equivocado.

LAS SOCIEDADES AFRICANAS

El Imperio de Shongay se desmoronó después de una derrota militar en 1591. Al poco tiempo, el reino de Kanem-Bornu tomó el control del comercio a través del Sahara. El reino de Kanem surgió en las proximidades del Lago Chad, en el siglo IX, y fue acumulando riqueza y poder por medio del comercio con los pueblos del norte de África. Con el tiempo, Kanem se unió al reino vecino de Bornu. A principios del siglo XVII Kanem-Bornu era un imperio inmenso.

La época de mayor desarrollo de Kanem-Bornu se produjo a finales del siglo XVI, bajo el reinado de Idris Aloma. Este gobernante mejoró su ejército importando las armas más avanzadas del momento y contratando a consejeros militares para que enseñaran a sus soldados las técnicas de combate más recientes. Idris era un musulmán devoto que trató de difundir su religión en las tierras que gobernaba. También reemplazó las antiguas leyes del reino por otras, basadas en el *Corán*. Pero los gobernantes de Kanem-Bornu que sucedieron a Idris Aloma no tuvieron la misma capacidad de mando y el imperio se debilitó.

Otros reinos comerciales surgieron al suroeste de Kanem-Bornu, en las selvas de África oriental. Hacia 1500, Benín era quizás el más importante de ellos. Este reino se enriqueció mediante el comercio de especias, marfil, telas, herramientas y esclavos.

Capítulo 14 • **423**

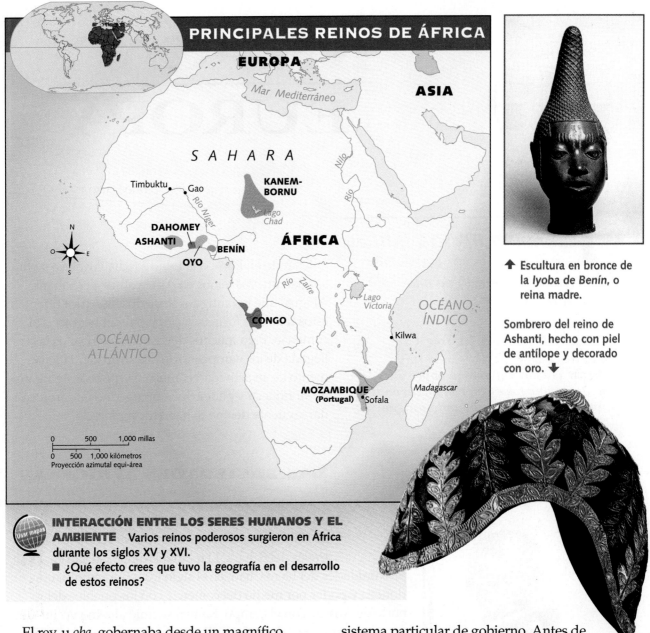

PRINCIPALES REINOS DE ÁFRICA

EUROPA

ASIA

Mar Mediterráneo

SAHARA

Nilo

Río

KANEM-
BORNU

Timbuktu • Gao

Lago
Chad

DAHOMEY
ASHANTI

Río Níger

BENÍN

ÁFRICA

OYO

Río Zaire

Lago
Victoria

OCÉANO
ÍNDICO

CONGO

OCÉANO
ATLÁNTICO

• Kilwa

MOZAMBIQUE
(Portugal) • Sofala

Madagascar

N
O   E
S

0   500   1,000 millas
0   500   1,000 kilómetros
Proyección azimutal equi-área

↑ Escultura en bronce de
la *Iyoba de Benín*, o
reina madre.

Sombrero del reino de
Ashanti, hecho con piel
de antílope y decorado
con oro. ↓

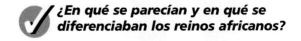

**INTERACCIÓN ENTRE LOS SERES HUMANOS Y EL
AMBIENTE**   Varios reinos poderosos surgieron en África
durante los siglos XV y XVI.

■ ¿Qué efecto crees que tuvo la geografía en el desarrollo
de estos reinos?

El rey, u *oba*, gobernaba desde un magnífico palacio en la ciudad de Benín, rodeada por una muralla. El reino de Benín ocupaba gran parte de lo que hoy es la región centro-occidental de Nigeria.

Otros reinos surgieron al oeste de Benín. Oyo, el más cercano, cobró poder económico a finales del siglo XV. El monarca o *alafin* era el gobernante, pero un consejo podía destituirlo si consideraba que no era un dirigente eficaz. El reino de Dahomey, otro imperio que surgió a mediados del siglo XVII, tenía un gobierno muy diferente. El rey lo controlaba todo sin temor a ser destronado.

El reino Ashanti, fundado en la misma época que el reino de Dahomey, también tenía un sistema particular de gobierno. Antes de tomar una decisión, el rey tenía que discutirla con un consejo de gobernantes locales. Además, las mujeres también podían formar parte del gobierno. Las parientas del rey actuaban como consejeras y en determinadas ocasiones gobernaban en nombre de él.

El reino de Congo, situado más al sur, en la desembocadura del río Zaire, se fortaleció durante el siglo XV. El rey o *manicongo* era considerado un dios. Como los reinos africanos de más al norte, la economía del reino del Congo se basó en el comercio.

✓ **¿En qué se parecían y en qué se
diferenciaban los reinos africanos?**

LA LLEGADA DE LOS EUROPEOS

La llegada de los europeos a África produjo cambios profundos en los reinos. Los portugueses fueron los primeros europeos en construir asentamientos en el continente africano. Como los pueblos de África deseaban comerciar, permitieron que los portugueses establecieran puestos de comercio a lo largo de la costa del continente. Los gobernantes africanos alquilaban estos puestos a los portugueses a cambio de una fracción de las ganancias y la garantía de protección contra sus enemigos. Los puestos comerciales estaban fuertemente armados, casi como si fueran fortificaciones. En ellos también vivían sacerdotes católicos, que habían llegado para difundir el cristianismo entre los africanos.

Al principio los portugueses comerciaban con especias, oro y marfil. Con el tiempo, sin embargo, los esclavos se convirtieron en su mercancía principal. Este cambio fue motivado por acontecimientos que ocurrían al otro lado del Atlántico. En todas partes de América del Norte, Central y del Sur, los europeos habían fundado colonias. Los colonos se dedicaban a explotar los recursos minerales de las Américas. También crearon granjas gigantescas, llamadas **plantaciones**, donde se cultivaba caña de azúcar, piñas, algodón, tabaco y café. El trabajo en las minas y en el campo era muy duro y pocos colonos europeos estaban dispuestos a hacerlo. Por ello los dueños de las minas y las plantaciones usaban la mano de obra esclava. África se convirtió así en una fuente importante de esclavos.

✔ **¿De qué manera los portugueses llevaron a cabo sus actividades comerciales en África?**

Esta escultura de marfil de un marinero en la cofa de un barco (derecha) fue creada por un escultor de Benín. En este mapa europeo de África occidental (abajo) el sur, y no el norte, aparece en la parte superior. ¿Por qué crees que el cartógrafo trazó el mapa de esta forma?

LA TRATA DE ESCLAVOS

La esclavitud no era una novedad. Había existido desde la antigüedad. Los sumerios, egipcios, griegos y otros habían esclavizado a los pueblos conquistados. Fueron esclavos quienes construyeron las obras públicas del Imperio Romano. En África la esclavitud también se había practicado durante siglos, si bien los esclavos eran generalmente prisioneros de guerra o criminales que pagaban sus delitos con el trabajo. No obstante, estos esclavos eran tratados relativamente bien y tenían oportunidades de conseguir la libertad.

La esclavitud que los europeos practicaban era muy distinta. Los esclavos africanos eran considerados una mercancía, que se podía vender y comprar cuando el amo así lo deseara. Este tipo de esclavitud era de por vida. Las posibilidades que un esclavo tenía de recuperar su libertad eran prácticamente nulas y los niños nacidos de padres esclavos también eran considerados esclavos.

Los primeros en practicar el comercio transatlántico de esclavos fueron los portugueses, aunque después lo hicieron otras potencias europeas. Las cazadores de esclavos recorrían el territorio africano capturando a todo aquel que pudieran. Después vendían los cautivos a comerciantes, o mercaderes, europeos en los puestos comerciales establecidos en la costa. Los comerciantes no mostraban la más mínima piedad a la hora de separar "padres de hijos, esposos de esposas, hermanos de hermanos", como observó un portugués. Finalmente, los cautivos eran cargados en barcos que partían rumbo a las Américas

La vida en los barcos de esclavos era lamentable. Cuantos más esclavos se transportaban, mayor era la ganancia, y por ello los comerciantes amontonaban cautivos en cualquier espacio disponible. Durante la mayor parte de la travesía por el Atlántico, los cautivos permanecían enca-

¿Quién es?

Olaudah Equiano
1750?–1797

Olaudah Equiano nació aproximadamente en 1750 en lo que hoy es Nigeria. A los once o doce años de edad fue capturado y vendido como esclavo. Equiano fue enviado a Virginia, donde trabajó en una plantación. Después lo compró un oficial de la armada británica, para quien sirvió en la Guerra Franco-Indígena. Su siguiente amo fue un mercader de las Antillas. Con el tiempo Equiano logró ahorrar el dinero suficiente para comprar su libertad. En 1777 se estableció en Inglaterra, donde escribió un libro sobre sus experiencias de esclavo. Además se convirtió en uno de los dirigentes del movimiento abolicionista.

denados unos a otros en las bodegas del barco. Olaudah Equiano, quien había sido esclavo, escribió que el aire de las bodegas era "imposible de respirar por los repugnantes olores, que causaban enfermedad y muerte entre los esclavos…".

Se cree que uno de cada cinco esclavos moría durante el terrible viaje. Aquellos que sobrevivían eran vendidos en subasta al llegar a las Américas. La venta de vidas humanas era parte de un sistema llamado el **triángulo comercial**. En la primera etapa de este triángulo, los comerciantes navegaban de Europa a África con hierro, telas, armas y bebidas alcohólicas. Allí intercambiaban estos bienes por esclavos, a quienes luego transportaban hasta las Américas a través del Atlántico, etapa del triángulo algunas veces conocida como **recorrido intermedio**.

En las Américas los comerciantes cambiaban los esclavos por productos de las plantaciones. Luego regresaban con estos productos a Europa, completando así el triángulo comercial.

Durante más de tres siglos África fue el centro de la trata de esclavos. Con el tiempo muchos europeos, especialmente las autoridades religiosas, llegaron a considerar la esclavitud una práctica cruel e injusta. En 1807 Gran Bretaña se convirtió en la primera nación en abolir el comercio de esclavos; otras naciones no tardaron en seguir su ejemplo. Estados Unidos puso fin a la importación de esclavos; sin embargo, este país tuvo que sufrir una sangrienta guerra antes de que la esclavitud quedara definitivamente abolida en 1865.

✓ *¿Cómo funcionaba el triángulo comercial?*

LOS EFECTOS DEL MERCADO DE ESCLAVOS

Durante la época del comercio de esclavos se trajeron unos doce millones de africanos a las Américas. Además, muchos otros murieron durante el viaje.

La trata de esclavos tuvo un efecto devastador en la economía de África. En algunos lugares del continente se capturaron a tantas personas que la tierra quedó prácticamente despoblada. Al reducirse la población, hubo menos trabajadores para cultivar el campo o cuidar del ganado. Además, los reinos africanos que participaron en el comercio de esclavos se enriquecieron de tal manera que abandonaron por completo las demás actividades económicas. Cuando la trata de esclavos y las ganancias que ésta generaba concluyeron, los grandes reinos comerciales de África se quedaron sin nada.

EL COMERCIO DE ESCLAVOS

Tabaco, pieles, madera, arroz
Productos manufacturados
Productos de las plantaciones
Productos de hierro, plata
Ron, productos de hierro
Esclavos

AMÉRICA DEL NORTE
Boston
New York City
Philadelphia
Norfolk
Charleston
OCÉANO ATLÁNTICO
ANTILLAS
Mar Caribe
Trópico de Cáncer
AMÉRICA DEL SUR
Ecuador

ISLAS BRITÁNICAS
EUROPA
ESPAÑA
PORTUGAL
Lisboa
ÁFRICA
Elmina
Congo
Luanda

0   500   1,000 millas
0   500   1,000 kilómetros
Proyección ortográfica

• Puerto
■ Puesto portugués
→ Ruta comercial

MOVIMIENTO En el triángulo comercial se intercambiaban personas y bienes.
■ ¿Cómo crees que este sistema habría cambiado si la gente de la época se hubiera opuesto a la venta de personas?

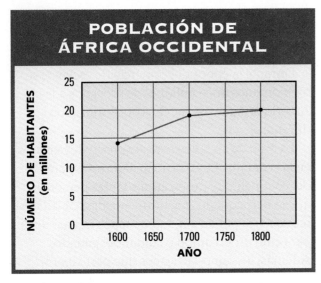

POBLACIÓN DE ÁFRICA OCCIDENTAL

NÚMERO DE HABITANTES (en millones)

AÑO

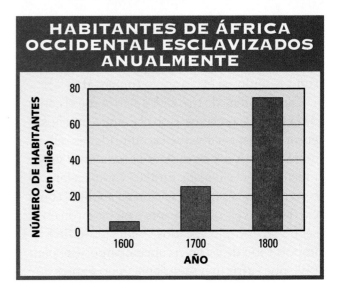

HABITANTES DE ÁFRICA OCCIDENTAL ESCLAVIZADOS ANUALMENTE

NÚMERO DE HABITANTES (en miles)

AÑO

APRENDER CON GRÁFICAS La población de África occidental no aumentó significativamente entre 1700 y 1800.

■ ¿Crees que el comercio de esclavos tuvo alguna relación con esta lentitud del crecimiento demográfico? Explica tu respuesta.

El comercio de esclavos también tuvo efectos profundos y duraderos en la sociedad africana. Aunque en un principio los africanos se limitaron a vender a sus prisioneros de guerra, la demanda de esclavos creció tanto que los reinos dedicados al comercio invadieron a los pueblos vecinos con el fin de conseguir más prisioneros para vender. Esto condujo a numerosas guerras entre los reinos de la región.

El comercio de esclavos también afectó a las sociedades europeas y americanas. Los que participaban en la compra y venta de seres humanos tenían que dejar de lado sus sentimientos y considerar a los africanos como seres inferiores a los humanos. En los territorios donde se practicó la esclavitud se extendió el **racismo**, o la idea de superioridad en base a la raza o al color de la piel. Desde entonces, el racismo ha sido causa de tensiones en las Américas, Europa y África.

✓ **¿Qué efectos tuvo el comercio de esclavos en las sociedades de África, Europa y las Américas?**

*L*CCIÓN 1 • REPASO

Comprueba lo que aprendiste

1. **Recuerda los datos** ¿Cómo se creó la demanda de esclavos?

2. **Concéntrate en la idea principal** ¿Qué efectos tuvo el que los europeos forzaran a los africanos a migrar?

Piensa críticamente

3. **Piensa más sobre el tema** ¿De qué maneras los europeos privaron a los africanos de los derechos humanos más básicos?

4. **Causa y efecto** ¿Qué efecto tuvo el comercio de esclavos en la vida de las familias africanas?

5. **Ayer y hoy** ¿Cómo se reflejan los efectos de la esclavitud en la sociedad actual de Estados Unidos?

Muestra lo que sabes

Actividad: Mapas La migración forzosa de los africanos generada por el comercio de esclavos se conoce como la *diáspora* africana. Busca datos en la biblioteca para hacer un mapa de la diáspora africana. Incluye los lugares de los que provenían los esclavos y los sitios donde fueron llevados.

UNA ÉPOCA DE ENCUENTROS

Conexión con nuestro mundo

¿Qué sucede cuando dos culturas entran en contacto?

Concéntrate en la idea principal
Mientras leas, piensa en cómo la llegada de los europeos a las Américas influyó en el modo de vida tanto en el hemisferio oriental como en el occidental.

Anticipa el vocabulario
conquistador
inmunidad
intercambio colombino
encomienda
coureurs de bois

En la otra orilla del Atlántico, las Américas también sintieron los efectos de la actividad política y comercial de Europa. Estos efectos transformarían las culturas americanas y europeas para siempre.

EL IMPERIO ESPAÑOL

Colón había prometido a Isabel y Fernando territorios y riquezas. Durante sus últimos viajes a las Américas trató de cumplir esta promesa. Colón fundó colonias en algunas islas del Caribe y buscó oro. Otros europeos que también ansiaban riquezas no tardaron en seguirlo.

Los españoles llamaban **conquistadores** a estos buscadores de tesoros. Uno de los primeros conquistadores fue Hernán Cortés. En 1519, tentado por las historias de las grandes riquezas de las Américas, Cortés emprendió la exploración de México.

Cuando Motecuhzoma, el emperador de los aztecas, se enteró de la llegada de Hernán Cortés, concluyó que el conquistador español era el dios Quetzalcoatl. Según las leyendas aztecas, Quetzalcoatl aparecería encarnado en un hombre con barba, de piel clara. Esta descripción coincidía con la apariencia física de Hernán Cortés. Cuando Cortés llegó, Motecuhzoma pidió a sus súbditos que hicieran ofrendas a su "dios". Cortés se quedó deslumbrado con las joyas de oro de los aztecas, y quiso más.

Pero la avaricia de Cortés hizo que los aztecas se levantaran en su contra. El 30 de junio de 1520 los indígenas atacaron por sorpresa a los españoles y los expulsaron de Tenochtitlan, la capital azteca. Sin embargo, Cortés regresó al año siguiente con un ejército más poderoso y quemó la ciudad azteca.

En este cuerno de marfil, empleado para guardar pólvora, aparecen tallados un barco español y dioses aztecas.

El oro de Cortés alimentó la codicia de otros conquistadores españoles. En 1526 Francisco Pizarro dirigió una expedición al Imperio Inca, en América del Sur. El emperador Atahualpa accedió a reunirse con Pizarro, pero éste se lo llevó prisionero. Atahualpa le prometió un cuarto lleno de oro a cambio de su libertad. El emperador inca cumplió su promesa, pero Pizarro lo mató de todas maneras. Los españoles conquistaron el Imperio Inca sin ninguna dificultad.

Otros conquistadores exploraron casi todo el territorio de las Américas en busca

Los aztecas honraban a sus dioses con templos, ceremonias y esculturas. Esta campana está decorada con la imagen de un dios azteca.

del ansiado oro. Cien años después del primer viaje de Colón, los españoles gobernaban un vasto imperio en las Américas. Sin embargo, no llegaron a controlar toda América del Sur. En 1500 el conquistador Pedro Cabral anexionó a la corona portuguesa todo el territorio que hoy corresponde a Brasil.

✓ **¿Por qué creó España un imperio en las Américas?**

EL CONTACTO ESPAÑOL

Casi inmediatamente después del descubrimiento de América los barcos españoles comenzaron a regresar a Europa cargados de oro, plata y piedras preciosas. España se convirtió en la potencia más rica del mundo durante el siglo XVI.

Durante sus exploraciones los españoles descubrieron muchos alimentos nuevos, como el maíz, los frijoles, las calabazas, los chiles, el aguacate, el cacahuate, el tomate y el chocolate. Todos estos alimentos no tardaron en formar parte de la dieta europea. Algunas de ellos, como el cacahuate, trascendieron las fronteras de Europa y se convirtieron en alimentos importantes en Asia y África. El alimento que quizás haya tenido más impacto fue la papa. Por ser barata y abundante constituyó la fuente alimenticia principal de mucha gente pobre, que sin ella hubiera muerto de hambre; esto llevó a un gran aumento de población en toda Europa. El tabaco, un cultivo que no es alimenticio, también llegó a Europa desde América.

Por su parte, los españoles que se asentaron en América trajeron consigo plantas y animales europeos. Las vacas, pollos, cerdos, ovejas, guisantes, caña de azúcar y trigo transformaron a su vez las costumbres alimenticias de los indígenas.

LAS RUTAS DE CORTÉS Y PIZARRO

AMÉRICA DEL NORTE

60° O

40° N

OCÉANO ATLÁNTICO

MÉXICO   Golfo de México

Trópico de Cáncer

Cuba

Tenochtitlan

Jamaica   Hispaniola

Veracruz

Mar Caribe

Panamá

0°   Ecuador

Tumbes   AMÉRICA DEL SUR

ANDES

Cajamarca

Cuzco

OCÉANO PACÍFICO

N   O   E   S

100° O

⟶ Ruta de Hernán Cortés

⟶ Ruta de Francisco Pizarro

• Ciudad conquistada

0   500   1,000 millas
0   500   1,000 kilómetros
Proyección de Robinson

MOVIMIENTO Los conquistadores exploraron las Américas.

■ ¿Cómo describirías el lugar al que Cortés viajó por última vez?

La introducción del caballo, un animal que hasta entonces no se conocía en el hemisferio occidental, cambió para siempre los modos de transporte, de caza y de guerra.

Al mismo tiempo, los españoles trajeron a las Américas enfermedades mortales como la gripe, la viruela y el sarampión. Los indígenas de América jamás habían sido expuestos a estas enfermedades y por ello no habían desarrollado **inmunidad**, o resistencia a ellas. Pocos eran los indígenas que sobre-vivían después de infectarse. Se estima que casi el noventa por ciento de los indí-genas murieron a causa de enfermedades europeas.

Los historiadores denominan **intercambio colombino** al intercambio de personas, plantas, animales, enfer-medades e ideas entre Europa y América. Sin duda alguna, las personas fueron una parte muy importante de este intercambio.

En América Latina, algunos colonos europeos establecieron lo que se llamó las **encomiendas**. En esta institución colonial, los indígenas debían trabajar para los colonos y aceptar su religión. Los colonos, por su parte, estaban obligados a alimentar a los indígenas y a enseñarles la fe católica. Pero muchos colonos trataban a los indígenas como esclavos. Cuando los indígenas morían por enfermedades o por exceso de trabajo, los colonos los reemplazaban con esclavos africanos.

Las culturas de España, África y las Américas se fueron fundiendo poco a poco en el Imperio Español. Mientras que muchos indígenas y esclavos africanos adoptaron la religión católica, los españoles recibieron las costumbres indí-genas y africanas que se adecuaban al medio ambiente americano. La mezcla de culturas creó un nuevo modo de vida: la cultura latinoamericana.

¿Qué se intercambió entre Europa y las Américas?

¿Quién es?

Malinche 1501?–1550

Cuando Hernán Cortés desembarcó en la península de Yucatán hizo contacto con los mayas. Éstos le obsequiaron 20 esclavos en señal de paz. Entre ellos había una joven princesa azteca llamada Malinche, que Cortés rebautizó con el nombre de Doña Marina y la hizo su intérprete. Con el tiempo Malinche se convirtió en una de las consejeras más valiosas del conquistador. Cortés sostuvo que la conquista del Imperio Azteca no hubiera sido posible sin la colaboración de la princesa. Por eso la palabra *malinchista* se suele usar en México para referirse a alguien que traiciona a su propio pueblo.

Malinche, a la derecha

EL CONTACTO FRANCÉS

Mientras tanto, en el extremo norte del conti-nente americano, el contacto entre los europeos y los pueblos indígenas creó una cultura diferente. Las exploraciones de Jacques Cartier en la década de 1530 dieron a Francia el control de buena parte de lo que hoy es Canadá. Los informes de Cartier relataban que en los territorios junto al río Saint Lawrence abundaban los animales de pieles pre-ciosas y que los indígenas de la región estaban dispuestos a comerciar. Al poco tiempo los co-merciantes franceses compraban pieles y cueros a los indígenas y los vendían luego en Europa a precios mucho más altos.

El comercio y las buenas relaciones entre los franceses y los indígenas algonquinos y hurones fueron aumentando con el paso del tiempo.

Los tramperos franceses, conocidos como **coureurs de bois** (corredores de los bosques), cazaban animales, para obtener sus pieles, y comerciaban con los indígenas. Vivían en poblados algonquinos y hurones y adoptaron el lenguaje y costumbres de esos pueblos. En sus viajes aprendieron mucho sobre la geografía de la región. Los informes de los *coureurs de bois* franceses proporcionaron a los europeos los primeros datos acerca del interior de América del Norte.

Los sacerdotes franceses también viajaron hacia el interior de América del Norte para difundir la fe católica entre los indígenas. Muchos de estos religiosos vivían como los *coureurs de bois*. La gente decía que el padre Jacques Marquette "era un hurón cuando estaba con los hurones, un algonquino con los algonquinos y uno más entre los que viviera o trabajara".

Marquette recorrió casi todo el curso del río Mississippi. Los que le siguieron reclamaron para Francia la región de los Grandes Lagos y del río Ohio; allí se encontraron con otros europeos que reclamaban tierras para otro país de Europa: Inglaterra.

 ¿Cómo lograron los coureurs de bois franceses ser aceptados por los indígenas?

EL CONTACTO INGLÉS

Los primeros colonos ingleses llegaron a la costa este de América del Norte. Por lo general los indígenas fueron amistosos con ellos. Les enseñaron a cultivar maíz, calabazas, calabacines y frijoles y les mostraron los mejores lugares para pescar y para recolectar mariscos.

REGALOS DEL NUEVO MUNDO

Aguacate
Frijoles
Yuca
Cacao
Maíz
Cacahuate
Chiles
Papas
Calabazas
Camote
Tabaco
Tomate

AMÉRICA DEL NORTE
EUROPA
ÁFRICA
AZTECAS
MAYAS
INCAS
AMÉRICA DEL SUR
OCÉANO PACÍFICO
OCÉANO ATLÁNTICO
Ecuador
0   500   1,000 millas
0 500 1,000 kilómetros
Proyección ortográfica

MOVIMIENTO En el siglo XVI comenzaron a enviarse numerosos bienes americanos a Europa, Asia y África.
■ ¿Qué productos cultivados por los incas cruzaron el Atlántico?

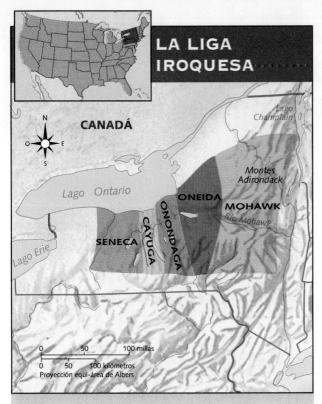

LA LIGA IROQUESA

CANADÁ

Lago Champlain

Lago Ontario

Montes Adirondack

ONEIDA

MOHAWK

Río Mohawk

ONONDAGA

CAYUGA

SENECA

Lago Erie

0 50 100 millas

0 50 100 kilómetros
Proyección equi-área de Albers

INTERACCIÓN ENTRE LOS SERES HUMANOS Y EL AMBIENTE La Liga Iroquesa estaba formada por cinco tribus.
■ ¿Qué indicaciones te da este mapa acerca de la necesidad de colaboración entre esas tribus?

Los colonos ingleses lograron sobrevivir los primeros años en América del Norte gracias a la ayuda de los indígenas. Una vez superada la etapa inicial de asentamiento, no tardaron en obtener buenas cosechas y su fortuna atrajo a más colonos ingleses. Con el tiempo se hizo necesario buscar nuevas tierras de cultivo para alimentar a la creciente población de las colonias. A causa de esto los colonos expulsaron a los indígenas de las tierras donde habían vivido y cazado. A medida que la población de las colonias aumentaba, se forzaba a los indígenas a trasladarse cada vez más hacia el oeste.

Más adentro del continente vivían varias tribus que hablaban la lengua iroquesa. Estas tribus se unieron y formaron la Liga Iroquesa. Una constitución, o conjunto de leyes, no escrita mantenía la paz entre los miembros de la Liga. Los gobernantes de cada tribu se reunían en un Gran Consejo. Este organismo declaraba la guerra, impulsaba tratados de paz, regulaba el comercio y protegía a los miembros de la Liga. Los colonos reconocieron el poder de esta confederación indígena e hicieron tratos con ella. La paz duró algún tiempo, pero la Liga Iroquesa terminó deshaciéndose. Sin embargo, un plan similar a la idea iroquesa de reunir a varios grupos en una liga se empleó más de un siglo después en la redacción de la Constitución de Estados Unidos.

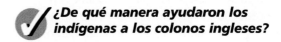

✓ **¿De qué manera ayudaron los indígenas a los colonos ingleses?**

LECCIÓN 2 • REPASO

Comprueba lo que aprendiste

1. **Recuerda los datos** ¿Qué nombre se da al intercambio de personas, animales, plantas, enfermedades e ideas entre el hemisferio oriental y el occidental?
2. **Concéntrate en la idea principal** ¿Qué efecto tuvo la llegada de los europeos a las Américas en la vida del hemisferio oriental y del occidental?

Piensa críticamente

3. **Piensa más sobre el tema** ¿Crees que el conflicto entre los habitantes de Europa y los de las Américas era inevitable? Explica tu respuesta.
4. **En mi opinión** ¿Cómo reaccionarías si personas de lengua, religión y costumbres distintas a las tuyas llegaran a tu comunidad y la reclamaran como propia?
5. **Causa y efecto** ¿Cuáles fueron los efectos positivos y negativos del intercambio colombino?

Muestra lo que sabes

Actividad: Cartel Haz un cartel en el que identifiques el intercambio colombino de personas, animales, plantas, enfermedades e ideas entre Europa y las Américas. Muestra tu trabajo con tus compañeros y conversa acerca de él.

Comparar los datos de los mapas

¿Por qué es importante esta destreza?

Los símbolos, como por ejemplo los colores, pueden tener un significado distinto dependiendo del mapa en que se utilicen. Si bien el color rojo puede representar una altitud en un mapa, en otro mapa puede simbolizar la cantidad de habitantes por milla cuadrada o kilómetro cuadrado. Sin embargo, cuando los símbolos de dos mapas, como el color, significan lo mismo, es posible comparar datos.

Señal de tráfico de Puerto Rico, donde se habla español

Comprende el proceso

Para comparar los datos de dos mapas puedes seguir estos pasos:

- Identifica el tema y el período representado en cada mapa.
- Fíjate en la leyenda de cada mapa para que sepas el significado de los símbolos.
- Piensa en lo que puedes aprender al comparar ambos mapas que no podrías aprender al observar sólo uno de ellos.

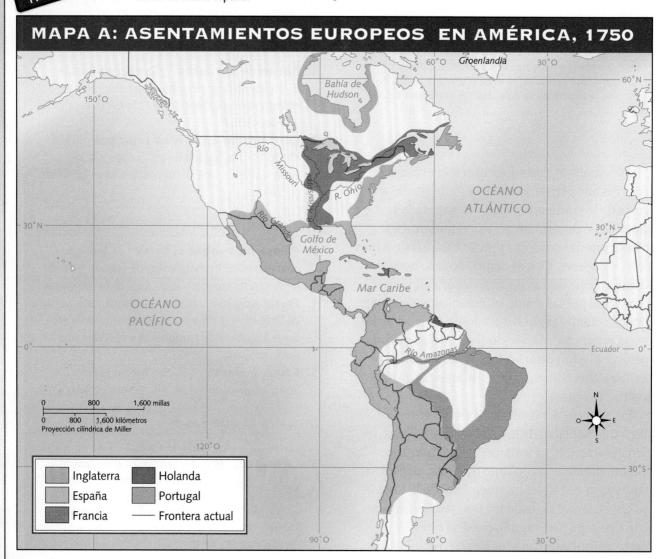

MAPA A: ASENTAMIENTOS EUROPEOS EN AMÉRICA, 1750

Leyenda:
- Inglaterra
- España
- Francia
- Holanda
- Portugal
- Frontera actual

0   800   1,600 millas
0   800   1,600 kilómetros
Proyección cilíndrica de Miller

Usa esos pasos para comparar el Mapa A con el Mapa B y responde las siguientes preguntas.

1. ¿Qué indica el título del Mapa A?
2. ¿Qué área se representa en el Mapa A? ¿Qué datos acerca de esa área da el mapa?
3. ¿Qué período histórico se representa en el Mapa A? ¿Qué datos da el mapa acerca de ese período?
4. ¿Qué indica el título del Mapa B?
5. ¿Qué área se representa en el Mapa B? ¿Qué indica el mapa sobre esa área?
6. ¿Qué período histórico se representa en el Mapa B? ¿Qué indica el mapa sobre ese período?
7. Compara los mapas A y B. ¿Existe alguna conexión entre los países europeos que colonizaron las Américas y los idiomas que hoy se hablan ahí? Explica tu respuesta.

8. ¿Qué datos se obtienen al comparar ambos mapas que no podrían conseguirse al estudiarse sólo un mapa?

Piensa y aplica

Busca en un atlas o enciclopedia por los menos dos mapas del estado en que vives. Pueden ser mapas políticos, físicos, económicos o culturales. Sigue los pasos de "Comprende el proceso" y compara los mapas. Describe tu estado en un párrafo empleando los datos que obtuviste al comparar los mapas.

Señal de tráfico de Canadá, donde se habla inglés y francés

STOP ARRÊT

MAPA B: LENGUAS HABLADAS ACTUALMENTE EN AMÉRICA

Groenlandia
Bahía de Hudson
CANADÁ
ESTADOS UNIDOS
OCÉANO ATLÁNTICO
Río Missouri
R. Ohio
Mississippi
Río Grande
Golfo de México
MÉXICO
CUBA
REPÚBLICA DOMINICANA
BELICE
Puerto Rico (EE.UU.)
JAMAICA
HAITÍ
GUATEMALA
HONDURAS
EL SALVADOR
NICARAGUA
Mar Caribe
COSTA RICA
VENEZUELA
PANAMÁ
GUYANA
SURINAM
COLOMBIA
GUAYANA FRANCESA (FRANCIA)
ECUADOR
Río Amazonas
Ecuador
PERÚ
BRASIL
OCÉANO PACÍFICO
BOLIVIA
CHILE
PARAGUAY
ARGENTINA
URUGUAY

0   800   1,600 millas
0   800   1,600 kilómetros
Proyección cilíndrica de Miller

Inglés
Español
Francés
Holandés
Portugués
Lenguas amerindias
Lenguas esquimales
—— Fronteras actuales

LOS TAÍNOS

TEXTO DE MICHAEL DORRIS

ILUSTRACIONES DE DOROTHY SULLIVAN

Cuando Cristóbal Colón llegó a la isla de San Salvador, en las Bahamas, en 1492, puso en contacto a dos culturas muy distintas que se habían desarrollado independientemente. Este contacto fue un acontecimiento histórico que marcó un nuevo rumbo para el mundo.

El primer pueblo que Colón encontró, los taínos, había vivido en las Bahamas durante más de 1,500 años. En el transcurso de ese tiempo crearon un sistema social que no aceptaba la violencia. Al referirse a los taínos Colón dijo: "En todo el mundo no puede haber gente mejor ni más amistosa".

Lee ahora un relato imaginario del primer encuentro entre los europeos y los taínos, desde el punto de vista de un indígena. A medida que leas, compara las vivencias de Niña Alba con las de los visitantes. Piensa en cómo la culturas pueden tener ideas tan distintas.

Pisé la estera con cuidado y salí de la casa. Caminé sobre las partes más duras del suelo, me hice a un lado para evitar las hojas de las plantas, me agaché por debajo de las ramas bajas. De mi sueño me quedó la idea de agua, quizás porque tenía sed, o porque el día ya estaba caluroso y pensar en las olas sobre mi piel me hacía sentir mejor. O quizás porque el mar me prometía una historia.

Sabía que era temprano, porque aún no se veía el humo de las hogueras. No me extrañó que el mar me hubiera llamado. Debía sentirse solo, un sentimiento que yo compartía. Hoy yo no estaba en los buenos pensamientos de nadie. Niño Estrella estaba enfadado conmigo y ahora Madre y Padre también tenían sus propias razones para estarlo. Se mostrarían distantes hasta que yo los ayudara a olvidar mis palabras, impropias de una hermana.

Me hubiera gustado que hubiera alguien a quien quejarme, alguien que me perdonara fácilmente por ser demasiado amable, como lo fui con Niño Estrella en el banquete, o por ser demasiado brusca, como ocurrió ayer por la noche. Echaba de menos la nueva hermana que nunca llegó a casa. Estaba segura de que jamás habría reñido con ella. Me parecía un error que no le hubieran dado un nombre. Abuela dijo que no la habíamos conocido lo suficiente… y sin embargo yo *sí* la conocía. Pensaba en ella con

frecuencia, como en esta mañana. Entonces tuve una idea tan sorprendente que dejé de caminar: *yo* podía darle un nombre a mi nueva hermana, un secreto que sólo compartiríamos ella y yo. Cerré los ojos, contuve la respiración y encontré el nombre perfecto: Ella Escucha. Mi hermana era real.

Observé el lugar donde me encontraba, para recordarlo. La isla era toda verde y café, las flores eran rojas y amarillas, el cielo de un azul profundo y brillante. A mis pies, algo blanco sobresalía de la arena. Me agaché, cavé con los dedos y saqué una concha pequeña y vacía. El mar la había lavado con tanto cuidado que no le faltaba ni un trocito, como las que Niño Estrella gustaba coleccionar. Mi regalo sería el primero de su nueva colección, para reemplazar a la que la tormenta se había llevado. Las cosas serían como antes, e incluso mejor.

437

Puse la concha en un lecho de algas secas, donde pudiera encontrarla más tarde, y corrí hacia el agua.

El océano brillaba con la luz del amanecer. Corrí chapoteando por entre las olas bajas y luego me zambullí con los ojos cerrados. Sentí el pelo flotar sobre mi cabeza y el roce de un banco de pececillos en mi pierna. Luego, a lo lejos, escuché un ruido desconocido que me asustó. Sonaba como el jadeo de algún animal gigantesco, un ritmo constante y lento, peligroso y hambriento. Y se estaba acercando.

Me olvidé de que estaba sumergida hasta que necesité respirar. Cuando salí a la luz del sol y me rodeó el brillo del agua, descubrí que el ruido no era nada peligroso. ¡Era sólo una canoa! ¡La extraña respiración resultó ser el ruido de muchos remos en el agua! Era simplemente *gente* que venía de visita, y como no llevaban las caras pintadas para parecer más feroces, pensé que debían ser amigables o estar perdidos.

Me acerqué nadando para verlos mejor y tuve que contener la risa. Los extranjeros llevaban todo el cuerpo envuelto en hojas y algodones de colores. Algunos tenían la cara adornada con pelos y llevaban rocas brillantes en la cabeza. En comparación con nosotros, eran muy regordetes. Su canoa era corta y cuadrada y, a pesar de todo el esfuerzo que hacían, se movía muy despacio. ¡De qué isla tan atrasada y lejana debían venir! Pero era poco cortés reírme de los visitantes, por muy extraños que fueran, y especialmente cuando yo era la primera en recibirlos. Si me portaba como una tonta pensarían que habían llegado a un lugar de tontos.

—No cometeré ningún error —le dije a Ella Escucha—. No seré demasiado amable ni hablaré mucho para no decir algo equivocado.

Pataleé hacia la canoa y grité el saludo más sencillo.

—¡Hola!

Uno de ellos me oyó, y se sorprendió tanto que se levantó. Miró hacia mí entrecerrando los ojos, tan asustado como yo lo estuve un momento antes. Cuando me vio agité la mano, como hacían los adultos cuando llegaba algún visitante, con los dedos abiertos para mostrar la mano vacía.

El hombre se quedó mirándome como si nunca antes hubiera visto a una muchacha; luego les gritó algo a sus parientes. Todos dejaron de remar y miraron hacia donde yo estaba.

—¡Hola! —grité de nuevo—. Bienvenidos. Me llamo Niña Alba. Mi madre es Gana la Carrera. Mi padre es Habla con los Pájaros. Mi hermano es Niño Estrella. Les daremos de comer y les presentaremos a todos.

Los hombres gordos empezaron a señalarme y a hablar al mismo tiempo. Estaban tan excitados que casi vuelcan la canoa, y tuve que hundirme entre las olas por un instante para esconder mi sonrisa. Siempre hay que tratar con respeto a los visitantes, le recordé a Ella Escucha, aunque tengan menos cerebro que una gaviota.

Cuando salí a la superficie seguían mirando como bebés, con ojos asombrados y la boca abierta. Esa gente tenía mucho que aprender en cuanto a modales.

—Lleven la canoa a la orilla —les grité, diciendo las palabras muy lentamente para que pudieran entenderme y calmarse—. Iré a buscar a Madre y Padre para que hablen con ustedes.

Finalmente uno de ellos me dijo algo, pero no pude entenderle. Quizás estuviera hablando en caribe o en alguna otra lengua imposible de comprender. Pero yo estaba segura de que encontraríamos la manera de comunicarnos. Nunca se tardaba mucho, y expresar los pensamientos con las manos podía ser gracioso, tenías que adivinar todo y cometías errores. Aunque para el mediodía estaríamos todos sentados en círculo, comiendo pescado cocido al vapor e intercambiando regalos. Sería un día especial, un día memorable, un día diferente y pleno.

Cuando estuve lo bastante cerca de la orilla, hice pie y salí rápidamente del agua.

El aire que me corría por la espalda estaba templado y soplaba una ligera brisa que agitaba las hojas de palmera esparcidas por el suelo. Me escurrí el pelo, me pasé las manos por los brazos y las piernas para quitarme el agua y golpeé el suelo con los pies.

—Dejen su canoa aquí —les dije con mi voz más agradable—. El agua no se la llevará, la marea está bajando. Volveré enseguida con gente que podrá ayudarlos.

Las olas se llevaban a los extranjeros, que discutían entre ellos sin prestarme atención. Parecían muy preocupados y confundidos, inseguros de lo que debían hacer. Era claro que no tenían mucha experiencia como navegantes.

Corrí por el sendero que llevaba a nuestra casa, luego de que Ella Escucha me recordara la concha que había dejado sobre las algas. Mientras corría entre los árboles, rogué no haber hecho algo que ahuyentara a los visitantes antes de que

pudiéramos saber sus nombres. Si se iban, Niño Estrella diría que todo era un invento, que todo había sido un sueño antes del amanecer. Pero yo no creía que era un sueño. Sabía que los visitantes eran de verdad.

Repaso de la literatura

1. ¿Qué hizo Niña Alba para hacerle saber a los extranjeros que tenía buenas intenciones? ¿Crees que los extranjeros le entendieron? Explica por qué.

2. ¿Qué pensó de los visitantes Niña Alba? Basándote en lo que has leído, ¿qué crees que los visitantes pensaron de ella?

3. Con tus compañeros, representa lo que crees que ocurrió cuando Niña Alba volvió a encontrarse con los visitantes.

Comparar datos con una gráfica de dos líneas

¿Por qué es importante esta destreza?

Has aprendido que una gráfica lineal muestra transformaciones que se producen a lo largo de un período determinado. Estas transformaciones reciben el nombre de tendencias. Mientras que algunas gráficas lineales tienen una sola línea, otras pueden tener dos o más. Las gráficas con dos o más líneas permiten comparar tendencias. La gráfica de dos líneas de la página 441 compara las tendencias de las poblaciones indígena y europea durante un período de más de 250 años, desde el primer viaje de Colón hasta 1750.

Recuerda lo que has leído

Empezando en la década de 1490, los europeos ocasionaron muchos cambios en el modo de vida de los indígenas. Los europeos introdujeron armas, animales y plantas que cambiaron las técnicas de caza y los hábitos alimenticios de muchos pueblos indígenas. Los europeos también trajeron consigo enfermedades que acabaron con el noventa por ciento de los habitantes de América del Norte y del Sur.

Durante el período comprendido entre la década de 1490 y 1650, la población indígena de las Américas disminuyó dramáticamente. Además de las muertes causadas por las enfermedades, se produjeron muchas otras por las guerras que los indígenas libraron contra los soldados y colonos para defender sus territorios.

Comprende el proceso

La gráfica de la página 441 es de dos líneas. Los números del margen izquierdo representan la población en millones de habitantes. El número 100, en la parte superior de la gráfica, significa 100 millones. Los números del margen inferior representan años. Los puntos situados sobre los años representan la población aproximada de cada grupo en tres momentos.

Las gráficas de dos líneas se leen del mismo modo que las gráficas de una sola línea. Ubica la línea que empieza en 1492. Pon tu dedo sobre ella y observa el primer punto. Este punto pertenece a la línea que representa la población europea en las Américas y se encuentra a la altura del cero en la escala de población.

Los indígenas vivieron en este continente durante cientos de años sin tener contacto con el exterior. Cada cultura indígena desarrolló un modo de vida particular. En la pintura de la izquierda, titulada *Ju-ah-kis-gaw*, el artista George Catlin muestra a una madre y su hijo de una de las muchas tribus indígenas de América del Norte. La llegada de los europeos produjo muchos cambios. En la tela bordada (arriba) aparecen el conquistador español Hernán Cortés y Malinche, su intérprete indígena.

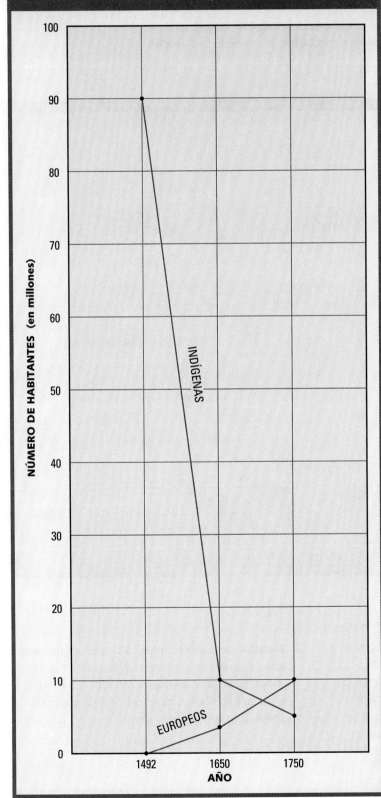

POBLACIÓN INDÍGENA Y EUROPEA EN LAS AMÉRICAS, 1492–1750

NÚMERO DE HABITANTES (en millones)

INDÍGENAS

EUROPEOS

AÑO

De esto se deduce que la población europea en las Américas en 1492 era prácticamente inexistente.

Ahora pon tu dedo en la segunda línea, que representa la población indígena. Verás que el punto se encuentra a la altura del 90 en la escala de población. Esto significa que cuando los europeos llegaron a las Américas, en 1492, la población indígena era de unos noventa millones de habitantes.

A continuación ubica los puntos de las líneas de las poblaciones europea e indígena correspondientes a los años 1650 y 1750. Luego responde las siguientes preguntas.

1. ¿Qué número aproximado de habitantes europeos e indígenas había en las Américas en 1650 y en 1750?
2. ¿En qué período se produjo el descenso más dramático de la población indígena? ¿Por cuántos habitantes disminuyó la población?
3. ¿En qué año las poblaciones indígena y europea tuvieron el mismo número de habitantes?
4. ¿Qué diferencia había entre la población europea y la población indígena en 1750?
5. ¿Qué predicción puedes hacer con respecto a la dirección que hubiera seguido la línea de la población europea si la gráfica se continuara hasta 1850?
6. ¿Qué predicción puedes hacer con respecto a la dirección que hubiera seguido la línea de la población indígena si la gráfica continuara hasta 1850?

Piensa y aplica

Reflexiona acerca de lo que has aprendido sobre las gráficas de dos o más líneas. Piensa con un compañero sobre distintos tipos de datos que pueden representarse en este tipo de gráficas. Después escribe un párrafo en el que se resuman los mejores usos que tienen las gráficas lineales.

REPASO

CONECTA LAS IDEAS PRINCIPALES

Usa este organizador para mostrar cómo están relacionadas las ideas principales del capítulo. Copia el organizador en una hoja de papel y complétalo escribiendo tres detalles de cada idea principal.

El encuentro de Europa, África y América

África y Europa

Los europeos causaron la migración forzosa de muchos africanos.

1. _____
2. _____
3. _____

Una época de encuentros

La llegada de los europeos a las Américas tuvo un fuerte efecto en el modo de vida en el hemisferio oriental y en el occidental.

1. _____
2. _____
3. _____

 ESCRIBE MÁS SOBRE EL TEMA

1. **Escribe un relato**   Escribe un relato en el que se narre la historia de un joven africano que se ha enterado de que los habitantes de pueblos cercanos están siendo raptados y vendidos como esclavos. Describe los sentimientos del joven al enterarse de lo que está sucediendo. ¿Crees que la vida de tu personaje cambiará al saber lo que está pasando? ¿En qué forma?

2. **Escribe un menú**   Imagina que debes preparar una cena para una celebración llamada *La contribución de las Américas al mundo*. ¿Qué platos servirías? Escribe un menú que incluya algunas comidas típicas de las Américas.

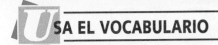

SA EL VOCABULARIO

Escribe una oración con cada palabra en la que se aclare el significado de dicha palabra.

1. conquistador
2. encomienda
3. inmunidad
4. recorrido intermedio
5. plantación
6. triángulo comercial

OMPRUEBA LO QUE APRENDISTE

1. ¿Qué tenían en común los reinos africanos del siglo XVI y los imperios del oeste de África?

2. ¿Qué hizo Idris Aloma para promover el crecimiento de Kanem-Bornu?

3. ¿Qué función cumplían las mujeres en el gobierno del reino Ashanti?

4. ¿Qué era el triángulo comercial?

5. ¿Qué efecto tuvo el comercio de esclavos en la sociedad africana?

6. ¿Qué llevó a los conquistadores a explorar las Américas?

7. ¿Qué sucedió cuando los colonos ingleses necesitaron más tierras para vivir y cultivar?

8. ¿Qué era la Liga Iroquesa?

IENSA CRÍTICAMENTE

1. **Piensa más sobre el tema** ¿Qué efecto tuvieron en la historia de África los portugueses que alquilaban puestos comerciales en la costa africana?

2. **Ayer y hoy** ¿De qué maneras se combate actualmente el racismo en Estados Unidos? ¿Qué se está haciendo para superar este problema?

3. **Causa y efecto** ¿Qué efecto tuvo Hernán Cortés en la cultura azteca?

4. **Explora otros puntos de vista** ¿Por qué crees que Motecuhzoma, el emperador azteca, no sospechó de las intenciones de Hernán Cortés?

¿Cómo crees que Cortés percibía a Motecuhzoma y a los aztecas? ¿Por qué?

PLICA TUS DESTREZAS

Cómo comparar los datos de los mapas
Usa los mapas de las páginas 434 y 435 para contestar las siguientes preguntas.

1. ¿Qué países tenían colonias en América del Sur hacia 1750?

2. ¿Qué idiomas se hablan en América del Sur en la actualidad?

3. ¿Qué relación crees que existe entre los territorios que fueron colonizados por los europeos en América del Sur y los idiomas que se hablan allí en la actualidad?

Comparar datos con una gráfica de dos líneas
Busca en un libro de referencia el promedio mensual de temperaturas máximas y mínimas en dos ciudades de tu estado. Usa los datos para elaborar una gráfica lineal, empleando una línea para cada ciudad. Usa la gráfica para responder estas preguntas.

1. ¿Qué ciudad tiene el mes más frío?

2. ¿Qué ciudad tiene el mes más cálido?

3. ¿Cuándo existe la mayor diferencia de temperatura entre ambas ciudades?

EE MÁS SOBRE EL TEMA

Pyramid of the Sun, Pyramid of the Moon de Leonard Everett Fisher; Macmillan. Este libro trata sobre la historia de las pirámides de Teotihuacan y sobre la vida de los aztecas.

The World in 1492 de Jean Fritz, Katherine Paterson, Patricia y Frederick McKissack, Margareth Mahy y Jamake Highwater; Henry Holt. En este libro se estudian la historia, costumbres y creencias de las culturas del mundo en el siglo XV.

CAPÍTULO 15

CAMBIOS EN ASIA

> **"** Aunque algunos de los métodos de Occidente son distintos a los nuestros… no hay mucho de novedoso en ellos. **"**

Kangxi, emperador chino de la dinastía Ming, explica por qué su país se mantuvo al margen de la cultura europea.

Esta pintura en seda representa a una emperatriz china de la dinastía Ming.

CHINA Y JAPÓN
EN EL COMIENZO DE LA
ERA MODERNA

Conexión con nuestro mundo

¿Cómo cambia con el tiempo el concepto que las sociedades tienen de su función en el mundo?

Concéntrate en la idea principal
Mientras leas, identifica cómo fue cambiando la visión que las sociedades de China y Japón tenían de sí mismas en relación al resto del mundo.

Anticipa el vocabulario
aislamiento
caligrafía
bushido
haiku

Oficial de la dinastía Ming del siglo XVII, con un atuendo tradicional

Durante el Renacimiento y la época de exploraciones, las sociedades de China y Japón también experimentaron cambios importantes. Aunque China reanudó sus contactos con el mundo exterior durante cierto tiempo, no tardó en volver a su aislamiento tradicional, cerrando las fronteras a los extranjeros. Japón también trató de mantenerse aislado del resto del mundo. En esa época, los gobernantes de ambos países recurrieron a la historia y la tradición para mantener el orden y la paz.

EL RESURGIMIENTO DE CHINA

A mediados del siglo XIV la dinastía de los mongoles empezó a debilitarse. Al determinar que los mongoles habían perdido el Mandato Divino, el pueblo chino se rebeló. Uno de los cabecillas de la rebelión, que anteriormente había sido monje budista, accedió al poder en 1368. En ese año fundó la dinastía Ming, adoptando el nombre de Hong Wu.

"Planeo gobernar como lo hicieron las dinastías Tang y Song", dijo Hong Wu al convertirse en emperador. Fiel a su palabra, Hong Wu estableció un gobierno basado en los preceptos del confucianismo. Luego se dedicó a reconstruir el imperio, que había quedado destruido por las guerras. Volvió a poner en funcionamiento campos de cultivo, sistemas de irrigación, canales y caminos. Bajo el gobierno de Hong Wu la economía de China mejoró y creció la población. Pero Hong Wu se tornó muy cruel. Encarceló y mató a miles de personas. Cuando murió en 1398, fueron pocos los que lo lloraron.

Yong Le, su hijo y sucesor, se propuso convertir a China en la mayor potencia de Asia. Formó una alianza con Corea y conquistó parte del actual Vietnam. Yong Le también financió las famosas expediciones oceánicas del almirante Zheng He. Gracias a esos viajes, China descubrió mucho sobre el mundo que quedaba más allá de sus fronteras.

Durante la dinastía Ming, las obras de arte como esta pintura y este jarrón de porcelana se creaban con un estilo típicamente chino. ¿Qué políticas de la dinastía Ming promovieron el desarrollo de este estilo singular?

Al mismo tiempo, las flotas chinas reflejaban la riqueza y poder del imperio. Dondequiera que los barcos llegaban se ponía de manifiesto el esplendor de la dinastía Ming.

 ¿Qué desarrollos se produjeron en China durante el gobierno de Hong Wu y de Yong Le?

CHINA SE AÍSLA DEL MUNDO

Al poco tiempo de la muerte de Yong Le en 1424, las expediciones del Imperio Chino llegaron a su fin. En 1433 el gobierno abolió los viajes por mar y destruyó todos los diarios de Zheng He.

¿Por qué? Quizá los viajes se tornaron demasiado costosos. Posiblemente se puso en práctica la política de un emperador anterior que había dicho: "Los territorios de China producen todo tipo de bienes, ¿por qué tenemos que comprar baratijas inútiles del extranjero?"

Sea cual fuese la razón, los gobernantes Ming prohibieron a los comerciantes operar fuera del imperio. China adoptó una política de **aislamiento**, o de separación del resto del mundo. Este imperio, que durante siglos había estado aislado geográficamente, decidió voluntariamente evitar el contacto con el exterior.

Los gobernantes de la dinastía Ming decidieron fortalecer al imperio desde adentro. Para ello se reforzó la Gran Muralla, se reparó el Gran Canal y se concedieron ayudas a los agricultores.

Aunque los comerciantes chinos no estaban autorizados a intercambiar sus mercancías con el exterior, tuvieron mucho éxito dentro de China. Las vías fluviales posibilitaron el traslado de mercancías agrícolas, telas, hierro y metales preciosos por todo el territorio imperial. Algunas poblaciones ubicadas junto a estas vías fluviales se convirtieron en pueblos mercantiles, y también surgieron muchas ciudades.

El período de la dinastía Ming fue una época de desarrollo cultural para China. Los emperadores promovieron el aprendizaje. Algunos eruditos hicieron un registro histórico de las dinastías precedentes. Los artistas adoptaron los estilos de períodos anteriores y los mejoraron. Dos ejemplos del desarrollo artístico de la época Ming son la **caligrafía**, o arte de la escritura bella, y la fabricación de porcelanas.

Los artistas de la dinastía Ming pintaban paisajes que, si bien eran hermosos, no parecían reales. Cuando los artistas chinos se enteraron de que los pintores europeos utilizaban la perspectiva en sus obras, no se interesaron en la nueva técnica. El objetivo de la dinastía Ming era preservar las ideas tradicionales y no adoptar otras nuevas.

 ¿Qué cambios importantes se produjeron en China tras la muerte de Yong Le?

LAS PRESIONES EXTERNAS

Aunque la dinastía Ming se había cerrado al mundo exterior, éste continuaba interesado en China. Los comerciantes extranjeros querían comprar las finas sedas y porcelanas chinas. En 1513, los portugueses llegaron al puerto de Guangzhou con la esperanza de comerciar con los vendedores locales. Pero los chinos vieron a los portugueses como ladrones y no como comerciantes, y no quisieron relacionarse con esos "bárbaros".

Los portugueses, sin embargo, no se dieron por vencidos fácilmente. Su insistencia les ganó la autorización para instalar un puesto de intercambio comercial en una isla cercana a Macao. Con el tiempo, comerciantes holandeses, ingleses y españoles se sumaron a los portugueses. Pero el gobierno Ming mantuvo un riguroso control de los contactos entre los europeos y el pueblo chino.

Los gobernantes de la dinastía Ming tomaron la sorprendente decisión de permitir la entrada de misioneros católicos. Aunque el objetivo de los religiosos occidentales era ganar adeptos al catolicismo, respetaban el conocimiento y estaban interesados en el saber de China. Los eruditos del imperio asiático, por su parte, deseaban aprender acerca de la astronomía, las matemáticas y las tecnologías europeas, si bien el interés general por Europa era mínimo.

Con el tiempo, una serie de conflictos internos causaron el derrumbe de la dinastía Ming. Mientras los chinos guerreaban entre sí, invasores de Manchuria bajaron desde el norte y entraron a China con fuerza arrolladora. A mediados del siglo XVII, los manchúes fundaron la dinastía Qing.

LAS DINASTÍAS MING Y QING

MANCHURIA

MONGOLIA

Mar de Japón

TIAN SHAN

Desierto de Takla Makan

DESIERTO DE GOBI

Mukden

KUNLUN SHAN

Beijing

COREA

JAPÓN

Meseta de Tibet

Mar Amarillo

HIMALAYA

Huang He

Mar de China Oriental

OCÉANO PACÍFICO

Chang Jiang

INDIA

Trópico de Cáncer

☐ Territorio dominado por la dinastía Ming, aprox. 1600

☐ Territorio dominado por la dinastía Qing, aprox. 1800

Guangzhou

Taiwan

Macao (Portugal)

VIETNAM

Mar de China Meridional

| 0 | 250 | 500 millas |

| 0 | 250 | 500 kilómetros |

Proyección equidistante de dos puntos

REGIONES El territorio controlado por la dinastía Qing era mucho mayor que todas las tierras del Imperio Ming.

■ ¿Qué accidente geográfico se convirtió en la frontera sur del Imperio Qing?

Después de tres siglos, el Mandato Divino había pasado una vez más a manos extranjeras.

 **¿Por qué cayó la dinastía Ming?**

JAPÓN TOKUGAWA

Los japoneses también tuvieron tratos con los europeos. A mediados del siglo XVI los comerciantes portugueses llegaron a los puertos de Japón. Algunos daimíos comerciaron ávidamente con los visitantes europeos. También permitieron la entrada de misioneros cristianos, que llegaron poco después que los comerciantes.

Pero en 1603, cuando Tokugawa Ieyasu se convirtió en shogun, la actitud de Japón hacia

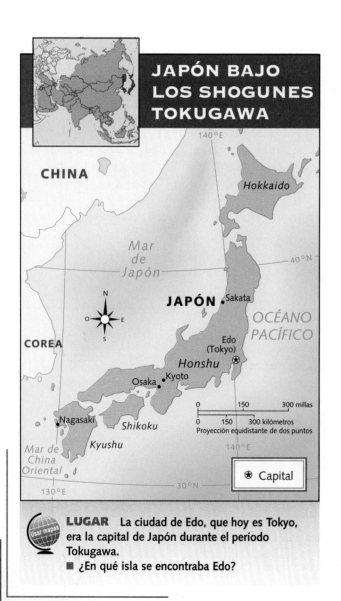

JAPÓN BAJO LOS SHOGUNES TOKUGAWA

A diferencia de los samurais, la función de los ninjas era el espionaje. Este grabado impreso con bloques de madera representa a un ninja.

Europa cambió. El nuevo shogun temía que la introducción del cristianismo amenazara la unidad del país. Por ello expulsó a los misioneros y restringió las operaciones comerciales de los europeos al puerto de Nagasaki. Un shogun posterior puso fin a este contacto y prohibió a todo japonés salir de las islas y mantener cualquier tipo de trato con el exterior. Hacia 1639 Japón se hallaba aislado del resto del mundo.

Esta política de aislamiento fue uno de los pasos que tomaron los shogunes del período Tokugawa para unificar a Japón. Además reformaron el sistema feudal al limitar el poder de los daimíos.

Durante esa época también se impuso un rígido sistema de clases basado en la doctrina confucianista. Los samurais, o guerreros, constituían la clase superior. Los samurais desfilaban orgullosos por los pueblos y aldeas de Japón; pero sus vidas no eran fáciles. Tenían que vivir regidos por un severo código de conducta denominado **bushido**, o "el camino del guerrero". Ante todo, el bushido exigía que los samurais fueran leales al daimío.

LUGAR La ciudad de Edo, que hoy es Tokyo, era la capital de Japón durante el período Tokugawa.
■ ¿En qué isla se encontraba Edo?

Los agricultores ocupaban el segundo estrato social y tampoco llevaban una vida fácil. Tenían que usar parte de sus cosechas para pagar impuestos al gobierno y para pagar el alquiler de las tierras de cultivo a los terratenientes. Muchos granjeros se quedaban con la cantidad justa para sobrevivir.

Curiosamente, la clase social más baja, los artesanos y comerciantes, solía prosperar económicamente. Las ciudades bullían por la actividad de gran cantidad de oficios. Los comerciantes se enriquecían con la compra y venta de bienes y con los préstamos que hacían a los samurais y agricultores.

Al hacer fortuna, muchos comerciantes se convirtieron en mecenas de artistas y escritores. El **haiku**, un poema de diecisiete sílabas, fue quizás la forma de expresión literaria más popular del período Tokugawa. Sin lugar a dudas, el poeta japonés que mejor cultivó el haiku fue Matsuo

....

Aunque no tenían mucho prestigio social, los artesanos japoneses del período Tokugawa gozaban de oportunidades económicas. Es probable que a los fabricantes de armaduras, como los que se muestran en este grabado, se les pagara muy bien.

Basho. La mayoría de sus poemas eran acerca de la naturaleza y solían tener mensajes ocultos. Otros, como el que se presenta a continuación, eran humorísticos:

> **"**Vuela mi fina gorra y llueve en mi calva, ¡Plip! ¡Plop! ¡Pues!**"**

El énfasis de los shogunes Tokugawa en las tradiciones trajo la paz al Japón, aunque durante ese período se produjeron pocos avances científicos y tecnológicos. Los comerciantes holandeses, que estaban autorizados a negociar en Japón una vez al año, llevaron noticias sobre los emocionantes cambios que ocurrían en Europa. Al poco tiempo algunos japoneses comenzaron a exigir el fin de la política de aislamiento.

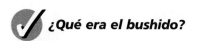 **¿Qué era el bushido?**

*L*ECCIÓN 1 • REPASO

Comprueba lo que aprendiste

1. **Recuerda los datos** ¿En qué consistía la política de aislamiento?
2. **Concéntrate en la idea principal** ¿Cómo cambió el concepto que las sociedades de China y Japón tenían sobre sí mismas en relación al resto del mundo?

Piensa críticamente

3. **Piensa más sobre el tema** ¿Qué medidas tomaron los gobernantes de la dinastía Ming y los shogunes del período Tokugawa para unificar a sus países y mantener la paz y el orden?
4. **En mi opinión** ¿Crees que la política de aislamiento fue positiva o negativa para Japón y China? Explica tu respuesta.
5. **Ayer y hoy** ¿Qué métodos podrían utilizar los países actuales para aislarse del resto del mundo?

Muestra lo que sabes

Actividad: Poesía Busca más datos acerca de la poesía haiku. Escribe uno o dos poemas haiku que traten sobre la naturaleza. Después escribe uno sobre el efecto de la política de aislamiento en el Japón del período Tokugawa.

LOS
IMPERIOS OTOMANO Y MOGOL

Conexión con nuestro mundo

Cuando una cultura ocupa el territorio de otra cultura, ¿qué efecto puede tener esta ocupación tanto en la cultura dominante como en la sometida?

Concéntrate en la idea principal
Identifica los efectos que tuvieron las políticas de los imperios Otomano y Mogol en los pueblos conquistados.

Anticipa el vocabulario
jenízaro   sultán
gran visir

La toma de Constantinopla fortaleció al Imperio Otomano. Al conquistarla, el sultán Mehmet II la rebautizó Estambul.

A principios de la era moderna surgieron dos grandes imperios musulmanes, tan poderosos que llegaron a rivalizar con los imperios europeos y americanos. A mediados del siglo XVI estas dos potencias islámicas controlaban territorios que se extendían desde el sureste de Europa hasta Tíbet. Al tener una misma religión, el islam, ambos imperios desarrollaron costumbres parecidas en muchos aspectos, incluso el modo en que trataron a los pueblos conquistados.

EL IMPERIO OTOMANO

El Imperio Otomano se formó gradualmente. Los otomanos, un pueblo musulmán originario de Asia central, empezó a anexar territorios del sureste asiático en el siglo XIV. En 1453, los otomanos, quienes eran musulmanes, invadieron Asia Menor y ocuparon la ciudad de Constantinopla.

Al capturar Constantinopla, el sultán Mehmet II creyó que se había cumplido una profecía. El profeta Mahoma había anunciado que Constantinopla se convertiría en una poderosa ciudad islámica. Al conquistarla, Mehmet la llamó Estambul y la hizo capital del Imperio Otomano. Bajo el gobierno de Mehmet, Estambul se convirtió en la ciudad más importante del Mediterráneo.

Mehmet, un hombre culto, dio gran importancia a la educación. Creó universidades y fundó una biblioteca impresionante, confiando en que Estambul recuperara su antigua gloria como centro cultural. Incluso invitó a eruditos cristianos y judíos a la capital del imperio. Aquellos que no eran musulmanes podían mantener sus religiones y seguir a sus propias autoridades religiosas, pero tenían que pagar un impuesto especial llamado *yizia*.

Por otro lado, Mehmet también era un emperador belicoso que soñaba con recrear el Imperio Romano de Oriente bajo un gobierno islámico.

Los jenízaros eran soldados que habían sido capturados por los otomanos o reclutados de jóvenes, y que se entrenaban durante años para la guerra.

Mehmet solía designar funcionarios que no eran turcos para que gobernaran las distintas partes del imperio. Los otomanos escogían a los esclavos jóvenes más promisorios y los entrenaban como funcionarios de gobierno. Una vez convertidos al islam, estos jóvenes eran educados en escuelas especiales. Al terminar sus estudios se convertían en funcionarios y consejeros. Este sistema burocrático formado por esclavos fue muy eficaz en la administración del imperio.

Los sultanes posteriores desarrollaron las bases sentadas por Mehmet II. El más importante de ellos fue Solimán I, que ascendió al poder en 1520.

 ¿Qué medidas tomó Mehmet II para concretar su sueño de construir un gran imperio?

SOLIMÁN EL MAGNÍFICO

Aunque los habitantes del Imperio Otomano llamaban a su gobernante Solimán el Legislador, en Europa se lo conocía como Solimán el Magnífico. Los ejércitos de Solimán invadieron Europa central, y en 1521 tomaron la ciudad de Belgrado. Al año siguiente su armada conquistó la isla de Rodas, victoria que permitió a los otomanos controlar buena parte de la región este del Mediterráneo. En los años posteriores Solimán ocupó casi toda Hungría.

Para ello creó un ejército vasto y poderoso y un gobierno eficiente.

El ejército otomano estaba compuesto por hombres de todas las regiones del imperio. Los soldados mejor entrenados recibían el nombre de **jenízaros**. La mayoría de los jenízaros eran antiguos cristianos que habían sido reclutados o capturados de jóvenes y se habían convertido al islam. Durante años, estos muchachos recibían un entrenamiento riguroso que los preparaba para la guerra y les inculcaba una lealtad incondicional al gobernante. El ejército de Mehmet, encabezado por los jenízaros, extendió las fronteras del imperio hasta penetrar en el sureste de Europa.

Esta miniatura pintada por un artista otomano representa a un profesor de filosofía dando una clase a sus alumnos.

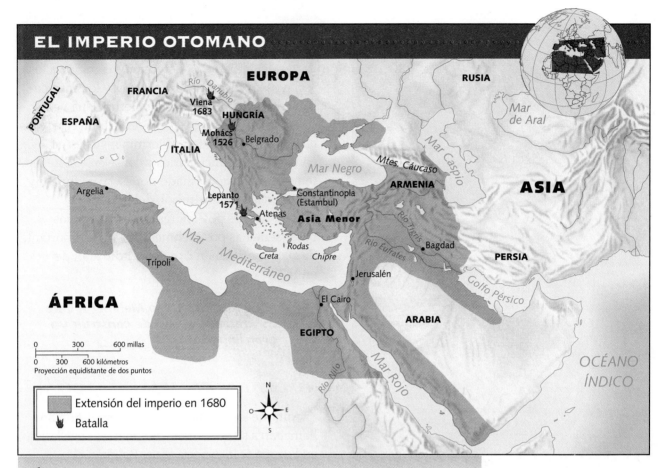

EL IMPERIO OTOMANO

PORTUGAL
ESPAÑA
FRANCIA
EUROPA
RUSIA
Río Danubio
Viena 1683
HUNGRÍA
Mohács 1526
Belgrado
ITALIA
Mar de Aral
Mar Negro
Mtes. Cáucaso
Mar Caspio
ARMENIA
ASIA
Argelia
Lepanto 1571
Atenas
Constantinopla (Estambul)
Asia Menor
Río Tigris
Rodas
Creta
Chipre
Río Éufrates
Bagdad
PERSIA
Trípoli
Mar Mediterráneo
Jerusalén
Golfo Pérsico
ÁFRICA
El Cairo
ARABIA
EGIPTO
Río Nilo
Mar Rojo
OCÉANO ÍNDICO

0   300   600 millas
0   300   600 kilómetros
Proyección equidistante de dos puntos

N O E S

Extensión del imperio en 1680
Batalla

REGIONES Después de ocupar Constantinopla, los otomanos continuaron conquistando territorios en Europa.
■ ¿En qué se hubieran beneficiado los otomanos si hubieran conquistado el suroeste de Europa?

Además de ser un excelente comandante militar, Solimán promovió las artes en el imperio. Alentó la poesía y la pintura y encomendó al arquitecto Sinán la construcción de edificios en Estambul.

A Solimán lo llamaban el Legislador porque se ocupaba de que todos sus súbditos fueran tratados con justicia. Mediante el ejemplo personal demostró que los funcionarios imperiales podían comportarse con honestidad. El consejero de Solimán era Ibrahim Pasha, el **gran visir** o primer ministro del imperio. Los europeos que conocieron a Ibrahim se sorprendieron al enterarse de que había sido un esclavo. El sultán también recibía consejos de Roxelana, su esposa favorita, que también había sido una esclava.

Aunque Solimán iniciaba guerras para ampliar su imperio, siempre consolidaba la paz en las tierras conquistadas. Un embajador veneciano escribió en 1525:

❝No conozco ningún estado que sea tan feliz como éste. Es… rico en oro, en gente, en barcos y en disciplina; no hay ningún otro estado que se le pueda comparar.❞

Solimán emprendió su última invasión a Europa en 1566. Ya enfermo y anciano, murió en las llanuras de Hungría. Los soldados otomanos no pudieron continuar sin su comandante. Con el ánimo devastado, abandonaron la campaña militar y regresaron a Estambul.

El imperio fue desapareciendo gradualmente luego de morir Solimán. Si bien perduró hasta el siglo XX, nunca llegó a recuperar el poderío que tuvo durante el mandato de dicho gobernante.

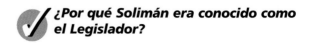
¿Por qué Solimán era conocido como el Legislador?

EL IMPERIO MOGOL EN INDIA

Más al sureste, en India, otro imperio musulmán se consolidó durante el siglo XVI. Muchos años antes, los turcos musulmanes habían logrado controlar casi toda India. Cuando dicha región se unificó bajo un mismo gobierno comenzó un período que los historiadores llaman el sultanato de Delhi. Durante la época de los **sultanes**, o gobernantes musulmanes, muchos hindúes se convirtieron al islam. Pero hacia principios del siglo XVI el poder de los sultanes de Delhi se había debilitado. En 1526, los musulmanes de Asia central descendieron rápidamente por el Paso de Jaybar y se apoderaron del norte de India. Su comandante, Baber, fundó el Imperio Mogol.

El emperador mogol más notable fue Akbar, nieto de Baber, que gobernó entre 1556 y 1605. A diferencia de los sultanes de Delhi, Akbar permitió a los hindúes profesar su religión.

Baber (en la parte superior izquierda de esta miniatura) fundó el Imperio Mogol. Esta detallada pieza de oro (derecha) perteneció al emperador Akbar.

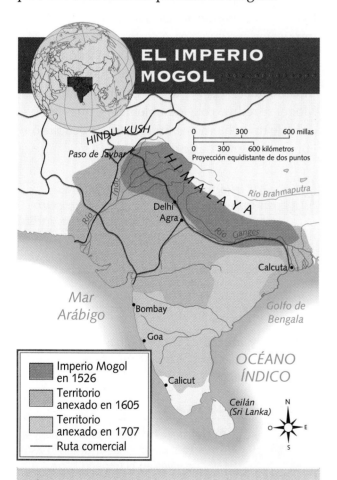

EL IMPERIO MOGOL

HINDU KUSH
Paso de Jaybar
HIMALAYA
Río Brahmaputra
Delhi
Agra
Río Indo
Río Ganges
Calcuta
Mar Arábigo
Bombay
Golfo de Bengala
Goa
OCÉANO ÍNDICO
Calicut
Ceilán (Sri Lanka)

0   300   600 millas
0   300   600 kilómetros
Proyección equidistante de dos puntos

- Imperio Mogol en 1526
- Territorio anexado en 1605
- Territorio anexado en 1707
- — Ruta comercial

N O E S

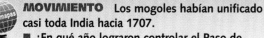

MOVIMIENTO Los mogoles habían unificado casi toda India hacia 1707.
■ ¿En qué año lograron controlar el Paso de Jaybar?

También eliminó los impuestos que hasta entonces los hindúes debían pagar. Durante el gobierno de Akbar, tanto los hindúes como otros grupos que no eran musulmanes podían convertirse en funcionarios del imperio.

Akbar también se dedicó a mejorar la economía de India. Para ello redujo los impuestos que pagaban los agricultores y llevó a cabo reformas agrarias. Estas medidas posibilitaron un gran aumento de la producción agrícola. Por otro lado, Akbar alentó el comercio con China y Europa.

Akbar era un hombre instruido e interesado en la literatura, la pintura y la arquitectura, y promovió las artes en el imperio. Las pinturas de su época se caracterizan por la atención a los detalles más mínimos.

Entre los intereses de Akbar también estaba la religión. No sólo estudió el islam sino también el hinduismo, el budismo y el cristianismo. Invitó a India a sacerdotes de todas las religiones para conversar con ellos sobre sus creencias.

Akbar fue además un valiente militar que extendió las fronteras imperiales hacia el sur. En 1605 había unificado casi toda India.

 ¿Qué medidas tomó Akbar con respecto a los hindúes?

El emperador Sha Yahan construyó el Taj Mahal en homenaje a su esposa Mumtaz. Ella murió sólo tres años después de que Sha Yahan se convirtiera en emperador. Ambos están enterrados, uno junto al otro, debajo del piso del edificio.

LA INDIA DESPUÉS DE AKBAR

Los gobernantes que siguieron a Akbar no fueron tan hábiles como él. Su hijo Yahangir prefería la caza al gobierno, y por ello dejó los asuntos de estado a su esposa Nur Yahan, que gobernó con justicia y eficacia.

Sha Yahan, el siguiente emperador mogol, subió al poder en 1628. Yahan era un hombre cruel que, sin embargo, tenía una extraordinaria sensibilidad por lo bello. Él mismo dirigió la construcción de algunos de los edificios más bellos del mundo. El Taj Mahal se considera su mayor contribución cultural. Este palacio, hecho de mármol blanco con incrustaciones de oro y piedras preciosas, tardó 22 años en construirse.

El hijo de Sha Yahan, Aurangzeb, se convirtió en emperador en 1658. Aurangzeb puso fin a la tradición de tolerancia hacia los hindúes y fijó impuestos excesivos para costear sus campañas militares. Esta política llevó a una rebelión popular que fue apoyada tanto por hindúes como por musulmanes. A partir de ese entonces el Imperio Mogol se redujo considerablemente, pues la pérdida de un gobierno central facilitó la ocupación europea de gran parte del territorio.

 ¿Por qué los últimos emperadores mogoles facilitaron la ocupación europea de casi todo el subcontinente indio?

LECCIÓN 2 • REPASO

Comprueba lo que aprendiste

1. **Recuerda los datos** ¿Qué tenían en común los otomanos y los mogoles?

2. **Concéntrate en la idea principal** ¿Qué efectos tuvieron las políticas de los otomanos y los mogoles en los pueblos que dominaron?

Piensa críticamente

3. **Piensa más sobre el tema** ¿Crees que Solimán habría gobernado con éxito en la actualidad? Explica tu respuesta.

4. **Causa y efecto** ¿Cómo contribuyó el trato que Akbar dio a los hindúes a unificar el Imperio Mogol?

Muestra lo que sabes

 Actividad: Informe oral Imagina que eres un historiador del siglo XVII y que vives en el Imperio Mogol u Otomano. Haz un informe oral sobre los cambios ocurridos en la vida en el imperio desde principios del siglo XVI hasta tu época.

CÓMO

Interpretar una pirámide de población

¿Por qué es importante esta destreza?

Una **pirámide de población** es una gráfica que representa a la población de un país en base a la edad. Este tipo de gráfica también representa el porcentaje de personas de sexo masculino o femenino en cada grupo de edad. La forma de la pirámide está dada por la tasa de natalidad (número de nacimientos anuales por cada 1,000 habitantes) y la tasa de mortalidad (número de fallecimientos anuales por cada 1,000 habitantes) del país que se estudie. La forma de la pirámide también depende de los desplazamientos migratorios desde y hacia el país. Cuando sepas leer una pirámide de población podrás obtener datos muy valiosos sobre un país determinado.

Comprende el proceso

Las pirámides de población de esta página representan las poblaciones actuales de Estados Unidos e India en base a grupos de edad.

Las pirámides están compuestas por barras que se extienden horizontalmente a partir de una línea central. Cada barra representa el porcentaje de población masculina y femenina en un grupo de edad determinado.

Observa las formas de ambas pirámides. La de Estados Unidos indica que la población de ese país crece con gran lentitud. Estados Unidos tiene un porcentaje más alto de habitantes de más de 50 años que India. Casi un ocho por ciento de la población de Estados Unidos está compuesto por personas de menos de cinco años. La forma de la pirámide de India es muy diferente. A medida que la pirámide asciende, las barras se hacen cada vez más cortas. Esto indica que la población de India es muy joven.

Piensa y aplica

Observa las gráficas y responde las siguientes preguntas.

1. ¿Qué porcentaje de la población de Estados Unidos pertenece a tu grupo de edad?
2. ¿Hay más hombres o más mujeres en ese grupo?
3. ¿Cuál de los dos países tiene un mayor porcentaje de personas de menos de 15 años?
4. ¿Qué puedes concluir con respecto a las poblaciones de Estados Unidos e India?

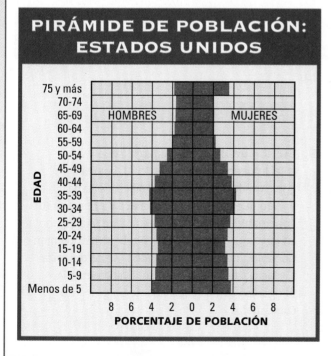

PIRÁMIDE DE POBLACIÓN: ESTADOS UNIDOS

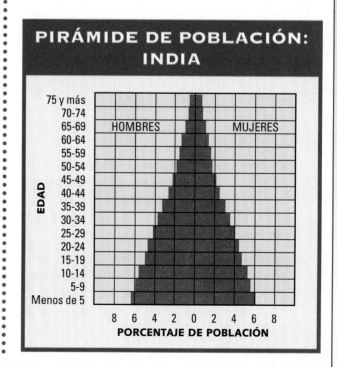

PIRÁMIDE DE POBLACIÓN: INDIA

CONECTA LAS IDEAS PRINCIPALES

Usa este organizador para mostrar cómo están relacionadas las ideas principales del capítulo. Copia el organizador en una hoja de papel y complétalo escribiendo dos detalles de cada idea principal.

China y Japón en el comienzo de la era moderna

Con el tiempo se modificó la visión que las sociedades de China y Japón tenían de sí mismas en relación al resto del mundo.

1. _____
2. _____

Cambios en Asia

Los imperios Otomano y Mogol

Las políticas de los imperios Otomano y Mogol afectaron a los pueblos conquistados.

1. _____
2. _____

ESCRIBE MÁS SOBRE EL TEMA

1. **Escribe una explicación**   En el siglo XV China adoptó una política de aislamiento, o de separación del resto del mundo. Explica por qué esta política era necesaria desde el punto de vista de un gobernante Ming.

2. **Escribe una carta persuasiva**   Imagina que eres un comerciante japonés. Escribe una carta al gobierno explicando por qué se debe autorizar, o negar, la entrada de los comerciantes portugueses a los puertos de Japón.

3. **Escribe un discurso**   Imagina que vives en el Imperio Otomano en 1560, bajo el gobierno de Solimán el Magnífico. Se te ha pedido que escribas un discurso para honrar a tu gobernante. Antes de empezar a redactarlo, anota las ideas que piensas incluir. No te olvides de mencionar los logros del emperador. Luego organiza tus ideas y ensaya el discurso. Finalmente, da tu discurso con elocuencia ante un grupo de compañeros.

USA EL VOCABULARIO

Completa las siguientes oraciones con las palabras de la lista.

bushido   haiku
caligrafía   jenízaro
gran visir   sultán

1. _____ significa "camino del guerrero".

2. El primer ministro de Solimán era el _____.

3. Se llama _____ al arte de la escritura bella.

4. Un _____ era un soldado otomano muy bien entrenado.

5. El _____ es un tipo de poema japonés de 17 sílabas.

6. El _____ es un gobernante musulmán.

COMPRUEBA LO QUE APRENDISTE

1. ¿Qué opinaban los gobernantes de la dinastía Ming acerca del contacto con los extranjeros?

2. ¿En qué aspectos se desarrolló la cultura china durante la dinastía Ming?

3. ¿Cuál fue la primera nación europea en establecer un puesto comercial en China?

4. ¿Cómo llegó a su fin la dinastía Ming? ¿Qué dinastía la sucedió? ¿Cómo subió al poder esa dinastía?

5. ¿Por qué Tokugawa Ieyasu expulsó a los misioneros cristianos de Japón?

6. ¿Qué grupos ocupaban el estrato superior y el más bajo en el sistema de clases japonés?

7. ¿Cuál es el nombre actual de la antigua Constantinopla?

8. ¿Cómo se comportó el emperador otomano Mehmet con los que profesaban otras religiones?

9. ¿Por qué Akbar, el dirigente mogol, fue un gobernante tan eficiente?

10. ¿Qué logro cultural hizo famoso a Sha Yahan?

PIENSA CRÍTICAMENTE

1. **Causa y efecto** Imagina que China hubiera continuado explorando el mundo a fines del siglo XV. ¿Qué efecto podría haber tenido esa exploración en el mundo contemporáneo?

2. **En mi opinión** Los poetas japoneses del siglo XVII hablaban sobre la naturaleza en ciertos poemas llamados haikus. ¿Cómo expresas tú lo que sientes por la naturaleza?

3. **Piensa más sobre el tema** Algunos muchachos se entrenaban voluntariamente como jenízaros del ejército otomano. ¿Por qué crees que hacían esto?

4. **Explora otros puntos de vista** En determinados momentos de la historia de Estados Unidos, los ciudadanos quisieron que se aplicara una política de aislamiento. ¿Qué aspectos positivos puede tener esta política? ¿Qué ventajas tiene el contacto con el exterior?

APLICA TUS DESTREZAS

Cómo interpretar una pirámide de población
Usa las gráficas de la página 455 para contestar las siguientes preguntas.

1. ¿Cuál es el grupo de edad más numeroso de India? ¿Qué grupo de edad tiene el menor número de personas?

2. ¿Cuál es el grupo de edad más numeroso de Estados Unidos? ¿Qué grupo de edad tiene el menor número de personas?

3. ¿Por qué motivo son tan distintas las pirámides de población de Estados Unidos y de India?

LEE MÁS SOBRE EL TEMA

The Boy and the Samurai de Erik Christian Haugaard; Houghton Mifflin. Saru, un niño huérfano, ayuda a un samurai a encontrar una vida más pacífica.

Samurai Warriors de Jenny Roberts; Gloucester. Este libro trata sobre el sistema feudal japonés y sobre las funciones y obligaciones de los guerreros samurais.

*L*OS ESTUDIOS
SOCIALES Y TÚ

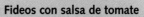
Fideos con salsa de tomate   Fritanga

EL GRAN INTERCAMBIO DE ALIMENTOS

A veces lleva tiempo decidir qué cenar. ¿Comerás arroz y frijoles? ¿O quizás una fritanga de pollo con cacahuates? ¿Qué tal un plato de fideos con salsa de tomate, o un guiso al *curry*? Estas posibilidades y muchas más son un aspecto del gran intercambio cultural entre Europa, Asia, África y las Américas que comenzó a fines del siglo XV.

Los pueblos de África habían cultivado arroz durante miles de años. Los esclavos africanos que fueron llevados a América enseñaron a sus amos a cultivar ese cereal. Si los africanos no hubieran compartido sus conocimientos de agricultura, algunas colonias, como South Carolina, habrían fracasado.

A finales del siglo XV, los indígenas del Caribe ofrecieron cacahuates a los exploradores españoles. Poco tiempo después, los barcos españoles llevaban cargamentos de cacahuates a Europa y otras partes del mundo. El cacahuate llegó a China poco antes del siglo XVII. En la actualidad es un componente muy importante de la cocina china.

¿Qué puede ser más italiano que unos fideos con salsa de tomate? El tomate es una hortaliza americana que no se conoció en Italia sino hasta el siglo XVI. El chile que da un sabor picante al *curry* indio también es originario de las Américas. Los barcos europeos lo llevaron a India en el siglo XVI.

Es difícil imaginar la comida italiana sin una buena salsa de tomate, o la cocina india sin *curry*. Sin embargo, las comidas que se comen en todo el mundo son evidencia de un intercambio cultural que se produjo hace mucho tiempo.

Arroz y frijoles

Arroz *jollof* de Ghana

PIENSA Y APUNTA

Piensa en las comidas que comes durante la semana. Investiga en la biblioteca sobre los orígenes de algunas de esas comidas. Prepara un cuestionario con los datos que encuentres. Pide a tus compañeros de clase y familiares que completen el cuestionario y fíjate cuánto saben.

CUADROS DE LA HISTORIA

Examina las ilustraciones que aparecen en este cuadro de la historia para repasar los acontecimientos que se presentan en la Unidad 7.

Resume las ideas principales

1. Los cambios en el pensamiento europeo alentaron el individualismo y la creatividad y condujeron a un período conocido como el Renacimiento.

2. Las naciones europeas exploraron y anexaron territorios en otros continentes.

3. Los europeos cambiaron el modo de vida en África al esclavizar parte de la población nativa, obligándola a abandonar sus lugares de origen.

4. La llegada de los europeos a América tuvo un gran impacto en las vidas de los indígenas.

5. China y Japón trataron de preservar sus culturas evitando el contacto con el exterior.

6. El desarrollo de los imperios Otomano y Mogol influyó en las costumbres de los pueblos que dichos imperios conquistaron.

Distingue entre hechos y opiniones
Observa las ilustraciones de este cuadro de la historia y luego practica cómo distinguir entre hechos y opiniones. Escribe un hecho y una opinión para cada una de las ilustraciones. Intercambia tu trabajo con un compañero e identifica cuáles de sus enunciados son *hechos* y cuáles son *opiniones*.

Interpreta una ilustración
Este cuadro de la historia muestra el encuentro entre culturas diferentes. Elige una de las ilustraciones y haz una interpretación teatral de ella.

TALLER DE APRENDIZAJE COOPERATIVO

Recuerda

- Comparte tus ideas.
- Coopera con los demás para planificar el trabajo.
- Responsabilízate por tu trabajo.
- Muestra a la clase el trabajo de tu grupo.
- Comenta lo que has aprendido trabajando en grupo.

Actividad 1

Realizar una feria renacentista

Trabaja en un grupo pequeño para construir un puesto de una feria renacentista. Elige un tema relacionado con el Renacimiento, como el arte, la música, la ciencia, la artesanía, la educación, la vida familiar, la comida o las funciones desempeñadas por los hombres y las mujeres de la época. Investiga sobre tu tema para hacer una presentación del mismo en la feria. Decora el puesto con cartulina, pinturas, cintas, flores y otros artículos. Tú y tus compañeros de grupo pueden vestirse con trajes del Renacimiento.

Actividad 2

Escribir una carta

Imagina que formas parte del grupo que exploró Canadá con Jacques Cartier. Escribe una carta a un amigo que aún está en tu patria, Francia, describiendo como trocaste con los indios pieles y cueros.

Actividad 3

Contar un cuento

Imagina que eres un narrador azteca. Tu responsabilidad es recordar y repetir la historia de tu pueblo. Narra el encuentro entre Motecuhzoma y Hernán Cortés.

Actividad 4

Diseñar una escena

Dibuja una escena que pueda pintarse sobre una vasija de porcelana. La escena debe representar una de las siguientes situaciones:

- el comportamiento de los chinos hacia los extranjeros durante la dinastía Ming
- el desarrollo de la cultura china durante la dinastía Ming
- el rígido sistema de clases de Japón durante el período Tokugawa

 SA EL VOCABULARIO

Escribe una oración con cada una de las siguientes palabras. En la oración debes aclarar el significado de la palabra.

1. mecenas
2. perspectiva
3. tipo móvil
4. telescopio
5. clero

6. herejía
7. intercambio colombino
8. circunnavegación
9. racismo
10. bushido

OMPRUEBA LO QUE APRENDISTE

1. ¿Qué cambio se produjo en el arte de Europa durante el Renacimiento?

2. ¿Qué efecto tuvieron las acciones de Martín Lutero en las religiones de Europa?

3. ¿Qué llevó a los exploradores europeos a emprender exploraciones oceánicas?

4. ¿Cómo se dividieron España y Portugal el mundo por descubrir?

5. ¿Qué diferencias había entre la vida de los esclavos africanos del siglo XVIII y la vida de otros esclavos de siglos anteriores?

6. ¿Cómo era la vida a bordo de un barco de esclavos?

IENSA CRÍTICAMENTE

1. **Piensa más sobre el tema**   ¿Por qué pensaban los eruditos del Renacimiento que era importante aprender cómo funcionan las cosas?

2. **En mi opinión**   Imagina que debes darle otro título a esta unidad. ¿Cómo la llamarías?

3. **Explora otros puntos de vista**   ¿En qué coincidían Isabel y Fernando con respecto a la religión en España? ¿Qué crees que opinaban los moros? ¿Qué crees que opinaban los judíos que vivían en España?

4. **Ayer y hoy**   ¿Qué efecto ha tenido el encuentro entre los europeos y los indígenas americanos?

5. **Causa y efecto**   ¿Cómo contribuyó la política de aislamiento china a preservar los criterios artísticos tradicionales?

PLICA TUS DESTREZAS GEOGRÁFICAS

Comparar los datos de los mapas
Observa el mapa de esta página y el de la página 413. Luego contesta las siguientes preguntas:

1. ¿Qué países eran mayoritariamente protestantes en 1618? ¿Qué países son principalmente protestantes en la actualidad?

2. ¿Existen países donde casi todos los habitantes profesan una misma religión? Si es así, ¿qué países son y cuáles son sus religiones?

3. ¿Qué conclusiones puedes sacar al comparar las religiones de Europa actuales y las religiones de Europa en 1618?

UNIDAD 8

UNA ÉPOCA DE CAMBIOS RÁPIDOS

1720   **1740**   **1760**   **1780**   **1800**

1732
Introducción
de la rotación
de cultivos

1733
Invención de
la hilandera
de algodón

1769
James
Watts
construye
la máquina
de vapor

1776
Las colonias
americanas
declaran la
independencia

1789
Comienza la
Revolución
Francesa

1799
Napoleón
toma el poder
en Francia

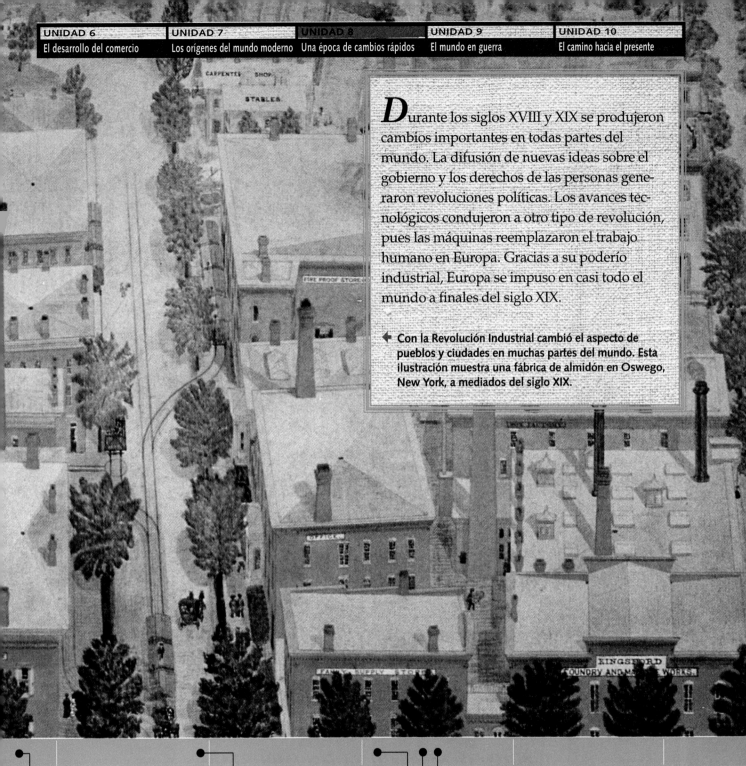

*D*urante los siglos XVIII y XIX se produjeron cambios importantes en todas partes del mundo. La difusión de nuevas ideas sobre el gobierno y los derechos de las personas generaron revoluciones políticas. Los avances tecnológicos condujeron a otro tipo de revolución, pues las máquinas reemplazaron el trabajo humano en Europa. Gracias a su poderío industrial, Europa se impuso en casi todo el mundo a finales del siglo XIX.

← Con la Revolución Industrial cambió el aspecto de pueblos y ciudades en muchas partes del mundo. Esta ilustración muestra una fábrica de almidón en Oswego, New York, a mediados del siglo XIX.

1820   **1840**   **1860**   **1880**   **1900**

1815
Napoleón, el emperador francés, es derrotado

1839
Comienza la Guerra del Opio entre China y Gran Bretaña

1862
Otto von Bismarck es nombrado canciller de Prusia

1870
Comienza el reparto de África entre los países de Europa

1868
Se inicia la Era Meiji en Japón

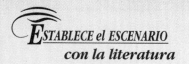

LOS DERECHOS DEL HOMBRE, EL RÉGIMEN DEL TERROR:

RELATO DE LA REVOLUCIÓN FRANCESA

Susan Banfield

EN EL SIGLO XVIII, LAS NACIONES DE EUROPA ESTABAN GOBERNADAS POR MONARCAS PODEROSOS. CASI TODOS ELLOS VIVÍAN EN LUJOSOS PALACIOS, COMPLETAMENTE AISLADOS DEL PUEBLO QUE REGÍAN. ESTOS MONARCAS NO CONOCÍAN LA VIDA DE SUS SÚBDITOS, Y NI SIQUIERA LES IMPORTABA.

LEE PARA ENTERARTE DE CÓMO LOS RICOS, EN ESTE CASO EL REY LUIS XVI, Y LOS POBRES DE FRANCIA COMENZABAN UN DÍA NORMAL. PIENSA EN EL CONTRASTE ENTRE LAS DOS FAMILIAS QUE PROTAGONIZAN ESTA HISTORIA.

Este retrato del rey Luis XVI de Francia, pintado por Francois Callet, muestra la riqueza de la familia real antes de que estallara la Revolución Francesa.

El Rey bostezó mientras uno de sus ayudas de cámara[1] abría los pesados cortinajes de brocado[2] que rodeaban el lecho real por los cuatro lados. La luz que penetraba por las altas ventanas de bisagras inundaba ahora la habitación. El Rey se levantó enseguida. Tras rezar sus oraciones matutinas, dio comienzo el elaborado proceso de vestirlo. Primero, uno de sus ayudas de cámara lo afeitó. Luego, uno por uno, todos los nobles que se habían ganado el privilegio[3] de atender al Rey le fueron entregando la prenda de la que oficialmente estaban a cargo. Uno le daba las medias, otro los pantalones de raso, otro más sus ligas.[4] Una vez el Rey estuvo vestido, su pelo fue cuidadosamente rizado y empolvado.

Al mismo tiempo, en el dormitorio de la Reina se desarrollaba[5] un espectáculo similar. En el centro de un círculo de delicadas sedas de suave frufrú estaba la Reina María Antonieta, tiritando en el frío aire de la mañana mientras esperaba que la dama de honor designada le entregara su ropa interior. Varias damas más la ayudaron a ponerse el vestido, uno de los tres que había comprado para esa semana.

Los esposos reales no se verían hasta la misa[6] de mediodía. Entonces comerían juntos en una mesa pequeña. La cena, sin embargo, distaba mucho de ser un acontecimiento[7] íntimo. Las mujeres de la familia real y otras mujeres nobles de la corte se sentaban en taburetes alrededor de la mesa real. Tras ellas había una muchedumbre de espectadores ávidos de tener ocasión de observar a sus gobernantes. Los sirvientes llevaron, una tras otra, varias pesadas bandejas de plata con diferentes platos. El Rey, consciente de las decenas de pares de ojos que seguían todos sus movimientos, podría servir a su esposa los platos que a ella le apetecieran ese día, pero era poco probable que conversaran entre ellos. Eso se habría considerado demasiado informal.

Al mismo tiempo, el sol también estaba saliendo en una tosca cabaña de barro en Picardía.[8] Jean Flavier y su familia no podían verlo, ya que las ventanas eran un lujo que no se podían permitir. Pero la leve luz que entraba bajo la puerta les anunció que era la hora de levantarse. La mujer de Jean, Marie, tiritó de frío mientras se ponía rápidamente su viejo y andrajoso vestido de lino y sus zapatos de madera.

Marie arrancó un pedazo de pan para ella y su hijo menor. El pan estaba hecho de un trigo tan poco molido que pedazos de paja sobresalían de la barra. Luego envolvió otro trozo de pan para que su marido se lo llevara al campo, y puso también una cuantas manzanas pequeñas.

En un grave silencio, Jean Flavier tomó el pequeño paquete que su mujer le había puesto en las manos. Se sentía lleno de rabia y desesperanza. El alguacil[9] llegaría cualquier día para preguntar por el trigo que habían recibido en préstamo del señor feudal el invierno anterior. Después de que la Iglesia tomara su parte de lo producido en el pequeño huerto, lo que quedaba apenas duraría hasta Navidad. Con seguridad le embargarían la casa.

El sol ya se elevaba sobre los árboles. Jean sabía que una vez más se estaba haciendo tarde para ponerse en camino hacia los campos. Pero no conseguía que le importara.

A medida que estudies Europa durante el siglo XVIII, descubrirás que estas diferencias entre la vida de los ricos y la de los pobres contribuyeron a que se produjera una revolución en Francia.

---

[1] **ayudas de cámara:** servidores
[2] **brocado:** tela gruesa con dibujos bordados
[3] **privilegio:** derecho que sólo poseen pocas personas
[4] **ligas:** cintas con que se sujetan las medias
[5] **se desarrollaba:** ocurría
[6] **misa:** servicio religioso católico
[7] **acontecimiento:** algo que ocurre

---

[8] **Picardía:** región del norte de Francia
[9] **alguacil:** funcionario que se encarga de los arrestos

Este cuadro del pintor Jean Baptiste Chardin, titulado *La mujer del reparto*, muestra un aspecto de la pobreza en Francia.

EL DESARROLLO DE LA DEMOCRACIA

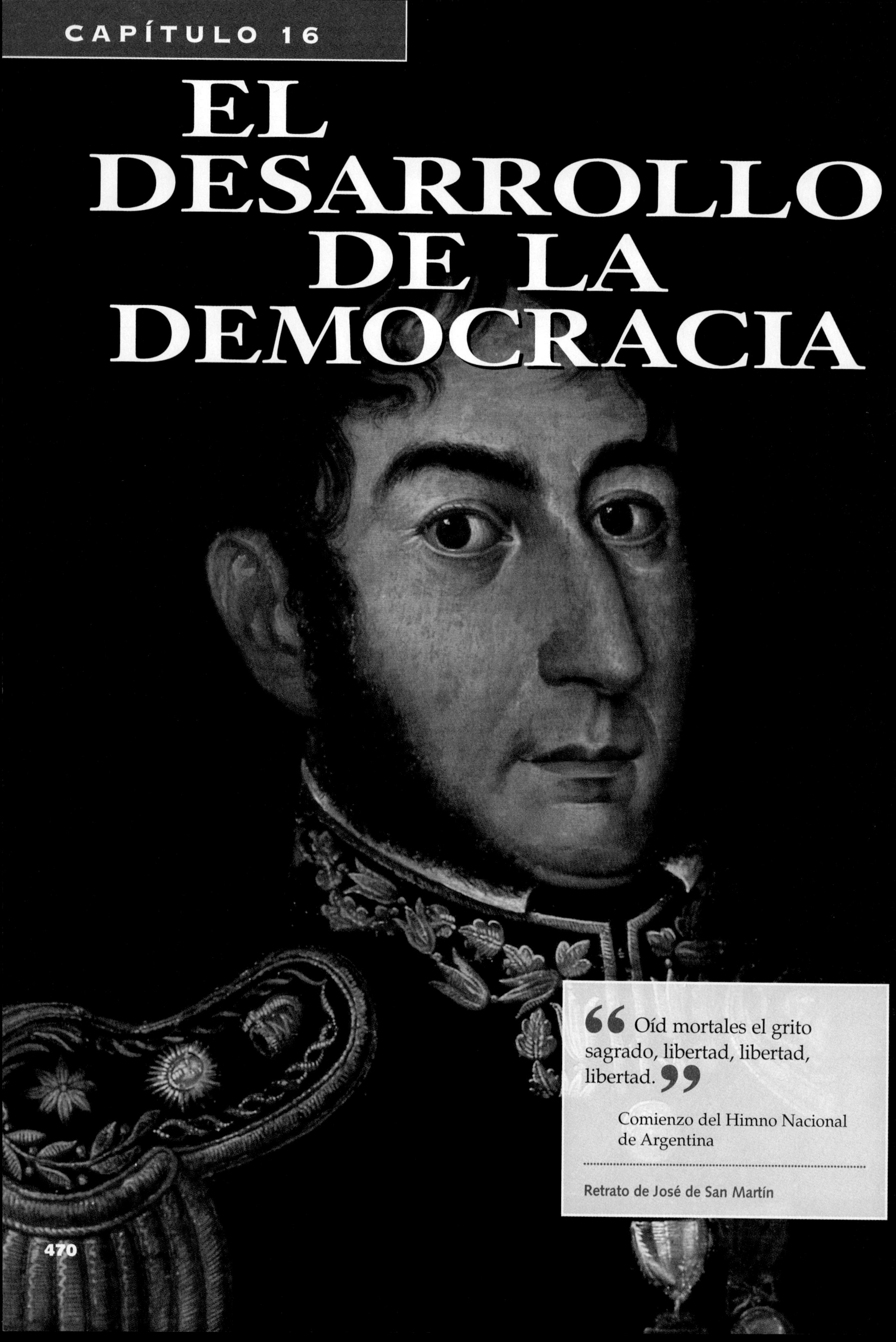

> 66 Oíd mortales el grito sagrado, libertad, libertad, libertad. 99

Comienzo del Himno Nacional de Argentina

Retrato de José de San Martín

LAS REVOLUCIONES DEMOCRÁTICAS

Conexión con nuestro mundo

¿Por qué los gobernantes actuales toman medidas tan distintas?

Concéntrate en la idea principal
Identifica las maneras en que los distintos gobernantes influyeron en la historia durante el siglo XVIII.

Anticipa el vocabulario
Declaración de Independencia
Declaración de Derechos
Ilustración
federación
Constitución de Estados Unidos de América
Declaración de Derechos
Declaración de los Derechos del Hombre y del Ciudadano
Régimen del Terror
Código de Napoleón

En el siglo XVIII, casi todos los países de Europa estaban gobernados por poderosos monarcas que tenían autoridad absoluta y otorgaban muy pocos derechos. En algunos países el pueblo exigió más libertad y una mayor presencia en el gobierno. Con el tiempo, algunas personas de gran determinación encabezaron la lucha por la independencia y la libertad.

LA REVOLUCIÓN AMERICANA

En el verano de 1776 los colonos americanos salieron a la calle a celebrar. "Sonaron las campanas de las iglesias", dijo un testigo. "Se dispararon cañones y en todas las caras se veía felicidad". Los colonos acababan de escuchar la **Declaración de Independencia**, el documento que proclamaba las colonias independientes de Gran Bretaña. Gran Bretaña era el nombre del estado que había surgido al unirse los reinos de Inglaterra, Gales y Escocia.

Para Thomas Jefferson, el autor principal de la Declaración, el motivo de la independencia era muy sencillo. Él sostenía que los británicos no se preocupaban por los derechos de los colonos americanos. Sin embargo, el concepto de que los individuos tuvieran derechos tenía raíces muy profundas en la historia de Gran Bretaña. La Carta Magna, firmada en 1215, fue la base en que se fundaron leyes posteriores que estipulaban la protección de los derechos de los británicos. Más de 470 años después, en 1689, la **Declaración de Derechos** inglesa otorgó aún más derechos a los individuos.

En la Declaración de Independencia, Jefferson habló sobre los derechos que las leyes británicas supuestamente debían proteger.

Los milicianos eran voluntarios que lucharon por la independencia americana. Se caracterizaban por estar listos para prestar servicio con sólo un minuto de aviso.

George Washington sabía que la clave de la victoria americana estaba en mantener a sus soldados bien entrenados. Esta pintura de Louis Charles Auguste Couder muestra al general Washington en el cerco de Yorktown, el 17 de octubre de 1781.

Dijo que la gente tiene ciertos derechos y que "entre ellos están el derecho a la vida, la libertad y la búsqueda de la felicidad". Jefferson también dijo que cuando un gobierno viola o no protege estos derechos, el pueblo tiene la responsabilidad de modificar el gobierno o derrocarlo. En el caso de los colonos americanos el cambio que se produjo fue muy grande, pues fue una revolución.

Declaración de Derechos inglesa

Estos son algunos puntos importantes de la Declaración de Derechos inglesa de 1689:

Es ilegal la suspensión de leyes… por parte de la autoridad [real] sin el permiso del Parlamento.

La libertad de expresión y de debate… en el Parlamento [no debe ser] cuestionada en ningún tribunal…

Declaración de Derechos de Estados Unidos

Primera Enmienda
El Congreso no creará ninguna ley que establezca una religión determinada, ni que prohiba el libre ejercicio de ninguna; o que limite la libertad de expresión, o de prensa; o el derecho del pueblo a reunirse pacíficamente, o de pedir al gobierno que rectifique sus injusticias.

Las ideas que inspiraron la Revolución Americana provenían de pensadores que eran partidarios de la **Ilustración**. Este movimiento, que se originó en Francia a principios del siglo XVIII, buscaba formas de crear un gobierno que protegiera los derechos de los individuos. Los partidarios de la Ilustración creían que la razón, o la facultad de pensar, conduciría a una sociedad más perfecta. Entre los pensadores más importantes de este movimiento estaban los *philosophes*, o filósofos franceses, Voltaire y Jean-Jacques Rousseau.

Los escritos de Jefferson, que reflejaban las ideas de la Ilustración, lo convirtieron en el vocero de la Revolución Americana. Sin embargo, fue George Washington quien dirigió a los colonos en la guerra revolucionaria con Gran Bretaña. Washington tomó el mando de las fuerzas americanas en 1775. Era un ejército poco común, pues estaba compuesto por granjeros harapientos que carecían de equipo adecuado y no sabían dónde iban a conseguir la próxima comida. Washington supo que tenía que mantener los espíritus altos, aún si pensaba que no había muchas posibilidades de vencer al enemigo. Por ello trató a sus soldados con respeto, y ellos le correspondieron con la lealtad.

En 1781, después de seis años de guerra, los colonos lograron la independencia.

Ahora tenían que formar un gobierno. Como a los colonos no les gustaba la idea de tener un gobierno absolutista, Estados Unidos se convirtió en una **federación**, o grupo de gobiernos independientes con un gobierno central de muy poco poder.

En esta estructura de gobierno los estados no siempre cooperaban entre sí. Muchos gobernantes coincidían en que se necesitaba corregir la situación. En 1787 Washington convocó un encuentro en el que se redactó un nuevo plan de gobierno: la **Constitución de Estados Unidos de América**.

La Constitución estableció una república democrática. En esta forma de gobierno, los ciudadanos eligen a personas para que los representen en el gobierno. En cierta manera, la república de Estados Unidos se parecía al gobierno romano de la antigüedad, aunque los autores de la Constitución se aseguraron de equilibrar las libertades de los ciudadanos con la necesidad de un gobierno poderoso. Con la nueva Constitución, los estados y el gobierno compartían el poder.

El gobierno central, o nacional, se dividía en tres ramas: una creaba las leyes, otra las interpretaba y la tercera las hacía cumplir. Cada una de estas ramas estaba concebida de tal manera que controlara y equilibrara el poder de las otras dos. Una **Declaración de Derechos** se añadió a la Constitución en 1789. Esta Declaración protegía los derechos del individuo, tales como la libertad de expresión y de religión.

Una diferencia importante entre este nuevo gobierno democrático y los sistemas del pasado era que las autoridades más altas tenían una responsabilidad hacia la gente que las elegía. A fines del siglo XVIII,

ESTE DE AMÉRICA DEL NORTE, 1783

0 — 200 — 400 millas
0 — 200 — 400 kilómetros
Proyección equi-área de Albers

AMÉRICA DEL NORTE BRITÁNICA

Lago Superior
Lago Michigan
Lago Hurón
Lago Erie
Lago Ontario
Río Mississippi
Río Ohio
Río Mississippi

Maine (Parte de Mass.)
NEW HAMPSHIRE
MASSACHUSETTS
NEW YORK
RHODE ISLAND
CONNECTICUT
NEW JERSEY
PENNSYLVANIA
MARYLAND DELAWARE
VIRGINIA
NORTH CAROLINA
SOUTH CAROLINA
GEORGIA

LOUISIANA ESPAÑOLA

OCÉANO ATLÁNTICO

FLORIDA ESPAÑOLA

Golfo de México

	Estados Unidos		Territorio en litigio
	Territorio británico		
	Territorio español		

 REGIONES En 1763, los británicos controlaban todo el territorio al este del Mississippi. Hacia 1783 habían perdido casi toda esta tierra.
■ ¿Qué territorio controlaban en 1783?

Abigail Adams, la esposa de John Adams, el segundo presidente de Estados Unidos, creía que las mujeres debían participar en la creación de leyes.

sin embargo, sólo los terratenientes blancos podían votar en Estados Unidos. La Constitución otorgaba pocos derechos a las mujeres y a los africanos que vivían en Estados Unidos, ya fueran libres o esclavos. A pesar de esto, la Constitución formulaba un principio muy importante: el poder residía en el pueblo. Esta idea haría eco en todo el mundo al poco tiempo.

✓ **¿Qué papel desempeñaron Thomas Jefferson y George Washington en la Revolución Americana?**

LA REVOLUCIÓN FRANCESA

Francia, una vieja enemiga de Gran Bretaña, dio apoyo económico a los americanos en la Revolución Americana. Pero esta ayuda agotó el tesoro francés, y el hecho de que la realeza de Francia llevara una vida de lujos no ayudó a solucionar el problema económico. El rey francés, Luis XVI, decidió resolver la situación subiendo los impuestos, y para ello convocó a una reunión de la Asamblea General en 1788.

La Asamblea General estaba compuesta por representantes de los tres estados, o clases sociales, de Francia. El Primer y el Segundo Estado, el clero y los nobles respectivamente, eran dueños de la mayor parte de la tierra, ocupaban casi todos los puestos altos en el gobierno y pagaban muy pocos impuestos. El Tercer Estado incluía al resto de los habitantes,

Esta pintura del artista Claude Cholat representa la toma de la Bastilla, suceso que dio comienzo a la Revolución Francesa.

desde médicos hasta comerciantes y campesinos. Los miembros de esta clase social tenían muy poca participación en el gobierno y pagaban muchos impuestos.

Los miembros del Tercer Estado sentían resentimiento, pues pagaban casi todos los impuestos mientras los ricos llevaban una vida opulenta y contribuían muy poco. La situación se tornó crítica cuando el pan se encareció y comenzó a escasear debido a una mala cosecha de trigo. Muchas personas gastaban más dinero en impuestos que en los alimentos básicos.

Cada vez que el Tercer Estado intentaba establecer un sistema de impuestos más justo, los votos de los otros dos estados bloqueaban la iniciativa. En junio de 1789, el Tercer Estado se separó de la Asamblea General, se autodenominó Asamblea Nacional y reclamó el derecho a crear leyes.

Alarmado por esta acción, Luis XVI envió sus soldados a París. El pueblo de Francia decidió que se defendería si los soldados atacaban. El 14 de julio de 1789, una multitud enfurecida marchó por las calles de París gritando: "¡A la Bastilla! ¡A la Bastilla!". La Bastilla era una prisión que también se utilizaba para guardar las armas del ejército. La muchedumbre tomó la Bastilla, mató a muchos guardias y se apoderó de las armas. Los revolucionarios también liberaron a los prisioneros y destruyeron la prisión. ¡La Revolución Francesa había comenzado!

 ¿Por qué las acciones de Luis XVI favorecieron el inicio de la Revolución Francesa?

¿Dónde fue?

París

En 1789, París fue el escenario principal de la Revolución Francesa. En Versalles, una ciudad cercana a París, el rey Luis XVI llevaba una vida fastuosa mientras que en París escaseaba la comida y abundaba la miseria.

FRANCIA
París

Rue du Roule
Champs Elysées
Rue Neuve des Petits Champs
Place Vendôme
Place de Louis XV
Rue St. Honoré
Rue St. Denis
Rue St. Martin
Rue du Temple
Tuileries
Louvre
Río
Palais Bourbon
Sena
Nouveau Cours
Conciergerie
Hôtel de Ville
Cathédral de Nôtre Dame
La Bastilla
Hôtel Royal des Invalides
Rue de Sèvres
Rue de Vaugirard
Palais du Luxembourg
A VERSALLES 11 MILLAS
Rue d'Enfer
Rue St. Jacques
Pantheon
Rue St. Victor
Río Sena

0   3,000 Pies
0   915 Metros

UN PERÍODO DE TERROR

La Asamblea Nacional se apresuró a aprobar leyes para evitar que la violencia se extendiera. Su primera medida fue anular los derechos especiales del Primer y Segundo estados. También aprobó la **Declaración de los Derechos del Hombre y del Ciudadano**. Este documento garantizaba la libertad de expresión y de religión, así como el trato igualitario para todos los ciudadanos.

Estos derechos, sin embargo, no se otorgaron a las mujeres, aún cuando varias de ellas habían encabezado la toma de la Bastilla. Más tarde, en 1789, las mujeres organizaron una marcha desde París hasta el palacio de Luis XVI en Versalles para protestar por la escasez de pan con que alimentar a sus familias.

Muchas mujeres estaban enojadas ya que habían ganado poco respeto a pesar de lo mucho que habían hecho. Una mujer, Olympe de Gouges, escribió un artículo titulado *Declaración de los derechos de la mujer y de la ciudadana*, en el que exigía un trato justo para todos. Pero la Asamblea Nacional seguía sin atender las demandas del sector femenino.

En vez, la Asamblea Nacional hizo otra cosa. En 1791 adoptó una nueva Constitución para Francia. El rey seguiría en el trono, pero las leyes serían elaboradas por una asamblea elegida.

Luis XVI aceptó la nueva constitución en un discurso público. A la vez, en secreto, pidió a otros monarcas europeos que invadieran Francia para acabar con los revolucionarios. Al enterarse de esto una multitud encarceló al rey y a su esposa María Antonieta. Una nueva asamblea se reunió al poco tiempo para redactar otra constitución. La segunda constitución privó de toda autoridad a Luis XVI y declaró a Francia una república.

Al mismo tiempo, un grupo de jóvenes revolucionarios se apoderó del gobierno. Este grupo quería cortar con el pasado y construir una nueva sociedad en Francia. Como primera medida ordenó la ejecución de Luis XVI en enero de 1793. Los verdugos usarían un aparato llamado guillotina, que decapitaba a sus víctimas con una cuchilla pesada que caía velozmente. María Antonieta y cientos de nobles también fueron ejecutados.

Algunos países de Europa, asustados por la violencia desatada en Francia, formaron una alianza para luchar contra la nueva república. Además, dentro de Francia, hubo rebeliones en contra de la revolución. Para imponer el orden, los revolucionarios impusieron el **Régimen del Terror**, o gobierno a través de la intimidación y la violencia en contra de los enemigos políticos. Todo aquel que cuestionaba la revolución era ejecutado. En 1794 la Asamblea Nacional ordenó el arresto y ejecución de los revolucionarios.

Este grabado muestra a una multitud de mujeres marchando hacia Versalles para protestar por la escasez de pan. El pan faltaba y se había encarecido debido a una mala cosecha. Como los miembros del Tercer Estado tenían que pagar impuestos altos, no podían comprar pan. ¿Por qué crees que los personajes de esta escena van armados?

Al año siguiente, el Directorio, un grupo de cinco personas, se apoderó del gobierno de Francia.

 ¿Por qué el énfasis de la Revolución Francesa se desplazó de los derechos humanos al terror?

NAPOLEÓN BONAPARTE

Durante el Régimen del Terror Francia luchó contra los ejércitos de la alianza europea, quienes estaban asustados por la violencia de los revolucionarios. En estas batallas se hizo muy famoso un oficial francés llamado Napoleón Bonaparte.

EUROPA BAJO NAPOLEÓN

Imperio Francés
Estados bajo el dominio de Napoleón
Aliados de Napoleón
Enemigos de Napoleón
Batalla

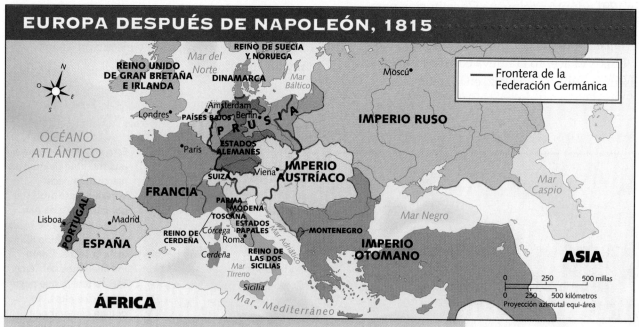

EUROPA DESPUÉS DE NAPOLEÓN, 1815

Frontera de la Federación Germánica

REGIONES Después de la derrota de Napoleón, Francia perdió casi todo el territorio que había conquistado.

■ ¿En qué se diferencia el territorio del Imperio Francés controlado por Napoleón del territorio ocupado por Francia después de la derrota del emperador en 1815?

Napoleón (recuadro) introdujo su código en todos los países que conquistó; su última batalla fue en Waterloo

Napoleón apoyaba las ideas de la revolución, pero también tenía una gran sed de poder. En noviembre de 1799 derrocó al Directorio y asumió el poder.

Al poco tiempo, Napoleón modificó el sistema de gobierno francés. Quizás su iniciativa más importante fue la de supervisar la creación de un conjunto de leyes conocido como el **Código de Napoleón**. Este código garantizaba algunos de los derechos por los que se había luchado durante la revolución, y sirvió de base para las leyes que existen en la actualidad en Francia.

A pesar de su interés en las leyes y los derechos individuales, Napoleón gobernó con mano de hierro. En 1804 llegó al extremo de coronarse emperador de Francia. Luego condujo a su ejército en una campaña para difundir las ideas de la revolución. Hacia el año 1812, su imperio se extendía desde España hasta las fronteras de Rusia.

La ambición de Napoleón produjo su caída. En el verano de 1812, Napoleón invadió Rusia con un ejército de 600,000 soldados. Las provisiones se agotaron de improviso cuando llegó el invierno, y los soldados murieron de a miles. Al final, sólo regresaron 100,000 hombres andrajosos.

Al desastre de Rusia le siguieron otras derrotas, y el Imperio Francés se derrumbó. Los ejércitos de Gran Bretaña y sus aliados europeos derrotaron finalmente a Napoleón en la batalla de Waterloo en 1815.

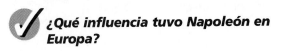 **¿Qué influencia tuvo Napoleón en Europa?**

LECCIÓN 1 • REPASO

Comprueba lo que aprendiste

1. **Recuerda los datos**   ¿En qué se parecían Luis XVI y Napoleón? ¿En qué se diferenciaban?
2. **Concéntrate en la idea principal**   ¿Qué influencia tuvieron las distintas personas que estaban a la cabeza de las revoluciones Americana y Francesa a finales del siglo XVIII?

Piensa críticamente

3. **Ayer y hoy**   ¿Puedes pensar en un hecho político reciente en el que una persona haya cambiado el curso de los acontecimientos? Explica tu respuesta.
4. **Causa y efecto**   ¿En qué inspiró la Revolución Americana a la Revolución Francesa?
5. **Piensa más sobre el tema**   Si hubiera habido pan en abundancia en Francia, ¿crees que el Tercer Estado habría luchado por obtener más derechos individuales?

Muestra lo que sabes

Actividad: Artículo   Imagina que eres un periodista que trabaja para un periódico semanal a fines del siglo XVIII. Escribe un artículo breve sobre uno de los personajes que se mencionaron en esta lección. Concéntrate en cómo las cualidades de esa persona le permitieron influir en el desarrollo de los acontecimientos. Coloca tu artículo en un tablero de anuncios para que lo lean tus compañeros.

Interpretar caricaturas políticas

¿Por qué es importante esta destreza?

Una caricatura es un dibujo o una serie de dibujos que expresan una opinión. A veces las caricaturas expresan opiniones con el propósito de divertir. Otras, las caricaturas expresan una opinión seria con el propósito de hacer pensar. Cuando una caricatura aparece en la página editorial de un periódico, expresa el punto de vista del caricaturista acerca de las personas y los acontecimientos políticos contemporáneos y el gobierno. Este tipo de caricatura se llama **caricatura política**. Es necesario saber leer una caricatura política para comprender su significado y el punto de vista del artista.

Las primeras caricaturas políticas

En 1754, Benjamin Franklin dibujó una de las primeras caricaturas políticas. En ella rogaba a las 13 colonias de América del Norte a unirse para defenderse de los franceses y de los indígenas. La caricatura de Franklin representaba a cada colonia como un pedazo de una serpiente dividida en partes, con la frase *Únete o muere* escrita en la parte inferior. Más adelante, durante la Revolución Americana, Paul Revere hizo un grabado con esa caricatura para animar a los colonos a unirse contra Gran Bretaña.

A mediados del siglo XIX las caricaturas se habían convertido en la forma más común en que los artistas expresaban sus ideas y opiniones sobre los acontecimientos de la actualidad. Honoré Daumier fue el caricaturista más conocido de Francia durante los

Eres libre de hablar de Honoré Daumier

años que siguieron al reinado de Napoleón. En 1835 dibujó una caricatura en la que criticaba al gobierno francés por no permitir la libertad de expresión, y la tituló *Eres libre de hablar*.

Comprende el proceso

Para entender el significado de una caricatura política, primero tienes que identificar los detalles. Busca un título o cualquier texto que permita identificar los personajes o el lugar. Muchos caricaturistas usan símbolos, como la serpiente de Franklin. Es preciso reconocer las ideas que los símbolos representan. En la caricatura de Daumier, el dibujo de una balanza inclinada que aparece en el púlpito del juez significa injusticia.

Los caricaturistas suelen usar la exageración al dibujar personajes. El aspecto de los personajes puede ayudar a conocer la opinión del artista sobre las personas reales que representan. ¿Cómo sabemos que Daumier no simpatizaba con los funcionarios de gobierno que dibujó?

Piensa y aplica

Elige un acontecimiento actual y comienza a juntar caricaturas políticas sobre dicho suceso. Cuando tengas varias caricaturas, haz un folleto con ellas y escribe una explicación breve de cada una. Dibuja tu propia caricatura e inclúyela en el folleto.

Únete o muere de Benjamin Franklin (Nota: Las colonias de Delaware y Georgia no aparecen representadas.)

LOS IDEALES DEMOCRÁTICOS EN AMÉRICA LATINA

Conexión con nuestro mundo

¿Por qué a veces la gente procura reemplazar un gobierno?

Concéntrate en la idea principal
Mientras leas, identifica las razones que tenían los pueblos de América Latina para reemplazar a sus gobiernos.

Anticipa el vocabulario

peninsular	mestizo
criollo	mulato
hacienda	junta

En este lado del océano Atlántico, en lo que se suele llamar América Latina, España y Portugal habían creado imperios enormes. América Latina está compuesta por México, América Central, América del Sur y muchas islas cercanas. La región se llama así porque la mayoría de los habitantes hablan idiomas que vienen del latín, como el español y el portugués. En el siglo XVIII, las colonias de América Latina estaban totalmente controladas por España o Portugal. Los habitantes tenían muy poca participación en el gobierno. Sin embargo, el espíritu revolucionario llegó a América Latina desde América del Norte y Francia y al poco tiempo las colonias de América Latina estaban determinadas a independizarse.

SOCIEDAD Y RELIGIÓN EN LAS COLONIAS

La sociedad colonial de América Latina estaba dividida en varias clases sociales. La familia y el lugar de nacimiento de cada persona determinaban su posición social. Los miembros de la clase más alta se llamaban **peninsulares**, individuos que habían nacido en España o Portugal, en la Península Ibérica en Europa. Los peninsulares ocupaban los puestos importantes en el gobierno, en el ejército y en la Iglesia católica, y por lo general no tenían residencia permanente en América Latina.

Los **criollos**, personas nacidas en América Latina de padres españoles o portugueses, constituían la clase siguiente. Muchos criollos eran muy ricos, pues poseían minas, ranchos o **haciendas**, que eran enormes granjas o plantaciones. Algunos ocupaban cargos en el gobierno local, aunque no eran respetados por los peninsulares. Un viajero alemán observó que "el europeo más bajo, más inculto y menos educado se cree superior a cualquier blanco nacido en el Nuevo Mundo".

El propietario y el administrador de una hacienda mexicana

Este cuadro anónimo del siglo XVIII muestra a un mestizo mexicano y su familia.

conquistadores, convirtieron a millones de indígenas. Los misioneros no trataban a los indígenas como iguales, pero sentían la obligación de ayudarlos. A menudo, los misioneros eran los únicos que protegían a los indígenas del abuso de los terratenientes.

La religión era el centro de la vida tanto para los ricos como para los pobres. El edificio más grande en cualquier pueblo latinoamericano era siempre la iglesia. Las fiestas religiosas importantes, que consistían de desfiles y carnavales, congregaban a multitudes de personas en los pueblos. Para mucha gente, la iglesia también era el único lugar donde podían obtener una educación.

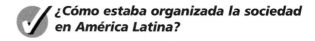

¿Cómo estaba organizada la sociedad en América Latina?

Muy por debajo de los peninsulares y los criollos estaban las personas nacidas de padres de razas diferentes. Los **mestizos** eran gente de ascendencia europea e indígena, y vivían principalmente en las colonias españolas. Los **mulatos**, de ascendencia africana y europea, representaban la mezcla de sangre más común en la América portuguesa. Con el correr de los años se habían llevado a América Latina millones de esclavos africanos.

Aunque algunos mestizos y mulatos poseían granjas pequeñas, la mayoría eran pobres. Aún así, tenían una vida mejor que los africanos y los indígenas.

Los africanos y los indígenas constituían el estrato más bajo de la sociedad latinoamericana. Algunos africanos eran libres y vivían en las ciudades y en los pueblos, pero la mayoría eran esclavos en plantaciones de caña de azúcar, café o tabaco. Los indígenas eran libres pero se les veía casi como esclavos. La mayoría de los indígenas trabajaba en haciendas y ranchos por un salario ínfimo.

La Iglesia católica era una institución muy importante para todos los habitantes de América Latina. Los sacerdotes católicos, que viajaron a las Américas con los primeros exploradores y

La iglesia era una parte muy importante de todo pueblo de América Latina. Abajo puede verse una de las primeras iglesias latinoamericanas, la catedral de Santa Prisca en Taxco, México, construida cerca del año 1750. En el recuadro se muestra el interior de otra iglesia de la misma época.

HACIA LA INDEPENDENCIA DE AMÉRICA LATINA

Muchos, sobre todo los criollos, estaban descontentos con el gobierno y la estructura de la sociedad colonial de América Latina. Si bien los criollos tenían lazos de sangre con Europa, no se consideraban españoles ni portugueses. Sentían resentimiento por tener que recibir órdenes de un gobierno que estaba al otro lado del océano. Los representantes de dicho gobierno, los peninsulares, se creían superiores a los criollos. Este trato indignaba a los criollos, quienes querían liberarse del gobierno de los peninsulares y gobernarse a sí mismos.

Túpac Amaru 1742–1781

En 1780 se produjo en Perú un levantamiento contra la ocupación española, antes de que ocurriera la sublevación de Haití. Este alzamiento fue encabezado por Túpac Amaru, un descendiente del último emperador inca. Durante años, Túpac Amaru había luchado por los derechos de su pueblo en las cortes. En 1780, cansado de que no lo escucharan, encabezó un levantamiento. "A partir de este día", dijo a su pueblo, "los españoles no se deleitarán en nuestra pobreza". Túpac Amaru fue capturado y ejecutado en 1781. Aunque la rebelión duró dos años más, el pueblo inca no pudo liberarse del dominio español.

AMÉRICA LATINA, 1830

(1821) Año de independencia

ESTADOS UNIDOS
Golfo de México
MÉXICO (1821)
CUBA
PUERTO RICO
HONDURAS BRITÁNICA
PROVINCIAS UNIDAS DE CENTROAMÉRICA (1823)
HAITÍ (1804)
OCÉANO ATLÁNTICO
Trópico de Cáncer
VENEZUELA (1830)
GUAYANA INGLESA
GUAYANA HOLANDESA
GUAYANA FRANCESA
Istmo de Panamá
NUEVA GRANADA (1830)
Ecuador
ECUADOR (1830)
PERÚ (1821)
BRASIL (1822)
OCÉANO PACÍFICO
BOLIVIA (1825)
Trópico de Capricornio
PARAGUAY (1811)
CHILE (1818)
URUGUAY (1828)
ARGENTINA (1810)
OCÉANO ATLÁNTICO

N O E S

0   750   1,500 millas
0   750   1,500 kilómetros
Proyección de Robinson

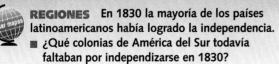

REGIONES En 1830 la mayoría de los países latinoamericanos había logrado la independencia.
■ ¿Qué colonias de América del Sur todavía faltaban por independizarse en 1830?

Muchos criollos habían viajado y estudiado en Europa y conocían a fondo las ideas de la Ilustración. También sabían que el vecino del norte, Estados Unidos, había expulsado a los gobernantes coloniales, y que en Francia se estaba produciendo una revolución democrática. Estas dos revoluciones demostraban que el pueblo podía luchar y obtener la independencia.

Los criollos, sin embargo, no encabezaron el primer levantamiento exitoso en América Latina. La primera guerra por la independencia se libró en la colonia francesa de Santo Domingo, en el Caribe.

En 1793, el gobierno francés abolió la esclavitud en todas sus colonias. Los antiguos esclavos de Santo Domingo, sin embargo, querían algo más que el fin de la esclavitud, querían la independencia. Guiados por Toussaint-Louverture, quien había sido esclavo, combatieron contra el ejército francés por el control de la colonia y lo derrotaron. En 1804 fundaron Haití, una nación independiente.

Otros, entre ellos los criollos, seguirían el ejemplo de Haití.

✓ **¿Por qué los criollos se oponían a un gobierno tan lejano?**

INDEPENDENCIA PARA AMÉRICA LATINA

Los acontecimientos ocurridos en Francia fueron la chispa que encendió la revolución en Haití, y posteriormente la llama revolucionaria que aparecería en toda América Latina. En 1808 Napoleón conquistó España y entregó el trono español a su hermano José. Los criollos sintieron que José no era el rey legítimo, y por eso no vieron razón alguna para mantenerse leales a España.

En 1810, los criollos de la ciudad de Buenos Aires, en Argentina, formaron un consejo independiente de gobierno, o una **junta**. Este consejo asumía el mando de la parte sur de América del Sur, en ese momento bajo control español. Más adelante, en 1816, los criollos de Argentina declararon la independencia total de España.

Al norte del continente, los criollos de la ciudad de Caracas, en Venezuela, también establecieron una junta en 1810. El caudillo de la causa venezolana, Simón Bolívar, quería cortar con el mandato de España y crear los Estados Unidos de América del Sur. Pero pronto se comprobó que este objetivo no sería fácil. Bolívar tuvo que enfrentarse a los peninsulares y a los criollos leales a España. En 1814 el rey legítimo de España recuperó el trono y envió soldados a América del Sur para retomar el territorio que Bolívar ahora controlaba.

Bolívar demostró ser un hábil comandante militar que contaba con la confianza y lealtad de sus soldados. En 1822, su ejército había liberado a Colombia, Venezuela y Ecuador de la dominación española. Debido a estas victorias libertadoras, Bolívar fue llamado el Libertador.

José de San Martín fue otro caudillo libertador que comandó la lucha por la independencia en el sur de América del Sur. En 1817, San Martín inició una campaña arriesgada y peligrosa. Partió de Argentina con un ejército de 5,000 soldados y cruzó la cordillera de los Andes con el objetivo de atacar a las fuerzas españolas que controlaban Chile.

Simón Bolívar (izquierda), que aquí se lo muestra en campaña militar, liberó del dominio extranjero a muchos países de América del Sur. En 1821, el general José de San Martín (abajo) anunció la independencia de Perú en la Plaza de Armas.

El príncipe Pedro liberó a Brasil del dominio de Portugal y del de su padre, el rey Juan VI.

Más de una cuarta parte del ejército de San Martín estaba compuesta por soldados de ascendencia africana, a quienes se había prometido la libertad a cambio del servicio militar. Como dijo uno de los generales de San Martín, "Se distinguieron en la guerra por su valor, su constancia y su patriotismo".

El ejército de San Martín atacó a las fuerzas españolas por sorpresa y las expulsó de Chile. San Martín continuó su marcha hacia Perú, donde se encontró con Bolívar y su ejército. San Martín no quería que surgieran desacuerdos sobre quién estaría a cargo de la lucha, y por ello se retiró. Bolívar logró la independencia de Perú, y en 1825 casi toda América del Sur se había independizado de España.

Las luchas revolucionarias siguieron un camino diferente en México. En 1810 un sacerdote criollo llamado Miguel Hidalgo dirigió una rebelión de indígenas y mestizos. Los revolucionarios exigían la independencia, la devolución de las tierras indígenas y el fin de la esclavitud. En menos de dos meses, 80,000 hombres se habían incorporado al ejército de Hidalgo. Era un ejército inmenso y enfurecido, y a Hidalgo le costó mucho controlarlo. Las tropas leales a España detuvieron a los revolucionarios en la entrada de Ciudad de México. Hidalgo fue ejecutado, pero la revolución no terminó allí. La independencia de México llegó en 1821, cuando los criollos, los oficiales del ejército y el clero se unieron para exigir la ruptura con España.

Brasil, que era una colonia portuguesa, logró la independencia por medios pacíficos. El príncipe Pedro, hijo del rey de Portugal, era el gobernante de la enorme colonia. Pedro entendió el anhelo de independencia de los brasileños. En 1822 dijo "Declaro que Brasil queda separado para siempre de Portugal". Luego arrancó la insignia portuguesa de su sombrero y la arrojó al suelo. Tres años después, Portugal otorgó la independencia a Brasil.

 ¿En qué se diferenciaron los procesos de independencia en Brasil, México y las colonias españolas en América del Sur?

 **_LECCIÓN 2 • REPASO_**

Comprueba lo que aprendiste

1. **Recuerda los datos**   ¿Cuáles dos países europeos controlaban las colonias de América Latina?
2. **Concéntrate en la idea principal**   ¿Por qué los habitantes de las colonias latinoamericanas querían cambiar de gobierno?

Piensa críticamente

3. **Ayer y hoy**   ¿En qué países actuales se están produciendo intentos de cambios en el gobierno? ¿Por qué?
4. **Piensa más sobre el tema**   ¿Se habrían rebelado contra España y Portugal los países de América Latina si las revoluciones de América y Francia no hubieran ocurrido? Explica tu respuesta.
5. **Causa y efecto**   ¿Qué influencia tuvieron los acontecimientos de Europa en el surgimiento de revoluciones en América Latina?

Muestra lo que sabes

Actividad: Discurso   Imagina que eres un caudillo criollo a principios del siglo XIX. Debes intentar que tus amigos se unan al movimiento independentista.

Escribe un breve discurso explicando por qué piensas que tu colonia debería romper los lazos con España.

REPASO

CONECTA LAS IDEAS PRINCIPALES

Usa este organizador para mostrar cómo están relacionadas las ideas principales del capítulo. Copia el organizador en una hoja de papel y complétalo escribiendo tres detalles de cada idea principal.

El desarrollo de la democracia

Las revoluciones democráticas
A finales del siglo XVIII hubo diferentes personajes que influyeron en la historia de Francia y de lo que hoy es Estados Unidos.

1. _____
2. _____
3. _____

Los ideales democráticos en América Latina
Los pueblos de América Latina querían otros tipos de gobierno.

1. _____
2. _____
3. _____

ESCRIBE MÁS SOBRE EL TEMA

1. Escribe un artículo para el periódico   Escribe un artículo sobre algún acontecimiento del siglo XVIII que haya cambiado el rumbo de la historia. Puedes escribir sobre la toma de la Bastilla en Francia, sobre George Washington conduciendo su ejército hacia la batalla o sobre alguna revolución de América Latina. Presenta tu artículo ante la clase como si fueras un presentador de noticias que está transmitiendo desde la escena de los hechos.

2. Escribe un perfil biográfico   Haz una investigación y luego escribe un perfil biográfico sobre uno de estos personajes: Thomas Jefferson, George Washington, Napoleón Bonaparte, Abigail Adams o Simón Bolívar. Incluye datos sobre cómo este personaje intentó generar cambios en el mundo.

3. Escribe tu opinión   Escribe varios párrafos explicando si estás de acuerdo en que los pueblos tengan el derecho a rebelarse contra sus gobernantes. Mientras escribas, piensa en las siguientes preguntas. A fines del siglo XVIII, ¿actuaron con justicia los pueblos de América Latina al hacer lo que hicieron para lograr su libertad? ¿Cómo se pueden comparar estos conflictos con las luchas por la libertad que se libran hoy en el mundo?

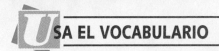# USA EL VOCABULARIO

Identifica la palabra que corresponda a cada enunciado.

Ilustración   peninsular
mestizo   Régimen del Terror
Código de Napoleón

1. persona nacida en España o Portugal pero que vivía en América Latina

2. movimiento para crear una sociedad perfecta que protegiera los derechos de los individuos

3. un período en el que se gobernó por medio del miedo

4. leyes que garantizaban los derechos por los que el pueblo había luchado en la Revolución Francesa

5. una persona de descendencia europea e indígena

COMPRUEBA LO QUE APRENDISTE

1. Según Thomas Jefferson, ¿por qué debían luchar por la independencia los colonos americanos?

2. ¿Qué medidas decidió tomar Luis XVI para solucionar los problemas económicos de su país?

3. ¿Qué papel tuvo la Bastilla en la lucha por los derechos ocurrida en Francia a fines del siglo XVIII?

4. ¿Cuál fue el resultado del Régimen del Terror?

5. ¿Qué territorios controló Napoleón?

6. ¿Dónde ocurrió la derrota de Napoleón?

7. ¿Quiénes eran los criollos?

8. ¿Qué institución era importante para todas las clases sociales de América Latina? ¿Por qué?

9. ¿Cuál fue el primer país latinoamericano en lograr la independencia?

10. ¿Quién fue Miguel Hidalgo?

11. ¿Cómo ganó Brasil su independencia?

PIENSA CRÍTICAMENTE

1. **Ayer y hoy** ¿Cómo sería la vida en Estados Unidos hoy si la Declaración de Independencia nunca se hubiera escrito?

2. **Piensa más sobre el tema** ¿Crees que los partidarios de la Ilustración estarían conformes con las sociedades democráticas actuales? Explica tu respuesta.

3. **En mi opinión** Mucha gente consideraba que Napoleón era un gran comandante político y militar. Otros creían que era un dictador cruel. ¿Cuál es tu opinión?

4. **Explora otros puntos de vista** ¿Por qué crees que el Primer Estado y el Segundo Estado en Francia no coincidían con la posición del Tercer Estado con respecto a los impuestos?

5. **Causa y efecto** ¿Qué efecto crees que tuvo la Revolución Americana en muchos pueblos de América Latina?

APLICA TUS DESTREZAS

Cómo interpretar caricaturas políticas Haz una caricatura política que contenga una opinión a favor o en contra de cualquier acontecimiento descrito en este capítulo. ¿Crees que tu caricatura habría sido muy o poco conocida en la época del acontecimiento? Explica tu respuesta. Intercambia tu caricatura con la de otro compañero e intenta comprender la opinión que expresa.

LEE MÁS SOBRE EL TEMA

The King's Day: Louis XVI de France de Aliki; HarperCollins. Este libro describe un día en la vida del rey francés Luis XIV, desde que se viste por la mañana hasta que se va a dormir por la noche.

Napoleon Bonaparte de Bob Carroll; Lucent. Examen detallado de la vida de Napoleón.

CAPÍTULO 17

LOS
ORÍGENES
DE LA ERA
INDUSTRIAL

" Ésta es la era de la maquinaria, en el sentido intrínseco y extrínseco de la palabra. **"**

Thomas Carlyle, historiador británico del siglo XIX

LA REVOLUCIÓN INDUSTRIAL

Conexión con nuestro mundo

¿Cómo puede la tecnología transformar nuestras vidas?

Concéntrate en la idea principal
Mientras leas, identifica cómo influyeron las nuevas tecnologías de la Revolución Industrial en la vida de Gran Bretaña.

Anticipa el vocabulario
Revolución Industrial
rotación de cultivos
industria textil
industria casera
fábrica
patente
materia prima
empresario

Las nuevas ideas acerca de la forma de gobernar dieron lugar a las revoluciones políticas de fines del siglo XVIII. Por otro lado, las innovaciones tecnológicas produjeron otra gran transformación: la **Revolución Industrial**, que empezó en Gran Bretaña y cambió para siempre el modo de vida y de trabajo.

CAMBIOS EN LA AGRICULTURA

A mediados del siglo XVIII varios campesinos británicos empezaron a poner en práctica nuevas técnicas de cultivo. Por ejemplo, sustituyeron los arados de madera por arados de hierro y emplearon la sembradora mecánica inventada por el agricultor Jethro Tull. Los campesinos acostumbraban esparcir las semillas al azar; esta máquina permitía enterrar las semillas en hileras parejas. En esta época los campesinos también introdujeron el sistema de **rotación de cultivos**, que consistía en alternar la variedad de cultivos de un año a otro. Este método permitía mantener el terreno fértil, ya que cada variedad de plantas dependía de un tipo distinto de nutrientes. Por eso la rotación de cultivos hizo que se alargara la vida de las tierras destinadas a la agricultura.

Pero no fue sólo la tecnología la que transformó la agricultura en esta época. La creciente demanda de lana hizo que se necesitaran más terrenos para apacentar ovejas y los granjeros más poderosos compraron muchas parcelas pequeñas, cercándolas para convertirlas en tierras de pastoreo privadas. Hasta entonces los campesinos habían utilizado esas tierras para la siembra de cultivos y el pastoreo. Pero al cercarse los campos, los campesinos se vieron obligados a alquilar tierras de los dueños de granjas grandes o a abandonar del todo la agricultura. Muchos campesinos dejaron el campo y se mudaron a los pueblos y ciudades en busca de trabajo. Su llegada a las ciudades británicas coincidió con el comienzo de la Revolución Industrial.

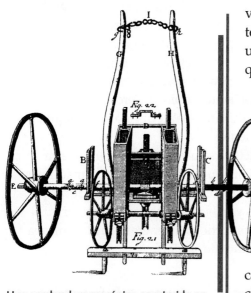

Una sembradora mecánica construida en base al modelo original de Jethro Tull

En este grabado de 1834 (izquierda) vemos la fabricación de tela de calicó en una fábrica textil inglesa. Hasta mediados del siglo XVIII la producción de telas era una industria casera (arriba).

✓ ¿Qué técnicas agrícolas nuevas introdujeron los campesinos británicos?

LA ERA DE LAS MÁQUINAS

La Revolución Industrial comenzó silenciosamente con los remiendos, que se realizaban en las trastiendas y talleres de toda Gran Bretaña. El resultado fue una explosión tecnológica que mejoró la manera de producir.

Durante la primera etapa de la Revolución Industrial casi toda la tecnología que se introdujo se destinó a la **industria textil**, o producción de telas. Hasta mediados del siglo XVIII la fabricación de telas había sido una **industria casera**. Las familias trabajaban en sus casas, que eran pequeñas, produciendo telas con el algodón y la lana que recibían de un comerciante. En un principio hilaban el algodón y la lana a mano. Más adelante empezaron a usar telares de madera. Una vez terminada la tela, la entregaban al comerciante, quien pagaba por el trabajo realizado.

Al poco tiempo se introdujeron técnicas para acelerar la producción. La lanzadera de algodón, inventada en 1733, permitió fabricar telas dos veces más rápido que los telares antiguos. Las lanzaderas funcionaban a tal velocidad, que era difícil abastecerlas con hilo. Para alimentar a sólo una lanzadera era necesario que hasta cinco personas trabajaran simultáneamente.

Un tejedor británico llamado James Hargreaves resolvió este problema en 1764 al inventar la hilandera mecánica. Con esta hilandera un solo trabajador podía trenzar ocho hilazas al mismo tiempo.

Otras dos invenciones, el bastidor rotativo y el telar mecánico, no sólo aumentaron la producción de telas sino que también transformaron los lugares donde se realizaba el trabajo. Las familias no podían comprar máquinas tan caras, que, por ser muy grandes, tampoco cabían en sus casas. Por lo tanto, los comerciantes de telas compraban varias máquinas y las instalaban en **fábricas**, o grandes edificios donde se elaboraban las telas. Los trabajadores tuvieron que mudarse cerca de estos nuevos sitios de trabajo.

Como las grandes máquinas de hilar y tejer funcionaban con la energía del agua corriente, las primeras fábricas se construyeron en las orillas de ríos con corrientes rápidas. Pero esto cambió en 1769, cuando James Watt diseñó una máquina de vapor eficiente.

Para 1800 ya se usaban en toda Inglaterra unos 1,200 máquinas de vapor. Estas máquinas hacían funcionar las hilanderas y tejedoras mecánicas y, más adelante, las locomotoras. El vapor se convirtió en la energía que impulsaba la Revolución Industrial.

✓ ¿Cómo transformaron la industria textil las nuevas tecnologías?

GRAN BRETAÑA: PIONERA INDUSTRIAL

La Revolución Industrial comenzó en Gran Bretaña en parte debido a los inventos de personas como James Watt y James Hargreaves. La experimentación se alentaba en toda Gran Bretaña. Los propietarios de industrias organizaban concursos y ofrecían premios a las mejores ideas. En casi todas las ciudades grandes existían sociedades científicas donde los inventores se reunían para discutir sus proyectos. Todo esto generó un torrente de inventos. Entre 1760 y 1789 se patentaron más de mil máquinas nuevas en Gran Bretaña. Una **patente** es un documento legal que garantiza que sólo el inventor tiene el derecho de producir y vender sus ideas o inventos.

Otros factores contribuyeron a que los británicos fueran los pioneros de la Revolución Industrial. En primer lugar, Gran Bretaña contaba con numerosos recursos naturales, como el hierro y el carbón. El hierro se usaba para fabricar las piezas de las máquinas, mientras que el carbón se empleaba como combustible de las máquinas de vapor. En segundo lugar, las colonias británicas suministraban a las industrias algodón, madera, lana y otras **materias primas** muy baratas que se usaban en la fabricación de productos. Además, con el crecimiento de la población de Gran Bretaña y sus colonias también crecía el interés por los productos industriales y los fabricantes tenían que buscar maneras de satisfacer la demanda.

El comercio había enriquecido a Gran Bretaña enormemente. Los bancos británicos tenían mucho dinero que prestar a los empresarios. Un **empresario** es una persona que toma un riesgo financiero al invertir dinero en un nuevo negocio. Naturalmente, siempre existe la posibilidad de que el negocio fracase y de que el empresario pierda su dinero. Si bien algunos empresarios británicos fracasaron, muchos otros tuvieron éxito.

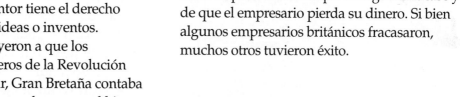
James Watt demostró que las máquinas de vapor podían generar mucha energía. Esta máquina se construyó en base al diseño de Watt.

¿Por qué Gran Bretaña fue la pionera de la Revolución Industrial?

APRENDER CON LÍNEAS CRONOLÓGICAS El período comprendido entre finales del siglo XVIII y todo el siglo XIX pasó a la historia como una época de inventos.
■ ¿Por qué se inventaron tantas máquinas a partir de 1769?

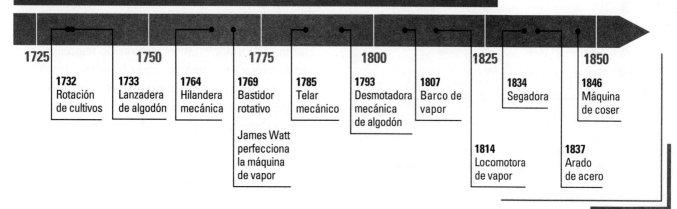

INVENTOS DE LA REVOLUCIÓN INDUSTRIAL

1725 — 1750 — 1775 — 1800 — 1825 — 1850

- **1732** Rotación de cultivos
- **1733** Lanzadera de algodón
- **1764** Hilandera mecánica
- **1769** Bastidor rotativo
- **James Watt perfecciona la máquina de vapor**
- **1785** Telar mecánico
- **1793** Desmotadora mecánica de algodón
- **1807** Barco de vapor
- **1814** Locomotora de vapor
- **1834** Segadora
- **1837** Arado de acero
- **1846** Máquina de coser

NUEVAS FORMAS DE VIDA Y DE TRABAJO

Hacia mediados del siglo XIX la Revolución Industrial estaba en pleno apogeo en Gran Bretaña. Había inmensas fábricas que producían más y más productos con el correr de los días y que, al mismo tiempo, tenían un profundo efecto en la vida de los trabajadores. Las ciudades se superpoblaron, pues muchas familias llegaban del campo en busca de trabajo. Las familias se amontonaban en casas mal construidas. Las calles estaban sucias y el aire contaminado con el humo de las chimeneas de las fábricas. Estas condiciones de vida insalubres produjeron epidemias que acabaron con la vida de muchas personas, especialmente de niños pequeños.

Las condiciones de trabajo también eran muy malas. La mayoría de los hombres trabajaba al menos 12 horas por día, seis días a la semana y por muy poco dinero. Las mujeres y los niños trabajaban la misma cantidad de tiempo, tan duro como los hombres y por menos dinero. Un trabajador de la industria textil dijo en 1832:

&&Mientras la máquina esté en marcha, la gente deberá trabajar: hombres, mujeres y niños, fundidos con el hierro y el vapor.&&

Con frecuencia eran los niños quienes hacían los trabajos más peligrosos. Por ejemplo, los niños debían trepar a las máquinas de hilar y tejer para reparar hilos rotos, ¡con las máquinas en marcha! Muchos resultaron heridos o murieron en el intento.

Pero con el tiempo la Revolución Industrial mejoró la vida de los trabajadores. Aunque los sueldos continuaran siendo bajos, eran constantes. Los trabajadores podían permitirse comprar carne y verduras de vez en cuando para acompañar el pan y queso cotidianos. También tenían suficiente dinero para comprar mejores ropas.

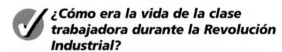
¿Cómo era la vida de la clase trabajadora durante la Revolución Industrial?

IMPACTO MUNDIAL

En 1851 Gran Bretaña organizó una muestra llamada la Exposición Mundial, instalada en el Palacio de Cristal de Londres. Llegaron personas de toda Europa y Estados Unidos para ver de cerca las maravillas tecnológicas de Gran Bretaña. Había mazos accionados por vapor, telares mecánicos y maquinaria agrícola, entre otros inventos. Todos los visitantes estaban de acuerdo en que la Revolución Industrial había convertido a Gran Bretaña en el "taller del mundo". En 1851 Gran Bretaña contaba con más fábricas, más millas de vías férreas y más barcos transoceánicos que cualquier otra nación.

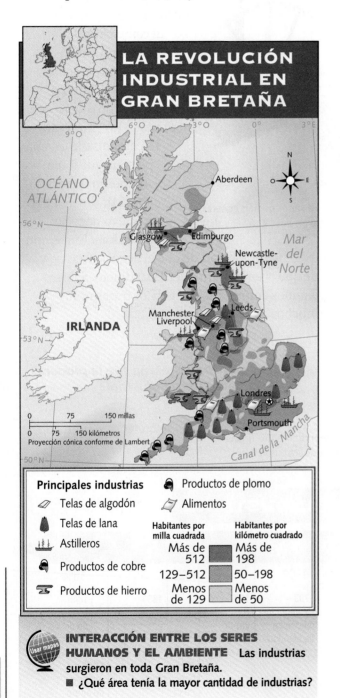

LA REVOLUCIÓN INDUSTRIAL EN GRAN BRETAÑA

OCÉANO ATLÁNTICO

Aberdeen

Glasgow · Edimburgo

Newcastle-upon-Tyne

Mar del Norte

IRLANDA

Manchester Liverpool

Leeds

Londres

Portsmouth

Canal de la Mancha

0   75   150 millas
0   75   150 kilómetros
Proyección cónica conforme de Lambert

Principales industrias

- Telas de algodón
- Telas de lana
- Astilleros
- Productos de cobre
- Productos de hierro
- Productos de plomo
- Alimentos

Habitantes por milla cuadrada	Habitantes por kilómetro cuadrado
Más de 512	Más de 198
129–512	50–198
Menos de 129	Menos de 50

INTERACCIÓN ENTRE LOS SERES HUMANOS Y EL AMBIENTE Las industrias surgieron en toda Gran Bretaña.
■ ¿Qué área tenía la mayor cantidad de industrias?

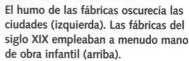

El humo de las fábricas oscurecía las ciudades (izquierda). Las fábricas del siglo XIX empleaban a menudo mano de obra infantil (arriba).

Hacia 1851 Estados Unidos, Alemania, Bélgica y Francia también habían comenzado a industrializarse. Estos países siguieron el modelo británico en sus respectivas revoluciones industriales.

El éxito económico dio a Gran Bretaña y a otros países industrializados un nuevo poder para tratar con otras naciones y pueblos. Al buscar nuevos mercados o lugares donde vender sus productos, ampliaron sus colonias en Asia. También forzaron a China y a Japón a firmar nuevos acuerdos comerciales. A continuación, los países industrializados de Europa centraron su atención en África. Este continente inmenso contaba con grandes cantidades de materias primas baratas que se podían usar en las fábricas de Europa occidental y a la vez ofrecía posibles mercados para los productos europeos.

El resto del mundo comprendió claramente lo que significaba el poder de las naciones industriales. Japón lo entendió y rápidamente aprobó leyes que facilitaran su desarrollo industrial. Hacia 1900 Japón también atravesaba por una revolución industrial.

✓ ¿Qué medidas tomaron las naciones industrializadas para encontrar nuevos mercados y nuevas fuentes de materias primas?

LECCIÓN 1 • REPASO

Comprueba lo que aprendiste

1. **Recuerda los datos**   ¿Cuáles fueron algunas de las máquinas que transformaron la industria textil?
2. **Concéntrate en la idea principal**   ¿Qué efecto tuvo la nueva tecnología de la Revolución Industrial en la vida de Gran Bretaña?

Piensa críticamente

3. **Ayer y hoy**   Cita una innovación tecnológica reciente. ¿Cómo ha cambiado esta innovación la vida cotidiana en Estados Unidos?
4. **Piensa más sobre el tema**   ¿Qué invento desarrollado durante la Revolución Industrial ha tenido el mayor impacto en la vida cotidiana? ¿Por qué?

Muestra lo que sabes

Actividad: Encuentro   Con un grupo pequeño de compañeros organiza el encuentro de una sociedad científica similar a los que se realizaban en Gran Bretaña a finales del siglo XVIII. En el encuentro conversarán sobre las últimas tecnologías de la época. No te olvides de mencionar el impacto que estas tecnologías pueden tener en la vida cotidiana.

Interpretar y comparar mapas de población

¿Por qué es importante esta destreza?

Al igual que otros datos geográficos, el crecimiento de la población puede mostrarse en un mapa. Los mapas que aparecen en estas páginas muestran la población de las ciudades de Europa y de la región del Mediterráneo en 1715 y 1815. El Mapa A muestra la población de las ciudades de esta región antes de que la Revolución Industrial dejara sentir sus efectos. El Mapa B muestra la misma región después de los cambios producidos por la industrialización que empezó en Gran Bretaña. La interpretación y comparación de los mapas de población urbana te permiten ver los patrones del crecimiento demográfico de las ciudades durante períodos de progreso económico.

Comprende el proceso

Observa las leyendas de ambos mapas de población. Las leyendas indican la relación entre el tamaño de los puntos y el número de habitantes. El punto más pequeño que aparece en ambos mapas representa una ciudad con una población de entre 30,000 y 50,000 habitantes. El punto inmediatamente más grande representa una ciudad de entre 50,000 y 80,000 habitantes. Entre más numerosa sea la población, más grande será el punto que la representa. El punto más grande sólo aparece en el Mapa B. Este punto representa una ciudad con más de 500,000 habitantes. Aunque estos puntos no indican la población exacta de las ciudades, con ellos se puede comparar el número de habitantes que vive en cada una de ellas.

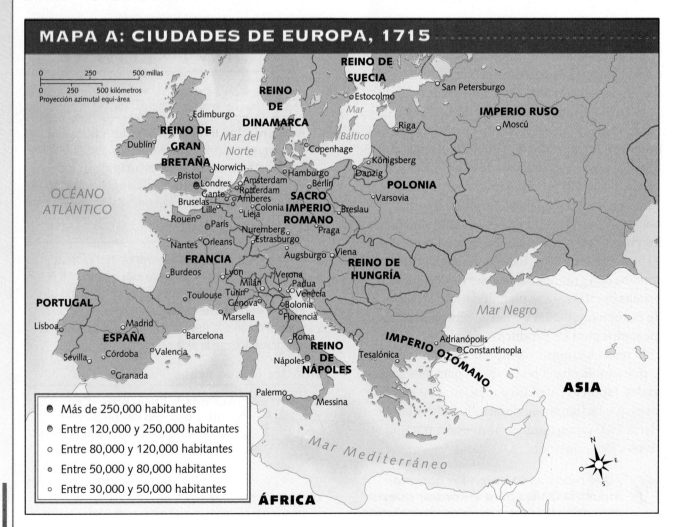

MAPA A: CIUDADES DE EUROPA, 1715

Leyenda:
- Más de 250,000 habitantes
- Entre 120,000 y 250,000 habitantes
- Entre 80,000 y 120,000 habitantes
- Entre 50,000 y 80,000 habitantes
- Entre 30,000 y 50,000 habitantes

Ahora emplea los datos de ambos mapas para responder las siguientes preguntas:

1. ¿Qué ciudad tenía más habitantes en 1715, Londres o París?

2. ¿Qué ciudad tenía más habitantes en 1815, Londres o París? Explica tu respuesta.

3. ¿Qué otras ciudades europeas tenían una población similar a la de París en 1815?

4. ¿Qué ciudad, o ciudades, tenía(n) más de 120,000 habitantes en 1715?

5. ¿Qué ciudades tenían más de 120,000 habitantes en 1815?

6. ¿Cuáles cinco ciudades del Mapa B tenían menos de 50,000 habitantes en 1715?

7. ¿En qué parte de Europa tuvieron el mayor crecimiento las ciudades de más de 30,000 habitantes? ¿Por qué crees que sucedió esto?

8. ¿A que conclusión puedes llegar acerca del crecimiento de la población urbana entre 1715 y 1815?

9. ¿A qué conclusión puedes llegar acerca del crecimiento de la población urbana en los países donde se dio la Revolución Industrial?

Piensa y aplica

Estudia los datos acerca de la población que se muestran en estos mapas. Luego escoge algunas de las ciudades y emplea cuadros, gráficas y tablas para representar los datos que aparecen acerca de esas ciudades. Puedes hacer una tabla comparativa entre las diez ciudades más pobladas en 1715 y las diez ciudades más pobladas en 1815. También puedes hacer una gráfica de barras comparando las ciudades de Gran Bretaña, Francia, Italia, Alemania y Rusia. Muestra tus cuadros, gráficas y tablas en el tablero de anuncios de la clase.

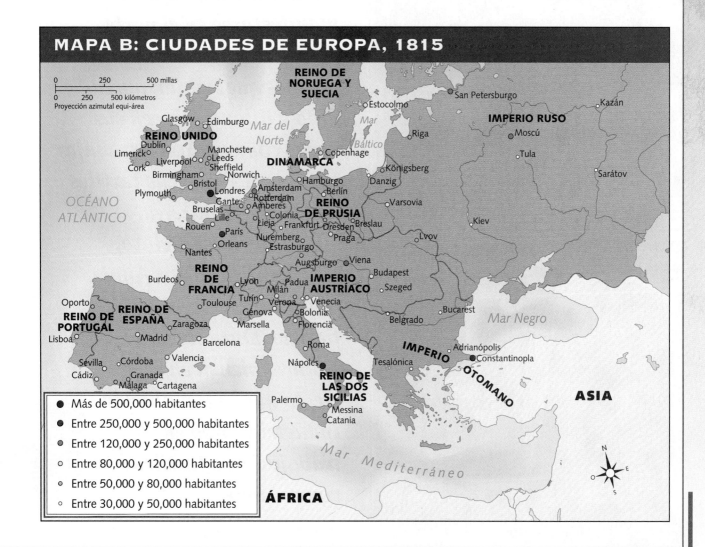

MAPA B: CIUDADES DE EUROPA, 1815

- ● Más de 500,000 habitantes
- ● Entre 250,000 y 500,000 habitantes
- ● Entre 120,000 y 250,000 habitantes
- ○ Entre 80,000 y 120,000 habitantes
- ○ Entre 50,000 y 80,000 habitantes
- ○ Entre 30,000 y 50,000 habitantes

APRENDE con la LITERATURA

Concéntrate en los efectos de la tecnología

R EL eloj

James Lincoln Collier y Christopher Collier

A comienzos del siglo XIX la Revolución Industrial había comenzado a manifestarse en el norte de Estados Unidos. Muchas jóvenes que habían aprendido a hilar y tejer en sus casas comenzaron a trabajar en enormes fábricas textiles de Nueva Inglaterra.

Lee ahora este relato, protagonizado por Annie Steele, un personaje ficticio. Durante la lectura, piensa en el efecto que la Revolución Industrial tuvo en trabajadoras textiles como Annie.

← Escena de una fábrica textil de Estados Unidos en el siglo XIX

EL lunes empecé a trabajar en la fábrica. Éramos ocho muchachas y nos pusieron en una habitación separada en la segunda planta, para que no distrajéramos a los chicos. Por un lado me alegré, porque cuando me guiñaban el ojo de ese modo me hacían sonrojar; pero por otro lado fue una desilusión, pues sentía muchísima curiosidad por esos muchachos de New York y quería escuchar sus historias y enterarme de cómo es esa ciudad.

Así y todo, era agradable estar entre chicas. Conocía a la mayoría de ellas de la iglesia, aunque no tan bien como a Hetty Brown. La madre de Hetty era una vieja amiga de mi madre, de cuando mamá llegó a Humphreysville con papá. Como es natural, nuestras familias se hicieron visitas, especialmente durante el invierno, cuando había poco trabajo en la granja. Hetty era bajita y regordeta y siempre veía el lado positivo de las cosas. Si le decías a Hetty que no te sentías bien, te decía que probablemente había sido algo que habías comido y que pronto te sentirías bien; y si comentabas que parecía que iba a llover, ella decía que duraría poco. Era muy animada.

Todas las muchachas trabajábamos en devanaderas. Una devanadera es, en realidad, una máquina de hilar, pero en lugar de tener sólo un huso pequeño para retorcer la lana y hacer el hilo, tenía ocho husos grandes. Parecía una mesa sin la parte de arriba, como una armazón sobre patas. Los husos estaban en un extremo, a unos tres pies del extremo opuesto. El hilo se extendía de un lado al otro, donde había dos muchachas, cada una con una gran cesta de copos[1]. El trabajo era igual que el que hacíamos en casa con la rueca: teníamos que tomar los rollos de lana y retorcer el hilo entre el pulgar y los otros dedos, dirigiéndolo hacia la entrada del huso, que giraba. Tenías que tener cuidado con las mismas cosas: que no se apelotonara ni se alargara tanto que se rompiera. Una diferencia era que no tenías que ir y volver a la tortera;[2] teníamos que quedarnos en el mismo sitio todo el día, y eso era mucho más tedioso.

---

[1] **copo:** rollo de lana dispuesta para ser hilada
[2] **tortera:** ruedecilla de la parte inferior del huso.

Jóvenes tejedoras en una fábrica de Massachusetts

También había otras diferencias. Lo primero, el ruido. Se podía oír el crujido de la gran rueda que giraba en el agua, bajo la ventana de la sala de hilado. Y se oía también el eje principal que iba de la gran rueda al interior de la fábrica, haciendo girar sus engranajes y moviendo las correas que a su vez hacían girar los ejes de todas las máquinas. Y luego, cada máquina hacía su propio crujido, o chirrido, o tableteo, o zumbido. Tenías que hablar muy alto para que se te escuchara.

La otra gran diferencia era la velocidad a la que los husos giraban sin parar. En seguida me di cuenta de que no habría tiempo para tomar té. Hetty me explicó que cada una de nuestras máquinas podía producir tres o cuatro veces más hilo en un día que el producido por la hilandera más veloz usando una rueca. Y dijo también que el hilo hecho con máquina era más resistente y suave que el hecho en casa. Papá tenía razón en una cosa: con el salario que yo ganaría se podría comprar mucho más hilo que el que yo sería capaz de hilar en casa en el mismo tiempo. Aunque, claro, eso no es lo que papá va a hacer con mi sueldo.

A las cuatro y media de la mañana hacían sonar la campana de la fábrica para despertarnos a todos. Pero si el viento soplaba de otro lado no podíamos oírla desde la granja, así que George[3] me despertaba. George dormía en la parte de atrás de la casa y se levantaba cuando los animales empezaban a agitarse por la mañana. Entonces subía por la escalera al pajar, asomaba la cabeza por la entrada y me llamaba. Yo saltaba de la cama y me vestía en dos minutos, bajaba por la escalera y agarraba un pedazo de bizcocho[4] de maíz para comérmelo de camino a la fábrica. Si me daba prisa, sólo tardaba veinte minutos en llegar.

A las cinco volvían a hacer sonar la campana de la fábrica. Se suponía que a esa hora ya debíamos estar listos para empezar a trabajar. A las siete volvía a sonar para el desayuno, a

---

[3] **George:** el hermano de Annie
[4] **bizcocho:** pastel, torta

mediodía sonaba de nuevo para el almuerzo y a las cinco de la tarde para anunciar que podíamos volver a casa. Desde donde estaba, junto a la devanadera en la fábrica de lana, podía ver la torre de la campana en la fábrica de algodón. En la torre había un reloj, y también podía verlo; ahora ya sabía lo que significaba trabajar por horas, en lugar de guiarse por el sol.

Cuando se trabaja con el sol, de la manera en que siempre trabajábamos antes, y como lo hacían nuestros abuelos y abuelas, y sus abuelos y abuelas antes que ellos, puedes descansar un poco si lo necesitas, y beber algo cuando tienes sed, o comer un bocado de pan y queso si tienes hambre. Pero cuando trabajas por horas no te permiten que te canses, ni sientas hambre ni sed; tienes que esperar hasta que el reloj te diga que ha llegado el momento. No estaba acostumbrada a eso.

Cuando trabajaba en la granja, mamá y yo hilábamos todo el santo día durante medio invierno; o por lo menos eso me parecía. Y si no hilábamos estábamos cortando y cosiendo para hacer nuestros vestidos o pantalones y camisas para papá y George. Pero de vez en cuando, si queríamos, podíamos dejar de trabajar y descansar. Mamá preparaba el té y comíamos una manzana asada con crema que había sobrado de la comida, y charlábamos. Mamá me hablaba de la escuela de la señora Reeds, o de lo guapo que era papá cuando la cortejaba; y yo le hablaba de que quería ser maestra cuando fuera mayor, y del águila posada sobre los pinos que había visto el día anterior.

Pero cuando trabajabas por horas no podías hacer eso. Tenías que esperar hasta que la campana te dijera que podías descansar y comer y hablar. ¡Oh! No tardé ni dos días en llegar a odiar esa campana y ese reloj de la torre. Pero nada se podía hacer. Tenía que acostumbrarme a estar hambrienta cuando me dijeran que podía estar hambrienta.

Repaso de la literatura

1. ¿Qué efecto tuvo la Revolución Industrial en la vida de Annie Steele?
2. ¿Habrías preferido hacer el trabajo de hilar en casa o en una fábrica? Explica tu respuesta.
3. Usa una hoja grande de papel cuadriculado para crear un modelo de fábrica del futuro. Dibuja un plano de la fábrica con el que se aumente la producción. Ten en cuenta la salud de los empleados y su interés en el trabajo.

Este grabado del artista americano **Winslow Homer** muestra a un grupo de trabajadores dirigiéndose a casa después de un duro día de trabajo en una fábrica de Nueva Inglaterra.

EL CAPITALISMO Y LAS CLASES SOCIALES

Conexión con nuestro mundo

¿De qué modo pueden causar conflictos las diferencias económicas?

Concéntrate en la idea principal
Mientras leas, fíjate en cómo las diferencias económicas dieron lugar a conflictos entre las clases sociales en Europa y en Estados Unidos.

Anticipa el vocabulario

sistema económico	oferta
economía tradicional	capitalismo
	laissez-faire
economía dirigida	libre empresa
	huelga
economía de libre mercado	sindicato
	socialismo
demanda	utopista

En esta pintura del siglo XIX, *Industria en el Tyne*, se representa a trabajadores británicos.

Los países industrializados de Europa se enriquecieron durante el siglo XIX, pero la riqueza no estaba distribuida equitativamente. Mientras que algunos eran tremendamente ricos, otros permanecían en la más absoluta pobreza. En muchos países las diferencias entre ricos y pobres se hicieron tan grandes, que condujeron a conflictos sociales.

ADAM SMITH Y EL CAPITALISMO

Una de las razones por las que Gran Bretaña estuvo a la cabeza de la Revolución Industrial fue su **sistema económico**, que es la forma en que un país produce y consume sus bienes y servicios.

En la actualidad los sistemas económicos más importantes son tres. El sistema de **economía tradicional** se caracteriza por no cambiar con el paso del tiempo. Por ejemplo, en este sistema es normal que los hijos hagan el mismo trabajo que sus padres y sus abuelos. Si los padres son agricultores, los hijos también serán agricultores. Por lo general, en este tipo de economía las familias emplean la mayor parte de su tiempo en proveerse de los alimentos que necesitan, y no suelen tener excedentes. Al no tener ingresos por la venta de excedentes, no pueden comprar nuevas herramientas o mejorar las técnicas de cultivo. Simplemente, continúan trabajando como lo han venido haciendo desde siempre.

En los sistemas de **economía dirigida** el gobierno es propietario de casi toda la tierra y los recursos naturales y tiene un control absoluto de las granjas y de las fábricas; es decir, el gobierno del país en cuestión dirige la trayectoria de la economía. Son los funcionarios del gobierno los que deciden qué debe producirse y en qué cantidad, así como los salarios de los trabajadores y el precio de los bienes de consumo.

Los países que practicaron la libre empresa en el siglo XIX se hicieron ricos y poderosos. En esta pintura de la época se representan a comerciantes en el *Cloth Hall* de Leeds, en Inglaterra.

En una **economía de libre mercado** la gente elige los bienes y servicios por los que va a pagar y cada individuo decide en qué va a gastar su dinero. También tienen libertad para elegir la forma que deseen de ganarse la vida.

Las economías de mercado se basan en el principio de la oferta y la demanda. Cuando alguien paga por un determinado producto o servicio, el individuo en cuestión está manifestando una **demanda** por ese producto o ese servicio. Si la demanda es muy alta, el proveedor del producto o el servicio aumentará la **oferta**, o la cantidad que pone a la venta. El proveedor actúa de este modo para conseguir más ganancias.

En la Edad Media, Gran Bretaña tenía un sistema económico tradicional. En el sistema feudal cada tipo de trabajo se transmitía de padres a hijos. La gente ganaba lo suficiente para sobrevivir y no tenía casi ninguna participación en los asuntos económicos. Los campesinos debían trabajar para los nobles, que casi nunca compartían los beneficios que producía el trabajo de los campesinos.

En el siglo XVIII, Gran Bretaña adoptó un sistema económico que hoy podríamos considerar como una economía de mercado. Este sistema es conocido como **capitalismo**. Los empresarios británicos invertían dinero, o capital, en determinados negocios. Naturalmente, esperaban que los negocios donde habían arriesgado su dinero marcharan bien para obtener beneficios. La clave del capitalismo estaba en que los individuos decidían de qué modo querían ganar dinero.

En la época en que empezó la Revolución Industrial, un profesor de economía escocés llamado Adam Smith escribió un libro titulado *Investigación sobre la naturaleza y causas de la riqueza de las naciones* (1776), donde explicaba el funcionamiento del capitalismo.

Este sistema funciona, escribió Smith, porque "el esfuerzo natural de cada hombre es mejorar sus propias condiciones de vida". Smith explicó que "no esperamos conseguir la comida por la benevolencia [amabilidad] del carnicero, del cervecero o del panadero, sino por la preocupación de cada uno de ellos por sus propios intereses".

En otras palabras, los dueños de los comercios no fabrican ni venden sus productos para ser amables con el público; lo hacen porque quieren sacar un beneficio; pero aun así, al tratar de proteger sus intereses también benefician a los demás. Los dueños de los comercios dan trabajo y salario a los trabajadores; y al tener que competir con otros, ofrecen mejores productos.

Según Smith, en un sistema capitalista el gobierno no debe intervenir en los asuntos económicos de la nación. Smith promovía la idea del *laissez-faire*; es decir, dejar que la economía actúe sin ningún tipo de interferencia. A su juicio, los principios de la oferta y la demanda se impondrían naturalmente y gobernarían la economía.

Los negocios florecerían, se crearían más trabajos y la nación terminaría enriqueciéndose. Según Smith, con el tiempo todo el mundo terminaría recibiendo una parte de esta riqueza.

Las ideas de Smith, conocidas como **libre empresa**, fueron bien recibidas por la clase trabajadora. Es más, estas ideas se convirtieron en el "plan de batalla" de la Revolución Industrial. Tal y como Smith había anticipado, los países que siguieron el modelo capitalista se hicieron ricos y poderosos.

 Según Adam Smith, ¿de qué modo beneficiaría el capitalismo a empresarios y trabajadores?

LAS CLASES SOCIALES EN EUROPA

Mientras el capitalismo echaba raíces en Europa, se produjeron cambios en las clases sociales. Como siempre, la aristocracia, compuesta por los poderosos propietarios de terrenos, era considerada la clase alta. A principios de la revolución agrícola los terratenientes se dedicaron a la agricultura en gran escala. En lugar de explotar la tierra ellos mismos, se la alquilaban a los agricultores.

Los empresarios que se habían enriquecido durante la Revolución Industrial se sumaron a la aristocracia en la cima de la escala económica. A diferencia de los aristócratas, los empresarios se sumaron a la clase alta por las fortunas que acumularon por su actividad económica y no por la familia en la que habían nacido.

El cambio más importante durante este período fue quizás el desarrollo de la clase media. Esta clase estaba formada por banqueros, comerciantes, propietarios de tiendas y profesionales, como médicos y abogados. En la clase media también había hombres de negocios enriquecidos durante la Revolución Industrial.

En la parte más baja de la escala social estaban los trabajadores y campesinos. Tanto unos como otros, trabajaban de sol a sol por muy poco dinero. Estos se conocen como la clase trabajadora.

Durante siglos los miembros de la aristocracia se habían mantenido separados de las demás clases; pero ahora, la Revolución Industrial estaba trayendo otras personas a su círculo social. Por otro lado, aumentaron las diferencias entre la clase media y la clase trabajadora. Mientras que los miembros de la clase media vivían en barrios diferentes a los de la clase trabajadora y podían enviar a sus hijos a escuelas donde se entrenarían para ocupar puestos bien pagos y tener aún mejores futuros, la clase trabajadora tenía pocas esperanzas de abandonar los barrios míseros donde vivía amontonada.

 ¿Cómo se dividía en clases la sociedad europea después de la Revolución Industrial?

Los propietarios de comercios formaron parte de la creciente clase media europea del siglo XIX.

CONFLICTOS ENTRE CLASES

Los conflictos entre las clases económicas no tardaron en aparecer. La gente de clase alta tenía poco respeto por los negocios y despreciaba a los miembros más adinerados de la clase media. Ésta, por su parte, acusaba a la clase alta de no haber hecho nada para ganar su dinero. Los propietarios sólo esperaban que los alquileres entraran. El economista John Stuart Mill compartía esa opinión. "Se enriquecen… mientras duermen", escribió, "sin trabajar, sin arriesgarse y sin ahorrar".

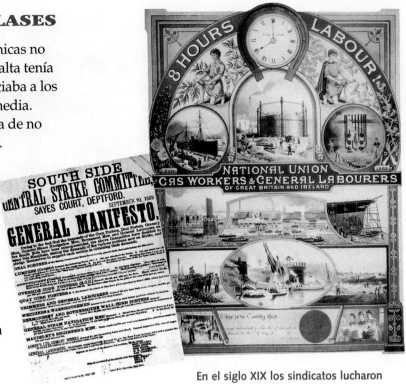

En el siglo XIX los sindicatos lucharon por mejorar los sueldos y las condiciones de trabajo. Este manifiesto (izquierda), o declaración con un punto de vista, se imprimió durante la Gran Huelga Portuaria de Londres. El otro documento es el certificado de afiliación al sindicato de trabajadores del gas. Ambos son documentos típicos de la época.

Por otro lado, la clase trabajadora estaba resentida con la clase media. La clase trabajadora estaba descontenta por tener que trabajar largas jornadas, por sueldos mínimos y en malas condiciones de trabajo. Pensaban que los dueños de negocios los trataban como el hierro, el carbón o cualquier otra materia prima, por la que se pagaba el menor precio posible.

El descontento de los trabajadores se hizo cada vez mayor. Sin su trabajo, pensaban, no existiría la riqueza. Ellos querían ser partícipes de las riquezas que producían con su esfuerzo. Algunos trabajadores hicieron **huelgas** (dejaron de trabajar) para apoyar sus demandas de mejores salarios. Pero muchas de estas huelgas no estaban bien organizadas; además, había suficientes trabajadores nuevos dispuestos a ocupar los puestos de los huelguistas. Algunos trabajadores pensaron que obtendrían mejores resultados si formaban grupos llamados **sindicatos**. En un principio la mayoría de la gente se oponía a estos grupos de trabajadores. Fueron muchos los gobiernos europeos que promulgaron leyes contrarias a los sindicatos; pero a finales del siglo XIX se cambiaron casi todas las leyes al respecto. Los sindicatos representaron a los trabajadores organizando grandes huelgas que terminaron mejorando las condiciones de trabajo y los salarios.

¿Por qué surgieron conflictos entre las clases sociales europeas?

LAS VOCES DEL CAMBIO

Muchos pensaban que los sindicatos y las huelgas no bastaban para cambiar el sistema económico. Según ellos, el capitalismo debía ser sustituido por el **socialismo**. En el socialismo los gobiernos son los propietarios de todas las industrias del país, cuyos beneficios se distribuyen entre el pueblo. Según los socialistas el capitalismo era un sistema que hacía dura la vida de la clase trabajadora. Decían, además, que para mejorar la calidad de vida debíamos trabajar juntos y compartir por igual los beneficios del esfuerzo común.

En un principio los socialistas pensaban que este sistema sería ideal en pequeñas comunidades. Por eso crearon comunidades modelo, donde las casas y las fábricas eran propiedad de la comunidad y se compartía el sueldo de todos sus miembros. Muchas de éstas se crearon en Estados Unidos, porque la tierra era barata y fácil de conseguir. Una de estas comunidades fue la de New Harmony, en Indiana.

Robert Owen fundó varias comunidades cooperativas. New Harmony (izquierda), en Indiana, duró poco tiempo. Owen explicó muchas de sus ideas en un libro llamado *La crisis* (abajo), que escribió con su hijo en 1832.

Esta comunidad fue fundada en 1820 por un poderoso hombre de negocios británico llamado Robert Owen. Él esperaba que New Harmony fuera un lugar donde "todo el mundo compartiría la misma condición" social. Owen, y aquellos que compartían sus puntos de vista, recibieron el nombre de **utopistas**, es decir, gente que creía en la posibilidad de una sociedad perfecta. La mayoría de ellos fracasó en su intento.

Algunos socialistas pensaron que una comunidad basada en la cooperación no era la respuesta. El líder de este grupo fue un escritor alemán llamado Karl Marx. Según él, la historia ha pasado por diferentes etapas. Cada etapa estuvo caracterizada por luchas entre clases sociales.

En la era del capitalismo la lucha se producía entre la clase media adinerada y la clase trabajadora pobre. Él creía que esta lucha terminaría por conducir a una revolución en la

Karl Marx instó a los trabajadores a luchar contra el capitalismo.

que ganarían los trabajadores. Después de la revolución surgiría un nuevo sistema social sin clases.

Marx publicó sus ideas en 1848 y pidió a los trabajadores que se rebelaran contra las clases dominantes. Aunque su llamada a la revolución fue ignorada, sus ideas alarmaron a muchos gobiernos y empresarios poderosos de Europa durante la segunda mitad del siglo XIX.

 **¿Qué proponían los utopistas?**

LA VIDA EN ESTADOS UNIDOS

Estados Unidos también fue escenario de conflictos económicos y sociales durante el siglo XIX. La nación estaba dividida en dos sistemas económicos. La sociedad y la economía de la parte sur de los Estados Unidos se basaban en la agricultura. Los propietarios de las plantaciones y sus familias, al igual que los nobles de Europa durante la Edad Media, conformaban la clase alta. En la clase media estaban los propietarios de plantaciones menores, los comerciantes y los hombres de negocios. En el siguiente estrato social estaban los trabajadores y los campesinos pobres. La clase más baja estaba formada por aquellos que hicieron posible la riqueza y privilegios de los pocos que formaban la clase alta: los esclavos africanos.

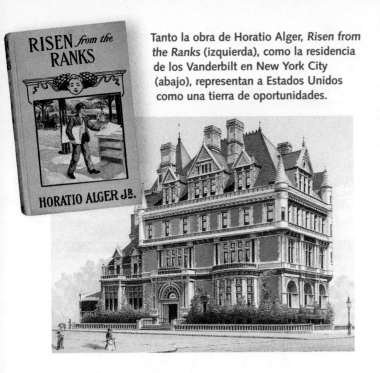

Tanto la obra de Horatio Alger, *Risen from the Ranks* (izquierda), como la residencia de los Vanderbilt en New York City (abajo), representan a Estados Unidos como una tierra de oportunidades.

Este sentimiento se describe en los relatos de Horatio Alger en los que los personajes se levantaban "de los harapos a la fortuna". "No tengo ninguna intención de pasarme la vida repartiendo periódicos o haciendo de mensajero", decía uno de los personajes de Alger. "Voy a abrirme camino hasta la cima lo más rápido posible y, con el tiempo, ocuparé un lugar respetable en la sociedad."

Eventualmente, los trabajadores americanos terminaron formando sindicatos. También organizaron huelgas para conseguir mejores salarios, jornadas laborales más cortas y mejores condiciones de trabajo.

 ¿Por qué hubo menos conflictos sociales en Estados Unidos que en los países de Europa?

Pero en contraste con el Sur, el Norte desarrolló un sistema económico y social de tres clases, al abrazar el capitalismo y la Revolución Industrial. La clase alta estaba formada por ricos terratenientes e industriales nacidos en Estados Unidos. La clase alta también incluía inmigrantes y antiguos miembros de la clase media, que habían hecho sus fortunas en la industria ferroviaria, el petróleo, el acero, el hierro, la minería y otras industrias.

En la clase media estaban los dueños de negocios y comerciantes; por debajo de éstos estaba la clase trabajadora. Los trabajadores del Norte se enfrentaban a los mismos problemas que los trabajadores de Europa: salarios bajos, largas jornadas de trabajo y malas condiciones laborales.

A pesar de ello, los industriales americanos no temían, como los industriales europeos, que se produjera una revolución socialista. En el régimen democrático de Estados Unidos los trabajadores podían actuar en su beneficio, al votar por políticos que compartieran sus intereses. Además, en términos generales, los americanos gozaban de mejores condiciones económicas que los europeos.

Casi todos los americanos veían en Estados Unidos una tierra de oportunidad. Pensaban que cualquier persona, empezando desde cero, podía hacerse rica si trabajaba duro para conseguirlo.

*L*ECCIÓN 3 • *REPASO*

Comprueba lo que aprendiste

1. **Recuerda los datos**   ¿Qué diferencias hay entre el capitalismo y el socialismo?
2. **Concéntrate en la idea principal**   ¿Cómo afectaron las diferencias económicas a las clases sociales de Europa y de Estados Unidos?

Piensa críticamente

3. **Ayer y hoy**   ¿Crees que hoy en día las diferencias económicas crean conflictos en Estados Unidos? Explica tu respuesta.
4. **Explora otros puntos de vista**   ¿Por qué crees que muchos trabajadores pensaban que era necesario formar sindicatos? ¿Por qué muchos hombres de negocios se oponían a tales sindicatos?

Muestra lo que sabes

Actividad: Carta   Trabaja con un compañero. Imagínate que uno de ustedes es un empresario europeo de la segunda mitad del siglo XIX, y el otro un obrero industrial descontento. El empresario debe escribir una carta al director de un periódico local expresando su opinión acerca de las actividades de los trabajadores. El trabajador debe escribir otra respondiendo a los puntos de vista de la primera.

ONECTA LAS IDEAS PRINCIPALES

Usa este organizador para mostrar cómo están relacionadas las ideas principales del capítulo. Copia el organizador en una hoja de papel y complétalo escribiendo tres detalles de cada idea principal.

Los orígenes de la era industrial

La Revolución Industrial

Las nuevas tecnologías de la Revolución Industrial cambiaron el modo de vida de Gran Bretaña y de otras partes.

1. _____

2. _____

3. _____

El capitalismo y las clases sociales

Las diferencias económicas condujeron a conflictos entre las clases sociales en Europa y en Estados Unidos.

1. _____

2. _____

3. _____

SCRIBE MÁS SOBRE EL TEMA

1. **Escribe un informe** Investiga acerca de una profesión del siglo XVIII y escribe un informe sobre el modo en que la Revolución Industrial cambió el trabajo en cuestión. Termina tu informe escribiendo el modo en que las nuevas tecnologías podrían cambiar un trabajo similar en la actualidad.

2. **Escribe un diario** Describe tu primer día de trabajo en una fábrica de Inglaterra cerca de 1750.

¿Cómo era tu vida antes de empezar el trabajo? ¿Cuál era tu función en la fábrica? ¿Cómo te sentías al regresar a tu casa? Explica por qué te gustaba o no ese cambio en tu vida.

3. **Escribe un relato** Escribe tu propio relato acerca de alguien que vive en el siglo XIX en Estados Unidos y que se ha levantado "de los harapos a la fortuna".

Escribe una o dos frases con cada uno de los siguientes grupos de palabras, en la que se relacionen entre sí cada uno de los términos que los componen.

1. capitalismo, libre empresa

2. Revolución Industrial, industria casera, industria textil

3. patente, empresario

4. socialismo, utopista

5. huelga, sindicato

COMPRUEBA LO QUE APRENDISTE

1. ¿Qué es la rotación de cultivos?

2. ¿Qué inventó James Hargreaves? ¿A qué industria favoreció su invento?

3. ¿Por qué dejaron de hacerse telas en industrias caseras?

4. ¿Qué efecto tuvo la Revolución Industrial en los niños?

5. ¿Por qué se llamó a Gran Bretaña el "taller del mundo"?

6. ¿En qué se diferencian las economías de libre mercado de las economías dirigidas?

7. ¿Quién fue Adam Smith? ¿Cuáles de sus ideas se conocieron como "libre mercado"?

8. ¿Qué pensaban los primeros socialistas?

9. ¿Por qué la mayoría de las personas pensaban que Estados Unidos era una tierra de oportunidades?

PIENSA CRÍTICAMENTE

1. **Causa y efecto** ¿Qué efecto tuvo la Revolución Industrial en la vida urbana?

2. **Piensa más sobre el tema** ¿Qué habría pasado si el gobierno británico hubiera desalentado el desarrollo de tecnologías nuevas?

3. **Ayer y hoy** En el siglo XVIII la Revolución Industrial cambió el modo de vida de muchas personas. La revolución tecnológica de hoy en día está haciendo lo mismo. ¿Qué efectos ha tenido esta revolución en tu vida?

4. **Explora otros puntos de vista** ¿Por qué crees que las ideas del socialismo se hicieron populares entre las clases medias y bajas de Europa?

5. **En mi opinión** ¿Crees que Robert Owen tuvo una buena idea al fundar New Harmony? ¿Por qué o por qué no?

APLICA TUS DESTREZAS

 Cómo interpretar y comparar mapas de población Usa los mapas de las páginas 492 y 493 para contestar las siguientes preguntas.

1. ¿Cuáles eran las ciudades más pobladas de Europa en 1715? ¿Y en 1815? ¿Cómo lo sabes?

2. ¿Cuál de estas ciudades estaba más poblada en 1815, Constantinopla o San Petersburgo? ¿Cómo lo sabes?

3. Basándote en los datos de los mapas, ¿Qué generalizaciones puedes hacer acerca de la ciudades entre 1715 y 1815?

LEE MÁS SOBRE EL TEMA

The Industrial Revolution de John D. Clare; Harcourt Brace. Este libro describe los muchos cambios producidos por la Revolución Industrial en Europa y Estados Unidos.

Lyddie de Katherine Paterson; Lodestar. Lyddie Worthen, de Vermont, quiere ganar dinero e independizarse trabajando en una fábrica de Lowell, en Massachusetts, en la década de 1840.

The Tenement Writer: An Inmigrant's Story de Ben Sonder; Steck-Vaughn. Una joven inmigrante judía de Polonia trata de construir una nueva vida en Estados Unidos y hacer realidad su sueño de ser escritora.

CAPÍTULO 18

EL SURGIMIENTO DEL NACIONALISMO Y EL IMPERIALISMO

> 66 Nosotros, los abajo firmantes, jefes de _____, con la intención de mejorar el estado de nuestra nación y de nuestro pueblo, [otorgamos] en el día de hoy, y para siempre, a la compañía… la totalidad de nuestro territorio. 99

Fragmento de un tratado redactado por una compañía británica interesada en adquirir tierras en África

La reina Victoria fue gobernante del Reino Unido de Gran Bretaña e Irlanda durante la mayor parte del siglo XIX.

LA ASCENSIÓN DEL NACIONALISMO

Conexión con nuestro mundo

¿Cuáles son algunas de las razones por las que nos sentimos orgullosos de nuestro país?

Concéntrate en la idea principal
Mientras leas, reflexiona acerca del modo en que la gente del siglo XIX comenzó a desarrollar un sentimiento de pertenencia un país.

Anticipa el vocabulario
**nacionalismo
káiser**

En la actualidad, casi todos sentimos que somos parte del país en que vivimos. Sin embargo, durante la mayor parte de la historia escrita, muchas personas se identificaban con un pueblo, una ciudad o una región, ya que no existía el concepto de pertenencia a un país.

EL NACIONALISMO SE EXTIENDE

En el transcurso de la historia, hemos sentido que formábamos parte de nuestras familias y del lugar en donde nacimos. Y aunque algunas personas han sentido lealtad por un monarca, por mucho tiempo no sintieron ningún vínculo con las otras personas que vivían bajo un mismo gobierno.

A fines del siglo XVIII, esta actitud empezó a cambiar. Los americanos sentían orgullo por su país. También los franceses sentían orgullo de haber luchado juntos en la Revolución Francesa, para lograr una mayor participación en el gobierno. Gracias a esta acción en común, los franceses comenzaron a verse uno al otro como miembros de un mismo grupo que tenía las mismas esperanzas, creencias y miedos. Los franceses sentían **nacionalismo**, o lealtad a un país.

Trabajar en conjunto, como lo hicieron los franceses, puede fomentar el nacionalismo. La geografía de una región también puede influir en el desarrollo de los sentimientos nacionalistas. Un mapa de Francia muestra que el país está rodeado por fronteras naturales, como montañas, océanos y ríos. Estas fronteras contribuyeron a crear un sentimiento de identidad entre los franceses. El idioma, la religión y la raza también pueden crear un sentimiento nacionalista en un pueblo.

En algunos países, como Estados Unidos, los habitantes se han unido como una nación a pesar de que las gentes que lo conforman parecen tener poco en común. Los habitantes de Estados Unidos tienen orígenes muy diversos, profesan religiones diferentes y son de razas distintas.

Aún así, comparten un fuerte sentimiento nacional. El amor a la libertad caracteriza al pueblo de Estados Unidos y constituye su identidad nacional.

En el siglo XIX, se extendieron por toda Europa y por el resto del mundo fuertes ideas nacionalistas. En todo el mundo, el nacionalismo cambió a los pueblos y a las relaciones entre ellos.

 ¿Qué factores favorecieron el surgimiento de los sentimientos nacionalistas?

EL NACIONALISMO ITALIANO

Italia fue una de las primeras regiones donde nació el sentimiento nacionalista. En la década

LA UNIFICACIÓN DE ITALIA, 1870

EUROPA

ALPES

LOMBARDÍA 1859
Milán
VENECIA 1866
PARMA 1860
MÓDENA 1860
SAN MARINO
Florencia
TOSCANA 1860
ESTADOS PAPALES 1860
REINO DE CERDEÑA 1859
Córcega (FRANCIA)
Roma
Nápoles
Cerdeña
Mar Tirreno
Mar Adriático
REINO DE LAS DOS SICILIAS 1860
Sicilia
Mar Mediterráneo

0   75   150 millas
0   75   150 kilómetros
Proyección cónica conforme de Lambert

1860 Fecha de incorporación al Reino de Italia

REGIONES En 1870 los diversos reinos de la península Itálica se habían convertido en una nación gobernada por Victor Manuel, el rey de Cerdeña.
■ ¿Qué área fue la última en sumarse a Italia?

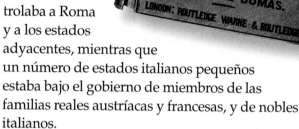

Giuseppe Garibaldi dedicó su vida a la lucha por la unidad italiana. En su autobiografía describe su vida como aventurero, navegante y arquitecto de la nación.

PRICE TWO SHILLINGS.
GARIBALDI AN AUTOBIOGRAPHY.
EDITED BY ALEXANDRE DUMAS.
LONDON: ROUTLEDGE WARNE & ROUTLEDGE.

de 1830, Italia era un conjunto de estados y reinos independientes. La Iglesia católica controlaba a Roma y a los estados adyacentes, mientras que un número de estados italianos pequeños estaba bajo el gobierno de miembros de las familias reales austríacas y francesas, y de nobles italianos.

Muchas personas pensaban que todos estos pequeños estados y reinos independientes debían unirse para formar una sola nación. Uno de los principales organizadores de estas personas fue el escritor y abogado Giuseppe Mazzini. Según él, las montañas y costas formaban los limites naturales de Italia. El territorio comprendido entre esos límites debía convertirse en una sola nación. En 1831, Mazzini fundó una organización nacionalista llamada Joven Italia, cuyo objetivo era unificar a Italia en una república democrática gobernada por y para el pueblo italiano.

Mazzini difundió sus ideas con mucha pasión. Pidió a los italianos que se entendieran a sí mismos como una sola nación. "No digan *yo*", escribió, digan *nosotros*". Además, pidió a los italianos que se liberaran de los gobernantes extranjeros.

Mazzini fue quizás el vocero del idealismo italiano, pero Giuseppe Garibaldi fue el corazón. Garibaldi, navegante y aventurero, se sumó a Joven Italia en 1834. Su lucha por la libertad de Italia le valió la pena de muerte, que logró evitar huyendo a América del Sur. En 1848 regresó a Italia, donde participó en una breve y frustrada revolución. Esta vez Garibaldi escapó a Estados Unidos.

Esta pintura muestra al ejército voluntario de Garibaldi, conocidos como los Camisas Rojas, durante la batalla de Calatafimi, cerca de Nápoles, al sur de Italia.

¿Qué es?

Los Camisas Rojas de Garibaldi

Garibaldi tenía sus motivos para uniformar a sus soldados con camisas rojas. Años antes había conocido a varios miembros de una sociedad utópica, que iban vestidos de un modo peculiar. Cuando Garibaldi les preguntó por qué vestían todos así, le respondieron diciendo que les daba un sentimiento de pertenencia al grupo. Cuando Garibaldi formó su ejército, quiso un uniforme que lograra lo mismo para sus soldados. La elección de la camisa roja, sin embargo, fue casual. ¡Las camisas rojas eran las prendas más baratas que se podían comprar!

Antes de partir, se dirigió a sus soldados con estas palabras:

> ❝Esto es lo que ofrezco: hambre, frío, el calor del sol; pago ninguno, ni cuartel, ni munición… Aquellos que amen a su país y que amen a la gloria, *que me sigan.*❞

En 1860, regresó con miles de seguidores uniformados de rojo y ocuparon Sicilia. Luego, Garibaldi y sus Camisas Rojas navegaron hacia el continente y ocuparon Nápoles. Al poco tiempo liberaron casi toda la parte sur de Italia.

Mientras tanto, el conde Camilo di Cavour, primer ministro del reino de Piamonte-Cerdeña, había unificado gran parte del norte. Cavour logró convencer a Garibaldi de que establecieran el reino de Italia. El rey Victor Manuel de Cerdeña se convirtió en el primer gobernante de la nueva nación. Victor Manuel, tras la ocupación de Roma en 1870, unificó completamente a Italia.

¿Cómo contribuyeron Mazzini, Garibaldi y Cavour a la unificación de Italia?

LA UNIFICACIÓN ALEMANA

Al igual que en Italia, la Alemania de principios del siglo XIX era un conjunto de estados independientes. Desde 1815, estos estados habían estado unidos en una confederación, o alianza difusa, de poca autoridad. Uno de los objetivos de esta alianza era apagar el nacionalismo para mantener la independencia de lo estados.

Pero, no todos estaban de acuerdo en que los estados debían permanecer separados. El rey Guillermo, que en 1861 se había convertido en gobernante de Prusia, uno de los estados más poderosos, pensaba que Alemania estaba destinada a unificarse bajo el gobierno prusiano. "Lo único que nos queda por decidir", dijo el monarca, "es el cómo y el cuándo". La decisión tocó a Otto von Bismarck, que se convirtió en canciller, o primer ministro, de Prusia en 1862.

Tan pronto como accedió a su cargo, Bismarck dijo que, según él, el mundo se rige "no mediante discursos y decisiones", sino "el hierro y la sangre". Bismarck recurrió a la violencia para unificar Alemania. En 1864 declaró la guerra a Dinamarca, reclamando un territorio donde vivían muchos alemanes.

LA UNIFICACIÓN DE ALEMANIA, 1862–1871

Mar del Norte

SUECIA

DINAMARCA

Mar Báltico

0   100   200 millas
0   100   200 kilómetros
Proyección azimutal equi-área

SCHLESWIG 1866

HOLSTEIN 1866

OLDENBURG 1867   MECKLENBURG-SCHWERIN 1867

PAÍSES BAJOS

HANOVER 1866

PRUSIA 1866

BRUNSWICK   ANHALT   ★ Berlín

BÉLGICA

PRUSIA

RÍO Vístula

IMPERIO RUSO

HESSE-CASSEL 1866

NASSAU 1866   TURINGIA 1867   SAJONIA 1867

DARMSTADT 1871

BAVARIA 1871

ALSACIA-LORENA de Francia 1871

WÜRTTEMBERG 1871

FRANCIA   BADEN 1871

SUIZA

IMPERIO AUSTRO-HÚNGARO

RÍO Danubio

BOSNIA

(1867) Año de incorporación a Alemania

★ Capital

LUGAR Otto von Bismarck encabezó la campaña de Prusia para unificar a Alemania.

■ ¿Qué parte de Alemania fue la primera en formar parte de la nación unificada, el norte o el sur?

Más adelante atacó y derrotó a Austria, el rival de Prusia por el control de la confederación.

En 1871, todos los estados alemanes, con la excepción de Austria, se unieron a Prusia y a su "canciller de hierro" para formar el Imperio Alemán. Nombraron al rey Guillermo I de Prusia como **káiser**, o emperador. Bismarck se convirtió en el canciller del imperio.

Bismarck puso mucho empeño en fortalecer a Alemania. Con tal fin promovió leyes que favorecían a la industria y tomó medidas para construir un ejército y una armada. Con el tiempo, Alemania se convirtió en la mayor potencia de Europa.

 ¿Cómo unificó Bismarck a Alemania?

EL SENTIMIENTO NACIONALISTA EN JAPÓN

El orgullo nacional de Japón se manifestó en forma diferente. No se originó por el deseo de unificar muchos estados diferentes, sino por el temor a ser invadido por otros países. En 1853, dos buques de guerra americanos entraron en el puerto de Edo, que hoy es Tokyo. Los japoneses temían que los inmensos cañones de estos barcos fueran usados contra su nación. El comandante de los buques, Matthew Perry, informó a los japoneses que quería mantener la paz. Al mismo tiempo insistió en que abrieran sus puertos a los comerciantes americanos.

Desde la llegada de los primeros europeos a Japón los japoneses discutieron muchas formas de tratar con los extranjeros. Mientras que algunos querían abrir sus puertas a los comerciantes europeos, otros pensaban que la entrada de influencias extranjeras terminaría por destruir el modo de vida tradicional de Japón. Además, la visita de Perry inquietaba al gobierno japonés. El shogun sabía que la armada japonesa tendría dificultades en mantener distanciados de Japón a Estados Unidos.

Al año siguiente, Perry regresó con siete barcos de guerra fuertemente armados. Al ver que no tenían ninguna opción, los japoneses se vieron forzados a firmar un tratado, o acuerdo, con Estados Unidos.

El rey Guillermo (derecha) y Otto von Bismarck (izquierda), discuten planes de batalla durante la guerra contra Francia en 1870.

En este grabado japonés se representa la llegada del comodoro Mathew Perry a Japón en 1853.

En virtud de este acuerdo los japoneses tuvieron que abrir dos puertos a los comerciantes americanos. Poco después la nación asiática firmó otros tratados con las potencias europeas.

Eran muchos los japoneses que se sentían humillados por estos acuerdos. "Ahora la espada japonesa está manchada y el alma del guerrero quebrada", escribió un samurai al describir su vergüenza. Bajo el grito de "Honren al emperador y expulsen al bárbaro", los samurais mataron a numerosos extranjeros. Más tarde, en 1868, estos samurai derrocaron al shogun y restituyeron el emperador. El emperador llamó a su mandato *Meiji*, o "gobierno ilustrado". Este periodo de la historia japonesa recibe el nombre de la Era Meiji.

El gobernador y sus consejeros aprovecharon el nuevo sentimiento nacionalista del pueblo japonés para retar a Occidente. Japón tuvo que modernizarse para poder competir con las naciones industrializadas. Los funcionarios meiji miraron hacia el Occidente para buscar la tecnología que haría posible este cambio. Sin embargo, no querían cambiar el "espíritu del antiguo Japón". Hacia principios del siglo XX el programa del gobierno Meiji "cultura oriental y ciencia occidental" había convertido a Japón en una potencia mundial.

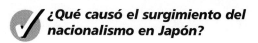

¿Qué causó el surgimiento del nacionalismo en Japón?

LECCIÓN 1 • REPASO

Comprueba lo que aprendiste

1. **Recuerda los datos**   ¿Qué es el nacionalismo? ¿De qué modos se desarrolla en la gente el sentimiento nacionalista?
2. **Concéntrate en la idea principal**   ¿Qué factores contribuyeron a unificar a los habitantes de Italia, Alemania y Japón?

Piensa críticamente

3. **Ayer y hoy**   ¿Cuáles son las causas principales de los sentimientos nacionalistas de la actualidad?
4. **Piensa más sobre el tema**   ¿Cuál crees que es la causa principal del nacionalismo? Apoya tu respuesta con los datos que aparecen en la lección.
5. **En mi opinión**   ¿Actualmente, de qué modo suele contribuir la forma de vestir en el sentimiento de pertenencia a un grupo?

Demuestra lo que sabes

Actividad: Dramatización
Imagina que tú y tus compañeros de clase son estudiantes en Japón, Alemania o Italia, cuando empezó a surgir el nacionalismo en uno de estos países. Interpreta una escena en la que los miembros de un grupo debatan sus crecientes sentimientos de pertenencia a un país.

Evaluar los datos y sus fuentes

¿Por qué es importante esta destreza?

Los datos pueden aparecer en fuentes muy diversas, como la radio, la prensa, la televisión, Internet y los libros de consulta. Antes de emplear los datos es preciso evaluarlos. **Evaluar** un dato es determinar si es fiable o no.

Los datos y sus fuentes

Los hechos son un tipo de datos. Un **hecho** es un dato cuya veracidad se puede comprobar. Imagina, por ejemplo, que estás leyendo un artículo sobre Japón donde aparece la siguiente oración: "Japón es más o menos del mismo tamaño que el estado de California". Puedes comprobar si este hecho es cierto buscando las áreas de Japón y California en una enciclopedia u otra fuente.

Hay otros tipos de datos cuya veracidad es más difícil de comprobar. Los arqueólogos, por ejemplo, estudian culturas antiguas de las que quizás se sepa muy poco. Los arqueólogos estudian edificios, herramientas y otros artefactos, en lugar de usar fuentes escritas. Basándose en los objetos que estudian, los arqueólogos formulan una opinión. Una **opinión** es el planteamiento de una creencia o juicio. Aunque ciertas opiniones están basadas en datos concretos, las opiniones no son tan fiables como los hechos.

Para los historiadores, los textos o ilustraciones históricas son fuentes de datos importantes. Estas fuentes describen o muestran los hechos. Gracias a estas fuentes es posible explicar los hechos. Algunos registros son **fuentes primarias**, ya que expresan la opinión del autor o de alguien que estuvo presente cuando los hechos ocurrieron. Otros registros ofrecen datos de segunda mano, o son **fuentes secundarias**, ya que ofrecen opiniones acerca de las ideas de los demás.

Ilustración A

Ilustración B

Comprende el proceso

Para evaluar los datos y sus fuentes, puedes seguir los siguientes pasos.

- Examina la fuente cuidadosamente. ¿Qué tipo de material es? ¿Se trata de datos gráficos o escritos? ¿Es una fuente primaria o secundaria?
- Piensa en el destinatario. ¿Quién es el destinatario de los datos? Qué datos se ofrecen y cómo se presentan puede depender del destinatario, ya sea éste el público en general o de un sector de la población en particular.
- Fíjate si hay **datos tendenciosos**; es decir, si los datos favorecen o están en contra de alguna persona u objeto. Presta atención a frases o palabras que evidencien una visión parcial de una persona o acontecimiento.
- De ser posible compara las fuentes. Trata de consultar más de un fuente acerca del tema que estés indagando. La comparación de fuentes te ayudará a equilibrar tus datos.

Ahora que ya sabes más acerca de cómo evaluar los datos y sus fuentes, observa las ilustraciones de estas páginas y contesta las preguntas. La Ilustración A es el dibujo de un artista japonés, después de que viera llegar un barco de vapor americano a su país en 1853. La Ilustración B es un dibujo hecho por otro artista después de que la misma flota regresara de Japón a Estados Unidos en 1854.

1. ¿Crees que la Ilustración A es una fuente primaria o una fuente secundaria? Explica cómo llegaste a esa conclusión.
2. ¿A qué público crees que estaba destinada la Ilustración A? Explica cómo llegaste a esa conclusión.
3. ¿Crees que la Ilustración A contiene datos tendenciosos? ¿En qué detalles del dibujo se reflejan lo que el artista japonés sentía por los americanos? Explica cómo llegaste a esa conclusión.
4. ¿En qué se parecen las ilustraciones A y B? ¿En qué se diferencian?
5. ¿Cuál de las dos ilustraciones es la fuente más fiable del aspecto de los barcos de vapor americanos? ¿Por qué?

Piensa y aplica

Observa las ilustraciones de la lección siguiente con un compañero. Identifícalas como fuentes primarias o secundarias. Sigue los pasos de "Comprende el proceso", para observar las ilustraciones con más detalle. Habla con tu compañero acerca de las ventajas e inconvenientes de emplear estas ilustraciones como fuentes de datos.

LA ERA DEL IMPERIALISMO

Conexión con nuestro mundo

¿Por qué algunas naciones intentan controlar los gobiernos y las economías de otras naciones?

Concéntrate en la idea principal

Mientras leas, piensa en por qué las naciones industrializadas de Occidente querían formar colonias en África y Asia.

Anticipa el vocabulario

imperialismo
administración
  indirecta
administración
  directa
cultivo comercial

cipayo
Rebelión de los
  cipayos
política de puertas
  abiertas

En el siglo XIX la vida de los habitantes del interior de África cambió radicalmente. En esta escena un africano esclavizado trabaja bajo la supervisión de un colono europeo.

Los países industrializados necesitaban muchos tipos de materias primas para mantener sus fábricas en funcionamiento. También necesitaban mercados donde vender sus productos manufacturados. Los países industrializados encontraron las materias primas y los mercados en Asia y África en el siglo XIX.

EL REPARTO DE ÁFRICA

El contacto entre Europa y África aumentó progresivamente desde el siglo XV. Este contacto se limitó ante todo a las costas de África. Los europeos sabían muy poco del interior de África. Las expediciones europeas hacia la parte central de África no comenzaron sino hasta el siglo XIX. Quizás el más famoso explorador del corazón de África fue el doctor y misionero escocés David Livingstone. Éste llegó a África en 1841 y pasó más de treinta años explorando su interior. Livingstone mantuvo un diario en el que describió las regiones y las culturas que descubrió. Cuando su diario se publicó en Europa, se convirtió en uno de los libros más vendidos. Al leer el diario de Livingstone, muchos hombres de negocios pensaron que en África enriquecerían.

Los comerciantes siguieron a los exploradores al poco tiempo. Para alimentar a las máquinas de la Revolución Industrial, los europeos necesitaban madera, caucho y otras materias primas que África tenía. Además, los europeos querían vender sus productos a los africanos. El comercio europeo en África se convirtió en un negocio muy lucrativo, y los comerciantes europeos formaron grandes compañías. Estas compañías intentaron persuadir a sus gobiernos para que conquistaran las tierras donde las compañías operaban.

Muchos gobiernos europeos hicieron exactamente eso durante la década de 1870. Establecieron colonias y asumieron el control de tierras africanas para proteger sus intereses comerciales.

Los europeos creían tener el derecho legal y la obligación moral de establecerse en África. Pensaban que tenían la responsabilidad de difundir su modo de vida entre los "menos afortunados" africanos. Con el tiempo, los países europeos compitieron entre sí para agrandar sus imperios coloniales. La creación de un imperio recibe el nombre de **imperialismo**.

La pugna entre los países europeos por el control de África continuó hasta el año 1884, cuando los representantes de 14 naciones europeas se congregaron en Berlín, Alemania. Cada uno de los países se quedó con las regiones de África donde tenían más asentamientos y factorías. Ni un solo africano fue invitado a la reunión. Los europeos no creían necesario que los africanos dieran su opinión acerca del reparto de su continente por las potencias europeas. Esa es la razón por la que en la división de tierras no se tuvieran en cuenta la geografía del continente o las religiones, idiomas y costumbres de África.

A principios del siglo XX, Europa tenía colonias en casi la totalidad de África. Cada país gobernaba sus colonias de un modo diferente. La mayoría de las colonias británicas, por ejemplo, se regían mediante la **administración indirecta**. Los funcionarios africanos estaban autorizados a gobernar sus propias comunidades, mientras que los asuntos importantes que afectaban a toda la colonia eran competencia de los funcionarios británicos. Sin embargo, la mayoría de las colonias francesas y alemanas estaban gobernadas mediante la **administración directa**, mediante la cual eran los funcionarios franceses los que dirigían todos los asuntos coloniales.

Pero más allá de la forma de gobierno que se estableciera, la economía de las colonias siempre estaba controlada por los funcionarios europeos. Los europeos construyeron minas y fábricas y establecieron plantaciones para conseguir los recursos naturales que deseaban. Los europeos, solían tratar a los trabajadores africanos como esclavos.

Los europeos hicieron que los agricultores africanos se dedicaran a los **cultivos comerciales**; es decir, productos agrícolas que se cultivaban para la venta y no para el consumo en el hogar. Las cosechas de estos cultivos se exportaban a mercados de Europa, donde se vendían para el beneficio de los europeos. Antes los campesinos africanos habían producido lo que necesitaban para alimentar a sus familias; ahora, tenían menos tierras y menos tiempo para producir sus propios alimentos. De este modo se hicieron dependientes de los comerciantes europeos para obtener los productos que necesitaban.

 **¿Por qué construyeron los países europeos imperios coloniales en África?**

LA REACCIÓN AFRICANA

Las potencias colonialistas europeas cambiaron profundamente la vida en África. Aunque algunos africanos aceptaron estos cambios, muchos otros lucharon por mantener sus territorios y su cultura. Los habitantes de África oriental se resistieron con tenacidad al dominio alemán.

Las colonias africanas proporcionaban las materias primas necesarias para las naciones industrializadas de Occidente. Abajo, se representa una hacienda cafetera del siglo XIX, en África oriental.

"Si lo que deseas es amistad, estaré dispuesto a ofrecértela hoy y siempre", dijo un caudillo africano a los alemanes. "Si lo que deseas es la guerra, también estaré dispuesto, pero nunca esperes que me someta a ti". Los alemanes respondieron con una guerra que costó la vida a más de 100,000 habitantes de África oriental.

En África occidental, Samory Turé, líder de un imperio musulmán, dijo que nunca se rendiría a los franceses. Sus 30,000 soldados, bien entrenados, lograron contener a las tropas francesas durante más de quince años. Sin embargo, en 1898, los franceses apresaron a Samory en un ataque por sorpresa. Poco después se derrumbó su imperio.

Samori Touré, soberano de un imperio musulmán de África occidental, trató de ofrecer resistencia al imperialismo europeo.

Los británicos también tuvieron que hacer frente a una dura oposición. Durante muchos años los musulmanes los mantuvieron fuera de lo que hoy es Sudán, al noreste de África. Los pueblos de la parte sur de África también hicieron que los británicos combatieran por cada pulgada de territorio conquistado. En África occidental el pueblo ashanti se batió en varias guerras hasta caer derrotado por los británicos.

¿Cómo respondieron los líderes africanos cuando los países europeos llegaron a África para apoderarse de tierras?

EL IMPERIALISMO EN ÁFRICA

Controlado por
- Bélgica
- Inglaterra
- Francia
- Alemania
- Italia
- Portugal
- España
- Independiente

Recursos y productos
- Cacao
- Café
- Algodón
- Diamantes
- Oro
- Aceite de palma
- Caucho
- Azúcar
- Tabaco
- Madera

REGIONES
En 1884 la mayor parte de África había sido colonizada por Europa.
■ ¿Por qué crees que los países europeos querían mantener colonias en África?

↑ La reina Victoria gobernó el Reino Unido de Gran Bretaña e Irlanda durante su período de máxima expansión. El tiempo de su reinado, de 1837 a 1901, se conoce como la era victoriana.

EGIPTO Y EL CANAL DE SUEZ

Hacia 1900 Gran Bretaña controlaba tierras africanas desde las costas del Mediterráneo hasta el extremo sur del continente. Una de las regiones más importantes de estas tierras era Egipto, que durante varios años había actuado independientemente a pesar de pertenecer formalmente al Imperio Otomano. Varios gobernantes egipcios pidieron a los europeos que les ayudaran a modernizar su país. Esta es la razón por la que naciones como Francia y Gran Bretaña tuvieron tanta influencia en Egipto. Sin embargo, hasta mediados del siglo XIX ni uno ni otro trataron de establecer un control total de Egipto.

Entre 1859 y 1869, ingenieros franceses condujeron la construcción de un canal a través del istmo de Suez. El istmo de Suez conecta la parte noreste de África con Asia. El Canal de Suez permitió el transporte fluvial directo entre el mar Mediterráneo y el Mar Rojo, acortando la ruta marítima entre Europa y Asia. Los barcos mercantes ya no tenían necesidad de bordear toda África sino que podían cruzar por el Canal de Suez y ahorrar varios meses de viaje. Ahora las naciones comerciales de Europa empezaron a interesarse mucho más en Egipto.

En 1875 ciertos problemas económicos obligaron a Egipto a vender sus acciones del Canal de Suez. Gran Bretaña se apresuró a adquirir las acciones y obtuvo el control de esta importante vía fluvial. A comienzos de la década de 1880 estalló una rebelión de egipcios nacionalistas que querían expulsar a los europeos. El gobierno británico envió soldados a Egipto para detener la rebelión. Los británicos justificaron sus acciones, diciendo que el canal necesitaba ser protegido, y mantuvieron el control de Egipto y del canal durante muchos años.

 ¿Por qué se interesaron las naciones europeas en Egipto después de la construcción del Canal de Suez?

LA INDIA BRITÁNICA

El control del Canal de Suez dio a los británicos una ruta rápida a la India, su colonia más preciada. Lord Curzon, un alto funcionario británico, dijo: "Mientras que gobernemos India seremos el país más poderoso del mundo. Pero si la perdemos

En esta litografía se representa la inauguración del Canal de Suez en 1869.

nos convertiremos de inmediato en una potencia de tercer orden".

En el año 1600, la reina Isabel I había dado a la Compañía de las Indias orientales el derecho a controlar el comercio entre India e Inglaterra. Este grupo de comerciantes estableció factorías en puertos importantes, como Bombay, Calcuta y Madrás. Así, la Compañía consiguió grandes cantidades de productos comerciales.

Sin embargo, a principios del siglo XVIII, las operaciones comerciales de la Compañía comenzaron a complicarse. El Imperio Mogol, que había gobernado India durante más de doscientos años, empezó a derrumbarse y los príncipes que controlaban los diversos estados hindúes se disputaron las tierras del Imperio Mogol. Además, los comerciantes de otros países europeos intentaron apoderarse de parte del comercio de la India. Los directores de la compañía empezaron a hacer tratados con los príncipes indios para proteger sus intereses comerciales. También formaron sus propios ejércitos de **cipayos**, que eran soldados indios a las órdenes de oficiales británicos. Por medio de la guerra y los acuerdos comerciales la compañía puedo mejorar su situación en India. A mediados del siglo XIX la Compañía controlaba la mayor parte del subcontinente indio.

EL IMPERIALISMO EN EL ESTE DE ASIA

IMPERIO RUSO

MONGOLIA

CHINA

COREA

JAPÓN

INDIA

BIRMANIA

INDO-CHINA FRANCESA

Formosa (Taiwan)

Mar de Filipinas

Golfo de Bengala

SIAM

Mar de China Meridional

FILIPINAS

Ceilán

ESTADOS MALAYOS

Borneo del Norte

OCÉANO ÍNDICO

Sumatra

INDIAS

Borneo

Célebes

Nueva Guinea

OCÉANO PACÍFICO

HOLANDESAS

Java

Timor

AUSTRALIA

Controlado por

	Gran Bretaña		Países Bajos
	Francia		Portugal
	Alemania		Estados Unidos
	Japón		

Recursos y productos

Cacao — Seda
Café — Especias
Algodón — Azúcar
Frutas — Té
Aceite de palma — Tabaco
Arroz — Madera
Caucho

0   500   1,000 millas
0   500   1,000 kilómetros
Proyección cilíndrica de Miller

INTERACCIÓN ENTRE LOS SERES HUMANOS Y EL AMBIENTE

Los europeos valoraban los territorios de Asia oriental por sus recursos naturales. Durante los siglos XVIII y XIX los europeos ocuparon gran parte de esta región.

■ ¿Qué país ocupó las Filipinas? ¿Qué recursos encontró allí?

La Compañía introdujo el gobierno y la cultura británica en los territorios que dominaba, a pesar de que éste no era su objetivo. La actividad de la compañía consistía en obtener materias primas de India para la industria británica y vender productos industriales británicos en India. La Compañía trató de evitar que los indios establecieran sus propios negocios y, con tal fin, produjo la quiebra de muchas empresas indias.

Muchos indios empezaron a resentir el control que sobre ellos ejercía la Compañía. Lo que más les disgustaba era tener que adoptar costumbres británicas. En 1857 estalló una rebelión. Miles de cipayos, apoyados por el pueblo indio, se amotinaron contra la compañía. Los enfrentamientos duraron más de un año. Finalmente, los soldados británicos enviados a India terminaron con la **Rebelión de los cipayos**.

Después de la rebelión la Compañía cedió el control de sus territorios al gobierno británico. La reina de Gran Bretaña, Victoria, se convirtió en emperatriz de India. Un virrey fue designado para administrar la "India británica" mediante consejos y gobernadores regionales. Aunque en estos consejos había caudillos indios, su influencia a la hora de tomar decisiones era mínima.

India había entrado en una fase de cierta estabilidad y Gran Bretaña seguía preocupada por sus propios intereses, no por los de los indios. Muchos indios querían liberarse de los británicos.

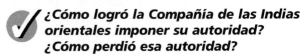

¿Cómo logró la Compañía de las Indias orientales imponer su autoridad? ¿Cómo perdió esa autoridad?

EL CONTROL COLONIAL DE CHINA

El comercio atrajo a China a muchos países occidentales, de la misma forma que atrajo a los europeos a África e India. A principios del siglo XIX casi todos los países industrializados estaban interesados en los productos de China. Los chinos, por su parte, parecían estar muy satisfechos de vivir sin ningún producto de Occidente. El escaso intercambio comercial entre China y el exterior se hacía en el puerto de Guangzhou, porque los gobernantes chinos querían mantener a los comerciantes extranjeros en la costa, apartados de las ciudades importantes. De este modo se evitaba que el pueblo asimilara las costumbres de Occidente.

Los comerciantes occidentales querían que China abriera más puertos para el comercio. Para que esto sucediera, los comerciantes sabían que tenían que ofrecer algo que los chinos quisieran. La Compañía inglesa de las Indias orientales logró encontrar dicho producto: el opio. El opio es una droga peligrosa y muy adictiva, obtenida a partir de una planta llamada amapola. La amapola crecía en abundancia en los territorios indios controlados por la compañía. Los comerciantes de la compañía comenzaron a introducir por contrabando opio de la India en China. Un número creciente de chinos se convirtió en adictos al opio.

En 1839 los chinos trataron de frenar el comercio de drogas destruyendo los cargamentos británicos de opio almacenados en el puerto de Guangzhou. Este incidente dio lugar a la llamada Guerra del Opio, entre Gran Bretaña y China. Con sus buques de guerra, los británicos lograron vencer a los chinos. En un tratado que se firmó en 1842 China concedió a los británicos derechos comerciales especiales. Al poco tiempo todas las naciones imperialistas de Europa pretendían los mismos derechos obtenidos por Gran Bretaña. En 1894 los japoneses declararon la guerra a China, pues sostenían que ciertas tierras chinas les pertenecían. Japón ocupó la isla de Formosa (actual Taiwan). Cuando esto ocurría, Gran Bretaña, Francia, Alemania, Rusia y los Estados Unidos también controlaban partes de China.

Esta porcelana china tiene un dibujo de las factorías de comerciantes extranjeros.

Los chinos reaccionaron con violencia al control extranjero. En el año 1900 los bóxers, una sociedad secreta china, empezó a atacar a misioneros y funcionarios extranjeros. La Rebelión de los bóxers terminó poco después de que los gobernantes de varias naciones enviaran soldados. Los gobernantes chinos aceptaron aplicar la llamada política de puertas abiertas. Una **política de puertas abiertas** significa que todos los países tienen las mismas posibilidades de comerciar libremente en un territorio determinado. Esta política permitió que continuara el control de los occidentales en China.

✓ **¿Cómo controlaron las potencias extranjeras la mayor parte de China?**

LECCIÓN 2 • REPASO

Comprueba lo que aprendiste

1. **Recuerda los datos**   ¿Qué es el imperialismo?
2. **Concéntrate en la idea principal**   ¿Por qué querían las naciones industrializadas de Occidente colonias en África y Asia?

Piensa críticamente

3. **Piensa más sobre el tema**   ¿Cómo crees que se habrían desarrollado África, India y China sin el dominio occidental?
4. **Causa y efecto**   ¿Qué cambios produjo la influencia de Occidente en la agricultura de África? ¿Cuáles fueron los efectos de estos cambios?

Demuestra lo que sabes

Actividad: Mapas   Emplea un mapamundi para mostrar los imperios de las naciones europeas a principios del siglo XX. Usa distintos colores para cada imperio colonial. Titula el mapa y añádele una clave. Escribe una leyenda para el mapa explicando por qué las potencias europeas construyeron grandes imperios. Es probable que necesites material de la biblioteca para realizar esta actividad.

¿FUE POSITIVA O NEGATIVA LA INFLUENCIA DEL IMPERIALISMO EUROPEO?

Durante el siglo XIX, las naciones industrializadas de Europa compitieron entre sí en una carrera por formar grandes imperios. Gran Bretaña tuvo tanto éxito en establecer colonias en todo el mundo que los británicos presumían del poder de la corona diciendo: "el Sol nunca se pone en el Imperio Británico".

La causa fundamental del imperialismo europeo fue el control del comercio; sin embargo, la mayoría de los europeos también pensaba que los habitantes de los territorios bajo su control necesitaban ayuda y dirección. Lee los siguientes puntos de vista de personas de China, África central e India, para aprender qué pensaba cada persona de los imperialistas europeos. ¿Crees que estas personas cuyos pueblos habían sido conquistados consideraban la influencia de los europeos como algo positivo o negativo?

Lin Zexu, funcionario gubernamental de China

❝De todo lo que China exporta a los países extranjeros, no hay nada que no sea beneficioso… la cantidad de productos que quieren tener en el extranjero es innumerable… los países extranjeros no pueden pasar ni un solo día sin estos productos. Si China les privara de estos beneficios… ¿de quién dependerían los bárbaros para sobrevivir?… Por otro lado, los productos que llegan a China del extranjero sólo pueden ser usados como juguetes. Podemos tomarlos o seguir viviendo sin ellos; en China no hacen falta.**❞**

Un gobernante mangbetu de África

❝Los extranjeros siempre nos han engañado… Hemos sido presas sucesivas [uno detrás de otro] de los zandes [una cultura de África central], los turcos y los árabes. ¿Valen los blancos más? Por supuesto que no. Pero sean lo que sean, nuestro territorio es hoy libre de cualquier presencia extranjera, e introducir una nueva sería un acto de cobardía. No deseo ser esclavo de nadie: lucharé contra los blancos.**❞**

Girischandra Ghose, escritor de la India

❝ La causa final del advenimiento [llegada] de los ingleses a India es dirigir el progreso de la humanidad hacia la perfección. Ellos son el instrumento en la mano de la Providencia [Dios] para conducir su gran obra… La marcha de la civilización por el mundo es siempre hacia adelante… El progreso es una condición necesaria de la creación… El itinerario de la naturaleza es el desarrollo perpetuo [infinito]. **❞**

⬆ Bajo el dominio británico se produjo en India un contraste entre el trato que recibían los indios y los británicos.

La Estación Victoria, en Bombay, es una de las muchas edificaciones construidas durante el período del imperialismo británico en India. ⬇

COMPARA
PUNTOS DE VISTA

1. ¿Que opinión tiene Lin Zexu del imperialismo europeo? ¿cómo lo sabes?

2. ¿Qué piensa el gobernante mangbetu de la llegada de los europeos a África central? ¿cómo lo sabes?

3. ¿En qué se diferencia el punto de vista de Girischandra Ghose de las opiniones de Lin Zexu y del gobernante mangbetu? ¿Crees que la mayoría de los habitantes de India compartían la opinión de Ghose? Explica tu respuesta.

PIENSA -Y- APLICA

Las acciones de una nación o grupo de naciones son vistas de un modo diferente por la gente que vive en lugares distintos. Has leído que tres personas de tres lugares diferentes en el mundo tenían opiniones diferentes acerca del imperialismo europeo. ¿En qué otros momentos de la historia ha tenido la gente de diversas regiones del mundo opiniones distintas acerca de una nación o grupo de naciones?

ONECTA LAS IDEAS PRINCIPALES

Usa este organizador para mostrar cómo están relacionadas las ideas principales del capítulo. Copia el organizador en una hoja de papel y complétalo escribiendo tres detalles de cada idea principal.

La ascensión del nacionalismo
La gente del siglo XIX comenzó a desarrollar un sentimiento de pertenencia a un país.

1. _____

2. _____

3. _____

El surgimiento del nacionalismo y el imperialismo

La era del imperialismo
Las naciones industrializadas de Occidente forman colonias en África y Asia.

1. _____

2. _____

3. _____

SCRIBE MÁS SOBRE EL TEMA

1. Escribe una explicación   Redacta lo primero que te viene a la cabeza cuando piensas en la palabra *nacionalismo*. Después escribe una explicación de la palabra, tal y como aparecería en un artículo de una enciclopedia.

2. Escribe un discurso   Imagínate que vives en África en tiempos del imperialismo europeo. Escribe un discurso que comunique los efectos que ha tenido el imperialismo en ti y en tu comunidad.

SA EL VOCABULARIO

Emplea las palabras de la lista para completar cada una de las frases siguientes.

administración directa
imperialismo
nacionalismo
política de puertas abiertas
cipayo

1. _____ significa que un país continúa añadiendo territorios a sus imperios coloniales.

2. Una _____ significa que todos los países tienen las mismas oportunidades de comerciar libremente en un determinado territorio.

3. _____ es un sentimiento de lealtad hacia un país determinado.

4. En la _____ los funcionarios europeos conducían todos los asuntos de las colonias africanas.

5. Un _____ era un soldado indio bajo el mando de un oficial británico durante el período de la India colonial.

OMPRUEBA LO QUE APRENDISTE

1. ¿Cuáles son tres factores que pueden dar a un grupo de personas una sensación de identidad compartida?

2. ¿Qué hizo Giuseppe Garibaldi para cambiar el curso de la historia de Italia?

3. ¿Qué método empleó Otto von Bismarck para unificar a Alemania?

4. ¿En qué se diferencia el nacionalismo japonés del siglo XIX, del nacionalismo de muchas naciones europeas del mismo período?

5. ¿Por qué trataron los países europeos de controlar territorios en África?

6. ¿Qué importancia tenía el Canal de Suez para los británicos?

7. ¿Cuál fue el resultado de la Rebelión de los cipayos en la India?

8. ¿Qué fue la Rebelión de los bóxers?

 ## IENSA CRÍTICAMENTE

1. **Piensa más sobre el tema** ¿De qué forma puede fortalecer el nacionalismo a un país? ¿De qué forma puede debilitar el nacionalismo a un país?

2. **Explora otros puntos de vista** ¿Por qué razón querían las potencias extranjeras entrar en Japón a mediados del siglo XIX? ¿Por qué se resistían los japoneses a la entrada en su país de estas potencias?

3. **Causa y efecto** ¿Qué efecto crees que tuvo el canal de Suez en el comercio de Egipto?

4. **Ayer y hoy** ¿Cuáles son los factores que hacen unirse a la gente en la actualidad bajo un objetivo común? ¿En qué se parecen esos factores a los que unieron a los europeos del siglo XIX? ¿En qué se diferencian?

PLICA TUS DESTREZAS

Cómo evaluar los datos y sus fuentes Imagina que te han pedido escribir un informe sobre el modo en que el imperialismo europeo afectó el modo de vida en África.

• ¿Emplearías fuentes primarias, fuentes secundarias o ambas? ¿Por qué?

• ¿Crees que encontrarías datos tendenciosos en las fuentes primarias que encontraras sobre este tema? ¿Por qué o por qué no?

• ¿Crees que encontrarías datos tendenciosos en fuentes secundarias que encontraras sobre este tema? ¿Por qué o por qué no?

 ## EE MÁS SOBRE EL TEMA

Commodore Perry in the Land of the Shogun de Rhoda Blumberg; Lothorp, Lee & Shepard. Este libro analiza el papel del comodoro Matthew Perry en la apertura de Japón al resto del mundo en la década de 1850.

The Eagle and the Dragon: The History of U.S.–China Relations de Don Lawson; Crowell. Este libro relata la historia de las relaciones entre Estados Unidos y China, desde los intercambios comerciales del siglo XVIII hasta la reapertura de las comunicaciones oficiales y del comercio.

*L*OS ESTUDIOS
SOCIALES Y TÚ

LA NACIÓN DE TEXAS

El nacimiento de los nacionalismos durante los siglos XVIII y XIX dio lugar a muchas de las naciones de la actualidad. Entre éstas se encuentran Estados Unidos, Haití, Argentina, Venezuela, Chile, Brasil, Alemania e Italia. Sin embargo, otras de las naciones que surgieron durante ese periodo han desaparecido; Texas es una de ellas.

En 1836, antes de que entrara a formar parte de Estados Unidos, Texas se independizó de México. Durante casi diez años después de eso, Texas fue una república independiente. Tenía su propio presidente, su propia constitución y su propia bandera: la bandera de la Estrella Solitaria. En 1845, Texas pasó a formar parte de Estados Unidos, y la Estrella solitaria se convirtió en la bandera del estado tejano.

Las banderas nacionales son símbolos importantes de orgullo y de lealtad para las personas de todo el mundo. Según el Juramento de lealtad, que se hace a la bandera de Estados Unidos, la gente se compromete a defender su bandera, su país y la libertad que éste representa.

Juro lealtad a la bandera de Estados Unidos de América y a la república que representa, una nación bajo Dios, indivisible y con libertad y justicia para todos.

Texas es el único estado que cuenta con un juramento de bandera, por haber sido una nación independiente.

Honor a la bandera de Texas. Prometo serte leal a ti, Texas, una e indivisible.

Recuerda las ocasiones en las que te has sentido orgulloso de vivir en tu estado o en tu país. Imagina que quieres describir tus sentimientos a un amigo de otro país, con el que te comunicas por carta o por computadora. Cuéntale qué es lo que te hace sentir más orgulloso de tu estado o de tu país.

CUADROS DE LA HISTORIA

Examina las ilustraciones que aparecen en este cuadro de la historia para repasar los acontecimientos que se presentan en la Unidad 8.

Resume las ideas principales

1. Las acciones de gobernantes como George Washington en lo que se convertiría en Estados Unidos, del rey George III en Gran Bretaña, o del rey Luis XVI y Napoleón en Francia, causaron grandes cambios.

2. El espíritu revolucionario se extendió por América Latina. Los pueblos latinoamericanos quisieron cambiar su forma de vida y de gobierno.

3. Las nuevas tecnologías de la Revolución Industrial transformaron el modo de vida de Gran Bretaña y de otras partes del mundo.

4. Las diferencias económicas entre las clases sociales de Europa condujeron a conflictos.

5. En la segunda mitad del siglo XIX se empezó a extender el sentimiento nacionalista, o de lealtad a una nación.

6. Durante la época del imperialismo las naciones industrializadas de Occidente tomaron control de los gobiernos y las economías de naciones en África y Asia.

Interpreta la ilustración   Elige una de las escenas de estos cuadros de la historia. Con un grupo, escribe una obra de teatro de un solo acto, basado en la idea principal de la escena. Interpreten su obra ante sus compañeros.

Escribe con creatividad   Imagínate que eres una de las personas representadas en estos cuadros de la historia. Haz una redacción breve describiendo lo que piensas y lo que sientes. ¿Estás triste, contento, asustado u orgulloso? Explica por qué.

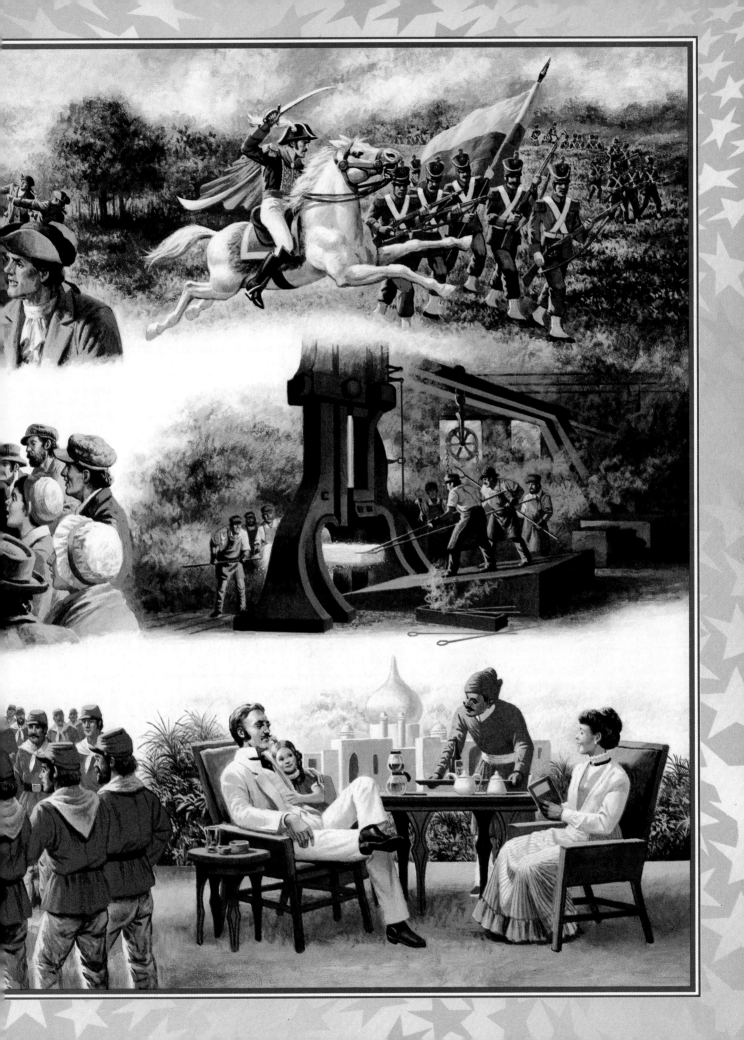

TALLER DE APRENDIZAJE COOPERATIVO

Recuerda

- **Comparte tus ideas.**
- **Coopera con los demás para planificar el trabajo.**
- **Responsabilízate por tu trabajo.**
- **Muestra a la clase el trabajo de tu grupo.**
- **Comenta lo que has aprendido trabajando en grupo.**

Actividad 1

Hacer una línea cronológica

Trabajen en grupo para hacer una línea cronológica de eventos históricos en un lugar del mundo entre los años 1750 y 1850. En primer lugar, elijan uno de los siguientes lugares en los que hubo una lucha por los derechos del pueblo: Estados Unidos, Francia o América latina. A continuación, hagan una lista de los eventos más importantes, con sus fechas, del lugar elegido. Después formen una cronología para exponerla en la pared o en el cartel de anuncios. Pongan el título en un retazo de papel grande y hagan su cronología en otra tira de papel o en varias hojas individuales. Empleen una hoja para describir cada evento y especificar su fecha. Añadan ilustraciones cuando lo consideren necesario. Asegúrense de que todos los eventos estén en orden cronológico. Expongan la cronología a la vista de todos los compañeros de clase.

Actividad 2

Hacer una feria en el salón de clases

La Revolución Industrial cambió profundamente el modo en que vivían y trabajaban las personas del siglo XIX. Hagan una feria en su clase acerca de las ideas "revolucionarias" del siglo XXI. Formen un grupo con seis o siete compañeros para hacer una exhibición con fotografías, dibujos o modelos tridimensionales que reflejen los cambios en el modo de vida y de trabajo del nuevo siglo. Cuando todos los grupos hayan terminado, hagan una feria en el aula. Los miembros de cada grupo deben explicar su exposición mientras los demás la observan.

Actividad 3

Presentar un informe oral

En el Capítulo 18 han aprendido acerca de las colonias de África y Asia que fueron controladas por las naciones industrializadas de Occidente. En grupo, elijan una de estas colonias y busquen más datos sobre ella. Después preparen y presenten un informe oral que comunique todos los nuevos datos que han encontrado. Asegúrense de mencionar el modo en que la colonización afectó a las gentes de Asia o África.

USA EL VOCABULARIO

Usa cada una de las siguientes palabras en un enunciado en el que se entienda el significado de la palabra.

1. Constitución de Estados Unidos de América

2. Declaración de Derechos

3. Declaración de los Derechos del Hombre y del Ciudadano

4. hacienda

5. junta

6. economía tradicional

7. imperialismo

8. política de puertas abiertas

COMPRUEBA LO QUE APRENDISTE

1. ¿Quiénes eran Jean-Jacques Rousseau y Voltaire? ¿A qué movimiento del siglo XVIII contribuyeron las ideas de ambos?

2. ¿Qué relación hubo entre el rey Luis XVI y la Revolución Francesa?

3. ¿Por qué motivo deseaban los criollos de América Latina cambiar su forma de gobierno?

4. ¿Qué efecto tuvieron la hilandera y otras nuevas maquinarias en la industria textil?

5. ¿En qué se diferenciaban las ideas de Karl Marx y de Adam Smith?

6. ¿Cómo era la estructura política de Alemania antes de la unificación de 1871?

7. ¿Cómo afectó la construcción del Canal de Suez a la navegación entre Europa y Asia?

PIENSA CRÍTICAMENTE

1. **Piensa más sobre el tema** ¿Qué efectos tuvo la Ilustración en la política del siglo XVIII?

2. **Explora otros puntos de vista** ¿Por qué los empleadores permitían trabajar a los niños en las fábricas durante la Revolución Industrial? ¿Por qué permitían los padres que tantos niños arriesgaran la salud e incluso la vida trabajando en las fábricas?

3. **Ayer y hoy** ¿Cuáles de los siguientes temas crees que siguen siendo importantes en la actualidad: la lucha por la libertad individual, el nacionalismo o el desarrollo tecnológico? Razona tu respuesta.

APLICA TUS DESTREZAS GEOGRÁFICAS

Cómo usar un mapa de población

Observa detalladamente los dos mapas que se presentan a continuación. Responde las siguientes preguntas.

1. ¿Cuánto ha crecido la población de Londres desde 1815?

2. ¿Qué patrones observas en las poblaciones de las grandes ciudades de Gran Bretaña?

MAPAS DE POBLACIÓN: GRAN BRETAÑA

- Más de 5 millones de habitantes
- Entre 1 millón y 5 millones de habitantes
- Entre 500,000 y 1 millón
- Menos de 500,000

0   75   150 millas
0   75   150 kilómetros
Proyección cónica conforme de Lambert

UNIDAD 9

EL MUNDO EN GUERRA

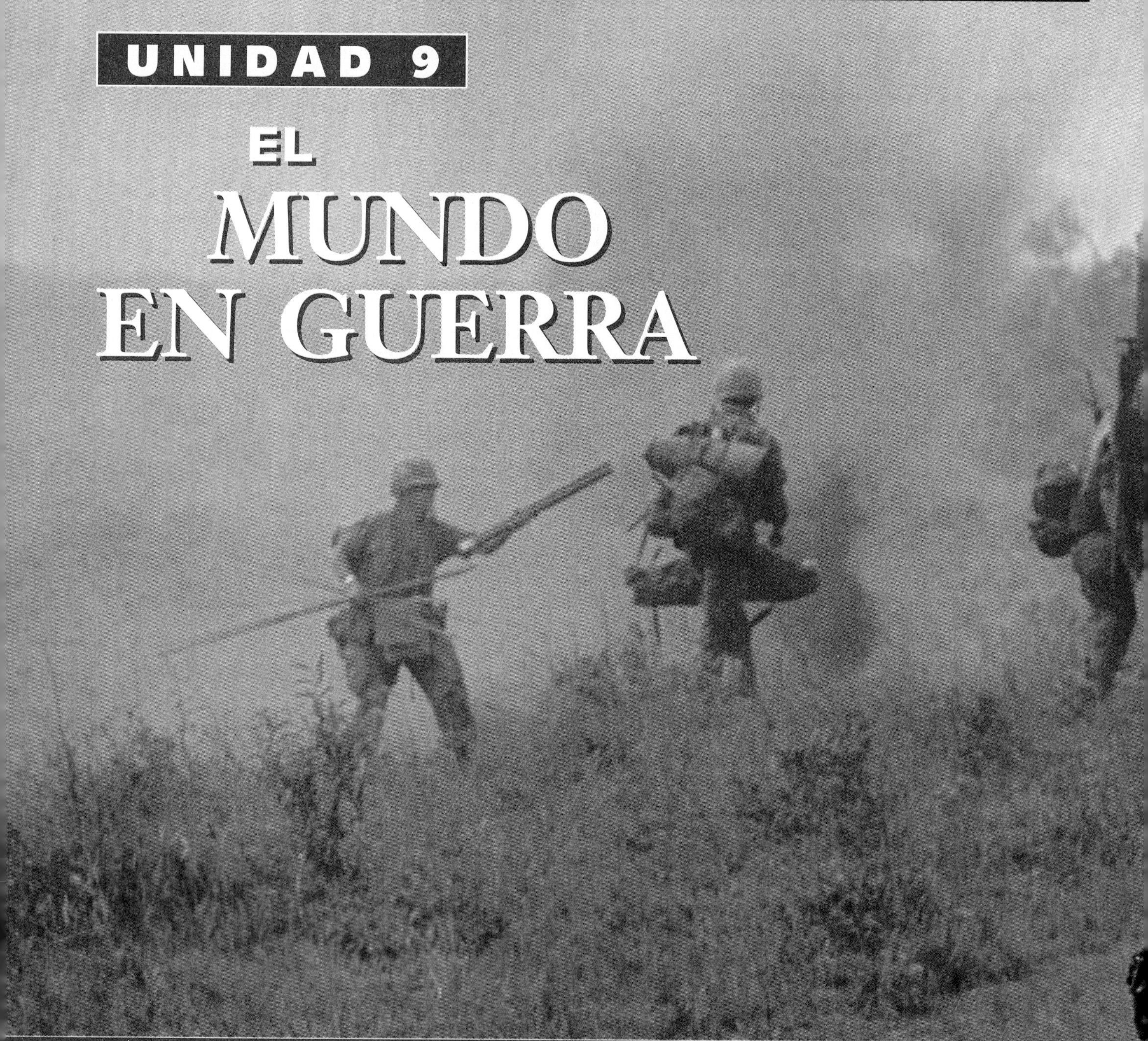

1910 **1920** **1930** **1940** **1950**

1914 Comienza la Primera Guerra Mundial

1917 Revolución Rusa

1918 Termina la Primera Guerra Mundial con la derrota de las Potencias Centrales

1929 Comienza la Gran Depresión

1933 Franklin Roosevelt declara el Nuevo Trato

1939 Comienza la Segunda Guerra Mundial

NORFOLK LEDGER DISPATCH

WAR OVER

Japan Surrenders Unconditionally

Army To Cut 5,000,000 Within Year

MacArthur To Accept Capitulation

1945 Alemania y Japón se rinden

Se establece la Organización de las Naciones Unidas

1950 Comienza la Guerra de Corea

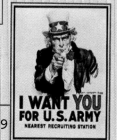

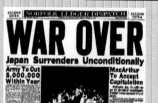

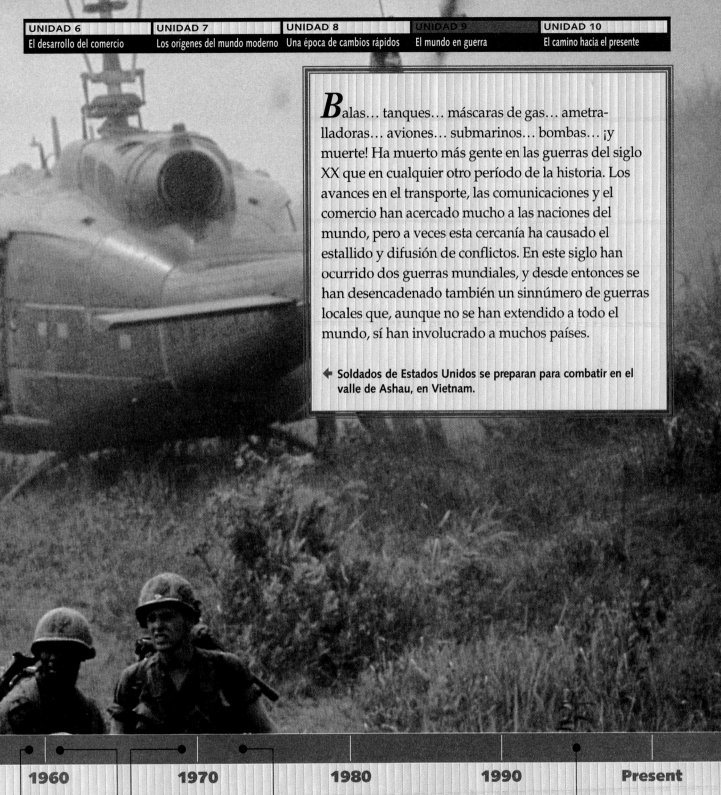

*B*alas… tanques… máscaras de gas… ametralladoras… aviones… submarinos… bombas… ¡y
muerte! Ha muerto más gente en las guerras del siglo
XX que en cualquier otro período de la historia. Los
avances en el transporte, las comunicaciones y el
comercio han acercado mucho a las naciones del
mundo, pero a veces esta cercanía ha causado el
estallido y difusión de conflictos. En este siglo han
ocurrido dos guerras mundiales, y desde entonces se
han desencadenado también un sinnúmero de guerras
locales que, aunque no se han extendido a todo el
mundo, sí han involucrado a muchos países.

← **Soldados de Estados Unidos se preparan para combatir en el valle de Ashau, en Vietnam.**

1960

1959
Fidel Castro
toma el poder
en Cuba

1961
Se construye el
Muro de Berlín

1970

1969
La intervención de
Estados Unidos en la
Guerra de Vietnam
alcanza su punto
máximo

1973
Las tropas de
Estados Unidos
abandonan Vietnam

1980

1990

Present

1995
Estados Unidos
y Vietnam
establecen
relaciones
comerciales

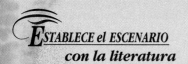
UNA ESCENA DE LA
GUERRA

Mildred Aldrich

La guerra afecta a todos, no sólo a los soldados que luchan en ella. Se convierte en parte de la vida de todos los hombres, mujeres y niños de un país asolado por ella. Ahora leerás cómo Mildred Aldrich, una americana que vivía en Francia, describe la llegada de la guerra a una zona rural francesa en 1914.

Este cuadro de Claude Monet muestra montones de heno en la campiña francesa al final del verano. El cuadro representa las primeras impresiones del artista de una escena campestre.

El artista Jules Brenton retrató a campesinas francesas recogiendo espigas de un campo.

$\mathbb{D}$urante la tarde fui varias veces al estudio e intenté ponerme a leer. Pequeños grupos de ancianos, mujeres y niños estaban en la carretera, subidos a la barricada[1] que los ingleses habían abandonado. Podía escuchar el murmullo de sus voces. Intenté en vano quedarme dentro de la casa, pero aquello era más fuerte que yo y, casi sin querer, volvía a salir al jardín y con los binoculares observaba el humo. En mi imaginación, cada explosión indicaba una espantosa carnicería. Un paisaje de gran belleza, sereno bajo el sol, me separaba del horror, como si éste no pudiera existir. En el campo estaban segando el trigo. Más tarde recordaría con claridad que un caballo blanco arrastraba la segadora mientras niños y mujeres hacían montones y espigaban.[2] De vez en cuando, el caballo se detenía, y una mujer con un pañuelo rojo en la cabeza se levantaba, se protegía con una mano

los ojos del sol y miraba a la lejanía. Luego, el caballo blanco giraba y seguía su lento recorrido. Había que recoger el grano si los alemanes avanzaban y si estos campos iban a ser pisoteados como lo habían sido en 1870.

Eran apenas las seis de la tarde cuando en la colina estalló la primera bomba que finalmente pudimos ver. El sol se estaba poniendo. Durante dos horas vimos las bombas elevarse, descender[3] y estallar. Un tenue hilo de humo se elevaba de una aldea, luego de otra; después, se podía ver una pequeña llama, poco más que una chispa. Cuando llegó la noche toda la llanura estaba incendiada, iluminando a Mareuil[4] al fondo, silenciosa e intacta. Sobre la llanura se extendían largas filas de montones de grano y molinos. Uno por uno todos se incendiaron hasta que, a eso de las diez, parecía haber una procesión de enormes antorchas cruzando mi amado paisaje.

A medida que lees esta unidad, descubrirás cómo las guerras afectan las vidas de millones de personas.

[1] **barricada:** parapeto que se construye en una lucha para protegerse del enemigo
[2] **espigar:** recoger las espigas sueltas que quedan en un campo

[3] **descender:** caer
[4] **Mareuil:** pueblo de Francia

CAPÍTULO 19

A PRINCIPIOS DEL SIGLO XX

“Sólo sé una cosa, señor,
Nuestros hijos tienen que comer...”

Jim Garland, compositor americano

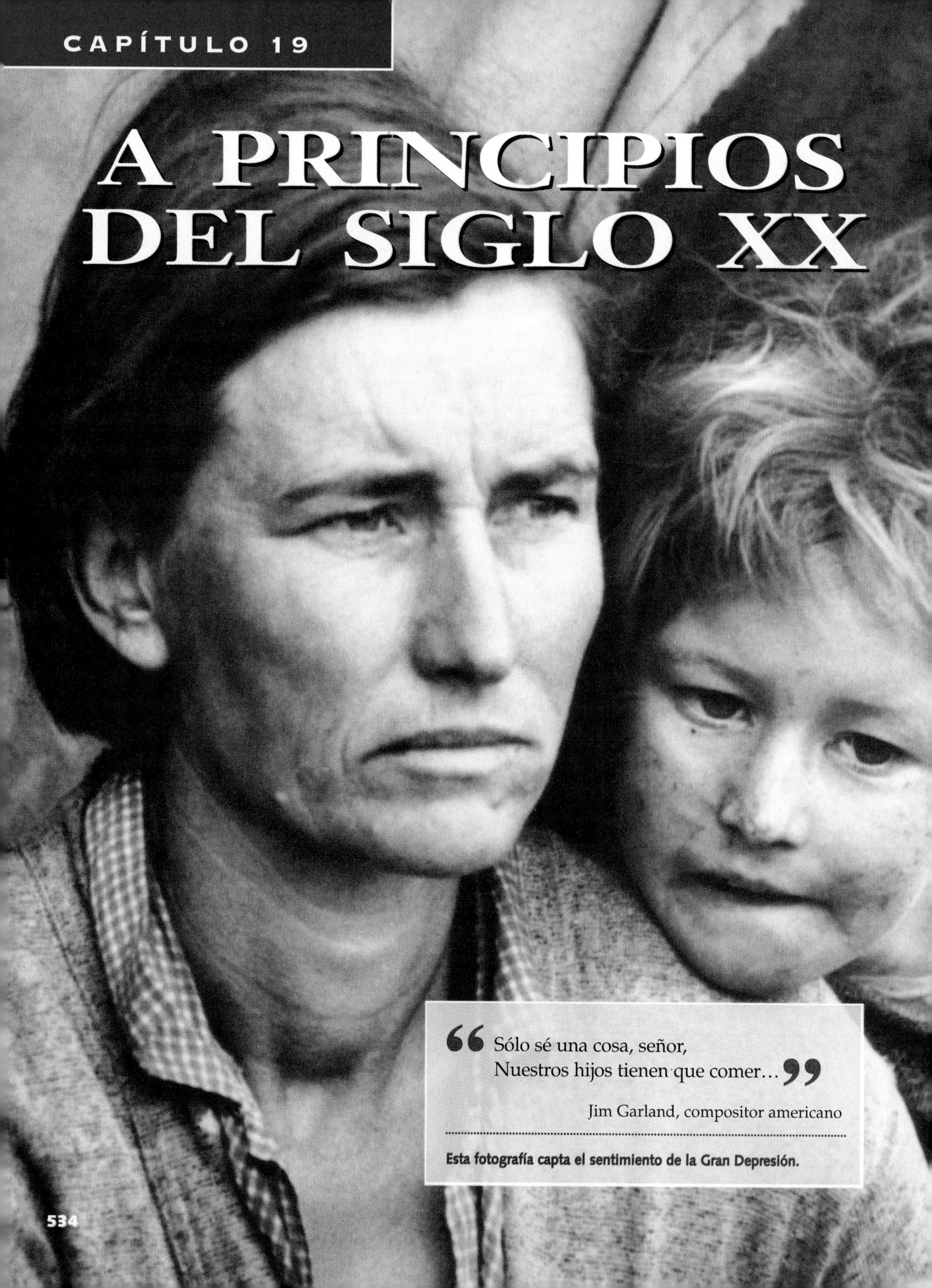

Esta fotografía capta el sentimiento de la Gran Depresión.

LA PRIMERA GUERRA MUNDIAL

LECCIÓN 1

Conexión con nuestro mundo

¿Cómo puede la cooperación llevar a conflictos?

Concéntrate en la idea principal
Mientras leas, piensa cómo las alianzas entre naciones llevaron a la Primera Guerra Mundial.

Anticipa el vocabulario
militarismo
conscripción
carrera armamentista
armisticio

El plan de Napoleón para conquistar Europa a principios del siglo XIX había llevado a la guerra a una gran parte del continente. Tras la derrota de Napoleón en 1815, las potencias europeas evitaron la guerra al lograr que ningún país se hiciera demasiado poderoso. Este equilibrio de poder mantuvo la paz entre las naciones durante gran parte del siglo XIX. Luego, a fines del siglo, el equilibrio se rompió a medida que aumentaba la rivalidad, o la competencia, entre las naciones europeas. Estas rivalidades llevarían a Europa y al resto del mundo a la guerra.

CONFLICTOS NO RESUELTOS

El espíritu nacionalista, o los sentimientos fuertes de orgullo por una nación, que surgió en Europa a finales del siglo XIX creó muchos conflictos. A menudo, un fuerte orgullo nacional condujo a algunos países a tomar medidas que favorecían a sus pueblos a costa de otros. En muchos casos esto causaba disputas, y aunque la guerra se evitaba generalmente haciendo acuerdos, nadie quedaba realmente satisfecho con los resultados, por lo cual el resentimiento persistía.

También hubo conflictos en regiones donde los pueblos que querían gobernarse a sí mismos no podían hacerlo. Estos sentimientos nacionalistas eran especialmente fuertes en la península Balcánica, donde convivían pueblos muy distintos: húngaros, griegos, albanos, turcos y austríacos de lengua alemana. Los pueblos eslavos, como los serbios, los croatas, los búlgaros y los eslovenos, también vivían en los Balcanes. Algunos de estos grupos étnicos, que estaban gobernados por el Imperio Austro-Húngaro, querían convertirse en naciones independientes. Otros, como los búlgaros y los serbios, ya eran independientes y querían que otros pueblos que compartían su cultura se liberaran del Imperio Austro-Húngaro o del Imperio Otomano y se les unieran.

A principios del siglo XX muchos líderes mundiales expandieron sus ejércitos y armadas. Aquí vemos al emperador alemán Guillermo II hablando a la tripulación de un barco.

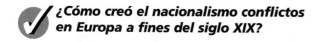
PREPARATIVOS PARA LA GUERRA

Las tensiones crecientes entre las naciones europeas desembocaron en un espíritu de **militarismo**, es decir, el interés por las armas y el ejército. Muchos líderes creían que podían conseguir todo lo que deseaban por la fuerza, y por eso desarrollaron el poder militar de sus países.

Varios países europeos formaron enormes ejércitos a través de la **conscripción**, es decir, el reclutamiento de hombres jóvenes para servir en las fuerzas armadas por un período determinado de años. Estos países también gastaron mucho dinero en armas y crearon sus propias armadas. Toda Europa se vio envuelta en una **carrera armamentista**, la competencia por tener la cantidad más grande de armas.

A medida que aumentaba el número de armas en los países, también aumentaba el miedo de la gente a una guerra. Los gobernantes europeos empezaron a formar alianzas, o acuerdos, con otras naciones. Estas alianzas incluían la promesa de ayuda mutua contra los enemigos en caso de guerra.

En 1882, el Imperio Austro-Húngaro, Alemania e Italia formaron la Triple Alianza. Temerosa de la fuerza de esta alianza, Francia se alió a su vez con Rusia en 1893. Al acelerarse la carrera armamentista, los británicos se unieron a los franceses y a los rusos. Esta alianza se conoció como la Triple Entente.

El sistema de alianzas creó un equilibrio de poder entre las principales naciones. Pero también dividió a Europa en dos bandos, con lo que un pequeño incidente podía empezar una guerra. Tal acontecimiento ocurriría muy pronto, en los Balcanes.

¿Por qué aumentaron las naciones europeas su poderío militar?

EL MUNDO EN GUERRA

En 1908, el Imperio Austro-Húngaro se apoderó de las provincias balcánicas de Bosnia y Herzegovina. Esto enfureció a los serbios que vivían allí, pues creían que esas provincias debían ser parte de Serbia. En 1914, los ánimos ya no podían mantenerse calmos.

El 28 de junio de 1914, el archiduque Francisco Fernando, futuro líder del Imperio Austro-Húngaro, llegó a Sarajevo, capital de Bosnia. Mientras él y su esposa, la archiduquesa, viajaban por las calles de la capital en una carroza abierta, un joven nacionalista serbio les disparó y los mató. En el Imperio Austro-Húngaro se pensó que el gobierno serbio estaba involucrado en el asesinato y, un mes más tarde, declararon la guerra a Serbia.

El sistema de alianzas se puso en marcha rápidamente. Los rusos apoyaron a los serbios, que también eran eslavos. Alemania, el principal aliado del Imperio Austro-Húngaro, declaró la guerra a Rusia. Los aliados de Rusia, Francia y Gran Bretaña, declararon la guerra a Alemania. A principios de agosto de 1914, casi toda Europa estaba en guerra. Gran Bretaña, Francia, Rusia y sus aliados muy pronto empezaron a ser conocidos como las Potencias Aliadas, o los Aliados. A Alemania, al Imperio Austro-Húngaro y a sus aliados se los llamó las Potencias Centrales.

En esta foto de 1914 se puede ver al Archiduque Fernando y la archiduquesa tan sólo una hora antes de ser asesinados.

Con el tiempo, el conflicto se extendió fuera de Europa. Japón había hecho acuerdos con los Aliados, de modo que declaró la guerra a Alemania y atacó sus territorios en el océano Pacífico y en China. La guerra se extendió al sureste asiático cuando el Imperio Otomano entró en el conflicto del lado de las Potencias Centrales. La lucha también se desató en África oriental, donde las tropas británicas y francesas atacaron las colonias alemanas. Los colonos británicos en Australia, Canadá, India y Nueva Zelanda se unieron también a la lucha. Como dijo entonces el primer ministro de Australia, "recuerden que cuando el Imperio [Británico] está en guerra, Australia también está en guerra".

Estados Unidos trató de no entrar en la guerra. Muchos americanos pensaban que se trataba de un problema europeo con el que no tenían nada

Carteles de guerra alemán (izquierda) y americano (derecha)

....

¿Dónde fue?

Los Balcanes

Tanto a principios como a fines de este siglo ha habido un resurgimiento de los sentimientos nacionalistas en la península Balcánica. Este mapa muestra los países que hoy forman la península Balcánica.

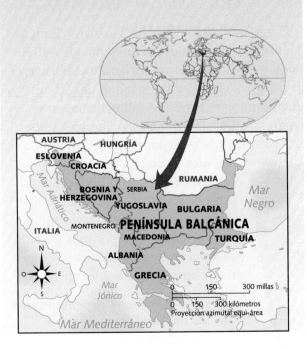

que ver. Los que estaban en contra de la entrada de Estados Unidos en la guerra fueron llamados aislacionistas. Uno de ellos fue el Presidente Woodrow Wilson, quien declaró que esperaba que los americanos permanecieran "imparciales tanto en el pensamiento como en los hechos". Luego, en 1917, submarinos alemanes atacaron unos barcos americanos que estaban comerciando con los enemigos de Alemania. Además, los británicos descubrieron que Alemania tenía pensado que México también se uniera a su bando, prometiéndole a cambio ayudarle a recuperar territorios que habían pasado a manos de Estados Unidos.

Los ciudadanos de Estados Unidos se enfurecieron. El Presidente Wilson se dio cuenta de que sólo podía hacer una cosa, y el 2 de abril de 1917 pidió al Congreso que declarara la guerra para "traer la paz y la seguridad a todas las naciones y hacer que el mundo sea por fin libre". Cuatro días después, Estados Unidos entraba en la guerra del lado de los Aliados, y los soldados americanos viajarían pronto al otro lado del océano para combatir en la Primera Guerra Mundial, que entonces se llamó la Gran Guerra.

 ¿Por qué desembocó en guerra el asesinato del Archiduque Francisco Fernando y su esposa?

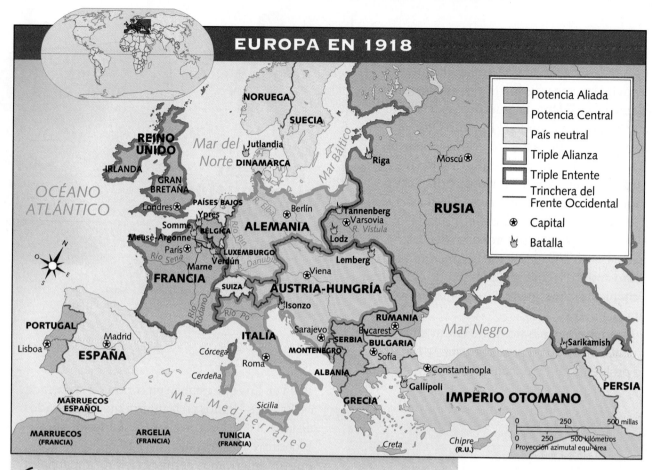

EUROPA EN 1918

Leyenda:
- Potencia Aliada
- Potencia Central
- País neutral
- Triple Alianza
- Triple Entente
- Trinchera del Frente Occidental
- ⊛ Capital
- Batalla

0   250   500 millas
0   250   500 kilómetros
Proyección azimutal equi-área

REGIONES A comienzos del siglo XX, la mayoría de los países de Europa formaba parte o de la Triple Entente o de la Triple Alianza.

- ¿Cuáles eran las tres potencias mundiales que formaban la Triple Entente?
  ¿Cuáles eran las tres potencias mundiales que formaban la Triple Alianza?

Durante la Primera Guerra Mundial, las mujeres trabajaron en las fábricas y en los hospitales.

LA FUNCIÓN DE LAS MUJERES EN LA GUERRA

Como millones de hombres se vieron forzados a ir a la guerra, las mujeres tuvieron que asumir nuevas funciones. En ambos bandos, las mujeres tuvieron que trabajar en las minas de carbón, conducir camiones, barrer las calles, mantener y reparar trenes y fabricar armas. También trabajaron en bancos, repartiendo el correo y como agentes de policía.

Las mujeres también trabajaron cerca de los campos de batalla como enfermeras o conductoras de ambulancia. Otras se incorporaron al ejército o la armada para trabajar como secretarias u operadoras de telégrafos.

✓ **¿Qué funciones desempeñaron las mujeres en la Primera Guerra Mundial?**

SOLDADOS MUERTOS EN LA PRIMERA GUERRA MUNDIAL

Alemania	𝍖𝍖𝍖𝍖𝍖𝍖𝍖𝍖𝍖𝍖𝍖𝍖𝍖𝍖𝍖𝍖𝍖	
Imperio Austro-Húngaro	𝍖𝍖𝍖𝍖𝍖𝍖𝍖𝍖𝍖𝍖𝍖𝍖	**POTENCIAS CENTRALES**
Imperio Otomano	𝍖𝍖𝍖𝍖	
Rusia	𝍖𝍖𝍖𝍖𝍖𝍖𝍖𝍖𝍖𝍖𝍖𝍖𝍖𝍖𝍖𝍖𝍖	
Francia	𝍖𝍖𝍖𝍖𝍖𝍖𝍖𝍖𝍖𝍖𝍖𝍖𝍖	**ALIADOS**
Imperio Británico	𝍖𝍖𝍖𝍖𝍖𝍖𝍖𝍖𝍖	
Italia	𝍖𝍖𝍖𝍖𝍖𝍖𝍖	
Estados Unidos	𝍖𝍖	𝍖 = 100,000 personas

APRENDER CON GRÁFICAS Los soldados de Estados Unidos (izquierda) y de Alemania (derecha) fueron algunas de las tropas que combatieron en la Primera Guerra Mundial. Millones de soldados perdieron la vida.

■ ¿Qué bando perdió más soldados, las Potencias Aliadas o las Potencias Centrales?

LA GUERRA EN LA ERA INDUSTRIAL

Cuando comenzó la guerra, se pensó que duraría poco. Sin embargo, el conflicto se prolongó sin un claro ganador, y durante tres años ninguno de los bandos conquistó muchos territorios.

Los soldados enemigos se enfrentaban situados en una extensa línea de profundas zanjas o trincheras, que los protegían del fuego de las ametralladoras. Estas trincheras eran lugares horribles donde los soldados comían, dormían y luchaban durante semanas. Padecían muchas enfermedades, y la lluvia y el barro aumentaban el sufrimiento de los soldados.

Desde las trincheras, las tropas sólo podían defender su territorio. Para ganar territorio, los soldados tenían que abandonar la trinchera y atacar al enemigo de frente. Por eso esperaban con miedo la orden de: "¡Al ataque!", porque significaba que tenían que salir al descubierto. Afuera, estaban en "tierra de nadie", una franja de terreno que los separaba de las trincheras enemigas y que estaba cubierta por alambre de púas y minas. En el mejor de los casos, los ataques significaban ganar un poco de territorio, pero siempre morían soldados.

Al final de la guerra habían muerto más de 8 millones de soldados, y otros 20 millones resultaron heridos. Muchos otros sufrieron una enfermedad nerviosa que se conoce como trauma de guerra.

El alto número de heridos y muertos durante la guerra se debió en parte a la nueva tecnología militar. Se habían inventado muchas armas mortíferas, como las ametralladoras, los tanques y el venenoso gas mostaza. Los nuevos cañones disparaban proyectiles a una distancia de varias millas. El impacto directo de uno de estos proyectiles mataba a muchos soldados y esparcía los cadáveres por todas partes. "La muerte ruge a tu alrededor", explicaba un soldado alemán. "Bajo la lluvia de metralla y balas de fusil, uno espera ser alcanzado en cualquier momento".

 ¿Cómo contribuyó la nueva tecnología a la destrucción durante la Primera Guerra Mundial?

UNA PAZ FRÁGIL

En el verano de 1918, la guerra parecía estar llegando a su fin. El gobierno ruso había sido derrocado por una revolución en 1917, y el nuevo gobierno firmó un tratado de paz con las Potencias Centrales. Al terminarse la guerra con Rusia, las Potencias Centrales mandaron todas sus fuerzas a Europa occidental, creyendo que pronto alcanzarían la victoria. Pero los Aliados

¿Qué es?

Nuevas naciones en Europa y el sureste asiático

El tratado de paz que dio fin a la Primera Guerra Mundial trajo muchos cambios. Alemania perdió parte de su territorio. El viejo Imperio Austro-Húngaro se desintegró y se redujo a dos pequeños países. Además surgieron las nuevas naciones de Polonia, Checoslovaquia, Yugoslavia, Finlandia, Estonia, Letonia y Lituania. Más tarde, una nueva organización internacional conocida como la Sociedad de Naciones redujo el Imperio Otomano al estado independiente de Turquía. En las tierras que habían sido parte del Imperio Otomano se trazaron nuevas fronteras para crear Irak, Siria, Líbano, Palestina y Cisjordania, todas bajo control británico o francés.

acababan de recibir nuevas tropas de los Estados Unidos y pronto ganaron varias batallas. Parecía que los Aliados serían los vencedores.

El Presidente Wilson dedicó su atención a la paz que seguiría. Deseaba un tratado que creara una paz duradera y presentó una propuesta que fue llamada los Catorce Puntos. Éstos incluían la reducción de armamentos de todas las naciones y que las negociaciones a favor de la paz no se llevaran a cabo en secreto. Para Wilson, un punto era más importante que todos los demás; quería que las naciones del mundo formaran una asociación internacional para mantener la paz.

A fines de octubre, los alemanes estaban dispuestos a poner fin a la destrucción y la muerte de la guerra. El 11 de noviembre de 1918, Alemania pidió un **armisticio**, es decir, un acuerdo para dejar de pelear. Dos meses después, se organizó un encuentro en París para decidir los términos de paz.

EUROPA DESPUÉS DEL TRATADO DE VERSALLES

REGIONES El Tratado de Versalles cambió las fronteras de Europa. Compara este mapa con el mapa de la página 538.

■ ¿Qué nuevos países se crearon en Europa con motivo del Tratado?

A medida que se acercaba el final de la Primera Guerra Mundial, el Presidente de Estados Unidos, Woodrow Wilson (derecha) escribió una propuesta de paz que fue conocida como los Catorce Puntos (derecha).

• LOS CATORCE PUNTOS •

Este es uno de los Catorce Puntos propuestos por el Presidente de Estados Unidos, Woodrow Wilson, al final de la Primera Guerra Mundial.

14. *SE DEBE FORMAR UNA ASOCIACIÓN GLOBAL DE NACIONES BAJO ACUERDOS ESPECÍFICOS CON EL OBJETIVO DE PROVEER GARANTÍAS MUTUAS DE INDEPENDENCIA POLÍTICA Y [DERECHOS DE] INTEGRIDAD TERRITORIAL TANTO PARA ESTADOS GRANDES COMO PARA ESTADOS PEQUEÑOS.*

El 28 de junio de 1919 los delegados de los países en guerra firmaron un documento que pasó a conocerse como el Tratado de Versalles. Los delegados acordaron incluir en él algunos de los puntos de Wilson, como la creación de una nueva entidad internacional con el nombre de Sociedad de Naciones. Sin embargo, el tratado era muy diferente del acuerdo de paz que quería Wilson.

El tratado fue muy duro con Alemania. Los alemanes tuvieron que aceptar completa responsabilidad por la guerra y pagar una gran cantidad de dinero a los Aliados para reparar los daños causados por el conflicto. El ejército alemán y su armamento debían ser reducidos. Alemania también tuvo que ceder territorios en Europa, África y el Pacífico.

El tratado causó un gran descontento entre los alemanes, que estaban furiosos por el duro trato recibido, y entre los italianos, que habían deseado recibir más tierras como recompensa por su apoyo a los Aliados. Además, Estados Unidos no se unió a la Sociedad de Naciones porque muchos americanos querían regresar a una política de aislamiento. La paz inestable que siguió a la guerra duró solamente veinte años.

✓ ¿Qué castigo impuso el Tratado de Versalles a Alemania?

L CCIÓN 1 • REPASO

Comprueba lo que aprendiste

1. **Recuerda los datos** ¿Cuáles eran las dos grandes alianzas europeas en los años previos a la Primera Guerra Mundial? ¿Qué naciones estaban en cada una?

2. **Concéntrate en la idea principal** ¿De qué manera el sistema de alianzas en Europa llevó a la Primera Guerra Mundial?

Piensa críticamente

3. **Causa y efecto** ¿De qué manera el nacionalismo creó conflictos en Europa a comienzos del siglo XX?

4. **Ayer y hoy** ¿Qué influencia han tenido los sentimientos nacionalistas en los recientes conflictos internacionales?

Muestra lo que sabes

Actividad: Lista Los Catorce Puntos del Presidente Wilson fueron formulados para ayudar a las naciones a solucionar pacíficamente sus diferencias. Piensa de qué maneras tus compañeros de clase podrían solucionar sus diferencias sin pelear. Haz un cartel que se titule *Puntos para mantener la paz en la escuela*, y escribe tus ideas en él. Luego habla de ellas con tus compañeros.

CÓMO

Usar un mapa de husos horarios

¿Por qué es importante esta destreza?

La medida del tiempo es muy importante en la vida diaria de muchas personas. Los trenes, autobuses y aviones deben seguir un horario. Los programas de televisión y radio deben comenzar a horas determinadas. ¡Imagina los problemas que tendríamos si cada lugar tuviera su propia manera de medir el tiempo! En la década de 1880, la mayoría de los países acordaron adoptar un sistema de husos horarios estándar para terminar con la confusión que producía el que cada lugar tuviera una manera distinta de medir el tiempo. Los medios de transporte y de comunicación modernos han hecho que la comprensión de los husos horarios sea aún más importante de lo que era en el siglo pasado.

Husos horarios

En la Tierra, medimos el tiempo con los meridianos. Un *meridiano* es lo que tú conoces como una línea de longitud. El primer meridiano, es decir, la línea de longitud de 0° (grados), pasa por Greenwich, un pueblo de las afueras de Londres, en Inglaterra. Hace muchos años se construyó en Greenwich un observatorio con instrumentos de gran precisión que los científicos usaban para determinar la hora exacta. Por esa razón se eligió al meridiano que pasa por Greenwich como primer meridiano, o sea el punto inicial de los husos horarios de la Tierra.

Hay 24 husos horarios, 12 al este de Greenwich y 12 al oeste. Cada huso horario abarca 15 grados de longitud, y por lo tanto, cada 15 grados hacia el este o hacia el oeste, la hora estándar cambia una hora.

En los husos horarios situados al este del primer meridiano se va sumando una hora en relación a Greenwich, mientras que en los husos horarios situados al oeste, se va restando una hora. El meridiano donde se unen los husos horarios del este y los del oeste se llama Línea internacional de cambio de fecha. Ésta se encuentra a una distancia de 12 husos horarios del primer meridiano y, por lo tanto, cuando en Greenwich son las doce del mediodía, en la Línea internacional de cambio de fecha son las doce de la noche, hora en que cambia la fecha.

RELOJES DEL MUNDO

NEW YORK
7:00 a.m.

BUENOS AIRES
9:00 a.m.

LONDRES
MEDIODÍA

EL CAIRO
2:00 p.m.

DELHI
5:30 p.m.

TOKYO
9:00 p.m.

Comprende el proceso

El mapa de esta página muestra los 24 husos horarios. En él se ve qué hora es en cada huso horario cuando en el primer meridiano son las doce del mediodía. Por acuerdo internacional, todos los lugares que están dentro de una misma zona horaria tienen la misma hora. Cuando en Montreal, Canadá, son las 7:00 a.m., en Lima, Perú, y en New York City también son las 7:00 a.m.

Observa las horas que aparecen en la parte superior del mapa. La hora en cada huso horario está adelantada o atrasada una hora en relación a la hora del huso horario vecino. Si vas hacia el este desde Greenwich, la hora de cada huso que atraviesas es una hora más tarde que la del anterior. Cuando son las 12 del mediodía en Greenwich, es la 1:00 p.m. en Viena, Austria. Viena es el primer huso horario al este de Greenwich. Mientras tanto, son las 9:00 p.m. en Tokyo, Japón, que está en el noveno huso horario hacia el este. Si vas hacia el oeste desde Greenwich, la hora de cada huso horario desciende. Cuando en Greenwich son las 12:00 de mediodía, en Ciudad de México, que

está en el sexto huso horario hacia el oeste, son las 6:00 a.m.

También puedes observar en el mapa que el límite entre dos husos horarios no siempre sigue exactamente la línea del meridiano. En ciertos lugares el límite a veces zigzaguea para que ciudades y pueblos cercanos puedan tener la misma hora. En algunos lugares, los habitantes que viven dentro de un determinado huso horario han decidido no usar la hora correspondiente a ese huso. Observa que la hora en India está 30 minutos adelantada con respecto a la hora de Pakistán. Nota también que la hora central en Australia está adelantada 90 minutos con respecto a su huso occidental. Estos sitios se muestran en el mapa como husos horarios que no son estándar.

Piensa y aplica

Escribe cinco ejercicios sobre husos horarios y dáselos a un compañero para que los resuelva. Por ejemplo: "A las 9:00 p.m. María llama por teléfono desde Ciudad de México, México, a su hermana en Buenos Aires, Argentina. ¿Qué hora es en Buenos Aires?

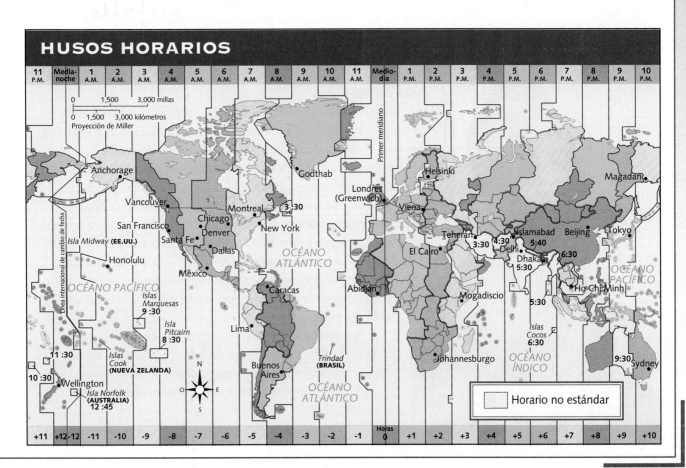

LA REVOLUCIÓN RUSA

LECCIÓN 2

Conexión con nuestro mundo

¿Cómo puede un país cambiar su estructura política y seguir casi igual?

Concéntrate en la idea principal
Mientras leas, piensa cómo el gobierno de Rusia cambió y a la vez siguió casi igual después de la revolución de 1917.

Anticipa el vocabulario

autócrata	colectiva
zar	purga
comunismo	totalitarismo
soviético	

Catalina la
Grande de Rusia

Desde fines del siglo XV, Rusia había sido gobernada por **autócratas**, gobernantes con una autoridad ilimitada, que por lo general trataban muy mal al pueblo. A comienzos del siglo XX, el pueblo ruso, que quería un cambio, derrocó a sus gobernantes y estableció una nueva forma de gobierno.

LA RUSIA DE LOS ZARES

En el siglo XV, después de 200 años bajo el control de los mongoles, las provincias rusas se liberaron. Moscú, una provincia que se había hecho muy poderosa, consiguió expulsar a los mongoles y, bajo el reinado de Iván III, unificar a Rusia. Iván III, se otorgó con orgullo el título de **zar**, que significa césar, o emperador.

Los zares que sucedieron a Iván III ampliaron las fronteras de Rusia y transformaron el país en una rica nación. Sin embargo, casi todos los zares trataban al pueblo muy duramente.

Aun los zares que introdujeron cambios positivos en Rusia eran a menudo muy crueles. Pedro el Grande, que gobernó desde 1682 hasta 1725, modernizó a Rusia y estableció su capital en la grandiosa ciudad de San Petersburgo. Sin embargo, para realizar este proyecto forzó al pueblo a trabajar en la construcción de la ciudad y a pagar impuestos muy altos. Catalina la Grande, que ascendió al poder en 1762, apoyó mucho la educación y las artes, pero hizo muy poco por mejorar la calidad de vida del pueblo ruso.

A finales del siglo XIX, el zar y los nobles acaparaban toda la riqueza y el poder. Los campesinos y los trabajadores de las fábricas eran muy pobres. El zar Nicolás II, que llegó al trono en 1894, quería mantener las cosas como estaban.

En enero de 1905, miles de trabajadores y sus familias marcharon pacíficamente hacia el palacio del zar en San Petersburgo para pedir reformas y mejoras. Sus peticiones se encontraron con las balas de las tropas del zar. El pueblo respondió entonces con una huelga, y el país entero se paralizó. Nicolás II se vio forzado a conceder algunas reformas, pero muy poco cambió.

Cuando Rusia entró en la Primera Guerra Mundial, Nicolás II insistió en hacerse cargo personalmente del mando del ejército. Pero Rusia sufrió derrota tras derrota, y el pueblo culpó al zar por estas pérdidas.

Mientras Nicolás se ocupaba de la guerra, la zarina Alejandra se hizo cargo del funcionamiento diario del gobierno. Un campesino de Siberia llamado Rasputín, que decía ser un hombre santo con poderes especiales, tuvo una gran influencia sobre ella. El hecho de que el país estuviera gobernado por un sacerdote, que podía además ser un farsante, enojó aún más al pueblo ruso. En 1916, un grupo de nobles asesinó a Rasputín. El zar ya había perdido por completo la lealtad de su pueblo.

✔ **¿Por qué estaba insatisfecho con sus líderes el pueblo ruso?**

¡REVOLUCIÓN!

El pueblo ruso estaba enfurecido y en su seno se formaron varios grupos que buscaban cambios políticos. Algunos querían la democracia, mientras que otros estaban compuestos por revolucionarios que seguían las ideas de Karl Marx. A éstos últimos les interesaba especialmente la idea de Marx de que el socialismo llevaría al comunismo. El **comunismo** es un sistema en el cual toda la propiedad y los medios de producción, como las fábricas y las granjas, pertenecen al pueblo. Los revolucionarios que apoyaban este sistema se denominaron comunistas.

A comienzos de 1917, resultaba muy difícil encontrar comida en la capital rusa. Entrado el invierno, los trabajadores rusos marcharon por las calles demandando pan. "¡Que acabe la guerra!", gritaban. "¡Abajo el zar!". La rebelión se extendió pronto por todo el país, hasta que, finalmente, incluso los soldados se negaron a obedecer al gobierno cuando les ordenaron que suprimieran la revuelta.

A la zarina Alejandra y al zar Nicolás II les importaba muy poco la dura vida que llevaban sus súbditos.

Hombres y mujeres rusos esperan en una cola para comprar comida a comienzos del siglo XX. ¿Cómo crees que se sentían estas personas?

El 15 de marzo, el zar Nicolás II abandonó su trono. Al mismo tiempo, los miembros de la Duma, o Parlamento, establecieron un gobierno provisional. El zar había sido derrocado por una revolución de los trabajadores. Marx creía que la revolución de los trabajadores era un paso hacia un nuevo modo de vida basado en el comunismo. Sin embargo, el gobierno provisional quería la democracia, no el comunismo. Los comunistas no lograrían el control de la revolución sino hasta más tarde, guiados por Lenin.

El cartel de la izquierda pregunta: "¿Ya te has presentado como voluntario al Ejército Rojo?". En el cuadro de la derecha el Ejército Rojo desfila por Moscú.

 ¿Cómo perdió el poder el zar Nicolás II?

LA LLEGADA DE LOS COMUNISTAS AL PODER

De joven, Lenin había sido un seguidor de Karl Marx, y contribuyó a fundar un grupo marxista

Este cuadro representa el Congreso de los *soviets*. Los miembros del congreso designaron a Lenin (en el centro) gobernante de la recién formada Unión Soviética.

que más adelante se conoció como Partido Obrero Socialdemócrata de Rusia. Lenin creía firmemente que sólo a los revolucionarios activos se les debía permitir ser miembros de este partido. Esta idea dividió al partido en dos. Los seguidores de Lenin recibieron el nombre de bolcheviques.

Tras la caída del zar, Lenin pidió que se pusiera fin al nuevo gobierno democrático, pues creía que Rusia debía tener un gobierno comunista. Lenin y los bolcheviques ganaron muchos simpatizantes al prometer "paz, tierra y pan", que eran las cosas que más deseaban los campesinos y los trabajadores de Rusia.

A comienzos de noviembre de 1917, Lenin y los bolcheviques tomaron el control del gobierno. Para empezar, firmaron tratados de paz con las Potencias Centrales y retiraron a Rusia de la Primera Guerra Mundial. Luego decretaron al Partido Comunista como el único partido político legal en Rusia. También organizaron una fuerza de policía secreta, la Checa. Lenin dijo: "Quien no está de nuestro lado, está en contra nuestra" y ordenó a la Checa que persiguiera a todo el que estuviera en contra del gobierno. La Checa mató y encarceló a decenas de miles de hombres y mujeres. El gobierno de los zares había sido reemplazado por otro igualmente cruel.

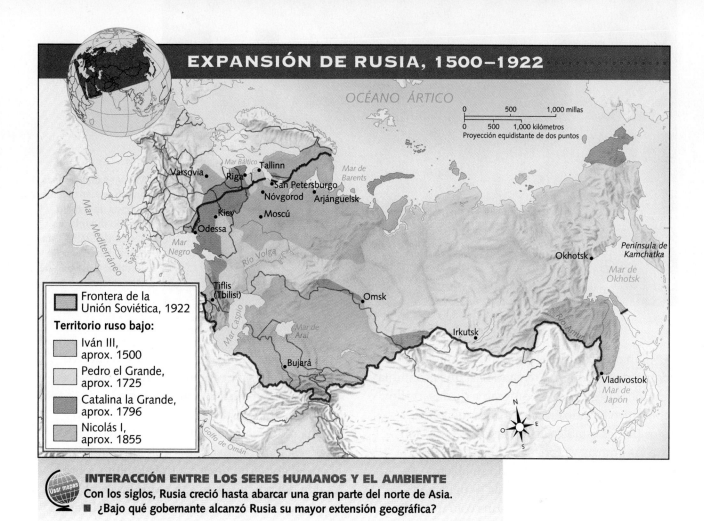

EXPANSIÓN DE RUSIA, 1500–1922

OCÉANO ÁRTICO

0   500   1,000 millas
0   500   1,000 kilómetros
Proyección equidistante de dos puntos

Mar Báltico
Varsovia
Riga
Tallinn
San Petersburgo
Nóvgorod
Arjánguelsk
Mar de Barents
Kiev
Moscú
Odessa
Mar Negro
Mar Mediterráneo
Río Volga
Tiflis (Tbilisi)
Mar Caspio
Omsk
Mar de Aral
Bujará
Irkutsk
Golfo de Omán
Okhotsk
Península de Kamchatka
Mar de Okhotsk
Río Amur
Vladivostok
Mar de Japón

Frontera de la Unión Soviética, 1922

Territorio ruso bajo:

Iván III, aprox. 1500

Pedro el Grande, aprox. 1725

Catalina la Grande, aprox. 1796

Nicolás I, aprox. 1855

N S E O

INTERACCIÓN ENTRE LOS SERES HUMANOS Y EL AMBIENTE

Con los siglos, Rusia creció hasta abarcar una gran parte del norte de Asia.

■ ¿Bajo qué gobernante alcanzó Rusia su mayor extensión geográfica?

No todos los rusos estaban contentos con el ascenso al poder de los bolcheviques. Algunos de los que se oponían formaron un grupo de resistencia llamado el Ejército Blanco. Entonces los bolcheviques formaron el Ejército Rojo, y se inició una guerra civil. En 1921, el Ejército Rojo derrotó al Blanco. Los bolcheviques mantuvieron el poder, pero Rusia estaba en ruinas y mucha gente había muerto. Entre los muertos estaban el zar Nicolás II y su familia, que habían sido ejecutados por los bolcheviques.

✓ ¿Qué prometieron los bolcheviques al pueblo ruso?

STALIN Y EL TOTALITARISMO

En 1922, Rusia pasó a llamarse Unión de Repúblicas Socialistas Soviéticas. La palabra

soviético proviene de *soviet*, nombre con el que se designaba a los grupos de trabajadores que habían planificado y realizado la revolución. Lenin comenzó a reconstruir el país, y a su muerte, en 1924, José Stalin lo reemplazó como gobernante de la Unión de Repúblicas Socialistas Soviéticas, o Unión Soviética.

Stalin pensó que su principal tarea era hacer de la Unión Soviética una de las potencias más poderosas del mundo. Para producir más alimentos, ordenó que las granjas se agruparan en **colectivas**. Éstas eran grandes granjas donde la gente trabajaba en grupo. La policía secreta de Stalin mató o encarceló a los campesinos que estaban en contra de las colectivas. Más adelante Stalin hizo construir cientos de enormes fábricas y forzó a la gente a trabajar en ellas.

Millones de personas fueron enviadas a los campos de trabajo forzado durante las purgas de Stalin. Esta es una barraca, o dormitorio, de uno de esos campos.

Stalin dispuso que el gobierno asumiera el control de la economía, creando así una economía dirigida. Luego ideó un programa de desarrollo económico basado en planes quinquenales. Estos planes establecían cuotas de producción para las granjas y fábricas. A fines de la década de 1930, Stalin había alcanzado su objetivo de hacer de la Unión Soviética una gran nación industrial. Pero su éxito tuvo un costo muy alto.

La mayoría de los rusos ahora tenía trabajo y suficiente comida, pero no mucho más. No tenían representación en el gobierno. De hecho, cuando los ciudadanos protestaban para pedir cambios, Stalin ordenaba **purgas**. En estas purgas, los opositores de Stalin eran asesinados o encarcelados. Millones de personas fueron enviadas a campos de trabajo forzado en Siberia.

Con Stalin, la Unión Soviética se convirtió en una potencia mundial. También se convirtió en un estado **totalitario**, es decir, un estado en el que el gobierno tiene control absoluto sobre la vida del pueblo. Aun con todos los cambios, los ciudadanos soviéticos no tenían más libertad o poder político del que habían tenido bajo los zares.

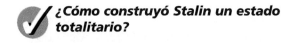 **¿Cómo construyó Stalin un estado totalitario?**

*L*ECCIÓN 2 • *REPASO*

Comprueba lo que aprendiste

1. **Recuerda los datos** ¿Quién llevó a los bolcheviques al poder?
2. **Concéntrate en la idea principal** ¿En qué se diferenciaban el gobierno y la economía bajo Lenin y Stalin de los de la época de los zares?

Piensa críticamente

3. **Explora otros puntos de vista** Lenin y Stalin parecían creer que cualquier acción que contribuyera a la revolución era válida. ¿Crees que los gobernantes de una nación democrática pensarían igual? Explica tu respuesta.
4. **En mi opinión** Si hubieras sido un campesino o un trabajador ruso en 1917, ¿habrías apoyado a Lenin? Explica tu respuesta.

Muestra lo que sabes

 Actividad: Descripción Los revolucionarios rusos a menudo discutían sobre la sociedad ideal. Escribe una descripción de lo que es para ti la sociedad ideal. Explica cómo habría que crearla.

LA GRAN DEPRESIÓN

Conexión con nuestro mundo

¿De qué manera los acontecimientos que ocurren en una nación pueden afectar la vida en otros países?

Concéntrate en la idea principal
Mientras leas, aprende cómo la crisis económica en Estados Unidos empeoró los problemas de otros países.

Anticipa el vocabulario
Gran Depresión
inflación
propaganda

Los tiempos difíciles de la Gran Depresión forzaron a mucha gente a hacer largas colas en los comedores de beneficencia.

En 1929 el Presidente de Estados Unidos, Herbert Hoover, dijo: "Hemos alcanzado el nivel de comodidad y seguridad más alto que jamás haya existido en la historia del mundo". Durante un tiempo, esta afirmación pareció ser verdad. Después de la Primera Guerra Mundial, Estados Unidos y muchas otras naciones tuvieron un gran progreso económico. Desgraciadamente, los buenos tiempos que siguieron a la guerra no duraron mucho. Estados Unidos parecía un país muy próspero, pero tenía problemas económicos ocultos.

EL INICIO DE UNA DEPRESIÓN

Estados Unidos siempre ha tenido una economía de mercado, es decir, una economía en la que el pueblo decide qué bienes y servicios compra y vende, y cómo ganarse la vida y gastar el dinero.

Justo después de la Primera Guerra Mundial, en Estados Unidos se empezaron a comprar enormes cantidades de bienes, y las fábricas incrementaron la producción para satisfacer la demanda. Sin embargo, con el tiempo, la demanda de bienes disminuyó ya que los consumidores no podían permitirse seguir comprando bienes. Los almacenes y las tiendas pronto se vieron repletas con los bienes que no podían vender. Pero aun así, las industrias continuaron fabricando más y más bienes, con la esperanza de que alguien los compraría.

Las políticas del gobierno empeoraron el problema. Para proteger las granjas e industrias americanas, el gobierno aumentó los impuestos sobre los bienes importados. Esto hizo difícil que otros países pudieran vender sus bienes en Estados Unidos; y al no poder vender sus bienes, tampoco pudieron comprar los producidos en Estados Unidos. Como resultado, la economía americana se vio afectada.

Al aumentar las dudas sobre la solidez de la economía americana, muchos invirtieron en la bolsa de valores. Compraban y vendían acciones con la esperanza de lograr ganancias rápidas. Muchos lo consiguieron, y los corredores de bolsa, las personas que compran y venden acciones en nombre de otros, permitieron la compra de acciones a crédito. Es decir, el comprador pagaba al corredor sólo una pequeña parte del precio real de la acción en el momento de la venta. El corredor esperaba a que el comprador le pagara el resto del dinero más adelante.

En octubre de 1929, algunos grandes inversionistas, preocupados por el estado de la economía, empezaron a vender sus acciones. El pánico se desató y de pronto casi todos los inversionistas querían vender sus acciones, pero habían pocos que querían comprar. Los precios de las acciones cayeron rápidamente, y los corredores de bolsa pidieron que se les devolviera el dinero que habían prestado. Como la mayoría de los inversionistas no tenía dinero para pagar sus deudas, muchos corredores de bolsa e inversionistas perdieron todo su dinero.

Los problemas económicos se extendieron rápidamente. Muy poca gente tenía dinero para comprar bienes y servicios. Las fábricas ya tenían los almacenes llenos, de modo que disminuyeron la producción y despidieron a los trabajadores. Cada vez más personas perdían sus trabajos y les resultaba más difícil pagar el alquiler o las hipotecas de sus casas. Muchos intentaron sacar sus ahorros de los bancos. Pero los bancos no podían pagar a tantas personas a la vez, y por eso cientos de bancos cerraron.

A medida que las fuentes de dinero se volvían más escasas, más negocios tenían que cerrar. El cierre de negocios dejó aún a más personas sin trabajo. Al comienzo de la década de 1930, Estados Unidos se encontraba en el peor declive económico de la historia: la **Gran Depresión**.

 ¿Qué problemas económicos estaban ocultos por la prosperidad de la década de 1920?

LA DEPRESIÓN SE EXTIENDE

La caída catastrófica de la bolsa arruinó todas las economías del mundo. Muchos americanos que después de la Primera Guerra Mundial habían invertido grandes sumas de dinero en Europa no pudieron mantener sus inversiones en el extranjero.

La Gran Depresión fue la época de peores problemas económicos en la historia de la humanidad. Esta familia de Oklahoma se traslada en busca de una vida mejor. Oklahoma era parte de la zona de Estados Unidos que se llegó a conocer como el *Dust Bowl*. En esta región, las tormentas de polvo y las sequías resecaron la tierra y arruinaron muchas granjas.

La economía europea, ya debilitada, sufrió todavía más al perder los dólares de Estados Unidos. Los bancos cerraron y la gente que había depositado dinero en ellos no pudo recuperarlo. Las fábricas también cerraron, dejando a millones de personas sin trabajo. En Asia, África y América del Sur, la demanda de materias primas disminuyó, y la gente sufrió hambre y pobreza. A comienzos de la década de 1930, la economía mundial era un desastre. El comercio mundial y la producción habían bajado, y el desempleo era más alto que nunca.

Al prolongarse la depresión, la gente sin trabajo sintió que sus gobiernos no les prestaban atención. La inquietud crecía a cada momento, y en todas partes la gente buscaba a caudillos políticos que pudieran ofrecerles esperanza.

 **¿Cómo afectó la Gran Depresión a la economía mundial?**

APRENDER CON GRÁFICAS La caída de la bolsa inició una época de mucho desempleo.
■ ¿En qué año se produjo el mayor índice de desempleo en Estados Unidos?

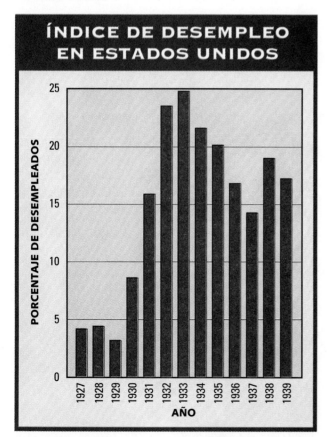

ÍNDICE DE DESEMPLEO EN ESTADOS UNIDOS

Las "charlas frente al hogar" del Presidente Roosevelt por la radio dieron a los americanos esperanzas sobre la economía.

ROOSEVELT Y EL NUEVO TRATO

En 1933 la mayoría de los americanos creyó haber encontrado un líder que podía ayudarles. Era el presidente, Franklin D. Roosevelt, quien tenía ideas audaces para rescatar a la economía y no tenía miedo de ponerlas en práctica. "A lo único que debemos tener miedo es al mismo miedo", dijo en una ocasión.

Roosevelt propuso leyes y programas para asistir con rapidez a la gente y apremió al Congreso para que aprobara una reforma del sistema económico. A estos programas y leyes, Roosevelt los llamó el Nuevo Trato. Mediante el Nuevo Trato, se dio dinero a los granjeros para que conservaran sus tierras y se ayudó a la gente sin trabajo. También se crearon millones de trabajos al financiarse muchos proyectos de obras públicas. Una ley muy importante del Nuevo Trato fue la ley de la Seguridad Social de 1935, que daba dinero a jubilados, minusválidos o a gente que no podía trabajar por otras razones.

El Nuevo Trato cambió el funcionamiento del gobierno de Estados Unidos. Nunca antes el gobierno había intervenido tan directamente en la vida de la gente. Con todo, el sistema democrático americano se mantuvo básicamente igual. En algunos otros países, sin embargo, la búsqueda de soluciones a la Gran Depresión significó el fin de la democracia.

 ¿Qué medidas adoptó el Presidente Roosevelt para sacar a Estados Unidos de la Gran Depresión?

Este cartel de Adolfo Hitler, de 1938, dice: "¡Un pueblo, un imperio, un caudillo!"

HITLER Y EL ASCENSO DE LOS NAZIS

Tras la Primera Guerra Mundial, Alemania se convirtió en una república federal. Durante las décadas de 1920 y 1930, la república alemana tuvo grandes problemas. Era muy difícil encontrar trabajo y además la **inflación**, el aumento continuo de los precios, hizo que la moneda alemana perdiera casi todo su valor.

Muchos alemanes habían perdido la confianza en el gobierno. Muchos criticaban que se hubiera firmado el Tratado de Versalles, porque creían que éste había convertido a Alemania en un país pobre y débil. Querían un gobernante poderoso que volviera a hacer de Alemania una gran nación. Algunos creyeron que este hombre era Adolfo Hitler.

Hitler había combatido en la Primera Guerra Mundial y sintió la vergüenza de la derrota de Alemania. Poco después de la guerra, comenzó a buscar una manera de compensar esa derrota. En 1920, contribuyó a crear un grupo nacionalista y anticomunista, el Partido Nacionalsocialista, conocido también como Partido Nazi.

Al principio este partido tenía muy poca influencia, y poca gente se unió a él. Sin embargo, al comenzar la Gran Depresión, los emotivos discursos de Hitler empezaron a ser escuchados por más y más gente. A muchos alemanes les gustaba la idea de que su pueblo fuera una "super raza", superior a todas las demás. Y las promesas de reconstruir la arruinada economía alemana atrajeron a los hombres de negocios.

En 1933, los nazis tenían más representantes en el Reichstag, el parlamento alemán, que ningún otro partido. Hitler forzó al presidente de Alemania a nombrarlo canciller, y forzó al Reichstag a darle el control del gobierno. Luego Hitler adoptó el título de *Fürher*, o caudillo del pueblo alemán.

La moneda alemana tenía tan poco valor que la gente a veces prefería quemarla como combustible antes que usarla para comprar leña.

Los nazis y la juventud alemana

El éxito de los nazis se debe en parte al apoyo de la juventud. En 1930, una organización de jóvenes nazis controlaba los consejos de estudiantes de muchas universidades alemanas. En 1933, 40 por ciento de los nazis tenía menos de 30 años. Hitler, ya en el poder, estableció la Juventud Hitleriana para los estudiantes más jóvenes. Millares de estudiantes se unieron a esta organización. Su lealtad era tal, que muchos denunciaron a sus propios padres como traidores.

Hitler prohibió todos los partidos políticos, excepto el Partido Nazi, y suprimió las elecciones. También organizó la Gestapo, un cuerpo de policía secreta. La Gestapo arrestaba a cualquiera que no estuviera de acuerdo con el gobierno de Hitler. Al mismo tiempo, Hitler comenzó a reconstruir el ejército de Alemania.

Para conseguir que la gente aceptara todas estas decisiones, Hitler usó la **propaganda**, que es la difusión de información para defender o para derrotar una causa. Para difundir su propaganda, Hitler tomó control de los periódicos, las emisoras de radio y las escuelas. También vociferó discursos llenos de odio ante grandes multitudes de gente.

Una parte fundamental del mensaje de Hitler era que los problemas políticos y económicos de Alemania eran culpa del pueblo judío. Hitler decía que los judíos tenían que perder su poder económico y su posición en la sociedad para que Alemania volviera a ser fuerte. La propaganda del Partido Nazi convenció a muchos alemanes de que Hitler estaba en lo cierto, y la mayoría no protestó cuando el gobierno aprobó leyes que privaron a los judíos de sus derechos y propiedades.

 ¿Cómo tomaron el control de Alemania Hitler y los nazis?

LECCIÓN 3 • REPASO

Comprueba lo que aprendiste

1. **Recuerda los datos** ¿Qué acontecimiento señaló el inicio de la Gran Depresión en Estados Unidos?
2. **Concéntrate en la idea principal** ¿Por qué los problemas económicos de Estados Unidos causaron problemas en otros países?

Piensa críticamente

3. **Piensa más sobre el tema** ¿En qué se diferenciaron las reacciones políticas a la Gran Depresión de Alemania a las de Estados Unidos?
4. **Ayer y hoy** ¿Existen todavía formas de gobierno totalitario? ¿En qué países?

Muestra lo que sabes

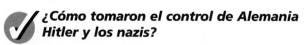 **Actividad: Gráfica** Prepara una gráfica que muestre cómo los problemas económicos de la Gran Depresión crearon un "círculo vicioso" en Estados Unidos.

CONECTA LAS IDEAS PRINCIPALES

Usa este organizador para mostrar cómo están relacionadas las ideas principales del capítulo. Copia el organizador en una hoja de papel y complétalo escribiendo tres detalles de cada idea principal.

La Primera Guerra Mundial
Las alianzas de naciones llevaron a la Primera Guerra Mundial.

1. _____
2. _____
3. _____

La Revolución Rusa
El gobierno ruso cambió y, sin embargo, la situación del país permaneció de forma muy similar después de la Revolución de 1917.

1. _____
2. _____
3. _____

A principios del siglo XX

La Gran Depresión
Una crisis económica desató la Gran Depresión y afectó a muchos países en todo el mundo.

1. _____
2. _____
3. _____

ESCRIBE MÁS SOBRE EL TEMA

1. **Escribe un artículo periodístico**   Imagina que eres un periodista de comienzos del siglo XX. Escribe un artículo para contar a los habitantes de Estados Unidos cómo es la vida en Europa en los meses anteriores a la Primera Guerra Mundial. Describe cómo los acontecimientos en Europa afectan a Estados Unidos.

2. **Escribe una carta**   Imagina que eres un joven cuya vida ha cambiado debido a la entrada de Estados Unidos en la Gran Guerra. Escribe una carta a un familiar contándole cómo la guerra ha afectado tu vida.

3. **Escribe en tu diario**   Imagina que eres un estudiante durante la Gran Depresión. Escribe en tu diario qué piensas sobre la familia de un primo tuyo que, como no tiene dinero, se ha mudado a tu casa.

4. **Escribe una canción**   Imagina que eres un compositor que vive durante la Gran Depresión. Escribe una o más estrofas de una canción que describa los malos momentos que está pasando la gente. Cuando hayas escrito tu canción, puedes interpretarla para tu familia o en clase.

USA EL VOCABULARIO

Escribe una o dos oraciones explicando la relación de cada par de palabras o expresiones.

1. armisticio, carrera armamentista

2. autócrata, zar

3. comunismo, colectivas

4. conscripción, militarismo

5. purga, totalitario

 ## COMPRUEBA LO QUE APRENDISTE

1. ¿Cómo contribuyó el nacionalismo a la guerra en Europa?

2. ¿Qué países formaban la Triple Alianza? ¿Qué países formaban la Triple Entente?

3. ¿Por qué el Imperio Austro-Húngaro declaró la guerra a Serbia en 1914?

4. ¿Cómo cambió la función de las mujeres durante la Primera Guerra Mundial?

5. ¿Qué efecto tuvo la nueva tecnología en el número de muertos y heridos durante la Primera Guerra Mundial?

6. ¿Por qué la paz que siguió al Tratado de Versalles fue una "paz inestable"?

7. ¿Cómo consiguieron los bolcheviques que los campesinos y los trabajadores de Rusia los apoyaran?

8. ¿Con qué gobernante se convirtió en una potencia mundial la Unión Soviética?

9. ¿A quién afectó la caída de la bolsa en Estados Unidos de 1929?

10. ¿Qué problemas existentes en Alemania ayudaron a Hitler a alcanzar el poder?

PIENSA CRÍTICAMENTE

1. **Ayer y hoy** ¿De qué manera las alianzas ayudan a las personas? ¿De qué manera pueden perjudicar a las personas?

2. **Causa y efecto** ¿Qué efecto crees que tuvieron las nuevas funciones de las mujeres durante la Primera Guerra Mundial en la vida de las mujeres después de la guerra?

3. **Piensa más sobre el tema** ¿Por qué el sistema democrático de Estados Unidos permaneció igual después de la Primera Guerra Mundial? ¿Por qué terminó la democracia en otros lugares del mundo?

4. **En mi opinión** ¿Por qué crees que el Presidente Roosevelt fue un gobernante poderoso durante la Gran Depresión?

5. **Explora otros puntos de vista** ¿Por qué crees que los alemanes apoyaron a Hitler?

 ## APLICA TUS DESTREZAS

 Cómo usar un mapa de husos horarios
Usa el mapa de husos horarios de la página 543 para contestar estas preguntas.

1. Raju vive en Delhi, India, y a las 8:00 p.m. llama por teléfono a su tío en Montreal, Canadá. ¿Qué hora es en Montreal?

2. Sarah está viajando en automóvil desde New York City en dirección oeste. En su viaje atravesará dos zonas horarias. ¿Debería atrasar o adelantar su reloj por cada zona que pase?

3. Justin vive en Chicago y quiere comunicarse por computadora con un amigo en El Cairo, Egipto. Justin manda su mensaje a las 9 a.m. ¿Qué hora es en El Cairo cuando Justin envía su mensaje?

 ## LEE MÁS SOBRE EL TEMA

The Night the Bells Rang de Natalie Kinsey-Warnock; Cobblehill. Durante el último año de la Primera Guerra Mundial, un chico de una granja de Vermont ayuda con las tareas de su casa y siente los efectos de la guerra en Europa.

No Hero for the Kaiser de Rudolf Frank; Lothrop, Lee & Shepard. Un niño polaco cuyo pueblo es invadido durante la Primera Guerra Mundial se une al ejército alemán y ve por sí mismo los horrores de la guerra.

LA SEGUNDA PARTE DEL SIGLO XX

66 Desde Stettin, en el Báltico, hasta Trieste, en el Adriático, una cortina de hierro ha descendido a través del continente. 99

Sir Winston Churchill, primer ministro británico, 1946

Un marine de Estados Unidos durante la Guerra de Vietnam

LA SEGUNDA GUERRA MUNDIAL

Conexión con nuestro mundo

¿Cómo puede el deseo de unos pocos por controlar a los demás originar una guerra?

Concéntrate en la idea principal

Mientras leas, observa cómo las ambiciones de poder de unos pocos hicieron estallar una segunda guerra, que abarcó casi todo el mundo.

Anticipa el vocabulario

fascismo
política de apaciguamiento
campo de concentración
genocidio
Holocausto
refugiado

Benito Mussolini acompañado por sus oficiales de más rango

En 1939 Hitler había hecho de su lema una realidad: "Un pueblo, un imperio, un caudillo". El Partido Nazi, bajo su control, dominaba el gobierno, el ejército y la prensa de Alemania. A través de la propaganda y de sus discursos incendiarios, Hitler logró controlar las mentes y emociones del pueblo alemán. Con el tiempo, Alemania se alió con Italia y Japón para apoderarse de gran parte del mundo.

SEMILLAS DE GUERRA

El Partido Nazi de Hitler se basaba en una serie de ideas políticas conocidas con el nombre de **fascismo**. Los fascistas creían que el gobierno debía concentrar todo el poder, que el país debía contar con un poderoso ejército y que había que fomentar un intenso nacionalismo. Los fascistas admiraban a los grandes caudillos de la historia y no se preocupaban en absoluto por las libertades y los derechos, tan importantes para la democracia.

Muchos italianos se sentían insatisfechos con los territorios que les había otorgado el Tratado de Versalles. Además, no aprobaban el modo en que su gobierno dirigía la economía de la nación. La mayoría de los italianos deseaba un cambio.

Con Benito Mussolini a la cabeza, el Partido Fascista no tardó en lograr el apoyo del pueblo italiano. Los fascistas tomaron medidas para llegar al poder. "Si no nos lo entregan voluntariamente, se lo arrebataremos", dijo atrevidamente Mussolini. El rey de Italia cedió a la presión de los fascistas y nombró primer ministro a Mussolini en 1922. Mussolini prohibió todos los partidos políticos a excepción del Partido Fascista, creó una policía secreta y limitó la libertad de prensa.

Durante esa época, también hubo un cambio en el gobierno de Japón. Sin embargo, allí fue el ejército y no un partido político el que tomó el poder. Un grupo de oficiales del ejército logró el control del país y prometió construir un gran imperio.

FUERZAS MILITARES DE LA SEGUNDA GUERRA MUNDIAL

NÚMERO DE SOLDADOS (en millones)

Gráfica de barras con valores aproximados:

EL EJE			ALIADOS					
Alemania	Japón	Italia	Estados Unidos	URSS	China	Reino Unido	India	Polonia
9	6	4	16	12.5	5	4.8	2	1

PAÍSES

APRENDER CON GRÁFICAS Soldados de todo el mundo participaron en la Segunda Guerra Mundial.
■ ¿Qué nación proveyó más soldados, Italia o China?

A mediados de la década de los 30, Japón, Alemania e Italia hicieron realidad sus sueños imperiales. En 1935 Italia conquistó la nación africana de Etiopía; en 1937 el ejército japonés entró hasta el centro de China; y en 1938 Alemania se apoderó de Austria y parte de Checoslovaquia.

Los gobernantes de las demás potencias europeas no hicieron mucho por frenar los avances territoriales de Italia y Alemania, por temor a que estallara una nueva guerra. Además, muchos gobernantes europeos pensaron que los sueños de grandeza de los fascistas no tardarían en realizarse. Esta decisión de no oponerse a los fascistas recibió el nombre de **política de apaciguamiento**.

En 1939 los alemanes demostraron que no se conformarían con apoderarse del resto de Checoslovaquia y atacar Polonia. Gran Bretaña y Francia creyeron que Hitler había ido demasiado lejos, y declararon la guerra a Alemania.

 ¿Cuáles fueron algunas de las razones que contribuyeron al inicio de la guerra en 1939?

CONFLICTO MUNDIAL

Los soldados de Hitler llevaban años preparándose para la guerra. Cuando sus tanques y bombarderos entraron en acción, el ejército alemán parecía imparable. Para 1940 Alemania había ocupado Polonia, Dinamarca, Noruega, Bélgica, Holanda y Francia.

Sin embargo, los alemanes no habían derrotado a Inglaterra. El primer ministro británico, Winston Churchill, logró inspirar a su pueblo para que resistiera. Aun en los peores momentos, Churchill logró animar a su pueblo con palabras como éstas:

❝Lucharemos en las playas, lucharemos en los sitios de desembarco, lucharemos en el campo y en las calles, lucharemos en las colinas. Jamás nos rendiremos.❞

Al fracasar en su intento por ocupar Inglaterra en 1940, Hitler dirigió su atención a otros frentes. Se alió con Mussolini para conquistar la región mediterránea. Además, y a pesar de haber firmado un tratado de paz con Stalin, Hitler atacó la Unión Soviética a mediados de junio de 1941. Después de este ataque, la Unión Soviética se unió a los Aliados.

Mientras tanto, los japoneses continuaban extendiendo su imperio en Asia. Ocuparon nuevos territorios en China y en gran parte de Indochina, la parte este de una península situada a poca

Las bombas alemanas causaron una gran destrucción en Gran Bretaña. En esta foto de 1940, Winston Churchill inspecciona los daños causados por bombas.

Algunas de las numerosas caras de la guerra (de izquierda a derecha): Soldados de artillería afroamericanos; soldados americanos en Tunicia y un cartel de propaganda para el reclutamiento de mujeres.

distancia del sur de China. Los japoneses también avanzaron por el Pacífico, capturando una isla tras otra.

Pero en 1941, Alemania, Japón e Italia, las potencias del Eje, tuvieron contratiempos. En diciembre de 1941, los japoneses bombardearon la base naval americana de Pearl Harbor, en Hawaii. Inmediatamente, Estados Unidos se unió a Inglaterra y a la Unión Soviética en la lucha contra las fuerzas del Eje. Además, los alemanes se vieron atrapados en una larga y amarga batalla contra los ejércitos y el invierno rusos. La ventaja que mantenían las potencias del Eje se desvaneció.

A fines de 1942, y durante 1943, los aliados lograron victorias contra los alemanes e italianos en el norte de África y en Sicilia. A principios de 1943, el ejército de Hitler se vio obligado a retirarse de la Unión Soviética y las fuerzas rusas avanzaron sobre Europa oriental, en su marcha hacia Alemania. Mientras los italianos se rendían en 1943, los Aliados ganaban batallas navales en el Pacífico.

 ¿Qué acontecimientos de 1941 cambiaron el curso de la guerra? ¿Por qué?

EL FIN DE LA GUERRA

A mediados de 1944, los Aliados decidieron atacar a las fuerzas de Hitler en el norte de Europa. Su plan consistía en hacer un gran desembarco de tropas en las costas de Normandía, en el norte de Francia. La invasión, que empezó el 6 de junio bajo el nombre clave de "Día D", no fue fácil. Muchos soldados quedaron atrapados en las playas, su avance detenido por altos acantilados, y quedaron expuestos al fuego alemán.

Sin embargo, los soldados aliados no tardaron en ocupar las playas y, en el plazo de un mes, lograron adentrarse en el continente. A fines de agosto habían reconquistado París y destruido ciudades alemanas con bombardeos aéreos. El 7 de mayo de 1945 acabó la guerra en Europa con la rendición alemana.

En el Pacífico, los Aliados hicieron retroceder a los japoneses poco a poco. Comenzaron liberando las islas ocupadas por los japoneses, y continuaron con el bombardeo de ciudades japonesas en la primavera de 1945. Aunque los bombardeos lograron destruir su industria bélica y muchas de sus ciudades, los japoneses no daban señales de querer rendirse.

OCÉANO ÁRTICO

ALASKA
(EE.UU.)

CANADÁ

UNIÓN DE REPÚBLICAS
SOCIALISTAS SOVIÉTICAS

AMÉRICA
DEL NORTE

ASIA

60°N

Islas Aleutianas

OCÉANO PACÍFICO

ESTADOS
UNIDOS

MONGOLIA   MANCHURIA

CHINA

COREA   JAPÓN

San Francisco

Hiroshima, 1945
Nagasaki,1945
Okinawa
1945   Iwo Jima
1945

Midway
1942

30°N

BIRMANIA

Bataan
1941–1942   Mar de
Filipinas
1944

Trópico de Cáncer

Pearl Harbor
1941

MÉXICO

TAILANDIA

INDOCHINA
FRANCESA

FILIPINAS

HAWAII
(EE.UU.)

N

O   E

S

Guam
1944   Kwajalein
1944

Peleliu
1944   Eniwetok
1944

0°   Borneo   Ecuador

Tarawa
1943

Aliados y área controlada por aliados		Países del Eje
Avance aliado		Área controlada por los Países del Eje
Batalla importante		País neutral
Bombardeo atómico		

Mar de Java
1942

120°E   Nueva
Guinea

INDIAS HOLANDESAS

Mar del
Coral
1942   Guadalcanal
1942–1943

180°   150°O   120°O

150°E

AUSTRALIA

Trópico de Capricornio

90°E

 UBICACIÓN   Directa o indirectamente, la Segunda Guerra Mundial afectó a todo el mundo.

■ ¿Entre qué líneas de latitud y longitud se lanzaron bombas atómicas?

El 6 de junio de 1945, Estados Unidos lanzó en la ciudad japonesa de Hiroshima una nueva y terrible arma: la bomba atómica. La onda expansiva de la explosión derribó edificios a millas de distancia; el calor que generó derritió las piedras y el acero, y vaporizó los cuerpos de las personas. Esta "lluvia de ruina caída del cielo" mató a más de 70,000 personas y destruyó la mayor parte de Hiroshima. Tres días después, estalló una segunda bomba atómica sobre la ciudad de Nagasaki. De nuevo, la explosión ocasionó terribles daños, y los japoneses, finalmente, se rindieron.

✓ ¿Cómo lograron vencer los Aliados en Europa y en el Pacífico durante la Segunda Guerra Mundial?

EL HOLOCAUSTO

A medida que los aliados avanzaban por Europa, se fueron dando cuenta de las atrocidades cometidas por los nazis. Hitler pensaba que para reconstruir Alemania después de la Primera Guerra Mundial era necesario deshacerse de la "gente indeseable". De este modo, la raza aria alemana, como él la llamaba, se convertiría en una raza superior y conquistaría el mundo entero. Hitler puso en funcionamiento su plan para deshacerse de todos aquellos que él consideraba inferiores, especialmente los judíos. Los gitanos, los minusválidos y los opositores al nazismo también se convirtieron en objetivos del odio de Hitler.

OCÉANO ÁRTICO

Groenlandia

Círculo Polar Ártico

ISLANDIA

CANADÁ

60°N

NORUEGA

EUROPA

GRAN BRETAÑA

Batalla de Bretaña 1940

Batalla de Las Ardenas 1944

Normandía 1944 (Día D)

FRANCIA ITALIA

FINLANDIA

Leningrado 1941–1943

•Moscú

Berlín

ALEMANIA

Dresde 1945

CHECOSLOVAQUIA

AUSTRIA

POLONIA

Stalingrado 1942

Yalta

Mar Negro

UNIÓN DE REPÚBLICAS SOCIALISTAS SOVIÉTICAS

Mar de Aral

Mar Caspio

ASIA

Washington, D.C.

OCÉANO ATLÁNTICO

30°N

Trópico de Cáncer

60°O

Mar Caribe

Sicilia 1943

Mar Mediterráneo

Paso de Kasserine 1943

MARRUECOS (Francia)

TUNICIA (Francia)

ARGELIA (Francia)

LIBIA

TURQUÍA

El Alamein 1942

EGIPTO

IRÁN

INDIA

ÁFRICA OCCIDENTAL FRANCESA

ÁFRICA

Ecuador

ETIOPÍA

0°

0°E

BRASIL

AMÉRICA DEL SUR

0   1,000   2,000 millas
0   1,000   2,000 kilómetros
Proyección cilíndrica de Miller

OCÉANO ÍNDICO

MADAGASCAR

30°O

0°

60°E

Trópico de Capricornio

Las primeras detenciones de judíos empezaron a principios de la década del 40. Los detenidos eran enviados a unas prisiones especiales, llamadas más tarde **campos de concentración**.

Muchos de los prisioneros de estos campos trabajaban como esclavos en la industria de guerra alemana. Otros fueron asesinados.

Muchos judíos trataron de ocultarse de los alemanes. La familia Frank, que vivía en la ciudad holandesa de Amsterdam, pasó a la historia por los días que estuvo escondida de los nazis. La familia Frank huyó de Alemania cuando comenzaron los ataques contra los judíos. Pero cuando los judíos de Holanda también empezaron a ser enviados a campos de concentración, los Frank tuvieron que esconderse en el ático de su negocio. Ana, la hija más pequeña, escribió un diario sobre las penurias que tuvo que pasar con su familia. Este diario nos da una descripción conmovedora del dolor que muchas personas tuvieron que sufrir en aquellos tiempos. Trágicamente, Ana

fue descubierta por los Nazis y enviada a un campo de concentración, donde murió.

Los nazis se esforzaban en convertir los campos de concentración en infiernos. En la mayoría de los campos, los guardias golpeaban a los prisioneros sin ningún motivo o, como sucedió en Auschwitz, los médicos nazis los usaban en extraños y crueles experimentos.

⬆ Jóvenes prisioneros de Auschwitz

Ana Frank ➡

Durante el invierno de 1941 y 1942, los dirigentes alemanes desarrollaron lo que ellos llamaron Solución Final al Problema Judío. La solución final era el **genocidio**, la matanza de todo un grupo de gente.

El plan de los alemanes era matar a todos los judíos de Europa. Los judíos fueron apiñados en trenes, como si fueran animales, y llevados a campos de concentración especiales, como Auschtwitz, Majdanek, Dachau, Sobibor y Treblinka. Cuando los judíos llegaban a los campos, los enviaban a asearse a las duchas. Pero las duchas no eran duchas, sino cámaras de gas. De las duchas salía un gas venenoso que mataba a los judíos en cuestión de minutos. Sus cuerpos eran luego incinerados en grandes hornos crematorios situados cerca de las duchas.

La matanza en masa de judíos ha recibido el nombre del **Holocausto**. Al fin de la Segunda Guerra Mundial, los nazis habían matado a unos seis millones de judíos en los campos de la muerte, nombre que terminaron por recibir los campos de concentración. Allí también mataron a seis millones de personas no judías.

 ¿Qué justificación daban los alemanes de las matanzas de judíos y de otras personas?

LA POSTGUERRA

El costo de la guerra fue inmenso. El número de soldados y civiles muertos durante el conflicto se estima en unos 50 millones. Numerosas ciudades de toda Europa estaban en ruinas, y en muchas de ellas el noventa por ciento de los edificios estaban demasiado dañados para ser habitados. Un gran número de supervivientes se convirtieron en **refugiados**, personas que abandonan sus hogares en busca de refugio y seguridad.

El mundo tenía que ser reconstruido. Incluso antes del fin de la guerra, los líderes aliados Roosevelt, Churchill y Stalin ya habían planificado el mundo de la postguerra. Se celebraron conferencias en Yalta, a orillas del Mar Negro, y en Potsdam, en Alemania. En estas conferencias se decidió desarmar a Alemania y dividir a este país en cuatro zonas, controladas por Gran Bretaña, Estados Unidos, la Unión Soviética y Francia, respectivamente. Berlín, la capital alemana, situada en la fracción oriental, controlada por los soviéticos, también se dividió en cuatro zonas. También se acordó sustituir a la antigua Liga de Naciones por una nueva organización internacional, las Naciones Unidas, cuyo fin sería prevenir nuevas guerras.

Pero faltaba decidir el futuro de Europa oriental. La Unión Soviética había establecido gobiernos comunistas en varias naciones de esa región. Stalin quería que se mantuvieran esos gobiernos, mientras que Roosevelt y Churchill se oponían a ello. No pasó mucho tiempo antes de que la alianza que había ganado la guerra se desmoronara.

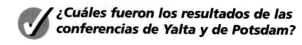 **¿Cuáles fueron los resultados de las conferencias de Yalta y de Potsdam?**

BERLÍN, 1945

Berlín
POLONIA
REPÚBLICA
FEDERAL
DE
ALEMANIA
CHECOSLOVAQUIA
REPÚBLICA
DEMOCRÁTICA
ALEMANA
FRANCIA
AUSTRIA

Sector americano
Sector inglés
Sector francés
Sector soviético
Canal
Camino

REPÚBLICA FEDERAL
DE ALEMANIA

Berlín
Oeste

Berlín
Este

Palacio de
Charlottenburg
Puerta de Brandenburgo
Checkpoint Charlie
Berlín
Oeste
Aeropuerto de Tempelhof

Río Havel
R. Spree

Potsdam

0   3   6 millas
0   3   6 kilómetros
Proyección transversal de Mercator

REGIONES Después de la guerra, la ciudad de Berlín se dividió en sectores.
■ ¿En cuál de ellos se encontraba el palacio de Charlottenburg?

LAS NACIONES UNIDAS

TRIBUNAL INTERNACIONAL DE JUSTICIA

Considera argumentos y decide en disputas entre países.

Interpreta la Carta de las Naciones Unidas y las leyes internacionales.

Está compuesto por 15 jueces elegidos por votación.

CONSEJO DE SEGURIDAD

Interviene en las disputas entre naciones.

Recomienda soluciones para estas disputas.

Puede enviar soldados para resolver estas disputas.

Se compone de cinco miembros permanentes (Francia, Gran Bretaña, China, Rusia y Estados Unidos) y diez miembros elegidos por votación.

CONSEJO DE ADMINISTRACIÓN FIDUCIARIA

Se ocupa de los territorios coloniales.

Está compuesto por representantes de los gobiernos coloniales y por miembros permanentes del Consejo de Seguridad.

ASAMBLEA GENERAL

Debate y hace recomendaciones relacionadas con los problemas del mundo.

Controla las finanzas de la ONU.

Está compuesta por un delegado de cada país miembro.

SECRETARIADO GENERAL

Se ocupa de la gestión diaria de la ONU.

Está compuesto por un Secretario General, elegido por votación, y un plantel de intérpretes, guías, redactores y otros empleados.

CONSEJO ECONÓMICO Y SOCIAL

Hace estudios y recomendaciones sobre cuestiones sociales y económicas.

Promueve los derechos humanos.

Está dividido en agencias y comisiones especializadas.

Está compuesto por 54 delegados.

APRENDER CON GRÁFICAS Esta gráfica muestra los seis organismos más importantes de las Naciones Unidas. Cada uno de ellos tiene sus propias áreas de competencia y responsabilidad.
■ ¿Qué agencia tiene el poder de enviar fuerzas de pacificación de las Naciones Unidas a un país en guerra?

LECCIÓN 1 • REPASO

Comprueba lo que aprendiste

1. **Recuerda los datos** ¿Cuáles eran los tres países más importantes de las potencias del Eje?
2. **Concéntrate en la idea principal** ¿De qué forma contribuyó el deseo de poder de unos pocos al estallido de la Segunda Guerra Mundial?

Piensa críticamente

3. **Causa y efecto** ¿Qué factores condujeron al surgimiento del fascismo en Europa?
4. **Explora otros puntos de vista** ¿Qué razones pudo haber dado Estados Unidos para no entrar en la Segunda Guerra Mundial?

5. **Ayer y hoy** ¿Crees que en la actualidad todavía hay gente que trata de controlar a otras personas? Explica tu respuesta empleando ejemplos actuales.

Demuestra lo que sabes

Actividad: Periodismo Imagina que eres un periodista de radio a principios de la Segunda Guerra Mundial. Escribe un informe breve explicando el surgimiento del fascismo. Asegúrate de que tu informe incluya el *quién*, el *qué*, el *dónde*, el *cuándo* y el *por qué* del tema sobre el que escribes. Si tienes una grabadora, úsala para "difundir" tu crónica a la clase.

CÓMO

Usar una gráfica de barras dobles

¿Por qué es importante esta destreza?

Una buena manera de comparar datos estadísticos es mediante el uso de gráficas. Las **estadísticas** son hechos representados con números. Las **gráficas de barras dobles**, como las de esta lección, facilitan la comparación de dos grupos de estadísticas.

Estadísticas de la Segunda Guerra Mundial

La Segunda Guerra Mundial ha sido la guerra más destructiva de la historia del mundo. En la Segunda Guerra Mundial murieron o resultaron heridas más personas que en cualquier otra guerra. Nadie sabe cuántos civiles murieron en esta guerra. Millones de personas de las zonas en guerra murieron de hambre y enfermedades al cesar la producción de

alimentos y la prestación de servicios médicos. Los bombardeos con frecuencia destruyeron los archivos que mostraban el número de muertos. En total puede ser que en la Unión Soviética murieran 20 millones de civiles, y en China, 10 millones.

Hay más datos de las bajas militares, muertos y heridos. De los más de 70 millones de personas que sirvieron en las fuerzas armadas de los Aliados y de las potencias del Eje, unos 17 millones resultaron muertos y otros 17 millones fueron heridos.

Una enfermera del ejército de Estados Unidos alimenta a un soldado herido. Esta foto fue tomada en 1943, durante la Segunda Guerra Mundial.

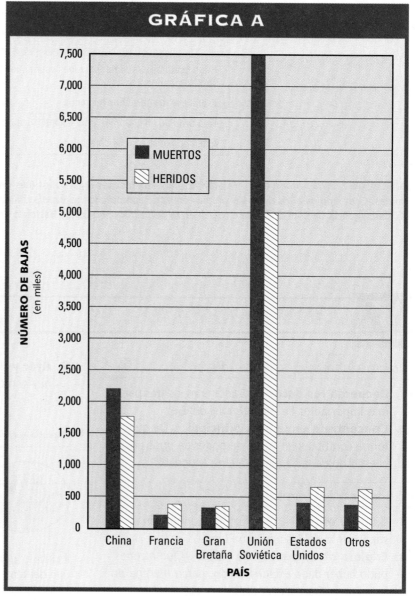

Comprende el proceso

Las gráficas de barras dobles de estas páginas muestran el número de bajas por país. La Gráfica A muestra las bajas de los Aliados, y la Gráfica B, las de las potencias del Eje. Usa estos pasos para interpretar las gráficas.

1. Mira los números y las palabras que están en los márgenes inferior e izquierdo de cada gráfica. Los países están en la parte inferior, y el número de personas, a la izquierda.
2. A cada país le corresponden dos barras. La barra roja representa los muertos, y la barra rayada, los heridos.

3. Para interpretar las gráficas traza con tu dedo cada barra de abajo arriba y después lleva tu dedo hasta el margen izquierdo de la gráfica. Si la parte superior de la columna queda entre dos números, la cifra correspondiente estará entre esos números.
4. Compara la altura de las barras rojas de dos países cualquiera. ¿Cuál tuvo más muertos?
5. Compara la altura de las barras rayadas de dos países cualquiera. ¿Cuál tuvo más heridos?
6. Compara la altura entre la barra roja y la rayada de un solo país. ¿Cuál de las dos es más alta? ¿Qué diferencia de altura hay entre cada barra?
7. Ahora compara la altura de todas las barras para comparar los muertos y heridos entre todos los países. ¿De qué te sirven las gráficas de barras dobles a la hora de comprender el costo en vidas de la Segunda Guerra Mundial?

Piensa y aplica

Haz una gráfica de barras dobles de tus dos próximas calificaciones en exámenes de Estudios Sociales y otras asignaturas. Escribe las asignaturas en el margen inferior de la gráfica. En el margen izquierdo, haz una escala de calificaciones posibles, de diez en diez, que vaya desde 0 por ciento en la parte inferior hasta 100 por ciento en la parte superior. Usa una barra para cada examen. Recuerda usar dos barras de distinto color o hacer una barra de un solo color y la otra rayada para representar cada examen. Estudia tu gráfica una vez terminada. ¿Qué datos te da?

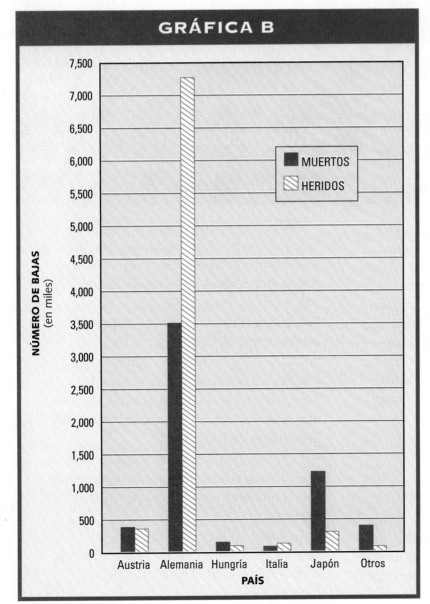

GRÁFICA B

NÚMERO DE BAJAS (en miles)

MUERTOS
HERIDOS

Austria Alemania Hungría Italia Japón Otros

PAÍS

Cuenta las ESTRELLAS

texto de Lois Lowry   ilustraciones de Tony Meers

Durante su avance por Europa, los nazis sometieron a las personas judías a graves abusos. Los judíos fueron obligados a vivir en zonas segregadas llamadas guetos. Asimismo, debían llevar en la ropa una estrella de David, estrella de seis puntas, símbolo del judaísmo, de color amarillo. Más tarde, los nazis comenzaron a aplicar su Solución Final, enviando a campos de concentración a millones de judíos.

Lee ahora cómo una pareja danesa protegió a una niña judía, Ellen, fingiendo que era su hija mayor, que en realidad había muerto. Durante la lectura, considera cuál es la responsabilidad de una persona en la protección de los derechos de los demás.

*A*nnemarie abrió con cuidado, sólo una rendija, la puerta del dormitorio y echó un vistazo. Detrás de ella, Ellen se había incorporado, con los ojos muy abiertos.

Podía ver a mamá y papá yendo de un lado para otro en ropa de dormir. Mamá sostenía una vela encendida, pero mientras Annemarie miraba, se acercó a una lámpara y la encendió. Hacía tanto tiempo que no se habían atrevido a usar la electricidad, tan estrictamente racionada, que la luz de la habitación le pareció cegadora a Annemarie, que miraba por la pequeña abertura de la puerta. Vio cómo su madre miraba automáticamente las cortinas negras, asegurándose de que estaban bien echadas.

Papá abrió la puerta a los soldados.

—¿Es éste el apartamento de los Johansen? —preguntó una voz profunda en un danés horrible.

—Nuestro nombre está en la puerta, y veo que usted tiene una linterna —respondió papá—. ¿Qué se le ofrece? ¿Hay algún problema?

—Tengo entendido que usted es amiga de sus vecinos, los Rosen, señora Johansen —dijo el soldado airadamente.

—Es cierto; Sophy Rosen es mi amiga —contestó mamá con calma—. Por favor, ¿podría bajar el tono de voz? Mis hijas están durmiendo.

—Entonces tendrá la amabilidad de decirme dónde están los Rosen. —El soldado no hizo el menor esfuerzo por hablar más bajo.

—Supongo que estarán en casa, durmiendo. Son las cuatro de la mañana —dijo mamá.

Annemarie oyó cómo el soldado atravesó el salón y se dirigió hacia la cocina. Desde su estrecha rendija en la puerta podía ver en la entrada de la cocina al grueso hombre uniformado, con una pistola al cinto, que miraba hacia el fregadero.

Otra voz alemana dijo:

—El apartamento de los Rosen está vacío, y nos preguntábamos si podrían estar visitando a sus buenos amigos, los Johansen.

—Como pueden ver —dijo papá moviéndose un poco para ponerse frente a la puerta del dormitorio de Annemarie, que ahora sólo podía ver el contorno oscuro de su espalda—, están en un error. Aquí no hay nadie más que mi familia.

—Espero que no le importará que echemos un vistazo.

Su tono de voz indicaba que no estaba pidiendo permiso.

—Por lo que parece no tenemos alternativa —replicó papá.

—Por favor, no despierten a nuestras hijas —pidió mamá de nuevo—. No hay necesidad de asustarlas.

Los pies calzados con pesadas botas se movieron de nuevo, dirigiéndose al otro dormitorio. Se oyó una puerta de armario que se abría y se cerraba de nuevo de un portazo.

Annemarie cerró con cuidado la puerta de su habitación y, dando traspiés en la oscuridad, volvió a su cama.

—Ellen —le dijo en voz baja, con apremio—. ¡Quítate la cadena![1]

Ellen se llevó precipitadamente las manos al cuello, y trató con desesperación de desabrochar el diminuto cierre. Fuera de la habitación continuaban las voces ásperas y los pasos ruidosos.

—¡No puedo! —dijo Ellen, muy nerviosa—. Nunca me la quito. ¡Ni siquiera me acuerdo de cómo se abre!

Annemarie oyó una voz al otro lado de la puerta.

—¿Qué hay aquí?

—Shhh… —replicó su madre—. Es la habitación de mis hijas. Están dormidas.

—Quédate quieta —ordenó Annemarie—. Esto te va a doler.

Agarró la pequeña cadena de oro y, dando un tirón con todas sus fuerzas, la arrancó. Mientras la puerta se abría y la luz inundaba la habitación, se la guardó en la mano y cerró el puño.

Aterrorizadas, las dos niñas miraron a los tres oficiales nazis que habían entrado.

Uno de ellos alumbró los rincones del dormitorio con una linterna. Se dirigió al armario y miró en su interior. Luego, de un golpe con la mano enguantada, tiró al suelo varios abrigos y un albornoz que colgaban de unas perchas en la pared.

En la habitación no había nada más que un mueble con cajones, un cofre azul decorado en una esquina y un montón de muñecas de Kirsti apiladas sobre una pequeña mecedora. La luz de la linterna iluminó los objetos, uno a uno. Enfadado, el oficial se volvió hacia la cama.

—¡Levántense! —ordenó—. ¡Vengan aquí!

Temblorosas, las dos niñas salieron de la cama y lo siguieron hacia el salón, pasando junto a los otros dos oficiales, que permanecían en la puerta.

---

[1] **cadena:** Ellen llevaba en el cuello una cadena de oro con la estrella de David.

Annemarie echó un vistazo a su alrededor. Estos tres hombres uniformados eran diferentes a los que se veían en las esquinas por la calle. Los soldados de la calle solían ser jóvenes y a veces parecían estar incómodos. Annemarie recordaba cómo uno de ellos había abandonado por un momento su gesto de dureza y había sonreído a Kirsti.

Pero estos hombres eran mayores, y en sus rostros se dibujaba la ira.

Sus padres estaban de pie, el uno junto al otro, pero no se veía a Kirsti por ningún lado. Gracias a Dios que Kirsti dormía como un tronco. Si la hubieran despertado, estaría llorando o, peor aún, estaría enfadada y dando golpes con los puños.

—¿Cómo se llaman? —gritó el oficial.

—Annemarie Johansen. Y ésta es mi hermana…

—¡Silencio! Deja que hable ella misma. ¿Cuál es tu nombre? —Y miró a Ellen.

Ellen tragó saliva.

—Lise —dijo, y carraspeó—. Lise Johansen.

El oficial las miró fijamente con gesto severo.

—Ya ha visto que no estamos ocultando a nadie —dijo mamá con dureza—. ¿Pueden mis hijas volver a su cuarto?

El oficial no hizo el menor caso. De repente, agarró un mechón del pelo de Ellen, que hizo una mueca de dolor.

El oficial sonrió con desdén.

—Tienen a una hija rubia durmiendo en la otra habitación. Y a ésta otra hija rubia —e hizo un gesto con la cabeza en dirección a Annemarie—. ¿De dónde han sacado a esta morena? —Y retorció el mechón de Ellen—. ¿De un padre diferente? ¿Del lechero?

Papá dio un paso hacia delante.

—No le hable así a mi mujer. Suelte a mi hija o daré parte de usted por su comportamiento.

—O quizás la han sacado de otro lado —continuó el oficial con una sonrisa de desprecio—. ¿De los Rosen?

Por un instante nadie dijo nada. Entonces, la asustada Annemarie vio cómo su padre se acercaba apresuradamente a la pequeña estantería y agarraba uno de los libros. Observó que había tomado el álbum de fotografías de la familia. Con rapidez, el padre fue pasando las páginas hasta encontrar lo que estaba buscando y arrancó tres fotografías de tres páginas diferentes.

Se las entregó al oficial alemán, que soltó el pelo de Ellen.

—Aquí puede ver a mis hijas; debajo de cada fotografía está escrito el nombre.

Annemarie supo enseguida qué fotografías había elegido su padre. El álbum tenía muchas instantáneas —todas las fotos desenfocadas de funciones escolares y fiestas de cumpleaños— pero también tenía un retrato de cada niña cuando era bebé, tomado por un fotógrafo. Mamá había escrito con su delicada caligrafía el nombre de cada una de sus hijas en la parte inferior de cada fotografía.

También se dio cuenta, con un escalofrío, de por qué papá las había arrancado del libro. En la parte inferior de cada página, debajo de la fotografía misma, estaba escrita la fecha. Y la auténtica Lise Johansen había nacido veintiún años antes.

—Kirsten Elisabeth —leyó el oficial mientras miraba la foto de Kirsti cuando era bebé; luego, la dejó caer al suelo.

—Annemarie —leyó después, mirando hacia ella, y tiró al suelo la segunda foto.

—Lise Margrete —leyó finalmente, y miró fijamente a Ellen durante un largo instante. Annemarie podía ver en su mente la fotografía que el oficial tenía en la mano: el bebé, con los ojos muy abiertos, apoyado en una almohada, sosteniendo con su mano diminuta un chupete plateado, con los pies apenas visibles bajo el dobladillo de su vestido bordado. Los rizos delicados. Oscuros.

El oficial rompió en dos pedazos la fotografía y los tiró al suelo. Después, dio media vuelta, aplastando los retratos con los tacones de sus brillantes botas, y salió del apartamento. Sin decir una palabra, los otros dos oficiales lo siguieron. Papá se acercó a la puerta y la cerró.

Annemarie aflojó los dedos agarrotados de su mano derecha, que seguían sosteniendo la cadena de Ellen. Y al mirar hacia abajo vio, marcada en la palma, la estrella de David.

Repaso de la literatura

1. ¿Por qué pensó Annemarie que los hombres no eran soldados ordinarios?
2. ¿Cómo demostraron valentía e ingenio Annemarie y sus padres al proteger a Ellen de los nazis?
3. Escribe la anotación que Ellen Rosen podría haber hecho en su diario el día después de los acontecimientos que se relatan en la historia. Asegúrate de mencionar cómo se sentía Ellen acerca de las acciones de los Johansen.

LAS TENSIONES DE LA GUERRA FRÍA

Conexión con nuestro mundo

¿Cómo pueden conducir a conflictos las diferencias ideológicas sobre política y economía hoy día?

Concéntrate en la idea principal
Mientras leas, piensa sobre cómo las diferencias ideológicas sobre política y economía dieron lugar a tensiones y conflictos en los años posteriores a la Segunda Guerra Mundial.

Anticipa el vocabulario
superpotencia
Guerra Fría
política de contención

guerra limitada
política de distensión

El Plan Económico de Ayuda a Europa, o Plan Marshall, contribuyó a la reconstrucción de las naciones europeas.

E·R·P

You hold the Key

Después de la Segunda Guerra Mundial, Estados Unidos y la Unión Soviética se convirtieron en las naciones más poderosas del mundo. Pronto aparecieron tensiones entre estas dos **superpotencias**. Estados Unidos y las potencias europeas temían que los soviéticos quisieran imponer por la fuerza el sistema comunista en otros países. Estos temores condujeron a un nuevo tipo de conflicto, la Guerra Fría. Aunque durante el período de la **Guerra Fría** las dos superpotencias no se enfrentaron entre sí directamente, ambas se prepararon para la guerra desarrollando todo tipo de armas. Ambos bandos trataron de acumular no sólo la cantidad más grande de armas posible, sino también las más poderosas.

RIVALIDAD DE LAS SUPERPOTENCIAS EN EUROPA

En 1946, Winston Churchill dijo que "una cortina de hierro" había "descendido a través del continente" europeo. Él hizo notar que todas las naciones que estaban al este de esta cortina estaban bajo el control de los soviéticos. Churchill tenía razones poderosas para decir esto. Los soviéticos habían prometido elecciones libres en las naciones de Europa oriental que habían liberado del control nazi. Pero no cumplieron su promesa, y prohibieron toda oposición a los gobiernos comunistas que habían establecido en esos países.

Muchos americanos presionaron a su gobierno para que adoptara una **política de contención**, es decir, que tratara de evitar que los soviéticos controlaran otros países. En 1947, el presidente Harry Truman ofreció ayuda económica a todas aquellas naciones que quisieran mantenerse libres de la influencia soviética. Truman también sugirió que Estados Unidos estaba

ALIANZAS EUROPEAS EN 1955

Miembro de la OTAN

País no comunista que no pertenece a la OTAN

Miembro del Pacto de Varsovia

País comunista no incorporado al Pacto de Varsovia

Canadá y Estados Unidos son parte de la OTAN.

ISLANDIA
FINLANDIA
NORUEGA
SUECIA
IRLANDA
GRAN BRETAÑA
DINAMARCA
PAÍSES BAJOS
BÉLGICA
REPÚBLICA DEMOCRÁTICA ALEMANA
POLONIA
UNIÓN SOVIÉTICA
LUXEMBURGO
REPÚBLICA FEDERAL DE ALEMANIA
CHECOSLOVAQUIA
FRANCIA
SUIZA
AUSTRIA
HUNGRÍA
RUMANIA
PORTUGAL
ESPAÑA
Córcega
ITALIA
YUGOSLAVIA
BULGARIA
ALBANIA
TURQUÍA
GRECIA
ASIA
Cerdeña
Sicilia

Mar del Norte
Mar Báltico
OCÉANO ATLÁNTICO
Mar Negro
Mar Caspio
Mar Mediterráneo
Círculo Polar Ártico
ÁFRICA

0   250   500 millas
0   250   500 kilómetros
Proyección azimutal equi-área

REGIONES Para 1955 casi todos los países europeos formaban parte de una alianza.

■ ¿En qué parte de Europa había más naciones del Pacto de Varsovia? ¿En qué parte había más naciones de la OTAN?

preparado para dar ayuda militar a esos países. Esta nueva política recibió el nombre de Doctrina Truman.

Truman también se aseguró de que el Plan de Ayuda Económica a Europa, o Plan Marshall, fuera aprobado en el Congreso en 1948. Este plan dio a las naciones europeas más de 12,000 millones de dólares para reconstruir sus economías. Truman estaba convencido de que una Europa económicamente fuerte no estaría interesada en el comunismo.

A fin de acelerar la puesta en marcha del Plan Marshall, Inglaterra, Francia y Estados Unidos decidieron unir las zonas que controlaban en Alemania y establecer un nuevo gobierno. La Unión Soviética vio esto como una amenaza a su control sobre la zona oriental de Alemania. Inmediatamente, los soviéticos bloquearon todas las rutas terrestres y fluviales entre la zona occidental de Alemania y la zona oeste de Berlín. Inglaterra

y Estados Unidos empezaron a enviar provisiones a Berlín por avión. Once meses más tarde, en mayo de 1949, los soviéticos levantaron el bloqueo.

Los países occidentales continuaron con sus planes de formar la República Federal de Alemania. Los soviéticos, por su parte, crearon la República Democrática Alemana, o Alemania Oriental, en su zona de control. La ciudad de Berlín también se dividió en dos sectores.

En 1949, las potencias occidentales formaron una alianza militar llamada Organización del Tratado del Atlántico Norte (OTAN) para defenderse mutuamente ante la posibilidad de un ataque soviético. En 1955 los dirigentes soviéticos organizaron a los países de Europa oriental en el llamado Pacto de Varsovia, una alianza opuesta a la OTAN.

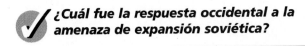

¿Cuál fue la respuesta occidental a la amenaza de expansión soviética?

LA EXPANSIÓN DEL COMUNISMO EN ASIA

La Guerra Fría no tardó en extenderse de Europa a Asia. En 1945, los comunistas chinos lucharon para ganar el poder en su país. En octubre de 1949 crearon un estado comunista llamado República Popular China. Beijing, que antes recibía el nombre de Pekín, se convirtió en su capital.

El conflicto entre comunismo y democracia se extendió después a Corea. Luego de la Segunda Guerra Mundial, Corea había sido dividida en dos partes: una al norte, con fuerzas soviéticas, y otra, al sur, con tropas americanas. Con la ayuda de los soviéticos, los comunistas tomaron control de Corea del Norte. En 1950, el ejército norcoreano atravesó la frontera con Corea del Sur, con el fin de unificar los dos sectores bajo el sistema comunista. Estados Unidos y las Naciones Unidas enviaron soldados de inmediato para ayudar a Corea del Sur. Por su parte, la Unión Soviética y el nuevo régimen comunista chino ayudaron a Corea del Norte. En ese momento, las tensiones entre el mundo comunista y el no comunista alcanzaron su punto más alto. Muchos temieron que estas tensiones estallaran en una nueva guerra mundial.

El presidente Truman quiso evitar que el conflicto se extendiera, y decidió tratar el conflicto como una **guerra limitada**, es decir, que Estados Unidos no intentaría una victoria absoluta. Esta decisión hacía menos probable que se usaran

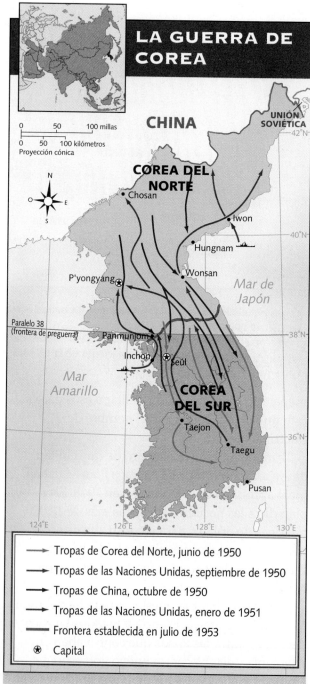

LA GUERRA DE COREA

Tropas de Corea del Norte, junio de 1950
Tropas de las Naciones Unidas, septiembre de 1950
Tropas de China, octubre de 1950
Tropas de las Naciones Unidas, enero de 1951
Frontera establecida en julio de 1953
✹ Capital

 UBICACIÓN   Corea del Norte deseaba unificar toda Corea bajo un gobierno comunista.
■ ¿Por qué era lógico que se produjeran duros combates cerca del paralelo 38?

Refugiados coreanos y soldados americanos, en la región coreana del río Naktong

armas atómicas, o nucleares. Este temor existía porque los soviéticos habían ensayado su primera bomba nuclear en 1949.

En 1953, ambas partes acordaron terminar la guerra, y se estableció una nueva frontera entre las dos Coreas, cerca del paralelo 38. A pesar de que la lucha en Corea había terminado, la Guerra Fría continuó.

 ¿Por qué llegaron las tensiones de la Guerra Fría a su punto más alto en la década del 50?

KRUSCHEV Y KENNEDY

En 1958, Nikita Kruschev se convirtió en el líder de la Unión Soviética. El dirigente soviético controló con dureza a los países comunistas de Europa oriental. Al mismo tiempo, trató de convencer a las naciones occidentales de que la paz era posible. "La coexistencia pacífica entre distintas formas de gobierno es posible", dijo Kruschev. Con el fin de mejorar las relaciones soviético-americanas, Kruschev visitó Estados Unidos.

Pero esta tregua en la Guerra Fría no duró mucho. En la década del 60, Estados Unidos y la Unión Soviética estuvieron muy cerca de la guerra. En mayo de 1961, Kruschev exigió al presidente John F. Kennedy que retirara a las tropas americanas de Berlín Oeste, pues las consideraba una amenaza para Alemania Oriental. El presidente Kennedy se negó y Kruschev amenazó con usar armas nucleares si las tropas no se retiraban. Kennedy se mantuvo firme.

En agosto, soldados de Alemania Oriental levantaron una valla de ladrillos y alambre de púas entre Berlín Este y Berlín Oeste, para evitar que los alemanes del Este huyeran hacia la parte libre. Kennedy respondió enviando más soldados americanos a esa ciudad. Kruschev hizo lo mismo. El peligro de guerra era muy real, pero finalmente las tropas soviéticas se retiraron.

Después de esta crisis las tensiones se relajaron, pero la valla permaneció. Con el tiempo, los alemanes del Este sustituyeron la valla de ladrillo por un muro de hormigón, el Muro de Berlín. Este muro se convirtió en el símbolo de la Guerra

El presidente Kennedy y el dirigente soviético Nikita Kruschev se dan la mano en Viena, en 1961 (arriba). Un grupo de berlineses se asoman al otro lado del muro que dividía su ciudad (derecha). ¿Cómo crees que la división de Berlín afectó a los berlineses?

Fría y de las divisiones entre el mundo libre y el mundo comunista.

Poco después de la crisis de Berlín, surgió otro conflicto. En esta ocasión se produjo en un pequeño país, Cuba, una isla situada al sur de Florida. En 1959, un grupo de revolucionarios dirigidos por Fidel Castro tomó el control de la isla. El régimen de Castro no tardó en formar estrechos vínculos con la Unión Soviética.

La solidez de estos vínculos se vio claramente en 1962, cuando los americanos descubrieron que la Unión Soviética había construido plataformas de lanzamiento de misiles nucleares en Cuba, a menos de 100 millas (161 kilómetros) de las costas de Florida. El presidente Kennedy ordenó un bloqueo naval de Cuba, para evitar que los soviéticos llevaran material militar a la isla. Cuando los barcos soviéticos navegaron hacia la zona bloqueada por los americanos, la guerra parecía inminente.

Sin embargo, los barcos rusos dieron media vuelta. "Estamos ojo a ojo", dijo el entonces Secretario de Estado de Estados Unidos, Dean Rusk, "y creo que los otros han parpadeado". En el plazo de una semana, los soviéticos aceptaron retirar los misiles. Kennedy, por su parte, se comprometió a no invadir Cuba. En 1963, ambas superpotencias firmaron un tratado para suspender las pruebas nucleares a cielo abierto.

 **¿Cuál fue el símbolo de la Guerra Fría?**

VIETNAM

Vietnam, un país de Indochina, se convirtió en el siguiente escenario de la Guerra Fría. Al final de la Segunda Guerra Mundial, los líderes vietnamitas habían declarado la independencia de Francia, la potencia colonial que controlaba su territorio. Sin embargo, los franceses quisieron recuperar el control del país. Estados Unidos apoyó a Francia porque el líder vietnamita, Ho Chi Minh, tenía vínculos con los comunistas. En 1954, después de años de conflicto, los

LA GUERRA DE VIETNAM

UBICACIÓN Vietnam actual, una vez estuvo dividido en dos partes en guerra.

■ ¿En qué lugar de Vietnam hubo más combates?

Soldados americanos evacuan heridos de una selva en Vietnam del Sur en 1967.

franceses fueron derrotados. Con el fin de la guerra, se acordó dividir Vietnam en dos partes: norte y sur.

Ho Chi Minh, ayudado por China y la Unión Soviética, formó un estado comunista en la mitad norte, y también logró hacer numerosos simpatizantes en el sur. El Vietcong, o vietnamitas comunistas, emprendió una campaña para derrocar al gobierno de Vietnam del Sur. Esto dio lugar al inicio de la guerra entre Vietnam del Norte y Vietnam del Sur. A principios de la década de los 60, Estados Unidos ayudó a Vietnam del Sur en su lucha contra el Vietcong.

Un helicóptero lleva soldados de refuerzo al campo de batalla (arriba). Una niña vietnamita abraza a su muñeca en medio de una zona de guerra.

En 1969, Estados Unidos tenía 550,000 soldados en Vietnam. Sin embargo, la victoria no parecía más cercana y los soldados americanos continuaban muriendo cada día. También murieron millones de vietnamitas en el norte y en el sur. La guerra se extendió a otros países de la región.

La intervención americana en la Guerra de Vietnam creó conflictos dentro de Estados Unidos. Mientras que algunos americanos pensaban que su país tenía la obligación de luchar contra el comunismo, otros creían que no debía involucrarse en las guerras de otros países. Los que se oponían a la guerra organizaron protestas y manifestaciones.

Cada vez los americanos cuestionaban más las razones del gobierno para continuar en la guerra de Vietnam. Con el tiempo, los líderes americanos trataron de poner fin a la participación de Estados Unidos en la guerra. En 1973, dirigentes norvietnamitas y americanos firmaron un acuerdo para terminar la guerra. Poco después, los americanos se retiraron de Vietnam.

Alrededor de 58,000 soldados habían muerto, y otros 360,000 resultaron heridos. En 1974, Vietnam del Norte atacó a Vietnam del Sur, y en abril del año siguiente los comunistas lograron controlar todo el país. Estados Unidos no reanudó las relaciones diplomáticas y comerciales con Vietnam hasta 1995.

Después de su retirada de Vietnam, Estados Unidos emprendió una nueva política con los países comunistas, llamada **política de distensión**. Con ella se pretendía relajar las tensiones entre los comunistas y el mundo libre. Fieles a esta nueva filosofía, los líderes americanos iniciaron conversaciones con China. También

Este mensaje refleja el estado de ánimo de los americanos que se oponían a la guerra.

SICK OF THE WAR IN VIETNAM

firmaron un acuerdo con la Unión Soviética para limitar la producción de armas nucleares.

En 1979 volvieron a surgir tensiones. La Unión Soviética envió soldados a Afganistán para apoyar al debilitado régimen comunista del país de Asia central. El presidente americano, Jimmy Carter, respondió suspendiendo la venta de cereales a los soviéticos. Carter también decidió cancelar la asistencia del equipo olímpico de Estados Unidos a los Juegos Olímpicos de verano de 1980, celebrados en la Unión Soviética. Además, amenazó a los soviéticos con enviar soldados americanos a Afganistán si era necesario. El espíritu de la política de distensión había desaparecido por el momento.

 ¿Por qué decidieron los líderes americanos que Estados Unidos se retirara de Vietnam?

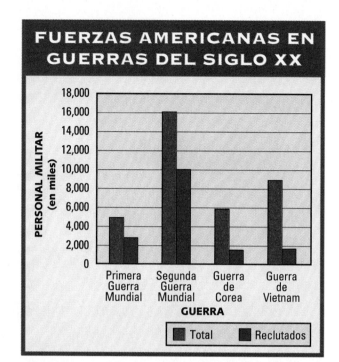

FUERZAS AMERICANAS EN GUERRAS DEL SIGLO XX

PERSONAL MILITAR (en miles)

	Total	Reclutados

APRENDER CON GRÁFICAS Esta gráfica muestra el número de soldados americanos que luchó en cada guerra.

■ ¿Qué diferencia aproximada hay entre el número de soldados americanos que lucharon en la Segunda Guerra Mundial y en la Guerra de Vietnam?

*L*ECCIÓN 3 • REPASO

Comprueba lo que aprendiste

1. **Recuerda los datos**   ¿Qué fue la política de distensión?
2. **Concéntrate en la idea principal**   ¿De qué forma las diferencias ideológicas sobre política y economía generaron tensiones y conflictos armados en los años posteriores a la Segunda Guerra Mundial?

Piensa críticamente

3. **Piensa más sobre el tema**   ¿Qué efecto crees que puede tener la división de un país en dos partes en sus habitantes?
4. **Causa y efecto**   ¿Qué acontecimientos históricos condujeron a un aflojamiento de tensiones entre las superpotencias?

Muestra lo que sabes

 Actividad: Caricatura política
Dibuja una caricatura política sobre la Guerra Fría. Escribe algo para explicar la caricatura, si es necesario.

Medallas de guerra (izquierda) y el Monumento a los Veteranos de Vietnam, en Washington, D.C. (abajo)

Cómo

Tomar una decisión bien pensada

¿Por qué es importante esta destreza?

Cada una de tus acciones tiene una consecuencia. Algunas de estas consecuencias son a corto plazo, es decir, suceden inmediatamente después de tu acción y duran poco tiempo. Otras consecuencias son a largo plazo, o sea, suceden un tiempo después y duran mucho tiempo. Una acción también puede tener consecuencias positivas, negativas o ambas. Para tomar una decisión bien pensada, antes de hacer algo tienes que pensar en las posibles consecuencias.

Recuerda lo que has leído

En esta lección has leído que los gobernantes de las superpotencias mundiales tuvieron que tomar muchas decisiones difíciles. En la Crisis de los misiles cubanos de 1962, tanto el Presidente de Estados Unidos, John F. Kennedy, como el líder soviético, Nikita Kruschev, tuvieron que tomar decisiones importantes antes de actuar.

El Presidente Kennedy tuvo que decidir qué hacer para evitar que los soviéticos enviaran suministros militares a Cuba, una isla situada a 100 millas (161 kilómetros) de las costas de Florida. Independientemente de cuál fuera la decisión que Kennedy tomase, corría el riesgo de entrar en guerra con la Unión Soviética. Podría haber ordenado atacar a Cuba; en cambio decidió bloquear la isla para evitar que los barcos soviéticos llegaran a ella. Kennedy esperaba que esta medida tuviera consecuencias menos graves.

Kruschev, por su parte, tuvo que decidir cómo responder al bloqueo americano. Sabía que la consecuencia de sus acciones podría ser la guerra con Estados Unidos. Kruschev podría haber ordenado que sus barcos rompieran el bloqueo, en cambio ordenó que regresaran a la Unión Soviética.

Comprende el proceso

Para tomar una decisión difícil, puedes seguir una serie de pasos empleados por mucha gente. Estos pasos pueden ayudarte a tomar decisiones más razonablemente.

- Identifica tu objetivo.
- Piensa acerca del problema que te impide alcanzar tu objetivo.
- Haz una lista de las acciones que puedes tomar. Empieza por las que creas que podrían tener consecuencias positivas, y termina con aquellas que podrían tener consecuencias negativas.
- Elige la acción que te parezca más apropiada.
- Actúa de acuerdo con tu elección.
- Piensa si tu elección te ha ayudado a alcanzar tu objetivo.

Piensa y aplica

Piensa acerca de una decisión que hayas tomado en la escuela. ¿Qué pasos seguiste? ¿Cuáles fueron las consecuencias? ¿Crees que tomaste una decisión bien pensada? Explica tus respuestas.

EL BUEN CIUDADANO

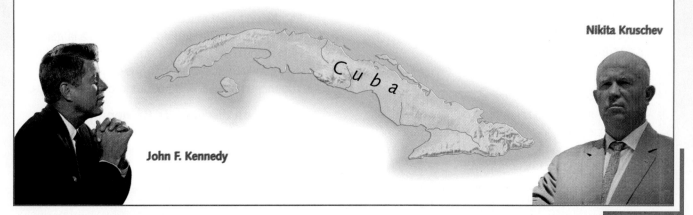

John F. Kennedy

Cuba

Nikita Kruschev

CAPÍTULO 20
REPASO

CONECTA LAS IDEAS PRINCIPALES

Usa este organizador para mostrar cómo están relacionadas las ideas principales del capítulo. Copia el organizador en una hoja de papel y complétalo escribiendo varias oraciones que describan cada uno de los temas siguientes.

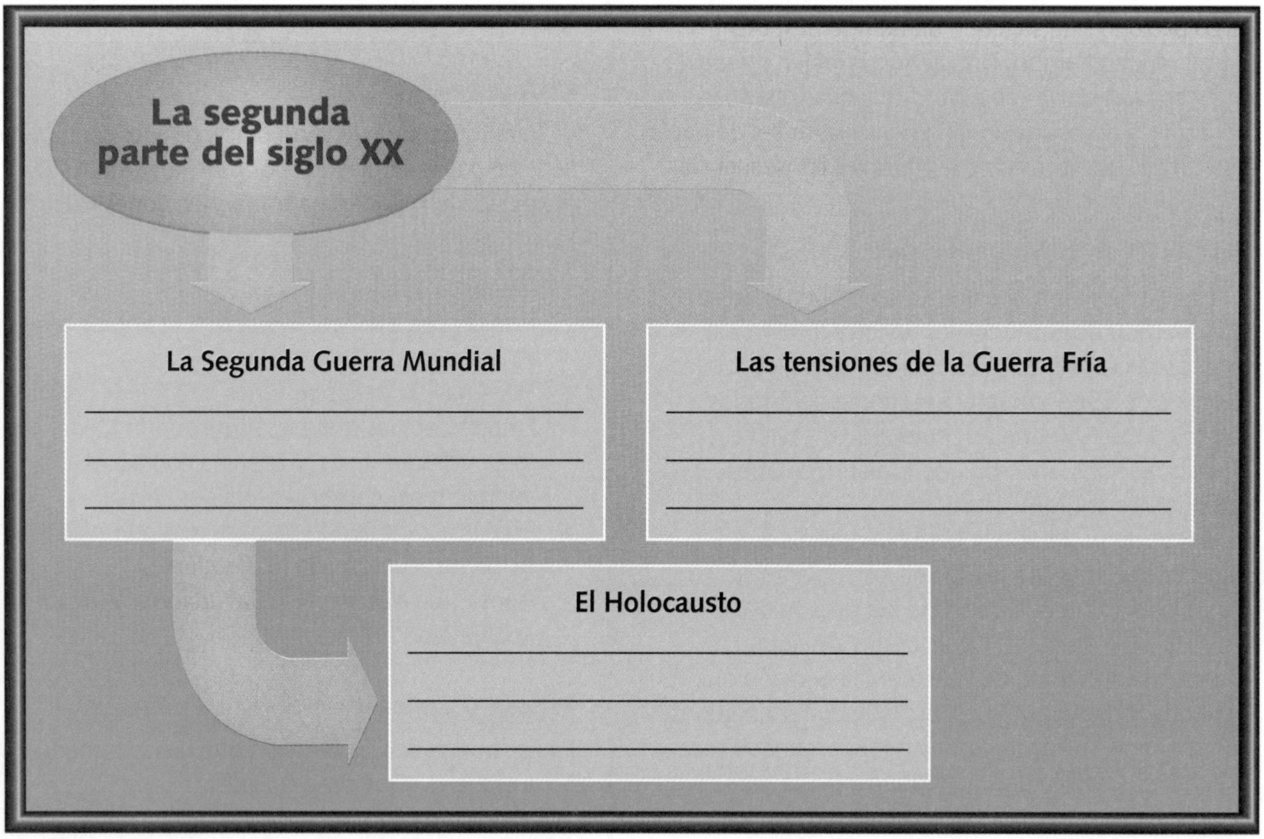

La segunda parte del siglo XX

La Segunda Guerra Mundial
_____
_____
_____

Las tensiones de la Guerra Fría
_____
_____
_____

El Holocausto
_____
_____
_____

ESCRIBE MÁS SOBRE EL TEMA

1. Escribe un informe Escribe un breve informe que explique por qué Estados Unidos entró en la Segunda Guerra Mundial.

2. Escribe una entrevista Muchas personas perdieron la vida en campos de concentración, pero algunos lograron sobrevivir. Escribe cinco preguntas que le harías a un superviviente de un campo de concentración.

3. Escribe un artículo para una revista Escribe un breve artículo sobre cómo la Guerra de Vietnam afectó de diferentes maneras a la gente. Pide a dos o tres personas que vivieron durante este conflicto que describan sus experiencias. Luego, escribe el artículo basándote en esos datos.

4. Escribe un discurso de homenaje Escribe un párrafo elogiando a los hombres y mujeres, civiles o militares, que perdieron sus vidas en algún conflicto del siglo XX.

USA EL VOCABULARIO

Usa cada palabra o expresión en una oración completa que explique su significado.

política de apaciguamiento
campo de concentración
política de contención
política de distensión

genocidio
guerra limitada
superpotencia

COMPRUEBA LO QUE APRENDISTE

1. ¿Qué acontecimiento llevó a Francia y Gran Bretaña a declarar la guerra a Alemania?

2. ¿Qué países formaban las potencias del Eje? ¿Qué países formaban las Fuerzas Aliadas?

3. ¿Qué acontecimientos condujeron a la rendición de Alemania y Japón durante la Segunda Guerra Mundial?

4. ¿Qué fue la Solución Final de los nazis?

5. ¿Qué organización reemplazó a la Liga de Naciones y cuál es su objetivo principal?

6. ¿Qué sucedió en Alemania después de la Segunda Guerra Mundial?

7. ¿Por qué quiso el Presidente Truman que el conflicto de Corea fuera una guerra limitada?

8. ¿Por qué participó Estados Unidos en la Guerra de Vietnam?

PIENSA CRÍTICAMENTE

1. **Ayer y hoy**   ¿Podría repetirse un acontecimiento como el Holocausto en la actualidad? Di por qué sí o por qué no.

2. **En mi opinión**   ¿Crees que Estados Unidos debería prestar ayuda a países que se encuentran en guerra? Explica tu respuesta.

3. **Explora otros puntos de vista**   Algunos piensan que Estados Unidos tuvo que usar la bomba atómica en ciudades japonesas durante la Segunda Guerra Mundial. Otros opinan lo contrario. ¿Qué razones podrían emplear unos y otros para defender sus puntos de vista?

4. **Piensa más sobre el tema**   ¿Crees que Estados Unidos habría entrado en la Segunda Guerra Mundial si Japón no hubiera bombardeado Pearl Harbor? Explica tu respuesta.

APLICA TUS DESTREZAS

Cómo usar una gráfica de barras dobles
Usa las gráficas de barras dobles de las páginas 564 y 565 para contestar las siguientes preguntas:

1. Según las gráficas, ¿quién tuvo más muertos, las potencias del Eje o los Aliados?

2. ¿En qué país hubo más víctimas, en China o en Japón?

Cómo tomar una decisión bien pensada
Contesta las siguientes preguntas acerca de cómo tomar decisiones bien pensadas:

1. ¿Qué es lo primero que debes hacer antes de tomar una decisión?

2. ¿Por qué te convendría tener en cuenta las posibles consecuencias negativas?

3. ¿Por qué es importante pensar si has tomado la decisión adecuada, después de haberla puesto en práctica?

LEE MÁS SOBRE EL TEMA

Rescue: The Story of How Gentiles Saved Jews in the Holocaust de Milton Meltzer; Harper Collins. El autor describe cómo en toda Europa muchas personas que no eran judías arriesgaron sus vidas para ayudar a los judíos a escapar del Holocausto. Las citas de diarios, cartas y entrevistas dan a esta historia una terrible verosimilitud.

The Upstairs Room de Johana Reiss; Bantam. Esta historia narra la historia de dos hermanas judías que permanecen escondidas en casa de una familia cristiana, en la Holanda ocupada durante la Segunda Guerra Mundial.

*L*OS ESTUDIOS
SOCIALES Y TÚ

NIÑOS SOLDADOS

Niño soldado
en Afganistán

En 1974, cuando Arn Chorn, de Camboya, tenía 8 años, el ejército invasor de los jemeres rojos lo arrebató de su casa. Junto con otros niños, Arn fue obligado a trabajar todo el día en los arrozales. Un día, cuando Arn ya tenía doce años, los jemeres rojos le dieron un arma y le dijeron que tenía que ir a luchar contra los vietnamitas, que estaban invadiendo Camboya.

Arn jamás había disparado un arma, y ni siquiera sabía cómo cargarla. Finalmente le preguntó a uno de sus secuestradores: "¿Dónde se ponen las balas?". Antes de enviarlo al campo de batalla, el hombre le dijo: "Date cuenta tú mismo".

Los jóvenes siempre corren peligro durante tiempos de guerra. En algunas sociedades primitivas, pelear en guerras era parte del proceso que convertía a un niño en hombre. En Estados Unidos y Europa, en el siglo XIX, los niños dirigían los ejércitos a la batalla, marchando a la cabeza y marcando el ritmo con sus tambores. En ambas guerras mundiales, así como en las de Corea y Vietnam, muchos niños lucharon y murieron por sus países.

Hoy existen leyes internacionales que prohiben que niños menores de 15 años sean soldados. Sin embargo, niños de todo el mundo continúan luchando en guerras, lo quieran o no.

En distintos períodos de la historia de Estados Unidos, jóvenes americanos tuvieron que alistarse en las fuerzas armadas al cumplir los 18 años. Di si esta política te parece buena o mala. Explica por qué piensas así.

EL BUEN CIUDADANO

Niños soldados en Uganda

CUADROS DE LA HISTORIA

Examina las ilustraciones que aparecen en este cuadro de la historia para repasar los acontecimientos que se presentan en la Unidad 9.

Resume las ideas principales

1. El asesinato del archiduque serbio Francisco Fernando desencadenó una guerra entre las potencias europeas. El conflicto en cuestión se conoce como Primera Guerra Mundial.

2. El pueblo ruso se rebeló contra el zar y lo forzó a abandonar el trono. Más tarde, el Partido Comunista tomó el poder; pero los ciudadanos de lo que pasó a ser la Unión Soviética continuaron sin gozar de derechos o poder político.

3. Una crisis económica en Estados Unidos llevó a la Gran Depresión, que afectó a todo el mundo.

4. Las acciones de las llamadas potencias del Eje dieron lugar al estallido de una segunda guerra en la que participó casi todo el mundo: la Segunda Guerra Mundial.

5. Los judíos y otros grupos sufrieron mucho durante el Holocausto. Millones de personas murieron en campos de concentración.

6. Las diferencias ideológicas sobre política y economía dieron lugar a tensiones y conflictos durante los años posteriores a la Segunda Guerra Mundial. Las guerras de Corea y Vietnam fueron las más importantes de este período.

Escribe sobre la historia   Elige una escena del cuadro de la historia y piensa en los sucesos que se ven en ella. Después, escribe sobre cómo crees que estos acontecimientos han afectado al mundo actual.

UNIDAD 9
REPASO

TALLER DE APRENDIZAJE COOPERATIVO

Recuerda

- Comparte tus ideas.
- Coopera con los demás para planificar el trabajo.
- Responsabilízate por tu trabajo.
- Muestra a la clase el trabajo de tu grupo.
- Comenta lo que has aprendido trabajando en grupo.

Actividad 1

Desarrollar un plan de paz

Con tres o cuatro compañeros, desarrollen su propio plan de paz de catorce puntos. Incluyan todas las ideas que se les ocurran para que los países eviten las guerras. Escriban sus catorce puntos en un cartel para exponerlo en la clase.

Actividad 2

Dibujar un mapa

Trabajen en parejas para hacer un gran mapa del mundo de la época de la Segunda Guerra Mundial. Usen colores diferentes para identificar a los Aliados, a las potencias del Eje y a los países neutrales. Rotulen cada país, titulen el mapa y escriban una leyenda.

Actividad 3

Crear algo conmemorativo

Con tres o cuatro compañeros, piensen en maneras de animar a los jóvenes a recordar el Holocausto. Tal vez quieran crear algo artístico, una canción o un poema, o tal vez tengan otras ideas. Una vez que hayan considerado diferentes ideas, seleccionen una, hagan un plan y pónganlo en práctica.

Actividad 4

Organizar un debate

Imaginen que están en el año 1967. La gente de Estados Unidos está dividida a causa de la Guerra de Vietnam. Organicen un debate en la clase acerca de la participación de Estados Unidos en la Guerra de Vietnam. Hagan dos equipos; uno de ellos debe estar a favor de la participación, mientras que el otro debe apoyar retirarse del conflicto.

USA EL VOCABULARIO

Escribe la palabra o expresión que corresponde a cada definición.

| Guerra Fría | inflación | refugiado |
| Holocausto | propaganda | totalitario |

1. continuo aumento de los precios

2. transmisión de datos o rumores a favor o en contra de una causa

3. asesinato en masa de millones de judíos

4. régimen de control absoluto de la vida de las personas

5. persona que se ve obligada a abandonar su lugar de origen para buscar asilo en otro lugar

6. conflicto que condujo a la carrera armamentista entre las dos superpotencias

COMPRUEBA LO QUE APRENDISTE

1. ¿Qué hizo que las naciones europeas desarrollaran un espíritu militarista en los años anteriores a la Primera Guerra Mundial?

2. ¿Cuál fue la chispa que hizo estallar la Primera Guerra Mundial?

3. ¿Por qué estaban los alemanes descontentos con el Tratado de Versalles?

4. ¿Por qué los alemanes arrestaron a judíos y a otros grupos en la década de los 40?

5. ¿Dónde se luchó la Segunda Guerra Mundial?

6. ¿Qué superpotencia mundial apoyó a Vietnam del Sur? ¿Qué superpotencia mundial apoyó a Vietnam del Norte? ¿Por qué?

PIENSA CRÍTICAMENTE

1. Piensa más sobre el tema ¿En qué se diferenció la Primera Guerra Mundial de las guerras anteriores?

2. Causa y efecto ¿Cómo condujeron las ideas de Hitler sobre la "raza superior" al Holocausto?

3. Explora otros puntos de vista Woodrow Wilson quería que hubiera un largo período de paz después de la Primera Guerra Mundial. ¿Qué parecía ser lo más importante para los que firmaron el Tratado de Versalles?

APLICA TUS DESTREZAS GEOGRÁFICAS

Cómo usar un mapa de husos horarios
En la Segunda Guerra Mundial se luchó en todo el mundo y a través de muchas zonas horarias. El 7 de diciembre de 1941, a las 7:55 a.m., los japoneses bombardearon Pearl Harbor, en Hawaii. Usa el mapa de zonas horarias y responde a las siguientes preguntas sobre el bombardeo de Pearl Harbor.

1. ¿Qué hora era en Washington, D.C., cuando los japoneses bombardearon Pearl Harbor?

2. ¿Qué hora y qué fecha eran en Japón?

DIFERENCIA HORARIA EN LA SEGUNDA GUERRA MUNDIAL

UNIDAD 10

EL CAMINO HACIA EL PRESENTE

1975

1980

1985

1978
Acuerdos de Camp David
entre Israel y Egipto

1986
Mijail
Gorbachov
introduce la
perestroika y la
glasnost en la
Unión Soviética

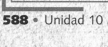

*D*urante la segunda mitad del siglo XX se produjeron grandes cambios en todo el mundo. Países de Asia y África, controlados durante muchos años por las potencias europeas, alcanzaron la independencia. Otros países enfrentados durante décadas firmaron acuerdos de paz en el suroeste asiático. El comunismo europeo se derrumbó, iniciándose así la apertura de los países que hasta ese momento habían permanecido tras la cortina de hierro. Incluso los países que habían estado gobernados por regímenes comunistas trataron de incorporar las ideas económicas del libre mercado. Esta etapa de cambios abrió una nueva vía de comunicación entre las naciones, pero también planteó nuevos desafíos para los dirigentes mundiales.

← El gobierno chino respondió con violencia a las protestas pacíficas de los estudiantes en la Plaza de Tiananmen en 1989.

1990

1989
Caída del Muro de Berlín

Masacre de estudiantes en la Plaza de Tiananmen, en China

1991
Se disuelve la Unión Soviética

Guerra del Golfo Pérsico, en el suroeste de Asia

1993
Israel y la OLP firman un acuerdo de paz

1994
Nelson Mandela gana las elecciones en Sudáfrica

1995

Presente

1995
El transbordador americano *Atlantis* se une a la estación espacial rusa *Mir* en el espacio

Líderes serbios, croatas y musulmanes firman un tratado de paz para Bosnia

EL MURO DE BERLÍN

Doris M. Epler

A finales de 1989, el comunismo comenzó a derrumbarse en Europa oriental. El 9 de noviembre, el gobierno de la República Democrática Alemana asombró al mundo al anunciar que iba a abrir sus fronteras, incluyendo el Muro de Berlín, a medianoche. Lee ahora la descripción de la emoción que sintieron los habitantes de Berlín Este al escuchar la noticia. Durante la lectura, piensa en la razón de que la apertura del Muro de Berlín interesara no sólo a los habitantes de esa ciudad, sino también a los habitantes de todo el mundo.

En Berlín Este, la gente comenzó a acudir al Muro para comprobar si era cierto lo que habían oído. Lo era. A las dos horas del anuncio, el reguero[1] de personas se había convertido en una muchedumbre jubilosa[2]. A medianoche, miles de berlineses orientales cruzaban a pie, en bicicleta o en auto los pasos fronterizos y entraban en la zona occidental de la ciudad, algo que pocas horas antes era sólo un sueño.

En *Checkpoint Charlie*, el lugar donde los tanques americanos y soviéticos se habían encontrado frente a frente mientras se erigía[3] el infausto[4] Muro, largas colas de autos y personas se dirigían a Berlín Oeste sin que nadie tratara de impedirlo[5]. Los berlineses gritaban:

—¡Puertas abiertas! ¡Puertas abiertas! —y— ¡El Muro ha caído!

Algunos exultantes[6] alemanes llegaron a subirse al Muro, sin miedo ya a que los guardias dispararan sobre ellos.

A medida que los berlineses del este avanzaban en sus autos por la espléndida *Kurfürstendamm*, el equivalente en Berlín Oeste a la Quinta Avenida de New York City, su entusiasmo iba en aumento. Durante años habían soñado con entrar en la zona occidental, y ahora estaban haciendo realidad esos sueños. Era un momento muy emotivo, y muchos tenían dificultades para expresar sus sentimientos. Al ver los escaparates de las tiendas de Berlín Oeste, una mujer exclamó:

—¡Todo tiene tanto colorido, tanta luz! ¡Es increíble! ¡La octava maravilla del mundo!

—¡Nunca pensé que llegaría a hacer esto! — eran otros de los comentarios que se escuchaban.

---

[1] **reguero:** en este caso, fila poco numerosa de personas
[2] **jubilosa:** llena de alegría
[3] **erigir:** construir
[4] **infausto:** algo que trae desgracias
[5] **impedir:** evitar, hacer que algo no suceda
[6] **exultantes:** llenos de alegría

De los berlineses del oeste, un estudiante de Berlín Este dijo:

—Es increíble el cariño con que nos saludaban. Nos aplaudían, lloraban. Estaban tan felices como nosotros.[7]

Un hombre ciego, que llevaba un perro guía, comentó:

—Lo único que quería era aspirar el aire de un Berlín libre.[8]

Los guardias de Alemania Oriental, que horas antes habrían disparado a cualquiera que tratara de escapar, posaban ahora alegremente para la gente que tomaba fotografías del acontecimiento.

—Los soldados de Alemania Oriental no saben qué hacer —dijo un berlinés del oeste. —Se comportan de una forma un poco extraña esta noche, muy tranquilos y silenciosos.[9]

Un hombre cruzó la frontera apresuradamente llevando un ejemplar de un periódico que, en un enorme titular, proclamaba: "¡Berlín vuelve a ser Berlín!" Los guardias, que normalmente habrían confiscado[10] material similar, se acercaron, ansiosos de leerlo.

Las celebraciones continuaron durante toda la noche y la mañana siguiente. La gente comenzó a bailar encima del Muro. Otros hacían sonar trompetas, se abrazaban y reían mientras las lágrimas rodaban por sus mejillas. El sonido de escoplos y martillos comenzó a oírse: la gente empezaba a arrancar pedazos de la que había sido una inexpugnable[11] barrera.

Al día siguiente se abrieron más pasos fronterizos, incluyendo el puente *Glienicke*, donde se habían realizado muchos intercambios de espías entre el este y el oeste. Cien mil berlineses del este inundaron[12] la zona occidental. Entre ellos estaba un hombre que había retirado tres libros de la biblioteca *American Memorial* de Berlín Oeste el día antes de que se levantara el Muro. Veintiocho años más tarde, regresaba a devolver los libros, que estaban en perfecto estado. (Es de suponer que no tuvo que pagar multas por el retraso.)

En esta unidad vas a leer más datos acerca de la caída del Muro de Berlín y otros acontecimientos de finales del siglo XX que han tenido efectos muy importantes en las relaciones internacionales.

---

[7] Cita de *Newsweek*, "La caída del Muro", 20 de noviembre de 1989

[8] Cita de *Maclean's*, "¡Al fin libres!", 20 de noviembre de 1989

[9] Cita de *Newsweek*, "La caída del Muro", 20 de noviembre de 1989

[10] **confiscado:** tomado por las autoridades

---

[11] **inexpugnable:** que no se puede superar
[12] **inundar:** llenar

El 9 de noviembre de 1989 se abrieron las puertas del Muro de Berlín (fotografía de la página anterior). Los berlineses, exaltados, se subieron a él para celebrar que el "muro de la vergüenza" (abajo) ya no volvería a separar a la ciudad ni a sus gentes. Alemanes de todas las edades (izquierda) empezaron a arrancar trozos del tan odiado muro.

CAPÍTULO 21

DESAFÍOS ECONÓMICOS

> **"** Todas las cuestiones fundamentales que plantea el mundo son básicamente económicas. **"**
>
> Bruce W. Nelan,
> periodista de
> Estados Unidos, 1992

Mujer de Perú, América del Sur, con vestimenta tradicional

CHINA EN EL MUNDO MODERNO

Conexión con nuestro mundo

¿Qué efecto tiene sobre la economía de un país la ideología de sus líderes?

Concéntrate en la idea principal

Mientras leas, fíjate en cómo se transformó la industria, la agricultura y el comercio de China con el cambio de gobierno.

Anticipa el vocabulario

señor de la guerra
Larga Marcha
comuna
Revolución Cultural
Guardia Roja
cuota

Sun Yat-sen (centro), ante una antigua tumba china, en 1912

A principios del siglo XX, China era un país fundamentalmente rural, con una economía tradicional basada en la agricultura. Su crecimiento económico era muy lento debido a que las potencias extranjeras controlaban sus recursos naturales. Más tarde, la introducción del sistema comunista tampoco contribuyó a mejorar la economía.

EL NACIONALISMO CHINO

A principios del siglo XX, varias partes de China estaban controladas por potencias extranjeras. Los emperadores de la dinastía Qing parecían incapaces de evitar esa situación, pero muchos jóvenes chinos exigían un cambio. "Los extranjeros deben marcharse", decían. Al mismo tiempo, deseaban que se introdujeran costumbres occidentales y modernizar su país.

Un nuevo partido político, el Kuomintang, o Partido Nacionalista Popular, nació a raíz de estas exigencias de cambio. Su líder, Sun Yat-sen, quería formar una república basada en los "tres principios del pueblo": nacionalismo, democracia y una economía fuerte. Sun Yat-sen estaba convencido de que China debía desembarazarse del control extranjero, formar un gobierno democrático y convertirse en una potencia industrial.

En 1911, los nacionalistas forzaron al emperador de la dinastía Qing a abandonar el poder y Sun Yat-sen se convirtió en el presidente de la nueva República China. Sin embargo, el nuevo gobierno fue incapaz de unificar todo el país. Los **señores de la guerra**, que eran personas con pequeños ejércitos privados, se habían hecho con el control de buena parte de China, y se negaron a acatar las órdenes del nuevo gobierno. Los nacionalistas chinos no parecían tener muchas posibilidades de unificar el país.

La situación cambió en 1925 con la muerte de Sun Yat-sen. Chang Kai-shek, su sucesor al frente del partido, creó el Ejército Nacionalista, que empezó a derrotar a los señores de la guerra.

Simultáneamente, el Partido Nacionalista se escindió en dos facciones. El recién formado Partido Comunista quería que los agricultores tuvieran más presencia en las decisiones del gobierno. Chang, que contaba con el apoyo de los terratenientes adinerados, se opuso a estas ideas y se enfrentó a los comunistas.

En el año 1934, los nacionalistas cercaron a los comunistas en una pequeña región del sureste chino. Unos 100,000 comunistas emprendieron una marcha de 6,000 millas (9,656 km) a través de China para refugiarse en el noroeste. Este duro viaje, conocido como la **Larga Marcha**, duró más de un año, en el que los soldados del gobierno nacionalista no dejaron de atacar. Menos de 20,000 personas sobrevivieron a esta marcha. Sin embargo, de ella surgió un líder: Mao Zedong.

¿Por qué los nacionalistas no lograron unir China?

LA CHINA COMUNISTA

En el noroeste, que estaba ahora dominado por los comunistas, Mao Zedong bajó los impuestos y dio a los campesinos el control de las tierras de cultivo. En el resto de China, Chang Kai-shek se mostró incapaz de introducir cambios significativos en la economía. Cada vez eran más los campesinos que se sumaban a los comunistas, con la esperanza de acceder a una vida mejor.

Años antes de la Larga Marcha, Mao había hecho la siguiente predicción:

> **❝**Varios cientos de millones de campesinos se levantarán como un tornado o una tempestad: una fuerza tan meteórica y violenta, que ningún poder, por grande que sea, será capaz de aplacarla.**❞**

Tal y como había imaginado, un ejército de campesinos terminó por levantarse en armas. Después de una larga y violenta guerra, este ejército de campesinos desplazó a los nacionalistas, y en 1949 Mao formó un estado comunista: la República Popular China. Chang y sus seguidores escaparon a la isla de Taiwan, donde formaron su propio país, al que llamaron República de China.

Mao empezó a aplicar sus ideas en todos los ámbitos de la sociedad china. Nombró a dirigentes comunistas para todos los puestos del gobierno. Después, dividió el país en muchos pequeños distritos, donde el pueblo administraba las fábricas y las granjas en las que trabajaba. Sin embargo, la verdadera autoridad la ostentaba el gobierno central, que controlaba Mao y otros dirigentes comunistas. Juntos crearon planes quinquenales (de cinco años) en los que establecieron los objetivos económicos del país, que habían de alcanzarse en ese período.

Mao Zedong (izquierda) lideró las fuerzas comunistas. A la derecha aparecen los seguidores de Mao después de la finalización de la Larga Marcha en el año 1934. Durante el trayecto de más de 6,000 millas, los rebeldes atravesaron 24 ríos y 18 cadenas montañosas.

EXPANSIÓN COMUNISTA EN CHINA

UNIÓN SOVIÉTICA

MONGOLIA

MANCHURIA

Mar de Japón

COREA DEL NORTE

JAPÓN

COREA DEL SUR

Beijing ⊛

Mar Amarillo

TIBET (ocupado por China)

Huang He

•Xian

CHINA

•Shanghai

Chang Jiang

Mar de China Oriental

NEPAL

SIKKIM

BUTÁN

INDIA

PAKISTÁN ORIENTAL

TAIWAN

BIRMANIA

Guangzhou
Macao• •Hong Kong
(PORTUGAL) (R.U.)

INDOCHINA FRANCESA

Hainan

Mar de China Meridional

TAILANDIA

→	Ruta de la Larga Marcha
⊛	Capital nacional (después de instaurarse el gobierno comunista)

Territorios ocupados por los comunistas, 1934–1949

	1934–1945
	1945–junio 1946
	Julio 1946–junio 1947
	Julio 1947–junio 1948
	Julio 1948–junio 1949
	Julio–septiembre 1949
	Después de octubre 1949

0 300 600 millas
0 300 600 kilómetros
Proyección equidistante de dos puntos

MOVIMIENTO En 1934 los comunistas chinos emprendieron su Larga Marcha para buscar refugio en el noroeste del país. Tan sólo 15 años más tarde, éstos lograron controlar toda China.

■ ¿Por qué crees que la Larga Marcha no siguió una ruta más recta?

El objetivo del primer plan quinquenal de Mao, en 1953, era alentar el crecimiento industrial. Mao obligó a los campesinos a vivir en **comunas**, que eran comunidades agrícolas dirigidas por el gobierno, en las que se compartía la vivienda, la comida y el trabajo. Por lo general, el plan de Mao funcionó. Los dirigentes comunistas vieron con satisfacción un aumento de la producción agrícola e industrial.

El segundo plan quinquenal, llamado el Gran Salto Adelante, era mucho más ambicioso. Mao creó centenares de inmensas comunas, en las que llegaron a vivir y a trabajar juntas más de 25,000 personas. Con esta medida, se pretendía equiparar los niveles de producción de China con los de las naciones industrializadas. Sin embargo, las deficiencias del plan casi paralizaron la industria, y las malas cosechas ocurridas entre 1959 y 1961 sembraron el hambre entre millones de habitantes. China fracasó en su Gran Salto Adelante.

Algunos miembros del partido comunista criticaron los planes de Mao. Éstos creían que para aumentar la producción era necesario pagar a los campesinos. Mao les acusó de "caminar por la senda del capitalismo" y de tratar de regresar a los días del Imperio Chino.

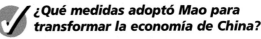 **¿Qué medidas adoptó Mao para transformar la economía de China?**

LA REVOLUCIÓN CULTURAL

En 1966, Mao se dio cuenta de que demasiadas personas rechazaban sus ideas. El dirigente chino pensó que lo que su país necesitaba era una **Revolución Cultural** para romper los lazos del pueblo con el pasado. A su juicio, las mejores

Miembros de la Guardia Roja agitan ejemplares del libro de su líder, Mao Zedong. Mao instó a la juventud de su país a abandonar su pasado y a aceptar el cambio.

personas para dirigir esta revolución serían los estudiantes de secundaria y los universitarios.

Mao sabía que al haber crecido en un ambiente comunista, los jóvenes tendrían menos respeto por la historia de China.

La **Guardia Roja**, nombre que terminaron por recibir estos jóvenes, destruyó libros, obras de arte, edificios y todo aquello que representara el pasado de China o las costumbres occidentales. Llegaron al extremo de cambiar el color de las señales de tráfico, de manera que el rojo significara "adelante" y el verde "parar".

La Guardia Roja dificultaba la vida de aquellos que, en su opinión, no eran buenos comunistas. Las personas a las que cuestionaban perdían sus trabajos y eran expulsados del partido; mucha gente fue encarcelada y ejecutada.

Con el tiempo, Mao pensó que la Guardia Roja se había excedido y, en 1968, declaró el fin de la Revolución Cultural.

La Revolución Cultural había logrado destruir la economía china. La Guardia Roja había dejado sin trabajo a muchos gerentes, obreros y campesinos. En consecuencia, la producción agrícola e industrial se derrumbó. Tuvieron que pasar muchos años para que China se recuperase de ese desastre económico.

 ¿Qué efecto tuvo la Revolución Cultural en la vida de los chinos?

NUEVAS LIBERTADES, NUEVOS DESAFÍOS

Tras la muerte de Mao en 1976, dos facciones del Partido Comunista se enfrentaron para hacerse con el poder. Los moderados (el grupo ganador) pensaban que la economía del país se beneficiaría con la formación de vínculos más estrechos con las potencias occidentales. Los dirigentes de las facción perdedora, liderada por la viuda de Mao, Jiang Qing, fueron encarcelados.

Den Xiaoping fue nombrado líder de la facción moderada en 1977. Éste anunció un nuevo plan económico basado en las llamadas Cuatro Modernizaciones, referidas a cuatro áreas de desarrollo: agricultura, industria, fuerzas armadas y tecnología. Su plan de gobierno dio más autoridad a los gerentes sobre los campos de cultivo y las fábricas. Aunque el gobierno seguía estableciendo **cuotas**, o cantidades mínimas de producción, se empezó a permitir a los agricultores y gerentes industriales vender los excedentes para quedarse con las ganancias. Este programa también introdujo las ideas de la libre empresa. A ciertas personas se les permitió fundar sus propios negocios. La libre empresa atrajo a muchas personas, especialmente a los jóvenes.

La experiencia del éxito económico llevó a muchos chinos a exigir todavía más cambios. A finales de la década de los noventa se empezaron a pedir reformas políticas y económicas. A principios de 1989, miles de estudiantes se manifestaron pacíficamente durante varios días en la Plaza de Tiananmen de Beijing. Los estudiantes pedían libertad política. Al cabo de varias semanas, empezaron a dejar oír sus exigencias con más fuerza.

El 3 de junio de 1989, los soldados abrieron fuego contra la masa estudiantil de la Plaza de Tiananmen. "Digan al mundo que nuestro gobierno se ha vuelto loco", dijo una mujer a los periodistas occidentales. El resultado de que el ejército tomara la plaza fueron miles de heridos y muertos.

¿Dónde fue?

Plaza de Tiananmen

La Plaza de Tiananmen se encuentra al lado de la Ciudad Prohibida de Beijing, un conjunto de edificios habitados en su día por los emperadores chinos. Durante cierto tiempo, sólo el emperador y su corte podían entrar en la ciudad. La Plaza de Tiananmen (la plaza más grande del mundo) ha sido un centro de acontecimientos políticos desde que los comunistas llegaron al poder. Allí fue donde Mao Zedong anunció el nacimiento de la República Popular China y donde se produjeron algunas de las congregaciones más importantes de la Revolución Cultural. Los estudiantes chinos no eligieron al azar la Plaza de Tiananmen para celebrar sus manifestaciones de 1989. Desde la masacre, el gobierno controla rigurosamente el acceso a esta plaza.

CHINA

Gran Muralla

Beijing

Golfo de Bo

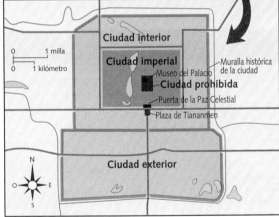

0   1 milla
0   1 kilómetro

Ciudad interior

Ciudad imperial

Museo del Palacio

Muralla histórica de la ciudad

Ciudad prohibida

Puerta de la Paz Celestial

Plaza de Tiananmen

Ciudad exterior

N O E S

La matanza de Tinanmen conmocionó al mundo entero. Algunos países cancelaron las relaciones comerciales con China. Los dirigentes chinos respondieron alegando que los gobiernos extranjeros no tenían ningún derecho a criticar sus acciones. El gobierno chino destruyó a toda prisa todas las pruebas de la masacre, como si nunca hubiera sucedido.

A principios de la década de los noventa, los dirigentes chinos devolvieron al pueblo algunas de sus libertades y empezaron a restablecer sus relaciones comerciales con las naciones occidentales. Todavía queda por ver si la libertad económica de China abrirá el camino de la libertad política.

China tiene una población de más de 1,000 millones de habitantes. Un número tan elevado de habitantes plantea un grave problema: ¿cómo se pueden alimentar todos ellos? Desde finales de la década de los setenta, China ha tratado de frenar su crecimiento demográfico. Una de las medidas que se han adoptado con este fin es prohibir a las familias tener más de un hijo. El tiempo dirá el efecto que las decisiones del gobierno chino tendrán en la sociedad y en la economía de este país.

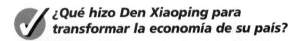

✔ **¿Qué hizo Den Xiaoping para transformar la economía de su país?**

LCCIÓN 1 • REPASO

Comprueba lo que aprendiste

1. **Recuerda los datos** ¿En qué consistió el Gran Salto Adelante? ¿Qué era el programa de las Cuatro Modernizaciones?
2. **Concéntrate en la idea principal** ¿Qué cambios se produjeron en la economía china con el acceso al poder de nuevos dirigentes después de Mao?

Piensa críticamente

3. **Explora otros puntos de vista** Compara las ideas económicas de Mao Zedong y Deng Xiaoping. ¿Cuál de los líderes hizo más en favor de China? Razona tu respuesta.
4. **En mi opinión** ¿Cómo te sentirías si tuvieras libertad para decidir cómo ganarte la vida, pero no te dejaran elegir a tus líderes? ¿Crees que ambas libertades van juntas? ¿Crees que puede existir una sin la otra? Razona tu respuesta.

Demuestra lo que sabes

Actividad: Línea cronológica
Busca datos en la biblioteca para hacer una línea cronológica de los acontecimientos más importantes de la historia de China, desde 1911 hasta la actualidad.

Interpretar un cartograma

¿Por qué es importante esta destreza?

Como sabes, la población del mundo no está distribuida uniformemente. Mientras que algunas regiones están prácticamente deshabitadas, otras están superpobladas. Algunos países y continentes pequeños están más poblados que otros más grandes. Son muchos los factores que influyen en la demografía de una región determinada, tales como los recursos naturales, la altitud, el clima, la historia y las costumbres de sus habitantes.

Los cartogramas son un método interesante de representar la población de un lugar. Un **cartograma** es un mapa que proporciona datos sobre lugares mediante la asignación de diferentes tamaños a cada uno de ellos.

La interpretación de un cartograma te permite saber qué partes del mundo están más pobladas y qué otras lo están menos.

Cartogramas de población

Los cartogramas tienen un aspecto diferente al del resto de los mapas. En la mayoría de los mapas, el tamaño de cada país corresponde al área de su territorio. Sin embargo, en un cartograma, el tamaño de un país o un continente está basado en una estadística geográfica. El cartograma de la página 559 está basado en la población.

Un cartograma de población muestra los países del mundo según los tamaños que tendrían si tuvieran una superficie de territorio proporcional a sus habitantes. Por lo tanto, en un cartograma de población, un país con muchos habitantes sería mucho más grande que otro país con pocos habitantes. Al representar los países de este modo, se pueden comparar las poblaciones de los distintos países del mundo con rapidez. Sin embargo, un cartograma de población no nos dice el número de habitantes que hay en cada país.

MAPA A: PAÍSES DEL MUNDO

Comprende el proceso

El Mapa A es un mapa político del mundo. El tamaño de cada país está basado en su área. Compara el tamaño de Rusia con el de China. ¿Cuál es más grande? El Mapa B es un cartograma de población. Vuelve a comparar los tamaños de Rusia y China. Aunque China tiene menos territorio que Rusia, en el cartograma aparece mucho más grande porque China tiene una población mucho mayor.

Busca Australia y Japón en Mapa A. Cómo ves, Australia tiene un área mucho mayor que Japón. Ahora busca ambos países en el cartograma. ¿Cuál de los dos está más poblado?

Sigue comparando áreas de territorio y población mientras contestas las siguientes preguntas:

1. ¿Cuál es el país más poblado de África?
2. ¿Cuál es el país de África que tiene más territorio?
3. ¿Cuál es el segundo país más poblado de América del Norte?
4. ¿Cuál es el segundo país más grande de América del Norte?
5. ¿Cuál es el continente más poblado? ¿Cómo lo sabes?
6. ¿Cuál es el continente menos poblado? ¿Cómo lo sabes?

Piensa y aplica

Trata de buscar con la ayuda de un compañero otras posibles aplicaciones de los cartogramas. ¿Qué otras estadísticas se pueden emplear de esta manera para comparar los países del mundo? Si puedes encontrar esas estadísticas en la biblioteca, búscalas y haz un cartograma con ellas. Después, escribe una lista de preguntas que puedan ser contestadas observando tu cartograma. Pide a varios compañeros de clase que contesten las preguntas de tu cuestionario y trata de resolver el de ellos.

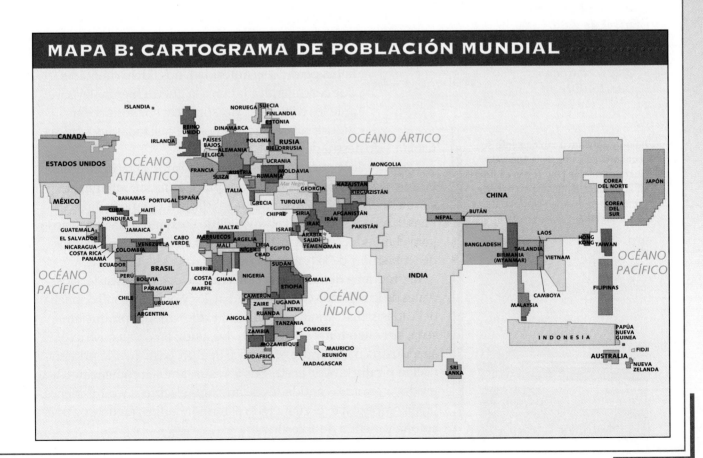

MAPA B: CARTOGRAMA DE POBLACIÓN MUNDIAL

JAPÓN SE CONVIERTE EN UNA POTENCIA MUNDIAL

Conexión con nuestro mundo

¿De qué manera un país se enriquece y aumenta su poder?

Concéntrate en la idea principal

Mientras leas, trata de identificar qué medidas tomó Japón para convertirse en una de las mayores potencias industrializadas del mundo.

Anticipa el vocabulario

producto interior bruto
balanza comercial
nivel de vida
megalópolis
superávit comercial
proteccionismo
puerto libre

Japón reconstruyó rápidamente su economía después de la Segunda Guerra Mundial. Hoy Japón es líder en la producción de alta tecnología, como el tren de alta velocidad de esta fotografía.

Japón se convirtió en una nación industrial a finales del siglo XIX, muchos años después de que las potencias europeas se industrializaran, pero antes de que lo hiciera China. Durante la década de los treinta, Japón logró convertirse en la mayor potencia industrial de Asia. Sin embargo, durante la década siguiente, la Segunda Guerra Mundial destruyó su economía.

LA RECONSTRUCCIÓN DE JAPÓN

Después de la Segunda Guerra Mundial, la economía japonesa parecía estar arruinada para siempre. Las fuerzas armadas de Estados Unidos, bajo el mando del general Douglas McArthur, ocuparon el país. El emperador japonés, Hiro-Hito, había perdido su autoridad. Los líderes militares que condujeron a Japón a la guerra fueron llevados ante los tribunales y castigados. La producción industrial era mínima porque casi todas las fábricas habían sido destruidas.

Después de la guerra, los japoneses iniciaron la reconstrucción de su país inmediatamente. En un principio recibieron mucha ayuda de Estados Unidos porque los dirigentes americanos pensaban que colaborar con su antiguo enemigo sería beneficioso para el mundo. Japón construyó nuevas fábricas con préstamos del gobierno y de las empresas americanas.

El programa de reconstrucción empezó con la industria textil. Antes de la Segunda Guerra Mundial, los japoneses confeccionaban delicadas sedas. Ahora, las fábricas textiles no sólo producían seda, sino algodón y otros tejidos. Después, Japón reconstruyó su industria metalúrgica y, en poco tiempo, pasó a ser la primera nación productora de acero. Sus fábricas también comenzaron a producir grandes cantidades de artículos eléctricos y otros bienes. Japón empezó a exportar a todo el mundo radios, juguetes y una amplia variedad de accesorios.

En la década de los setenta, Japón se había convertido en la tercera nación productora de bienes de consumo, en la primera potencia en la construcción de barcos y seguía a Estados Unidos en la producción de automóviles. Lo más asombroso del caso es que lo logró contando con unos recursos naturales muy escasos. Japón tiene que importar prácticamente todo para producir sus bienes de consumo.

Paradójicamente, la destrucción de la industria japonesa durante la guerra contribuyó a su éxito posterior. Cuando los japoneses reconstruyeron sus fábricas, lo hicieron con la última tecnología. Esto sirvió al país a adelantarse a todas las demás potencias industrializadas, cuyas fábricas funcionaban con maquinaria obsoleta.

Aún así, los japoneses fueron el factor más importante del éxito económico. Toda la sociedad se unió para reconstruir el país. Los japoneses advirtieron que la única forma de alcanzar este objetivo era mediante la cooperación mutua y todos pusieron el bien del país por delante de sus necesidades individuales. Soportaron largas jornadas de trabajo y ahorraron gran parte de sus ingresos.

Con el dinero depositado en las cuentas de ahorro, los bancos dieron préstamos para la reconstrucción industrial. Las compañías, por su parte, dieron a sus trabajadores seguros médicos, vacaciones y actividades sociales gratuitas. El gobierno redujo los impuestos a las empresas y subió las tarifas a los productos importados, forzando a los japoneses a comprar productos nacionales.

✓ **¿Qué hizo posible el crecimiento de la economía japonesa?**

Japón produce computadoras y componentes electrónicos en todo su territorio nacional.

PROBLEMAS DE FONDO

Hoy Japón es una de las naciones más industrializadas del mundo; la segunda después de Estados Unidos. Su **producto interior bruto** (PIB), que es el valor total de los bienes y servicios producidos por un país durante un año, excede cuatro billones de dólares. Además, Japón tiene una **balanza comercial** positiva; es decir, exporta, o vende a otros países, más de lo que importa, o compra de otros países.

Estos indicadores económicos se reflejan en el **nivel de vida** (un indicador que mide la calidad de vida de los habitantes de un país) japonés, que es uno de los más altos del mundo. Casi todos los trabajadores industriales disfrutan buenos salarios y la seguridad de que van a mantener su trabajo.

APRENDER CON GRÁFICAS En esta gráfica de barras se compara el PIB de Japón con el de otros países.
■ ¿Cuánto mayor es el PIB de Japón en comparación con el de China?

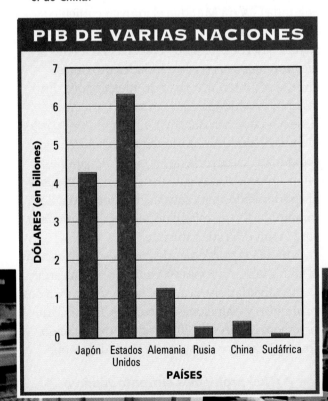

PIB DE VARIAS NACIONES

DÓLARES (en billones)

Japón / Estados Unidos / Alemania / Rusia / China / Sudáfrica

PAÍSES

Las naciones más industrializadas suelen enfrentarse a problemas ambientales como la contaminación atmosférica. La contaminación supone un riesgo para la salud y bienestar públicos. La niebla tóxica (arriba) suele cubrir a Tokyo.

Japón también tiene problemas. Sus industrias dependen de las materias primas que compran de otros países. Un ejemplo es el petróleo, a partir del cual se extrae energía y se fabrican productos plásticos. Si se interrumpiera el suministro de petróleo a Japón, su economía sufriría por ello.

Otro problema es que Japón crece demasiado rápido para su escaso territorio. Después de la Segunda Guerra Mundial el gran crecimiento industrial hizo que el espacio para las viviendas se redujera considerablemente. Las viviendas se hicieron muy caras, y las ciudades próximas entre sí se juntaron, formando **megalópolis**. En las grandes ciudades casi todas las familias de clase media tienen que vivir en diminutos apartamentos de dos dormitorios en rascacielos. En la actualidad, la mayoría de las ciudades japonesas están superpobladas y no tienen suficientes casas ni apartamentos para satisfacer la demanda. La contaminación de estas ciudades es una amenaza para la salud de sus habitantes.

Otro de los problemas de Japón es su ubicación. El archipiélago japonés está situado en una zona de inestabilidad sísmica, que da lugar a numerosos terremotos y erupciones volcánicas. En 1995, un terremoto de tan sólo 20 segundos de duración destruyó casi por completo la ciudad de Kobe.

 ¿Qué problemas enfrenta Japón a finales del siglo XX?

PRINCIPALES INDUSTRIAS DE JAPÓN

CHINA

RUSIA

Hokkaido
Sapporo

COREA DEL NORTE

Mar de Japón

140°E

40°N

130°E

OCÉANO PACÍFICO

Productos electrónicos, telas

COREA DEL SUR

Hierro y acero, barcos y automóviles, telas

Productos electrónicos

Honshu
Tokyo

Hierro y acero, barcos y automóviles, productos electrónicos

Hiroshima

Kobe

Nagoya

Kitakyushu

Kyoto
Osaka

Shikoku

Hierro y acero, barcos y automóviles, telas

Mar de China Oriental

Kyushu

30°N

Hierro y acero, barcos y automóviles

0   150   300 millas
0   150   300 kilómetros
Proyección equidistante de dos puntos

Tierras cultivables · · · Región industrial
Bosques · · · ○ Centro industrial
Pesca · · · | Barcos | Exportaciones

LUGAR Japón produce una gran variedad de bienes y servicios.
■ ¿En qué lugar de Japón se producen telas?

JAPÓN Y EL COMERCIO

Japón tiene una balanza comercial positiva con casi todos sus socios comerciales. Con Estados Unidos mantiene un **superávit comercial**, es decir que exporta más productos que los que importa de ese país.

Algunos americanos dicen que Japón ha logrado este superávit comercial de un modo injusto. Durante las décadas de los setenta y los ochenta, se empezaron a importar a Estados Unidos más y más coches japoneses. El bajo precio y la alta calidad de los vehículos japoneses hizo que mucha gente dejara de comprar coches americanos en favor de los japoneses. Muchos fabricantes de coches americanos tuvieron que cerrar sus fábricas y despedir a sus trabajadores como resultado de la competencia japonesa, entre otros factores. Hay quienes acusan a Japón del problema del desempleo.

En la década de los noventa, se agudizó el resentimiento de los americanos y algunos líderes pidieron que se aplicara una política **proteccionista** a Japón, o sea, el alza de las tarifas para proteger el mercado nacional de las importaciones.

En 1994, el gobierno de Estados Unidos amenazó a Japón con aplicar tales medidas si Japón no ponía fin a los "procedimientos que dejan fuera del mercado japonés los productos de Estados Unidos y de otras naciones".

En julio de 1995 Estados Unidos y Japón firmaron un pacto para abrir el mercado de coches americanos en Japón. Son muchos los que creen que éste es un paso positivo para equilibrar la balanza comercial.

 ¿Cómo respondió Japón a las preocupaciones de Estados Unidos sobre las prácticas comerciales japonesas?

LOS COMPETIDORES DE JAPÓN

Japón ha dejado de ser la única potencia industrial de Asia. Otros países como Corea, Taiwan, Hong Kong y Singapur lo están alcanzando. Sus economías se encuentran entre las de mayor rapidez de crecimiento del mundo.

Corea del Sur tomó dinero prestado de Japón y aplicó ideas japonesas para desarrollar su industria. En la actualidad, este país es una de las potencias líderes en la fabricación de barcos y productos textiles. Sus productos de bajo costo compiten con los japoneses en los mercados de productos electrónicos y de automóviles. Taiwan también exporta productos electrónicos, textiles y maquinaria pesada.

Hong Kong también tiene importantes industrias como la textil, la electrónica y la de plásticos y juguetes. Muchas compañías extranjeras han invertido en Hong Kong porque la mano de obra es muy barata. Además, la condición de **puerto libre** de Hong Kong supone un atractivo adicional para el inversionista extranjero. En comercio, los puertos libres son zonas donde no se cobran tarifas por las importaciones ni por las exportaciones. No se sabe durante cuánto tiempo va a

durar esta situación. Hong Kong estuvo bajo control británico durante más de 150 años, pero volvió a formar parte de China en 1997. Incluso los expertos admiten no saber el efecto que este cambio tendrá en la economía de Hong Kong.

Singapur se encuentra en el extremo sur de la Península de Malaca, junto al estrecho del mismo nombre. La ubicación geográfica de Singapur ha convertido a este país en un puerto ideal para los barcos de todo el mundo y ha contribuido a hacer de él una nación próspera.

PRODUCTOS DE LA COSTA ORIENTAL DE ASIA

Leyenda:
- 🚗 Coches
- Carbón
- Computadoras
- 🐟 Pesca
- Alimentos
- Oro
- Hierro y acero
- Joyas
- Maquinaria
- Metales
- Petróleo y gas natural
- Telas
- Juguetes
- Lana
- Madera y sus derivados

UBICACIÓN Hoy en día, Japón tiene que hacer frente a la competencia de otros países del mundo.
■ ¿Qué país es una potencia exportadora de lana?

¿Dónde fue?

Hong Kong

Hong Kong está formado por más de 200 islas y la Península de Kowloon, y se encuentra en el sur de China. Kowloon y la isla de Hong Kong, que es la mayor de todas, forman un excelente puerto natural. Los barcos británicos empezaron a llegar a este puerto para comerciar con China en el siglo XVIII. Después de la Guerra del Opio, Gran Bretaña se hizo con el control de la zona en 1842. Sin embargo, la colonia no empezó a desarrollar su potencial económico hasta después de la Segunda Guerra Mundial. Son muchos los que dudan si la economía de Hong Kong continuará creciendo una vez que pase a ser controlada por el gobierno chino.

Hong Kong, por la noche

Algunas naciones no asiáticas del Área del Pacífico, como Australia y Nueva Zelanda, también están desafiando al poderío económico japonés. Las minas australianas producen metales preciosos, mineral de hierro y carbón. Australia también produce petróleo y exporta lana y cereales. Nueva Zelanda exporta productos alimentarios, además de corcho, madera, lana y maquinaria pesada.

> ✓ **¿Qué potencias industriales actuales comparten con Japón el liderazgo económico de Asia?**

LECCIÓN 2 • REPASO

Comprueba lo que aprendiste

1. **Recuerda los datos** ¿Qué problemas tuvo que superar Japón después de la Segunda Guerra Mundial?
2. **Concéntrate en la idea principal** ¿Cómo logró Japón destacar entre las naciones industrializadas del mundo?

Piensa críticamente

3. **Piensa más sobre el tema** ¿Cuál crees que es el mayor problema económico de Japón en la actualidad? Razona tu respuesta.
4. **Explora otros puntos de vista** ¿Qué han dicho los líderes de Estados Unidos acerca de las prácticas comerciales de las empresas japonesas? ¿Cuál podría ser la respuesta de los japoneses?

Muestra lo que sabes

Actividad: Simulación Crea tu propio país junto con varios compañeros. Denle un nombre, una ubicación y una población. Inventa una bandera y, si puedes, un himno nacional. Después haz una lista de los recursos naturales del país. Una vez hecho todo eso, esboza un plan para convertir tu país en una de las potencias industriales del mundo.

CÓMO

Leer una climografía

¿Por qué es importante esta destreza?

El clima influye en el tipo de cultivos que se pueden sembrar, en el tipo de viviendas y en las prendas de vestir de los habitantes de un área determinada. Las climografías nos ayudan a aprender más sobre el clima de un país o de una región. Las **climografías** muestran los promedios de precipitación mensuales y de temperatura de un lugar determinado. Los datos climáticos nos proporcionan muchos datos de un país y la cultura de sus habitantes.

Comprende el proceso

Las climografías proporcionan datos sobre la temperatura y la precipitación, combinando las lineas y las barras en una sola gráfica. La temperatura se muestra como una gráfica lineal, y la precipitación, como una gráfica de barras. En la parte inferior de una climografía aparecen los meses del año.

En el margen izquierdo de una climografía hay una escala de temperatura en grados Fahrenheit. La temperatura de cada mes se indica con un punto. Los puntos están conectados con una línea que nos permite saber cuáles son los meses más calurosos, y cuáles, los más fríos.

La precipitación se representa con las barras de la gráfica, cuya altura se relaciona con la escala situada en el margen derecho de la gráfica. En esta escala se representa la precipitación en pulgadas. Al observar la altura de estas barras, se puede saber cuáles son los meses más húmedos, y cuáles son los más secos.

En esta climografía se representa el promedio mensual de temperatura y de precipitación de la ciudad japonesa de Tokyo. El clima de Japón es muy parecido al del este de Estados Unidos: frío en el norte y más templado al sur. Tokyo está situado al sur, en la región más templada de Japón. Observa esta climografía y contesta las siguientes preguntas relacionadas con la temperatura y las precipitación de esta ciudad:

1. ¿Cuáles son los meses más fríos y más calurosos en Tokyo?
2. ¿Cuáles son los meses más húmedos y más secos en Tokyo?
3. ¿Cuál es el promedio de la temperatura en los meses de enero, mayo y octubre?
4. ¿Qué relación existe entre la temperatura y el nivel de precipitación de Tokyo?
5. ¿A qué conclusiones puedes llegar con respecto al clima de Tokyo?

Piensa y aplica

Utiliza un almanaque para elaborar una climografía de tu ciudad o población. Compara tu climografía con la de Tokyo y muestra tus descubrimientos a un amigo o a un miembro de tu familia. ¿A qué conclusión has llegado a partir de esos datos?

**CLIMOGRAFÍA
TOKYO, JAPÓN**

Promedio de temperatura mensual

Promedio de precipitación mensual

PROMEDIO DE TEMPERATURA MENSUAL EN °F

PROMEDIO DE PRECIPITACIÓN MENSUAL EN PULGADAS

ENE FEB MAR ABRIL MAYO JUN JUL AGO SEPT OCT NOV DIC

MESES

AMÉRICA DEL SUR

LECCIÓN 3

Conexión con nuestro mundo

¿Qué sucede cuando las naciones crecen y se transforman?

Concéntrate en la idea principal

Busca los problemas a los que han debido enfrentarse los países de América del Sur durante su desarrollo y transformación en el siglo XX.

Anticipa el vocabulario

energía hidroeléctrica
país en vías de desarrollo
agricultura de subsistencia
nacionalizar
favelas
deforestación

El Salto Ángel, la catarata más alta del mundo, se encuentra en el monte Auyán-Tepui, al este de Venezuela.

A pesar de ser una nación con escasos recursos naturales, Japón ha logrado convertirse en una gran potencia industrial. Paradójicamente, los países de América del Sur tienen muchos más recursos naturales que Japón y, sin embargo, tienen grandes dificultades para construir economías sólidas.

LA GEOGRAFÍA DE AMÉRICA DEL SUR

América del Sur presenta una gran variedad de accidentes naturales; entre éstos se encuentran los Andes: la cadena montañosa más grande del mundo. Sus montañas recorren unas 4,500 millas (7,242 km) de la costa del Pacífico, desde Venezuela hasta Tierra del Fuego, en el extremo sur de Argentina. El Amazonas es el segundo río más largo del mundo después del Nilo, aunque es mucho más caudaloso, es decir, lleva en su cauce más volumen de agua. El Salto Ángel, en Venezuela, es la catarata más alta del mundo, con una altura de 3,212 pies (979 m).

América del Sur también cuenta con una gran variedad de climas y de plantas. La gran selva de la cuenca del Amazonas ocupa buena parte del continente. La Amazonia, que es el nombre que recibe esta zona de selvas tropicales, cubre una superficie de 2.5 millones de millas cuadradas (6.58 millones de kilómetros cuadrados). Un tercio de la totalidad de los animales y de las plantas del mundo vive en esta región húmeda y calurosa.

También hay desiertos en América del Sur. En el desierto de Atacama, al norte de Chile, prácticamente no llueve. Son pocos los animales y plantas que pueden vivir en tales condiciones.

Alrededor del 80 por ciento del territorio de América del Sur es cultivable. El subsuelo del continente es rico en recursos minerales tales como petróleo, hierro, cobre, estaño, plata, plomo, zinc, oro y piedras preciosas. Además, muchos de sus ríos pueden emplearse para la producción de energía hidroeléctrica.

La **energía hidroeléctrica** es electricidad producida por corrientes de agua.

✓ **¿Cuáles son los principales accidentes geográficos de América del Sur?**

LA ECONOMÍA DE AMÉRICA DEL SUR

A pesar de su riqueza en recursos naturales, la mayoría de las naciones de América del Sur son **países en vías de desarrollo**. Estas naciones suelen tener un crecimiento demográfico muy rápido, emplean pocos recursos y basan sus economías en la agricultura. Desde la Segunda Guerra Mundial, la población de América del Sur se ha multiplicado por dos. Una tasa de crecimiento tan elevada puede causar problemas en la economía de cualquier nación.

Aunque a América del Sur no le faltan recursos, en la mayoría de los casos estos recursos no se emplean debidamente. La mayor parte de la tierra cultivable no se explota. Está controlada por los ricos, quienes la consideran más una posesión que una fuente de producción de alimentos. A pesar de ello, casi la mitad de los habitantes de América del Sur son agricultores. La mayoría sobrevive mediante la **agricultura de subsistencia**, es decir, cultivando sólo lo necesario para alimentar a la familia.

Los países de América del Sur están tratando de emplear mejor sus recursos. En algunas zonas llanas se está empezando a criar ganado para aprovechar los ricos pastos de la región y muchos países están tratando de explotar mejor sus recursos minerales. Chile, por ejemplo, produce el 25 por ciento del cobre mundial, y este metal se ha convertido en su fuente de ingresos más importante.

Estos cambios no sólo han generado beneficios, sino también problemas. Uno de ellos es la deuda, en la que muchos países han quedado atrapados al pedir préstamos para invertir en sus industrias mineras. Los países de América del Sur todavía se enfrentan a grandes desafíos económicos.

✓ **¿Qué medidas han tomado los países de América del Sur para transformar sus economías?**

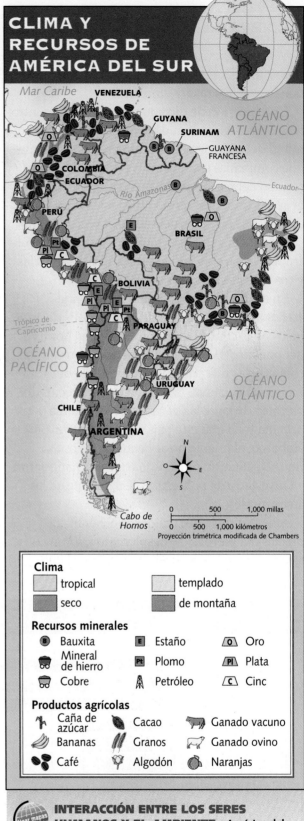

CLIMA Y RECURSOS DE AMÉRICA DEL SUR

Mar Caribe
VENEZUELA
GUYANA
SURINAM
GUAYANA FRANCESA
OCÉANO ATLÁNTICO
COLOMBIA
ECUADOR
Río Amazonas
Ecuador
PERÚ
BRASIL
BOLIVIA
PARAGUAY
Trópico de Capricornio
OCÉANO PACÍFICO
URUGUAY
OCÉANO ATLÁNTICO
CHILE
ARGENTINA

N
O · E
S

0   500   1,000 millas
0   500   1,000 kilómetros
Proyección trimétrica modificada de Chambers

Cabo de Hornos

Clima
☐ tropical   ☐ templado
☐ seco   ☐ de montaña

Recursos minerales
Ⓑ Bauxita   Ⓔ Estaño   Ⓞ Oro
🚃 Mineral de hierro   Pt Plomo   Pl Plata
🚃 Cobre   ⛽ Petróleo   C Cinc

Productos agrícolas
🌾 Caña de azúcar   🌰 Cacao   🐄 Ganado vacuno
🍌 Bananas   🌾 Granos   🐑 Ganado ovino
☕ Café   🌼 Algodón   🍊 Naranjas

 INTERACCIÓN ENTRE LOS SERES HUMANOS Y EL AMBIENTE América del Sur tiene distintas regiones climáticas y una gran variedad de recursos naturales.
■ ¿En qué tipo de clima se cultivan las bananas? ¿Qué productos agrícolas se producen en el interior del continente?

VENEZUELA Y COLOMBIA

Venezuela y Colombia están situados al noroeste de América del Sur, y sus economías tienen muchos rasgos similares.

Una sucesión de dictadores militares ha controlado Venezuela durante buena parte de la primera mitad del siglo XX. Estos regímenes permitieron que compañías extranjeras explotaran el mayor recurso del país: el petróleo. En el año 1958, un grupo de militares que deseaba instaurar la democracia en Venezuela subió al poder. Al año siguiente, un gobierno elegido democráticamente empezó a hacer reformas educativas y sanitarias y creó nuevos servicios sociales.

En el año 1970, el gobierno venezolano **nacionalizó** la industria del petróleo. Es decir, se hizo con el control de esta industria en nombre del pueblo de Venezuela. El petróleo pronto se convertiría en la parte más importante de la economía nacional. La subida de los precios del petróleo durante las décadas de los setenta y los ochenta hizo que este país se enriqueciera. Sin embargo, el pueblo no se benefició de estas riquezas. Fueron muchos los que permanecieron en un estado de pobreza, especialmente en las áreas rurales.

A finales de la década de los ochenta, los precios del petróleo se desplomaron, y con ellos también cayó la economía venezolana. Una

La producción de petróleo ha convertido a Venezuela en uno de los países más ricos de América del Sur.

nueva subida de los precios a principios de la década de los noventa hizo que el país se recuperara. Pero mientras Venezuela dependa de un único producto, el crecimiento y declive de la economía estará en función de su precio. El reciente hallazgo de mineral de hierro en este país podría contribuir a estabilizar su economía.

La economía de Colombia también depende de un único producto. La mitad de las exportaciones colombianas corresponden al café. En la década de los setenta el preció del café cayó, y muchos agricultores optaron por dedicarse a un cultivo ilegal: la hoja de coca. La cocaína, una droga adictiva elaborada a partir de la hoja de coca, se exporta clandestinamente de Colombia a Estados Unidos y otros países.

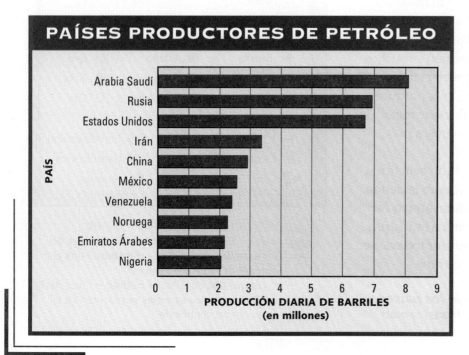

PAÍSES PRODUCTORES DE PETRÓLEO

País	Producción diaria de barriles (en millones)
Arabia Saudí	8
Rusia	7
Estados Unidos	6.7
Irán	3.5
China	3
México	2.5
Venezuela	2.5
Noruega	2.2
Emiratos Árabes	2.2
Nigeria	2

PRODUCCIÓN DIARIA DE BARRILES (en millones)

APRENDER CON GRÁFICAS

Las mayores potencias petroleras están distribuidas por todo el mundo.

■ ¿Cuántos barriles de petróleo aproximadamente produce Venezuela cada día?

Las demandas del pueblo chileno para que se respetaran los derechos humanos contribuyeron al fin de la dictadura de Pinochet.

La producción de cocaína condujo a la aparición de mafias que luchaban por el control del mercado de drogas, y la violencia se convirtió en una realidad cotidiana. Al mismo tiempo, las guerrillas, o pequeños grupos paramilitares, trataban de derrocar al gobierno. A principios de la década de los noventa la violencia en Colombia empezó a disminuir. Sin embargo, los crímenes relacionados con la droga y la inestabilidad política continúan existiendo en Colombia.

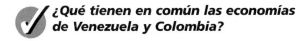 **¿Qué tienen en común las economías de Venezuela y Colombia?**

CHILE

Los cambios políticos han tenido una relación muy directa con la economía de Chile. En 1970, el pueblo chileno eligió como presidente a Salvador Allende. Éste empezó a hacer reformas para acabar con el sistema de libre mercado e introducir un sistema socialista. Allende nacionalizó la mayor parte de las industrias y permitió que los trabajadores tomaran decisiones en la dirección de las empresas. También decretó una subida de sueldos para los trabajadores y estableció límites en los precios de los bienes de consumo.

En un principio la política de Allende pareció funcionar y hubo una gran expansión empre-sarial. Pero después cayó el precio del cobre, el producto de exportación más importante de Chile, la inflación se disparó y la economía fracasó. Muchos chilenos de las clases media y alta exigieron un cambio.

En septiembre de 1973, el general Augusto Pinochet se hizo con el poder y creó una dictadura. Allende y muchos de sus simpati-zantes fueron asesinados. Pinochet declaró nula la Constitución del país e ilegalizó todos los partidos políticos. El general chileno vendió todas las industrias nacionales a empresas pri-vadas y eliminó las tarifas en las importaciones. Además, congeló los salarios de los trabajadores y controló con rigor las actividades de los sindicatos.

Después de diez años de dictadura, la inflación disminuyó y mejoró la economía; sin embargo, la mayoría de los trabajadores lo estaba pasando mal. A principios de la década de los ochenta, el desempleo alcanzó máximos históricos. Al no haber tarifas sobre las importaciones, quebraron muchas empresas chilenas al no poder hacer frente a los bajos precios de los productos impor-tados. La dependencia del cobre en Chile se agudizó más que nunca.

A finales de los años ochenta el pueblo chileno estaba harto de la dictadura de Pinochet. Éste perdió el poder en las elecciones de marzo de 1989.

El nuevo gobierno liberalizó la economía chilena permitiendo la inversión extranjera en el territorio nacional. En la actualidad, Chile está empezando a producir más alimentos mediante la irrigación de sus desiertos. Además, las exportaciones de este país se han incrementado drásticamente.

 ¿Qué medidas adoptó el general Augusto Pinochet para transformar la economía de Chile?

BRASIL

Durante la primera mitad del siglo XX, la economía brasileña estaba basada casi exclusivamente en la producción del café. Sin embargo, Brasil se ha convertido en el país más industrializado de toda América del Sur, y exporta distintos tipos de productos.

La industrialización de Brasil empezó con Getulio Vargas, que fue presidente del país de 1930 a 1945. La industria brasileña experimentó una nueva expansión bajo la presidencia de Juscelino Kubitschek. Éste prometió "50 años de progreso en 5". Durante su administración se estableció una nueva capital, Brasilia, y se contruyeron unas 11,000 millas (17,702 km) de autopista.

En la actualidad, la mitad de las exportaciones de Brasil son automóviles, barcos y acero. Brasil también exporta productos alimenticios tales como plátanos, naranjas, carne de vacuno, café y cacao, de cuyas semillas se obtiene el chocolate. Gracias a su actividad productora y comercial, la economía de Brasil es la más fuerte de toda América del Sur.

Sin embargo, no todos los brasileños participan del éxito de su país. Los ricos son extremadamente ricos y viven en magníficas casas dentro de las ciudades, mientras que, en las llamadas **favelas** (aglomeraciones de casas miserables en las afueras de las urbes), se amontonan miles de familias pobres.

La mala gestión en la explotación de los recursos naturales ha creado un gravísimo problema para la Amazonia y para todo el planeta. Los agricultores y las compañías forestales han estado despejando inmensas áreas de selva tropical. Aunque el gobierno brasileño ha aprobado leyes para evitar la **deforestación**, o destrucción de selvas y bosques, estas leyes se ignoran sistemáticamente. Al menos 4,000 millas cuadradas (10,359 km²) de selva se destruyen cada año.

La destrucción de las selvas tropicales perjudica al mundo entero. Los trabajadores cortan los árboles o, directamente, queman la selva para

Muchos lugares en Brasil, como esta carretera (abajo), ofrecen signos positivos de un crecimiento económico. Al mismo tiempo, las *favelas* (derecha) de Río de Janeiro son un ejemplo de la pobreza que muchos brasileños afrontan.

Entre los distintos árboles que conforman las selvas de América de Sur, viven más de 1,500 especies de aves (arriba). Una parcela de selva despejada para el cultivo (derecha).

dedicar el terreno al cultivo. Los grandes incendios ocasionados por estos trabajadores contaminan el aire y dejan el suelo yermo. La superficie de las selvas tropicales tiene muy pocos nutrientes naturales. Las lluvias torrenciales de esta región erosionan el suelo, llevándose con ellas sus escasos nutrientes. Esto hace que los terrenos despejados por los agricultores sólo se puedan cultivar dos o tres años después de haber sido deforestados. Una vez que la tierra ha perdido sus nutrientes, éstos agricultores vuelven a arrasar nuevas superficies de selva para obtener nuevas cosechas.

La destrucción de las selvas amazónicas afecta a la calidad del aire y al clima mundiales. Los árboles producen el oxígeno que respiramos y, en este proceso, transforman el dióxido de carbono que hay en el aire. Los incendios forestales del Amazonas generan más dióxido de carbono. Se cree que el dióxido de carbono está causando un calentamiento de la atmósfera de la Tierra. Este aumento de la temperatura y la reducción de la precipitación podría tener un efecto negativo en la producción agrícola mundial. El calentamiento de la atmósfera también puede hacer que se derrita el hielo de los polos y esto, a su vez, haría que aumentara el nivel de mares y océanos, que inundarían las zonas costeras del planeta.

La destrucción de la selva amazónica tiene otros efectos negativos. Muchos pueblos indígenas de la región deben emigrar a otras regiones cada vez que se destruye su hábitat natural. Además, los trabajadores y otras personas con las que nunca han mantenido contacto alguno, les contagian enfermedades. Al emigrar de sus zonas originales, los indígenas pierden sus raíces culturales. La destrucción de la selva amazónica también implica la desaparición de muchas especies vegetales que no pueden crecer en ninguna otra región del planeta. Nunca sabremos si las plantas ya desaparecidas podrían haber tenido aplicaciones científicas o médicas.

 ¿Cuáles son los principales problemas económicos y medioambientales de Brasil?

*L*CCIÓN 3 • *REPASO*

Comprueba lo que aprendiste

1. **Recuerda los datos** ¿Por qué se llaman "países en vías de desarrollo" a la mayoría de las naciones de América del Sur?

2. **Concéntrate en la idea principal** ¿Cuáles son los mayores obstáculos de los países de América del Sur para desarrollar sus economías?

Piensa críticamente

3. **En mi opinión** ¿Cuál crees que debe ser el primer problema económico que debe resolverse en los países de América del Sur? Razona tu respuesta.

4. **Causa y efecto** ¿Por qué son tan importantes las fluctuaciones en los precios del cobre, del café y del petróleo en América del Sur?

Demuestra lo que sabes

Actividad: Artículo Elige un país de América del Sur e imagina que te has convertido en su presidente. Escribe un artículo titulado *La economía: problemas actuales y esperanzas futuras.* Exhibe tu artículo en el tablero de anuncios de la clase para que lo puedan leer tus compañeros.

¿CUÁL ES LA MEJOR MANERA DE UTILIZAR LOS RECURSOS DEL PLANETA?

De la misma forma en que las personas deben decidir cómo gastar su dinero, las naciones deben decidir cómo dirigir sus economías. Para algunos países, especialmente para los que están en vías de desarrollo, estas decisiones son difíciles. Estas naciones deben decidir cuál es la mejor manera de utilizar sus recursos naturales para que sus economías se desarrollen. Cuando se opta por emplear los recursos de una forma determinada, se abandona la oportunidad de hacerlo de una manera distinta; en economía, esta idea recibe el nombre de **compensación**. Si las naciones deciden destruir la selva para el cultivo, la contrapartida será que ya no tendrán selva nunca más.

Cuando una nación toma una decisión económica, la opción que abandona es el **costo de oportunidad** de lo que obtiene. El coste de las naciones que deciden mantener sus selvas es no poder emplearlas para la agricultura, la ganadería o la explotación maderera. Si deciden despejar las selvas, el coste será no poder emplear los recursos de las selvas y no beneficiarse de sus efectos positivos para el planeta.

Existen diferentes puntos de vista acerca de las decisiones económicas que deben tomar las naciones con sus selvas. A continuación puedes leer las opiniones de un escritor, de un dirigente gubernamental y de un habitante de la región amazónica. Cada uno de ellos tiene puntos de vista diferentes acerca de cómo deben aprovecharse los recursos de las selvas.

El escritor Jonathan Burton cree que se deben buscar formas más ventajosas de explotar las selvas.

66Una posibilidad es entender la selva como un recurso renovable, en lugar de talarla. Según un estudio hecho en 1989, un acre de selva amazónica peruana valdría 148 dólares si se empleara para la ganadería, 1,000 dólares si se vendiera su madera y 6,820 dólares si se explotara de una forma selectiva para la obtención de frutas, caucho y otros productos. Con la aplicación de este método, llamado de "desarrollo sostenido", las naciones pueden obtener beneficios económicos y, al mismo tiempo, preservar una de las regiones con más diversidad biológica del planeta.**99**

Zoran Bosnic, un funcionario del gobierno de Brasil, cree que su país debe emplear todos sus recursos naturales, incluyendo las selvas, para fortalecer su economía.

66Europa y América [Estados Unidos] destruyeron todos sus bosques para industrializarse, pero cuando se trata del Amazonas, dicen: "¡quietos!" Brasil tiene una deuda que pagar y una población a la que dar comida y trabajo. Nuestra economía está sometida a una tremenda presión, y debe industrializarse lo antes posible.99

Santos Adam Afsua, un indígena peruano, cree que la decisión sobre el futuro de la selva deben tomarla aquellos que la habitan.

66Vivimos para proteger la selva con nuestros mejores conocimientos ecológicos y medioambientales; unos conocimientos que hemos heredado de nuestros antepasados. Hacemos esto con la convicción de que continuaremos viviendo allí, y que hemos de preservar estas selvas para las generaciones futuras (…) Hemos venido para ver a las diferentes organizaciones ambientales y decirles, ante todo, que el único pueblo capaz de conservar este medio ambiente es nuestro pueblo.99

Existen muchas ideas sobre cómo preservar o hacer uso de las selvas tropicales del mundo. Arriba hay una fotografía de la selva tropical virgen de El Yunque, en Puerto Rico. A la derecha aparecen las obras de una explotación minera en Carajas, Brasil, sobre un suelo que estuvo cubierto de selva.

COMPARA
PUNTOS DE VISTA

1. ¿Por qué cree Jonathan Burton que la mejor forma de emplear los recursos de la selva es mediante el desarrollo sostenido?

2. ¿Por qué cree Zoran Bosnic que es necesario despejar partes de la selva con fines industriales?

3. ¿En qué se diferencia el punto de vista de Santos Adam Afsua de las opiniones de Jonathan Burton y Zoran Bosnic?

PIENSA
-Y-
APLICA

Normalmente suele haber distintas opiniones sobre cuál es la mejor manera de resolver un problema. ¿Cuál de los tres puntos de vista anteriores crees que es el mejor? ¿Por qué? ¿Qué otras ideas se te ocurren para emplear los recursos de la selva?

EL BUEN CIUDADANO

*C*onexión con nuestro mundo

¿Qué efecto puede tener la cooperación entre países vecinos sobre sus respectivas economías?

Concéntrate en la idea principal

Mientras leas, fíjate en el modo en que Canadá, Estados Unidos y México cooperan económicamente a finales del siglo XX.

Anticipa el vocabulario

bilingüe

ratificar

independizarse

Gran Sociedad

deuda interna

bloque

Canadá, México y Estados Unidos han hecho grandes progresos económicos durante el siglo XX. Sin embargo, en vísperas del siglo XXI, todos ellos se enfrentan a nuevos desafíos económicos.

UN GIGANTE DEL NORTE

Canadá parecía tener un brillante futuro a principios del siglo XX. A finales del siglo XIX, se había descubierto oro en el Territorio de Yukon, al extremo noroeste del país. Además, los canadienses descubrieron que tenían otros recursos económicos que el mundo necesitaba. Sus yacimientos de níquel, cobre, zinc y de otros metales les han dado tantos beneficios como el oro de Yukon. Los bosques de Canadá también se convirtieron en un recurso importante porque se empleaban para sacar pulpa de madera para la fabricación de papel. Además, el cultivo de trigo y la explotación ganadera se dio bien en las zonas del suroeste.

Canadá se independizó de Gran Bretaña en 1931. Poco después, como muchas otras naciones, tuvo que atravesar la Gran Depresión. Por todo el país la gente perdía sus empleos. Pero después de la Segunda Guerra Mundial, su economía empezó a recuperarse. Los canadienses desarrollaron una fuerte industria de hierro, acero y aluminio, y se descubrieron yacimientos de petróleo, gas natural y minerales.

En la actualidad Canadá cuenta con una economía muy fuerte y tiene uno de los niveles de vida más elevados del mundo, pero, al igual que muchos países, también sufre inflación y desempleo. Además, Canadá tiene otros problemas muy concretos.

Al igual que Estados Unidos, Canadá tiene un gobierno federal. Sin embargo, las provincias canadienses tienen mucha más autonomía que los estados de EE.UU.

Durante la fiebre del oro de 1898, la gente excavó en busca del preciado metal en las calles de este pueblo de Yukon.

El gobierno federal y las provincias canadienses no están de acuerdo sobre cuál de las dos partes debe explotar la industria petrolera canadiense ni sobre cómo deben repartirse los beneficios entre ellos.

Además, Canadá tiene otro problema. En 1763, los británicos arrebataron Quebec a Francia. Desde entonces, Canadá ha sido un país con dos culturas y dos idiomas principales. Mientras que los canadienses franceses son una minoría en el conjunto de la nación, éstos constituyen el 80 por ciento de la población de Quebec. Durante años, los habitantes de Quebec han reivindicado su lengua y su cultura y han tratado de que la totalidad de los canadienses las reconozcan.

En 1969, la Ley de Lenguas Oficiales declaró a Canadá oficialmente **bilingüe**, es decir, una nación con dos idiomas oficiales. Más tarde, a

Señalización bilingüe de un parque canadiense

finales de la década de los ochenta, el gobierno canadiense calificó al pueblo de Quebec de "sociedad diferenciada" dentro de Canadá. Sin embargo, las demás provincias canadienses se negaron a **ratificar**, o aprobar, la distinción hecha por el gobierno. Fueron muchos los ciudadanos de Quebec que querían **independizarse**, o la separación, de Quebec del resto de Canadá. En octubre de 1995, hubo una votación en las que los partidarios de la independencia perdieron por un estrecho margen. Los líderes independentistas afirmaron, sin embargo, que continuarían luchando para separarse de Canadá.

 ¿Por qué Quebec desea independizarse de Canadá?

REGIONES
Canadá es un país rico en recursos naturales.
■ ¿Cuáles son los principales recursos de Quebec?

La ciudad de Quebec, capital de la provincia canadiense del mismo nombre, es un gran centro turístico.

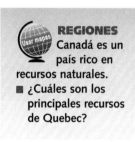

CANADÁ Y SUS RECURSOS

Cobre
Pescados y mariscos
Bosques
Oro
Mineral de hierro
Capital nacional

Níquel
Petróleo y gas natural
Plata
Trigo
Cinc
Capital provincial

EL PROGRESO EN MÉXICO

Desde la Segunda Guerra Mundial, México se ha enfrentado a los mismos problemas económicos que sus vecinos de América del Sur y América Central. Poco a poco, la economía mexicana dejó de depender de la agricultura a medida que la nación se industrializaba. La industria más importante de México es la industria petrolera. En lugar de exportarlo en estado crudo, tal y como se extrae del subsuelo, el gobierno mexicano lo refina previamente. Los productos derivados del petróleo refinado se exportan a precios más altos que el petróleo crudo. Además, esta industria crea puestos de trabajo en el interior del país.

Estados Unidos ayudó a México a desarrollar su industria. Tanto el propio gobierno federal de EE.UU. como empresas privadas americanas prestaron dinero a los empresarios mexicanos. Las compañías de Estados Unidos crearon maquiladoras, o industrias fronterizas, en México. En estas maquiladoras, los trabajadores mexicanos terminaban la producción de bienes de consumo, a partir de componentes que eran llevados hasta allí desde Estados Unidos.

Aunque el sistema de las maquiladoras facilitó trabajo a muchos hombres y mujeres mexicanos, también tuvo efectos negativos como, por ejemplo, la contaminación causada por estas fábricas.

México ha hecho grandes progresos económicos, hasta llegar a convertirse en una de las naciones más industrializadas de América Latina. Sin embargo, este país sigue dependiendo excesivamente del petróleo y su economía se resiente cuando los precios caen. Además, México debe mucho dinero a otros países.

Quizá uno de los mayores problemas a los que se enfrenta México sea el crecimiento demográfico. La población de la ciudad de México ha aumentado en 3 millones durante la última década y se teme que pueda tener 10 millones más en el año 2025. México es una ciudad en la que miles de pobres han construido sus hogares al lado de vertederos de basura.

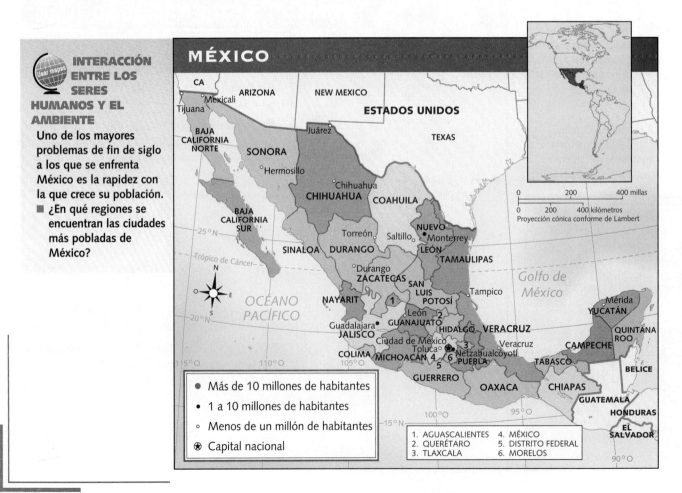

INTERACCIÓN ENTRE LOS SERES HUMANOS Y EL AMBIENTE

Uno de los mayores problemas de fin de siglo a los que se enfrenta México es la rapidez con la que crece su población.

■ ¿En qué regiones se encuentran las ciudades más pobladas de México?

Esta universidad recién construida en la ciudad de México (izquierda) y esta planta de reparación de teléfonos (arriba) reflejan el rápido crecimiento económico de México.

Estas gentes buscan en la basura cosas que puedan vender. Estas duras condiciones de vida se dan por todo el país.

La gente de Chiapas, el estado más pobre de México, se lamentaba con furia de sus malas condiciones de vida. Las tribus indias de Chiapas se rebelaron a principios de 1994, pidiendo reformas políticas y económicas radicales. El gobierno y los líderes rebeldes acordaron un alto el fuego. Sin embargo, numerosos observadores políticos opinan que la crisis de Chiapas no es más que la primera señal de la gran crisis política y social que terminará sacudiendo a México.

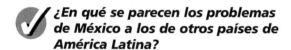 **¿En qué se parecen los problemas de México a los de otros países de América Latina?**

UNA POTENCIA ECONÓMICA LÍDER

La industria bélica de Estados Unidos creó muchos puestos de trabajo durante la Segunda Guerra Mundial. Esto hizo que fluyera el dinero por la economía del país y contribuyó a sacarlo de la Gran Depresión. A mediados de la década de los cincuenta, las cosas marchaban bien en Estados Unidos. El líder sindical americano George Meany dijo a los miembros de su sindicato: "Las cosas jamás han ido mejor". Pero, a pesar de

la bonanza económica, mucha gente continuaba viviendo en la pobreza.

A mediados de la década de los sesenta, el presidente Lyndon B. Johnson decidió que el gobierno federal debía hacer algo para ayudar a los pobres. Johnson propuso ante el Congreso la puesta en marcha de lo que él mismo denominó la **Gran Sociedad**. Según el presidente, en la Gran Sociedad todos los ciudadanos de Estados Unidos tendrían la oportunidad de disfrutar de una buena vida. Este plan incluía reformas en los derechos civiles, en la política sanitaria y educativa y en la vivienda.

Por aquel entonces, la implicación de Estados Unidos en la Guerra de Vietnam era muy intensa. El gobierno pidió dinero prestado para pagar los costos de la Gran Sociedad y de la Guerra de Vietnam. El gobierno gastó tanto dinero en ambos frentes, que la economía se debilitó.

El sucesor de Johnson, Richard Nixon, y los dos presidentes que siguieron a éste, Gerald Ford y Jimmy Carter, tuvieron que enfrentarse a serios problemas de inflación a causa de los elevados gastos del gobierno. Todos ellos trataron de resolver este problema, pero todos fracasaron.

El Presidente Ronald Reagan, elegido en 1980, también diseñó un plan para mejorar la situación económica. Según él, Estados Unidos había gastado demasiado dinero tratando de ayudar a los pobres. Reagan redujo el gasto público y bajó los impuestos. A consecuencia de ello bajó la inflación.

Sin embargo, aumentaron los gastos militares. El gobierno federal pidió préstamos mediante la venta de bonos de la deuda pública a personas y a bancos. La **deuda interna**, que es el dinero que debe el gobierno, aumentó mucho.

A principios de la década de los noventa, muchos americanos cuestionaron la necesidad de crear programas de asistencia social con el dinero de sus impuestos. Además, se empezó a criticar la función de "policía del mundo" que parecía haber adoptado su país. Se empezaba a pensar que las naciones del mundo debían empezar a resolver sus problemas sin la ayuda de Estados Unidos.

Desde la Segunda Guerra Mundial, se ha transformado la economía de Estados Unidos y la función que sobre ella ejerce el gobierno. Mientras que en la década de los cincuenta, la mayor parte de los americanos trabajaba en la industria manufacturera, en la actualidad la mayor parte trabaja en el sector servicios. Además, mientras que en la década de los cincuenta el liderazgo económico de Estados Unidos era indiscutible, hoy en día nuestro país se enfrenta a la competencia económica de otras naciones, fundamentalmente Japón y Alemania.

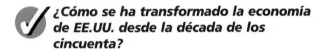
✓ *¿Cómo se ha transformado la economía de EE.UU. desde la década de los cincuenta?*

EL TRATADO DE LIBRE COMERCIO DE AMÉRICA DEL NORTE

En 1992, el Presidente George Bush impulsó el Tratado de Libre Comercio de América del Norte, al que acordaron unirse EE.UU., Canadá y México. Este acuerdo es más conocido por sus siglas en inglés: NAFTA (*North American Free Trade Agreement*). Los países que firmaron este acuerdo se comprometieron a eliminar todas las tarifas y demás restricciones comerciales en un plazo de 15 años. Los agricultores de México se opusieron a este tratado, por temor a la competencia de los productos agrícolas de Estados Unidos y Canadá. Algunos grupos sindicales de Estados Unidos y Canadá también se opusieron al tratado. Temían que las empresas se trasladaran a México, donde encontrarían mano de obra mucho más barata y, en consecuencia, aumentara el desempleo en sus países.

Los empresarios, sin embargo, aseguraban que el NAFTA fortalecería las economías de Estados Unidos y Canadá. Según ellos, la mejora de la economía mexicana daría lugar a un aumento de la demanda mexicana de productos canadienses y americanos.

De derecha a izquierda: el Presidente de Estados Unidos, Bill Clinton, con los ex-presidentes George Bush, Jimmy Carter y Gerald Ford, durante la firma de uno de los acuerdos del NAFTA.

TRATADOS DE LIBRE COMERCIO EN AMÉRICA

REGIONES La mayoría de los países americanos han firmado tratados comerciales con sus vecinos del hemisferio occidental.
■ Según el mapa, ¿de qué grupos comerciales es miembro México?

Un empresario canadiense expresó esta idea:

❝Creo firmemente que, por cada actividad que perdamos a causa de la competencia mexicana, vamos a estar poniendo dinero en los bolsillos de gente que va a comprar algo.❞

Después de intensos debates, el Presidente de Estados Unidos, George Bush, y los líderes de Canadá y México, firmaron el acuerdo a finales de 1992. El NAFTA entró en vigor en enero de 1994. Empresarios de los tres países esperan que el NAFTA dé lugar a un potente **bloque** (grupo de naciones con los mismos intereses) de libre comercio. Según ellos, este potente bloque de

libre comercio les permitirá competir con las compañías europeas y asiáticas.

En 1993, un grupo de varias naciones centroamericanas firmaron su propio tratado de libre comercio. Varios países suramericanos han hecho lo mismo. En Argentina y Canadá hay quienes opinan que todos los países del hemisferio occidental terminarán formando parte de un mismo bloque comercial. Aunque no se sabe cuando llegará tal día, en 1994 Chile fue invitado a formar parte del NAFTA.

✓ **¿Qué esperan los empresarios de Canadá, México y Estados Unidos que se consiga con el NAFTA?**

Comprueba lo que aprendiste

1. **Recuerda los datos** ¿Cuál es el objetivo principal del NAFTA?
2. **Concéntrate en la idea principal** ¿De qué formas están colaborando los gobiernos de Canadá, México y Estados Unidos a finales del siglo XX?

Piensa críticamente

3. **Piensa más sobre el tema** ¿Crees que el traslado de compañías de Estados Unidos y Canadá a México beneficiará a los habitantes de estos dos países? Razona tu respuesta.
4. **Explora otros puntos de vista** ¿Por qué hubo gente que se opuso a la firma del NAFTA? ¿Por qué hubo gente que apoyó la firma del NAFTA?
5. **Causa y efecto** ¿Por qué puede beneficiar la reducción de las tarifas tanto a los consumidores como a las industrias que producen los bienes de consumo?

Demuestra lo que sabes

Actividad: Carta Escribe una carta a un empresario local. Pregúntale qué efecto ha tenido el NAFTA en su empresa. En caso afirmativo, pregunta cuáles han sido esos efectos. Comparte los datos que obtengas con tus compañeros de clase.

CONECTA LAS IDEAS PRINCIPALES

Usa este organizador para mostrar cómo están relacionadas las ideas principales del capítulo. Copia el organizador en una hoja de papel y complétalo escribiendo varias frases relacionadas con los desafíos económicos del siglo XX que se les plantean a los países o regiones indicados.

China

Japón

Desafíos económicos

América del Sur

América del Norte

ESCRIBE MÁS SOBRE EL TEMA

1. Escribe una biografía   Investiga en la biblioteca y escribe una biografía sobre alguno de los siguientes líderes políticos de China: Sun Yat-sen, Chang Kai-shek, Mao Zedong, Jiang Qing, Deng Xiaoping. También puedes escribir sobre un líder chino contemporáneo. En el primer párrafo debes aportar datos sobre su cultura y antecedentes, con detalles tales como su fecha de nacimiento, datos sobre su niñez, su educación y su muerte. En el segundo párrafo debes escribir la forma en que accedió al poder, y en el tercero debes incluir sus ideas de gobierno. Al final de tu informe debes escribir las características que, a tu juicio, debe reunir un buen líder. Después debes escribir si el personaje que has elegido reunía o reúne tales características.

2. Escribe una descripción   ¿Cómo crees que son las condiciones económicas del pueblo japonés en la actualidad? Escribe una descripción de una página de extensión sobre la vida de un trabajador japonés. Asegúrate de incluir las condiciones de vida y laborales.

3. Escribe tu opinión   ¿Crees que Quebec volverá a intentar independizarse de Canadá? Si lo intenta, ¿crees que tendrá éxito? Explica las razones de tu opinión.

4. Escribe un panfleto   Reflexiona acerca de los problemas ambientales a los que se enfrenta el mundo contemporáneo. Algunos de estos problemas son la contaminación atmosférica y acústica y la disminución de los recursos naturales. Escribe un panfleto sobre uno de estos problemas y sobre las posibles maneras de resolverlo.

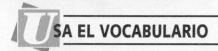

USA EL VOCABULARIO

Escribe una o dos frases por cada pareja de términos para explicar la relación entre ambos.

1. comuna, Revolución Cultural

2. país en vías de desarrollo, agricultura de subsistencia

3. Gran Sociedad, deuda interna

4. ratificar, independencia

5. superávit comercial, proteccionismo

COMPRUEBA LO QUE APRENDISTE

1. ¿Qué partido nació a partir de las demandas de cambio de la sociedad china?

2. ¿Qué tipo de cambios ha experimentado China recientemente: políticos o económicos?

3. ¿Qué hizo Estados Unidos para contribuir a la reconstrucción de la economía japonesa después de la Segunda Guerra Mundial?

4. ¿Por qué atrae la condición de puerto libre de Hong Kong a las empresas extranjeras?

5. ¿Qué es un país en vías de desarrollo?

6. ¿Qué cambios se han producido en la economía de Brasil desde la primera mitad del siglo XX?

7. ¿Por qué es Canadá un país bilingüe?

8. ¿Qué es el NAFTA?

PIENSA CRÍTICAMENTE

1. **Causa y efecto** ¿Cuáles fueron los efectos de la Revolución Cultural de Mao?

2. **En mi opinión** ¿Crees que Estados Unidos hizo bien al ayudar a Japón a reconstruir su economía? Razona tu respuesta.

3. **Piensa más sobre el tema** La economía de Colombia depende de un único producto: el café. ¿Qué problemas pueden surgir cuando una economía está basada en un solo producto?

4. **Explora otros puntos de vista** ¿Cuáles son las razones principales del interés por proteger las selvas tropicales? ¿Cuáles son las razones por las que determinadas personas apoyan la explotación de los recursos de las selvas tropicales?

5. **Ayer y hoy** ¿Qué efecto puede tener la cada vez mayor deuda interna de Estados Unidos en tu vida y en la de futuras generaciones de americanos?

APLICA TUS DESTREZAS

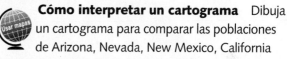

Cómo interpretar un cartograma Dibuja un cartograma para comparar las poblaciones de Arizona, Nevada, New Mexico, California y Texas. Busca los datos de cada estado en un almanaque. Cuando hayas terminado de dibujarlo, contesta las siguientes preguntas:

1. ¿Qué estado de tu cartograma es el que tiene mayor número de habitantes?

2. ¿Qué estado de tu cartograma es el que tiene menor número de habitantes?

3. Compara la población de cada estado con su área real. ¿Hay alguna relación entre el número de habitantes de cada estado con su superficie geográfica? Razona tu respuesta.

Cómo leer una climografía Elige una gran ciudad de Estados Unidos y busca en un almanaque su promedio de precipitación y de temperatura en cada mes del año. Haz una climografía con los datos que obtengas e intercámbiala con un compañero de clase. Escribe un párrafo que describa los datos que aparecen en la climografía de tu compañero.

LEE MÁS SOBRE EL TEMA

The Forty-Third War de Louise Moeri; Houghton Mifflin. El joven Uno, de doce años de edad, es reclutado por el ejército revolucionario en un país de América Central.

Pacific Crossing de Gary Soto; Harcourt Brace. Lincoln Mendoza, un estadounidense de origen mexicano de catorce años de edad, pasa un verano con una familia en Japón, donde tiene muchas experiencias nuevas.

INFLUENCIAS RELIGIOSAS

> 66 Aquí la religión es el rasgo más poderoso de las civilizaciones, en el corazón de su presente y de su pasado. 99

El historiador Fernand Braudel, en una descripción de las culturas del suroeste asiático

Joven musulmana del norte de África

EL SUBCONTINENTE INDIO

Conexión con nuestro mundo

¿Cuál es la importancia de las creencias religiosas en la vida de las personas?

Concéntrate en la idea principal
Mientras leas, trata de identificar las formas en que la religión ha influido en la historia del subcontinente indio.

Anticipa el vocabulario
satyagraha
resistencia pasiva
discriminar
harijan

Mahatma
boicot
derechos de las minorías

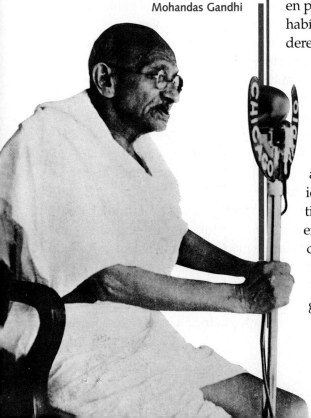

Mohandas Gandhi

A principios del siglo XX la mayoría de los habitantes de India querían que los británicos abandonaran su país. Sin embargo, las diferencias religiosas supusieron un obstáculo. Los conflictos religiosos han estado presentes en el subcontinente indio hasta nuestros días.

GANDHI LUCHA POR LA INDEPENDENCIA

En 1893 Mohandas Gandhi, un joven abogado indio que había estudiado en Londres, aceptó un trabajo en Sudáfrica. Poco después de llegar, se fue en tren a visitar a unos clientes. Como siempre había hecho en Gran Bretaña, compró un billete de primera clase; pero cuando subió al tren los revisores lo echaron. Le dijeron que sólo los blancos podían viajar en primera clase. En ese momento Gandhi se dio cuenta de que había que recorrer un largo camino para que se reconocieran los derechos de los indios que vivían en Sudáfrica.

Gandhi recordó lo que le había dicho su madre, que era una mujer muy religiosa. Ella le enseñó que debía respetar todas las formas de vida y que nunca debía causar daño a nada ni a nadie. Las enseñanzas de su madre le hicieron creer que las malas acciones debían ser correspondidas con otras buenas hasta que aquellos que hicieran el mal se acabaran cansando de su actitud. Gandhi llamaba a esta idea **satyagraha**, que significa "fuerza del alma". Los que practiquen el *satyagraha* deben promover el cambio pacíficamente, en lugar de emplear la violencia. Esta forma de afrontar los conflictos recibe el nombre de **resistencia pasiva**.

Los indios de Sudáfrica adoptaron la resistencia pasiva con cierto éxito. Cuando Gandhi abandonó Sudáfrica, el gobierno de este país había anulado las leyes más duras que discriminaban a los indios, es decir, que los trataban injustamente, por motivos raciales o de otra naturaleza.

En 1914 Gandhi regresó a India para ayudar en la lucha por la independencia de su país de Gran Bretaña. Para mostrar su apoyo a la causa, Gandhi dejó de vestirse con ropa británica y la sustituyó por vestimentas tradicionales de India. Gandhi regaló prácticamente todo lo que poseía, para llevar una vida muy sencilla, y después empezó a predicar la idea de la resistencia pasiva. Manifestó que su pueblo no debía emplear la violencia para independizarse. Todos merecían ser respetados, sin importar raza o religión, decía Gandhi, incluso los miembros de la casta inferior, los intocables. Gandhi empezó a referirse a los intocables con el nombre de *harijans*, que significa "niños de Dios".

Cuando las enseñanzas de Gandhi se divulgaron y el pueblo supo la vida que llevaba, muchos le consideraron un santo y empezaron a llamarlo **Mahatma**, que significa "Gran Alma".

✓ ¿Cuál era el sistema que promovía Gandhi en la lucha por los derechos?

LA INDEPENDENCIA INDIA

Las demandas de independencia de los indios se hicieron cada vez más fuertes. Los británicos respondieron tratando de frenar las protestas por todos los medios posibles. En abril de 1919 el general de brigada Reginald H. Dyer ordenó a sus soldados que abrieran fuego contra una multitud de manifestantes pacíficos en la ciudad de Amritsar. Unas 400 personas resultaron muertas y otras 1,200 heridas. Al ver que no existía forma alguna de cooperar con los británicos, Gandhi instó a toda India a mostrar resistencia pasiva.

Esta campaña de no cooperación se manifestó de muchas formas. Algunos dirigentes del gobierno abandonaron sus trabajos. Muchos trabajadores se quedaron en casa. En muchas ocasiones Gandhi y sus seguidores se limitaron a sentarse en medio de la calle, lo que impedía el tráfico. Gandhi también pidió a sus seguidores que hicieran un **boicot** a los productos británicos, es decir, que

El Primer Ministro indio, Jawajarlal Nehru, pasa revista a sus tropas durante una ceremonia del día de la independencia en la ciudad india de Bombay.

se negaran a comprarlos. De este modo, los indios lograron paralizar los negocios y el gobierno casi por completo, sin emplear la violencia.

Los británicos no sabían qué hacer ante la resistencia pasiva. Trataron de apartar a Gandhi de sus seguidores. De hecho, lo encarcelaron en varias ocasiones. Pero Gandhi demostró ser un gran líder, incluso encerrado en su celda. Escribió a sus seguidores, pidiéndoles que continuaran el camino emprendido. También rezó e hizo largas huelgas de hambre, negándose a comer hasta que se cumplieran sus exigencias.

A finales de la Segunda Guerra Mundial, los británicos se dieron cuenta de que estaban perdiendo India, de modo que en 1947 cedieron el poder a Jawajarlal Nehru. Nehru era un acaudalado brahmán que había luchado por la independencia de India desde 1916 y parecía ser la persona ideal para conducir a su país a la libertad.

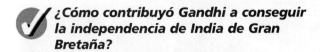

¿Cómo contribuyó Gandhi a conseguir la independencia de India de Gran Bretaña?

HINDÚES Y MUSULMANES

Gandhi y Nehru querían una India independiente donde las personas de todas las religiones pudieran vivir en paz. Los hindúes y los musulmanes del subcontinente indio habían estado enfrentados durante siglos. Sus religiones y tradiciones eran muy distintas.

Como había muchos menos musulmanes que hindúes en India, los primeros no se sentían seguros. Pensaban que nunca se les garantizarían sus derechos como minoría. Los **derechos de las minorías** son los derechos que se conceden a grupos de gente que constituyen una pequeña parte de una población. El líder musulmán Muhammad Ali Jinnah solicitó para su pueblo un territorio propio. Este territorio, dijo, debía estar al norte del país, donde había más musulmanes que hindúes. Nehru y Gandhi aceptaron con reparos.

Cuando se acercaba el 15 de agosto de 1947 —el día acordado para celebrar la independencia de India—, millones de musulmanes emigraron al norte y millones de hindúes emigraron al sur. Durante este proceso se produjeron enfrentamientos entre unos y otros. Al final hubo más de un millón de muertos, la mayoría de ellos musulmanes.

Cientos de musulmanes se abarrotan en un tren para viajar al actual territorio de Pakistán, donde dejarían de constituir una minoría.

RELIGIONES DE INDIA

0   300   600 millas
0   300   600 kilómetros
Proyección equidistante de dos puntos

AFGANISTÁN
Islamabad
JAMMU Y KASHMIR
Amritsar
CHINA
PAKISTÁN
NEPAL
BUTÁN
Delhi
Nueva Delhi
Río Indo
Río Ganges
HIMALAYA
Karachi
Varanasi (Benares)
BANGLADESH
Calcuta
BIRMANIA (MYANMAR)
Río Narmada
INDIA
Antiguo Pakistán Oriental; se independizó en 1971
Bombay
Mar Arábigo
Madras

Religiones
Hindú
Musulmana
Budista
Sikh
Cristiana
Primitivas y tribales

SRI LANKA
OCÉANO ÍNDICO

REGIONES La mayor parte de la población de la India contemporánea practica el hinduismo.
■ ¿En qué lugares de India se practican otras religiones?

El acuerdo de independencia con los británicos no dio lugar a un país, sino a dos; los extremos del noroeste y del noreste se convirtieron en Pakistán. El resto constituyó India, dirigida por Nehru. En la actualidad la mayor parte de los pakistaníes son musulmanes y la mayoría de los indios son hindúes.

Durante los enfrentamientos entre hindúes y musulmanes, Gandhi fue asesinado. En 1948 fue muerto de bala por un hindú que le acusaba de perjudicar a su pueblo al decir que los hindúes y los musulmanes debían luchar unidos. Cuando Nehru comunicó al país la muerte de Gandhi, dijo: "La luz de nuestras vidas se ha apagado". Muchas personas de todas partes del mundo estuvieron de acuerdo con él.

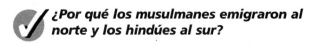

¿Por qué los musulmanes emigraron al norte y los hindúes al sur?

Capítulo 22 • **625**

Indira Gandhi pronuncia un discurso (arriba). A la izquierda, la primera ministra pasa revista a sus tropas.

RELIGIONES PRINCIPALES

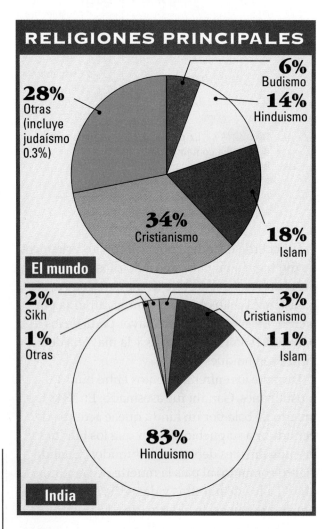

El mundo

6% Budismo
14% Hinduismo
28% Otras (incluye judaísmo 0.3%)
34% Cristianismo
18% Islam

India

2% Sikh
1% Otras
3% Cristianismo
11% Islam
83% Hinduismo

APRENDER CON GRÁFICAS Más de las tres cuartas partes todos los hindúes del mundo viven en India.

■ De los aproximadamente 6,000 millones de habitantes del mundo, ¿cuántos practican el hinduismo?

MÁS DIFERENCIAS RELIGIOSAS

Las diferencias religiosas crearon numerosos conflictos entre las dos nuevas naciones. El estado de Kashmir, al norte, se convirtió en el mayor problema. Su gobernante, que era hindú, decidió unirse a India, y no a Pakistán, a pesar de que los habitantes de esta región eran mayoritariamente musulmanes. Pakistán decidió ocupar Kashmir y entró en guerra con India en dos ocasiones: en 1947 y 1965. Kashmir es un problema que aún no está resuelto.

En la década de los ochenta surgió un nuevo problema con otro grupo religioso, los sikhs. Este grupo, cuyo origen se remonta al siglo XVI, combina las ideas del hinduismo y del islam. Desde un principio los sikhs tuvieron malas relaciones con los hindúes y los musulmanes. Con el paso del tiempo, llegarían a exigir un territorio propio para estar más seguros.

Algunos sikhs recurrieron a la violencia para independizarse de India. Indira Gandhi, primera ministra de India e hija de Nerhu, estaba determinada a acabar con el problema. En junio de 1984 ordenó el ataque del Templo Dorado de Amritsar, donde los sikhs se habían fortificado. Casi un millar de sikhs murieron en la lucha. Muchos sikhs pedían venganza por sus pérdidas. En octubre de 1984 dos guardaespaldas sikhs de la primera ministra india le dispararon, causándole la muerte. Este asesinato dio lugar a disturbios, en los que hindúes encolerizados mataron a todos los sikhs que encontraron a su paso.

Durante la década de los noventa los dirigentes hindúes de India han continuado alimentando el fuego del odio religioso. Los dirigentes musulmanes de Pakistán han hecho lo mismo. Los conflictos religiosos continúan siendo un grave problema en el subcontinente indio.

 ¿Quiénes son los sikhs?

MUJERES AL PODER

Antiguamente, las tradiciones musulmanas e hindúes de India limitaban las funciones de la mujer en el gobierno. Sin embargo, en la segunda mitad del siglo XX las mujeres empezaron a cobrar mayor protagonismo en la vida política. Indira Gandhi, por ejemplo, fue una figura

¿Quién es?

Benazir Bhutto 1953–

Benazir Bhutto nació en Pakistán, en el seno de una familia rica y con un papel activo dentro de la política. A los 16 años de edad dejó Pakistán para estudiar en Estados Unidos y en Gran Bretaña. Durante su ausencia, su padre, Zulfikar Ali Bhutto, se convirtió en primer ministro de Pakistán. Benazir regresó a su país en 1977, con la idea de seguir la trayectoria de servicio público emprendida por su padre, a quien asesinó un grupo de dirigentes militares en 1979. En 1988 Benazir Bhutto devolvió el golpe presentándose a las primeras elecciones libres de su país desde la llegada al poder de los militares. Bhutto se convirtió en líder de su partido político, que fue el mayoritario. Esto la llevó a ocupar el cargo de primera ministra pakistaní. En 1990 perdió las elecciones, pero tres años más tarde volvió a ser elegida.

destacada en la política de India durante más de 19 años. Por su parte, Benazir Bhutto se convirtió en la primera ministra de Pakistán en 1988. Bhutto fue la primera mujer de los tiempos modernos en dirigir un país musulmán. Bangladesh, que se independizó de Pakistán en 1971, también eligió a una mujer para presidir su gobierno durante la década de los noventa.

Aunque muchas mujeres continúan permaneciendo en sus casas, especialmente en las áreas rurales, se están empezando a producir cambios. En las ciudades, cada vez son más las mujeres que van a la escuela y más también las que trabajan fuera de sus casas. Muchas han llegado a ser doctoras, abogadas y ejecutivas de empresas.

 **¿Qué dos mujeres han sido figuras políticas destacadas en India y Pakistán?**

LECCIÓN 1 • REPASO

Comprueba lo que aprendiste

1. **Recuerda los datos** ¿Por qué se acordó la formación de dos países, India y Pakistán, en el tratado de independencia de India?
2. **Concéntrate en la idea principal** ¿Cuál ha sido la influencia de la religión en la historia del subcontinente indio?

Piensa críticamente

3. **Piensa más sobre el tema** ¿A qué crees que se refería Gandhi con el término *satyagraha*, o "fuerza del alma"?
4. **Causa y efecto** ¿Cómo se han manifestado en la historia de India los conflictos entre hindúes y musulmanes?

Demuestra lo que sabes

Actividad: Informe oral Busca datos en periódicos, revistas y libros acerca de cómo la resistencia pacífica es el mejor modo de conseguir objetivos políticos y sociales. Explica lo que hayas aprendido a un familiar o a un compañero de clase.

Usar diferentes tipos de mapas de población

¿Por qué es importante esta destreza?

Como casi todos los datos geográficos, la población puede representarse en mapas de muchas maneras. En el Capítulo 21 de la Unidad 10 aprendiste que en los cartogramas el tamaño de un país representa su población. También se puede mostrar la población mediante puntos y colores. Aprender a interpretar los distintos tipos de mapas de población te ayudará a saber qué zonas del mundo están más o menos pobladas y cuál es el número de habitantes de cada lugar en particular.

Comprende el proceso

La población mundial no está distribuida por igual en los siete continentes. En el Mapa A se emplean puntos para representar la **distribución de la población** de la India, es decir, dónde vive la población. En algunos lugares del mapa los puntos están tan cerca, que se amontonan. En estos lugares hay un gran número de personas que viven una cerca de la otra. En otros lugares del mapa no hay puntos. En esos lugares hay menos de 100,000 personas o están despoblados.

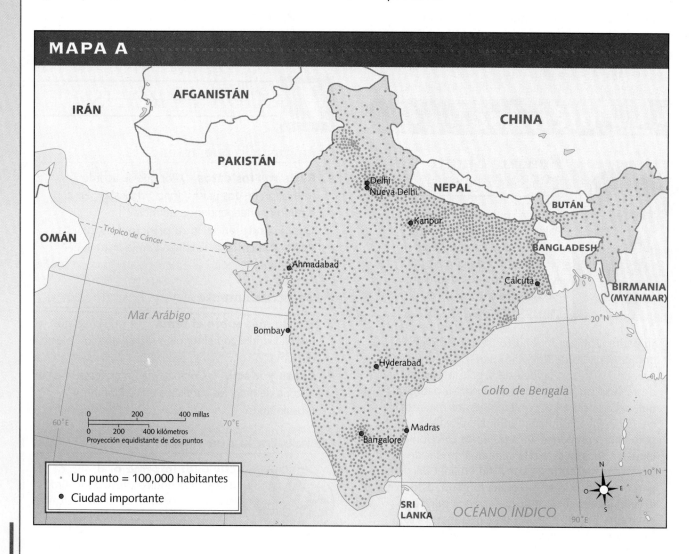

MAPA A

- · Un punto = 100,000 habitantes
- • Ciudad importante

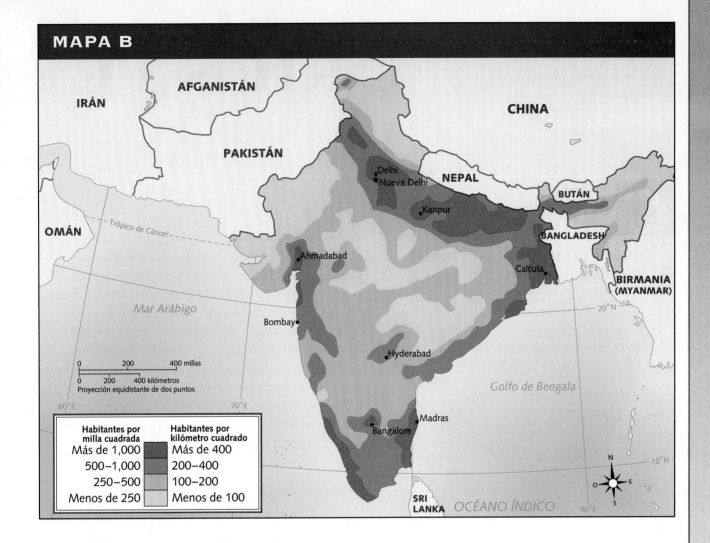

MAPA B

IRÁN

AFGANISTÁN

PAKISTÁN

CHINA

Delhi
★Nueva Delhi

NEPAL

BUTÁN

•Kanpur

OMÁN

— Trópico de Cáncer —

BANGLADESH

•Ahmadabad

Calcuta•

BIRMANIA (MYANMAR)

Mar Arábigo

Bombay•

20° N

0   200   400 millas

0   200   400 kilómetros
Proyección equidistante de dos puntos

•Hyderabad

Golfo de Bengala

60° E

70° E

•Madras
Bangalore•

10° N

Habitantes por milla cuadrada	Habitantes por kilómetro cuadrado
Más de 1,000	Más de 400
500–1,000	200–400
250–500	100–200
Menos de 250	Menos de 100

SRI LANKA   OCÉANO ÍNDICO   90° E

En los lugares donde viven muchas personas una cerca de la otra, se dice que la población es *densa.* En los lugares donde las personas viven a mucha distancia entre sí, se dice que la población es *dispersa.* Ambos términos describen la densidad de población. La **densidad de población** es el promedio de habitantes por cada unidad de superficie. Puedes calcular este número dividiendo la cantidad de personas que viven en un área determinada por la superficie de esa área.

Las poblaciones densas suelen encontrarse en regiones donde el clima permite que las temporadas de cultivo sean muy largas. En la India las poblaciones más densas se concentran en las regiones más fértiles. La proximidad de los recursos también afecta la densidad de población. No obstante, el factor más importante de la densidad de población es la facilidad con la que se puedan desarrollar el comercio y las comunicaciones.

En el Mapa B se usan colores para representar la densidad de población de la India. Las zonas amarillas corresponden a las áreas donde viven menos de 250 personas por milla cuadrada. El verde representa las áreas que tienen entre 250 y 500 habitantes por milla cuadrada; el marrón, las áreas con una población entre 500 y 1,000 habitantes por milla cuadrada, y el rojo las regiones con más de 1,000 habitantes por milla cuadrada.

Piensa y aplica

Estudia con un compañero los mapas de población de India que aparecen en estas páginas. Hagan una lista de cinco preguntas que podrían formular a sus compañeros para comprender mejor el uso de estos mapas de población.

EL ORIENTE MEDIO

Conexión con nuestro mundo

¿Cómo pueden convivir en paz pueblos diferentes entre sí?

Concéntrate en la idea principal
Mientras leas, identifica ideas y creencias que hayan unido o enfrentado a los pueblos del suroeste de Asia y del norte de África.

Anticipa el vocabulario
sionismo	intifada
Declaración Balfour	autonomía
terrorismo	rehén
partición	jihad

Oriente Medio es el nombre que suele darse a los territorios situados al sur y al este del mar Mediterráneo. El Oriente Medio abarca regiones del suroeste de Asia y del norte de África. Durante cientos de años esta región ha sido una encrucijada de culturas, religiones y relaciones comerciales donde han estallado numerosas guerras. De hecho, tres religiones mundiales, el judaísmo, el cristianismo y el islam, se desarrollaron en el suroeste asiático. La religión siempre ha sido un factor importante en la historia del Oriente Medio, aún hoy sigue siéndolo y es de esperar que también lo sea en el futuro.

ÁRABES Y JUDÍOS

Las raíces de los árabes y los judíos en el Oriente Medio se remontan a miles de años. Tanto unos como otros dicen descender de un mismo antepasado: Abraham. A pesar de ello, ambas culturas llevan luchando entre sí casi todo el siglo XX. El origen de este conflicto hay que buscarlo en el pasado remoto y también en el reciente.

Los primeros árabes y judíos ocuparon el suroeste de Asia hace miles de años. Sin embargo, en el año 70 d.C. los romanos destruyeron Jerusalén, la capital de los judíos. Poco después, los judíos fueron expulsados de esta región, que ellos llamaban Judea. Los romanos, con el propósito de anular la conexión entre el pueblo judío y los territorios que una vez estuvieron bajo su control, le dieron un nuevo nombre, Palestina. Desde entonces los judíos se han asentado en todas partes del mundo. Sin embargo, los que

Un comerciante judío (izquierda) y otro árabe (derecha) comparten el mismo espacio para vender sus frutas en un mercado de Jerusalén.

abandonaron su patria jamás la olvidaron. Los judíos de todo el mundo terminan la ceremonia de la Pascua judía (una celebración religiosa para conmemorar la partida de Egipto de sus antepasados) con las siguientes palabras: "el año que viene, en Jerusalén".

Con el paso del tiempo se produjeron muchos cambios en los territorios que se hicieron conocidos con el nombre de Palestina. Después del surgimiento del islam en el siglo VII la mayoría de los árabes se convirtieron al islamismo. Al igual que los judíos y los cristianos, los musulmanes consideraban a Jerusalén una ciudad sagrada. Los musulmanes árabes formaron un imperio que ocupó la mayor parte del Oriente Medio. El Imperio Musulmán es recordado por sus avances científicos, médicos y artísticos.

Sin embargo, este imperio terminó por perder Palestina y la mayor parte de sus territorios. Durante 400 años, desde principios del siglo XVI, esta región cayó bajo el control de otro grupo musulmán, los turcos otomanos, de quienes los árabes deseaban liberarse.

A finales del siglo XIX y principios del XX más y más judíos empezaron a regresar a Oriente Medio. El antisemitismo o antijudaísmo de Europa oriental hizo que muchos judíos abandonaran esa región y se establecieran en Palestina. Como los judíos seguían llegando, algunos de sus líderes pensaron en formar un estado judío moderno en la región que había sido su patria. Esta idea dio lugar a un movimiento llamado **sionismo**.

Durante ese período también empezó a surgir el nacionalismo árabe. Por todo Oriente Medio los árabes deseaban formar sus propios estados independientes.

Durante la Primera Guerra Mundial los británicos quisieron que los judíos apoyaran a las potencias Aliadas. En 1917 el gobierno británico creó la **Declaración Balfour**. Este documento manifestaba que Gran Bretaña apoyaba "la creación en Palestina de un hogar nacional para el pueblo judío". Esta declaración también afirmaba que "no se hará nada que perjudique los derechos civiles y religiosos de las comunidades no judías" establecidas en Palestina. Los británicos esperaban que la redacción de la Declaración Balfour fuera

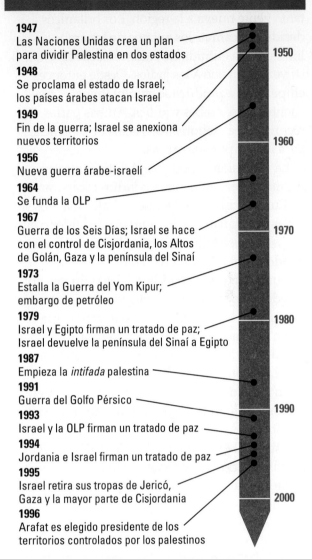

EL CONFLICTO ÁRABE-ISRAELÍ

1947
Las Naciones Unidas crea un plan para dividir Palestina en dos estados

1950

1948
Se proclama el estado de Israel; los países árabes atacan Israel

1949
Fin de la guerra; Israel se anexiona nuevos territorios

1960

1956
Nueva guerra árabe-israelí

1964
Se funda la OLP

1967
Guerra de los Seis Días; Israel se hace con el control de Cisjordania, los Altos de Golán, Gaza y la península del Sinaí

1970

1973
Estalla la Guerra del Yom Kipur; embargo de petróleo

1979
Israel y Egipto firman un tratado de paz; Israel devuelve la península del Sinaí a Egipto

1980

1987
Empieza la *intifada* palestina

1991
Guerra del Golfo Pérsico

1990

1993
Israel y la OLP firman un tratado de paz

1994
Jordania e Israel firman un tratado de paz

1995
Israel retira sus tropas de Jericó, Gaza y la mayor parte de Cisjordania

2000

1996
Arafat es elegido presidente de los territorios controlados por los palestinos

APRENDER CON LÍNEAS CRONOLÓGICAS Los años posteriores a la independencia de Israel han traído guerra y promesas de paz.
■ ¿Crees que se pueden poner más acontecimientos históricos en esta línea cronológica? ¿Cuáles son, en caso afirmativo?

satisfactoria para los judíos y, al mismo tiempo, que no ofendiera a los árabes.

Después de la Primera Guerra Mundial el control de Palestina pasó de los otomanos a los británicos. Según la nueva Liga de Naciones, Gran Bretaña debía preparar el camino para la independencia de Palestina. Árabes y judíos pensaban que pronto se les concedería el derecho a constituir sus propios estados.

Los británicos empezaron a permitir la entrada de miles de judíos en Palestina. Los árabes de Palestina empezaron a alarmarse al ver llegar tanta gente nueva a la región. Los británicos decidieron calmar los ánimos de los árabes, limitando la entrada de judíos. Esta decisión, a su vez, enfureció a los judíos. Desde entonces empezaron a producirse enfrentamientos frecuentes entre árabes y judíos. Ambas partes recurrieron al **terrorismo**, o actos de violencia, para luchar por sus causas.

La ascensión al poder de Adolfo Hitler en Alemania hizo que muchos judíos escaparan de Europa para establecerse en Palestina. Los sionistas afirmaban que la campaña de Hitler contra los judíos justificaba su necesidad de formar un estado propio donde vivir en paz.

Cuando empezaron a llegar las primeras noticias del holocausto, las limitaciones migratorias impuestas por los británicos se interpretaron como una medida cruel. Gran Bretaña, presionada por la guerra, advirtió que estaba a punto de perder el control de Oriente Medio.

En 1947 los británicos se retiraron de la región sin tomar ningún tipo de acción y dejaron que las Naciones Unidas se ocupara de la cuestión palestina. El 29 de noviembre de 1947 la ONU decidió hacer una **partición**, o división, del territorio palestino en dos estados: uno judío y otro árabe.

Después de sobrevivir en los campos de concentración nazis, estos refugiados judíos tenían la esperanza de encontrar la paz en Palestina.

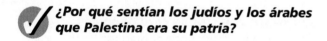

¿Por qué sentían los judíos y los árabes que Palestina era su patria?

EL CONFLICTO ÁRABE-ISRAELÍ

Los judíos de todo el mundo celebraron la creación de su nuevo estado en 1948: Israel. Sin embargo, los árabes no aceptaron la decisión de las Naciones Unidas. Cinco naciones árabes declararon la guerra a Israel y empezaron a invadir el nuevo país. Los árabes lograron grandes avances. Sin embargo, al cabo de varios meses el ejército israelí expulsó a los soldados árabes. Cuando se acordó el alto el fuego, en enero de 1949, Israel había logrado el control de casi toda la parte árabe de Palestina; el resto había pasado al reino de Jordania.

Durante la guerra y después de ella, más de 700,000 árabes abandonaron Palestina y marcharon a otros estados árabes. Muchos de ellos vivieron en duras condiciones en campos de refugiados. Mientras tanto, otros miles de árabes permanecieron en Israel y se convirtieron en ciudadanos de este país. Sin embargo, la mayoría de las naciones árabes se negaron a reconocer la existencia del estado de Israel.

Durante los años siguientes, Israel y los países árabes se enfrentaron una y otra vez. Las superpotencias del momento, Estados Unidos y la Unión Soviética, se involucraron en el conflicto de Oriente Medio. Estados Unidos se convirtió en el mayor aliado de Israel. La Unión Soviética apoyó a las naciones árabes.

Durante la década de los cincuenta la mayor parte de los países árabes aceptaron el liderazgo del Presidente egipcio, Gamal Abdel Nasser. Los israelíes, rodeados de vecinos árabes que no los querían, empezaron a formar un poderoso ejército. En 1956 el ejército israelí, con la ayuda de las fuerzas británicas y francesas, debilitó el poderío militar de los árabes.

En 1967 Egipto, Siria y Jordania se prepararon para atacar de nuevo a Israel. Sin embargo, los israelíes se anticiparon e hicieron retroceder a las fuerzas árabes. Durante lo que ha venido a conocerse como la Guerra de los Seis Días, Israel arrebató grandes extensiones de territorio a Egipto, Siria y Jordania. Israel pasó a controlar la península de Sinaí, los Altos de Golán, Gaza y Cisjordania. También unió la ciudad de Jerusalén, que había estado dividida desde 1948.

Después de la muerte de Nasser, en 1970, la presidencia de Egipto pasó a Anwar as-Sadat. En 1973, durante la celebración del Yom Kipur, el día más sagrado del año para el pueblo judío, Sadat lanzó un ataque por sorpresa contra Israel. Aunque los árabes empezaron tomando territorio, los israelíes lo recuperaron casi todo.

La siguiente ofensiva de los árabes fue de carácter económico. Los países árabes producían más de un tercio del petróleo que consumían las naciones no comunistas. Los miembros árabes de la Organización de Países Exportadores de

Refugiados palestinos en la Franja de Gaza, en el año 1954

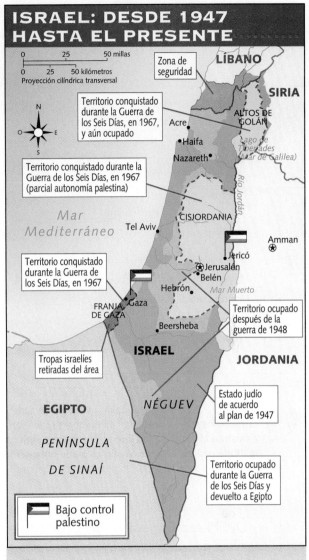

LUGAR Las fronteras del territorio controlado por Israel han cambiado mucho desde 1947.
■ ¿Por qué crees que los israelíes y los palestinos no se ponen de acuerdo sobre el control de Jerusalén?

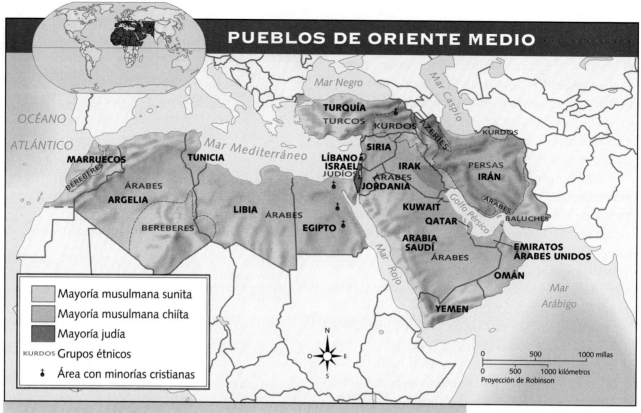

PUEBLOS DE ORIENTE MEDIO

OCÉANO ATLÁNTICO

Mar Negro

Mar Caspio

Mar Mediterráneo

TURQUÍA
TURCOS
KURDOS
AZERÍES
KURDOS

SIRIA
LÍBANO
ISRAEL
JUDÍOS
IRAK
ÁRABES
JORDANIA
PERSAS
IRÁN

MARRUECOS
BEREBERES
TUNICIA

ÁRABES
ARGELIA

LIBIA
ÁRABES

BEREBERES

EGIPTO

KUWAIT
QATAR
ÁRABES
BALUCHES
Golfo Pérsico

ARABIA
SAUDÍ
ÁRABES
EMIRATOS
ÁRABES UNIDOS

OMÁN

Mar Rojo

Mar Arábigo

YEMEN

Mayoría musulmana sunita
Mayoría musulmana chiíta
Mayoría judía
KURDOS Grupos étnicos
Área con minorías cristianas

0   500   1000 millas
0   500   1000 kilómetros
Proyección de Robinson

LUGAR La mayor parte de la población de Oriente Medio es árabe, aunque también hay otros pueblos. Los nombres que aparecen en rojo en este mapa muestran algunos de los principales grupos étnicos de Oriente Medio.

■ ¿Qué país de Oriente Medio es predominantemente persa? ¿En qué otros aspectos se diferencian los pueblos de Oriente Medio?

Petróleo (OPEP) se negaron a vender petróleo a aquellos países que, a su juicio, apoyaban a Israel. Muchas naciones tuvieron que buscar otras fuentes de suministro. Los miembros árabes de la OPEP levantaron el embargo de petróleo en 1974. Sin embargo, la posibilidad de que la OPEP volviera a tomar este tipo de medidas preocupaba a Japón, a Estados Unidos y a otros países que dependían del petróleo importado.

Los árabes de Palestina también tomaron nuevas medidas contra Israel. Durante una reunión de líderes árabes en 1964 se formó un grupo denominado Organización para la Liberación de Palestina (OLP). El objetivo de este grupo era organizar a los palestinos en una lucha para recuperar su territorio. Los miembros de la OLP emplearon tácticas terroristas en Israel y en los territorios ocupados por Israel durante la Guerra de los Seis Días.

En 1969 Yasir Arafat fue nombrado Presidente de la OLP. Durante la década de los setenta,

Arafat y la OLP se hicieron conocidos y muy temidos por sus ataques por sorpresa a objetivos civiles y militares.

A finales de la década de los ochenta se produjo un cambio importante en la lucha de los palestinos. Muchos jóvenes palestinos que habían pasado sus vidas en los territorios ocupados por Israel en Cisjordania y Gaza empezaron a intervenir en la lucha. Los palestinos iniciaron la *intifada*, o levantamiento popular, en los territorios ocupados por Israel. Los israelíes trataron de aplastar la *intifada*, pero su represión fue criticada por el mundo entero. Los jóvenes palestinos estaban más determinados que nunca. "Palestina es nuestra y derramaremos nuestra sangre por ella", gritaban.

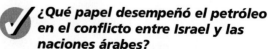

¿Qué papel desempeñó el petróleo en el conflicto entre Israel y las naciones árabes?

EL CAMINO HACIA LA PAZ

Los árabes y los israelíes han luchado entre sí durante muchos años. Sin embargo, algunos dirigentes de ambos bandos han tratado de implantar la paz en la región. En 1977 se produjo un paso importante, cuando Anwar as-Sadat aceptó visitar Israel. Sadat viajó a Jerusalén, donde fue recibido por el Presidente israelí Menahem Begin.

Varios meses después, el entonces Presidente Jimmy Carter invitó a ambos dirigentes a Estados Unidos. Carter tenía la esperanza de que, si ambos hablaban abiertamente, podrían llegar a superar sus diferencias. Y esto fue lo que ocurrió. En 1978, los tres dirigentes firmaron los llamados Acuerdos de Camp David. Este acuerdo incluía un plan para un tratado de paz, que Israel y Egipto firmaron en 1979. En 1980, Egipto se convirtió en el primer país árabe en reconocer a Israel. Dos años más tarde Israel devolvió a Egipto la mayoría de los territorios ocupados durante la Guerra de los Seis Días. La OLP no había sido incluida en las conversaciones de paz y, por tanto, consideró que el tratado de paz no le concernía.

En la década de los noventa, Israel y la OLP mantuvieron conversaciones secretas. Después de meses de negociaciones, interrumpidas con frecuencia por los enfrentamientos armados entre ambas partes, se llegó a un acuerdo a finales de 1993. En este acuerdo, firmado por el Primer Ministro israelí, Yitzhak Rabin, y el Presidente de la OLP, Yasir Arafat, Israel se comprometía a dar a las áreas palestinas una cierta **autonomía**, o derecho de un estado a gobernarse a sí mismo.

A mediados de 1994, Rabin y Arafat acordaron un autogobierno limitado para los palestinos de Gaza, la ciudad de Jericó y las áreas colindantes. Poco después Israel empezó a retirar sus tropas de Jericó y Gaza.

Los esfuerzos de Rabin, Arafat y el Primer Ministro israelí, Shimon Peres, les valieron el Premio Nobel de la Paz a finales de 1994. En 1995, los israelíes empezaron a retirar sus tropas de Cisjordania, donde también se permitió cierta autonomía de gobierno a los palestinos. Sin embargo, otros asuntos palestino-israelíes quedan por resolverse, como el control de Jerusalén. Tanto los palestinos como los israelíes reclaman la ciudad como su capital.

Los palestinos no fueron los únicos árabes que participaron en el proceso de paz de Oriente Medio durante la década de los noventa. En 1994 Jordania firmó un tratado de paz con Israel. También Siria e Israel han mantenido conversaciones de paz.

Sin embargo, a finales de 1995 tuvo lugar una nueva tragedia en Oriente Medio. En una manifestación por la paz, Yitzhak Rabin fue asesinado por un israelí enfurecido con su gobierno por haber devuelto territorios a los palestinos. Pero los dirigentes palestinos y Arafat prometieron que, a pesar de todo, la búsqueda de la paz continuaría. A principios de 1996 parecía claro que Arafat continuaría siendo la voz del pueblo palestino. Los palestinos eligieron un consejo de gobernantes presidido por Arafat.

 ¿Qué importantes acuerdos de paz firmaron los árabes e israelíes entre 1979 y 1994?

EL RESURGIMIENTO ISLÁMICO

Durante el proceso de paz entre árabes e israelíes, otros importantes fenómenos se estaban fraguando en Oriente Medio. Desde el siglo XIX,

El Presidente de Estados Unidos, Bill Clinton (centro), el Primer Ministro israelí, Yitzhak Rabin (izquierda) y el Presidente de la OLP, Yasir Arafat (derecha), poco después de la firma del acuerdo de paz entre Israel y la OLP.

los musulmanes de Oriente Medio temieron que las ideas y costumbres occidentales fueran a reemplazar la cultura islámica. Durante las décadas de los sesenta y de los setenta, fueron muchos los musulmanes que volvieron a una práctica más tradicional del islamismo. Empezaron a orar con regularidad y a vestir con indumentaria musulmana. También quisieron que la ley islámica, o *shari´a*, se usara para gobernar las naciones musulmanas.

El ejemplo más radical de este resurgimiento islámico es, quizás, el de Irán a finales de la década de los setenta. Irán se diferencia de la mayor parte de las naciones islámicas de la región. Su población es básicamente persa y no árabe. Además, la mayor parte de los iraníes se ha enfrentado en numerosas ocasiones a otros grupos musulmanes por motivos religiosos.

En la década de los cincuenta, el *sha* (el más alto cargo en el gobierno) de Irán, Muhammad Reza Pahlavi, trató de modernizar su país y convertirlo en una potencia industrial. Pero muchos iraníes no estaban de acuerdo con las costumbres occidentales introducidas por su líder. Pensaban que Irán debía convertirse en un verdadero estado islámico. El Ayatollah Jomeini, que era el principal líder religioso de Irán, fue una de las voces más críticas contra el *sha*. En enero de 1979 una revuelta organizada por Jomeini obligó al *sha* a abandonar Irán.

....

Los rehenes de Estados Unidos manifiestan su alegría al ser finalmente liberados de su cautiverio en Irán (abajo). El Ayatollah Jomeini (foto interior) decretó su libertad en 1981.

El mismo Jomeini tomó el control del gobierno y dejó claro que las potencias occidentales ya no serían bienvenidas en Irán. Estados Unidos no tardó en darse cuenta de *qué* forma no eran bienvenidos sus ciudadanos. En noviembre de 1979 estudiantes iraníes asaltaron la embajada de Estados Unidos en la ciudad de Teherán, donde tomaron a más de 50 rehenes americanos. Un **rehén** es un prisionero que se mantiene cautivo hasta que se cumplan las exigencias de los secuestradores. Los estudiantes querían que Estados Unidos devolviera al *sha* —que estaba siendo tratado de un cáncer en un hospital de Estados Unidos— para llevarlo ante los tribunales. Aunque el *sha* murió en julio de 1980, los rehenes de Estados Unidos no fueron liberados hasta enero de 1981.

El objetivo de los iraníes era extender la revolución islámica a otros países musulmanes. Saddam Hussein, el gobernante de Irak, deseaba que esto no sucediera. También quería capturar un trozo del territorio de Irán. En 1980 Irán entró en guerra con Irak por una disputa territorial. Pero Jomeini transformó el conflicto en una guerra santa, o **jihad**, e instó a los chiitas de Irak a derrocar a su dirigente sunni, Saddam Hussein. Pero la guerra se prolongó durante 8 años. Ninguno de los bandos obtuvo una clara victoria y ambos sufrieron grandes pérdidas.

El Ayatollah Jomeini murió en 1989. Los nuevos dirigentes iraníes han invertido menos esfuerzos en divulgar la revolución que en la reconstrucción de la economía. No obstante, el resurgimiento de las creencias y prácticas tradicionales islámicas ha continuado.

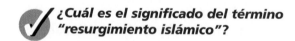 **¿Cuál es el significado del término "resurgimiento islámico"?**

LA GUERRA DEL GOLFO PÉRSICO

No todos los conflictos de Oriente Medio están relacionados con la religión. A principios de la década de los noventa uno de estos conflictos acaparó la atención del mundo entero: la Guerra del Golfo Pérsico.

El Presidente de Irak, Saddam Hussein, ordenó la invasión de Kuwait, uno de los principales países productores de petróleo; así, Hussein esperaba no

La Guerra del Golfo Pérsico fue diferente a cualquier otra guerra. Las mujeres soldados desempeñaron un papel más importante (arriba). La alta tecnología hizo posible la transmisión en vivo de reportajes de guerra (arriba, a la derecha) y el uso de Estados Unidos de cazabombarderos invisibles (abajo, a la derecha).

pagar sus deudas pendientes con este país. Casi de inmediato, las Naciones Unidas condenó el ataque iraquí y adoptó medidas económicas para castigar a Irak. La ONU estableció el 15 de enero de 1991 como el último día para la retirada de las tropas iraquíes de Kuwait. Pero Irak se quedó.

Ante la negativa de Irak de cooperar con las Naciones Unidas, Estados Unidos, Arabia Saudí, Egipto, Francia y otros países unieron sus fuerzas para liberar a Kuwait. Nadie quería que Irak controlase el petróleo kuwaití. Estados Unidos y sus aliados emprendieron la llamada Operación Tormenta del Desierto, una combinación de ataques por tierra y por aire. En breve, los iraquíes se verían obligados a abandonar Kuwait.

Esta guerra fue muy distinta de cualquier otra en la historia del mundo. Gente de todos los continentes pudo seguir desde sus televisores los reportajes en directo sobre la evolución del conflicto. Además, esta guerra se libró, casi por completo, con armas de avanzada tecnología que nunca se habían empleado en combate alguno. Otra novedad fue la importante función de las mujeres americanas en esta guerra.

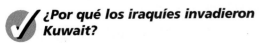

¿Por qué los iraquíes invadieron Kuwait?

L CCIÓN 2 • REPASO

Comprueba lo que aprendiste

1. **Recuerda los datos** ¿Qué vínculos hay entre árabes y judíos en Oriente Medio?
2. **Concéntrate en la idea principal** ¿De qué forma han contribuido las ideas y creencias a unir y a separar a las gentes de Oriente Medio?

Piensa críticamente

3. **Causa y efecto** ¿Qué efecto crees que ha tenido la creación del estado de Israel en la historia reciente de Oriente Medio?
4. **En mi opinión** ¿Qué crees que da derecho a las personas a vivir donde viven?

Muestra lo que sabes

Actividad: Temas de actualidad
Busca datos en revistas y periódicos acerca de los conflictos y los esfuerzos de pacificación en Oriente Medio. Haz un boletín con esos artículos y expónlo en la clase. Actualiza el boletín cuando nuevos acontecimientos tengan lugar.

REPASO

CONECTA LAS IDEAS PRINCIPALES

Usa este organizador para mostrar cómo están relacionadas las ideas principales del capítulo. Copia el organizador en una hoja de papel y complétalo escribiendo tres detalles de cada idea principal.

Influencias religiosas

El subcontinente indio
La religión ha tenido una gran influencia en la historia del subcontinente indio

1. _____
2. _____
3. _____

El Oriente Medio
Las distintas ideas y creencias han unido, y también dividido, a las gentes del suroeste de Asia y el norte de África

1. _____
2. _____
3. _____

ESCRIBE MÁS SOBRE EL TEMA

1. **Escribe un perfil biográfico**   Busca más datos acerca de Mohandas Gandhi y, a continuación, redacta un perfil biográfico de una página de extensión sobre la vida del líder indio. Describe su formación, cultura y creencias. Explica también cómo su idea de la resistencia pasiva no condujo a la violencia, sino a la cooperación y, finalmente, a la independencia pacífica de India.

2. **Escribe una crónica**   Usa tus propias palabras para contar los antecedentes del conflicto árabe-israelí. Asegúrate de ser imparcial. Usa ilustraciones, cronologías y mapas.

3. **Escribe preguntas**   Escribe cinco preguntas que te gustaría formular a alguien que luchó en la Guerra del Golfo Pérsico

 **USA EL VOCABULARIO**

Relaciona cada una de las palabras de la lista con las definiciones que se dan a continuación.

boicot   Mahatma
discriminar   terrorismo
rehén   sionismo

1. un prisionero que es detenido hasta que se cumplan ciertas demandas

2. "Gran Alma"

3. negarse a comprar ciertos productos

4. actos de violencia

5. un movimiento que promovía la creación de un estado moderno judío en los territorios originales del pueblo judío

6. tratar a alguien injustamente por motivos raciales o de otra naturaleza

 COMPRUEBA LO QUE APRENDISTE

1. ¿Qué suceso llevó a Gandhi a darse cuenta de que había que recorrer un largo camino para que se reconocieran los derechos de los indios en Sudáfrica?

2. ¿Qué importante lección aprendió Gandhi de su madre? ¿Qué efecto tuvo esta lección en la vida de Gandhi?

3. ¿Qué formas de no cooperación emplearon en India Gandhi y sus seguidores?

4. ¿Cómo murió Gandhi?

5. ¿Por que fue tan importante la elección de Benazir Bhutto como primera ministra de Pakistán?

6. ¿Cuáles son las tres religiones predominantes en Oriente Medio?

7. ¿Qué fue la Declaración Balfour?

8. ¿Cuáles fueron los resultados de la Guerra de los Seis Días?

9. ¿Qué es la Organización para Liberación de Palestina, u OLP? ¿Cuál es su objetivo?

10. ¿Por qué estalló la Guerra del Golfo Pérsico?

 PIENSA CRÍTICAMENTE

1. **Causa y efecto** ¿Qué efecto tuvo la resistencia pasiva sobre los británicos y su control sobre India?

2. **En mi opinión** ¿Por qué crees que Mohandas Gandhi empezó a vestir ropas tradicionales?

3. **Explora otros puntos de vista** Los israelíes quieren mantener el control de todo Jerusalén. Los palestinos creen que una parte de la ciudad debe estar controlada por ellos. ¿Por qué crees que ambas partes no se ponen de acuerdo sobre el futuro de Jerusalén?

4. **Ayer y hoy** En 1995 unos terroristas hicieron estallar una bomba en un edificio federal de la ciudad de Oklahoma. ¿Qué efecto crees que tienen los actos de terrorismo en la población de este país o en la de cualquier otra parte del mundo?

 APLICA TUS DESTREZAS

Usar diferentes tipos de mapas de población Usa los mapas de las páginas 628 y 629 y contesta las siguientes preguntas:

1. ¿Cómo describirías la población de India? Explica tu respuesta usando los datos que te ofrecen los mapas.

2. ¿Cuáles son las áreas de India más densamente pobladas?

3. ¿Cuál de los dos mapas te resulta más fácil de usar? ¿Por qué?

 LEE MÁS SOBRE EL TEMA

Mahatma Gandhi: The Man Who Freed India and Led the World in Nonviolent Change de Michael Nicholson; Gareth Stevens. Este libro narra la labor de Gandhi en la lucha por la independencia de India.

Middle East: A Background to the Conflicts de John Pimlott; Gloucester. En este libro se hace un análisis del conflicto árabe-israelí y de la Guerra del Golfo Pérsico.

ACONTECIMIENTOS POLÍTICOS

66 Estamos comenzando una nueva era de esperanza, de reconciliación, de reconstrucción nacional. 99

Nelson Mandela, después de ganar la presidencia de Sudáfrica en 1994

Joven africana de Senegal

ÁFRICA AL SUR DEL SAHARA

Conexión con nuestro mundo

¿Qué desafíos enfrentan las naciones recientemente independizadas?

Concéntrate en la idea principal
Al leer, piensa en los problemas que han afrontado las naciones africanas después de obtener su independencia.

Anticipa el vocabulario
afrikaans
apartheid
bantustán

El primer ministro de Ghana, Kwame Nkrumah, en 1958

A comienzos del siglo XX, sólo dos países africanos (Etiopía y Liberia) eran independientes. Los demás estaban bajo el control de gobiernos europeos. Sin embargo, a mediados de este siglo casi todos los países al sur del Sahara ya habían obtenido la libertad.

LA CONQUISTA DE LA INDEPENDENCIA

Los africanos siempre se habían resistido a la ocupación europea. Pero no fue hasta después de la Segunda Guerra Mundial que un grupo de líderes jóvenes africanos empezó a luchar por la independencia. Su demanda principal se resumía en dos palabras: ¡Libertad ahora! Finalmente, las potencias europeas dieron la independencia a sus colonias en África.

Algunas de las antiguas colonias obtuvieron su libertad de forma pacífica. En Costa de Oro, un joven africano llamado Kwame Nkrumah formó el Partido de la Convención Popular (PCP), cuyo lema era "nuestro propio gobierno ya". El PCP organizó huelgas, boicots y manifestaciones contra el mandato británico. En 1951 los británicos aceptaron convocar elecciones nacionales. El PCP ganó con facilidad y los británicos pidieron a Nkrumah que formara un gobierno bajo la supervisión de Gran Bretaña. En 1957 los británicos dieron la independencia a Costa de Oro. La nueva nación se llamó Ghana, adoptando el nombre de un imperio de África occidental de la antigüedad.

La antigua colonia británica de Kenia, en África oriental, no logró la libertad de una forma tan pacífica. La mayoría de los blancos en Kenia se había asentado en las tierras altas del centro del país, una zona muy buena para la agricultura, y tenían leyes que prohibían a los africanos poseer tierras en ese lugar. Estas leyes irritaron mucho a los kikuyu, el grupo étnico mayoritario de Kenia, puesto que sus antepasados habían ocupado esas tierras durante cientos de años. El líder kikuyu Jomo Kenyatta quería que su pueblo obtuviera un reparto justo de ese territorio.

A comienzos de los años 50 un grupo de kikuyu formó el Mau Mau, una asociación política que quería echar a los blancos de Kenia, incluso usando la fuerza si era necesario. Los británicos resistieron los ataques de la rebelión Mau Mau, que cada vez eran más violentos. Al cabo de cinco años habían muerto 18,000 africanos negros.

Con el tiempo, los británicos se dieron cuenta de que intentar mantener a Kenia bajo su control iba a ser imposible y prepararon al país para concederle la independencia. En 1963 se celebraron las primeras elecciones, en las que ganó la Unión Nacional Africana de Kenia (UNAK). Jomo Kenyatta, el líder de ese partido, se convirtió en el primer presidente del gobierno de Kenia tras su independencia.

¿En qué se diferenció el camino a la independencia de Kenia el de Ghana?

EL LEGADO COLONIAL

Tanto las nuevas naciones de África que se independizaron pacíficamente como las que lo hicieron mediante la fuerza, se enfrentaron igualmente a los problemas heredados de la era colonial. Cuando las naciones europeas dividieron el continente en colonias, colocaron las fronteras donde más les favorecía, en algunos casos separando a pueblos del mismo grupo étnico. En otros casos, juntaban a grupos étnicos de orígenes muy distintos. Por ejemplo, la nación de Nigeria, en África occidental, se convirtió en el hogar de 250 grupos étnicos.

Nigeria se independizó pacíficamente de Gran Bretaña en 1960, pero desde el principio el gobierno tuvo que enfrentarse a las diferencias étnicas que separaban al país. En 1967 los igbo, uno de los grupos más grandes, se separaron de Nigeria y formaron su propio país, al que llamaron Biafra. El proceso causó una guerra civil que duró más de dos años y en la que murió un millón de personas (muchos por el hambre). Finalmente, Biafra se rindió.

En algunos casos los gobernantes europeos incitaban a los grupos étnicos de las colonias a que pelearan entre sí, pues creían que si los africanos peleaban entre sí nunca podrían unirse en contra de los colonos. Esto es lo que ocurrió, por ejemplo, en el Congo Belga, conocido actualmente como Zaire. Sin embargo, en este caso los habitantes del Congo sorprendieron a los belgas al dejar a un lado sus diferencias y unirse en la lucha por la independencia. La colonia se liberó de Bélgica en 1960 y durante un tiempo se llamó simplemente Congo.

La mayoría de los kenianos vive en zonas rurales. Sin embargo, cada vez más kenianos se trasladan a ciudades como Nairobi (a la izquierda y abajo), Mombassa y Kisumu.

ÁFRICA INDEPENDIENTE

1960	Fecha de independencia
	No independiente

Madeira (PORTUGAL)

Islas Canarias (ESPAÑA)

Trópico de Cáncer

0   500   1,000 millas
0   500   1,000 kilómetros
Proyección azimutal equi-área

MARRUECOS 1956
TÚNICIA 1956
Mar Mediterráneo
ARGELIA 1962
LIBIA 1951
EGIPTO 1922
Mar Rojo

SAHARA OCCIDENTAL (Ocupado por Marruecos)

CABO VERDE 1975
MAURITANIA 1960
SENEGAL 1960
GAMBIA 1965
GUINEA-BISSAU 1974
GUINEA 1958
SIERRA LEONA 1961
LIBERIA 1847
CÔTE D'IVOIRE (COSTA DE MARFIL) 1960
GHANA 1957
TOGO 1960
BENÍN 1960
MALI 1960
BURKINA FASO 1960
NÍGER 1960
NIGERIA 1960
CAMERÚN 1960
CHAD 1960
SUDÁN 1956
ERITREA 1993
DJIBOUTI 1977
REPÚBLICA CENTRO AFRICANA 1960
ETIOPÍA
SOMALIA 1960
SANTO TOMÉ Y PRÍNCIPE 1975
GABÓN 1960
CONGO 1960
GUINEA ECUATORIAL 1968
ZAIRE 1960
RUANDA 1962
UGANDA 1962
KENIA 1963
BURUNDI 1962
TANZANIA 1961
SEYCHELLES 1976
COMORES 1975
ANGOLA 1975
ZAMBIA 1964
MALAWI 1964
MADAGASCAR 1960
MAURICIO 1968
NAMIBIA 1990
ZIMBABWE 1980
BOTSWANA 1966
MOZAMBIQUE 1975
REUNIÓN (Francia)
SWAZILANDIA 1968
SUDÁFRICA 1910
LESOTHO 1966

OCÉANO ATLÁNTICO

OCÉANO ÍNDICO

0° Ecuador

Trópico de Capricornio

N O E S

PRINCIPALES GRUPOS ÉTNICOS DE ÁFRICA

ÁRABES
BEREBERES
TUAREG
DOGON
BAMBARA
HAUSA
YORUBA
ASHANTE
KRU
IGBO
AMHARA
DINKA
OROMO
SOMALI
KIKUYU
MASAI
SUAJILI
SAN
ZULÚ
XHOSA
KHOIKHOI
EUROPEOS
BANTÚ

LUGAR Hoy día África está compuesta por muchas naciones independientes que consiguieron su independencia en distintos momentos del siglo XX.
■ ¿Qué lugares se hicieron países independientes en la década de los 90?

Pero esta cooperación no duró mucho tiempo y los conflictos regionales que habían fomentado los belgas pronto volvieron a salir a la superficie. Después de que Congo se independizara, la provincia de Katanga, muy rica en recursos naturales, se separó. En las tensiones políticas que sucedieron a este hecho, el primer presidente de Congo, Patrice Lumumba, fue asesinado.

La Organización de Naciones Unidas (ONU) enviaba tropas para frenar la violencia en Congo, pero en cuanto éstas se iban, la lucha volvía a comenzar. En 1965 el general Mobutu Sese Seko alcanzó el poder y consiguió unificar a Congo, estableciendo un gobierno que sólo permitía un partido político y rechazando cualquier crítica a las políticas del gobierno.

Las naciones africanas recientemente independizadas también se enfrentaban a graves problemas económicos. En muchos casos las potencias coloniales no habían permitido que las colonias desarrollaran más que un sólo recurso natural o un tipo de cosecha. Tras obtener la independencia, muchos países se dieron cuenta de que seguían dependiendo demasiado de una sola fuente de ingresos. Ghana, por ejemplo, exportaba muy pocas cosas aparte de cacao. Cuando los precios del cacao cayeron a mediados de los años 60, la economía de Ghana también se derrumbó.

¿Qué problemas surgieron en las nuevas naciones africanas?

SUDÁFRICA

Sudáfrica se desarrolló de una manera muy diferente a la del resto del continente. Obtuvo su independencia de Gran Bretaña en 1910, pero el gobierno pasó a estar controlado por colonos blancos y no por africanos negros.

Con anterioridad, en Sudáfrica se habían asentado dos grupos de colonos blancos. Primero llegaron los holandeses, en 1652. Estos colonos al principio eran conocidos como los bóers. Se consideraban a sí mismos más africanos que europeos y por eso se pusieron el nombre de afrikánders. Hablaban un lenguaje propio, el **afrikaans**, que se deriva del holandés. Luego llegaron los británicos a Sudáfrica, en 1795. De 1899 a 1902, los dos grupos pelearon por el control de Sudáfrica en la llamada Guerra de los bóers. Los británicos ganaron la guerra, pero las ideas de los afrikánders perduraron en el país.

Casi todos los sudafricanos blancos tenían ideas racistas sobre los sudafricanos negros, pero la actitud de los afrikánders era mucho más rígida que la de los colonos británicos. Los afrikánders creían que los blancos y los negros debían tener el menor contacto posible entre sí. Cuando los líderes afrikánders ganaron las elecciones de 1948, esta idea se convirtió en una política del gobierno que se conoció como **apartheid**, es decir, separación.

La vida bajo el *apartheid* era muy dura para los sudafricanos negros. Aunque constituían las dos terceras partes de la población de Sudáfrica, los sudafricanos negros tenían muy pocos derechos. Podían poseer tierras y gobernarse a sí mismos sólo dentro de ciertas áreas del país. Estas zonas eran los **bantustanes**, o "tierras natales". Los sudafricanos negros tenían que pedir un permiso para vivir fuera de un bantustán, pero aún así no podían vivir en los mismos barrios que los blancos. Tampoco tenían derecho al voto.

Las protestas en contra del racismo en Sudáfrica habían comenzado mucho antes que el *apartheid*. El Congreso Nacional Africano (CNA) se fundó en 1912 para defender los derechos de los sudafricanos negros. Después

Esta foto muestra un autobús con un cartel que dice "Sólo para los que no son blancos", un ejemplo típico de la política del *apartheid*, o separación de las razas, en Sudáfrica.

de 1948, el CNA empezó a usar la resistencia pasiva para manifestarse en contra del *apartheid*. En 1960 el gobierno sudafricano prohibió el CNA y encarceló a muchos de sus líderes.

Horrorizados ante tal política, muchos países limitaron o eliminaron el comercio con Sudáfrica, pero el gobierno sudafricano siguió fiel a su política de *apartheid*. Finalmente, esta situación cambió con la llegada al poder de Frederik Willem de Klerk en 1989.

De Klerk, un afrikánder, apoyaba el *apartheid*. Aún así, creía que el *apartheid* "nos pone en un callejón sin salida". Como muchos otros sudafricanos, sabía que tarde o temprano la mayoría negra de Sudáfrica tendría el poder en el país. De Klerk legalizó el CNA y acabó con muchas leyes del *apartheid*. También puso en libertad a Nelson Mandela, que había estado en la cárcel más de 25 años. Luego, de Klerk se reunió con los líderes negros para preparar el camino hacia el reparto del poder.

En noviembre de 1993 ambos líderes se pusieron de acuerdo para que todas las razas pudieran participar en las elecciones. El 27 de abril de 1994, tanto los sudafricanos blancos como los negros hacían cola para votar. "Mi corazón me dice que éste es el mejor día de mi vida", dijo una persona que votaba por primera vez. "No tengo que llevar el permiso. Puedo trabajar en cualquier parte del país. Soy libre".

Las elecciones dieron la victoria a Mandela y su partido. En uno de sus primeros discursos como presidente, Mandela habló de una nueva Sudáfrica "en la que todos los sudafricanos, blancos y negros, puedan caminar con orgullo, sin ningún miedo en su corazón".

 ¿Qué es el apartheid? ¿Cómo terminó este régimen en Sudáfrica?

LOS PROBLEMAS ACTUALES

En los últimos años, la democracia ha empezado a extenderse por toda África. En 1989, 35 naciones africanas sólo admitían un único partido. En 1994 casi todas estas naciones habían abandonado ese sistema político y permitían que varios partidos se presentaran a las elecciones. Además, cada vez más naciones intentan introducir la libre empresa en sus economías.

Hoy las naciones de África se enfrentan a otros problemas aparte de la política y la economía. La sequía ha arruinado muchas cosechas y ha producido el hambre. En Somalia, se desató una guerra civil a comienzos de los años 90; los clanes somalís peleaban por la poca comida y agua que había en el país. Algunos clanes robaban la comida y los suministros que se enviaban desde

El cambio en Sudáfrica: el pueblo apoyó a Nelson Mandela en su candidatura a la presidencia del país (abajo); Mandela deposita su voto (abajo a la derecha); una mujer muestra su nueva tarjeta para votar (abajo a la izquierda).

distintas partes del mundo y luego usaban estos bienes para ganar dinero y poder mientras millones de personas morían de hambre. La ONU tuvo que aumentar los cargamentos de comida y provisiones y también envió tropas para asegurar que la ayuda llegara a quienes la necesitaban. Somalia todavía se enfrenta hoy a la sequía, el hambre y los conflictos.

Ruanda y Burundi también se encontraban divididos por la guerra civil a principios de los años 90. Estos países están formados por dos culturas distintas, los hutus y los tutsis, y cada grupo quería controlar el gobierno. En Ruanda, este conflicto había ocasionado cientos de miles de víctimas mortales en agosto de 1993, mientras que millones de personas se habían visto forzadas a abandonar el país por motivos de seguridad.

El crecimiento de la población es otra de las preocupaciones de África. En la actualidad este continente tiene la población más alta que ha tenido en su historia y cada país debe asegurarse de que su población tenga suficiente alimento. Además, la escasez de alimentos en zonas rurales ha producido un éxodo hacia las pocas grandes ciudades que hay, ocasionando que éstas estén superpobladas.

Algunos países africanos han sufrido especialmente la plaga del SIDA (síndrome de inmunodeficiencia adquirida). El SIDA es ocasionado por un virus que no permite al organismo defenderse de las enfermedades. La difusión del SIDA es un problema de la salud mundial.

Un trabajador en Mogadiscio (Somalia) recoge arroz donado por Estados Unidos. La escasez de alimentos en Somalia fue uno de los muchos efectos de la guerra civil.

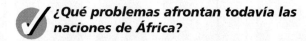

Los pueblos de África saben que no es fácil solucionar sus problemas. Sin embargo, en su gran determinación reside su fuerza y esta determinación debería llevarles a un futuro más sólido, más democrático y más próspero.

¿Qué problemas afrontan todavía las naciones de África?

L CCIÓN 1 • REPASO

Comprueba lo que aprendiste

1. Recuerda los datos ¿Cuándo alcanzaron la independencia la mayoría de los países africanos al sur del Sahara?

2. Concéntrate en la idea principal ¿Qué problemas han afrontado las naciones de África desde su independencia?

Piensa críticamente

3. Causa y efecto ¿Qué efecto tuvieron las políticas de las potencias coloniales en las naciones africanas recientemente independizadas?

4. Ayer y hoy ¿Qué lecciones pueden aprender otras naciones sobre la historia reciente de Sudáfrica?

Muestra lo que sabes

Actividad: Mapas Usando atlas, almanaques y enciclopedias como fuentes de investigación, haz dos mapas. Uno de ellos debe mostrar las colonias europeas en África a comienzos del siglo XX. El otro debe mostrar las naciones africanas independientes y el año en que se liberaron.

APRENDE
con la
LITERATURA

Concéntrate en
el apartheid

Viaje a Jo'burg

texto de Beverley Naidoo

ilustraciones de
Beatrice Lebreton

El apartheid *domina la vida de los sudafricanos negros durante más de cuarenta años. Esta selección trata sobre Naledi, Tiro y su hermana pequeña, Dineo, quienes viven con su abuela en un bantustán. Para mantener a la familia, su madre trabaja para una familia blanca en Parktown, un vecindario rico de Johannesburgo. Cuando la pequeña Dineo cae enferma, Naledi y Tiro viajan a Johannesburgo para buscar a su madre y volver con ella a casa. En el viaje descubren lo que significa verdaderamente vivir bajo el* **apartheid.** *Al leer este relato, imagina cómo te sentirías tú si tuvieras que vivir bajo este sistema.*

Una nueva amiga

Al girar hacia la carretera, vieron un autobús con la palabra "PARKTOWN" en grandes letras en el frente. Estaba reduciendo un poco la velocidad al subir por la carretera y las puertas se estaban abriendo. A través del cristal delantero pudieron ver que el conductor era negro.

—¡Vamos, Tiro! —gritó Naledi, tirándole del brazo. Estaban a punto de subir al autobús cuando alguien les gritó en inglés: —¿Qué les pasa? ¿Es que son estúpidos?

Desconcertados, vieron la cara enfadada del conductor y luego miraron otra vez al autobús. Varias caras blancas les observaban desde dentro mientras el autobús se alejaba.

Naledi y Tiro se quedaron en el borde de la carretera, asustados, agarrándose fuertemente de la mano, cuando una voz detrás de ellos dijo:

—No se preocupen. Así son ellos. Será mejor que salgan de la carretera.

Una joven les tendió la mano para que subieran a la acera.

—Ustedes deben ser extranjeros si no saben cómo funcionan aquí los autobuses. Esta parada tiene una señal blanca; nosotros tenemos que esperar en la parada que hay allí , la que tiene la señal negra —La joven señaló un pequeño poste de metal color negro—. También deben buscar en la parte de delante del autobús una señal que dice: "Sólo para los que no son blancos".

—Lo siento. Se nos olvidó mirar —explicó Naledi.

—¡No te disculpes! —dijo la joven enérgicamente—. ¡Son ellos quienes deberían disculparse, esos estúpidos! ¿Por qué no podemos usar cualquier autobús? Mientras nuestros autobuses van llenos, los suyos están medio vacíos. ¡No te disculpes!

Los niños se miraron. Esta persona era distinta a su madre. Mma nunca hablaba así.

ÁFRICA DEL SUR

ZAIRE

TANZANIA

ANGOLA

MALAWI

ZAMBIA

MOZAMBIQUE

MADAGASCAR

ZIMBABWE

OCÉANO ÍNDICO

NAMIBIA

BOTSWANA

Pretoria

Johannesburgo

Área ampliada

SWAZILANDIA

OCÉANO ATLÁNTICO

SUDÁFRICA

LESOTHO

Ciudad de El Cabo

Cabo de Buena Esperanza

0   250   500 millas

0   250   500 kilómetros

Proyección azimutal equi-área

Pies   Metros

Más de 13,120   Más de 4,000

6,560   2,000

1,640   500

655   200

0   0

Bajo el nivel del mar

CAMINO A JOHANNESBURGO

La aldea de los niños

Pretoria

Parktown

Soweto   Johannesburgo

0   50   100 millas

0   50   100 kilómetros

MOVIMIENTO Este relato transcurre en Sudáfrica, en el extremo sur del continente africano. El recuadro muestra la ruta que siguieron los niños.

■ ¿Aproximadamente cuántas millas viajaron?

La joven les preguntó hacia dónde iban. Naledi sacó la carta y cuando la joven leyó la dirección, dijo: —Esto es cerca de donde trabaja mi mamá. Hoy voy a visitarla, así que les puedo mostrar dónde es este lugar.

—Gracias, Mma.

Los niños sonrieron. De nuevo habían tenido suerte.

—Por cierto, soy Grace Mbatha. ¿Cómo se llaman y de dónde vienen? Hablan tswana igual que mi madre. Quizá viven cerca del pueblo de mi madre.

Y así, una vez más, los niños contaron su historia.

Por suerte, el autobús no estaba lleno cuando llegó. Grace les había prevenido de que en la hora pico había que apretarse casi hasta la asfixia. Mientras el autobús avanzaba, parando y arrancando de nuevo una y otra vez con el tráfico, se podía mirar por las ventanas. Tiro pensó que los ciclistas eran muy valientes por manejar sus bicicletas entre todos esos coches. Naledi intentaba todo el rato ver la parte de arriba de los altos edificios, forzando el cuello hasta que le empezó a doler.

El autobús subió con esfuerzo una empinada colina y de pronto quedaron atrás los edificios de la ciudad, dejando ver de nuevo el cielo, los árboles, la verde hierba y las flores a los dos lados de la carretera. Detrás de los árboles había grandes casas, de un tipo que nunca habían visto antes. Grace sonreía por el modo en que los niños se quedaban mirando, boquiabiertos.

—¿No saben que la gente tiene mucho dinero en este lugar? Mi mamá cuida a dos niños en una casa muy grande y hay otra persona que cocina y otra que cuida el jardín.

Naledi y Tiro escuchaban con interés. A Mma nunca le gustaba hablarles demasiado sobre su trabajo cuando volvía a casa, pero una vez la habían oído hablar con Nono sobre la niña a la que cuidaba. Mma había dicho: —Esa niña es muy maleducada. Cree que yo pertenezco a su madre. Deberías oir cómo me chilla.

Naledi quería pedirle a Grace que les contara más cosas, pero ella se mostraba todavía un poco tímida y pronto llegaron a su parada.

Bajaron del autobús y se encontraron sobre una ancha acera en una calle bordeada por grandes árboles con muchas hojas.

—Esa es la calle donde trabaja su mamá, en el número 25. Mi Mma trabaja en el número 17 de la siguiente calle. ¿Se las arreglarán desde aquí?

Los niños asintieron y entonces Grace añadió: —Si necesitan un sitio para pasar la noche, pueden volver conmigo a Soweto. Yo volveré a casa a las seis en punto. ¿De acuerdo?

Tiro y Naledi dieron las gracias a Grace, aunque todavía se sentían un poco confusos sobre dónde iban a pasar la noche. Después de todo, estarían con su madre y probablemente volverían a casa cuanto antes para estar con Dineo.

Al bajar por la carretera de pronto sintieron una gran excitación y ansiedad. Habían pasado tantas cosas que en todo este tiempo no habían pensado en su hermana pequeña.

"Por favor, que se encuentre bien", era el pensamiento que palpitaba en la cabeza de Naledi.

Medio andando, medio corriendo, llegaron al número 25.

Mma

Allí estaba. Una gran casa color de rosa con su propio jardín y sus árboles delante, ¡incluso su propia carretera que llegaba hasta la puerta principal! Los dos niños se detuvieron ante las anchas puertas de hierro, admirándolas. Las puertas estaban cerradas, con un aviso sobre ellas: "CUIDADO CON EL PERRO".

—¿Nos dejarán pasar? —murmuró Tiro.

—Debemos entrar —contestó Naledi, abriendo un poco la puerta.

Muy nerviosos, entraron por la puerta y subieron por el camino que llevaba a la gran entrada principal.

Antes de atreverse a golpear la puerta, oyeron un feroz ladrido desde el interior que les hizo agarrarse fuertemente de la mano, preparados para volver corriendo a la calle. Pero entonces oyeron una voz aguda gritando desde dentro, en inglés: —¡Joyce! ¡Vaya a ver quién es!

La puerta se abrió.

Mma dio un grito de asombro y los niños se lanzaron sobre ella. Mma los abrazó. Las lágrimas se agolpaban en sus ojos mientras los niños sollozaban acurrucados en sus brazos.

—¿Qué pasa? ¿Qué pasa? —susurraba Mma con dulzura.

—¿Quién es, Joyce? —preguntó una voz enérgica al fondo. El perro seguía ladrando.

—¡Calla, Tigre! —gritó la voz y los ladridos pararon.

Mma sofocó su llanto.

—Señora, éstos son mis hijos.

—¿Qué están haciendo aquí? — preguntó la señora blanca.

—Señora, no lo sé. Todavía no me lo han dicho.

—Mma, Dineo está muy enferma —dijo Naledi entre sollozos—. Tiene mucha fiebre y no se le pasa. Nono y Mmangwane no querían molestarte pero yo le dije a Tiro que teníamos que venir y llevarte a casa.

Mma suspiró otra vez y abrazó más fuerte a sus hijos.

—Señora, mi hija pequeña está muy enferma. ¿Puedo irme a casa a verla?

La señora arqueó las cejas.

—Joyce, no puedo dejar que te vayas hoy. Te necesito esta noche para que te quedes con Belinda. El señor y yo tenemos que ir a una fiesta muy importante —hizo una pausa—; pero supongo que te puedes ir mañana.

—Gracias, señora.

—Espero que comprendas la molestia que me supone. Si no has vuelto en una semana, tendré que buscar a otra persona, ¿comprendes?

—Sí, señora.

Los niños no podían entender todo lo que la señora estaba diciendo en inglés, pero parecía molesta, mientras que Mma hablaba suavemente. "¿Por qué parece que la señora blanca está enfadada con Mma? No es culpa de Mma que Dineo esté enferma" pensó Naledi.

Los niños se apretaron contra el delantal blanco almidonado de Mma. Nunca la habían visto con este extraño uniforme de sirvienta.

Mientras Mma los conducía a la cocina, los niños miraban por las puertas abiertas que daban a grandes salas. Una ancha escalera llevaba al piso de arriba. ¡Nunca habían imaginado que una casa pudiera tener tal tamaño!

En la cocina, Mma les dio un vaso de agua y un poco de avena cocida. La cocina parecía una fotografía de una revista de la señora que Mma había llevado una vez a casa. Su madre debía haber estado muy ocupada limpiando esa tarde, porque al lado de una gran alacena vacía había varios platos relucientes de distintos tamaños, tazas, platitos y vasos muy finos colocados en orden.

Naledi observó que Mma sacaba los platos y tazas de hojalata para ellos de otro pequeño armario. Mientras comían, Mma siguió trabajando apresuradamente.

Cuando terminó, llevó a sus hijos a su cuarto, que estaba al fondo del jardín. Los niños observaron la habitación con interés. En la gran cama de hierro había una colcha blanca que Mma había bordado con esmero. "Debe ser muy extraño dormir en soledad", pensó Tiro. En casa, todos compartían un cuarto.

Cuando los niños vieron la lámpara eléctrica, Mma dijo que podían encenderla. Pero cuando Tiro la encendió y la apagó unas diez veces, Mma le dijo que parara.

Finalmente, Mma se sentó con los niños y les pidió que le contaran con detalle todo lo que había ocurrido.

La señora le había dicho claramente a Mma que a la policía no le gustaría que los niños pasaran la noche en Parktown. Cuando Naledi le habló de Grace y su oferta de llevarlos a Soweto, Mma no sabía qué hacer. Conocía bien a la madre de Grace, pero Soweto era un lugar peligroso.

Después de pedir permiso a la señora para salir un momento, Mma agarró a los niños de la mano y fueron andando hasta el número 17 de la calle siguiente. Dieron la vuelta hasta la parte trasera de la casa y allí se encontraron con Grace.

—Estos dos estarán perfectamente conmigo —aseguró Grace.

Quedaron en que Grace y los niños se encontrarían con Mma en la estación de Johannesburgo a las siete de la mañana del día siguiente. Mma le dio a Grace dinero para los billetes y, al borde de las lágrimas, se despidió de sus hijos con un abrazo.

—Anímense —dijo Grace—, les voy a presentar a mis hermanos.

Repaso de literatura

1. ¿Qué características del *apartheid* aprendieron Naledi y Tiro durante su viaje y en Parktown?
2. ¿Qué piensa la señora de Mma? ¿Cómo revela la forma en que trata a Mma lo que opina sobre ella?
3. Compara el modo en que Grace y Mma reaccionan cuando son tratadas injustamente. Escribe sobre cómo te sentirías y actuarías si te trataran de esa manera.

EUROPA ORIENTAL Y RUSIA

Conexión con nuestro mundo

¿Cómo afecta el aumento de libertad a la forma de vida de un país?

Concéntrate en la idea principal
Mientras leas, trata de comprender la forma en que las nuevas libertades en la antigua Unión Soviética cambiaron la vida en toda Europa.

Anticipa el vocabulario
perestroika   limpieza étnica
glasnost   mercado común
disidente

Mijail Gorbachov fue el último presidente de la Unión Soviética.

En la década de los 90 se han producido muchos cambios en Europa y Asia. Desde el final de la Segunda Guerra Mundial, Europa oriental y grandes partes del norte y centro de Asia estaban controladas por la Unión Soviética y cerradas al mundo exterior. Todo esto ha cambiado en años recientes.

LAS REFORMAS DE GORBACHOV

A comienzos de la década de los 80 la Unión Soviética era indudablemente una superpotencia mundial; pero debajo de su poder militar yacían importantes problemas económicos y sociales. Muchos años de mala planificación habían destruido la economía. Nunca había suficientes bienes ni alimentos. Además, las fábricas que se construyeron en la época de Stalin vertieron sustancias químicas tóxicas en los ríos y la atmósfera. La contaminación del medio ambiente causó enfermedades y muerte. Por otra parte, los habitantes de la Unión Soviética disfrutaban de muy pocas libertades.

Mijail Gorbachov llegó al gobierno de la Unión Soviética en los primeros meses de 1985 con nuevas ideas para gobernar el país. En 1986 anunció su plan para una "revolución moral". Dos partes fundamentales de este plan eran la **perestroika** y la **glasnost**.

La *perestroika*, o reorganización, era una reconstrucción de los sistemas político y económico de la Unión Soviética. Bajo esta política, Gorbachov redujo la autoridad del Partido Comunista y formó un nuevo cuerpo legislativo. También convocó a elecciones libres y cuando estas elecciones se celebraron, muchos antiguos miembros del Partido Comunista fueron expulsados de sus puestos en la administración.

Gorbachov reformó la economía para que fueran las granjas y las fábricas locales quienes decidieran qué y cuánto producir, en lugar de los planificadores del gobierno. Además, inició un sistema de recompensas para fomentar la productividad.

La *glasnost*, o apertura, dio a los ciudadanos soviéticos una nueva libertad para expresar sus ideas sin miedo a ser castigados. Los medios de comunicación tuvieron libertad para informar sobre acontecimientos que hasta entonces se ocultaban. Gorbachov también cambió la política soviética sobre la religión, de modo que se pudieran profesar las creencias religiosas abiertamente. Además, liberó de la cárcel a muchos **disidentes** (personas que se habían manifestado en contra del gobierno).

Con la llegada de la *glasnost*, algunas comunidades expresaron con firmeza sus opiniones. Los pueblos de las repúblicas soviéticas del Báltico (Lituania, Letonia y Estonia) exigieron la independencia.

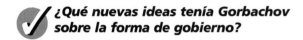 **¿Qué nuevas ideas tenía Gorbachov sobre la forma de gobierno?**

EL COLAPSO DEL COMUNISMO

Los ciudadanos de los países comunistas de Europa que estaban bajo el control de la Unión Soviética también querían más libertad. En el pasado, la Unión Soviética había intervenido con su ejército cuando alguno de estos países pedía más libertad. Pero en 1989 Gorbachov se dio cuenta de que era imposible detener la ola del cambio y decidió mantener a la Unión Soviética fuera de los acontecimientos políticos de Europa oriental.

El gobierno polaco fue el primero en cambiar. Durante los años 80 un grupo de trabajadores llamado Solidaridad lideró una campaña para establecer un gobierno más democrático. Su figura principal era Lech Walesa, quien convocó huelgas por toda Polonia. Después de años de lucha, los líderes comunistas acordaron celebrar elecciones libres. En agosto de 1989 terminó el gobierno comunista de Polonia y Solidaridad tomó el control del gobierno. Polonia se convirtió pronto en una democracia y su economía centralizada se transformó en una economía de mercado.

Durante 1989 multitud de manifestaciones pacíficas proporcionaron nuevas libertades a los pueblos de Bulgaria, Hungría y Checoslovaquia. Los gobiernos comunistas de estos países prometieron reformas y elecciones libres.

En Rumania el camino hacia la democracia resultó más violento. Durante años el Presidente Nicolae Ceausescu gobernó el país con amenazas y por la fuerza. Cuando los rumanos salieron a la calle a exigir el cambio, Ceausescu ordenó al ejército que detuviera la revuelta. Pero muchos soldados se pusieron del lado del pueblo y, a finales de 1989, Ceausescu fue despojado del poder. Los nuevos líderes prometieron dirigir al país en el camino hacia la democracia.

Quizá los mayores cambios tuvieron lugar en la República Democrática Alemana. El gobierno de este país no había escuchado las grandes protestas de 1989 y rechazaba todas las demandas de cambio. Cada vez más ciudadanos conseguían escapar del país. Muchos obtuvieron permisos para visitar otros países comunistas y desde allí huyeron a la República Federal de Alemania. El 9 de noviembre de 1989, los líderes de la República Democrática Alemana aceptaron abrir sus fronteras. En Berlín, cientos de manifestantes llenos de alegría se reunieron junto al odiado Muro de Berlín, que había dividido a la ciudad durante mucho tiempo. Se subieron encima y rompieron trozos del muro con lo primero que encontraron. El muro que había separado a la República Federal de Alemania y la República Democrática Alemana durante 28 años, al fin se desmoronó. En octubre de 1990 las dos Alemanias se unieron para formar la República Federal de Alemania.

De las elecciones celebradas en otros países del este de Europa también surgieron nuevos gobiernos democráticos. Las personas que antes se habían opuesto a los comunistas se encontraban ahora en posiciones de poder; pronto cortaron sus lazos con la Unión Soviética, porque sentían que su futuro estaba en el oeste. También abandonaron el Pacto de Varsovia, la alianza política y económica encabezada por la Unión Soviética. Esta organización dejó de existir a mediados de 1991.

En 1986 una explosión en la central nuclear de Chernobil, cerca de Kiev (antigua Unión Soviética), causó una gran preocupación sobre el medio ambiente.

Los ciudadanos de la Unión Soviética observaban cuidadosamente lo que estaba ocurriendo en Europa oriental. Algunos lo contemplaban con esperanza. Otros, como los líderes comunistas, lo miraban con miedo. En agosto de 1991, un grupo de antiguos líderes del Partido Comunista intentó derrocar a Gorbachov y quitarle al pueblo las libertades que les había dado el presidente. Aunque fallaron en su intento, la autoridad de Gorbachov quedó debilitada.

Esta fotografía muestra a Boris Yeltsin en la campaña de 1991 por la presidencia de Rusia, que entonces todavía formaba parte de la Unión Soviética. Más tarde, ese mismo año, la ruptura de la Unión Soviética hizo de Rusia un país independiente y Yeltsin siguió siendo su presidente.

Cada vez más habitantes de la Unión Soviética reclamaban una democracia completa, no sólo un cambio en algunos aspectos del comunismo. "No se puede cabalgar en dos caballos al mismo tiempo", dijo Boris Yeltsin, el presidente de Rusia, que era la república más grande de la Unión Soviética.

En diciembre de 1991 Yeltsin y los presidentes de las demás repúblicas soviéticas declararon el fin de la Unión Soviética. En su lugar, establecieron un grupo que se llamó la Comunidad de Estados Independientes (CEI). Gorbachov abandonó el poder y cedió la autoridad a Yeltsin. La CEI se creó para establecer una nueva economía de mercado en las antiguas repúblicas soviéticas y para mantener la paz entre las nuevas naciones. En 1995 doce repúblicas formaban la CEI: Armenia, Azerbaiján, Bielorrusia, Georgia, Kazajstán, Kirguizistán, Moldavia, Rusia, Tayikistán, Turkmenistán, Ucrania y Uzbekistán. De las antiguas 15 repúblicas soviéticas, sólo las tres repúblicas bálticas (Estonia, Lituania y Letonia) han permanecido fuera de la CEI.

La caída del comunismo transformó completamente las relaciones internacionales. La

EL COLAPSO DEL COMUNISMO

ANTIGUOS PAÍSES COMUNISTAS

UNIÓN DE REPÚBLICAS SOCIALISTAS SOVIÉTICAS

Comunidad de Estados Independientes

LUGAR El colapso del comunismo causó muchos cambios en la Unión Soviética. La unión se dividió en 15 países independientes.

■ ¿Qué nuevos países nacieron a partir de la Unión Soviética?

desintegración de la Unión Soviética acabó con la Guerra Fría. Los antiguos países comunistas ahora querían cooperar con los países occidentales. En 1991, por ejemplo, durante la Guerra del Golfo, algunos de ellos se aliaron con las potencias occidentales para expulsar a Irak de Kuwait. A mediados de los años 90, sin embargo, los comunistas hicieron algunos avances en Europa y, como consecuencia, es posible que las nuevas democracias sufran algunos contratiempos.

¿Qué fue lo que causó la caída del comunismo en Europa oriental y en la Unión Soviética?

EL NACIONALISMO EN LOS BALCANES

No todos los cambios que se produjeron en Europa tras la caída del comunismo fueron positivos. Los pueblos de los Balcanes regresaron a sus antiguas rivalidades religiosas y étnicas. Después de la Primera Guerra Mundial, los pueblos de esa región habían sido forzados a hacerse ciudadanos de una nueva nación: Yugoslavia. Su unión siempre había sido difícil por las diferencias entre los tres principales grupos étnicos que comprendía: musulmanes, serbios y croatas.

Después de la Segunda Guerra Mundial, un poderoso líder comunista, el mariscal Tito, gobernaba Yugoslavia. Tito no permitió que los sentimientos religiosos, étnicos y nacionalistas de los grupos que conformaban el país rompieran su unidad. Sin embargo, cuando Tito murió en 1980, los sentimientos nacionalistas crecieron. Con la caída del comunismo en 1989, varios grupos étnicos exigieron su independencia de Yugoslavia.

En 1991 las repúblicas yugoslavas de Eslovenia y Croacia decidieron mediante una votación separarse de Yugoslavia. La minoría serbia en Croacia temía vivir bajo la autoridad de los croatas sin la protección de un líder comunista y por eso pidieron ayuda a la república de Serbia. En el verano de 1991, los soldados serbios atacaron Croacia. Durante los combates murieron unas 10,000 personas y muchos miles más abandonaron sus hogares, huyendo como refugiados a otros países. En 1992, la ONU estableció un acuerdo de alto el fuego, pero para entonces los serbios ya controlaban un tercio del territorio de Croacia.

En 1992, la república de Bosnia también declaró su independencia. Inmediatamente, los distintos grupos que formaban Bosnia (musulmanes, serbios y croatas) comenzaron a usar la violencia para expulsar a los otros grupos de su zona. A veces miembros de un grupo étnico mataban a un gran número de personas de un grupo étnico enemigo. Consideraban que este tipo de masacre era una **limpieza étnica**. Mientras, los serbios intentaban ocupar una gran zona de Bosnia para anexarla a Serbia. Croacia también ocupaba las zonas de Bosnia donde vivían muchos croatas.

La ONU envió tropas para restaurar la paz. Se llegaba a un acuerdo tras otro para detener la guerra, pero todos se rompían rápidamente. Finalmente, los líderes serbios, croatas y musulmanes acordaron la paz para Bosnia. A finales de 1995, las tropas de la OTAN llegaron a Bosnia para asegurar que no volvieran a estallar los combates.

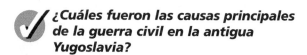

¿Cuáles fueron las causas principales de la guerra civil en la antigua Yugoslavia?

Adultos y niños (abajo, a la izquierda y la derecha) son forzados a abandonar sus casas y huir a otros países. Las tropas pacificadoras (abajo) patrullan por una zona de Sarajevo (Bosnia), una ciudad muy afectada por la guerra.

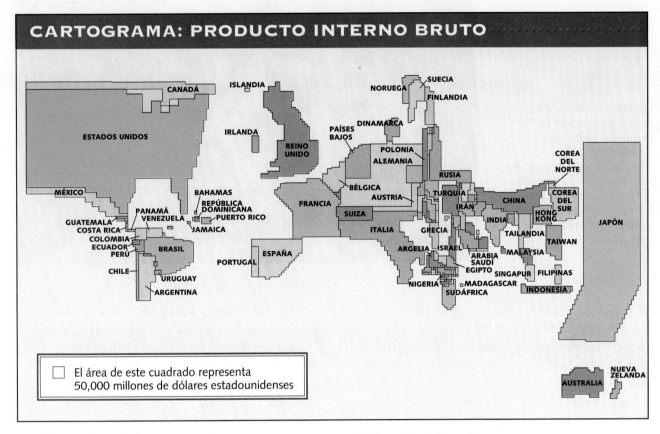

El área de este cuadrado representa 50,000 millones de dólares estadounidenses

APRENDER CON GRÁFICAS Este cartograma muestra cómo sería el mundo si el tamaño de las naciones fuera equivalente a su PIB.

■ ¿Qué país tiene el mayor PIB de Europa?

¿LOS ESTADOS UNIDOS DE EUROPA?

Al reunirse con los líderes de los países de Europa occidental, Mijail Gorbachov hablaba a menudo de "la casa común de Europa". Con ello quería decir que todos los europeos compartían una misma herencia. Después de la caída del comunismo, muchos pensaron que esta herencia acercaría al este y el oeste de Europa y que quizá se derivarían unos "Estados Unidos de Europa".

Muchos años antes, en 1957, varias naciones de Europa occidental habían formado una unión económica, o **mercado común**. El objetivo de esta Comunidad Económica Europea (CEE) era asegurar que las políticas económicas de sus miembros no entraran en conflicto. La CEE se puso como meta crear la Unión Europea (UE). La UE sería un mercado económico único, sin fronteras ni aranceles, e incluso tendría su propia moneda.

La UE comenzó en 1993, pero no como sus planificadores habían previsto. Muchos miembros creían que los planes originales daban demasiado control al gobierno de la UE. Además, no se ponían de acuerdo sobre qué hacer en la guerra en Yugoslavia.

Muchos soñaban con una Europa donde los ciudadanos se acercaran cada vez más, pero países como Alemania tenían problemas para mantener unida a su población. La mayoría de los alemanes se alegraban de haber unido las dos partes de su país en 1990. Pero esa satisfacción no duró mucho tiempo. Los habitantes de la antigua República Democrática Alemana sentían que el nuevo gobierno no estaba haciendo lo suficiente para cambiar el comunismo por el capitalismo, mientras que los habitantes de la antigua República Federal de Alemania creían que el gobierno estaba haciendo demasiado.

Los pueblos del mundo parecieron acercarse en 1995 cuando las naves espaciales de Rusia y Estados Unidos se encontraron en el espacio. En esta fotografía el astronauta americano Robert L. Gibson (derecha) y el cosmonauta ruso Vladimir N. Dezhurov se dan la mano.

Se ha demostrado que la reunificación resultaba más difícil y cara de lo que pensaban los alemanes. Además, modernizar la antigua República Democrática Alemana costará mucho tiempo y dinero.

También las naciones de Europa oriental tienen problemas para unir a sus grupos étnicos. Checoslovaquia se dividió en dos países: la República Checa y Eslovaquia. La división causó algunos problemas, pero los habitantes de las dos repúblicas se alegraron de haber podido hacerlo sin derramamiento de sangre. "Mira lo que les pasó a nuestros vecinos de Yugoslavia", decían.

Más europeos que nunca disfrutan ahora de la libertad. Sin embargo, siguen existiendo muchas divisiones y el sueño de crear unos "Estados Unidos de Europa" parece haber sido olvidado.

 ¿Qué problemas dificultaron la unión de las naciones europeas a finales del siglo XX?

L CCIÓN 3 • REPASO

Comprueba lo que aprendiste

1. **Recuerda los datos** ¿Cuáles eran los objetivos de la *perestroika* y la *glasnost*?
2. **Concéntrate en la idea principal** ¿Cómo afectaron las nuevas libertades de la Unión Soviética al resto de Europa a finales de los años 80?

Piensa críticamente

3. **Explora otros puntos de vista** Algunas personas culparon a Gorbachov de no haber introducido rápidamente y a fondo sus programas de reforma. Otros le alabaron por iniciar una nueva Europa. ¿Cómo es posible que se tengan puntos de vista tan distintos acerca de la misma persona?
4. **Ayer y hoy** ¿Qué papel debe tener Estados Unidos en la creación de una nueva Europa?

¿Qué puede aprender Estados Unidos de experiencias del pasado, como por ejemplo la guerra civil en los Balcanes? Explica tu respuesta.

5. **Piensa más sobre el tema** Hay muchos grupos étnicos y diferencias regionales en Estados Unidos. ¿Por qué crees que los estados no quieren ser totalmente libres e independientes?

Demuestra lo que sabes

Actividad: Artículo Imagina que eres un periodista trabajando para un periódico europeo. Escribe un artículo sobre cómo los cambios hechos por Mijail Gorbachov en la Unión Soviética condujeron a la Europa actual.

CÓMO

Resolver conflictos

¿Por qué es importante esta destreza?

Las disputas son parte de la vida diaria. Hay muchas formas de arreglar una disputa. Puedes marcharte y dejar que tus sentimientos se desvanezcan con el tiempo; puedes intentar mostrar a la otra persona tu forma de pensar. También puedes llegar a un **acuerdo** , es decir, renunciar a lo que tú quieres con tal de lograr un arreglo. Saber cómo llegar a un acuerdo es una forma de resolver una disputa.

Recuerda lo que has leído

Muchas personas creen que si no se llega a un acuerdo, muchos de los problemas del mundo nunca se resolverán. Con un acuerdo, los líderes de las naciones, o de los grupos que hay dentro de una nación, consiguen resolver sus conflictos.

Ya has leído sobre los conflictos en la antigua Yugoslavia durante la década de los 90. A partir de 1991, los serbios, croatas y otros grupos se disputaron el liderazgo y el control de las tierras. El origen de estas disputas data de hace mucho tiempo. Las viejas rivalidades religiosas, étnicas y nacionalistas han hecho casi imposible llegar a un acuerdo para resolver los conflictos en la antigua Yugoslavia. Pero hasta que los conflictos no se resuelvan, siempre habrá guerra entre estos pueblos.

Comprende el proceso

Ser capaz de llegar a un acuerdo es tan importante para ti como lo es para los líderes mundiales. Para llegar a un acuerdo puedes seguir estos pasos que utilizan los líderes mundiales cuando se reúnen.

- Antes de hablar con la persona con la que estás en desacuerdo, prepárate para renunciar a algo que tu quieres.
- Di a la otra persona claramente qué es lo que quieres.
- Decide cuáles de las cosas que quieres son más importantes para ti.

Las conversaciones realizadas en Estados Unidos en 1995 condujeron a un acuerdo para dar fin a la guerra en Bosnia. De izquierda a derecha aparecen el Presidente serbio Slodoban Milosevic, el Presidente bosnio Alija Izetbegovic, el Presidente croata Fanjo Tudjman y el Secretario de Estado Warren Christopher.

- Presenta un plan para llegar a un acuerdo. Deja que la otra persona presente el suyo.
- Comenten las diferencias entre los dos planes.
- Presenta un nuevo plan para el acuerdo, cediendo en alguna cosa. Sigan hablando hasta que los dos lleguen a un acuerdo.
- Si uno de los dos se enfada, hagan una pausa y tranquilícense antes de seguir hablando.
- Si hay muchas personas en cada bando de la disputa, cada bando debe elegir a una o dos personas para hablar.

Piensa y aplica

Piensa en una disputa que tengas tú con alguien o que exista en tu clase. Formen grupos para discutirlo, siguiendo los pasos descritos en "Comprende el proceso". Voten cuál de los planes para llegar a un acuerdo debe ser elegido.

EL BUEN CIUDADANO

CONECTA LAS IDEAS PRINCIPALES

Usa este organizador para mostrar cómo están relacionadas las ideas principales del capítulo. Copia el organizador en una hoja de papel y complétalo escribiendo la idea principal de cada tema.

Acontecimientos políticos

África al sur del Sahara

_____

_____

_____

_____

Europa oriental y Rusia

_____

_____

_____

_____

ESCRIBE MÁS SOBRE EL TEMA

1. Escribe una carta   Imagina que eres un joven de once o doce años viviendo en Sudáfrica. Escribe una carta a un amigo en los Estados Unidos explicando los cambios recientes en Sudáfrica. Como contexto, explica cómo era la vida antes de esos cambios.

2. Escribe un artículo   Repasa los últimos acontecimientos en Bosnia en periódicos, revistas y noticieros de televisión. Luego escribe un artículo que podría ser publicado en una revista de actualidad para jóvenes de once o doce años.

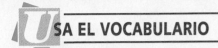

USA EL VOCABULARIO

Completa las siguientes oraciones con una de las palabras de vocabulario.

Afrikaans	mercado común
apartheid	disidente
bantustanes	limpieza étnica

1. Los colonos holandeses en Sudáfrica hablaban su propio lenguaje, conocido como _____.

2. La CEE es una unión económica, o _____, de naciones europeas.

3. _____ era el nombre por el que se conocían los barrios negros de Sudáfrica.

4. Un _____ es una persona que se expresa en contra de un gobierno.

5. Los distintos grupos dentro de Bosnia han intentado llevar a cabo una política de _____ para expulsar a otros grupos de ciertas áreas.

6. Durante muchos años, los sudafricanos vivieron bajo un sistema político conocido como _____, que separaba a las personas de distinto color de piel.

COMPRUEBA LO QUE APRENDISTE

1. ¿Quién fue Kwame Nkrumah? ¿Cuál era su objetivo?

2. Después de que los británicos dieran la libertad a la colonia africana conocida como Costa de Oro, ¿qué nombre africano escogió esta nación? ¿Por qué eligió ese nombre?

3. ¿Quién fue el primer presidente de Kenia tras su independencia?

4. ¿Qué pasos dio el Presidente de Klerk para acabar con el *apartheid* en Sudáfrica?

5. ¿Quién se convirtió en el primer presidente de la nueva Sudáfrica? ¿Qué papel había jugado este líder en el pasado?

6. ¿Qué era la *perestroika*? ¿Cómo afectó al gobierno de la Unión Soviética?

7. ¿Qué fue el movimiento Solidaridad?

8. La guerra de los Balcanes se produjo por la desintegración de un país. ¿Cuál?

PIENSA CRÍTICAMENTE

1. Causa y efecto ¿Cuáles fueron algunos de los efectos del dominio colonial en las naciones africanas?

2. En mi opinión Si fueras el presidente de Sudáfrica, ¿cómo unirías a los distintos grupos de tu país?

3. Ayer y hoy Haz una predicción sobre cómo será el gobierno dentro de un año en estos países: Rusia, Polonia, Bosnia, Sudáfrica y Estados Unidos.

4. Explora otros puntos de vista ¿Qué crees que piensan los chicos de tu edad que viven en la antigua Unión Soviética acerca de los cambios ocurridos allí? ¿Qué crees que piensan las personas que tienen la misma edad que tus abuelos acerca de estos cambios?

APLICA TUS DESTREZAS

Cómo resolver conflictos Piensa en un conflicto que exista entre tú y un amigo o familiar. Luego escribe varios párrafos sobre las formas en que podrías resolver este conflicto. Contesta a las siguientes preguntas en tu texto: ¿Qué concesiones estás dispuesto a hacer? ¿Qué concesiones no estás dispuesto a hacer?

LEE MÁS SOBRE EL TEMA

African Journey de John Chiasson; Bradbury. Descubre el modo en que la naturaleza afecta a las formas de vida de los pueblos de las distintas regiones de África.

Gorbachev/Yeltsin: The Fall of Communism de Stuart A. Kallen; Abdo & Daughters. Examen de los acontecimientos que llevaron a la desintegración de la Unión Soviética.

*L*OS ESTUDIOS SOCIALES Y TÚ

ELEMENTOS DE UNIDAD Y DE DIVISIÓN

Cuando el mundo está a punto de entrar en el siglo XXI, parece que los pueblos están tan divididos como siempre. Serbios, bosnios y croatas se han enfrentado en una terrible guerra; árabes palestinos e israelíes no tienen una paz estable; musulmanes e hindúes luchan en la India. Hay muchas rivalidades nacionales, regionales y étnicas en África, Asia, Europa y las Américas, en las que distintos grupos pelean entre sí por tierras y derechos civiles.

A pesar de estos conflictos, algunos grupos y líderes están ayudando a los pueblos a comunicarse. Muchas organizaciones internacionales promueven la cooperación económica, social y cultural. Además de la ONU, otras organizaciones importantes son la Asociación de Naciones del Sureste Asiático, la Comunidad y Mercado Común del Caribe, la Liga de Naciones Árabes, la Comunidad de Estados Independientes de la antigua Unión Soviética, la Organización de la Unidad Africana y la Organización de Estados Americanos. Estos grupos trabajan por la unidad en las distintas regiones del mundo.

Líderes mundiales en la Conferencia Mundial de Desarrollo Social, en Copenhague (Dinamarca)

PIENSA Y APLICA

Busca más datos acerca de una organización internacional. Escribe una carta pidiendo datos y haz trabajo de investigación en la biblioteca. Basándote en los datos que reúnas, escribe un artículo resumiendo los logros recientes de esa organización.

Líderes de Europa y de Estados Unidos se reúnen para discutir los asuntos mundiales.

Yasir Arafat, de la OLP, se reúne con el Presidente egipcio Hosni Mubarak y el secretario de estado de Estados Unidos, Warren Christopher.

CUADROS DE LA HISTORIA

Examina las ilustraciones que aparecen en este cuadro de la historia para repasar los acontecimientos que se presentan en la Unidad 10.

Resume las ideas principales

1. La industria, la agricultura y el comercio de China se transformaron cuando Mao Zedong introdujo el comunismo en ese país. En años recientes, el pueblo chino ha ganado algunas libertades económicas, pero no políticas.

2. Después de su derrota en la Segunda Guerra Mundial, Japón inició un proceso de reconstrucción y se convirtió en un líder industrial.

3. Los países de América del Sur se han enfrentado a muchos retos económicos y medioambientales a medida que se desarrollaban y cambiaban durante el siglo XX.

4. Las creencias religiosas han jugado un papel importante en la formación de los países del subcontinente Indio.

5. Las ideas y las creencias unen y a la vez dividen a los pueblos de Oriente Medio.

6. Después de su independencia, las naciones africanas se enfrentaron a varios retos. Hace muy poco tiempo que todos los habitantes de Sudáfrica disfrutan de los mismos derechos.

7. El declive del comunismo en Europa oriental ha producido muchos cambios.

Predice los acontecimientos En el futuro pueden ocurrir acontecimientos que sean muy distintos a los que aparecen en este cuadro de la historia. ¿Cómo crees que será el futuro para las culturas del mundo? En una hoja de papel, dibuja escenas que creas puedan describir el mundo en el año 2010 y luego escribe un breve resumen de cada escena.

TALLER DE APRENDIZAJE COOPERATIVO

Recuerda

- Comparte tus ideas.
- Coopera con los demás para planificar el trabajo.
- Responsabilízate por tu trabajo.
- Muestra a la clase el trabajo de tu grupo.
- Comenta lo que has aprendido trabajando en grupo.

Actividad 1

Hacer una entrevista

Mohandas Gandhi fue líder del movimiento de independencia de India. ¿Cómo crees que hubiera sido hablar con él sobre su vida y sus ideas? Trabaja con un compañero para hacer una lista de diez preguntas que harían al líder indio. Las preguntas pueden centrarse en cualquiera de estos temas: su juventud, sus opiniones sobre los conflictos y la cooperación o sus creencias religiosas. Cuando terminen las preguntas, deberán pensar en las respuestas que podría dar Gandhi. Luego, presenten su entrevista a la clase con uno de ustedes representando el papel de Gandhi, y otro el del entrevistador.

Actividad 2

Presentar un informe

Trabajen en grupo para aprender más cosas sobre uno de los países africanos que logró su independencia durante el siglo XX. Busquen información sobre los lenguajes de esa nación, sus pueblos, su historia colonial, formas de gobierno en la actualidad y otros temas de interés. Luego, con el grupo, hagan una presentación oral sobre ese país.

Actividad 3

Hacer un archivo de recortes

Todos los días ocurren acontecimientos de importancia en el mundo. Busca artículos en periódicos y revistas recientes acerca de los últimos acontecimientos en Europa Oriental y en los países miembros de la CEI. Luego, con otros estudiantes, hagan un archivo de recortes que contenga los artículos y fotografías más significativos. Para cada artículo, escriban una breve descripción.

Actividad 4

Celebrar una conferencia mundial

Cada estudiante de la clase deberá buscar más información sobre un país en particular. La clase celebrará luego una conferencia mundial, una reunión de los líderes de más alto nivel, en la que cada estudiante represente al país que ha elegido. El tema de la conferencia será *Problemas para el siglo XXI*.

USA EL VOCABULARIO

Escribe cada palabra en una oración que ayude a explicar su significado

1. cuota
2. producto interno bruto
3. nivel de vida
4. deforestación

5. terrorismo
6. partición
7. autonomía
8. *apartheid*

COMPRUEBA LO QUE APRENDISTE

1. ¿Qué acontecimiento importante ocurrió el 3 de junio de 1989 en la Plaza de Tiananmen en China?

2. ¿Por qué tiene Japón un superávit comercial?

3. ¿Por qué se conocen muchos países de América del Sur como naciones en vías de desarrollo?

4. ¿Por qué se creó el NAFTA?

5. ¿Qué es la resistencia pasiva?

6. ¿Qué presidente de Estados Unidos jugó un papel importante en la firma de los acuerdos de paz entre Egipto e Israel?

7. ¿Quién es Nelson Mandela?

PIENSA CRÍTICAMENTE

1. **Causa y efecto**   ¿Qué efecto han tenido en Estados Unidos los conflictos en Oriente Medio y Bosnia?

2. **Piensa más sobre el tema**   ¿Por qué la autonomía es tan importante para el pueblo palestino? ¿Por qué se resisten los israelíes a dar autonomía a los palestinos?

3. **Ayer y hoy**   Piensa cómo afecta a tu vida cada uno de estos temas: el fin del *apartheid;* el colapso del comunismo en Europa Oriental y la antigua Unión Soviética; la guerra y la paz en la antigua Yugoslavia; el conflicto árabe-israelí y el NAFTA.

APLICA TUS DESTREZAS GEOGRÁFICAS

 Interpretar un mapa de densidad de población   En la Unidad 10 has leído acerca de los problemas que enfrenta Japón en la actualidad a causa del crecimiento industrial y el aumento de población. Usa el mapa de abajo para contestar a estas preguntas.

1. ¿Qué colores hay en la mayor parte del país? ¿Qué indican sobre la población de Japón?

2. ¿Dónde se ha asentado la mayor parte de la población japonesa? ¿Por qué crees que ha sido así?

3. ¿Hay zonas en Japón con menos de 100 personas por milla cuadrada? Si las hay, ¿dónde están? ¿Por qué crees que esto es así?

4. ¿Qué piensas que pasará si la población de Japón sigue creciendo? ¿Cuáles son las soluciones posibles para el problema del exceso de población de Japón? ¿Qué soluciones son las mejores? ¿Por qué?

JAPÓN: POBLACIÓN ACTUAL

Habitantes por milla cuadrada	Habitantes por kilómetro cuadrado
Más de 1,000	Más de 386
400–1,000	154–386
100–400	39–154
Menos de 100	Menos de 39

PARA TU REFERENCIA

CONTENIDO

CÓMO REUNIR Y PRESENTAR INFORMACIÓN

Para escribir un informe, hacer un cartel o realizar muchos otros proyectos de estudios sociales es posible que necesites información que no está en tu libro. Puedes reunir esta información usando libros de consulta, computadoras o recursos de la comunidad. Esta guía puede ayudarte a reunir información de diversas fuentes y a presentar lo que has hallado.

CÓMO USAR FUENTES DE CONSULTA

Las fuentes de consulta son recopilaciones de datos, que incluyen libros y fuentes electrónicas, como almanaques, atlas, diccionarios y enciclopedias. Los libros de consulta de una biblioteca tienen en su lomo, junto a su cifra de clasificación, una *R o REF,* que significa *referencia.* La mayoría de los libros de consulta sólo se pueden leer en la biblioteca. Muchas bibliotecas también tienen información en CD-ROM y acceso a Internet.

CUÁNDO SE DEBE USAR UNA ENCICLOPEDIA

Una enciclopedia es un buen lugar para iniciar la búsqueda de información. Una enciclopedia tiene artículos sobre casi todos los temas. Los artículos vienen en orden alfabético. Cada artículo contiene datos básicos sobre personas, lugares y sucesos. Algunas enciclopedias electrónicas permiten escuchar música y discursos y ver películas cortas.

CUÁNDO SE DEBE USAR UN DICCIONARIO

Un diccionario proporciona información relativa a las palabras y su significado y pronunciación. También sirve para verificar cómo se escriben las palabras. Algunos diccionarios incluyen información sobre el origen de las palabras y listas de palabras extranjeras, abreviaturas, personajes famosos y nombres de lugares.

CUÁNDO SE DEBE USAR UN ATLAS

Un atlas es un libro que contiene mapas. En un atlas puedes encontrar información sobre lugares. Algunos atlas tienen mapas de carreteras. Otros tienen mapas de los países del mundo. Hay atlas que muestran, entre otros, cosechas, productos y población. Pide a un bibliotecario que te ayude a encontrar el tipo de atlas que necesites.

CUÁNDO SE DEBE USAR UN ALMANAQUE

Un almanaque es un libro o una fuente electrónica de datos y cifras, que aparecen clasificados en tablas y gráficas. Los temas están agrupados en por orden alfabético, por lo que necesitas usar el índice. La mayoría de los almanaques se actualizan todos los años. Esto permite que el almanaque contenga la información más reciente.

CÓMO ENCONTRAR LIBROS DE NO FICCIÓN

Los libros de no ficción proporcionan datos sobre personas, lugares y sucesos reales. En una biblioteca, los libros de no ficción aparecen ordenados sobre los estantes según su cifra de clasificación. Para encontrar el número de catálogo de un libro puedes consultar un fichero o un catálogo computarizado. Para hallar este número, sin embargo, necesitas conocer el título, autor o tema del libro. A continuación verás algunos ejemplos de fichas de un libro sobre los mayas, un grupo indígena americano.

INDIANS OF CENTRAL AMERICA. —————————— **Ficha del tema**

```
REF        Meyer, Carolyn.
972.81         The mystery of the ancient Maya / Carolyn
MEYE       Meyer and Charles Gallenkamp. -- New York :
           Atheneum, 1985.

               ix, 159 p. : ill. ; 24 cm.

               ISBN 0-689-50319-9
```

————————— **Ficha del autor**

```
REF        Meyer, Carolyn.
972.81         The mystery of the ancient Maya / Carolyn
MEYE       Meyer and Charles Gallenkamp. -- New York :
           Atheneum, 1985.

               ix, 159 p. : ill. ; 24 cm.

           "A Margaret K. McElderry book."
           Includes index.
           SUMMARY: Explores the advanced civilization
           and unsolved mysteries of the Mayas, who
           reigned for six centuries and then
           disappeared.
               ISBN 0-689-50319-9
```

The mystery of the ancient Maya ————————— **Ficha del título**

```
REF        Meyer, Carolyn.
972.81         The mystery of the ancient Maya / Carolyn
MEYE       Meyer and Charles Gallenkamp. -- New York :
           Atheneum, 1985.

               ix, 159 p. : ill. ; 24 cm.

               ISBN 0-689-50319-9
```

```
F1435.M56 1985          ●          REF 972.81
                                   84-24209 /AC/r90
```

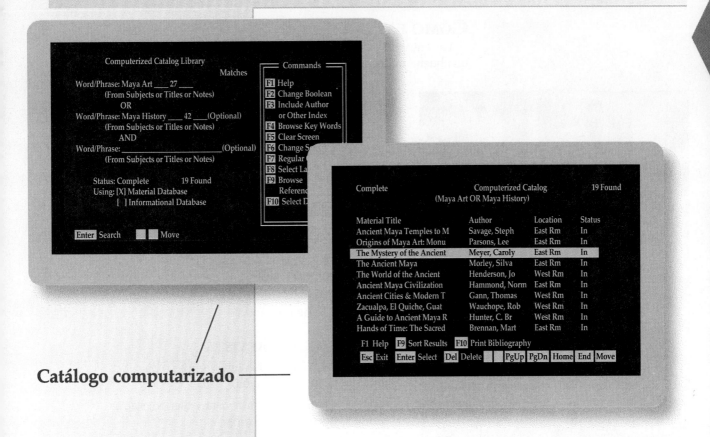

Catálogo computarizado

CÓMO ENCONTRAR PERIÓDICOS Y REVISTAS

Las bibliotecas tienen secciones especiales para periódicos y revistas, los cuales son buenas fuentes para encontrar la información más actual y hallar temas que todavía no han aparecido en libros. Los periódicos y revistas nuevos se exhiben generalmente en un estante. Las ediciones más antiguas están guardadas, y a veces pasadas a microfilm.

La mayoría de las bibliotecas tienen un índice que enumera los artículos de las revistas por tema. Los índices de mayor uso son *Children's Magazine Guide* y *Readers' Guide to Periodical Literature*. Los datos que aparecen en estas guías están clasificados en orden alfabético, por tema y autor y a veces por título. Las abreviaturas se usan frecuentemente, por ejemplo para el nombre de la revista y la fecha de la edición. A continuación verás una entrada correspondiente a un artículo sobre la Guerra de Corea.

Encabezamiento:
El tema de investigación

Título:
El título del artículo

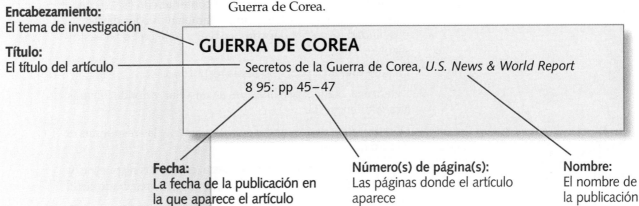

GUERRA DE COREA

Secretos de la Guerra de Corea, *U.S. News & World Report*
8 95: pp 45–47

Fecha:
La fecha de la publicación en la que aparece el artículo

Número(s) de página(s):
Las páginas donde el artículo aparece

Nombre:
El nombre de la publicación

Cómo llevar a cabo una entrevista

Las entrevistas, en donde una persona hace preguntas a otra, son una buena manera de obtener datos y puntos de vista sobre un tema.

La planificación de una entrevista

1. Haz una lista de las personas a entrevistar.
2. Llama o escribe a cada persona para solicitar una entrevista. Cuando te comuniques con la persona, cuéntale quién eres y sobre qué deseas conversar.
3. Pide a la persona que entrevistarás que decida el lugar y la hora de encuentro.

Antes de la entrevista

1. Lee más sobre tu tema y, si es posible, sobre la persona que entrevistarás. Esto te permitirá comunicarte con la persona en forma más eficiente.
2. Haz una lista de preguntas

Durante la entrevista

1. Escucha con atención. No interrumpas o discutas con la persona entrevistada.
2. Toma notas durante la entrevista y escribe exactamente lo que la persona dice.
3. Si deseas usar un grabador, pídele permiso a la persona.

Después de la entrevista

1. Antes de marcharte, da las gracias a la persona por la entrevista.
2. Escríbele una nota de agradecimiento.

Cómo llevar a cabo una encuesta

Una encuesta es una buena forma de conocer las opiniones de las personas que viven en tu comunidad.

1. Identifica tu tema y haz una lista de preguntas. Escribe las preguntas de modo que se puedan contestar con "sí" o con "no", con "a favor" o "en contra". También puedes dar la posibilidad de responder con "no tengo opinión" o "no estoy seguro".
2. Prepara una hoja para anotar las respuestas.
3. Determina cuántas personas vas a consultar y dónde llevarás a cabo tu encuesta.
4. Durante la encuestas, anota cuidadosamente las respuestas en la hoja que preparaste.
5. Cuando hayas terminado la encuesta, cuenta las respuestas y escribe un resumen o conclusión que refleje el resultado de la encuesta.

CÓMO PEDIR INFORMACIÓN POR ESCRITO

Las personas que viven lejos también te pueden dar información. Puedes escribir una carta solicitando información. Cuando escribas la carta, asegúrate de hacer lo siguiente:

- Escribe con letra clara o usa un procesador de textos.
- Di quién eres y qué necesitas.
- Tu pedido debe ser concreto y razonable.
- Incluye un sobre con estampilla y con tu dirección para que te envíen la respuesta.

Es posible que no te respondan, pero si lo hacen, quizás veas que el tiempo que usaste en escribir la carta valió la pena.

CÓMO ESCRIBIR UN INFORME

Es probable que tengas que escribir un informe sobre tu investigación. La mayoría de los informes tienen entre 300 y 500 palabras.

REÚNE Y ORGANIZA TU INFORMACIÓN

Reúne información sobre tu tema utilizando libros de consulta, medios electrónicos y las fuentes de información de tu comunidad. Ordena la información que hayas reunido.

- Toma notas a medida que encuentres la información que necesitas para realizar tu informe.
- Repasa tus notas para asegurarte que tienes toda la información que deseas incluir.
- Escribe un bosquejo.
- Asegúrate de que la información esté en el orden en que quieras presentarla.

HAZ UN BORRADOR DE TU INFORME

- Repasa la información que hayas obtenido. Determina si necesitas más.
- Recuerda que el propósito de tu informe es transmitir información sobre un tema.
- Escribe un borrador de tu informe. Anota en un papel todas tus ideas.

REVISA

- Asegúrate de haber seguido el orden de tu bosquejo. Cambia de lugar las oraciones que no estén bien conectadas.
- Agrega cualquier información que te parezca necesaria.
- Agrega citas que contengan las palabras exactas que hayan dicho las personas.
- Reescribe las oraciones que se parezcan.

CORRIGE Y PUBLICA

- Verifica si hay errores.
- Asegúrate de no haberte olvidado de nada.
- Pasa en limpio tu informe, a mano o con un procesador de textos.

ALMANAQUE

DATOS SOBRE EL MUNDO

País	Capital	Población*	Área (millas cuadradas)	Economía
África				
Angola	Luanda	9,804,000	481,354	textiles, café, plátanos, hierro, diamantes
Argelia	Argel	27,895,000	919,595	petróleo, industria liviana, industria alimentaria
Benín	Porto-Novo	5,342,000	43,500	productos derivados de la palma, cacahuates, algodón, café, petróleo
Botswana	Gaborone	1,359,000	224,607	procesamiento de carnes, maíz, carbón mineral, caza mayor
Burkina Faso	Ouagadougou	10,135,000	105,946	cereales, manganeso, oro
Burundi	Bujumbura	6,125,000	10,740	café, algodón, té
Cabo Verde	Praia	423,000	1,557	plátanos, café, remolachas, sal
Camerún	Yaoundé	13,132,000	183,569	aluminio, productos derivados del petróleo, productos derivados de la palma, cacao, café, madera
Chad	N'Djamena	5,467,000	495,755	algodón, uranio, pescado
Comores	Moroni	530,000	719	perfumes, vainilla, copra, plantas, frutas
Congo	Brazzaville	2,447,000	132,047	aceite de palma, cacao, café, tabaco, oro
Costa de Marfil (Côte d'Ivoire)	Yamoussoukro	14,296,000	124,504	café, cacao, diamantes, madera, caucho
Djibouti	Djibouti	413,000	8,950	sal
Egipto	El Cairo	59,325,000	385,229	textiles, productos químicos, algodón, arroz, frijoles, petróleo
Eritrea	Asmara	3,200,000	45,300	algodón, café, tabaco
Etiopía	Addis-Abeba	58,710,000	437,794	cemento, textiles, café, cereales, platino, oro
Gabón	Libreville	1,139,000	103,347	cacao, café, manganeso, uranio, petróleo
Gambia	Banjul	959,000	4,127	turismo, cacahuates, arroz, pescado
Ghana	Accra	17,225,000	92,098	aluminio, cacao, oro, manganeso
Guinea	Conakry	6,392,000	94,926	plátanos, piñas, hierro, diamantes
Guinea Ecuatorial	Malabo	410,000	10,831	cacao, café, plátanos, ñame, madera
Guinea-Bissau	Bissau	1,098,000	13,948	cacahuates, algodón, arroz, bauxita
Kenia	Nairobi	28,241,000	224,961	turismo, café, maíz, oro
Lesotho	Maseru	1,944,000	11,716	maíz, cereales, chícharos, frijoles, diamantes
Liberia	Monrovia	2,973,000	38,250	minería, arroz, yuca, café, hierro, diamantes, oro, caucho, madera
Libia	Trípoli	5,057,000	679,359	alfombras, textiles, petróleo, dátiles, aceitunas, yeso, gas natural
Madagascar	Antananarivo	13,428,000	226,658	textiles, café, clavo de especia, vainilla, cromo, grafito
Malawi	Lilongwe	9,732,000	45,747	textiles, azúcar, cemento, té, tabaco, café, caucho
Malí	Bamako	9,113,000	482,077	mijo, arroz, cacahuates, algodón, bauxita, hierro, oro
Marruecos	Rabat	28,559,000	177,117	alfombras, ropa, productos de cuero, cereales, frutas, cobre, cobalto
Mauricio	Port Louis	1,117,000	788	turismo, caña de azúcar, té
Mauritania	Nouakchott	2,193,000	398,000	dátiles, cereales, mineral de hierro, yeso
Mozambique	Maputo	17,346,000	313,661	cemento, alcohol, textiles, anacardo, algodón, azúcar, carbón, titanio

País	Capital	Población*	Área (millas cuadradas)	Economía
Namibia	Windhoek	1,596,000	318,146	diamantes, ovejas, ganado vacuno, pescado
Níger	Niamey	8,635,000	497,000	cacahuates, algodón, uranio, carbón, hierro
Nigeria	Abuja	98,091,000	356,669	textiles, cacao, tabaco, petróleo, gas natural
República Centroafricana	Bangui	3,142,000	240,324	textiles, algodón, café, diamantes
Ruanda	Kigali	8,374,000	10,169	café, té, estaño
Santo Tomé y Príncipe	Santo Tomé	137,000	386	cacao, cocos
Senegal	Dakar	8,731,000	75,951	industria alimentaria, pesca, cacahuates, fosfato
Seychelles	Victoria	72,000	176	industria alimentaria, productos derivados del coco, canela, vainilla
Sierra Leona	Freetown	4,630,000	27,699	minería, turismo, cacao, café, diamantes
Somalia	Mogadiscio	6,667,000	246,300	incienso, azúcar, plátanos, hierro, estaño
Sudáfrica	Ciudad de El Cabo	43,931,000	473,290	acero, llantas, maíz, lana, oro, diamantes
Sudán	Jartum	29,420,000	966,757	goma arábiga, algodón, ajonjolí, cacahuates, cromo, caoba
Swazilandia	Mbabane	936,000	6,704	pulpa de madera, azúcar, maíz, algodón, asbesto
Tanzania	Dar es Salaam	27,986,000	364,017	industria alimentaria, ropa, algodón, diamantes, cueros
Togo	Lomé	4,255,000	21,925	textiles, zapatos, café, cacao, ñame, fosfato
Tunicia	Túnez	8,727,000	63,378	textiles, productos derivados del petróleo, cereales, aceitunas, cítricos, higos, fosfato
Uganda	Kampala	19,859,000	93,070	café, algodón, té, cobre, cobalto
Zaire	Kinshasa	42,684,000	905,446	café, arroz, caña de azúcar, cobalto, cobre
Zambia	Lusaka	9,188,000	290,586	maíz, tabaco, cacahuates, cobalto, caucho, marfil
Zimbabwe	Harare	10,975,000	150,872	ropa, productos químicos, tabaco, azúcar, algodón, cromo, oro

Asia

País	Capital	Población*	Área (millas cuadradas)	Economía
Afghanistán	Kabul	16,903,000	251,825	textiles, muebles, frutas, cobre, carbón, lana
Arabia Saudí	Riyadh	18,197,000	865,000	productos derivados del petróleo, dátiles, trigo, petróleo, gas natural
Armenia	Ereván	3,522,000	11,500	minería, algodón, higos, cobre
Azerbaiján	Baku	7,684,000	33,400	petróleo, cereales, algodón, hierro, ganado vacuno
Bahrain	Manama	586,000	268	productos derivados del petróleo, aluminio
Bangladesh	Dhaka	125,149,000	57,295	yute, textiles, fertilizantes, arroz, té
Bután	Thimphu	1,739,000	18,147	artesanías, arroz, maíz, madera
Birmania (Myanmar)	Rangún (Yangun)	44,277,000	261,228	textiles, petróleo, arroz, caña de azúcar, plomo, plata, piedras preciosas
Brunei	Bandar Seri Begawan	285,000	2,226	petróleo, arroz, plátanos, yuca
Camboya	Phnom Penh	10,265,000	70,238	arroz, madera, caucho, maíz
China	Beijing	1,190,431,000	3,696,100	hierro, acero, textiles, cereales, arroz, algodón, té
Chipre	Nicosia	730,000	3,572	cereales, algarrobo, cítricos, aceitunas, cobre
Corea del Norte	P'yongyang	23,067,000	47,399	textiles, maíz, papas
Corea del Sur	Seúl	45,083,000	38,330	aparatos electrónicos, textiles, ropa, vehículos, arroz, cebada
Emiratos Árabes Unidos	Abu Dhabi	2,791,000	30,000	verduras, dátiles, limas, petróleo
Filipinas	Manila	69,809,000	115,860	textiles, ropa, productos de lana, azúcar, cobalto, cobre

*Estas cifras de población se obtuvieron de las últimas estadísticas disponibles.

País	Capital	Población*	Área (millas cuadradas)	Economía
Georgia	Tbilisi	5,681,000	26,900	manganeso, cítricos, trigo, uvas
India	Nueva Delhi	919,903,000	1,222,559	textiles, acero, arroz, cereales, café, especias, carbón
Indonesia	Yakarta	200,410,000	741,052	textiles, arroz, café, azúcar, níquel, estaño, caucho
Irak	Bagdad	19,890,000	167,975	textiles, cemento, dátiles, petróleo
Irán	Teherán	65,612,000	632,457	cemento, refinamiento de azúcar, alfombras, cereales, arroz, petróleo, gas natural
Israel	Jerusalén	5,051,000	7,992	corte de diamantes, textiles, aparatos electrónicos, cítricos, potasa
Japón	Tokyo	125,107,000	145,850	aparatos electrónicos, automóviles, arroz, cereales
Jordania	Amman	3,961,000	34,342	textiles, cemento, cereales, aceitunas, fosfato
Kazajstán	Almaty	17,268,000	1,049,200	acero, cemento, calzado, cereales, algodón
Kirguizistán	Bishkek	4,698,000	76,642	tabaco, textiles, minería, trigo, remolachas de azúcar
Kuwait	Kuwait	1,819,000	6,880	petróleo, productos derivados del petróleo, gas natural
Laos	Vientiane	4,702,000	91,429	productos de madera, minería, arroz, maíz, tabaco
Líbano	Beirut	3,620,000	3,950	textiles, productos derivados del petróleo, frutas, aceitunas, verduras
Malaysia	Kuala Lumpur	19,283,000	127,584	productos de caucho, acero, aparatos electrónicos, aceite de palma, copra, estaño, hierro
Maldivas	Male	252,000	115	procesamiento de pescado, turismo, cocos, frutas, mijo, conchas
Mongolia	Ulan Bator	2,430,000	604,800	textiles, productos químicos, cereales, carbón, cobre
Nepal	Kathmandú	21,042,000	56,827	azúcar, yute, turismo, arroz, cereales
Omán	Muscat	1,701,000	118,150	frutas, cuarzo, verduras, trigo, petróleo
Pakistán	Islamabad	121,856,000	339,697	textiles, productos químicos, productos derivados del petróleo, arroz, trigo, gas natural, mineral de hierro, lana
Qatar	Doha	513,000	4,412	petróleo, productos derivados del petróleo
Singapur	Singapur	2,859,000	247	construcción naval, refinamiento de petróleo, aparatos electrónicos, operaciones bancarias, turismo
Siria	Damasco	14,887,000	71,498	productos derivados del petróleo, textiles, algodón, cereales, aceitunas
Sri Lanka	Colombo	18,033,000	25,332	madera terciada, papel, té, cocos, arroz, grafito, piedras preciosas
Tailandia	Bangkok	59,510,000	198,115	turismo, arroz, maíz, tapioca, caña de azúcar
Taiwan	Taipei	21,299,000	13,969	textiles, ropa, aparatos electrónicos, arroz, plátanos, carbón, mármol
Tayikistán	Dushanbe	5,995,000	55,300	cemento, cebada, carbón, plomo
Turkmenistán	Ashgabat	3,995,000	188,417	minería, textiles, cereales, algodón, carbón, azufre, sal
Turquía	Ankara	62,154,000	300,948	hierro, acero, tabaco, cereales, mercurio
Uzbekistán	Tashkent	22,609,000	172,700	acero, tractores, algodón, carbón
Vietnam	Hanoi	73,104,000	127,246	industria alimentaria, textiles, arroz, caucho, fosfato
Yemen	Sanaa	11,105,000	205,356	minería, refinamiento de petróleo, trigo, sorgo, sal

País	Capital	Población*	Área (millas cuadradas)	Economía
Australia y Oceanía				
Australia	Canberra	18,077,000	2,966,200	hierro, textiles, aparatos electrónicos, trigo, carbón
Estados Federados de Micronesia	Palikir	120,000	271	frutas tropicales, verduras, cocos
Fiji	Suva	764,000	7,056	turismo, azúcar, plátanos, oro
Islas Marshall	Majuro	54,000	70	agricultura, turismo
Islas Salomón	Honiara	386,000	10,954	enlatado de pescado, cocos, arroz
Kiribati	Tarawa	78,000	313	copra, cocos, frutos del árbol del pan, plátanos, pescado
Nauru	Yaren	10,000	8	extracción de fosfato, cocos
Nueva Zelanda	Wellington	3,389,000	104,454	textiles, maquinaria, pescado, productos forestales, cereales, frutas, petróleo, gas natural
Papúa Nueva Guinea	Port Moresby	4,197,000	178,704	café, cocos, cacao, oro, cobre, plata
Samoa Occidental	Apia	204,000	1,093	cacao, copra, plátanos, maderas duras, pescado
Tonga	Nuku'alofa	105,000	301	turismo, productos derivados del coco, plátanos
Tuvalu	Funafuti	10,000	9	copra, cocos
Vanuatu	Portvila	170,000	4,707	congelamiento de pescado, procesamiento de carne, turismo, copra
Europa				
Albania	Tirana	3,374,000	11,100	cemento, textiles, industria alimentaria, maíz, trigo
Alemania	Berlín	81,088,000	137,735	acero, barcos, vehículos, cereales, papas, carbón
Andorra	Andorra la Vella	64,000	181	turismo, productos derivados del tabaco, comercio, servicios
Austria	Viena	7,955,000	32,378	acero, maquinaria, vehículos, cereales, mineral de hierro
Bélgica	Bruselas	10,063,000	11,787	acero, labrado de diamantes, trigo, carbón
Bielorrusia	Minsk	10,405,000	80,134	industria alimentaria, productos químicos, cereales, papas, remolachas de azúcar
Bosnia–Herzegovina	Sarajevo	4,651,000	19,741	textiles, alfombras, madera, maíz, bauxita
Bulgaria	Sofía	8,800,000	42,855	productos químicos, maquinaria, metales, textiles
Croacia	Zagreb	4,698,000	21,829	textiles, productos químicos, aceitunas, bauxita
Dinamarca	Copenhague	5,188,000	16,639	maquinaria, textiles, muebles, productos lácteos
Eslovaquia	Bratislava	5,404,000	18,933	hierro, acero, vidrio, trigo, papas
Eslovenia	Ljubljana	1,972,000	7,821	acero, textiles, carbón, mercurio, trigo, papas
España	Madrid	39,303,000	194,898	maquinaria, cereales, aceitunas, lignito, uranio, corcho
Estonia	Tallinn	1,617,000	17,413	maquinaria agropecuaria, cereales, verduras
Finlandia	Helsinki	5,069,000	130,559	maquinaria, metal, construcción naval, cereales, papas, cobre
Francia	París	57,840,000	210,026	acero, textiles, vino, perfumes, cereales, frutas, verduras
Grecia	Atenas	10,565,000	50,949	textiles, productos químicos, vino, cereales, aceitunas, cítricos, bauxita

*Estas cifras de población se obtuvieron de las últimas estadísticas disponibles.

País	Capital	Población*	Área (millas cuadradas)	Economía
Hungría	Budapest	10,319,000	35,919	hierro, acero, productos farmacéuticos, cereales, bauxita, carbón
Irlanda	Dublín	3,539,000	27,137	textiles, productos químicos, elaboración de cerveza, turismo, papas, cereales, cinc
Islandia	Reykjavik	264,000	36,699	productos de pescadería, aluminio, papas
Italia	Roma	58,138,000	116,333	acero, maquinaria, automóviles, textiles, zapatos, uvas, aceitunas
Letonia	Riga	2,749,000	24,900	vagones de trenes, papel, avena, cebada, papas
Liechtenstein	Vaduz	30,000	62	maquinaria, instrumentos, productos químicos, muebles, cerámicas
Lituania	Vilnius	3,848,000	25,213	construcción naval, cereales, papas, verduras
Luxemburgo	Luxemburgo	402,000	999	acero, productos químicos, cerveza, maíz, vino, hierro
Macedonia	Skopje	2,214,000	9,928	acero, cemento, trigo, algodón, tabaco
Malta	Valletta	367,000	122	textiles, turismo, papas, tomates
Moldavia	Chisinau	4,473,000	13,012	vino, textiles, cereales, lignito, yeso
Mónaco	Mónaco	31,000	0.75	turismo, productos químicos, plásticos
Noruega	Oslo	4,315,000	125,050	papel, construcción naval, cereales, papas, petróleo, cobre
Países Bajos	Amsterdam	15,368,000	16,033	metales, maquinaria, productos químicos, cereales, papas, flores, gas natural, petróleo
Polonia	Varsovia	38,655,000	120,727	construcción naval, productos químicos, cereales, papas, remolachas de azúcar, carbón
Portugal	Lisboa	10,524,000	35,672	textiles, calzados, corcho, cereales, papas
Reino Unido	Londres	58,135,000	94,251	acero, vehículos, construcción naval, operaciones bancarias, cereales, remolachas de azúcar, carbón, estaño
República Checa	Praga	10,408,000	30,449	maquinaria, productos derivados del petróleo, productos químicos, trigo, remolachas de azúcar
Rumania	Bucarest	23,181,000	91,699	acero, metales, textiles, cereales, petróleo
Rusia**	Moscú	149,609,000	6,592,800	acero, maquinaria, vehículos, productos químicos, cemento, cereales, remolachas de azúcar
San Marino	San Marino	24,000	24	estampillas, turismo, productos de lana
Suecia	Estocolmo	8,778,000	173,732	acero, maquinaria, automóviles, cereales, papas, cinc, hierro
Suiza	Berna y Lausana	7,040,000	15,943	instrumentos, relojes, alimentos, operaciones bancarias, turismo
Ucrania	Kiev	51,847,000	233,100	acero, productos químicos, cereales, remolachas de azúcar, papas, hierro, manganeso
Vaticano, Ciudad del	ninguna	811	.17	turismo, estampillas
Yugoslavia	Belgrado	10,760,000	39,449	acero, productos de madera, maíz, cereales

América del Norte y América Central

País	Capital	Población*	Área (millas cuadradas)	Economía
Antigua y Barbuda	St. John's	65,000	171	manufacturas, turismo
Bahamas	Nassau	273,000	5,382	turismo, ron, operaciones bancarias

**Tanto en Asia como en Europa

País	Capital	Población*	Área (millas cuadradas)	Economía
Barbados	Bridgetown	256,000	166	azúcar, turismo
Belice	Belmopan	209,000	8,867	azúcar
Canadá	Ottawa	28,114,000	3,849,674	níquel, cinc, cobre, oro, ganadería, pescado
Costa Rica	San José	3,342,000	19,730	muebles, aluminio, textiles, fertilizantes, café, oro
Cuba	La Habana	11,064,000	42,804	cemento, azúcar, tabaco, arroz, café
Dominica	Roseau	88,000	290	turismo, plátanos, piedra pómez
El Salvador	San Salvador	5,753,000	8,124	productos alimenticios, textiles, petróleo, café
Estados Unidos de América	Washington, D.C.	260,714,000	3,787,318	carbón, aparatos electrónicos, maquinaria, computadoras, trigo
Granada	St. George's	94,000	133	ron, nuez moscada, plátanos, cacao
Guatemala	Ciudad de Guatemala	10,721,000	42,042	llantas, textiles, café, azúcar, plátanos, petróleo
Haití	Port-au-Prince	6,491,000	10,695	textiles, café, azúcar, plátanos, bauxita, madera
Honduras	Tegucigalpa	5,315,000	43,277	textiles, productos de madera, plátanos, café, oro, plata
Jamaica	Kingston	2,555,000	4,244	ron, melaza, turismo, caña de azúcar, café, plátanos, bauxita
México	Ciudad de México	92,202,000	756,066	acero, productos químicos, textiles, caucho, petróleo, turismo, algodón, café, plata, plomo, gas natural
Nicaragua	Managua	4,097,000	50,880	productos químicos, textiles, algodón, frutas, yuca, café, oro, plata
Panamá	Ciudad de Panamá	2,630,000	29,157	refinamiento de petróleo, operaciones bancarias internacionales, plátanos, cobre, caoba
República Dominicana	Santo Domingo	7,826,000	18,704	azúcar, cemento, cacao, café
Saint Kitts y Nevis	Basseterre	41,000	104	azúcar
Trinidad y Tobago	Port of Spain	1,328,000	1,980	productos derivados del petróleo, ron, cemento, turismo, azúcar, cacao, asfalto

América del Sur

País	Capital	Población*	Área (millas cuadradas)	Economía
Antillas Holandesas	Willemstad	184,000	385	petróleo, turismo, construcción naval
Argentina	Buenos Aires	33,913,000	1,073,518	industria alimentaria, productos químicos, cereales, petróleo
Bolivia	La Paz/Sucre	7,719,000	424,164	textiles, minería, papas, azúcar, café, estaño
Brasil	Brasilia	158,739,000	3,286,470	acero, automóviles, barcos, café
Chile	Santiago	13,951,000	292,135	pescado, madera, cereales, cobre
Colombia	Bogotá	35,578,000	440,831	textiles, productos químicos, café, esmeraldas
Ecuador	Quito	10,677,000	105,037	lana, textiles, plátanos, café, arroz, petróleo
Guyana	Georgetown	729,000	83,044	minería, textiles, azúcar, bauxita, diamantes
Paraguay	Asunción	5,214,000	157,048	productos de madera, textiles, cemento, maíz, algodón, hierro
Perú	Lima	23,651,000	496,225	harina de pescado, textiles, algodón, cobre, lana
San Vicente y las Granadinas	Kingstown	115,000	150	turismo, plátanos, arrurruz, cocos
Surinam	Paramaribo	423,000	63,251	arroz, azúcar, frutas, bauxita
Uruguay	Montevideo	3,199,000	68,037	empacamiento de carnes, textiles, vino, productos derivados del petróleo, maíz, trigo
Venezuela	Caracas	20,562,000	352,144	textiles, papel, café, arroz, petróleo, hierro

*Estas cifras de población se obtuvieron de las últimas estadísticas disponibles.

DICCIONARIO BIOGRÁFICO

El diccionario biográfico contiene una lista de los personajes mencionados en este libro. El número de página indica donde comienza la primera alusión a cada personaje. En el índice encontrarás otras referencias de páginas.

DICCIONARIO BIOGRÁFICO

A

Abraham *siglo XXI a.C. aprox.* El primer antepasado de los israelitas, de acuerdo a la Biblia. pág. 72

Ajnatón *siglo XIV a.C. aprox.* Gobernante egipcio llamado Amenofis IV antes de que cambiara su nombre. Él y su esposa Nefertiti animaron a los egipcios a rendir culto a sólo un dios, Atón. pág. 104

Akbar *1542–1605* Considerado el emperador mogol más importante. Unificó casi toda la India y llevó a cabo muchas reformas. pág. 453

Alarico *370 aprox.–410* Rey de los visigodos. Cruzó los Alpes y atacó la ciudad de Roma en el año 410. pág. 258

Alejandra *1872–1918* Zarina de Rusia y esposa del zar Nicolás II. Dirigió el gobierno de Rusia mientras Nicolás II comandaba la campaña militar de la Primera Guerra Mundial. pág. 545

Alejandro Magno *356 a.C.–323 a.C.* Hijo de Felipe II. Su tutor fue Aristóteles. Se convirtió en rey de Macedonia en el año 336 a.C. Construyó un inmenso imperio durante su mandato. pág. 229

Alger, Horatio *1832–1899* Escritor americano de más de 100 libros populares. pág. 503

Allende, Salvador *1908–1973* Político chileno; presidente de 1970 a 1973. pág. 609

Amenemes *1991 a.C.–1962 a.C.* Visir que convirtió Egipto en un imperio. Comenzó el período llamado Imperio Medio, que duró 200 años. pág. 102

Aníbal *247 a.C.–183 a.C.* General cartaginés que atacó Roma durante la segunda Guerra Púnica. pág. 240

Arafat, Yasir *1929–* Caudillo político palestino, presidente de la Organización para la Liberación de Palestina y presidente del pueblo palestino. Recibió el Premio Nobel en 1994. pág. 634

Aristarco *siglo III a.C. aprox.* Educador griego. Mediante el uso de las matemáticas descubrió que la Tierra y los otros planetas giran alrededor del Sol. pág. 233

Aristófanes *450 a.C. aprox.–388 a.C. aprox.* Escritor de la Grecia antigua, autor de obras teatrales humorísticas, o comedias. pág. 225

Aristóteles *384 a.C.–322 a.C.* Filósofo griego y tutor de Alejandro Magno. Se lo considera uno de los pensadores más importantes de la humanidad. pág. 227

Arquímedes *287 a.C. aprox.–212 a.C.* Educador e inventor griego. Aplicó las matemáticas en la construcción de muchas máquinas prácticas. pág. 233

Asoka *232 a.C. aprox.* Emperador maurya. Se lo recuerda como "el gobernante más grande y más noble que jamás haya conocido la India". pág. 188

Atahualpa *¿1502? aprox.–1533* Último rey inca en gobernar lo que hoy es Perú. Fue asesinado durante la conquista española de los incas. pág. 430

B

Baber *1483–1530* Descendiente de Gengis Kan. Fue emperador de la India y fundador de la dinastía Mogol. pág. 453

Bakri, al *siglo XI aprox.* Geógrafo musulmán. pág. 344

Bar Sauma, Rabban *1220 aprox.–1294* Cristiano nacido en China. Viajó por Europa y regresó a China con productos e historias sobre Europa. pág. 312

Batu Kan *XIII aprox.* Nieto de Gengis Kan y conquistador de lo que hoy son Rusia, Polonia y Hungría, en Europa, y partes de Asia. pág. 311

Begin, Menahem *1913–1992* Primer ministro de Israel. Él y Anwar as–Sadat firmaron los Acuerdos de Camp David. pág. 635

Belisario *505 aprox.–565 aprox.* General bizantino durante el reinado de Justiniano I. Recobró gran parte del antiguo Imperio Romano. pág. 278

Bhutto, Benazir *1953–* Primera ministra de Pakistán. Fue la primera mujer de los tiempos modernos en dirigir una nación musulmana. pág. 627

Bismarck, Otto von *1815–1898* Estadista prusiano y primer canciller del Imperio Alemán. pág. 509

Bolívar, Simón *1783–1830* Soldado, estadista y caudillo revolucionario sudamericano. Liberó Colombia, Venezuela, Ecuador y Perú de la dominación española. pág. 482

Bonaparte, José *1768–1844* Hermano de Napoleón Bonaparte. Gobernó España de 1808 a 1814, después de que Napoleón conquistara dicho país. pág. 482

Bonaparte, Napoleón *1769–1821* Comandante militar francés y emperador de Francia. Fue derrotado en la batalla de Waterloo. pág. 476

Bush, George *1924–* 41º presidente de Estados Unidos. pág. 618

C

Caboto, Giovanni *1450 aprox.–1499 aprox.* Navegante y explorador italiano. Mientras navegaba hacia el oeste en busca de una ruta a Asia, llegó a América del Norte y la declaró posesión de Inglaterra. pág. 418

Cabral, Pedro *1467 aprox.–1520* Navegante portugués. Tomó posesión de Brasil en nombre de Portugal. pág. 430

Carlomagno *742–814* Rey de los francos y Emperador de los Romanos. Consolidó la cristiandad, dando comienzo al Sacro Imperio Romano. pág. 287

Carlos Martel *688 aprox.–741* Abuelo de Carlomagno y gobernante que unificó el territorio franco. pág. 288

Carter, Jimmy *1924–* 39º presidente de Estados Unidos. Gestionó un tratado de paz entre Israel y Egipto. pág. 578

Cartier, Jacques *1491–1557* Explorador y navegante francés. Sus exploraciones permitieron que Francia tomara posesión de Canadá. pág. 431

Castro, Fidel *1926–* Caudillo revolucionario, primer ministro y presidente cubano. pág. 575

Catalina la Grande *1729–1796* Emperatriz rusa. Apoyó el saber y las artes, pero desatendió a la clase campesina rusa. pág. 544

Cavour, Camilo di *1810–1861* Estadista italiano. Unificó gran parte del norte de Italia y animó a Garibaldi a establecer el reino de Italia. pág. 509

Cayo Graco *153 a.C.–121 a.C.* Romano que murió, al igual que su hermano Tiberio, por tratar de modificar la legislatura romana para ayudar a la clase plebeya. pág. 241

Ceausescu, Nicolae *1918–1989* Dictador rumano de 1974 a 1989. Fue derrocado y ejecutado durante la rebelión del pueblo rumano. pág. 653

Chandragupta I *siglo IV aprox.* Emperador maurya en la India del siglo IV. Cedió el trono a su hijo Samudra Gupta. pág. 189

Chandragupta II *siglo V aprox.* Nieto de Chandragupta I, de la dinastía maurya de la India. Promovió el saber durante su mandato, que duró desde aproximadamente el año 380 al 415. pág. 189

Chandragupta Maurya *¿?–297 a.C. aprox.* Emperador que unificó la India. Entregó el trono a su hijo en el año 297 a.C. pág. 187

Chang Kai-shek *1887–1975* General y político chino. Sucedió a Sun Yat–sen como presidente del gobierno nacionalista chino. pág. 594

Churchill, Winston *1874–1965* Estadista británico, escritor y primer ministro de Gran Bretaña de 1940 a 1945. pág. 558

Cicerón *106 a.C.–43 a.C.* Orador, estadista y filósofo romano. Se desempeñó como cónsul de Roma. pág. 242

Ciro el Grande *585 a.C. aprox.–529 a.C. aprox.* Gobernante que creó el Imperio Persa y conquistó Babilonia. pág. 192

Cleopatra *69 a.C.–30 a.C.* Reina de Egipto. Planeó establecer un imperio independiente junto con Marco Antonio, pero ambos fueron derrotados por el gobernante romano Octaviano. pág. 243

Clinton, William *1946–* 42º presidente de Estados Unidos. pág. 635

Clístenes *570 a.C. aprox.–508 a.C.* Gobernante ateniense. Es considerado el fundador de la democracia. p. 219

Colón, Cristóbal *1451–1506* Explorador italiano y primer europeo en viajar de ida y vuelta a las Américas. Desembarcó en la isla de San Salvador en 1492, creyendo que había llegado a Asia. pág. 417

Confucio *551 a.C.–479 a.C.* Filósofo chino, considerado la persona más venerada de la historia de China. Su filosofía, conocida como confucianismo, fue adoptada por la gente como un modelo de vida. pág. 158

Constantino *280 aprox.–337* General y emperador romano. El Edicto de Milán, promulgado en el año 313 (durante su mandato) autorizó la práctica del cristianismo en el Imperio Romano. pág. 257

Copérnico, Nicolás *1473–1543* Astrónomo y filósofo polaco. En oposición a la creencia popular de la época, formuló la teoría de que la Tierra gira sobre su eje y alrededor del Sol. pág. 408

Cortés, Hernán *1485–1547* Explorador español y conquistador de México. pág. 429

D

Darío *550 a.C.–486 a.C.* Gobernante persa que impuso orden en el Imperio Persa. También encargó la construcción de caminos, estableció un sistema de correo y estandarizó los pesos y medidas y el sistema monetario. pág. 193

David *1010 a.C. aprox.–962 a.C.* Segundo rey de Israel. Comandó la derrota de los filisteos. pág. 74

de Klerk, Frederik Willem *1936–* Presidente de Sudáfrica. A pesar de ser afrikánder, puso fin a la prohibición que existía sobre el Congreso Nacional Africano y liberó a Nelson Mandela y a otros presos políticos. pág. 644

Deng Xiaoping *1904–* Primer diputado y secretario general del Partido Comunista chino durante la década de 1970. Los cambios económicos que llevó a cabo convirtieron a China en una potencia industrial. pág. 596

Dias, Bartolomeu *1450–1500* Marino portugués. Navegó alrededor del extremo sur de África y por el océano Índico. pág. 416

Drake, Francis *1540 aprox.–1596* Almirante inglés. Fue el primer marino inglés en dar la vuelta a la Tierra. pág. 418

Dyer, Reginald H. *1864–1927* General inglés. Ordenó a sus tropas que dispararan sobre los manifestantes indios en Amritsar, India, en abril de 1919. pág. 624

E

Enrique el Navegante *1394–1460* Fundador de una escuela de navegación. Convirtió Portugal en una potencia marina mundial. pág. 416

Enrique VIII *1491–1547* Rey que dio comienzo a la Reforma en Inglaterra al separarse de la Iglesia católica y al proclamarse jefe de la Iglesia anglicana. pág. 418

Equiano, Olaudah *1750 aprox.–1797* Nigeriano que escribió sobre su vida como esclavo y colaboró en el movimiento para abolir la esclavitud. pág. 426

Escipión *237 a.C. aprox.–183 a.C.* General romano que derrotó a Aníbal de Cartago. pág. 240

Euclides *siglo IV a.C. aprox.* Educador griego que comenzó el estudio de la geometría. pág. 233

F

Fa-xien *siglo V aprox.* Misionero budista chino que viajó a la India y escribió sobre lo que allí observó. pág. 190

Fátima *616 aprox.–633* Hija de Mahoma y Jadiya. pág. 286

Felipe II *382 a.C.–336 a.C.* Rey de Macedonia y padre de Alejandro Magno. Fue un genio militar que logró el control de casi toda la península Griega hacia el año 338 a.C. pág. 229

Fernando el Católico *1452–1516* Rey español que, junto con la reina Isabel la Católica, expulsó a los moros de España. Él y la reina Isabel financiaron las expediciones de Colón a las Américas. pág. 409

Ford, Gerald *1913–* 38º presidente de Estados Unidos. pág. 617

Francisco Fernando *1863–1914* Archiduque de Austria. Su asesinato en 1914 se considera la causa directa de la Primera Guerra Mundial. pág. 536

Frank, Ana *1929–1945* Niña judía que vivió escondida con su familia para escapar de la persecución nazi durante el Holocausto. Se la recuerda por el diario que escribió en su escondite. Murió en un campo de concentración alemán. pág. 561

G

Galilei, Galileo *1564–1642* Matemático, astrónomo y físico italiano. Mejoró el telescopio y lo usó para demostrar la teoría de Nicolás Copérnico de que la Tierra gira alrededor del Sol. pág. 408

Gama, Vasco da *1460 aprox.–1524* Navegante portugués. Completó el primer viaje desde Europa occidental hasta Asia viajando alrededor de África. pág. 416

Gandhi, Indira *1917–1984* Primera ministra de la India en la década de 1980. pág. 626

Gandhi, Mohandas *1869–1948* Nacionalista hindú y guía espiritual. Sus seguidores lo llamaban "Mahatma, o "Alma poderosa". Era considerado el fundador de la India independiente. pág. 623

Gao Zu *256 a.C.–195 a.C.* Gobernante de la dinastía Han de China. Combinó ideas del legalismo y del confucianismo. pág. 166

Garibaldi, Giuseppe *1807–1882* Militar italiano y caudillo nacionalista que luchó por la libertad en la parte sur de Italia. pág. 508

Gengis Kan [Timuyin] *1162 aprox.–1227* Gobernante mongol. Fue el primer extranjero en conquistar China. Famoso por su audacia, crueldad y genio militar. pág. 310

Gilgamesh *siglo XXVIII a.C. aprox.* Rey de la antigua ciudad estado de Uruk. Es el protagonista de uno de los relatos más antiguos del mundo. pág. 64

Gorbachov, Mijail *1931–* Secretario general del Partido Comunista de la Unión Soviética de 1985 a 1991. Apoyó ideas nuevas que incluían la reestructuración del gobierno para hacerlo más accesible a los ciudadanos soviéticos. pág. 652

Gouges, Olympe de *1748–1793* Autora de la *Declaración de los derechos de la mujer y de la ciudadana*, artículo que ayudó a identificar los papeles desempeñados por las mujeres durante la Revolución Francesa. pág. 475

Gregorio IX *¿1170?–1241* Papa que instauró la primera Inquisición en la década de 1230. pág. 412

Guillermo I *1797–1888* Rey de Prusia y emperador alemán. pág. 509

Gutenberg, Johannes *1400 aprox.–1468* Alemán creador de la imprenta de tipo móvil. Imprimió el primer libro en Europa, una Biblia de 1,200 páginas. pág. 407

H

Hammurabi *1792 a.C. aprox.–1750 a.C.* Rey de la ciudad estado de Babilonia. Escribió un cuerpo de leyes conocido como el Código de Hammurabi. pág. 69

Hargreaves, James *¿1720?–1778* Tejedor inglés que inventó la hilandera mecánica. pág. 488

Hatsepsut *1503 a.C.–1482 a.C.* Faraona egipcia que expandió las rutas comerciales de Egipto. pág. 103

Hawkins, John *1532–1595* Comandante naval inglés. Dirigió expediciones a las Antillas. p. 418

Herodes *21 a.C.–18 d.C. aprox.* Hijo de Herodes el Grande. Era el rey de Judea cuando nació Jesús. pág. 254

Heródoto *484 a.C. aprox.–430 a.C. aprox.* Historiador griego. Viajó por casi todo el mundo que los griegos conocían en la época. pág. 194

Heyerdahl, Thor *1914–* Explorador noruego. Navegó en una embarcación de madera balsa desde Perú hasta Polinesia para demostrar que los indígenas americanos pudieron haber realizado dicho viaje. pág. 385

Hidalgo, Miguel *1753–1811* Sacerdote mexicano y caudillo revolucionario que luchó por la independencia de México. pág. 483

Hipócrates *460 a.C. aprox.–377 a.C. aprox.* Médico griego considerado el "Padre de la Medicina". pág. 225

Hiro-Hito *1901–1989* Emperador de Japón. La monarquía divina del emperador Hiro-Hito se transformó en un gobierno democrático en 1947. pág. 600

Hitler, Adolfo *1889–1945* Político y *führer* alemán. Intentó conquistar el mundo cuando era dictador nazi de Alemania, convencido de que la raza germánica era superior a las demás. Durante su gobierno ordenó la muerte de 12 millones de personas. pág. 552

Ho Chi Minh *1890–1969* Caudillo político vietnamita y presidente de Vietnam del Norte durante la Guerra de Vietnam. pág. 576

Homero *siglo VIII a.C. aprox.* Poeta griego autor de la *Ilíada* y la *Odisea*. Gran parte de lo que se sabe acerca de los micénicos proviene de los relatos de Homero. pág. 214

Hong Wu *1328–1398* Gobernante fundador de la dinastía Ming. Expulsó a los mongoles, poniendo fin a la dinastía Yuan. Si bien unificó toda China, fue un gobernante cruel. pág. 445

Hoover, Herbert *1874–1964* 31º presidente de Estados Unidos. pág. 549

Horacio *65 a.C.–8 a.C.* Poeta romano. pág. 247

Hussein, Saddam *1935–* Gobernante militar de Irak desde 1979. Invadió Kuwait en 1990 y llevó a Irak a la derrota en la Guerra del Golfo Pérsico. pág. 636

I

Ibn Battuta *1304 aprox.–1377 aprox.* Geógrafo y viajero musulmán. pág. 370

Ibn Rustah *siglo X aprox.* Geógrafo musulmán. pág. 380

Idris Aloma *siglo XVI aprox.* Gobernante de Kanem–Bornu, en África, a finales del siglo XVI, durante el período de mayor desarrollo del imperio. pág. 423

Imhotep *siglo XXVII a.C. aprox.* Arquitecto de la corte de Egipto. Se encargó de la construcción de la pirámide del faraón Zoser en el año 2650 a.C. aproximadamente. pág. 100

Irene *siglo VIII aprox.* Emperatriz bizantina. Gobernó el imperio de 780 a 802. pág. 279

Isaac *siglo XXI a.C. aprox.* Hijo de Abraham. pág. 73

Isabel I *1533–1603* Hija de Enrique VIII y Ana Bolena. Conocida como *Good Queen Bess*, transformó Inglaterra en una potencia mundial durante sus 45 años de mandato; otorgó a la Compañía de las Indias Orientales el derecho a controlar el comercio entre la India e Inglaterra. pág. 407

Isabel la Católica *1451–1504* Reina española que, junto con el rey Fernando el Católico, expulsó a los moros de España. Ella y el rey Fernando financiaron las expediciones de Colón a las Américas. pág. 409

Ismael *siglo XXI a.C. aprox.* Hijo de Abraham. pág. 73

J

Jacob *siglo XXI a.C. aprox.* Patriarca de los israelitas, también llamado Israel. Era hijo de Isaac y nieto de Abraham. pág. 73

Jadiya *555 aprox.–619* Esposa del profeta Mahoma. Brindó aliento y apoyo a su esposo durante su misión. pág. 282

Jefferson, Thomas *1743–1826* 3º presidente de Estados Unidos y autor principal de la Declaración de Independencia. pág. 471

Jerjes *519 a.C. aprox.–465 a.C. aprox.* Rey de Persia e hijo de Darío I. pág. 222

Jesús *6 a.C. aprox.–30 d.C. aprox.* Persona cuyas doctrinas son la base del cristianismo. Sus discípulos lo proclamaron el Mesías y el Redentor de la humanidad. pág. 254

Jiang Qing *1913–1991* Viuda de Mao Zedong. Intentó tomar el poder de China luego de la muerte de Mao. pág. 596

Jinnah, Muhammad Alí *1876–1948* Político indio y primer gobernador general de Pakistán. Se opuso a los métodos de Gandhi y luchó por un estado musulmán independiente. pág. 625

Johnson, Lyndon *1908–1973* 36º presidente de Estados Unidos Unidos. pág. 617

Jomeini, Ayatollah *1900–1989* Líder religioso musulmán chiita de Irán. Apoyó la captura de rehenes americanos. pág. 636

Jonson, Ben *1572–1637* Dramaturgo y poeta inglés. pág. 407

Juan sin Tierra *1167–1216* Rey de Inglaterra. Fue forzado a firmar la Carta Magna. pág. 293

Julio César *100 a.C.–44 a.C.* General y estadista romano. Fue dictador de Roma hasta que lo asesinó un grupo de nobles. pág. 242

Justiniano I *483–565* Emperador bizantino. Su cuerpo de leyes, conocido como el Código de Justiniano, es la base de la actual legistatura de Europa. pág. 275

K

Kalidasa *siglo V aprox.* Escritor de la edad de oro de la India. Se lo considera uno de los escritores indios más importantes. pág. 190

Kasta *siglo VIII a.C.* Rey de Kush. Comandó un ejército que invadió Egipto y tomó el control del Alto Egipto. pág. 113

Kennedy, John F. *1917–1963* 35º presidente de Estados Unidos. pág. 575

Kenyatta, Jomo *1894–1978* Primer presidente de Kenia. Como jefe de los terroristas Mau Mau, liberó a Kenia de la dominación británica. pág. 642

Keops *siglo XXVI a.C. aprox.* Rey egipcio que ordenó la construcción de la Gran Pirámide de Gizeh, la pirámide más famosa de Egipto. pág. 101

Khwarizmi, al *780 aprox.–850 aprox.* Matemático árabe. Se lo consideraba uno de los científicos más importantes del Imperio Musulmán. pág. 353

Kruschev, Nikita *1894–1971* Político y primer ministro soviético. pág. 575

Kubitschek, Juscelino *1902–1976* Presidente de Brasil durante la década de 1950. pág. 610

L

Lenin *1870–1924* Líder ruso de la revolución comunista de 1917 y primer jefe de gobierno de la Unión Soviética. pág. 546

León *680 aprox.–741* Emperador bizantino que ordenó la destrucción de todos los iconos que existían en el imperio. pág. 279

León Africano *1485 aprox.–1554 aprox.* Viajero y geógrafo árabe. Sus escritos fueron por mucho tiempo la única fuente de información sobre la geografía de Sudán. pág. 346

León X *1475–1521* Papa de 1513 a 1521. Fue un mecenas, pero agotó el tesoro papal con su manera de vivir opulenta. Excomulgó a Martín Lutero. pág. 411

Leonardo da Vinci *1452–1519* Pintor, escultor, arquitecto, ingeniero y científico italiano del Renacimiento. La Mona Lisa es una de sus obras más famosas. pág. 405

Li Bo *705 aprox.–762 aprox.* Poeta y escritor chino. Su obra describe el progreso de China durante la edad de oro. pág. 307

Livingstone, David *1813–1873* Misionero y explorador escocés. Pasó 30 años explorando África. Sus escritos hicieron que los comerciantes se interesaran en África. pág. 514

Lucio Sila *138 a.C.–78 a.C.* General romano, político y dictador de Roma durante tres años. pág. 241

Luis XI *1423–1483* Rey de Francia de 1461 a 1483. pág. 409

Luis XVI *1754–1793* Rey de Francia. Sus intentos de aumentar los impuestos condujeron a la Revolución Francesa. pág. 474

Lumumba, Patrice *1925–1961* Primer jefe de estado de Zaire, antes conocido como Congo Belga. Fue asesinado por causas políticas. pág. 643

Lutero, Martín *1483–1546* Reformador religioso alemán. Sus ideas condujeron a la Reforma. pág. 412

M

MacArthur, Douglas *1880–1964* General del ejército de Estados Unidos y comandante en jefe de las tropas aliadas en el Pacífico durante la Segunda Guerra Mundial. pág. 600

Magallanes, Fernando de *1480 aprox.–1521* Navegante portugués. Atravesó lo que hoy se conoce como el estrecho de Magallanes. Uno de sus barcos completó la circunnavegación de la Tierra. pág. 418

Mahoma *570 aprox.–632* Profeta que presentó el mensaje del islam al mundo. Sus familiares y amigos se convirtieron en los primeros musulmanes, o seguidores del islam. pág. 282

Malinche [Doña Marina] *siglo XVI aprox.* Princesa azteca, intérprete y consejera de Cortés. pág. 431

Mandela, Nelson *1918–* Presidente sudafricano del Congreso Nacional Africano. Estuvo encarcelado 25 años por conspiración para derrocar al gobierno de Sudáfrica. Se convirtió en presidente de Sudáfrica en 1994. pág. 644

Mansa Musa *¿?–1332 aprox.* Emperador de Malí, recordado por su peregrinación a La Meca. Durante su mandato, Malí fue conocido como un estado rico y un centro del saber. pág. 345

Mao Zedong *1893–1976* Militar y estadista chino. Fue presidente del Partido Comunista y de la República Popular China. pág. 594

Marco Antonio *82 a.C. aprox.–30 a.C.* Orador y general romano. Perdió el poder cuando fue derrotado por Octaviano en el año 31 a.C. pág. 243

María Antonieta *1755–1793* Esposa de Luis XVI. Mal vista por su extravagancia e influencia sobre el rey, fue procesada por traición y ejecutada. pág. 475

María *¿? a.C.–63 d.C. aprox.* Madre de Jesús. pág. 254

Marquette, Jacques *1637–1675* Misionero jesuita y explorador francés de América del Norte. pág. 432

Marx, Karl *1818–1883* Filósofo político alemán. Autor, con Friedrich Engels, del *Manifiesto Comunista* y de *El Capital*, libros que tratan sobre reformas políticas y sociales. pág. 502

Matsuo Basho *1644–1694* Poeta japonés que dominó el arte del haiku. pág. 449

Mazzini, Giuseppe *1805–1872* Patriota italiano y fundador de Joven Italia, un grupo dedicado a unificar a Italia bajo un sistema republicano de gobierno. pág. 508

Meany, George *1894–1980* Dirigente obrero americano. pág. 617

Mehmet II *1432–1481* Sultán del Imperio Otomano. Organizó una eficiente administración de gobierno y fomentó la educación. pág. 450

Miguel Ángel Buonarroti *1475–1564* Escultor, pintor, arquitecto y poeta italiano del Renacimiento. Es especialmente conocido por sus frescos de la Capilla Sixtina. pág. 406

Mill, John Stuart *1806–1873* Filósofo y economista inglés. Analizó los conflictos entre las clases sociales de Europa. pág. 501

Minamoto Yoritomo *1147–1199* Shogun creador de un sistema que condujo a la división de Japón por la guerra civil. pág. 319

Minos *siglo XXI a.C. aprox.* De acuerdo a las leyendas, el gobernante de la antigua Creta durante los años de mayor grandeza. pág. 213

Mobutu Sese Seko *1930–* Presidente de Zaire. Unificó al Congo al permitir sólo un partido político. pág. 643

Moisés *siglo XIII a.C. aprox.* Profeta que, de acuerdo a la Biblia, liberó al pueblo de Israel de la opresión egipcia y recibió los Diez Mandamientos. pág. 73

Motecuhzoma *1466–1520* Emperador de los aztecas durante la conquista española. pág. 429

Muhammad Reza Pahlavi *1919–1980* *Sha,* o emperador, de Irán de 1941 a 1979. pág. 636

Murasaki Shikibu *978 aprox.–1026* Escritora japonesa, autora de *Historias de Genji.* Su obra es considerada la primera novela del mundo y es un clásico de la literatura japonesa. pág. 318

Mussolini, Benito *1883–1945* Dictador italiano y primer ministro fascista de Italia. pág. 557

N

Narmer *siglo XXX a.C. aprox.* Gobernante que unificó los "dos países" de Egipto y fundó la capital, Menfis. pág. 97

Nasser, Gamal Abdel *1918–1970* Militar egipcio, político y presidente de Egipto en la década de 1950. pág. 633

Nefertiti *siglo XIV a.C. aprox.* Esposa de Ajnatón. pág. 103

Nehru, Jawajarlal *1889–1964* Jefe político indio y primer jefe de estado de la India independiente. Su labor con Mohandas Gandhi permitió lograr la independencia de la India. pág. 624

Newton, Isaac *1642–1727* Físico y matemático inglés que expuso la teoría de la gravedad y aplicó el método científico. pág. 408

Nicolás II *1868–1918* Zar ruso que gobernaba cuando comenzó la Revolución Rusa. pág. 544

Nixon, Richard *1913–1994* 37º presidente de Estados Unidos. pág. 617

Nkrumah, Kwame *1909–1972* Primer presidente de Ghana. Fue el caudillo en la liberación de Costa de Oro, en África, de la dominación británica. pág. 641

Nur Yahan *¿?–1645 aprox.* Emperatriz durante el mandato de Yahangir. Gobernó el Imperio Mogol en nombre de su esposo. pág. 454

O

Octaviano *63 a.C.–14 d.C.* Sobrino nieto de Julio César, más adelante conocido como Augusto. Al derrotar a Marco Antonio obtuvo el control de todo el territorio romano. Fue el primer emperador de Roma. pág. 243

Olimpia *375 a.C. aprox.–316 a.C.* Reina macedonia, madre de Alejandro Magno. pág. 230

Omar ibn Abi Rabi'a *644–712 aprox.* Poeta musulmán. Su poesía se considera la más sobresaliente de la literatura árabe antigua. pág. 284

Owen, Robert *1771–1858* Galés que fundó una comunidad utópica en Indiana a finales de la década de 1820. pág. 502

P

Pablo *5 a.C. aprox.–62 d.C. aprox.* Judío de nacimiento, se convirtió al cristianismo y llegó a ser apóstol. Fundó iglesias y escribió muchas epístolas, o cartas, a los eclesiásticos, contándoles sobre Jesús. pág. 255

Pachacuti *¿?–1471* Gobernante inca. Su imperio se extendía de Perú a Ecuador. pág. 323

Pedro *1798–1834* Príncipe portugués y emperador de Brasil. En 1825 logró que Brasil se independizara de Portugal de forma pacífica. pág. 483

Pedro el Grande *1672–1725* Zar ruso de 1682 a 1725. Contribuyó a que Rusia se convirtiera una las grandes potencias de Europa. pág. 544

Peres, Shimon *1923–* Primer ministro de Israel. Recibió el Premio Nobel de la Paz en 1994 mientras era ministro de relaciones exteriores de Israel. pág. 635

Pericles *495 a.C. aprox.–429 a.C.* Gobernante de Atenas durante la edad de oro. pág. 223

Perry, Mathew *1794–1858* Oficial naval americano. Convenció a Japón de que abriera sus puertos para comerciar con Estados Unidos y otros países. pág. 510

Piankhi *751 a.C. aprox.–716 a.C.* Rey de Kush e hijo de Kashta. Conquistó el Bajo Egipto. pág. 113

Pilatos, Poncio *¿? a.C.–36 d.C. aprox.* Gobernador romano de Judea. Procesó a Jesús y lo condenó a morir crucificado. pág. 254

Pinochet, Augusto *1915–* General y dictador chileno. Derrocó a Allende y mantuvo el control del gobierno chileno hasta 1990, cuando asumió el poder un gobierno democrático. pág. 609

Pizarro, Francisco *1475 aprox.–1541* Conquistador español de Perú. pág. 430

Platón *428 a.C. aprox.–348 a.C. aprox.* Filósofo griego, discípulo de Sócrates y maestro de Aristóteles. pág. 227

Plinio el Joven *61 aprox.–113 aprox.* Funcionario de gobierno romano en Asia Menor. Se lo recuerda por su descripción de la erupción del Vesubio y por el trato que le dio a los cristianos. pág. 255

Polo, Marco *1254–1324* Viajero veneciano. Fue uno de los primeros europeos en visitar China y en escribir sobre sus experiencias. pág. 312

Pompeyo *106 a.C.–48 a.C.* General y estadista romano. Fue cónsul luego de Lucio Sila. pág. 242

Q

Qubilay Kan *1215–1294* Nieto de Gengis Kan y fundador de la dinastía mongol en China. pág. 311

R

Rabin, Yitzhak *1922–1995* Primer ministro de Israel, asesinado en 1995. Firmó un tratado de paz con el presidente palestino Yasir Arafat. pág. 635

Raleigh, Walter *1554–1618* Navegante, historiador y poeta inglés. Cuando estuvo al servicio de Isabel I capitaneó muchos viajes de exploración. pág. 418

Rasputín, Gregorio *1872–1916* Monje campesino ruso que ejerció una gran influencia sobre la zarina Alejandra. Fue asesinado en 1916 por nobles rusos. pág. 545

Reagan, Ronald *1911–* 40º presidente de Estados Unidos. pág. 617

Ricardo III *1452–1485* Fue derrotado por Enrique Tudor, que luego se convirtió en rey. Su sobrina se casó con Enrique Tudor, fortaleciendo así el derecho de Enrique al trono. pág. 410

Roosevelt, Franklin D. *1882–1945* 32º presidente de Estados Unidos. pág. 551

Rousseau, Jean-Jacques *1712–1778* Escritor y filósofo francés. Fue un pensador importante durante la Ilustración. pág. 472

Roxelana *siglo XVI aprox.* Esposa y consejera de Solimán, gobernante del Imperio Otomano. pág. 452

S

Sadat, Anwar as- *1918–1981* Militar egipcio, estadista y presidente de Egipto luego de la muerte de Nasser. Firmó el tratado de paz conocido como Acuerdos de Camp David. pág. 633

Salomón *siglo X a.C. aprox.* Hijo de David y rey de Israel. Durante su reinado, Israel alcanzó su apogeo de grandeza. Se lo admiraba por su sabiduría. pág. 74

Samory Turé *1830 aprox.–1900* Gobernante de África occidental. Contuvo la invasión francesa al Imperio Musulmán durante 15 años antes de que lo capturaran. Murió en exilio. pág. 516

Samudra Gupta *300 aprox.* Hijo de Chandragupta I, de la dinastía maurya de la India. Amplió el imperio e hizo posible que la India gozara de paz y prosperidad durante los 200 años siguientes. pág. 189

San Martín, José de *1778–1850* Militar y estadista argentino. Encabezó la lucha por la liberación del dominio español en la parte sur de América del Sur. pág. 482

Sarah *siglo XXI a.C. aprox.* Esposa de Abraham. pág. 72

Sargón *2334 a.C. aprox.–2279 a.C.* Guerrero fundador del Imperio Acadio y primer gobernante de un imperio en Mesopotamia. pág. 68

Saúl *siglo XI a.C. aprox.* Primer rey de Israel. pág. 74

Senaquerib *siglo VIII a.C. aprox.–681 a.C.* Rey de Asiria desde el año 704 al 681 a.C. pág. 70

Sha Yahan *1592–1666* Durante su mandato, el poder del Imperio Mogol alcanzó su apogeo. Ordenó la construcción del Taj Mahal, una tumba magnífica erigida en memoria de su esposa. pág. 454

Shabaka *¿?– 695 a.C.* Hermano de Piankhi y faraón que estableció la dinastía kushita en Egipto. Restableció el uso de pirámides funerarias. pág. 113

Shakespeare, William *1564–1616* Dramaturgo y poeta inglés, considerado entre los escritores más grandes de todos los tiempos. pág. 407

Shi Huangdi *259 a.C. aprox.–210 a.C.* Gobernante de la dinastía Qin y unificador de China. La Gran Muralla china se construyó durante su reinado. pág. 161

Siddartha Gautama *563 a.C.–483 a.C.* Conocido como Buda, o "el Iluminado". Renunció a los placeres terrenales para buscar el conocimiento y la verdad. Fundó el budismo en la India. pág. 178

Sima Qian *siglo II a.C. aprox.* Erudito que escribió la historia de China durante la dinastía Han. pág. 168

Sinán *1489–1588* Considerado el arquitecto otomano más ejemplar. Sus ideas influyeron en casi toda la arquitectura turca posterior. pág. 452

Smith, Adam *1723–1790* Economista y escritor escocés. pág. 499

Sócrates *470 a.C. aprox.–399 a.C. aprox.* Filósofo griego que enseñó formulando preguntas. pág. 226

Sófocles *496 a.C. aprox.–406 a.C. aprox.* Escritor griego de la antigüedad, autor de obras teatrales serias, o tragedias. pág. 225

Solimán I *1494 aprox.–1566* Sultán cuyo reinado marca un punto alto del Imperio Otomano. Convirtió a Estambul en una capital majestuosa y fomentó las artes y las ciencias. pág. 451

Solón *630 a.C. aprox.–560 a.C. aprox.* Poeta y estadista que contribuyó a hacer posible la democracia en Atenas, Grecia. pág. 219

Stalin, José *1879–1953* Dictador soviético que subió al poder luego de la muerte de Lenin. Durante su mandato la Unión Soviética se convirtió en un estado totalitario y en una potencia mundial. pág. 547

Sun Yat-sen *1866–1925* Estadista chino y jefe revolucionario del Kuomintang, o Partido Nacionalista Popular. pág. 593

Sundiata *¿?–1255* Fundador y gobernante del antiguo Imperio de Malí. pág. 345

T

Teodora *500 aprox.–548* Emperatriz y esposa de Justiniano I, emperador del Imperio Bizantino. Su influencia permitió que las mujeres lograran más derechos. pág. 277

Tiberio Graco *163 a.C.–133 a.C.* Romano que fue asesinado por intentar modificar la legislatura romana para ayudar a la clase plebeya. pág. 241

Tito [Josip Broz] *1892–1980* Jefe político yugoslavo. Transformó a Yugoslavia en un estado comunista luego de la Segunda Guerra Mundial y se convirtió en el primer presidente de la república en 1953. pág. 655

Tokugawa Ieyasu *1543–1616* Gobernante japonés que desalentó el contacto de los japoneses con Occidente. pág. 448

Tomyris *siglo VII a.C. aprox.* Reina cuyo territorio fue invadido por Ciro el Grande de Persia. Ciro murió durante la batalla con los ejércitos de Tomyris. pág. 192

Toussaint-Louverture *1743 aprox.–1803* General haitiano y libertador. Estableció Haití como país libre e independiente. pág. 481

Trajano *53–117* Emperador romano. pág. 256

Truman, Harry S. *1884–1972* 33º presidente de Estados Unidos. pág. 572

Tucídides *471 a.C.–400 a.C. aprox.* Educador griego, considerado como el historiador más importante de la antigüedad. pág. 219

Tudor, Enrique *1457–1509* Derrotó a Ricardo III en la batalla de Bosworth. Se convirtió en el rey Enrique VII, primer soberano de la familia Tudor. pág. 410

Tull, Jethro *1674–1741* Agricultor inglés que inventó una sembradora mecánica. pág. 487

Túpac Amaru *1742 aprox.–1781* Descendiente del último gobernante inca. Encabezó una rebelión en Perú para lograr derechos para el pueblo inca. pág. 481

Tutankamón *1370 a.C. aprox.–1352 a.C.* Durante su breve reinado como faraón, sus ministros restablecieron la antigua religión de Egipto. Fue enterrado en un ataúd de oro macizo. pág. 104

Tutmés I *siglo XVI a.C. aprox.* Faraón cuyos ejércitos reconquistaron Egipto luego de 100 años de dominio hicso. pág. 103

Tutmés II *siglo XVI a.C. aprox.* Hijo de Tutmés I. Continuó recuperando tierras egipcias que estaban en poder de los hicsos. pág. 103

Tutmés III *siglo XVI a.C. aprox.* Hijo de Tutmés II. Continuó las conquistas de Egipto luego de la faraona Hatsepsut. Durante su reinado el Imperio Egipcio alcanzó su máxima extensión y su mayor riqueza. pág. 103

V

Vargas, Getulio *1883–1954* Político y dictador brasileño. Animó la expansión de otras industrias además de la del café. pág. 610

Vespucci, Amerigo *1454–1512* Navegante italiano que exploró la costa del actual Brasil. Las Américas recibieron dicho nombre en su honor. pág. 418

Victor Manuel *1820–1878* Rey de Piamonte-Cerdeña y primer rey de Italia. pág. 509

Victoria *1819–1901* Reina de Inglaterra. Se convirtió en emperatriz de la India después de la Rebelión de los cipayos. pág. 516

Virgilio *70 a.C.–19 a.C.* El más grande de los poetas romanos. Escribió el poema épico la *Eneida*, que trata sobre la fundación de Roma. pág. 247

Voltaire *1694–1778* Escritor francés. Fue un importante pensador de la Ilustración. pág. 472

W

Walesa, Lech *1943–* Dirigente de un grupo obrero llamado Solidaridad durante la década de 1980 en Polonia. Fue elegido presidente en la primera elección democrática de Polonia, en 1990. pág. 653

Washington, George *1732–1799* Comandante en jefe del Ejército Continental durante la guerra revolucionaria y primer presidente de Estados Unidos. pág. 472

Watt, James *1736–1819* Ingeniero e inventor escocés. Perfeccionó la máquina de vapor. pág. 488

Wilson, Woodrow *1856–1924* 28º presidente de Estados Unidos. pág. 537

Wu *siglo XII a.C. aprox.* Fundador de la dinastía Zhou en China. Reinvindicó el Mandato Divino en el año 1122 a.C. pág. 155

Wu Di *156 a.C.–87 a.C.* Gobernante Han. Estableció un sistema de funcionarios civiles para administrar los asuntos de gobierno en China. pág. 168

X

Xilingshi *siglo XXVIII a.C. aprox.* Esposa de un gobernante chino que, según cuenta una leyenda, descubrió la seda en el año 2700 a.C. pág. 130

Y

Yeltsin, Boris *1931–* Líder político ruso y primer presidente de Rusia elegido por votación popular. pág. 654

Yong Le *1360–1424* Hijo de Hong Wu. El poderío de la dinastía Ming de China alcanzó su punto máximo durante el reinado de este gobernante. pág. 445

Yoo *siglo XII a.C. aprox.* Rey de la dinastía Zhou que ocupó el trono durante el Período de los reinos combatientes. pág. 157

Yu el Grande *siglo XXI a.C. aprox.* Rey del valle del Huang He alrededor del año 2000 a.C. Su familia fundó la dinastía Xia. pág. 126

Z

Zaratustra *628 a.C. aprox.–551 a.C. aprox.* Líder religioso persa fundador de una religión hoy conocida como zoroastrismo, cuya creencia básica es que existen dos dioses, el bien y el mal. pág. 195

Zheng He *1371–1300 aprox.* Almirante y diplomático chino. Visitó muchos puertos durante sus viajes y fomentó el comercio con China. pág. 368

Zoser *siglo XXVII a.C. aprox.* Rey de Egipto. pág. 100

Zuhri, al *siglo XI aprox.* Erudito musulmán que escribió sobre el desarrollo del poderío de Ghana. pág. 343

DICCIONARIO GEOGRÁFICO

Este diccionario geográfico te ayudará a ubicar los lugares estudiados en este libro.
El número de página indica que allí hay un mapa donde aparece el lugar.

A

Aachen Ciudad cercana a la frontera occidental de Alemania. Antigua capital y centro cultural del Imperio de Carlomagno. (51°N, 6°E) pág. 288

Acre Antigua capital y puerto de los cruzados; hoy una ciudad ubicada en la costa oeste de Israel. (33°N, 35°E) pág. 354

Adirondack, montes Montañas ubicadas en el noreste del estado de New York. pág. 433

Adriático, mar Extensión del mar Mediterráneo; ubicado al este de Italia y al oeste de la península Balcánica. pág. 212

Afganistán País de Asia; ubicado entre Pakistán e Irán. pág. 122

África Ecuatorial Francesa Nombre colonial de los antiguos territorios franceses ubicados en el norte de África: Chad, Ubangi-Chari, Gabón y Congo Medio. pág. 516

África Uno de los siete continentes del mundo. pág. 41

Agra La capital del histórico Imperio Mogol; ubicada en la parte centro de India, a orillas del río Yamuna. (27°N, 78°E) pág. 453

Akhetaton [también llamada El-Amarna] La antigua capital egipcia construida por Ajnatón; ubicada a orillas del río Nilo en la parte central de Egipto. (28°N, 31°E) pág. 103

Albania País europeo de la península Balcánica, a orillas del mar Adriático. pág. 537

Alberta Provincia de Canadá; ubicada entre British Columbia y Saskatchewan. pág. 615

Alemania País europeo; ubicado en la parte centro norte de Europa. pág. 381

Alepo Ciudad grande del noroeste de Siria. (36°N, 37°E) pág. 311

Aleutianas, islas Cadena de islas volcánicas que se extiende hacia el suroeste desde la península de Alaska; separan el mar de Bering del océano Pacífico. (52°N, 175°O) pág. 560

Alejandría Puerto a orillas del mar Mediterráneo; ubicado en la costa norte de Egipto, en el delta del Nilo; también nombre de muchas ciudades fundadas por Alejandro Magno. (31°N, 30°E) pág. 231

Allegheny, río Río del noreste de Estados Unidos; desemboca en el río Monongahelo, en Pittsburgh, Pennsylvania. pág. 433

Alpes La cadena montañosa más extensa de Europa; atraviesa Francia, Suiza, Italia, Austria, Eslovenia y Croacia. pág. 212

Alsacia-Lorena Región histórica ubicada en el noreste de Francia. (48°N, 7°E) pág. 510

Altai, montes Cadena montañosa de Asia, ubicada donde se juntan Rusia, China y Mongolia. pág. 127

Altos de Golán Región ocupada por Israel. (33°N, 36°E) pág. 633

Amalfi Pueblo de la costa oeste del sur de Italia, en el golfo de Salerno, una entrada del mar Tirreno. (41°N, 14°E) pág. 374

Amarillo, Mar Mar ubicado al sur de la península Coreana y al este de China. pág. 127

Amazonas, río El río más largo del mundo; atraviesa la parte norte de Brasil, América del Sur, y desemboca en el océano Atlántico. pág. 434

Amberes Provincia agricultora e industrial; ubicada en el norte de Bélgica. (51°N, 4°E) pág. 492

América del Norte Uno de los siete continentes del mundo. pág. 41

América del Sur Uno de los siete continentes del mundo. pág. 41

Amman Capital de Jordania; ubicada al noreste del Mar Muerto. (32°N, 36°E) pág. 633

Amritsar Ciudad industrial ubicada en el norte de India. (32°N, 75°E) pág. 625

Amsterdam Capital y ciudad más grande de los Países Bajos; ubicada a orillas del río Ij en el centro oeste de los Países Bajos. (52°N, 5°E) pág. 476

Amur, río Río del noreste de Asia; forma parte de la frontera entre Rusia y China. pág. 311

An Loc Ciudad del sur de Vietnam. (11°N, 106°E) pág. 576

Andamán, mar de Masa de agua ubicada en el sureste de Asia; forma la parte este del golfo de Bengala. pág. 133

Andes, cordillera de los Gran cadena montañosa de América del Sur, que se extiende a lo largo de la costa oeste del continente, desde Panamá hasta Tierra del Fuego. pág. 430

Angola En el pasado, parte del histórico reino africano del Congo y colonia de Portugal; actualmente, país en el sur de África, en la costa del Atlántico. (12°S, 18°E) pág. 516

Antártida Uno de los siete continentes del mundo. pág. 41

Antillas Mayores Grupo de islas ubicado en el mar Caribe, entre América del Norte y América del Sur. (15°N, 65°O) pág. 427

Antioquía Centro de la cristiandad antigua; ubicado al oeste de Asia Menor, cerca del pueblo de Yalvac, Turquía. (36°N, 36°E) pág. 231

Anyang La última capital de la dinastía Shang de la antigua China; ubicada en lo que hoy es la parte central de China. (36°N, 114°E) pág. 128

Apeninos, montes Cadena montañosa; corre de norte a sur a través del centro de Italia. pág. 212

Aqaba, golfo de Entrada del Mar Rojo ubicada entre Arabia Saudí y la península de Sinaí. pág. 78

Arabia Nombre histórico de las tierras actualmente conocidas como la península de Arabia, la península de Sinaí, Siria y Mesopotamia. pág. 77

Arabia Saudí País que ocupa la mayor parte de la península de Arabia, en el suroeste de Asia. pág. 62

Arabia, península de Península bordeada por el Mar Rojo, el golfo Pérsico y el mar Arábigo; ubicada en el suroeste de Asia; lugar donde hoy se encuentran los países de Arabia Saudí, Yemen, Omán, los Emiratos Árabes Unidos, Qatar y Kuwait. pág. 77

DICCIONARIO GEOGRÁFICO

B

Arábigo, mar Mar ubicado al oeste de India y al este de la península de Arabia; forma el límite sur del suroeste de Asia. pág. 62

Aragón Reino y región histórica del noreste de España. (41°N, 1°O) pág. 410

Aral, mar de Gran masa de agua interior; se extiende a través de Kazajstán y Uzbekistán, en el centro de Asia. pág. 176

Argel Capital de Argelia; ubicada en la parte centro norte de Argelia, en la bahía de Argel. (36°N, 2°E) pág. 452

Argelia País del norte de África a orillas del mar Mediterráneo. pág. 516

Argentina País de América del Sur ubicado en la costa del Atlántico. pág. 481

Argos Antigua ciudad estado griega; actualmente pueblo ubicado en el noreste del Peloponeso. (38°N, 23°E) pág. 217

Arjángelsk Ciudad portuaria rusa ubicada en Europa. (65°N, 41°E) pág. 547

Arkansas, río Tributario del río Mississippi; comienza en la parte central de Colorado y termina en Mississippi. pág. 271

Armenia Antiguo reino del oeste de Asia; en la actualidad, un país del sureste de Europa. pág. 354

Ártico, océano Uno de los cuatro océanos del mundo. pág. 41

Asia Menor Península ubicada en el extremo oeste de Asia, entre el Mar Negro y el mar Mediterráneo; hoy constituye Turquía. pág. 103

Asia Uno de los siete continentes del mundo. pág. 41

Asiria Antiguo imperio ubicado en el suroeste de Asia. pág. 78

Asís Pueblo en el centro de Italia; cuna de san Francisco de Asís, en la Edad Media. (43°N, 13°E) pág. 404

Assuan Antiguo centro de comercio; hoy una ciudad ubicada a orillas del río Nilo, cerca del lago Nasser, en el sureste de Egipto; cerca de la presa Assuan. (24°N, 33°E) pág. 94

Assur Antigua ciudad de Mesopotamia, ubicada a orillas del río Tigris; incluía tierras que van desde la costa del Mediterráneo hasta Irak; también llamada Asiria. (35°N, 43°E) pág. 62

Asti Ciudad antigua y actual; ubicada en el noroeste de Italia. (45°N, 8°E) pág. 404

Asturias Región histórica y antiguo reino del noroeste de España. pág. 410

Atenas Ciudad estado de la antigua Grecia; capital de lo que hoy es Grecia; ubicada cerca de la costa sureste de Grecia. (38°N, 24°E) pág. 217

Ática Antigua región en la parte sureste del territorio continental de Grecia; cuna de la antigua ciudad estado griega Atenas. pág. 226

Atlántico, océano Uno de los cuatro océanos del mundo. pág. 41

Atlas, montes Cadena montañosa ubicada en el norte de África. pág. 212

Australia Uno de los siete continentes del mundo; la totalidad de su territorio está constituido por Australia, el país. (23°S, 135°E) pág. 41

Austria País del centro de Europa. pág. 413

Azerbaiján País del sureste de Europa, ubicado al oeste del mar Caspio; antes parte de la Unión Soviética. pág. 655

Babilonia Antiguo reino ubicado en la parte baja del valle de los ríos Tigris y Éufrates, en el suroeste de Asia. pág. 193

Babilonia Capital de la antigua Babilonia; ubicada a orillas del río Éufrates, en la parte central de Irak. (34°N, 45°E) pág. 62

Bactriana Antiguo país del suroeste de Asia; ocupaba partes de lo que hoy es el norte de Afganistán y el sur de Tayikistán. pág. 193

Baden Antiguo estado alemán; hoy parte del estado de Baden-Württemberg, en el oeste de Alemania. pág. 510

Bagdad Capital de Irak; ubicada a ambos lados del río Tigris, en la parte este del país. (33°N, 44°E) pág. 283

Baja California Norte La parte norte de la península que se extiende entre el océano Pacífico y el golfo de California. pág. 616

Baja California Sur La parte sur de la península que se extiende entre el océano Pacífico y el golfo de California. pág. 616

Balcánica, península Península del continente europeo que se adentra en el mar Mediterráneo; constituida por Grecia, Albania, Eslovenia, Croacia, Bosnia y Herzegovina, Serbia, Montenegro, Rumania, Bulgaria y Turquía. pág. 212

Baleares, islas Grupo de islas ubicadas en el oeste del mar Mediterráneo, frente a la costa este de España; constituyen la provincia española de Baleares. (39°N, 3°E) pág. 288

Báltico, mar Mar ubicado al sur de la península Escandinava. pág. 276

Bangalore Capital de Karnataka; ubicada en el sur de India. pág. 628

Bangkok Capital de Tailandia; ubicada en el extremo sur del río Chao Phraya, en el golfo de Tailandia. (14°N, 101°E) pág. 133

Bangladesh País del sur de Asia ubicado en la costa del golfo de Bengala. pág. 122

Barcelona Provincia y ciudad de España; ubicada al noreste de Madrid. pág. 492

Barents, mar de Mar que abarca la parte del océano Ártico ubicada entre las islas de Svalbard y Nueva Zemlya. pág. 547

Basora Ciudad portuaria en el sureste de Irak, cerca del golfo Pérsico. (31°N, 48°E) pág. 360

Bataan Península en la bahía de Manila, Filipinas. pág. 560

Bavaria Estado histórico, también un estado hoy, ubicado en el sureste de Alemania. pág. 379

Beersheba Ciudad del sur de Israel; es parte de la región del Néguev; antiguo pueblo donde Abraham se estableció. (31°N, 35°E) pág. 74

Beijing Capital de China; ubicada en el noreste de China; hoy nombre de la histórica capital de Kanbalik, fundada por Qubilay Kan. (40°N, 116°E) pág. 311

Belén Ciudad ubicada en Cisjordania, en el suroeste de Asia; lugar donde nació Jesús. (31°N, 35°E) pág. 633

Bélgica País de Europa ubicado en la costa del Mar del Norte. pág. 510

Belgrado Capital de Serbia; ubicada en la confluencia de los ríos Sava y Danubio. (45°N, 21°E) pág. 493

Belice País de América Central, ubicado cerca del mar Caribe. pág. 137

Bengala, golfo de Entrada del océano Índico ubicada entre India y la península de Malaca. pág. 122

Benín Antiguo reino de África occidental; en la actualidad un país de África occidental. (10°N, 2°E) pág. 424

Berlín Capital de Alemania; ubicada en la parte noreste de Alemania. (53°N, 2°E) pág. 633

Berna Capital de Suiza. (47°N, 7°E) pág. 540

Bielorrusia País ubicado al norte de Ucrania, al oeste de Rusia y al este de Polonia; antes parte de la Unión Soviética. pág. 655

Bien-hoa Pueblo del sur de Vietnam; ubicado al noreste de la ciudad de Ho Chi Minh. (11°N, 107°E) pág. 576

Birmania (Myanmar) País de la península Indochina, en el sureste de Asia. pág. 122

Birmingham Ciudad ubicada al noroeste de Londres. (52°N, 2°O) pág. 493

Bizancio Véase Constantinopla.

Bohemia Antiguo reino del Centro de Europa; ubicada en lo que hoy es la República Checa. pág. 413

Bolan, Paso de Paso entre las montañas ubicado en Pakistán. (30°N, 67°E) pág. 176

Bolivia País de la parte central de América del Sur. pág. 481

Bolonia Ciudad histórica, también hoy una ciudad, del centro norte de Italia. (45°N, 11°E) pág. 404

Bombay Ciudad de la costa oeste de la parte central de India, también conocida como Mumbay. (19°N, 73°E) pág. 453

Borneo del Norte Nombre colonial inglés de Sabah; un estado de Malaysia; ubicado en el noreste de Borneo. pág. 518

Borneo Isla del archipiélago de Malaca. (1°N, 115°E) pág. 354

Borodino Pueblo ruso; ubicado al suroeste de Moscú. (56°N, 36°E) pág. 476

Bosnia y Herzegovina País de Europa; parte de la antigua Yugoslavia. pág. 537

Botnia, golfo de Entrada del mar Báltico ubicada entre Suecia y Finlandia. pág. 381

Botswana País del sur de África. pág. 643

Brahmaputra, río Río del sur de Asia; atraviesa China, India y Bangladesh y desemboca en la golfo de Bengala. pág. 453

Brasil País de la parte este de América del Sur. pág. 481

Bremen Puerto a orillas del río Weser en el noroeste de Alemania. (53°N, 9°E) pág. 381

Bretaña Región del noroeste de Francia. pág. 379

Bristol Ciudad a orillas del río Avon, en el suroeste de Inglaterra. (51°N, 3°O) pág. 492

Británicas, islas Las islas de Irlanda y Gran Bretaña; ubicadas frente a la costa noroeste del continente europeo. (54°N, 4°O) pág. 276

Brujas Ciudad histórica ubicada cerca del Mar del Norte, en el noroeste de Bélgica. (51°N, 3°E) pág. 381

Brunei País del noroeste de Borneo. (5°N, 115°E) pág. 603

Brunswick Antigua provincia alemana; parte del estado alemán de Baja Sajonia. pág. 510

Bruselas Capital de Bélgica, Europa. (51°N, 4°E) pág. 492

Bucarest Capital de Rumania. (44°N, 26°E) pág. 493

Budapest Capital de Hungría; incluye los antiguos pueblos de Buda y Pest. (47°N, 19°E) pág. 493

Buena Esperanza, cabo de El punto más meridional de África. pág. 648

Buenos Aires Ciudad portuaria de Argentina, América del Sur, a orillas del Río de la Plata. (34°S, 58°O) pág. 543

Bujará Ciudad musulmana histórica; ubicada en el suroeste de Uzbekistán, en la parte central de Asia. (40°N, 64°E) pág. 354

Bulgaria País del sureste de Europa; ubicado en la península Balcánica junto al Mar Negro. pág. 537

Burdeos Ciudad del suroeste de Francia ubicada a orillas del río Garona. (45°N, 1°O) pág. 379

Burkina Faso País de África occidental. pág. 643

Burundi País de África central. pág. 643

Bután País de Asia ubicado al sur de China y al norte de India. pág. 122

C

Cabo Verde País insular ubicado en el océano Atlántico, frente a la costa de África occidental. (17°N, 25°O) pág. 643

Cádiz Puerto del suroeste de España ubicado en el golfo de Cádiz, una entrada del océano Atlántico. (37°N, 6°O) pág. 410

Cahokia Antiguo poblado de los constructores de montículos de la cultura Mississippi; ubicado cerca de lo que hoy es East St. Louis, Illinois. pág. 271

Cajamarca Ciudad del noroeste de Perú. (7°S, 78°O) pág. 430

Calcuta Puerto ubicado en el noreste de India, cerca del golfo de Bengala. (23°N, 88°E) pág. 453

Calicut Ciudad del suroeste de India, ubicado en la costa del mar Arábigo. (11°N, 76°E) pág. 453

Camboya País del sureste de Asia, ubicado en la parte sur de Indochina. pág. 133

Camerún Antigua colonia inglesa y francesa; hoy un país independiente ubicado en África occidental. pág. 516

Campeche Estado y ciudad; ubicado en el sureste de México. (20°N, 91°O) pág. 616

Can Tho Pueblo del sur de Vietnam; ubicado en el delta del río Mekong. (10°N, 106°E) pág. 576

Canaán Antiguo nombre de una región del suroeste de Asia ubicada entre el río Jordán y el mar Mediterráneo. pág. 78

Canadá País de la parte norte de América del Norte. pág. 560

Canal de la Mancha Extensión y conexión del océano Atlántico y el Mar del Norte; ubicado al sur de las islas Británicas y al norte de Francia. pág. 490

Canarias, islas Grupo de islas ubicada en el océano Atlántico, frente a la costa noroeste de África. (29°N, 16°O) pág. 516

Caracas Capital de Venezuela, América del Sur; ubicada cerca de la costa del mar Caribe. (10°N, 67°O) pág. 543

Caribe, mar Mar que bordea América Central, América del Sur y las Antillas Mayores. pág. 137

Carolinas, islas Islas ubicadas en el oeste del océano Pacífico; forman parte del territorio de Estados Unidos no incorporado. (8°N, 150°E) pág. 386

Cartagena Puerto de la costa sureste de España. (38°N, 11°O) pág. 241

Cartago Antigua ciudad estado fenicia ubicada a orillas del mar Mediterráneo, en la costa norte de lo que hoy es Tunicia. (37°N, 10°E) pág. 238

Caspio, mar Lago salado que se encuentra entre Europa y Asia, al este del Mar Negro. pág. 46

Castilla Región y antiguo reino de la parte central de España. pág. 410

Çatal Hüyük Uno de los asentamientos de agricultores más antiguos que se han descubierto; data del año 7000 a.C. aproximadamente, al año 5600 a.C. aproximadamente; ubicado en la parte central de Turquía. (38°N, 33°E) pág. 46

Cataratas Victoria Cataratas del río Zambeze; ubicadas entre Zimbabwe y Zambia, en África central. (18°S, 26°E) pág. 343

Cáucaso, montes Cordillera ubicada entre los mares Negro y Caspio; bordea Rusia, Georgia y Azerbaiján. pág. 77

Ceilán Véase Sri Lanka.

Celebes Isla de Indonesia; ubicada en el sureste de Asia, en el archipiélago de Malaca. (2°S, 120°E) pág. 518

Cerdeña Isla de Italia; ubicada en el mar Mediterráneo, al oeste de la península Itálica. (40°N, 9°E) pág. 212

Chad País del norte de África. pág. 643

Chad, lago Lago del norte de África ubicado en la frontera entre Chad, Camerún, Nigeria y Níger. pág. 346

Chalco Un lago, en la actualidad seco, y un municipio; ubicados en la parte central de México, al sureste de la Ciudad de México. (19°N, 99°O) pág. 327

Chang Jiang, río Río del este de Asia; fluye desde la meseta de Tibet en el suroeste de China hasta el Mar de China Oriental. pág. 127

Chang'an Antigua capital de las dinastías Han y Tang de China; actualmente conocida como Xian o Sian; ubicada en la parte central de China a orillas del río Wei. (34°N, 109°E) pág. 167

Chao Phraya Río de Tailandia. pág. 133

Chapultepec Fuerte mexicano; ubicado al suroeste de la Ciudad de México. (19°N, 99°O) pág. 327

Chatham, islas Grupo de islas; ubicado en el sur del océano Pacífico, al este de Nueva Zelanda. (44°S, 177°O) pág. 386

Chattahoochee, río Río de Estados Unidos que comienza en el noreste de Georgia; fluye hacia el suroeste y hacia el sur a lo largo de la frontera de Alabama y Georgia, y desemboca en el lago Seminole. pág. 271

Checoslovaquia Antes un país de Europa central que constituía el territorio de lo que hoy son la República Checa y Eslovaquia. pág. 540

Chiapas Estado de México; ubicado en el sureste de México. pág. 616

Chihuahua Ciudad y estado del norte de México. (29°N, 106°O) pág. 616

Chile País ubicado en la costa suroeste de América del Sur. pág. 481

China Oriental, Mar de La parte del océano Pacífico ubicada al norte de Taiwan. pág. 127

China País del este de Asia; tiene la población más numerosa del mundo. pág. 122

Chipre País insular ubicado en el este del mar Mediterráneo. (35°N, 33°E) pág. 62

Cirene Antigua ciudad del norte de África, ubicada en Libia, a orillas del mar Mediterráneo. (33°N, 22°E) pág. 241

Ciudad de El Cabo Ciudad portuaria de la provincia de El Cabo y capital de Sudáfrica. (34°S, 18°E) pág. 648

Coahuila Estado de México; ubicado en el noreste de México. pág. 616

Colima Estado de México; ubicado en el oeste de México. pág. 616

Colombia País del noroeste de América del Sur. pág. 607

Colonia Ciudad del noroeste de Alemania a orillas del río Rin. pág. 379

Congo Reino histórico del sur de África; ubicado en los países actuales de Angola y Zaire. pág. 424

Constantinopla (Estambul) La antigua ciudad de Bizancio; reconstruida, rebautizada y decretada capital del Imperio Bizantino por Constantino I en el año 330 d.C.; hoy conocida como Estambul, Turquía. (41°N, 29°E) pág. 256

Copenhage Capital y puerto de Dinamarca. (56°N, 13°E) pág. 492

Coral, mar del Mar ubicado al norte de Queensland, Australia, y al sur de Papúa Nueva Guinea. pág. 560

Córcega Isla francesa ubicada en el mar Mediterráneo, cerca de la costa oeste de Italia. (42°N, 9°E) pág. 212

Córdoba La histórica capital de Andalucía; ubicada en el sur de España a orillas del río Guadalquivir. (38°N, 5°O) pág. 283

Corea del Norte Véase Corea. pág. 127

Corea del Sur Véase Corea. pág. 127

Corea País del este de Asia actualmente dividido en Corea del Norte y Corea del Sur; ocupa una península de la costa este de China. pág. 574

Corinto Antigua ciudad estado griega y ciudad actual; ubicada en el istmo que une el Peloponeso y el territorio continental de Grecia. (38°N, 23°E) pág. 217

Costa de Marfil País de África occidental; también conocido como Côte d'Ivoire. pág. 643

Costa de Oro Véase Ghana.

Costa Rica País de América Central; ubicado al oeste de Panamá y bordeado por el mar Caribe y el océano Pacífico. pág. 619

Creta Isla griega de gran extensión; ubicada al sureste de la península Balcánica; separa los mares Mediterráneo y Egeo. (35°N, 25°E) pág. 212

Croacia País del sureste de Europa; fue parte de la antigua Yugoslavia. pág. 537

Cuba País insular ubicado al sur de Estados Unidos, parte de las Antillas Mayores. (22°N, 79°O) pág. 481

Cuzco La capital del antiguo Imperio Inca; hoy ubicada en el sur de Perú. (14°S, 72°O) pág. 324

D

Dahomey Antiguo nombre del territorio que hoy constituye Benín, África. pág. 424

Damasco Capital de Siria, en el suroeste de Asia. (34°N, 36 °E) pág. 77

Danubio, río Río de Europa central; nace en el suroeste de Alemania y desemboca en el Mar Negro. pág. 231

Danzig Puerto de la parte centro norte de Polonia, ubicado en el golfo de Danzig, una entrada del mar Báltico; hoy conocido como Gdansk. (54°N, 19°E) pág. 381

Deccan, meseta de Meseta de forma triangular ubicada en la parte central de India, entre los Ghats Occidentales y los Ghats Orientales. pág. 176

Delfos Lugar sagrado de los antiguos griegos; ubicado en la parte central de Grecia, cerca del golfo de Corinto. (38°N, 23°E) pág. 217

Delhi Ciudad del norte de India. (29°N, 77°E) pág. 453

Dien Bien Phu Poblado del noroeste de Vietnam. (21°N, 103°E) pág. 576

Dinamarca País del norte de Europa; ocupa la parte norte de la península de Jutlandia. pág. 379

Djibouti País de África oriental. pág. 643

Dniéper, río Río del oeste de Asia; nace al oeste de Moscú, Rusia, y desemboca en el Mar Negro. pág. 379

Dresden Ciudad industrial alemana y capital del distrito de Dresden; ubicada al sureste de Leipzig. (51°N, 14°E) pág. 493

Dublín Capital de la República de Irlanda; ubicada a orillas del río Liffey, cerca de la bahía de Dublín. (53°N, 6°O) pág. 492

Duero, río Río de la península Ibérica; comienza en España, atraviesa Portugal y desemboca en el océano Atlántico. pág. 410

Dunhuang Ciudad del este de Asia; ubicada al oeste de China. (40°N, 95°E) pág. 360

E

Ecuador País del noroeste de América del Sur, ubicado en la costa del océano Pacífico. pág. 481

Edesa La antigua capital de Macedonia y hoy una ciudad de la parte central de Grecia. (41°N, 22°E) pág. 256

Edimburgo Capital de Escocia; ubicada en el sureste de Escocia, en la costa del Mar del Norte. (56°N, 3°O) pág. 490

Edo El nombre histórico de Tokyo, la capital de Japón; ubicada en la costa de la isla de Honshu, en la bahía de Tokyo. (36°N, 140°E) pág. 448

Éfeso Antigua ciudad ubicada en la costa de la parte oeste de Asia Menor, entre el mar Mediterráneo y el estrecho de los Dardanelos. (38°N, 27°E) pág. 217

Egeo, mar Brazo del mar Mediterráneo, ubicado entre Asia Menor y Grecia. pág. 77

Egina Isla griega en el suroeste del mar Egeo. pág. 217

Egipto Antiguo territorio y en la actualidad un país del norte de África, ubicado en la costa de los mares Mediterráneo y Rojo. pág. 62

El Cairo Capital de Egipto; ubicada en el noreste de Egipto, a orillas del río Nilo. (30°N, 31°E) pág. 101

El Salvador República de América Central; ubicada al sur de Guatemala, en la costa del océano Pacífico. pág. 616

El-Obeid Antiguo poblado en lo que hoy es el sureste de Irak. (31°N, 46°E) pág. 46

Elba Isla italiana del mar Tirreno ubicada frente a la costa norte de Italia. (43°N, 10°E) pág. 404

Elba, río Río del norte de Europa; nace en la República Checa, cruza Alemania y desemboca en el Mar del Norte. pág. 381

Emiratos Árabes Unidos País ubicado en el este de la península de Arabia. pág. 634

Eridu La ciudad sumeria más antigua que se conoce; ubicada en Mesopotamia, a orillas del río Éufrates, en lo que hoy es el sureste de Irak. (31°N, 46°E) pág. 46

Erie, lago El cuarto lago más grande de los Grandes Lagos; bordea Canadá y Estados Unidos. pág. 473

Eritrea País a orillas del Mar Rojo, en el norte de África, al norte de Etiopía. pág. 516

Escocia Una de las cuatro regiones del Reino Unido; ocupa la parte norte de la isla de Gran Bretaña. pág. 379

Escocia y Gales (54°N, 2°O) pág. 561

Eshnunna Localidad de Irak; ubicada al noreste de Bagdad. (33°N, 45°E) pág. 87

Eslovenia País de Europa oriental. (46°N, 15°E) pág. 537

España País del suroeste de Europa, ubicado en la península Ibérica. pág. 52

Esparta Antigua ciudad estado griega y rival de Atenas; ubicada en el extremo sur de Peloponeso. (37°N, 22°E) pág. 217

Estados Papales Territorio y reino de la Iglesia católica romana del año 754 al 1870; ubicados en la parte central de Italia. pág. 404

Estados Unidos País de América del Norte; república federal constituida por cincuenta estados. pág. 481

Estocolmo La ciudad más grande de Suecia; ubicada a orillas del mar Báltico. (59°N, 18°E) pág. 381

Estonia País del noreste de Europa; antes parte de la Unión Soviética. pág. 540

Estrasburgo Ciudad ubicada en el noreste de Francia. (48°N, 8°E) pág. 492

Esyón-Gueber Antiguo pueblo; hoy ruinas arqueológicas; ubicado cerca de Aqaba, en el suroeste de Jordania. (29°N, 35°E) pág. 78

Etiopía País del norte de África. pág. 561

Etowah Antiguo poblado de los constructores de montículos de la cultura del Mississippi; ubicado en lo que hoy es el noroeste de Georgia, Estados Unidos. (34°N, 85°O) pág. 271

Éufrates, río Río que comienza en Turquía, atraviesa Siria e Irak y desemboca en el golfo Pérsico. pág. 46

Europa Uno de los siete continentes del mundo. pág. 41

F

Fenicia Región antigua ubicada en lo que hoy es Siria y Líbano. pág. 74

Fergana Ciudad del noroeste de China, cerca de la frontera de Kirguizistán. (40°N, 70°E) pág. 360

Fez Ciudad musulmana sagrada del norte de Marruecos, cerca del Átlas Medio. (34°N, 5°O) pág. 346

Fidji País insular ubicado en Melanesia, Oceanía, en la parte sur del océano Pacífico. (17°S, 179°E) pág. 386

Filipinas Archipiélago del sureste de Asia; ubicado al este de la península de Indochina. (12°N, 123°E) pág. 384

Filipinas, mar de Ubicado en la región occidental del océano Pacífico, al este de Filipinas. pág. 560

Finlandia País del norte de Europa ubicado al sur de Noruega y al este del golfo de Botnia y de Suecia. pág. 573

Florencia Ciudad a orillas del río Arno ubicada en la parte central de Italia. (44°N, 11°E) pág. 354

Focea Antigua ciudad jónica, hoy conocida como Foca, ubicada en Turquía, en la costa oeste de Asia Menor, a orillas del mar Egeo. (39°N, 27°E) pág. 217

Formosa Véase Taiwan.

Francia País de Europa occidental. pág. 52

Frankfurt Ciudad y distrito de Alemania. pág. 493

G

Gabón País de África occidental. pág. 643

Galia Antigua región que incluía la mayor parte de lo que hoy son Francia y Bélgica; formó parte del Imperio Romano. pág. 244

Galilea, mar de Lago de agua dulce ubicado en el norte de Israel. pág. 74

Ganges, río Río sagrado de India; nace en el Himalaya y desemboca en el golfo de Bengala. pág. 122

Gante Ciudad belga y capital de la provincia de Flandes Occidental ubicada en el noroeste de Bélgica. (51°N, 4°E) pág. 492

Gao Centro comercial del antiguo Imperio de Songhay, de África occidental, ubicado a orillas del río Níger, en la parte central de Malí. (15°N, 4°O) pág. 346

Gaza Ciudad del sur de Palestina, ubicada cerca del mar Mediterráneo. (32°N, 34°E) pág. 74

Génova Importante ciudad estado y centro comercial histórico ubicado a orillas del mar de Liguria, en la costa del noroeste de Italia; hoy es un puerto. (44°N, 9°E) pág. 354

Georgia País en la costa del Mar Negro, en el sureste de Europa; antes era parte de la Unión Soviética. pág. 655

Ghana País de la costa de África occidental; llamado Costa de Oro por los colonizadores portugueses y holandeses. pág. 643

Ghats Occidentales Cadena montañosa ubicada en el suroeste de India. pág. 122

Ghats Orientales Cadena de montañas del sureste de India. pág. 122

Gizeh Antigua ciudad del noreste de Egipto, ubicada a orillas del río Nilo, frente a El Cairo. (30°N, 31°E) pág. 101

Glasgow Puerto cerca de la costa atlántica del suroeste de Escocia. (56°N, 4°O) pág. 490

Goa Estado de India ubicado en la costa de Malabar. (16°N, 74°E) pág. 453

Gobi, desierto de Desierto del este de Asia ubicado en Mongolia y China. pág. 127

Gran Bretaña Reino de Europa occidental; incluye a Inglaterra, Escocia y Gales. (54°N, 2°O) pág. 561

Granada Ciudad en la Sierra Nevada, en el sur de España. (37°N, 4°O) pág. 256

Grecia Antiguo centro de la civilización griega y en la actualidad un país europeo ubicado en el extremo sur de la península Balcánica. (40°N, 23°E) pág. 217

Groenlandia La isla más grande del mundo; ubicada al noreste de América del Norte; pertenece a Dinamarca. pág. 615

Guadalajara La capital del estado de Jalisco; ubicada en la parte central de México. (21°N, 103°O) pág. 616

Guadalcanal Una de las islas Salomón, que están ubicadas en la parte oeste del océano Pacífico. (10°S, 160°E) pág. 560

Guam Territorio de Estados Unidos no incorporado; la isla más grande y la más meridional de las islas Marianas; ubicada en el oeste del océano Pacífico. (13°N, 145°E) pág. 560

Guangzhou Puerto chino antes conocido como Cantón; ubicado a orillas del río Zhu, en el sureste de China. (23°N, 113°E) pág. 203

Guatemala Parte del antiguo Imperio Maya y posteriormente colonia de España; en la actualidad, país independiente de América Central. pág. 137

Guayana Francesa Departamento colonial de Francia, ubicado en la costa atlántica norte de América del Sur. (4°N, 53°O) pág. 481

Guinea Ecuatorial País de África occidental. pág. 643

Guinea País de África occidental. pág. 643

Guinea Portuguesa Antigua colonia portuguesa ubicada en la costa de África occidental; en la actualidad es Guinea-Bissau. pág. 516

Guinea, golfo de Golfo ubicado en la costa oeste de África. pág. 339

Guinea-Bissau Antigua provincia portuguesa; en la actualidad, país independiente de África occidental. pág. 643

Guyana País del norte de América del Sur. pág. 607

H

Haifa Distrito y ciudad ubicada en el noroeste de Israel. (33°N, 35°E) pág. 633

Hainan Isla del Mar de China Meridional ubicada al sureste de China. (19°N, 110°E) pág. 576

Haiphong Puerto vietnamita ubicado cerca del golfo de Tonkín, al este de Hanoi. (21°N, 107°E) pág. 576

Haití País del mar Caribe, ubicado al sureste de Cuba. pág. 481

Hamburgo Ciudad del norte de Alemania ubicada cerca del río Elba y del Mar del Norte. (54°N, 10°E) pág. 379

Hangzhou Antigua capital de la dinastía Song, hoy una ciudad, ubicada en la costa este de la parte central de China. (30°N, 120°E) pág. 306

Hanoi Capital de Vietnam; ubicada a orillas del río Rojo. (21°N, 106°E) pág. 133

Hanover Antes un estado alemán; hoy parte del estado alemán de Baja Sajonia; también se escribe Hannover. pág. 510

Harappa Antiguo centro de la civilización india, ubicado en el valle del río Indo, en lo que hoy es Pakistán. (31°N, 71°E) pág. 123

Harbin Capital de la provincia de Heilungkiang; ubicada en el noreste de China. pág. 203

Hawaii Estado de Estados Unidos; está compuesto por una cadena de islas volcánicas y coralinas, ubicadas en la parte centro norte del océano Pacífico. (21°N, 156°O) pág. 386

Hebrón Antigua ciudad de Judea; ubicada al suroeste de Jerusalén, en Cisjordania; ocupada desde hace tiempo por Israel. (32°N, 35°E) pág. 74

Helsinki Capital y puerto de Finlandia, Europa. (60°N, 25°E) pág. 540

Heracleópolis Magna La capital de la IX y X dinastías de Egipto; ubicada a orillas del río Nilo, en la parte central de Egipto. (41°N, 31°E) pág. 103

Herat Antigua ciudad ubicada en lo que hoy es el noroeste de Afganistán. (34°N, 62°E) pág. 360

Hesse-Cassel Región ubicada en el suroeste de Alemania. pág. 510

Hidalgo Estado de la parte central de México. pág. 616

Himalaya Cadena de montañas ubicada en la región norte del sur de Asia; atraviesa Nepal, Bután, el sur de Tibet y el norte de India. pág. 122

Hindu Kush Cadena de montañas que se extiende hacia el suroeste desde el Pamir, en la parte este de Tayikistán, a través del noroeste de Afganistán. pág. 122

Hiroshima Ciudad industrial de Japón; ubicada en la isla de Honshu, Japón. (34°N, 133°E) pág. 560

Hispaniola Isla perteneciente a las Antillas Mayores, en el Caribe; territorio que hoy constituye Haití y República Dominicana. (19°N, 71°O) pág. 430

Hokkaido La isla más septentrional de las cuatro islas principales de Japón. (44°N, 143°E) pág. 448

Holstein Antes un estado alemán, hoy es parte del estado alemán de Schleswig-Holstein. pág. 510

Honduras Británica Nombre colonial de Belice, país de América Central ubicado en la costa del mar Caribe. pág. 481

Honduras País de América Central; ubicado al oeste del mar Caribe, al norte de Nicaragua y al este de Guatemala. pág. 616

Hong Kong Durante mucho tiempo fue una colonia de la corona británica destinada a convertirse en parte de China; ubicada en el sureste de China, al sur de Guangzhou. (22°N, 114°E) pág. 595

Honshu La más grande de las cuatro islas principales de Japón. (36°N, 138°E) pág. 448

Hornos, cabo de El punto más meridional de América del Sur. pág. 607

Huang He Río que nace en la meseta de Tibet y fluye hacia el este, China. pág. 127

Hudson, bahía de Bahía ubicada en el norte de Canadá; bordea los Territorios del Noroeste, Manitoba, Ontario y Quebec; llega hasta el océano Atlántico a través del estrecho de Hudson. pág. 615

Hudson, río Río del noreste de Estados Unidos; comienza en la parte norte del estado de New York y desemboca en el océano Atlántico. pág. 433

Hungría País de Europa central. pág. 413

Huron, lago El segundo lago más grande de los Grandes Lagos; bordea Canadá y Estados Unidos. pág. 473

Hyderabad Antiguo estado indio; hoy su territorio constituye los estados de Andhra Pradesh, Mysore y Maharashtra; ubicado en la parte central de India. pág. 629

I

Ibérica, península Península que forma la parte suroeste de Europa; se adentra en el océano Atlántico y en el mar Mediterráneo; hoy constituida por Portugal y España. pág. 212

Illinois, río Ubicado en Arkansas y Oklahoma; fluye hacia el oeste; se une al río Arkansas en Oklahoma. pág. 271

Inchon Puerto de Corea del Sur; ubicado al suroeste de Seúl. (37°N, 127°E) pág. 574

India País del sur de Asia; ocupa gran parte de la península que se adentra en el océano Índico, desde la parte central de Asia. pág. 122

Indias Holandesas República del sureste de Asia; archipiélago que se extiende del meridiano 95°E al meridiano 141°E. pág. 560

Índico, océano Uno de los cuatro océanos del mundo. pág. 41

Indo, río Río del sur de Asia; nace en Tibet, atraviesa el norte de India y Pakistán y desemboca en el mar Arábigo. pág. 122

Indochina Francesa Nombre colonial de los antiguos territorios franceses ubicados en el sureste de Asia; abarcaba el territorio que hoy constituyen Camboya, Laos y Vietnam. pág. 518

Indonesia País del sureste de Asia. pág. 386

Inglaterra Una de las cuatro regiones de Reino Unido; ocupa la mayor parte de la región sur de Gran Bretaña. (53°N, 2°O) pág. 379

Irak País del suroeste de Asia; incluye los antiguos territorios de Mesopotamia, Babilonia, Sumeria y Asiria. pág. 62

Irán País del suroeste de Asia; antes conocido como Persia; ubicado en el golfo Pérsico. pág. 62

Irkutsk Ciudad ubicada en la región de Irkutsk, en Rusia, a orillas del río Angara. (58°N, 104°E) pág. 547

Irlanda País de Europa, ubicado en las islas Británicas. pág. 379

Irrawaddy, río Río de la parte centro sur de Birmania (Myanmar). pág. 133

Islamabad Capital de Pakistán. (34°N, 73°E) pág. 180

Islandia País insular europeo ubicado al norte del océano Atlántico y al sureste de Groenlandia. (65°N, 19°O) pág. 379

Isonzo, río Río de Eslovenia y del noreste de Italia; zona de intenso combate durante la Primera Guerra Mundial. pág. 538

Israel Antiguo reino y país actual; tierra sagrada para judíos, cristianos y musulmanes; ubicado en la costa este del mar Mediterráneo. pág. 62

Italia Antiguo centro de la civilización romana y en la actualidad un país europeo; ubicada en la península Itálica. pág. 276

Itálica, península Península en forma de bota que se adentra en el mar Mediterráneo, desde el sur de Europa; constituida por Italia. pág. 212

Ithotwe Ciudad ubicada en Egipto a orillas del río Nilo. (31°N, 30°E) pág. 103

Iwo Jima Isla central de las islas Kazan, que están al sur de Tokyo, Japón. pág. 560

J

Jamaica País insular perteneciente a las Antillas Mayores. (18°N, 78°O) pág. 430

Jammu y Kashmir Antiguo principado; hoy dividido entre estados indios y territorio de Pakistán. pág. 625

Japón País insular del este de Asia, ubicado en el Pacífico, frente a las costas de China y Rusia. (36°N, 136°E) pág. 127

Japón, mar de Mar ubicado al oeste de Japón y al este de Rusia, Corea del Norte y Corea del Sur. pág. 127

Jarmo Antiguo poblado donde está ubicada la ciudad kurda de Qallat Jarmo, en el norte de Irak. (36°N, 45°E) pág. 46

Java La isla más importante de Indonesia; ubicada en la parte sur de Indonesia. (7°S, 110°E) pág. 384

Java, mar de Parte del océano Pacífico ubicado al norte de Java, al sur de Borneo y al este de Sumatra. pág. 560

Jaybar, Paso de Paso estrecho que atraviesa el Hindu Kush, en la frontera entre Afganistán y Pakistán, en Asia. pág. 176

Jenné Ciudad del antiguo Imperio de Songhay de África occidental; ubicada a orillas del río Níger, en la parte central de Malí. (14°N, 4°O) pág. 339

Jericó La ciudad más antigua del mundo que se conoce; ubicada al norte del Mar Muerto, en Jordania. (32°N, 35°E) pág. 46

Jerusalén Capital de Israel; ciudad sagrada para judíos, cristianos y musulmanes. (32°N, 35°E) pág. 74

Johannesburgo Ciudad ubicada en Sudáfrica. (26°S, 28°E) pág. 648

Jónico, mar Mar ubicado al este de Italia y al oeste de Grecia. pág. 212

Joppa Ciudad antigua de Israel, hoy conocida como Yaffa; ubicada al noroeste de Jerusalén. (32°N, 35°E) pág. 74

Jordán, río Río que nace en las montañas de Siria, en el suroeste de Asia, y desemboca en el Mar Muerto. pág. 74

Jordania País del suroeste de Asia. pág. 62

Jutlandia Península constituida por el territorio continental de Dinamarca. pág. 538

K

Kalahari, desierto de Desierto en el sur de África; ubicado en Botswana, Namibia y Sudáfrica. pág. 343

Kamchatka, península de Península en el noreste de Rusia; rodeada por el mar de Okhotsk y el mar de Bering. (57°N, 160°E) pág. 547

Kanbalik Véase Beijing. pág. 311

Kanem-Bornu Antiguo reino africano, posteriormente parte de África Ecuatorial Francesa, ubicado al noreste del lago Chad. pág. 424

Kanpur Ciudad del norte de India; ubicada a orillas del río Ganges, al sureste de Delhi. (26°N, 80°E) pág. 628

Karachi Ciudad y puerto, antes capital de Pakistán; ubicada al noroeste de la desembocadura del río Indo. (25°N, 67°E) pág. 625

Karakorum Capital de Mongolia durante el reinado de Gengis Kan; ubicada en el desierto de Gobi, en el extremo sur del río Orhon. (47°N, 103°E) pág. 311

Kashgar Ciudad ubicada en el desierto de Takla Makan, en el noroeste de China, cerca de la frontera de Kirguizistán. (39°N, 76°E) pág. 360

Katmandú Capital de Nepal; ubicada en el Himalaya, en el subcontinente indio. (27°N, 85°E) pág. 180

Kazajstán País de Asia central; antes parte de la Unión Soviética. pág. 127

Kenia País de África oriental. pág. 643

Kerma Capital del antiguo reino de Kush; ubicada a orillas del río Nilo, en Sudán. (20°N, 30°E) pág. 113

Kiev Capital de Ucrania; ubicada a orillas del río Dniéper, en la parte central de Ucrania. (50°N, 31°E) pág. 311

Kilwa Antigua ciudad comercial suajili; ubicada en una pequeña isla cerca de lo que hoy es Tanzania, en África occidental. (9°S, 40°E) pág. 369

King's Lynn Pueblo inglés; ubicado en Norfolk, a orillas del río Ouse. (53°N, 0°) pág. 381

Kirguizistán País de Asia central; antes parte de la Unión Soviética. pág. 127

Kish Antigua ciudad estado sumeria ubicada a orillas del río Éufrates en lo que hoy es Irak, en el suroeste de Asia. (33°N, 45°E) pág. 62

Kitakyushu Ciudad japonesa ubicada en la parte norte de la isla de Kyushu, en el suroeste de Japón. pág. 602

Knosos La capital de la antigua civilización minoica; ubicada en la parte central de Creta, frente a la península Griega. (35°N, 25°E) pág. 212

Kobe Puerto japonés y ciudad comercial; ubicada en la costa sur de Honshu. (35°N, 135°E) pág. 602

Königsberg Ciudad portuaria del oeste de Rusia y antigua capital de Prusia oriental, también conocida como Kaliningrado. (55°N, 21°E) pág. 492

Kowloon Pueblo ubicado en la parte oeste de la península de Kowloon, en el sureste de China. (22°N, 114°E) pág. 604

Kowloon, península de Península ubicada frente a la isla de Hong Kong. pág. 604

Kumbi-Saleh Antigua capital del Imperio de Ghana, en África occidental; ubicada en el ángulo suroeste de lo que hoy es Mauritania. (16°N, 15°O) pág. 346

Kunlu Shan Cordillera del oeste de China. pág. 127

Kush Antiguo reino nubio, ubicado en el valle del Nilo, en el norte de Sudán, África. (20°N, 30°E) pág. 113

Kuwait Estado independiente del noroeste del golfo Pérsico; ubicado entre Irak y Arabia Saudí. (30°N, 48°E) pág. 634

Kyoto La antigua Heian-Yo, la capital imperial de Japón durante más de mil años; hoy centro cultural importante de Japón; ubicada en la parte centro sur de Honshu. (35°N, 136°E) pág. 318

Kyushu La isla más meridional de las cuatro islas principales de Japón. (33°N, 131°E) pág. 448

L

La Meca Ciudad de Arabia Saudí ubicada cerca del Mar Rojo; ciudad sagrada para los musulmanes. (22°N, 40°E) pág. 283

Lagash Ciudad de la antigua Sumeria y ciudad estado de la antigua Babilonia; ubicada cerca de la costa del golfo Pérsico en la parte sureste de Irak, en el suroeste de Asia. (32°N, 47°E) pág. 62

Lamu Puerto ubicado a orillas del océano Índico, en el este de Kenia, África. (2°S, 41°E) pág. 370

Laos País ubicado en la península Indochina, en el sureste de Asia; fue parte de la hoy desaparecida Indochina Francesa. pág. 127

Larsa Ciudad de la antigua Babilonia ubicada cerca del río Éufrates, en lo que hoy es el sureste de Irak, en el suroeste de Asia. (31°N, 46°E) pág. 62

Latvia País del este de Europa; antes parte de la Unión Soviética. pág. 540

Leeds Puerto interior de la parte central de Inglaterra, a orillas del río Aire. (54°N, 2°O) pág. 490

Leningrado Véase San Petersburgo.

León (España) Región histórica y antiguo reino del noroeste de España. (43°N, 6°O) pág. 410

León (México) Ciudad de la parte central de México; ubicada al noroeste de Guanajuato. (21°N, 102°O) pág. 616

Lepanto Antiguo puerto marítimo griego, también conocido como Naupacta. (38°N, 22°E) pág. 452

Lesotho País independiente ubicado dentro de Sudáfrica, en África. (30°S, 28°E) pág. 643

Líbano Territorio de los antiguos fenicios y hoy un país ubicado en la costa este del mar Mediterráneo, en el suroeste de Asia. pág. 62

Liberia País de África occidental; fue originalmente una república fundada por esclavos liberados de Estados Unidos; ubicado en la costa atlántica de África occidental. pág. 516

Libia País del norte de África; ubicado a orillas del mar Mediterráneo. pág. 516

Libia, desierto de Desierto del norte de África; ubicado en Libia, Egipto y Sudán. pág. 94

Lidia Región y antiguo reino de Asia Menor, a orillas del mar Egeo. (39°N, 28°E) pág. 193

Lieja Provincia del este de Bélgica. pág. 492

Lisboa Capital de Portugal; ubicada en la costa atlántica de Europa. (39°N, 9°O) pág. 379

Lituania País del este de Europa; antes parte de la Unión Soviética. pág. 540

Liverpool Puerto ubicado en la costa noroeste de las islas Británicas. (53°N, 3°O) pág. 490

Lodz Provincia de la parte central de Polonia. (52°N, 19°E) pág. 538

Loira, río El río más largo de Francia; ubicado en el sureste de Francia. pág. 379

Lombardía Región del norte de Italia. (46°N, 10°E) pág. 508

Londres Capital del Reino Unido; ubicada a orillas del río Támesis, en el sureste de Inglaterra. (51°N, 0°) pág. 291

Lothal Antiguo poblado del norte de India. (22°N, 72°E) pág. 123

Lübeck Puerto del norte de Alemania, ubicado cerca del mar Báltico. (54°N, 11°E) pág. 381

Luoyang La capital de la dinastía Zhou de la antigua China; ubicada en la parte central de lo que hoy es China, a orillas del río Huang He. (35°N, 113°E) pág. 167

Luxemburgo Condado y ducado medieval; en la actualidad constituye gran parte del Gran Ducado de Luxemburgo y de la provincia belga de Luxemburgo. pág. 538

Lyon Ciudad comercial e industrial, capital del departamento de Rhone; ubicada en la parte central de Francia. (46°N, 5°E) pág. 492

M

Macao Colonia portuguesa ubicada en el sur de China, a orillas del Mar de China Meridional. (22°N, 114°E) pág. 447

Macedonia Antiguo reino ubicado a orillas del mar Egeo; hoy constituye territorios que pertenecen a Grecia y Turquía. pág. 193

Machu Picchu Las ruinas de una antigua ciudad inca; ubicada en la cordillera de los Andes, en la parte central de lo que hoy es Perú, en América del Sur. (13°S, 73°O) pág. 324

Madagascar País insular ubicado en el océano Índico, frente a la costa este del sur de África. (20°S, 47°E) pág. 343

Madras La capital del estado de Tamil Nadu, en India. (13°N, 80°E) pág. 625

Madrid Ciudad ubicada en la parte central de España, Europa, a orillas del río Manzanares. (40°N, 4°O) pág. 410

Malaca, península de Península del sureste de Asia, dividida entre Tailandia y Malaysia. pág. 354

Malawi País del sureste de África. pág. 643

Malawi, lago Lago grande ubicado junto a la frontera este de Malawi, en el sur de África; también llamado lago Nyasa. pág. 369

Malaysia Federación independiente; ubicada en el sureste de Asia. (5°N, 110°E) pág. 386

Malí Antiguo imperio de África occidental y en la actualidad un país. pág. 339

Mallorca La isla más grande de las Baleares, España. (40°N, 3°E) pág. 374

Manchester Ciudad portuaria industrial ubicada a orillas del río Irwell, Inglaterra. (54°N, 2°O) pág. 490

Manchuria Región de gran extensión ubicada en el extremo noreste de China. pág. 447

Manitoba Provincia de la parte central de Canadá. pág. 615

Mantua Pueblo ubicado a orillas del río Mincio en la parte norte de Italia. (45°N, 11°E) pág. 404

Mar de China Meridional La parte del Mar de China ubicada al sur de Taiwan. pág. 127

Mar del Norte Mar de Europa ubicado al este de Gran Bretaña y al oeste de Dinamarca. pág. 52

Mar Muerto Lago salado en Israel y Jordania; es el lugar más bajo del mundo, ubicado a 1,302 pies (397 m) por debajo del nivel del mar. pág. 77

Maratón Antiguo pueblo griego ubicado en el este de Ática; lugar de una victoria griega durante las Guerras Médicas. (38°N, 24°E) pág. 223

Mari Antigua ciudad estado ubicada cerca del río Éufrates en el centro este de Siria; sus ruinas se llaman Tell Hariri; ubicada cerca de lo que hoy es Abu Kemal, Siria. (34°N, 41°E) pág. 62

Marianas, islas Grupo de islas ubicada en Micronesia, Oceanía; incluye a Guam, territorio de Estados Unidos no incorporado. (13°N, 145°E) pág. 386

Mármara, mar de Mar pequeño ubicado en el noroeste de Turquía; conecta los mares Egeo y Negro. pág. 212

Marne Río del noreste de Francia; fluye hacia el oeste y desemboca en el río Sena. pág. 538

Marquesas, islas Grupo de diez islas de la Polinesia francesa; ubicadas en el sur del océano Pacífico. (10°S, 140°O) pág. 386

Marrakech Ciudad ubicada cerca del Gran Atlas, Marruecos. (32°N, 8°O) pág. 346

Marruecos País del norte de África; bordeado por el mar Mediterráneo y el océano Atlántico. pág. 516

Marsella Puerto y capital del departamento de Bouches-du-Rhône; ubicada en el sureste de Francia, en el golfo de Lyon. (43°N, 5°E) pág. 492

Marshall, islas Grupo de 32 islas y más de 867 arrecifes; ubicado en el oeste del océano Pacífico. (9°N, 171°E) pág. 386

Mauricio Isla perteneciente a las islas Mascareñas; ubicada en el océano Índico. (20°S, 57°E) pág. 643

Mauritania País de África occidental. pág. 643

Mecklenburg-Schwerin Antiguo ducado alemán. pág. 510

Medea La antigua nación de los medeos; ubicada en lo que hoy es el noroeste de Irán. pág. 193

Medina Ciudad ubicada en el oeste de Arabia Saudí. (25°N, 40°E) pág. 283

Mediterráneo, mar Mar ubicado en el sur de Europa, al norte de África y al oeste de Asia; está conectado con el océano Atlántico, el Mar Rojo y el Mar Negro. pág. 46

Mekong, delta del río Región fértil en la que fluyen varios brazos del Mekong; ubicada cerca de Ho Chi Minh.

Mekong, río Río del sureste de Asia; nace en las montañas de Tibet y desemboca en el Mar de China Meridional. pág. 360

Melanesia Nombre de un grupo de islas del suroeste de las islas del Pacífico; ubicadas al noreste de Australia y al sur de la línea del ecuador. (4°S, 155°E) pág. 386

Menfis Antigua capital egipcia construida por el rey Narmer; ubicada a orillas del río Nilo, en el norte de Egipto. (30°N, 31°E) pág. 78

Meroe Una de las capitales del antiguo reino de Kush; ubicada en la margen este del río Nilo, en el norte de Sudán. (17°N, 34°E) pág. 113

Mesoamérica Una región que incluye México, América Central y, a veces, las islas del mar Caribe. pág. 137

Mesopotamia Antiguo territorio del suroeste de Asia; ubicado entre los ríos Tigris y Éufrates. pág. 62

Messina Antiguo puerto marítimo y en la actualidad una provincia de Sicilia, Italia. (38°N, 16°E) pág. 492

Mexicali Capital de Baja California Norte; ubicada en el noroeste de México. (33°N, 116°O) pág. 616

México País del sur de América del Norte; ubicado entre Estados Unidos y América Central. pág. 137

México, Ciudad de Capital de México y del Distrito Federal; ubicada en la parte central de México. (19°N, 99°O) pág. 616

México, golfo de Golfo ubicado al sur de Estados Unidos, al este de México y al oeste de Cuba. pág. 137

México, valle de Valle de gran extensión ubicado en el centro de México; ahí se estableció Tenochtitlan, la capital del Imperio Azteca; en la actualidad la Ciudad de México se encuentra en este valle. pág. 137

Micenas Ciudad estado e imperio de la antigua Grecia; ruinas ubicadas en el lado este del Peloponeso. (38°N, 23°E) pág. 212

Michigan, lago El segundo lago más grande de los Grandes Lagos, y el único ubicado completamente dentro de Estados Unidos. pág. 473

Micronesia Nombre de un grupo de islas pertenecientes a las islas del Pacífico de oeste; ubicadas al este de Filipinas y al norte del ecuador. (9°N, 150°E) pág. 386

Midway Archipiélago compuesto por las islas de Pascua y Sand, partes de un atolón de coral; ubicado en la parte central del océano Pacífico. (28°N, 177°O) pág. 560

Milán Ciudad del norte de Italia. (45°N, 9°E) pág. 374

Mississippi, río El río más largo de Estados Unidos; fluye desde Minnesota hasta el golfo de México. pág. 271

Missouri, río Afluente del río Mississippi; fluye desde Montana hasta St. Louis, Missouri. pág. 434

Módena Ciudad del norte de Italia. (45°N, 11°E) pág. 476

Mogadiscio Puerto ubicado a orillas del océano Índico, en el sur de Somalia, África. (2°N, 45°E) pág. 369

Mohenjo-Daro Un importante centro de la antigua civilización india, ubicado en la margen oeste del río Indo, en el sureste de lo que hoy es Pakistán. (27°N, 68°E) pág. 123

Moldavia País del este de Europa; antes parte de la Unión Soviética. (47°N, 27°E) pág. 655

Mombasa Puerto ubicado en una isla de la costa del océano Índico, en el sur de Kenia, África. (4°S, 40°E) pág. 369

Monferrato Antiguo ducado italiano; ubicado al sur del río Po. pág. 404

Mongolia Conocida como República Popular de Mongolia; ubicada en el este de Asia, al sur de Rusia y al norte de China. pág. 127

Monomotapa Antiguo reino africano ubicado en lo que hoy es Zimbabwe. pág. 369

Montenegro Región que todavía pertenece a Yugoslavia. (43°N, 19°E) pág. 476

Monterrey Capital del estado de Nuevo León; ubicada en el noreste de México. (26°N, 100°O) pág. 616

Montreal La ciudad más grande y el puerto principal de Canadá. (46°N, 74°O) pág. 615

Moscú Capital de Rusia; ubicada a orillas del río Moscú. (56°N, 38°E) pág. 311

Moundville Antiguo poblado de los constructores de montículos de la cultura del Mississippi; ubicado en la parte central de Alabama. (33°N, 87°O) pág. 271

Mozambique País del sur de África; antes parte de África Oriental Portuguesa. pág. 424

Mureybit Aldea de la antigua Mesopotamia. (37°N, 38°E) pág. 46

My Lai Aldea vietnamita ubicada al sur de Chu Lai. (15°N, 109°E) pág. 576

N

Nagasaki Ciudad japonesa ubicada en la costa de Kyushu, en el sur de Japón; Estados Unidos tiró una bomba atómica en dicha ciudad durante la Segunda Guerra Mundial. (33°N, 130°E) pág. 448

Nagoya Ciudad japonesa ubicada en la costa de Honshu. (35°N, 137°E) pág. 602

Namibia País del suroeste de África; territorio gobernado por Sudáfrica hasta 1990. (22°S, 18°E) pág. 643

Napata Una de las capitales del antiguo reino de Kush, en la antigua Nubia; ubicada a orillas del río Nilo, en el norte de Sudán, en África. (19°N, 33°E) pág. 113

Nápoles Puerto italiano a orillas del mar Tirreno; ubicado en la costa oeste de la parte sur de Italia. (41°N, 14°E) pág. 238

Nara Antigua capital de Japón; centro budista ubicado en el suroeste de Honshu. (35°N, 136°E) pág. 318

Narmada, río Río indio sagrado; comienza en el este de India y desemboca en el golfo de Cambay. pág. 123

Nassau Antiguo ducado y región de Alemania. pág. 510

Nazareth Ciudad del norte de Israel. (33°N, 35°E) pág. 74

Negro, Mar Mar ubicado entre Europa y Asia; lo rodean Bulgaria, Rumania, Moldavia, Ucrania, Rusia, Georgia y Turquía. pág. 46

Néguev Desierto ubicado en el sur de Israel. (31°N, 35°E) pág. 633

Nepal País ubicado en el sur de Asia, en el subcontinente indio. pág. 122

Netzahualcoyotl Suburbio de la Ciudad de México, México. (19°N, 99°O) pág. 616

Newcastle-upon-Tyne Ciudad ubicada en el norte de Inglaterra a orillas del río Tyne. (55°N, 2°O) pág. 490

Newfoundland Isla del océano Atlántico; ubicada al este de Canadá. (49°N, 56°O) pág. 615

Niani Antiguo centro comercial songhay y una ciudad en la actualidad; ubicada en Malí, a orillas del río Níger. (12°N, 8°O) pág. 339

Nicaragua País de América Central. pág. 619

Níger País de África occidental. pág. 643

Níger, río Río de África occidental; fluye desde Guinea a través de Malí, Níger y Nigeria y desemboca en el golfo de Guinea. pág. 339

Nigeria Antes territorio portugués; en la actualidad un país del golfo de Guinea, en África occidental. pág. 516

Nilo, río Río del noreste de África; fluye desde el lago Victoria hasta el mar Mediterráneo, en la costa noreste de Egipto. pág. 46

Nínive Capital del antiguo Imperio Asirio; ubicada a orillas del río Tigris, en el norte de Irak. (36°N, 43°E) pág. 46

Nippur Antigua ciudad sumeria y babilonia del suroeste de Asia; ubicada entre los ríos Éufrates y Tigris, en la parte central de lo que hoy es Irak. (32°N, 45°E) pág. 62

Normandía Región del noroeste de Francia; lugar de desembarco de las tropas aliadas en el Día D durante la Segunda Guerra Mundial. (49°N, 1°E) pág. 561

Noruega País europeo; ubicado en el noroeste de la península Escandinava. pág. 379

Nova Scotia Provincia de Canadá; ubicada en la costa este de Canadá. pág. 615

Nóvgorod Principado medieval ubicado en Europa oriental, en lo que hoy es Rusia. (58°N, 31°E) pág. 379

Nubia Antiguo territorio de África; se extendía junto al río Nilo, desde la frontera sur de Egipto, hasta muy cerca de lo que hoy es Jartum. (22°N, 34°E) pág. 94

Nubia, desierto de Región desértica de Sudán, África; ubicado al este del río Nilo. (22°N, 34°E) pág. 94

Nueva Cartagena Véase Cartagena.

Nueva Delhi Capital de India; ubicada en el norte de India. (29°N, 77°E) pág. 180

Nueva Guinea Isla del archipiélago de Malaca; ubicada al norte de Australia; constituida por Nueva Guinea y parte de Indonesia. (4°S, 136°E) pág. 386

Nueva Zelanda País compuesto por un grupo de islas ubicadas en el suroeste del océano Pacífico, al sureste de Australia. (40°S, 176°E) pág. 386

O

Ocmulgee Antiguo poblado de los constructores de montículos de la cultura del Mississippi; ubicado en lo que hoy es Estados Unidos, en la parte central de Georgia. (33°N, 83°O) pág. 271

Odra, río Río de gran longitud de Europa central; fluye desde el noreste de la República Checa hasta el mar Báltico. pág. 381

Ohio, río Afluente del río Mississippi; comienza en Pittsburgh, Pennsylvania, y termina en Cairo, Illinois. pág. 271

Okhotsk, mar de Mar frente a la costa este de Rusia. pág. 547

Okinawa Isla ubicada en el centro del archipiélago Ryukyu, entre el Mar de China Oriental y el océano Pacífico. (27°N, 128°E) pág. 560

Olimpia Llanura ubicada en el noroeste del Peloponeso; antiguo centro religioso griego y lugar de los primeros Juegos Olímpicos. (40°N, 22°E) pág. 217

Olimpo, Monte Considerado la morada de los dioses y diosas de la antigua mitología griega; ubicado en la costa este del extremo norte de la península Griega. (40°N, 23°E) pág. 212

Omán País ubicado en la península de Arabia, en el golfo de Omán, en el suroeste de Asia. pág. 122

Omán, golfo de Brazo del mar Arábigo; ubicado entre el norte de Omán y la costa sureste de Irán. pág. 547

Ontario Provincia de Canadá; ubicada entre las provincias de Quebec y Manitoba. pág. 615

Ontario, lago El lago más pequeño de los Grandes Lagos; bordea Canadá y Estados Unidos. pág. 473

Oporto Ciudad portuaria ubicada en el noroeste de Portugal a orillas del río Duero. (41°N, 9°O) pág. 493

Orcadas, islas Archipiélago escocés; ubicado frente a la costa noreste de Escocia. (59°N, 3°O) pág. 52

Osaka Puerto japonés del sur de Honshu ubicado en la intersección de los ríos Yodo y Osaka. (35°N, 136°E) pág. 448

Oslo Capital de Noruega; ubicada en el sureste de Noruega, en el extremo norte del fiordo Oslo. (60°N, 11°E) pág. 540

Ottawa Capital de Canadá; ubicada en la provincia de Ontario. (45°N, 76°O) pág. 615

Oxus, río Río de Asia; nace en el Pamir y desemboca en el mar de Aral; también conocido como Amú Daryá. pág. 360

Oyo Pueblo y estado del suroeste de Nigeria. (8°N, 4°E) pág. 424

P

P'yongyang Capital de Corea del Norte; ubicada a orillas del río Taedong. (39°N, 126°E) pág. 317

Pacífico, océano El más grande de los cuatro océanos del mundo. pág. 41

Pagan Capital, hoy en ruinas, de una poderosa dinastía; ubicada en la parte central de Birmania (Myanmar). (21°N, 95°E) pág. 354

Países Bajos País ubicado en la costa norte de Europa central, a orillas del Mar del Norte. pág. 476

Pakistán País del sur de Asia. pág. 122

Palermo Capital de Sicilia, Italia; ubicada en la bahía de Palermo, al sureste de Roma. (38°N, 13°E) pág. 492

Palestina Antiguo territorio del suroeste de Asia. pág. 74

Pamir Region montañosa de Asia central, en Tayikistán. pág. 360

Pamplona Ciudad del norte de España. (43°N, 2°O) pág. 410

Panamá País de América Central. pág. 430

Panamá, istmo de Franja de tierra ubicada entre el mar Caribe y el océano Pacífico, conecta a América Central con América del Sur; está constituida por Panamá. pág. 481

Paraguay País de la parte central de América del Sur; antigua colonia española. pág. 481

París Capital de Francia; ubicada a orillas del río Sena. (49°N, 2°E) pág. 288

Partia Territorio que fue parte de los antiguos imperios Persa y Asirio; ubicado en el noreste de lo que hoy es Irán. pág. 193

Pascua, isla de Isla ubicada a cierta distancia de la costa oeste de América del Sur, en el océano Pacífico. (27°S, 109°O) pág. 386

Pearl Harbor Entrada en la costa sur de la isla Oahu, Hawaii; lugar del bombardeo japonés que hizo que Estados Unidos se sumara a la Segunda Guerra Mundial. pág. 560

Peloponeso Península ancha ubicada en el extremo sur de Grecia; tierra de las antiguas ciudades estado de Esparta y Corinto. pág. 212

Persépolis Capital del antiguo Imperio Persa; ubicada cerca de Shiraz en lo que hoy es Irán. (30°N, 53°E) pág. 193

Persia Antiguo imperio de Persia, Egipto, Siria, Asiria, Mesopotamia y Babilonia. pág. 193

Pérsico, golfo Golfo del suroeste de Asia; conectado con el golfo de Omán y el mar Arábigo. pág. 62

Perú País de América del Sur ubicado en la costa del Pacífico; centro del antiguo Imperio Inca. pág. 481

Perugia Ciudad ubicada en el centro de Italia, a orillas del río Tíber. (43°N, 12°E) pág. 238

Phnom Penh Capital de Camboya. (12°N, 105°E) pág. 133

Pirineos, montes Cordillera que separa a la península Ibérica del resto de Europa; forma la frontera entre España y Francia. pág. 212

Pisa Ciudad ubicada a orillas del río Arno, en el norte de Italia. (44°N, 10°E) pág. 374

Platea Lugar de una antigua victoria terrestre griega que condujo al fin de las Guerras Médicas; ubicado en el sureste de lo que hoy es Grecia, cerca de Tebas. (38°N, 23°E) pág. 223

Po, río Río del norte de Italia; nace en el monte Viso, atraviesa el norte de Italia y desemboca en la parte norte del mar Adriático. pág. 241

Polinesia Nombre de un grupo de islas de la parte central de las islas del Pacífico; incluye Nueva Zelanda, Samoa, Tahiti y las islas de Hawaii. (10°S, 162°O) pág. 386

Portsmouth Puerto inglés ubicado en la isla de Portsea, en el Canal de la Mancha. (51°N, 1°O) pág. 490

Portugal País de Europa. (40°N, 8°O) pág. 410

Potsdam Ciudad industrial alemana; ubicada al suroeste de Berlín. (52°N, 13°E) pág. 562

Praga Capital de la República Checa; ubicada en ambas orillas del río Vltava. (50°N, 14°E) pág. 492

Pretoria La capital administrativa de la República de Sudáfrica. (26°S, 28°E) pág. 648

Prince Edward Island Provincia canadiense; ubicada en el golfo de St. Lawrence. pág. 615

Prusia Antiguo reino del norte de Europa; ubicado en lo que hoy es Alemania. (51°N, 10°E) pág. 510

Puerto Rico Isla y estado libre asociado de Estados Unidos; ubicado en las Antillas Mayores. (18°N, 67°O) pág. 481

Q

Quebec Provincia del este de Canadá. pág. 615

R

Ramsés Antigua ciudad egipcia; ubicada en Goshen, cerca de Tana. pág. 78

Rangún Capital de Birmania (Myanmar). También conocida como Yangun. (17°N, 96°E) pág. 133

Reino Unido País europeo compuesto por cuatro regiones ubicadas en las islas Británicas: Inglaterra, Escocia, Gales e Irlanda del Norte. pág. 52

República Centro Africana País de África central. pág. 643

República Checa País de Europa central; antes parte de Checoslovaquia. pág. 655

Reunión Una de las islas Mascareñas, que están ubicadas en el océano Índico. (21°S, 25°E) pág. 643

Reval Capital de Estonia, hoy conocida como Tallinn. (60°N, 25°E) pág. 381

Riga Capital de Latvia, ubicado en Europa oriental. (57°N, 24°E) pág. 379

Rin, río Río del Europa occidental; atraviesa Suiza, el oeste de Alemania y los Países Bajos, y desemboca en el Mar del Norte. pág. 241

Ródano, río Río de Suiza y Francia; nace en los Alpes y desemboca en el golfo de Lyon. pág. 538

Rodas Isla griega ubicada en el sureste del mar Egeo. (36°N, 28°E) pág. 452

Rojo, Mar Mar largo y estrecho ubicado entre el noreste de África y la península de Arabia; conectado al mar Mediterráneo por el Canal de Suez y al mar Arábigo por el golfo de Adén. pág. 46

Roma Capital del antiguo Imperio Romano y de lo que hoy es Italia; ubicada a orillas del río Tíber. (42°N, 13°E) pág. 238

Ruanda País de África oriental. pág. 643

Rumania País del sureste de Europa, ubicado a orillas del Mar Negro. pág. 538

Rusia Imperio histórico y la república más grande de la antigua Unión Soviética; país ubicado en el noreste de Europa y el norte de Asia. pág. 127

S

Sahara Desierto que cubre un tercio del norte de África. pág. 94

Sahara Occidental Antigua provincia española; ubicada en el noroeste de África. pág. 643

Saigón Ciudad que fue la capital de Vietnam del Sur; ubicada a orillas del río Saigón; rebautizada Ciudad Ho Chi Minh; hoy parte de Vietnam. (11°N, 107°E) pág. 576

Sajonia Región de Alemania; hoy parte del estado alemán de Baja Sajonia. pág. 379

Sakata Puerto japonés; ubicado en la costa oeste del norte de Honshu. (39°N, 140°E) pág. 448

Salamina Isla griega en el mar Egeo; lugar de una antigua victoria naval griega que condujo al fin de las Guerras Pérsicas. (38°N, 24°O) pág. 223

Samarcanda Ciudad de la parte este de Uzbekistán. (40°N, 67°E) pág. 311

Samaria Antigua región del suroeste de Asia, ubicada entre Judea y Galilea. (32°N, 35°E) pág. 74

Samoa Grupo de islas del Pacífico, ubicado en el suroeste de Polinesia. (14°S, 171°O) pág. 386

San Luis Potosí Ciudad y estado mexicano; ubicado en el centro de México. (22°N, 101°O) pág. 616

San Marino Pequeño país ubicado en el monte Titano, en el norte de Italia. (44°N, 12°E) pág. 508

San Petersburgo Ciudad antes conocida como Leningrado, cuando existía la Unión Soviética; ubicada a orillas del río Neva, en el golfo de Finlandia. (60°N, 30°E) pág. 547

San Salvador Una de las islas Bahamas; lugar donde Cristóbal Colón desembarcó por primera vez al llegar a las Américas, el 12 de octubre de 1492. (24°N, 75°O) pág. 417

Santo Tomé y Príncipe Islas ubicadas en la línea del ecuador, frente a la costa de África occidental, en el golfo de Guinea. (0°, 7°E) pág. 643

Sapporo Ciudad japonesa. (43°N, 141°E) pág. 602

Sarajevo Capital de Bosnia y Herzegovina, ubicada en el centro de dicho país. (44°N, 18°E) pág. 538

Sardes Capital de la antigua Lidia, ubicada en el valle Hermus, en el centro oeste de Turquía. (38°N, 28°E) pág. 77

Saskatchewan Provincia de Canadá; ubicada en el oeste de Canadá. pág. 615

Savannah, río Río que forma la frontera entre Georgia y South Carolina en Estados Unidos; desemboca en el océano Atlántico. pág. 271

Sena, río Río del norte de Francia; fluye hacia el noroeste y desemboca en la bahía del Sena. pág. 538

Senegal País de África occidental. pág. 643

Senegal, río Río de África occidental; nace en las tierras altas de Guinea y desemboca en el océano Atlántico, en la costa de Senegal. pág. 346

Serbia Parte de la antigua Yugoslavia. (44°N, 21°E) pág. 537

Seúl Capital de Corea del Sur; ubicada a orillas del río Han. (38°N, 127°E) pág. 317

Sevilla Ciudad ubicada a orillas del río Guadalquivir, en el suroeste de España. (37°N, 6°O) pág. 379

Seychelles Grupo de islas que constituyen una república, ubicada en el océano Índico. (5°S, 56°E) pág. 643

Shanghai Puerto a orillas del Mar de China Oriental; ubicado cerca de la desembocadura del río Chang Jiang. (31°N, 121°E) pág. 595

Shikoku La más pequeña de las cuatro islas de Japón; ubicada al sur de Honshu. (34°N, 134°E) pág. 448

Siam Véase Tailandia.

Sicilia Isla de Italia ubicada frente al extremo sur de la península Itálica. (38°N, 15°E) pág. 212

Siena Ciudad ubicada en el centro de Italia, cerca del río Arno. (43°N, 11°E) pág. 354

Sierra Leona País ubicado en la costa atlántica de África occidental; antigua colonia de esclavos. pág. 516

Sierra Madre del Sur Cordillera ubicada en el sur de México, junto a la costa del Pacífico. pág. 137

Sierra Madre Occidental Cordillera ubicada en el noroeste de México, junto a la costa del Pacífico. pág. 137

Sierra Madre Oriental Cordillera ubicada en el este de México, junto a la costa del golfo de México. pág. 137

Sikkim Estado del noreste de India. pág. 595

Sinaí, Monte Montaña ubicada en la península de Sinaí. pág. 78

Sinaí, península de Península ubicada entre el noreste de África y el suroeste de Asia; parte de Egipto. (30°N, 34°E) pág. 77

Singapur País insular pequeño ubicado frente al extremo sur de la península de Malaca, en el sureste de Asia. (1°N, 104°E) pág. 354

Siquem Antiguo pueblo ubicado al norte de Jerusalén, Israel. (32°N, 35°E) pág. 78

Siracusa Ciudad portuaria ubicada en Sicilia, Italia, a orillas del mar Jónico. (37°N, 15°E) pág. 374

Siria País ubicado en el este del mar Mediterráneo. pág. 62

Sirio, desierto Desierto que cubre el sur de Siria, el noreste de Jordania, el oeste de Irak y el norte de Arabia Saudí en el suroeste de Asia. pág. 46

Skara Brae Poblado del período neolítico ubicado en la costa oeste de la isla Mainland, en las islas Orcadas. pág. 52

Sofala Provincia ubicada en la costa este de Mozambique, África. (20°N, 35°E) pág. 369

Sofía Capital de Bulgaria, ubicada en el oeste del país. (43°N, 23°E) pág. 538

Somalia Británica En la actualidad, un país independiente, Somalia, ubicado en el noreste de África; antiguamente controlado por Italia y el Imperio Británico. pág. 516

Somalia País de África oriental; antes llamado Somalia Británica y Somalia Italiana. pág. 643

Soweto Área ubicada al oeste de Johannesburgo, Sudáfrica. (26°S, 28°E) pág. 648

Sri Lanka País insular del sur de Asia, antes conocido como Ceilán; ubicado en el océano Índico, al oeste de India. (8°N, 81°E) pág. 122

St. John's Capital de Newfoundland, Canadá. (48°N, 53°O) pág. 615

St. Lawrence, río Río ubicado en el noreste de América del Norte; forma parte de la frontera entre Estados Unidos y Canadá. pág. 433

Stalingrado Ciudad antes llamada Volgogrado, ubicada a orillas del río Volga. (49°N, 44°E) pág. 561

Sudáfrica País ubicado en el extremo sur de África, entre los océanos Atlántico e Índico. pág. 643

Sudán País ubicado en la costa este del norte de África. pág. 516

Suecia País europeo ubicado en la parte sureste de la península Escandinava. pág. 379

Suez, canal de Canal que une el mar Mediterráneo y el golfo de Suez; ubicado en el noreste de Egipto. pág. 516

Suez, golfo de Entrada del Mar Rojo, ubicado entre Egipto y la península de Sinaí. pág. 78

Suiza País del centro de Europa. pág. 476

Sumatra La más occidental de las islas de Indonesia; ubicada frente a la península de Malaca, en el sureste de Asia. (2°S, 101°E) pág. 354

Sumeria Antigua región del sur de Mesopotamia; ubicada cerca del golfo Pérsico, en lo que hoy es el sureste de Irak. pág. 62

Superior, lago El lago más grande de los Grandes Lagos; bordea Canadá y Estados Unidos. pág. 473

Surinam País de América del Sur. pág. 435

Swazilandia País del sur de África. pág. 643

T

Tabasco Estado de México; ubicado en el sureste de México. pág. 616

Tabriz Ciudad del noroeste de Irán, ubicada a orillas de un río pequeño, cerca del lago Urmia. (38°N, 46°E) pág. 311

Taejon Ciudad de Corea del Sur; ubicada al noroeste de Taegu. (36°N, 127°E) pág. 574

Tailandia País antes conocido como Siam; ubicado en el sureste de Asia, en las penínsulas de Malaca e Indochina. pág. 122

Tailandia, golfo de Entrada del Mar de China Meridional, ubicado entre Malaysia y Tailandia. pág. 133

Taiwan País insular; ubicado frente a la costa sureste de China. pág. 127

Tajo, río Río que atraviesa el centro de la península Ibérica; fluye desde España a través de Portugal. pág. 241

Takla Makan, desierto de Desierto del noroeste de China. pág. 127

Tanganyika, lago Lago de Tanzania y Zaire, ubicado en el *Great Rift Valley,* en el sur de África. pág. 369

Tanzania País de África occidental. pág. 643

Tashkent Capital de Uzbekistán; ubicada en el oeste de Asia. (41°N, 69°E) pág. 360

Taurus, montes Cordillera ubicada en el sur de Turquía; se extiende paralela a la costa sur del Mediterráneo y a la frontera entre Turquía y Siria. pág. 46

Tayikistán País del oeste de Asia; antes parte de la Unión Soviética. pág. 655

Tebas Capital del antiguo Egipto durante el Imperio Medio; ubicada en el sur de Egipto. (26°N, 33°E) pág. 94

Tel Aviv Ciudad de Israel, antes capital de dicho país. (32°N, 35°E) pág. 633

Tennessee, río Afluente de la cuenca del río Ohio; nace en el este de Tennessee y desagua en el río Ohio. pág. 271

Tenochtitlan Capital del antiguo Imperio Azteca; ubicada en la parte central de México cerca de la Ciudad de México. (19°N, 99°O) pág. 324

Teotihuacan Ciudad de la parte central de México. (20°N, 99°O) pág. 327

Tepotzotlan Antigua ciudad azteca ubicada cerca del lago Texcoco. (19°N, 99°O) pág. 327

Termópilas Sitio donde los griegos fueron vencidos en una de las batallas de las Guerras Médicas; un paso entre las montañas ubicadas en el sur de Grecia. (39°N, 23°E) pág. 223

Territorio de Yukon Territorio ubicado en el noroeste de Canadá. pág. 615

Tesalia Antigua región, hoy parte de Grecia; ubicada en el este de la península Griega. pág. 223

Texcoco Ciudad ubicada en la parte central de México, al este del lago Texcoco. (19°N, 99°O) pág. 327

Texcoco, lago Lago, en la actualidad seco, ubicado cerca de la Cuidad de México; en una isla del lago se levantó Tenochtitlan, la capital azteca. pág. 324

Thar, desierto de Desierto ubicado en India y Pakistán. pág. 123

Thimphu Ciudad de la parte central de Bután; ubicada al norte de la parte occidental de India. (28°N, 90°E) pág. 180

Thuringia Estado alemán ubicado en el este de Alemania. pág. 510

Tian Shan Cadena montañosa del centro de Asia; se extiende hacia el noreste desde el Pamir y se adentra en Xinjian Uygur. pág. 127

Tíber, río Río del centro de Italia; nace en los montes Apeninos, atraviesa Roma y desemboca en el mar Tirreno. pág. 238

Tiberíades, lago Véase mar de Galilea.

Tibet Región que cubre la mayor parte del suroeste de China. pág. 354

Tigris, río Río del suroeste de Asia; comienza en el este de Turquía y se une al río Éufrates. pág. 46

Tijuana Pueblo de Baja California Norte, México. (33°N, 117°O) pág. 616

Timbuktu Antiguo centro comercial songhay; una ciudad en la actualidad; ubicada en Malí, en el Sahara, al norte del río Níger. (17°N, 3°O) pág. 339

Timor Isla de Indonesia; perteneció a Portugal en el pasado. (9°S, 125°E) pág. 518

Tirana Ciudad de Albania ubicada el este de la ciudad de Durresi. (41°N, 20°E) pág. 540

Tiro Capital de la antigua Fenicia y en la actualidad una ciudad ubicada en el sur de Líbano. (33°N, 35°E) pág. 77

Tirreno, mar Mar ubicado al oeste de la península Itálica, al norte de Sicilia y al este de Cerdeña y Córcega. pág. 212

Tlacopan Antigua ciudad azteca. (19°N, 99°O) pág. 327

Tokyo Capital de Japón. (36°N, 140°E) pág. 602

Toledo Capital morisca durante la Edad Media y en la actualidad una ciudad; ubicada en el centro de España, a orillas del río Tajo. (40°N, 4°O) pág. 410

Tonkín, golfo de Entrada del Mar de China Meridional ubicada entre Vietnam y China. pág. 133

Toronto Capital de Ontario, Canadá. (44°N, 79°O) pág. 615

Toscana Región ubicada en la costa oeste de Italia. (42°N, 12°E) pág. 476

Toulouse Capital del departamento de Haute-Garonne; ubicada en el sur de Francia. (44°N, 1°E) pág. 492

Tours Ciudad francesa; ubicada al suroeste de París. (47°N, 1°E) pág. 288

Tracia Antigua región, hoy constituida por Bulgaria, Macedonia y gran parte del noroeste de Grecia. pág. 193

Transilvania Antes una región del sureste de Europa; hoy parte de Rumania; ubicada en el noroeste de Rumania. pág. 413

Transoxiana Región del oeste de Asia. pág. 360

Tres Zapotes Pueblo ubicado en el este de México. (18°N, 96°O) pág. 327

Trípoli La antigua ciudad fenicia de Oea y la actualidad la capital de Libia. (33°N, 13°E) pág. 346

Trondheim Puerto de la costa atlántica de Noruega. (64°N, 10°E) pág. 379

Troya Antigua ciudad del noroeste de Asia Menor. (40°N, 26°E) pág. 212

Túnez Capital de Tunicia. (37°N, 10°E) pág. 346

Tunicia País del norte de África. pág. 516

Turín Ciudad antigua y contemporánea; ubicada en el noroeste de Italia. (45°N, 8°E) pág. 241

Turkmenistán País del oeste de Asia; antes parte de la Unión Soviética. pág. 655

Turquía País antes conocido como Tracia; la mayoría de su territorio está en el suroeste de Asia. pág. 62

U

Ucrania País del este de Europa; antes parte de la Unión Soviética. pág. 655

Uganda País de África oriental; antes parte de África Oriental Británica. pág. 516

Unión de Repúblicas Socialistas Soviéticas Otro nombre para designar a la Unión Soviética, que dejó de existir en 1991. pág. 561

Unión de Sudáfrica País ubicado en el sur de África; creado a partir de los territorios que antes eran británicos y portugueses. pág. 516

Ur Ciudad de la antigua Sumeria; ubicada a orillas del río Éufrates, cerca de la costa de lo que hoy es el sureste de Irak. (31°N, 46°E) pág. 62

Ural, río Río de Rusia y Kazajstán. pág. 655

Urales, montes Cordillera de Rusia y Kazajstán; se extiende desde la costa del océano Ártico y bordea parte de Europa y Asia. pág. 311

Uruguay País ubicado en el sur de América del Sur, en la costa atlántica. pág. 481

Uruk Antigua ciudad sumeria ubicada en lo que hoy es el suroeste de Asia; ubicada cerca de la margen este del río Éufrates, en el sureste de lo que hoy es Irak. (31°N, 46°E) pág. 62

Utrecht Ciudad a orillas del río Oude Rijn, en la parte central de los Países Bajos. (52°N, 5°E) pág. 379

Uzbekistán País del oeste de Asia; antes parte de la Unión Soviética. pág. 655

V

Valencia Ciudad ubicada a orillas del río Turia, cerca de la costa este de España. (39°N, 0°) pág. 410

Vancouver Ciudad del suroeste de Canadá; ubicada en British Columbia. (50°N, 125°O) pág. 543

Varsovia Capital de Polonia. (52°N, 21°E) pág. 538

Venecia Ciudad compuesta por 118 islas; ubicada en el noreste de Italia a orillas del mar Adriático. (45°N, 12°E) pág. 354

Venezuela País ubicado en el norte de América del Sur; antiguo territorio de España. (8°N, 66°O) pág. 481

Veracruz Puerto marítimo ubicado en el este de México, en el golfo de México. (19°N, 96°O) pág. 430

Verdún Ciudad ubicada en el noreste de Francia a orillas del río Meuse. (49°N, 5°E) pág. 538

Verona Pueblo del norte de Italia ubicado a orillas del río Adige. (45°N, 11°E) pág. 404

Victoria Ciudad portuaria ubicada en Hong Kong. (22°N, 114°E) pág. 604

Victoria, lago Lago de Tanzania, Kenia y Uganda, en el sureste de África. pág. 343

Viena La capital de Austria, Europa; ubicada en el noreste de Austria, a orillas del río Danubio. (48°N, 16°E) pág. 476

Vientiane Una capital administrativa de Laos. (18°N, 103°E) pág. 133

Vietnam del Norte Antes un país del sureste de Asia; hoy parte de Vietnam. pág. 576

Vietnam del Sur Antes un país independiente; ubicado al este del Mar de China Meridional; hoy parte de Vietnam. pág. 576

Vietnam País del sureste de Asia; ubicado en la península Indochina. pág. 127

Vindhya, montes Cadena montañosa de la región central de India; ubicada en el norte de la meseta de Deccan. pág. 122

Vístula, río Río de Polonia, país del este de Europa; nace en los montes Cárpatos y desemboca en el mar Báltico. pág. 510

Volga, río El río más largo de Europa; fluye desde Rusia hasta el mar Caspio. pág. 311

W

Wabash, río Río ubicado en Indiana e Illinois; desagua en el río Ohio, en el suroeste de Indiana. pág. 271

Waterloo Ciudad pequeña ubicada en la parte central de Bélgica, cerca de Bruselas. (51°N, 4°E) pág. 476

Württemberg Antigua monarquía y estado alemán; hoy parte del estado alemán de Baden-Württemberg. (49°N, 9°E) pág. 510

X

Xaltocan, lago Lago del valle de México; ubicado al noreste de la Ciudad de México. pág. 327

Xian Ciudad del este de China; también conocida como Sian; antes llamada Chang'an. (34°N, 109°E) pág. 595

Xochimilco, lago Lago de la parte central de México, en América del Norte; ubicado al sureste de la Ciudad de México. pág. 324

Y

Yalta Ciudad de Ucrania. (45°N, 34°E) pág. 561

Yellowknife Capital de Territorios del Noroeste, Canadá. (63°N, 114°O) pág. 615

Yucatán Estado del sureste de México; ubicado en el norte de la península de Yucatán. pág. 616

Yucatán, península de Península que se extiende desde la costa este de América Central; constituida por México, Belice y Guatemala. pág. 137

Yugoslavia Antes país del este de Europa; se dividió en varias repúblicas independientes. pág. 573

Z

Zagros, montes Cadena montañosa; ubicada en el oeste y el sur de Irán. pág. 46

Zaire País de África central. pág. 643

Zaire, río Río de África central. pág. 343

Zama El lugar de la derrota final de Aníbal y de Cartago durante la segunda Guerra Púnica; ubicado en el norte de Tunicia. (35°N, 9°E) pág. 241

Zambeze, río Río del sur de África; nace en el noroeste de Zambia y desemboca en el océano Índico. pág. 343

Zambia País del sur de África. pág. 643

Zaragoza Ciudad ubicada junto al río Ebro, en el noreste de España. (42°N, 1°O) pág. 410

Zimbabwe País del sur de África. pág. 643

GLOSARIO

El glosario contiene importantes palabras de estudios sociales y sus definiciones. El número de página que aparece el final de cada definición indica dónde puedes encontrar la palabra en tu libro.

A

a.C. Abreviatura que significa "antes de Cristo". pág. 48

acrópolis Fortaleza amurallada construida sobre una colina. pág. 216

acueducto Sistema de puentes y canales diseñado para transportar agua de un lugar a otro. pág. 246

acuerdo Renunciar a algo que se desea para lograr armonía. pág. 659

administración directa Tipo de gobierno colonial en el cual sólo los europeos elegían a todos los funcionarios de gobierno. pág. 515

administración indirecta Tipo de gobierno colonial que permitía cierta participación de los funcionarios locales. pág. 515

administración pública Sector de una burocracia encargado de la administración diaria de un gobierno. pág. 168

a.E.C. Abreviatura que significa "antes de la Era Común". pág. 49

afluente Río pequeño que desemboca en un río mayor. pág. 121

afrikaans Idioma hablado por los boers en Sudáfrica. pág. 644

ágora Mercado al aire libre y lugar de reunión de muchas ciudades estado griegas de la antigüedad. pág. 216

agricultura Cultivo de la tierra; labranza. pág. 45

agricultura de subsistencia Forma de agricultura en que la gente cultiva sólo lo necesario para alimentar a la familia. pág. 607

aislamiento Vivir separado de los demás. pág. 446

alianza 1 Acuerdo de cooperación. pág. 229 **2** Acuerdo entre los judíos y Dios. pág. 73

altitud Altura a la que está situado un terreno. pág. 132

analizar Proceso de razonamiento mediante el cual algo es dividido en partes y estudiado detenidamente para entender cómo las partes se conectan entre sí. pág. 24

anexar Unir una cosa a otra con dependencia de ella. pág. 112

antepasado Pariente ya difunto que vivió antes que un abuelo. pág. 129

Antiguo Testamento La primera parte de la Biblia cristiana, que contiene los mismos libros que la Biblia judía. pág. 255

apartheid Política del gobierno de Sudáfrica consistente en enfatizar la separación de las razas. pág. 644

apóstol Persona enviada para llevar a cabo una misión. pág. 254

archipiélago Cadena de islas. pág. 387

arios Guerreros y pastores provenientes del este de Europa que se instalaron en la India; dichas migraciones comenzaron hace unos 3,000 años. pág. 175

aristocracia Clase acaudalada gobernante. pág. 216

armada Flota de buques de guerra. pág. 419

armisticio Acuerdo para suspender hostilidades. pág. 540

arrendatario Alguien que paga un alquiler a un dueño. pág. 289

artefacto Objeto fabricado por el hombre, que representa a una cultura o grupo determinado de la antigüedad. pág. 42

asamblea Grupo legislativo. pág. 216

asesinar Matar a alguien. pág. 187

astrolabio Instrumento usado por los marinos para navegar guiándose por la posición de las estrellas. pág. 285

atolón Isla formada por un arrecife de coral. pág. 383

autócrata Gobernante con autoridad ilimitada. pág. 544

autonomía Derecho de un estado a autogobernarse. pág. 635

autoridad Derecho a ordenar o influir. pág. 63

B

balanza comercial Comparación entre las importaciones y las exportaciones de un país. pág. 601

bantustán Barrio de Sudáfrica donde sólo viven personas de raza negra. pág. 644

basílica Enorme edificio gubernamental de mármol que se construía en la antigua Roma. pág. 245

bilingüe Que tiene dos lenguas oficiales, como Canadá. pág. 615

bloque Grupo de naciones con intereses comunes. pág. 619

boicot Negativa a comprar o utilizar ciertos productos. pág. 624

budismo Religión oriental basada en los preceptos de Siddartha Gautama, luego conocido como Buda. pág. 179

burocracia Conjunto de los empleados públicos. pág. 164

bushido El código de conducta de los samurais japoneses. pág. 448

C

caballería Conjunto de soldados que montan caballos o camellos para atacar con rapidez. pág. 192

califa "Sucesor" de Mahoma. pág. 283

caligrafía Arte de escribir con letras bellas. pág. 446

campesino Persona pobre que trabaja la tierra y vive en ella. pág. 102

campo de concentración Un tipo de prisión. pág. 561

canoa con batanga Marco de madera colocado sobre un lado de un bote o canoa para mantener la embarcación firme en un mar agitado. pág. 386

capitalismo Sistema económico en el cual los individuos invierten dinero, o capital, en negocios. pág. 499

carabela Tipo de navío que empleaba velas cuadradas o latinas para viajar distancias largas con rapidez. pág. 416

características físicas Accidentes geográficos, masas de agua, clima, suelo, vida animal y vegetal y otros recursos naturales. pág. 27

características humanas Edificios, puentes, granjas, carreteras y las personas mismas. pág. 27

caravana Grupo de comerciantes. pág. 170

caravasar Posada donde los viajeros que atravesaban el desierto podían comer y hospedarse. pág. 352

caricatura política Caricatura que expresa el punto de vista del artista sobre personajes y sucesos actuales de la política y del gobierno. pág. 478

carrera armamentista Competencia entre naciones para obtener el armamento más poderoso. pág. 536

Carta Magna Documento firmado por el rey Juan sin Tierra, en el año 1215, bajo presión de los nobles ingleses; limitaba el poder del rey y protegía los derechos del pueblo. pág. 293

cartógrafo Persona que traza mapas. pág. 353

cartograma Mapa que proporciona información sobre lugares por medio del tamaño con el que se representa cada lugar. pág. 598

casta Clase o grupo inalterable de la sociedad india. pág. 177

catarata Cascada o lugar donde el agua corre con rapidez sobre rocas. pág. 96

católico Que lo abraza y comprende todo. pág. 279

censo Cálculo de la población de un país. pág. 244

chiita Grupo de musulmanes que se mantuvieron leales a los descendientes del cuarto califa, Ali, durante el siglo VIII. pág. 286

chinampa Isla artificial construida con juncos entrelazados. Los agricultores aztecas cultivaban verduras sobre estos "jardines flotantes". pág. 321

cipayo Soldado indio comandado por oficiales británicos. pág. 517

círculo máximo Círculo imaginario que divide la Tierra en partes iguales. pág. 350

circunnavegación Viaje en barco alrededor del mundo. pág. 418

ciudad estado Ciudad o poblado, incluyendo campos de cultivo, con gobernantes y gobierno propios. pág. 63

ciudadano Miembro de un pueblo, estado o país. pág. 19

civilización Sociedad muy desarrollada. pág. 61

clan Grupo de familiares unidos por un objetivo común. pág. 39

clase social Grupo que posee un poder determinado en una sociedad. pág. 64

clave del mapa La parte del mapa que explica lo que significan los símbolos; también llamada leyenda del mapa. pág. 28

clero Conjunto de funcionarios eclesiásticos. pág. 411

climografía Gráfica que muestra la temperatura mensual promedio y la precipitación mensual promedio de un lugar. pág. 605

Código de Hammurabi Conjunto de leyes escritas por Hammurabi para ser seguidas por el pueblo de Babilonia. pág. 69

Código de Justiniano Conjunto de leyes escritas por el emperador bizantino Justiniano que se utilizaron en el Imperio Bizantino durante doscientos años. pág. 276

Código de Napoleón Conjunto de leyes creadas en 1804, que garantizaba ciertos derechos para los habitantes de Francia. La legislatura francesa se basa en este código. pág. 477

colectiva Granja estatal en la que la gente trabaja en comunidad. pág. 547

colonia Poblado controlado por una nación, pero situado fuera de ella. pág. 75

comedia Obra de teatro humorística. pág. 225

compensación Renunciar a una forma de utilizar los recursos para poder usarlos de otra forma. pág. 612

comuna En China, comunidad agrícola administrada por el gobierno cuyos miembros comparten la vivienda, la comida y el trabajo. pág. 595

comunismo Sistema en el que toda la propiedad y todos los medios de producción pertenecen al conjunto de la gente. pág. 545

conclusión lógica Decisión o idea a la que se llega por medio del estudio cuidadoso de todos los datos conocidos. pág. 382

confucianismo Los preceptos del filósofo chino Confucio, que se convirtieron en un modelo de vida para la gente. pág. 159

conquistador Explorador español que vino a las Américas en busca de oro. pág. 429

conquistar Tomar posesión. pág. 67

conscripción Reclutamiento de ciudadanos para servir en las fuerzas armadas por un período de tiempo determinado. pág. 536

consecuencia Efecto. pág. 39

Constitución de Estados Unidos de América Documento que describe la forma de gobierno de Estados Unidos. Se aprobó en 1787 y continúa siendo la ley suprema de Estados Unidos. pág. 473

constructores de montículos Pueblo que vivió en la región de los bosques del este, en América del Norte. El nombre de estos índigenas proviene de los montículos de tierra que construían para enterrar a los muertos y para levantar templos. pág. 325

cónsul Uno de los funcionarios del senado romano que se encargaba de los asuntos cotidianos y representaba a los ciudadanos de Roma. pág. 239

contrato Acuerdo escrito. pág. 290

Corán El libro sagrado del islam. pág. 282

costo de oportunidad El costo de lo que se renuncia cuando se elige otra cosa. pág. 612

coureurs de bois Cazadores de pieles franceses que comerciaban con los indígenas americanos. pág. 432

criollo Persona descendiente de españoles o portugueses nacida en las Américas. Los criollos pertenecían a la clase media de la sociedad colonial de América Latina. pág. 479

cristiandad Comunidad de cristianos de todos los reinos y naciones. pág. 290

cristianismo Religión basada en la vida y los preceptos de Jesucristo. pág. 255

cronología Exposición de los acontecimientos históricos en el orden en que ocurrieron. pág. 23

crucifixión Tipo de ejecución consistente en clavar a una persona en la cruz y dejar que muera en ella. pág. 254

cruzado Soldado cristiano que combatió para liberar la Tierra Santa de los turcos musulmanes durante la Edad Media. pág. 291

cuadrícula Las líneas norte-sur y este-oeste de un mapa que se entrecruzan y forman cuadrados. pág. 29

cultivo comercial Cultivo destinado a la venta y no al consumo de quien lo cultiva. pág. 515

cultura Modo de vida particular que diferencia a un grupo de gente de otros. pág. 42

cuota Cantidad obligatoria que debe producirse de un producto particular. pág. 596

curva de nivel En un mapa de relieve, la línea que conecta todos los puntos de igual altitud. pág. 132

D

d.C. Abreviatura que significa "después de Cristo". Indica cuántos años pasaron después del nacimiento aproximado de Jesucristo. pág. 48

daimío Noble local del feudalismo japonés. pág. 318

datos clasificados Datos organizados. pág. 171

datos tendenciosos Inclinación hacia o en contra de alguien o algo. pág. 513

Declaración Balfour Documento británico que exigía la creación de un territorio nacional para el pueblo judío. pág. 631

Declaración de Derechos 1 Documento británico escrito en 1689 que otorgaba derechos individuales. pág. 471

2 Las diez primeras enmiendas que se agregaron a la constitución de Estados Unidos para proteger los derechos de los individuos. pág. 473

Declaración de Independencia Documento que proclamó a las colonias americanas libres del dominio británico. pág. 471

Declaración de los Derechos del Hombre y del Ciudadano Documento publicado durante la Revolución Francesa que garantizaba ciertos derechos humanos y libertades. pág. 475

deforestación La tala de bosques. pág. 610

delta Zona en forma de triángulo compuesta por islas y pantanos y ubicada en la desembocadura de un río. pág. 93

demagogo Gobernante inepto. pág. 226

demanda En economía, la cantidad de un producto o servicio que la gente quiere comprar. pág. 499

democracia Gobierno en el que el pueblo ejerce la soberanía. pág. 219

densidad de la población Número promedio de personas que viven en una unidad cuadrada de superficie. pág. 629

derechos de las minorías Derechos otorgados a grupos de personas que representan un porcentaje pequeño de la población total. pág. 625

desertización Cualquier tipo de transformación de tierra fertil en desértica. pág. 93

deuda interna Cantidad de dinero que un estado debe. pág. 618

dictador Gobernante con autoridad absoluta. pág. 239

Diez Mandamientos Conjunto de leyes para el comportamiento responsable que, de acuerdo con la Biblia, Dios entregó a Moisés. pág. 73

difusión cultural Divulgación de nuevas ideas a otros lugares. pág. 76

dinastía Serie de gobernantes pertenecientes a una misma familia. pág. 98

diplomático Persona experta en lograr tratados entre naciones. pág. 368

discriminar Tratar injustamente a alguien por su raza o por otras razones. pág. 624

disidente Persona que habla en contra de su gobierno. pág. 653

distorsión Área que no aparece representada con precisión en la proyección de un mapa. pág. 348

distribución de la población Número de habitantes que viven en distintos lugares de una zona determinada del mundo. pág. 628

división del trabajo Sistema en el cual diferentes miembros de un grupo realizan tareas distintas de acuerdo a sus habilidades y a las necesidades del grupo. pág. 42

domesticar Usar a animales y plantas para beneficio humano. pág. 44

dux Gobernante de las ciudades estado italianas. pág. 375

E

E.C. Abreviatura que significa "Era Común". pág. 49.

economía La forma en que la gente utiliza los recursos para satisfacer sus necesidades. pág. 44

economía de libre mercado Economía en la cual la gente, y no el gobierno, decide qué productos y servicios comprar. pág. 499

economía dirigida Economía en la que el gobierno es propietario de casi todas las tierras y recursos naturales. pág. 498

economía monetaria Sistema económico basado en el uso del dinero en lugar del intercambio. pág. 76

economía tradicional Una economía que no cambia mucho con el tiempo. pág. 498

Edad Media Período de la historia de Europa que duró desde al año 500 d.C. al 1500. pág. 287

edicto Ordenanza. pág. 98

embajador Representante de un gobierno. pág. 168

embargo Prohibición de comercio. pág. 381

empatía histórica Comprensión de las acciones y sentimientos de personas de otras épocas y lugares. pág. 24

emperador Gobernante de un imperio. pág. 68

empresario Persona que asume un riesgo financiero al invertir fondos para comenzar un nuevo negocio. pág. 489

encomienda Sistema bajo el cual los indígenas americanos tenían que trabajar para los colonos europeos y aceptar su religión. pág. 431

energía hidroeléctrica Electricidad producida por la fuerza del agua. pág. 607

escala del mapa La parte del mapa que compara las distancias del mapa con las distancias verdaderas. pág. 29

escriba Persona que sabía escribir. pág. 65

estadísticas Hechos demostrados por medio de números. pág. 564

estado nacional País regido por un gobierno central fuerte y un único gobernante; tiene generalmente una historia y cultura común. pág. 292

estandarizar La práctica de igualar todas las cosas de un mismo tipo. pág. 164

estepa Llanura parcialmente seca en donde crecen algunos pastos y plantas espinosas. pág. 281

evaluar Decidir si cierta información es fiable. pág. 512

Evangelios Los primeros cuatro libros del *Nuevo Testamento*, que describen la vida y obra de Jesús. pág. 255

Evidencia prueba. pág. 49

excedente Oferta sobrante. pág. 64

expansión territorial Anexión de nuevas tierras. pág. 379

exportar Vender productos al extranjero. pág. 169

F

fábrica Edificio grande donde se fabrican productos. pág. 488

falúa Embarcación árabe. pág. 367

faraón Gobernante del antiguo Egipto. pág. 98

fascismo Doctrina política fundada en el control del gobierno, el poderío militar y un nacionalismo intenso. pág. 557

favelas Barrios pobres situados en las afueras de las ciudades brasileñas. pág. 610

federación Grupo de gobiernos independientes dirigidos por un gobierno central de poco poder. pág. 473

feudo Sector grande de tierra compuesto por bosques, praderas, campos de cultivo, un poblado, una iglesia y la casa o castillo del noble, quien era el propietario de todo. pág. 289

filósofo Persona que estudia el sentido de la vida. pág. 158

foro Plaza pública de la Roma antigua. pág. 243

fuego griego Compuesto químico usado por la marina bizantina que se encendía al entrar en contacto con el agua. pág. 373

fuente primaria Informe realizado por alguien que vio o participó en un suceso. pág. 512

fuente secundaria Informe sobre un suceso escrito por alguien que no estuvo presente durante dicho suceso. pág. 512

función Papel que una persona juega en la sociedad. pág. 42

G

ganado Animales domésticos tales como vacas, ovejas y cerdos. pág. 45

ganancia Dinero ganado. pág. 170

generalización Declaración de carácter general referida a personas, sucesos o relaciones. pág. 57

genocidio Matanza de un grupo entero de personas. pág. 562

gladiador Esclavo o prisionero que era obligado a luchar, a menudo hasta la muerte. pág. 246

glasnost Apertura o nueva libertad que permitió a los ciudadanos soviéticos hablar sin temor a ser castigados. pág. 652

gobierno Sistema organizado que los grupos utilizan para crear leyes y tomar decisiones. pág. 63

gráfica Diagrama que muestra relaciones entre números. pág. 376

gráfica circular Gráfica que representa información por medio de un círculo dividido en partes. pág. 376

gráfica de barras Gráfica que emplea barras horizontales o verticales para presentar y comparar información. pág. 376

gráfica de barras dobles Gráfica de barras que muestra dos tipos de datos numéricos. pág. 564

gráfica lineal Gráfica en la que se usan una o más líneas para representar cambios a través del tiempo. Las líneas conectan puntos que representan información específica. pág. 376

Gran Depresión Debilitación económica sucedida en la década de 1930; llegó a ser la más severa de toda la historia mundial. pág. 550

Gran Sociedad Objetivo propuesto por el presidente de Estados Unidos Lyndon Johnson según el cual todo americano tendría la posibilidad de una vida digna. pág. 617

gran visir Primer ministro del Imperio Otomano. pág. 452

gravedad Fuerza que mantiene los objetos sobre la Tierra y hace que los planetas giren alrededor del Sol. pág. 408

Guardia Roja Jóvenes que apoyaron a Mao Zedong e intentaron llevar a cabo la Revolución Cultural. pág. 596

Guerra Fría Conflicto entre naciones caracterizado por el uso de palabras e ideas en vez de ejércitos. pág. 572

guerra civil Guerra en la que grupos de habitantes de un mismo lugar o país combaten entre sí. pág. 166

guerra limitada Guerra cuyo objetivo no es una victoria total. Esta limitación reduce la posibilidad de que se usen armas nucleares. pág. 574

H

hacienda Granja o plantación inmensa del período colonial de América Latina. pág. 479

haiku Poema japonés de 17 sílabas que suele tratar sobre la naturaleza. pág. 449

hansa Grupo de comerciantes del norte de Europa que trabajaban juntos para protegerse. pág. 381

harijan El nombre que Mohandas Gandhi dio a los intocables de la India. Significa "hijo de Dios". pág. 624

hecho Afirmación que puede demostrarse como cierta. pág. 512

helenístico "Al estilo griego." pág. 231

heráldica Sistema de colores, diseños y símbolos pictóricos que usaban los caballeros europeos de la Edad Media. pág. 294

herejía Negación del credo de una iglesia. pág. 412

herencia Conjunto de ideas que se transmiten de generación en generación. pág. 155

hinduismo Religión originaria de la India caracterizada por la creencia en muchos dioses y en la reencarnación. pág. 176

Holocausto Asesinato masivo de millones de personas judías durante la Segunda Guerra Mundial. pág. 562

huelga Acto de negarse a trabajar hasta que se cumplan ciertas exigencias. pág. 501

huso horario Zona de la Tierra en que la hora es la misma en todos los lugares; la hora de una zona es diferente a las horas de las demás zonas. pág. 542

I

icono Imagen sagrada de Jesucristo o de los santos. pág. 278

identidad cultural Conexión que la gente siente entre sí. pág. 220

Ilustración Movimiento que comenzó en Francia en el siglo XVIII destinado a buscar formas de crear un gobierno que protegiera los derechos de los individuos. pág. 472

imperialismo Política de un estado tendiente a anexar más territorios, establecer colonias y controlarlas. pág. 515

imperio Territorio de muchos pueblos y lugares gobernado por un emperador. pág. 68

importar Traer productos del extranjero para venderlos en el país. pág. 169

independencia Libertad completa. pág. 112

independizarse Liberarse de un país. pág. 615

indulgencia Perdón de los pecados. pág. 412

industria casera Negocio en el que una familia trabaja en la casa preparando productos para un comerciante. pág. 488

Industria textil Producción de telas. pág. 488

inflación Aumento constante de los precios de productos y servicios. pág. 552

inmunidad Resistencia a una enfermedad. pág. 431

innovación Manera nueva de hacer algo. pág. 66

inscripción Mensaje escrito grabado sobre una superficie duradera. pág. 124

intercambio colombino El movimiento de personas, animales, plantas, enfermedades e ideas entre Europa y las Américas durante el siglo XV y XVI. pág. 431

intercambio cultural Adoptar costumbres de una cultura diferente. pág. 213

intifada Levantamiento palestino en contra de la ocupación israelí de Cisjordania y de la Franja de Gaza. pág. 634

intocable En la India, persona inferior a todas las castas. El nombre proviene de la idea de que dicha persona no puede tocarse, pues aquel que lo hiciera se ensuciaría o se tornaría impuro. pág. 177

invadir En la arqueología se dice que el medio ambiente invade las estructuras construidas por los seres humanos. pág. 137

islam La religión de los musulmanes; se basa en la creencia en un dios, o Alá. pág. 282

istmo Franja pequeña de tierra, con agua a ambos lados, que conecta dos áreas de tierra más grandes. pág. 211

J

jenízaro Miembro de un grupo de soldados altamente entrenados que servían en el ejército otomano. pág. 451

jeroglíficos Sistema de escritura en el que imágenes o símbolos representan ideas, objetos o sonidos. pág. 99

jihad Guerra santa, de acuerdo a la religión del islam. pág. 636

judaísmo La religión del pueblo judío. pág. 74

junco Embarcación china de madera provista de velas de cuatro lados. pág. 368

junta En América Latina, consejo gobernante independiente. pág. 482

justicia imparcial Trato igualitario bajo la ley. pág. 69

K

káiser Palabra alemana que significa emperador. pág. 510

kami De acuerdo al sintoísmo, espíritus que viven en todas las cosas naturales. pág. 316

kan Título que se daba a los caudillos mogoles poderosos que a veces unificaban a clanes rivales y creaban así ejércitos prácticamente invencibles. pág. 310

L

laguna Pequeña masa de agua situada en el centro de un atolón. pág. 383

laissez-faire Política de gobierno consistente en dejar que una economía evolucione sin intervención. pág. 499

Larga Marcha Viaje de 6,000 millas (9,656 km) que Mao Zedong y sus seguidores realizaron a través de China para escapar de las fuerzas nacionalistas. pág. 594

legalismo Doctrina china según la cual el pueblo obedece a sus gobernantes por temor a ellos y no por respeto. pág. 161

legión Unidad de soldados. pág. 245

leva Sistema de reclutamiento de ciudadanos para el servicio militar. pág. 306

leyenda Relato originado en tiempos remotos en el que se explica el pasado. pág. 126

libre empresa Sistema en el cual las personas eligen cómo ganar y gastar su dinero. pág. 500

liga Grupo de aliados. pág. 223

limpieza étnica El uso de amenazas o violencia para forzar a ciertos grupos humanos a marcharse de un área determinada. pág. 656

línea cronológica paralela Conjunto de líneas cronológicas que contienen distintos tipos de información relativa a un mismo período de tiempo. pág. 48

línea cronológica telescópica Línea cronológica que incluye una segunda línea cronológica para observar en detalle un período histórico. pág. 259

lluvia ácida Agua mezclada con gases tóxicos que cae en forma de lluvia. pág. 246

M

Mahatma Palabra que significa "Alma poderosa". Los hindúes llamaban *Mahatma* a Mohandas Gandhi, pues lo consideraban una persona sagrada. pág. 624

maíz Cereal que produce mazorcas de grandes granos amarillos. pág. 47

mandato Orden. pág. 128

Mandato Divino Orden para gobernar; los chinos creían que esta orden provenía del cielo y se les daba a los emperadores. Cuando un emperador se tornaba débil u ocurría algún desastre, se pensaba que el emperador había perdido el Mandato Divino. pág. 128

mansa Título de un emperador de África occidental. pág. 345

mapa de recuadro Mapa pequeño incluido dentro de un mapa de mayor tamaño. pág. 29

mapa histórico Mapa que proporciona información sobre el pasado. Los mapas históricos pueden mostrar lugares en donde ciertos sucesos ocurrieron o el aspecto del mundo en un período determinado del pasado. pág. 248

mártir Persona que sufre o muere por sus creencias. pág. 256

materia prima Recurso natural, como el algodón, la madera o la lana, que se usa para fabricar un producto. pág. 489

mecenas Persona acaudalada que financia el trabajo de artistas y escritores. pág. 404

medio ambiente Entorno. pág. 46

megalópolis Área extensa y densamente poblada donde se desarrollan varias ciudades. pág. 602

mensajero Persona que entrega mensajes. pág. 194

mercader Persona que vive de la venta y compra de productos. pág. 64

mercado común Asociación creada para mejorar el comercio y alentar el desarrollo económico de las naciones miembros. pág. 657

mesa Colina de cima plana y laderas empinadas. pág. 325

meseta Zona de tierra alta y plana. pág. 192

mesías De acuerdo al judaísmo, persona sabia que establecería el reino de Dios en la Tierra. pág. 254

Mesoamérica Región situada entre América del Norte y América del Sur. La contituyen: el sur de México, Belice, Guatemala, Honduras, El Salvador, Costa Rica y Panamá. pág. 134

mestizo Persona de descendencia europea e indígena americana que vivía en las colonias españolas. pág. 480

método científico Sistema consistente en observar y experimentar para determinar si una idea puede aceptarse como cierta. pág. 408

mezquita Edificio religioso musulmán. pág. 284

migración Movimiento de grupos de personas de un lugar a otro. pág. 40

milicia Soldados voluntarios. pág. 155

militarismo Interés de una nación por el poderío militar. pág. 536

minarete Torre situada sobre una mezquita, desde la que se convoca a los fieles para la oración. pág. 284

misionero Persona enviada a enseñar una religión. pág. 189

mito Historia transmitida de generación en generación que generalmente trata sobre un dios o héroe antiguo. pág. 220

momento decisivo Ocasión en la que ocurre un cambio importante. pág. 188

momia Cadáver conservado. pág. 100

monarquía Forma de gobierno en que el poder supremo está en manos de un rey o de una reina. pág. 63

monopolio Control o pertenencia completa. pág. 276

monoteísmo Creencia en un solo ser supremo. pág. 72

monzón Viento estacional fuerte del océano Índico. pág. 367

mosaico Imagen hecha con pedazos pequeños de vidrio o piedras de colores. pág. 276

mulato Persona de descendencia africana y europea que vivía en las colonias portuguesas de América del Sur. pág. 480

multicultivo Sembrar diferentes cultivos en un mismo suelo. pág. 134

multicultural Relativo a muchas culturas. pág. 231

musulmán Seguidor del islam. pág. 282

N

nacionalismo Sentimiento de lealtad profunda hacia una nación o país. pág. 507

nacionalizar Poner bajo control del estado. pág. 608

nivel de vida Indicador que mide la calidad de vida de los habitantes de un país. pág. 601

nómada Persona que se muda de lugar a lugar. pág. 45

Nuevo Testamento La segunda parte de la Biblia cristiana. Trata sobre la vida y enseñanzas de Jesucristo y sus seguidores. pág. 255

números arábigos Sistema numérico basado en 10 números: del 1 al 9 y el 0; se comenzó a usar en la India en el año 595 d.C. pág. 191

O

oasis Pozo de agua en el desierto. pág. 352

obelisco Monumento de piedra antiguo. pág. 111

obras públicas Construcción realizada por el gobierno para el uso de todos. pág. 156

oferta La cantidad de un producto o servicio que se ofrece para la venta. pág. 499

oligarquía Sistema en el que un grupo pequeño controla el gobierno. pág. 218

opinión Declaración que expresa una creencia o un juicio sobre algo. pág. 512

oráculo Persona que da consejos sensatos. pág. 129

ortodoxo En religión, algo que es apoyado y aceptado por la tradición. pág. 278

P

país en vías de desarrollo País con una población de rápido crecimiento, pocos recursos y una economía basada en la agricultura. pág. 607

Papa Jefe supremo de la Iglesia católica romana. pág. 288

papel moneda Billete. pág. 307

papiro Material similar al papel que se utilizaba en el antiguo Egipto para escribir; hecho con juncos que crecen en las orillas del río Nilo. pág. 99

partición División. pág. 632

paso de las estrellas La forma en que las estrellas parecen moverse debido a la rotación de la Tierra. pág. 386

patente Documento que garantiza al inventor de una idea o producto nuevo el derecho exclusivo de fabricar o vender dicha idea o producto por un período de tiempo limitado. pág. 489

patriarca Jefe de una iglesia. pág. 279

patricio Descendiente de los primeros pobladores de Roma. pág. 239

peninsular Persona nacida en España o Portugal que pertenecía a la clase más alta de la sociedad colonial de América Latina. pág. 479

perestroika "Reestructuración", o reconstrucción, de los sistemas económico y político soviéticos. pág. 652

período glacial Época de larga duración y frío intenso en la que bloques de hielo enormes cubrían parte de la superficie de la Tierra. pág. 41

perspectiva Técnica utilizada en la pintura para representar las diferencias entre los objetos cercanos y lejanos. pág. 405

peste bubónica Enfermedad mortal transmitida por pulgas de ratas que se difundió por Europa en la década de 1340; también llamada Muerte Negra. pág. 292

pictograma Dibujo o símbolo usado en el idioma chino para representar una palabra. pág. 130

pirámide Construcción funeraria, generalmente para un gobernante. pág. 100

pirámide de población Gráfica que representa la población de un país de acuerdo con las edades. pág. 455

plantación Granja inmensa. pág. 425

plebeyo Campesino, obrero, comerciante o artesano cuya familia se instaló en la Roma antigua tiempo después que las familias de los patricios. pág. 239

poema épico Poema que narra una historia larga. pág. 214

polis Ciudad estado de la antigua Grecia que consistía en un poblado y en las granjas y aldeas circundantes. pág. 216

política Plan. pág. 243

política de apaciguamiento Política consistente en no oponerse al fascismo. pág. 558

política de contención Política consistente en prevenir que un país logre controlar a otro. pág. 572

política de distensión Política consistente en disminuir las tensiones. pág. 577

política de puertas abiertas Política en la que todos los países tienen la misma posibilidad de comerciar libremente en un lugar determinado. pág. 519

porcelana Tipo de cerámica muy delgada, casi transparente. pág. 307

predecir Anticipar lo que sucederá en el futuro. pág. 95

producto interior bruto El valor total de los bienes y servicios que se producen en un país. pág. 601

profeta Persona de quien se dice que escribe o comunica la palabra divina. pág. 195

propaganda Difusión de información, ideas o rumores con el fin de ayudar o perjudicar una causa. pág. 553

proteccionismo Política de gobierno consistente en exigir algún tipo de acción, como el aumento de impuestos, para proteger un mercado de las importaciones. pág. 603

proteína Sustancia presente en las comidas que ayuda a formar el cuerpo y a mantenerlo sano. pág. 134

protestante Nombre de las iglesias que se formaron como resultado de la oposición a la Iglesia católica romana. pág. 413

provincia En Roma, región autónoma. pág. 241

proyección Representación de la Tierra sobre un mapa; vista de la Tierra redonda sobre una superficie plana. pág. 348

proyección conforme Proyección de un mapa que muestra las direcciones correctamente, pero que distorsiona las dimensiones, especialmente las de lugares cercanos a los polos. pág. 349

proyección equidistante Proyección de un mapa, que representa con precisión distancias medidas desde un punto central. pág. 349

proyección equivalente Proyección de un mapa, que muestra las dimensiones de los lugares en correcta relación entre sí, pero que distorsiona las formas. pág. 348

proyección polar Proyección equidistante de un mapa, que tiene como punto central uno de los polos. pág. 350

pueblo Vivienda similar a un departamento construida en el borde de un acantilado o sobre una mesa en lo que actualmente es el Suroeste de Estados Unidos. pág. 325

puerto libre Lugar que no cobra tarifas por los productos de importación o exportación. pág. 603

purga Orden dada por un gobierno de matar o encarcelar a los ciudadanos que se oponen a dicho gobierno. pág. 548

R

racismo La creencia de que una persona es mejor que otra por causa de su color o raza. pág. 428

rajá Príncipe hindú. pág. 187

ratificar Aprobar un acuerdo. pág. 615

Rebelión de los cipayos Alzamiento de los hindúes y cipayos contra la autoridad de la Compañía de las Indias Orientales. pág. 518

recaudación de impuestos La práctica de solicitar a los habitantes el pago de impuestos para mantener un gobierno. pág. 69

reconquista Plan para catolizar a toda España. pág. 409

recorrido intermedio La parte del sistema triangular de comercio en que los esclavos eran enviados de África a las Américas a través del océano Atlántico. pág. 426

red comercial Conjunto de compradores y vendedores. pág. 114

reencarnación La creencia de que el alma continúa viviendo después de la muerte y de que regresa a la vida en un cuerpo nuevo. pág. 176

Reforma Movimiento religioso que comenzó en Europa durante el siglo XVI cuyo fin era intentar reformar la Iglesia católica romana; condujo a la fundación del protestantismo. pág. 413

refugiado Persona que abandona su hogar para buscar refugio y protección en otro sitio. pág. 562

regente Persona que gobierna en nombre de un gobernante. pág. 318

Régimen del Terror Período de gobierno por el miedo ocurrido durante la Revolución Francesa; se ejecutaron a miles de personas. pág. 475

región Área del mundo cuyas características la diferencian de otras áreas. pág. 27

rehén Alguien que es tomado prisionero y retenido hasta que se cumplan las demandas de sus secuestradores. pág. 636

Renacimiento Época comprendida entre los años 1400 y 1600 aproximadamente que significó una era de reflexión, artes y ciencias para Europa; esta palabra significa "volver a nacer". pág. 403

república Sistema en el que los ciudadanos eligen a representantes que toman todas las decisiones de gobierno. pág. 238

resistencia pasiva Uso de medios pacíficos, en lugar de violentos, para generar cambios. pág. 623

responsabilidad Deber. pág. 158

Revolución Cultural Intento fallido de Mao Zedong, realizado entre 1966 y 1968, para cortar los lazos del pueblo chino con el pasado. pág. 595

Revolución Industrial Período de avances tecnológicos que comenzó en el siglo XVIII y que transformó para siempre la forma de vida y de trabajo de las personas. pág. 487

rosa de los vientos Grabado que señala los puntos cardinales en un mapa. pág. 29

rotación de cultivos Método de labranza consistente en alternar diferentes cultivos cada año en un mismo campo para permitir que la tierra se mantenga fértil. pág. 487

Ruta de la Seda Ruta comercial de 5,000 millas (8,047) de largo que se extendía desde China hasta el mar Mediterráneo. pág. 170

S

sabana Llanura con pastos. pág. 341

saga Historia de aventuras que narra las valientes hazañas de ciertas personas. pág. 378

samurai Guerrero japonés. pág. 318

sánscrito Un idioma de la India que comenzó a ser usado por los antiguos arios. pág. 176

saquear Apropiarse de cosas por la fuerza. pág. 311

satyagraha Palabra usada por Mohandas Gandhi que significa "fuerza espiritual". Se refiere a una manera de lograr derechos por medios pacíficos. pág. 623

sedimento Partículas de piedra y tierra arrastradas o depositadas por el agua. pág. 94

selva tropical Tierra calurosa y húmeda donde crecen árboles altos que bloquean la luz del sol. pág. 341

senado Consejo de representantes. pág. 239

señor de la guerra En China, persona que comandaba un pequeño ejército propio. pág. 593

shogun En Japón, "comandante general" de autoridad suprema. pág. 319

siervo Campesino que trabajaba en un feudo. pág. 289

sindicato Grupo organizado de trabajadores cuyo objetivo es asegurar buenas condiciones de trabajo y tratamiento justo por parte de los empleadores. pág. 501

sintoísmo Religión de Japón. La palabra significa "la senda de los dioses". pág. 316

sionismo Movimiento destinado a crear un estado judío moderno. pág. 631

sistema económico La forma en que un país produce y consume productos y servicios. pág. 498

sistema feudal Sistema de la Edad Media consistente en el intercambio de lealtad por protección. pág. 290

socialismo Sistema económico en el que un gobierno administra y es dueño de todas las industrias. pág. 501

sociedad Grupo organizado de personas que viven y trabajan bajo un mismo sistema de reglas y tradiciones. pág. 42

soviético Grupo de trabajadores que se formó para planificar y llevar a cabo la Revolución Rusa. pág. 547

suajili Pueblo e idioma de África oriental. pág. 369

subcontinente Territorio extenso separado del resto de un continente. pág. 121

subsistir Sobrevivir. pág. 47

sultán Gobernante musulmán de la India. pág. 453

sunní Grupo de musulmanes que aceptaron los cambios de dinastías del Imperio Musulmán durante el siglo VIII. pág. 286

superávit comercial Balance comercial en el que un país exporta más productos de los que importa. pág. 602

superpotencia Una de las naciones más poderosas del mundo. pág. 572

T

tabla Cuadro que lista información por categorías. pág. 171

taoísmo Religión y filosofía según la cual la clave para una vida larga y feliz es aceptar la vida tal como es. pág. 169

tarifa Impuesto sobre productos y servicios. pág. 344

tecnología El uso de herramientas y destrezas para crear un producto o lograr un objetivo. pág. 62

telescopio Instrumento que permite observar objetos alejados. pág. 408

tendencia La forma en que algo cambia con el tiempo. pág. 376

terrorismo Uso de actos violentos para apoyar una causa. pág. 632

tifón Un tipo de tormenta fuerte. pág. 316

tipo móvil Letras y números formados por piezas individuales de metal que pueden juntarse para formar renglones de palabras. pág. 407

tirano Alguien que toma el control de un gobierno en forma ilegal y gobierna con poder absoluto. pág. 216

título del mapa La parte del mapa que describe de qué trata. pág. 28

Torá Escrituras judías; los primeros cinco libros de la Biblia. pág. 74

totalitario Que tiene control total sobre las vidas de las personas. pág. 548

tragedia Obra de teatro seria en la que el protagonista tiene un final triste. pág. 225

triángulo comercial Sistema en el cual los comerciantes intercambiaban productos por esclavos, vendían los esclavos por productos de las plantaciones y luego vendían dichos productos en Europa. pág. 426

tribuno Oficial plebeyo que podía concurrir a las reuniones del senado en la Roma antigua. pág. 239

tributo Pagos anuales. pág. 193

trueque Intercambio de un producto o servicio por otro. pág. 76

tundra Llanura fría y sin árboles cuyo subsuelo permanece congelado. pág. 41

U

ubicación absoluta Un lugar exacto en la Tierra. pág. 26

ubicación relativa Se dice en referencia al lugar del que otro lugar es vecino o que lo rodea. pág. 26

utopista Persona que cree en la posibilidad de una sociedad perfecta y desea crearla. pág. 502

V

vacuna Forma benigna de una enfermedad determinada que se da a una persona para que ésta no se enferme con una forma más seria de dicha enfermedad. pág. 191

vasallo En la Edad Media, un noble que aceptaba prestar servicios al rey a cambio del uso de la tierra. pág. 289

Vedas Libros sagrados primitivos de la India. pág. 176

vela latina Vela de forma triangular que hace posible navegar en contra del viento. pág. 367

vetar Detener la aprobación de una ley; proviene de la palabra latina que significa "Yo prohíbo". pág. 239

virtud Cualidad positiva. pág. 155

voluntad de la mayoría Sistema en el que se adoptan las ideas y decisiones apoyadas por la mayoría de la gente. pág. 219

Z

zar Título ruso que significa "césar", o gobernante. pág. 544

zigurat Inmenso templo de ladrillos de barro construido por los antiguos sumerios. pág. 62

zoroastrismo Religión fundada por Zaratustra basada en la creencia de dos dioses, el bien y el mal. pág. 195

ÍNDICE

El número de las páginas que contienen ilustraciones aparece en cursiva. Una m *delante del número indica que la ilustración es un mapa. El número en negrita indica la página en que aparece la definición del término.*

B

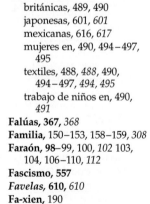

& Architecture Collection; 63 (r) Sfiore/Super-stock; 64 British Museum/Michael Holford Photographs; 65 (l) Erich Lessing/Art Resource, NY; 65 (r) Erich Lessing/Art Resource, NY; 66 Scala/Art Resource, NY; 67 British Museum/Michael Holford Photographs; 68 (t) British Museum/Michael Holford Photographs; 68 (b) Scala/Art Resource, NY; 69 Erich Lessing/Art Resource, NY; 71 Aleppo Museum, Syria/E.T. Archive; 73 Jewish Museum/Art Resource, NY; 74 Scala/Art Resource, NY; 76 (l) Ancient Art & Architecture Collection; 76 (r) E.T. Archive; 77 Ancient Art & Architecture Collection; 82-83 (bg) David H. Hamilton/The Image Bank; 82 (l)(inset) Kevin Horan/Tony Stone Images; 82 (r)(inset) Charles Gupton/Stock, Boston; 82-83 (inset bg) Felicia Martinez/PhotoEdit; 83 (l)(inset) Tony Stone Images; 83 (r)(inset) Cary Wolinsky/Stock, Boston; 130 (bg) Victoria and Albert Museum/Michael Holford Photographs.

Unit 2

Pages 88-89 (t) Geoffrey Clifford/Woodfin Camp & Associates; 88 (bl) G. Clifford/Woodfin Camp & Associates; 88 (bc) Jehangir Gazdar/Woodfin Camp & Associates; 88 (br) E.T. Archive; 89 (bl) Odyssey Productions/Frerck; 89 (br) Egyptian Museum, Cairo/E.T. Archive; 91 Robert Harding Picture Library; 92 Erich Lessing/Art Resource, NY; 94 Michael Holford Photographs; 95 The British Museum/Michael Holford Photographs; 96 (t) The British Museum/Michael Holford Photographs; 96 (b) The British Museum/Michael Holford Photographs; 98 Erich Lessing/Art Resource, NY; 99 (bg) Scala/Art Resource, NY; 99 (fg) The Louvre/Reunion des Musées Nationaux; 100 Robert Hashimoto/The Art Institute of Chicago; 101 Robert Frerck/Woodfin Camp & Associates; 103 Erich Lessing/Art Resource, NY; 104 Adam Woolfitt/Robert Harding Picture Library; 107 The Louvre/Reunion des Musées Nationaux; 108 Superstock; 109 Scala/Art Resource, NY; 110 The Metropolitan Museum of Art, Rogers Fund,1931. (31.3.166)"copyright, 1995"; 111 Museum Expedition/Museum of Fine Arts, Boston; 112 Copyright 1978 Egyptian Expedition of the Metropolitan Museum of Art, Rogers Fund, 1930 (detail) No. 30.4.21; 113 Borromeo/Art Resource, NY; 114 Museum Expedition/Museum of Fine Arts, Boston, detail, gift of Frederick Chase; 115 Museum Expedition/Museum of Fine Arts, Boston; 116 Oriental Institute Museum of the University of Chicago; 116-117 Robert Caputo/Aurora; 120 Boltin Picture Library; 121 Jehangir Gazdar/Woodfin Camp & Associates; 123 Borromeo/Art Resource, NY; 124 (l) Jehangir Gazdar/Woodfin Camp & Associates; 124 (c) Jehangir Gazdar/Woodfin Camp & Associates; 124 (r) Jehangir Gazdar/Woodfin Camp & Associates; 125 (l) Harappa Museum/Robert Harding Picture Library; 125 (r) Karachi Museum/Robert Harding Library; 126 Art Resource, NY; 128 E.T. Archive; 129 (t) Tim Megarry/Robert Harding Picture Library; 129 (b)

Werner Forman/Art Resource, NY; 130 (inset) Hermitage Museum, Leningrad/C M Dixon; 134 Dumbarton Oaks Research Library and Collections, Washington, D.C.; 135 (l) Boltin Picture Library; 135 (r) E. Carle/Superstock; 136 (t) Robert Frerck/Odyssey Productions, Chicago; 136 (b) D. Newman/Superstock; 136 (b)(inset) Robert Frerck/Odyssey Productions, Chicago; 137 (inset map) Boltin Picture Library; 138 Jurgen Liepe; 139 (l) Boltin Picture Library; 139 (r) Department of Asian Art, Metropolitan Museum of Art, NY, on behalf of the Cultural Relics Bureau, Beijing, China; 142-143 (bg) Paul Solomon/Woodfin Camp & Associates; 143 (tr) Mike Yamashita/Woodfin Camp & Associates; 143 (bl) Elie S. Rogers/National Geographic Society; 143 (br) Robert Frerck/Odyssey Productions.

Unit 3

Pages 148-149 (t) Bibliotheque Nationale/Giraudon/Art Resource, NY; 148 (bl) Boltin Picture Library; 148 (br) The Nelson-Atkins Museum of Art, Kansas City, Missouri (Purchase: Nelson Trust) 33-81; 149 (bl) Ancient Art & Architecture Collection; 149 (br) Ancient Art & Architecture Collection; 154 Ancient Art & Architecture Collection; 155 The Nelson Atkins Museum of Art, Kansas City, Missouri (Purchase: Nelson Trust) 33-81; 156 Maria Antoinette Evans Fund/Museum of Fine Arts, Boston; 157 (l) British Museum/Michael Holford Photographs; 157 (r) Robert Harding Picture Library; 158 (l) Ancient Art & Architecture Collection; 158 (c) The Granger Collection; 158 (r) The Granger Collection; 162 E. T. Archive; 163 Werner Forman/Art Resource, NY; 164 (t) Ancient Art & Architecture Collection; 164 (b)(bg) Wally McNamee/Woodfin Camp & Associates; 164 (b)(inset) Ancient Art & Architecture Collection; 165 Wang Lu/ChinaStock Photo Library; 166 Boston Museum of Fine Art/Scala/Art Resource, NY; 169 (t) ChinaStock Photo Library; 169 (b) The Nelson Atkins Museum of Art, Kansas City, Missouri (Purchase: Nelson Trust) 33-521; 170 China Pictorial; 174 Burt Glinn/Magnum Photos; 175 Boltin Picture Library; 177 (t) Giraudon/Art Resource, NY; 177 (bl) Ravi Shekhar/Dinodia Picture Agency; 177 (br) Museo Nazionale d'Arte Orientale, Rome, Italy/ Scala/Art Resource, NY; 178 (l) Borromeo/Art Resource, NY; 178 (r) G.C. Patel/Dinodia Picture Agency; 181 Robert Frerck/Odyssey Productions, Chicago; 187 Ancient Art & Architecture Collection; 188 (t) Adam Woolfitt/Woodfin Camp & Associates; 188 (b) Adam Woolfitt/Woodfin Camp & Associates; 189 Calcutta, Indian Museum/Scala/Art Resource, NY; 190 (bg) Dinodia Picture Agency; 190 (inset) Ancient Art & Architecture Collection; 191 Viren Desai/Dinodia Picture Agency; 192 Louvre, Dept. des Antiquites Orientales, Paris, France/Erich Lessing/Art Resource, NY; 194 (bg) Giraudon/Art Resource, NY; 194 (inset) SEF/Art Resource, NY; 195 (l) British Museum/C M Dixon; 195 (r) Ancient Art & Architecture Collection; 198-199 (t) Francene Keery/Stock, Boston; 198-199 (c) Tim Barnwell/Stock, Boston; 198-199 (b) Phyllis Picardi/Stock, Boston; 198 (inset)

Robert Brenner/PhotoEdit; 199 (tl) Mark C. Burnett/Stock, Boston; 199 (tr) Jeff Greenberg/ Photo Researchers; 199 Don Farber/Woodfin Camp & Associates.

Unit 4

Pages 204-205 (t) Archaeological Museum, Heraklion, Crete, Greece/Erich Lessing/Art Resource, NY; 204 (b) C M Dixon; 205 (bl) Archaeological Museum, Athens/Tselentis/Superstock; 205 (bc) The British Museum/Michael Holford Photographs; 205 (br)(t) Erich Lessing/Art Resource, NY; 205 (br)(b) Michael Holford Photographs; 210 Delphi Museum of Archaeology/Nimatallah/Art Resource, NY; 211 Robert Frerck/The Stock Market; 212 Heraklion Museum/Robert Harding Picture Library; 213 (t) Michael Holford Photographs; 213 (b) S. Vidler/Superstock; 214 (t) C M Dixon; 214 (c) The British Museum/Michael Holford Photographs; 214 (b) The British Museum/Michael Holford Photographs; 215 Athens National Museum/Nimatallah/Art Resource, NY; 216 Louvre, Dept. des Antiquites Grecques et Romaines, Paris, France/Erich Lessing/Art Resource, NY; 217 The British Museum/Michael Holford Photographs; 218 Jose Fuste Raga/The Stock Market; 219 National Museum, Warsaw, Poland/Erich Lessing/Art Resource, NY; 220 (t) The British Museum/Michael Holford Photographs; 220 (b) Archaeological Museum Ferrara/E.T. Archive; 221 Louvre, Paris/Giraudon/Art Resource, NY; 222 The British Museum/Michael Holford Photographs; 224 Richard Steedman/The Stock Market; 225 (t) The British Museum/E.T. Archive; 225 (b) Superstock; 226 Museo Capitolino, Rome/Superstock; 227 (t) Louvre, Dept. des Antiquites Grecques/ Romaines, Paris France/Erich Lessing/Art Resource, NY; 227 (b) Museo Nazionale/Scala /Art Resource, NY; 229 Louvre, Dept. des Antiquities Grecques/Romaines, Paris, France/Erich Lessing/Art Resource, NY; 230 (bg) Scala/Art Resource, NY; 230 (inset) Thessalonike Museum/Art Resource, NY; 231 Copyright British Museum; 232 (t) Istanbul Museum of Archaeology/Scala/Art Resource, NY; 232 (b) Victoria and Albert Museum/C M Dixon; 233 Robert Frerck/Odyssey Productions, Chicago; 236 Napoli, Museo Nazionale/Scala/Art Resource, NY; 237 Museo Nazionale Napoli/Scala/Art Resource, NY; 239 Louvre, Dept. des Antiquites Grecques/Romaines, Paris, France/Erich Lessing/Art Resource, NY; 240 Ronald Sheridan/Ancient Art & Architecture Collection; 241 British Museum/Michael Holford Photographs; 242 Vatican Museum-Lazio/John G. Ross/Robert Harding Picture Library; 243 Scala/Art Resource; 245 (l) Erich Lessing/Art Resource, NY; 245 (r) Erich Lessing/Art Resource, NY; 246 (r) Mike Yamashita/Woodfin Camp & Associates; 246 (tl) Michael Holford Photographs; 246 (bl) Dan Budnik/Woodfin Camp & Associates; 247 (t) Adam Woolfitt/Woodfin Camp & Associates; 247 (b) National Museum, Athens/Robert Harding Picture Library; 251 (t) Roma, Museo della Civilta Romana/Scala/Art Resource, NY; 251 (b) Michael Holford Photographs; 252

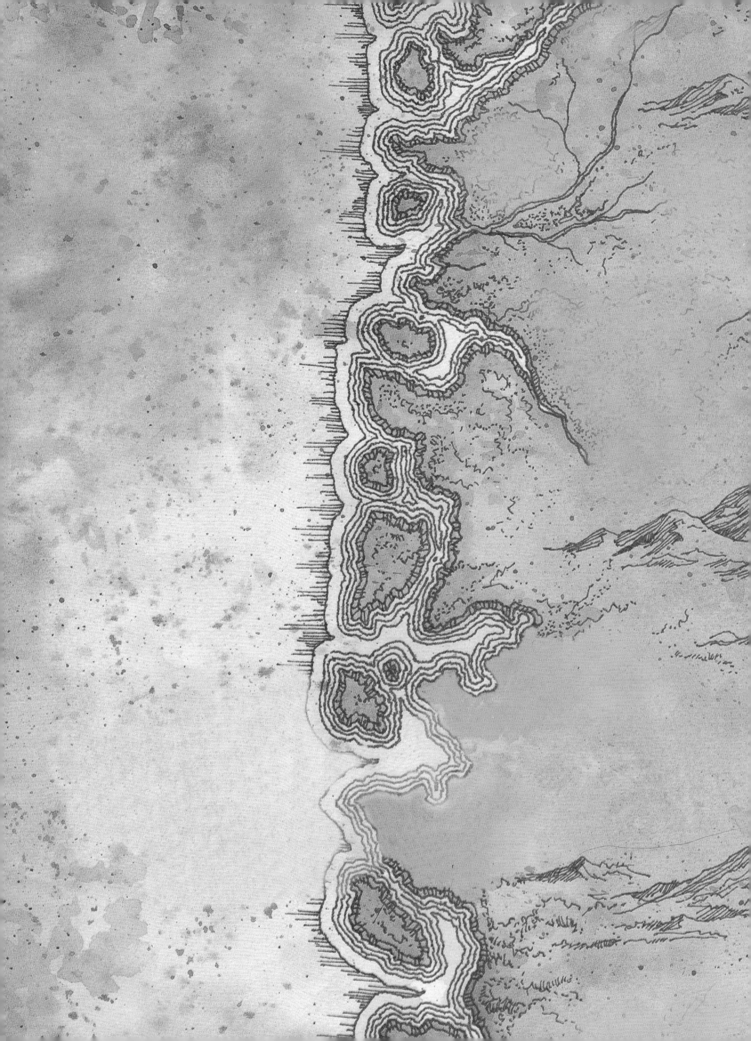